U0493694

EXPERIENCE PERSONALLY

张月姣 著

亲历 世界贸易组织上诉机构
中国首位上诉机构主席张月姣法官判例集

ON WTO APPELLATE BODY
Case Compilation of the First Chinese Judge Zhang Yuejiao
at the Appellate Body

社会科学文献出版社
SOCIAL SCIENCES ACADEMIC PRESS (CHINA)

张月姣法官、印度籍法官 Ujal、美国籍法官 Tom 在开庭审理中

张月姣首席法官签署上诉机构报告（2016），其后为韩国籍法官 Seung Wha 和毛里求斯籍法官 Shree

张月姣法官与另两位庭审法官 Peter、Ujal 在 WTO 办公楼悬挂的中文字帖前合影留念（2016 年）

张月姣法官与 WTO 总干事、上诉机构前任法官和现任法官合影

张月姣法官与庭审法官和律师团队合影

2016年10月26日，张月姣法官在WTO发表告别讲演

2016年10月26日，上诉机构前任法官来WTO为张月姣法官送行。左起埃及籍法官George、张月姣法官、美国籍法官James

| WTO 办公大楼

上篇　WTO 争端解决程序

第一章　争端解决机制概览　003
　　一　历史演变：GATT、WTO　008
　　二　法律渊源：GATT 1947 第 22、23 条　010
　　三　从磋商到由第三方争议解决　012
　　四　从"一致同意"到"反向一致同意"　012
　　五　设立上诉机构　013
　　六　从权力和外交解决争议到准司法解决政府间贸易争议　013

第二章　WTO 争议管辖范围　014
　　一　争议的主体是有贸易争议的 WTO 成员政府　014
　　二　争议的客体是政府措施与 WTO 涵盖协议的一致性问题　015
　　三　措施包括被诉成员法规本身（as such）、法规的执行（as applied）　015
　　四　政府违约包括行为（act）与不行为（omission），法律性违约（de jure）、事实性违约（de facto）　016

第三章　WTO 争议适用法律　018
　　一　WTO 涵盖协议：强制性、权利义务一揽子协议　018
　　二　涵盖协议条款解释由部长会议做出　019
　　三　解释国际法的国际习惯法澄清涵盖协议条款　020

第四章　争议解决目的、宗旨与要求　021

第五章　争端解决程序　023
　　一　磋商、斡旋、调解和调停　023

二　专家组　　　　　　　　　　　　　　　　　　　024

　　三　上诉程序　　　　　　　　　　　　　　　　　　027

　　四　报告的通过　　　　　　　　　　　　　　　　　032

　　五　救济措施　　　　　　　　　　　　　　　　　　033

　　六　其他　　　　　　　　　　　　　　　　　　　　035

第六章　笔者对WTO争议解决程序的评析　　　　　　　　037

　　一　磋商、调解与准司法两种解决争议方式并用　　　037

　　二　鼓励更多使用磋商和调解解决争议　　　　　　　037

　　三　专家组的设立　　　　　　　　　　　　　　　　039

　　四　公开口头听证会　　　　　　　　　　　　　　　040

　　五　第三方的权利　　　　　　　　　　　　　　　　041

　　六　专家组与上诉机构的分工，上诉机构完成法律分析

　　　　与退回重审　　　　　　　　　　　　　　　　　042

　　七　上诉程序与上诉机构　　　　　　　　　　　　　043

　　八　DSB裁决及执行　　　　　　　　　　　　　　　044

　　九　程序矛盾问题　　　　　　　　　　　　　　　　047

　　十　WTO争议解决的电子化及官方语言　　　　　　　048

中篇　笔者办案与评析

案例1　日本诉美国——与"归零法"和"日落复审"有关的

　　　　措施案（WT/DS322/RW）　　　　　　　　　　　053

　　一　案件基本情况　　　　　　　　　　　　　　　　053

　　二　案件背景情况　　　　　　　　　　　　　　　　054

　　三　笔者对本案的评析　　　　　　　　　　　　　　057

　　四　本案所涉主要条款　　　　　　　　　　　　　　059

案例 2　欧盟诉美国归零法的继续存在和适用 "归零法"
（WT/DS350/R） 062
　　一　案件基本情况 062
　　二　案件审理概况 063
　　三　笔者对本案的评析 068
　　四　本案所涉主要条款 076

案例 3　欧盟诉美国影响大型民用飞机贸易措施
（第二次申诉）案（WT/DS353/R） 079
　　一　案件基本情况 079
　　二　案件审理概况 080
　　三　笔者对本案的评析 088
　　四　本案涉及的条款 094

案例 4　印度针对美国附加税和额外附加税案
（WT/DS360/R） 101
　　一　案件基本情况 101
　　二　案件审理概况 101
　　三　笔者对本案的评析 108
　　四　本案涉及的条款 110

案例 5　澳大利亚影响来自新西兰的进口苹果措施案
（WT/DS367/R） 113
　　一　案件基本情况 113
　　二　案件背景情况 114
　　三　笔者对本案的评析 121
　　四　本案所涉主要条款 124

目　录　003

案例 6　泰国对菲律宾香烟的海关和财政措施案
　　　　（WT/DS371/R）　　　　　　　　　　　　　　　129
　　　一　案件基本情况　　　　　　　　　　　　　　　129
　　　二　案件背景情况　　　　　　　　　　　　　　　130
　　　三　笔者对本案的评析　　　　　　　　　　　　　136
　　　四　本案涉及的涵盖协议条款　　　　　　　　　　142

案例 7　美国涉及金枪鱼和金枪鱼产品的进口、营销和销售
　　　　相关的措施（WT/DS381/R）　　　　　　　　　145
　　　一　案件基本情况　　　　　　　　　　　　　　　145
　　　二　案件审理概况　　　　　　　　　　　　　　　146
　　　三　笔者对本案的评析　　　　　　　　　　　　　154
　　　四　本案涉及的主要条款　　　　　　　　　　　　157

案例 8　墨西哥诉美国关于进口、推销、销售金枪鱼及
　　　　金枪鱼制品的措施遵守裁决争议案
　　　　（WT/DS381/AB/R）　　　　　　　　　　　　159
　　　一　案件基本情况　　　　　　　　　　　　　　　159
　　　二　案件背景情况　　　　　　　　　　　　　　　160
　　　三　笔者对本案的评析　　　　　　　　　　　　　170
　　　四　本案涉及的主要条款　　　　　　　　　　　　172

案例 9　欧盟禁止海豹产品进口和销售措施案
　　　　（DS400、DS401）　　　　　　　　　　　　　174
　　　一　案件基本情况　　　　　　　　　　　　　　　174
　　　二　案件审理概况　　　　　　　　　　　　　　　175
　　　三　笔者对本案的评析　　　　　　　　　　　　　181
　　　四　本案涉及的主要条款　　　　　　　　　　　　194

案例 10　美国诉中国对来自美国的取向电工钢的反倾销
　　　　　反补贴措施案（WT/DS414/R）　　　　　　　　195
　　　　一　案件基本情况　　　　　　　　　　　　　　　195
　　　　二　案件审理概况　　　　　　　　　　　　　　　196
　　　　三　笔者对本案的评析　　　　　　　　　　　　　214
　　　　四　本案涉及的主要条款　　　　　　　　　　　　226

案例 11　美国诉印度限制农产品进口措施
　　　　　（WT/DS430/R）　　　　　　　　　　　　　　227
　　　　一　案件基本情况　　　　　　　　　　　　　　　227
　　　　二　案件背景情况　　　　　　　　　　　　　　　228
　　　　三　笔者对本案的评析　　　　　　　　　　　　　235
　　　　四　本案涉及的主要条款　　　　　　　　　　　　242

案例 12　中国涉及稀土、钨和钼出口措施案
　　　　　（DS431、DS432、DS433）　　　　　　　　　244
　　　　一　案件基本情况　　　　　　　　　　　　　　　244
　　　　二　案件审理概况　　　　　　　　　　　　　　　245
　　　　三　笔者对本案的评析　　　　　　　　　　　　　254
　　　　四　本案涉及的主要条款　　　　　　　　　　　　257

案例 13　美国对中国某些产品的反补贴和反倾销措施案
　　　　　（WT/DS449/R）　　　　　　　　　　　　　　258
　　　　一　案件基本情况　　　　　　　　　　　　　　　258
　　　　二　案件审理概况　　　　　　　　　　　　　　　259
　　　　三　笔者对本案的评析　　　　　　　　　　　　　266
　　　　四　本案涉及的涵盖协议条款　　　　　　　　　　271

案例 14　巴拿马诉阿根廷—货物和服务贸易相关措施
　　（WT/DS453/AB/R）　　　　　　　　　　　　274
　　　一　案件基本情况　　　　　　　　　　　　274
　　　二　案件背景情况　　　　　　　　　　　　275
　　　三　笔者对本案的评析　　　　　　　　　　281
　　　四　本案所涉的主要条款　　　　　　　　　283

案例 15　危地马拉诉秘鲁农产品进口附加税（WT/DS457/
　　　AB/R & WT/DS457/AB/R/Add. 1）　　　　285
　　　一　案件基本情况　　　　　　　　　　　　285
　　　二　案情审理概况　　　　　　　　　　　　286
　　　三　笔者对本案的评析　　　　　　　　　　296
　　　四　本案所涉的主要条款　　　　　　　　　307

案例 16　哥伦比亚—纺织品、服装和鞋相关进口
　　措施（DS461）　　　　　　　　　　　　　313
　　　一　案件基本情况　　　　　　　　　　　　313
　　　二　案情审理概况　　　　　　　　　　　　314
　　　三　笔者对本案的评析　　　　　　　　　　322
　　　四　本案所涉的主要条款　　　　　　　　　324

案例 17　欧盟—对阿根廷生物柴油反倾销措施案
　　（WT/DS473/AB/R）　　　　　　　　　　　327
　　　一　案件基本情况　　　　　　　　　　　　327
　　　二　案件背景情况　　　　　　　　　　　　328
　　　三　笔者对本案的评析　　　　　　　　　　336
　　　四　本案所涉主要条款　　　　　　　　　　340

下篇　WTO 争议解决的法律问题

第一章	有关法律问题	347
	一　WTO 法与其他国际法的关系	347
	二　WTO 法与国内法的关系	356
	三　审议标准（standard of review）	359
	四　关于"先例"（Precedent）的理论与作用	364
	五　举证责任（burden of proof）	369
	六　条约解释（Treaty Interpretation）：兼论世贸组织上诉机构对条约解释的贡献	373
第二章	上诉机构成员的选聘和行为准则	394
	一　上诉机构成员的选聘与续聘	394
	二　上诉机构成员的行为守则（code of conduct）和团队精神（collegiality）	397
第三章	GATT、WTO 的基本原则	402
	一　基石条款：最惠国待遇	402
	二　国民待遇	406
	三　关于约束关税（第 2 条和第 11 条）	414
	四　倾销与反倾销	431
	五　补贴与反补贴规则	455
	六　透明度原则	491
	七　对发展中国家的差别和特别（D&S）待遇	501
第四章	建立与维护以规则为基础的多边贸易体制	505
	一　目的与宗旨	506

二	多边贸易谈判	508
三	WTO涵盖协议内容广泛，且具有扩展性	510
四	WTO争端解决机制具有专业性和比较有效的执行力	511

第五章　笔者在WTO上诉机构的告别演讲　　516

附　录

附录一	Contribution of the WTO Appellate Body to Treaty Interpretation	525
附录二	Farewell Speech of Yuejiao Zhang	554
附录三	Designation to the ICSID Panel of Arbitrators	562
附录四	致谢	563
附录五	做有信念的中国法律人——对《亲历世界贸易组织上诉机构》一书的推介	564

# 上篇 WTO 争端解决程序

第一章 争端解决机制概览

WTO 争端解决机制是以规则为基础的多边贸易体制的稳定性、可预测性的核心成分。[①] WTO 是一个成员驱动的（member driven），以政府间的契约来安排（governmental contractual arrangement）的，以约束关税、[②] 开放市场（market access）、相互给予无条件的最惠国待遇（unconditional MFN）、[③] 对进口产品给予国民待遇（national treatment）、[④] 实行贸易规则透明（transparency）、[⑤] 对发展中国家差别和优惠待遇（special and differential treatment）以及多边解决争议（multilateral dispute settlement）为主要内容的国际机构（international organization）。

WTO 争端解决机制仅适用于 WTO 成员即政府与政府之间关于履行涵盖协议（此处"涵盖协议"是指《争端谅解协议》附录1所列明的协议。[⑥]）的争

[①] DSU 第 3.2 条。
[②] GATT 1994 第 2 条。
[③] GATT 1994 第 1 条。
[④] GATT 1994 第 3 条。
[⑤] GATT 1994 第 10 条。
[⑥] 关于争端解决规则与程序的谅解——附录1，本谅解适用于如下协定：
（A）《马拉喀什建立世界贸易组织协定》
（B）多边贸易协定
附件 1A：多边货物贸易协定
附件 1B：《服务贸易总协定》
附件 1C：《与贸易有关的知识产权协定》
附件 2：《关于争端解决规则与程序的谅解》
（C）诸边贸易协定
附件 4：《民用航空器贸易协定》
《政府采购协定》
《国际奶制品协定》
《国际牛肉协定》
本谅解对诸边贸易协定的适用应由协定的每一参加方列出本谅解对各协定适用条件的决定，包括已通知 DSB 的、包括在附录2中任何特殊或附加规则或程序。

议。在"美国虾案"中,上诉机构裁定:应该特别强调 WTO 的争议解决程序只适用于 WTO 成员。根据《马拉喀什建立世界贸易组织协定》(简称"WTO 协定",本书中也称作"《马拉喀什协定》")和涵盖协议,WTO 争议解决不适用于个体或者政府间、非政府间的国际机构。①《关于争端解决规则与程序的谅解》(*WTO Dispute Settlement of Understanding*,简称"DSU")第1.1条(关于范围和适用)规定,本谅解的规则和程序应适用于按照本谅解附录1所列各项协定(本谅解中称"涵盖协议")的磋商和争端解决规定所提出的争端。

WTO 争议解决机制是排他性的(exclusive)。DSU 第23.1条规定:当成员寻求纠正违反义务的情形或寻求纠正其他造成适用协定项下的利益丧失或减损的情形,或寻求纠正妨碍适用协定任何目标的实现的情形时,它们应援用并遵守本谅解的规则和程序。根据该条款,WTO 成员与其他成员的贸易争议必须提交 WTO 解决。

WTO 反对单方面贸易报复。WTO 成员不能采取单方面措施,例如单方面的贸易报复、贸易制裁措施。在"美国贸易法第 301 节案"中,专家组裁定:DSU 第23.1条要求所有 WTO 成员纠正与 WTO 不一致的措施时必须提交 WTO 多边解决争议的程序,排除任何其他方式,特别是不能单方面地执行 WTO 的权利与义务。②

WTO 解决争议机制是强制性的(mandatory)。DSU 第6.1条规定:如起诉方提出请求,则专家组应最迟在此项请求首次作为一项议题列入 WTO 争端解决机构(简称"DSB")议程的会议之后的 DSB 会议上设立,除非在此次会议上 DSB 经协商一致决定不设立专家组。

与其他国际争议解决机构不同,WTO 的争议解决不需要当事方另行通过争议解决条款以表示同意采用 WTO 争议解决。自一成员加入 WTO 起,该成员就接受 WTO 解决机制的管辖。

WTO 是一揽子强制执行的协议,包括争议解决谅解。一成员加入 WTO,则意味着其承认 WTO 争议解决的强制和排他管辖权。当一成员提出磋商时,相关的另一方应给予善意的考虑(sympathetic consideration),不得拒绝。③

WTO 裁决必须执行(enforcement)。成员必须无条件地接受裁决。DSU 第

---

① 见 AB 报告,《美国虾案》,1998,第 101 段。
② 见专家组报告,《美国贸易法第 301 节案》,第 7.41 段。
③ DSU 第 4.2 条。

17.14条规定：上诉机构报告应由DSB通过，争端各方应无条件接受，除非在报告散发各成员后30天内，DSB经协商一致决定不通过该报告。此通过程序不损害各成员就上诉机构报告发表意见的权利。

WTO是由164个成员加入的60多个涵盖协议（covered agreement），其构成国际法的一部分，涉及一揽子的权利与义务的规定。WTO法的制定、统一、执行与解释保证了WTO法的稳定性、协调性和可预测性。

WTO法涵盖广泛的国际贸易领域，使其成员（包括世界164个国家和地区）在国际贸易领域有了统一的法律和规则可以遵循，也大大减少了国际法的碎片化。国际法委员会（International Law Commission of United Nations，简称"ILC"）的一项研究报告显示，国际法的碎片化严重（fragmentation is particularly acute in international law）是由于没有一个中央立法机构调整法庭之间、法庭与规则之间以及规则之间的关系（no centralized legislative body to regulate the relationship between tribunals and/or norms），同时，也缺乏一个高层的司法机构（lack of an overarching adjudicating body）处理不协调的国际法的高度专业化扩展中的问题。这类扩展的负面结果是，经常被评论员指出的，[1]对国际法的腐蚀（erosion of public international law）、裁决的冲突（conflicting jurisprudence）、挑选争议解决的场所（forum shopping）以及失去法律的安全性（a loss of legal security）。[2]

WTO基本上做到了上述报告中提到的统一立法和执法的要求。WTO通过八轮多边贸易谈判，达成60个统一的国际贸易涵盖协议。WTO争议解决机制可以强制性地、排他性地、多边地解决成员之间的贸易争议。因此，其减少了国际贸易法的碎片化，减少了裁决的冲突，提高了多边贸易规则的安全性。但是，WTO与区域自由化协议（Free Trade Agreement，简称"FTA"）的关系，《服务贸易协定》（General Agreement on Trade in Services，简称"GATS"）与某些成员正在谈判的《国际服务协议》（简称"TISA"）的关系都反映了WTO本身不完全协调统一的问题。另外，WTO争议解决仅仅限于成员政府措施与涵盖

---

[1] The problems resulting from fragmentation are highlighted by *MOX Plant nuclear facility at Sellafield* case. In that case, three different arbitral bodies could claim jurisdiction (the dispute settlement bodies under the *United Nations Convention of the Law of the Sea*, under the *Convention on the Protection of the Marine Environment of the North – East Atlantic*, and the European Court of Justice).

[2] 2006年7—8月，国际贸易法委员会ILC的一个研究小组向ILC介绍了"国际法的碎片化"——国际法的多样化和扩展中的问题。

协议的争议，其他争议，例如国际投资争议与《服务贸易协定》中的商业存在的争议，也有争议场所的挑选（forum shopping）问题，即选用解决投资国际中心 ICSID，还是选择 WTO 解决有关投资争议。

WTO 涵盖协议对其所有成员具有拘束力。其具体规定在 WTO 协定第 2 条中。

WTO 协定第 2 条（WTO 的范围）

1. WTO 在与本协定附件所含协定和相关法律文件有关的事项方面，为处理其成员间的贸易关系提供共同的组织机构。

2. 附件1、附件2和附件3所列协定及相关法律文件（下称"涵盖协议"）为本协定的组成部分，对所有成员具有拘束力。

加入 WTO 的成员则必须遵守各项涵盖协议，无任何保留条款，GATT 时期的"祖父条款"在 WTO 成立时业已废除。DSU 是涵盖协议的一部分，从而确保"国际条约必须遵守"（pacta sunt servanda）。由 WTO 全体成员组成的解决争端机构（DSB）每个月召开例会，督促检查败诉方执行 DSB 通过的裁决执行情况。败诉方在合理期限之后仍不执行裁决，经 DSB 授权，胜诉方可以对败诉方实行贸易报复。由此，俗称 WTO 争议解决是有"牙齿的"。

笔者根据亲历 100 多个国际商事合同仲裁案件和八年多在 WTO 上诉机构办案的体会，认为评论一个国际争端解决机构成功与否，要看它的裁决是否体现正义性（justice）、公正性（fairness）、合法性（according to law），解决争议是否程序快捷（prompt）、费用低廉（low cost）、使用便利（convenience），裁决人员是否品德高尚、独立、公正、客观、专业、敬业、廉洁，以及裁决是否可执行（enforcement）。

WTO 争议解决作为一项公共产品，基本达到以上要求，争议解决的程序和裁决必须符合 WTO 涵盖协议（consistent with covered agreement），快捷、积极地解决争议（prompt positive solution），成本较低，成员政府使用 WTO 争议解决比较方便。上诉机构成员是经过 WTO 成员挑选国际上被承认的法律、国际贸易和 WTO 事务的专家，不附属于任何政府，有比较严格的纪律，并且 WTO 裁决基本可执行。因此，争议解决机制相比 WTO 其他功能（包括多边贸易谈判、贸易机制审议和技术合作功能）而言是最成功的，亦被俗称为"皇冠上的明珠"。

比较其他国际争议解决机构，WTO 管辖范围更为广泛，其管辖争议客体包括货物贸易、服务贸易、与贸易有关的投资措施、与贸易有关的知识产权、技术贸易壁垒、卫生检查检疫、农业协议等；其管辖的争议主体包括 164 个国家或单独关税区政府。世界上目前有六十几个国家接受国际法院（International Count of Justice，简称"ICJ"）的管辖。解决投资争端国际中心（International Center for the Settlement of Investment Disputes，简称"ICSID"）主要受理投资者与东道国政府的非商业风险的投资争端。154 个国家加入 ICSID 公约。加入 ICSID 公约不代表加入的缔约国同意接 ICSID 仲裁管辖。ICSID 是由投资争议方政府东道国政府书面同意使用 ICSID 仲裁。WTO 的争议解决是强制性的，WTO 成员一经加入就自动接受 WTO 争议解决机制的管辖。然而，在国际商事仲裁中，当事方可以选择仲裁机构、仲裁地点和适用法律。WTO 设立上诉机构受理专家组报告的法律问题和对法律解释的上诉，确保 WTO 争议解决裁决的一致性（consistency）、协调性（coherence）和可预测性（predictability）。ICJ 没有上诉机构。ICSID 和国际商事仲裁都没有上诉程序，但 ICSID 有撤销仲裁员裁决的程序。

《华盛顿公约》第 52 条

特设委员会可全部或部分废止在以下一个或多个理由的基础上做出的裁决：（a）法庭没有正确组成；（b）法庭明显超出其权力；（c）法庭成员有腐败；（d）有严重偏离基本议事规则；或（e）裁决未说明它所依据的原因。

ICSID 仲裁员分散在世界各地临时组庭仲裁，ICSID 的案件数量增加很快，目前有近 600 个投资争议案，[①] 世界上政府间签订的投资保护协定（Bilateral Investment Treaty，简称"BIT"）超过 2800 个。ICSID 众多临时组成的仲裁庭很难保证法律解释的一致性。随着国际贸易的增长以及 WTO 成员的增多，WTO 受理案件数量增加，20 年间共计受理了 500 多件争议案件，几乎是 GATT 时期 50 年受理案件量的一倍。WTO 规定了比较严格的审案时间，比其他国际争议解决机构平均结案时间短。WTO 裁决的执行率比较高。这些也说明 164 名发达

---

① 见 ICSID 年报，2016。

与发展中成员对WTO争议解决机制的信任。WTO裁决与法律解释被世界各地法学教学和法学研究者广泛使用。WTO争议解决被其成员广泛使用，得到国际司法界和学术界的认可。争议解决机制除了要有详细的程序规则、明确的适用法律以外，拥有一批解决争议的独立、公正、获得公认的专家和高效的秘书班子也是该争议解决机制成功的关键。本篇重点介绍GATT/WTO争议解决机制的沿革、解决争议程序。本书下篇介绍上诉机构成员的选聘和续聘。

一 历史演变：GATT、WTO

第二次世界大战后，为谋划战后的世界经贸秩序，1947年在美国布雷顿森林召开的国际金融大会上决定建立国际经济三大支柱，即在金融领域成立国际货币基金组织（International Monetary Fund，"IMF"）负责国际外汇收支平衡、货币政策等；在国际投资领域设立国际复兴与开发银行（International Bank for Reconstruction and Development，"IBRD"），向成员国提供中长期项目贷款；在国际贸易领域达成《关税与贸易总协定》（General Agreement on Tariffs and Trade，GATT）。1945年12月初，美国提出成立一个国际贸易组织（International Trade Organization，简称"ITO"）。随后，从1946年到1948年，经过长达两年的谈判，参与谈判的各国政府最终在哈瓦那召开的"联合国贸易与就业"会议上制定了《建立国际贸易组织的哈瓦那宪章》（以下简称《哈瓦那宪章》）。《哈瓦那宪章》不仅涵盖贸易政策，还包括就业政策、国际商品协定、经济发展和限制性商业行为等规则。然而，由于美国参议院拒绝批准该宪章，最终，美国国务院在1950年12月6日宣布国际贸易组织流产。[①]

幸运的是，在《哈瓦那宪章》预备委员会的组织下，一个起草委员会于1947年1月和2月召开会议，完成了《关税与贸易总协定》（简称"GATT 1947"）的全部草案。ITO相关文件广泛的适用范围要求许多缔约国政府的法律予以变更，甚至在其各自宪法体系下立法生效前的最后审批程序，也必须做出相应的调整，因此，一些政府不愿等到所有的谈判程序完成才批准GATT 1947草案。1947年10月底，参与谈判的23个国家的政府包括中国政府承诺临

---

① 参见〔美〕戴维·帕尔米特、〔希腊〕佩特罗斯·C.马弗鲁第斯《WTO中的争端解决：实践与程序》第2版，罗培新等译，北京大学出版社，2005，第1—2页。

时适用 1948 年 1 月 1 日生效的 GATT 1947。[1]于是，虽然 ITO 流产，临时适用的 GATT 草案最终存续长达 47 年之久，并成为当时多边贸易体制的核心机制。

经过乌拉圭回合的谈判。1995 年 1 月 1 日，WTO 正式成立，其成为 GATT 1947 的继任者和多边贸易体制的法律和制度机制。与 GATT 不同，WTO 是一个国际组织，而不是一项多边协议。当然，WTO 争端解决机制也遵循上述发展进程，逐步从 GATT 争端解决机制发展演变而来。GATT/WTO 争端解决机制的法律渊源是 GATT 第 22 条和第 23 条，解决由于某一缔约方的措施违反 GATT 条款的规定，而使另一缔约方在 GATT 的权益的减损而产生的争议。GATT 是一个国际契约的安排（contractual arrangement），其成员被称为缔约方（contracting party）。WTO 成立后，解决争议机制的职能是促成成员之间权利和义务争议的磋商和争端解决。[2] 各成员确认遵守迄今为止根据 GATT 1947 第 22 条和第 23 条实施的管理争端的原则及在此进一步详述和修改的规则和程序。[3] 同时，DSB 的建议和裁决不能增加或减少适用协定所规定的权利和义务。[4] 在一成员认为其根据适用协定直接或间接获得的利益正在因另一成员采取的措施而减损的情况下，迅速解决此类争议对 WTO 的有效运转及保持各成员权利和义务的适当平衡是必要的。[5] DSB 所提建议或所做的裁决应旨在依照本谅解和涵盖协议项下的权利和义务，实现问题的满意解决。[6] 本谅解为援引争端解决程序的成员规定的最后手段是其可以在歧视性的基础上针对另一成员中止实施涵盖协议[7]项下的减让或其他义务，但需经 DSB 授权才能采取此类措施。[8] 如发生违反在涵盖协议项下所承担义务的情况，则该行为被视为初步构成利益丧失或减损案件。[9] DSU 规定的总原则进一步确定 WTO 继续使用 GATT 1947 第 22 条和第 23 条，通过及时有效地解决争议，保证 WTO 成员的权利与义务的平衡。

GATT 时期，争端解决的过程最初被称为"调解"（conciliation）。在 GATT

---

[1] 参见〔美〕戴维·帕尔米特、〔希腊〕佩特罗斯·C. 马弗鲁第斯《WTO 中的争端解决：实践与程序》第 2 版，罗培新等译，北京大学出版社，2005，第 3 页。
[2] DSU 第 1 条。
[3] DSU 第 3.1 条。
[4] DSU 第 3.2 条。
[5] DSU 第 3.3 条。
[6] DSU 第 3.5 条。
[7] 涵盖协议是指乌拉圭回合达成的协议和 GATT 1994。
[8] DSU 第 3.7 条。
[9] DSU 第 3.8 条。

早期，争端被提交给由申诉方、被诉方及其他利益攸关方组成的工作小组进行裁决。其后，由相关当事方组成的工作小组模式被废弃，代之以一个由3人至5人组成的调解委员会来解决争端，该程序使用中立的专家小组而不是争端中的利益攸关方的代表来裁决争端。①在东京回合谈判中，建立争端程序的建议被列入谈判的议题。1979年11月，GATT所有缔约方一致表决通过了《关于通知、协商、解决争端和监督的谅解》，进而初步建立起准司法解决争端程序。②此为GATT争端解决机制的模型，也是WTO争端解决机制的雏形。该解决争端机制介于传统的仲裁和司法诉讼之间，也被称为准司法解决争端的模式，是非常独特的争议解决的机制。③

在乌拉圭回合中，各缔约方达成了《马拉喀什协定》，其附件2为《关于争端解决规则与程序的谅解》（即"DSU"）。DSU为WTO争端解决机制的基本文件，其将法律方法纳入和平解决争端的进程中，使WTO争端解决呈现出一种机制化的架构。

二 法律渊源：GATT 1947 第 22、23 条

GATT 1947 的争端解决机制是争议各方通过磋商，共同寻求争议解决的方式。如果磋商不成，由缔约方大会进行裁定。由此，GATT 1947 第 22 条和第 23 条构成 GATT 争端解决机制的框架——以外交手段和第三方介入争端解决为主的机制。尽管 GATT 时期的争端解决方法具有一定的不足与缺陷，但是毫无疑问，以 GATT 1947 第 22 条和第 23 条为基础的 GATT 争端解决机制构成 WTO 争端解决机制的法律渊源。例如 DSU 第 3.1 条明确指出：WTO 各成员确认遵守迄今为止根据 GATT 1947 第 22 条和第 23 条实施的管理争端的原则以及在此进一步详述和修改的规则和程序。具体规则如下：

GATT 1947 第 22 条 磋商

1. 每一缔约方应对另一缔约方就影响本协定运用的任何事项可能提出

---

① 〔美〕戴维·帕尔米特、〔希腊〕佩特罗斯·C. 特马弗鲁第斯：《WTO 中的争端解决：实践与程序》第 2 版，罗培新等译，北京大学出版社，2005，第 6 页。
② 参见朱榄叶、贺小勇《WTO 争端解决机制研究》，上海世纪出版集团，2007，第 6—10 页。
③ 见上诉机构前法官 Georges ABI‑SAAB 发表的 "The WTO Dispute Settlement and Generalinternational Law" 一文，该文收入 Key Issues in WTO Dispute Settlement, Cambridge Press, 2005, p. 7。

的交涉给予积极考虑，并应提供充分的磋商机会。

2. 在一缔约方请求下，缔约方全体可就经根据第 1 款进行的磋商未能满意解决的任何事项与任何缔约方进行磋商。

GATT 1947 第 23 条　利益的丧失或减损

1. 如一缔约方认为，由于下列原因，它在本协定项下直接或间接获得的利益正在丧失或减损，或本协定任何目标的实现正在受到阻碍，

（a）另一缔约方未能履行其在本协定项下的义务，或

（b）另一缔约方实施任何措施，无论该措施是否与本协定的规定产生抵触，或

（c）存在任何其他情况，

则该缔约方为使该事项得到满意的调整，可向其认为有关的另一缔约方提出书面交涉或建议。任何被接洽的缔约方应积极考虑对其提出的交涉或建议。

2. 如在一合理时间内有关缔约方未能达成满意的调整，或如果困难属于本条第 1 款（c）项所述类型，则该事项可提交缔约方全体。缔约方全体应迅速调查向其提交的任何事项，并应向其认为有关的缔约方提出适当建议，或酌情就该事项做出裁定。缔约方全体在认为必要的情况下，可与缔约方、联合国经济与社会理事会及任何适当的政府间组织进行磋商。如缔约方全体认为情况足够严重而有理由采取行动，则它们可授权一个或多个缔约方对任何其他一个或多个缔约方中止实施在本协定项下承担的、在这种情况下它们认为适当的减让或其他义务。如对一缔约方的减让或其他义务事实上已中止，则该缔约方有权在采取该行动后不迟于 60 天，向缔约方全体的执行秘书提出退出本协定的书面通知，退出应在执行秘书收到该通知后的第 60 天生效。

如上，第 22 条是关于磋商的规定；第 23 条是关于诉请的规定。遗憾的是，作为 GATT 最主要的争端解决条款，第 23 条缺乏程序性的规定。于是，GATT 各缔约方不得不在实践中发展出一套新的程序。最初，缔约方在例会上解决提起的争端；偶尔，缔约方大会任命工作组来解决某些纠纷；之后的 20 世纪 50 年代，在当时 GATT 总干事怀特的推动下，各缔约方逐渐接受使用专家组来解决争端。1947—1994 年间，GATT 一共通过了 132 个专家组的报告。[①]

---

① Available at world trade law. net /reports/GATT /panels. asp.

三 从磋商到由第三方争议解决

GATT 1994 第 22 条的磋商条款并没有规定直接的后果。其仅要求每一缔约方就任何影响协定运作的事项，为其他缔约方提供充分的磋商机会。该磋商无法满足争议方切实有效解决争端的需要。因而 20 世纪 50 年代开始，GATT 引入专家组解决争议的模式。专家组由个人组成，其并非国家的代表。该模式表明 GATT 逐渐强调由独立的决策者进行裁决，而非依靠国家代表进行磋商。[①]

在 WTO 时期，第三方争端解决更受推崇，特别是以专家组和上诉机构成员构成的专家裁决方式。除了磋商、斡旋、调解与调停外，DSU 详细规定了专家组和上诉机构审理争议的规则和程序。而随着第三方争议解决机制的建立，WTO 争端解决的案件量也迅速攀升，截止到 2017 年 3 月，这类案件的数量已高达 522 起。

四 从"一致同意"到"反向一致同意"

GATT 组织原则中的另一个原则为"一致同意"原则，其要求专家组的成立经总理事会"一致同意"，被诉方经常利用反对票阻止专家组的成立。同样的问题也发生在专家组成员的选定和权限的认定上。最后，败诉方如果不愿执行裁定，更是会利用专家组报告的通过程序阻止报告的生效。[②]虽然实践中，将近 90% 的案件败诉方最终都接受了于己不利的专家组报告，然而，20 世纪 80 年代开始，争议方阻挠专家组设立与专家组报告通过的频率有所增加。[③]

在 WTO 协定中，对专家组的设立机制和专家组报告的通过机制从"一致同意"转为"反向一致同意"，即除非所有的缔约方，包括申诉方，做出不予设立或不予通过的决定，否则专家组将设立，或者专家组报告将通过。按照如上"反向一致同意"的原则，只要有一个成员同意，该请求决定的事项就得以通过。换言之，实际上，在具体事项的表决上，DSB 获得了近乎自动通过的

---

① John Jackson, William J. Davey, Alan O. Sykes, Legal Problem of International Economic Relations, Thomson West, 2002, p. 267.
② 黄东黎、杨国华：《世界贸易组织法：理论·条约·中国案例》，社会科学文献出版社，2013，第 100 页。
③〔美〕戴维·帕尔米特、〔希腊〕佩特罗斯·C. 特马弗鲁第斯：《WTO 中的争端解决：实践与程序》第 2 版，罗培新等译，北京大学出版社，2005，第 8 页。

权力。

五　设立上诉机构

在 GATT 争端解决机制中，另一个严峻的挑战在于临时召集起来的专家组成员的独立性和公正性以及裁决的正确性问题。更进一步地，乌拉圭回合的谈判者也认为，如果专家组报告通过"反向一致同意"而自动通过，并对主权国家有约束力，那么就需要有上诉复审机制来处理专家组偶尔出现的"错判"。[1]

由此，WTO 建立起常设性的上诉机构，其由 7 名成员组成。上诉机构的成员资格应广泛代表 WTO 的成员资格。成员由争端解决机构 DSB 任命，任期 4 年，可连任 1 次。同时，上诉机构候选人必须具有公认的权威并是在法律、国际贸易以及各 WTO 涵盖协议方面具有专门知识的专家，同时不得附属于任何政府，以保证其独立性。争端解决机制建立上诉机构无疑是 WTO 准司法机制最为重要的制度设计。通过上诉机构的设立，争端解决机构保障争端解决结果的合法性、准确性和一致性，对 WTO 争端解决机制的准司法化发挥了关键性的作用。

六　从权力和外交解决争议到准司法解决政府间贸易争议

自 1947 年 GATT 临时适用以来，多边贸易体系的争端解决机制逐步完善。GATT 早期的争端解决体现为权力或外交方式，争议方甚至可以以在例会上不同意具体决定的方式而阻挠争端解决机制的顺利开展。此时的争端解决机制沦为某些大国的外交工具，体现为权力本位。

1995 年，随着《马拉喀什协定》的生效，DSU 调整各成员之间的争端。其规定严格的程序，对争端解决的每一个步骤规定了时限，从而提高了争端解决机制的效率；其创立的"反向一致同意"原则更为有效、及时地解决国际争端提供了可行的方案；其设立的上诉机构保障了争端解决程序的公正性。毫无疑问，WTO 争端解决机制从强调磋商、调解等外交解决或非诉讼解决手段转化为 WTO 准司法的轨道。

---

[1] 赵维田、缪剑文、王海英：《WTO 的司法机制》，上海人民出版社，2004，第 161 页。

第二章　WTO 争议管辖范围

WTO 争议管辖范围的核心在于解决何种措施可以在 WTO 争端解决中进行指控。WTO 争端解决机制所受理的争议包括：因一成员政府的措施、法律规定本身（as such）以及/或法律的实施（as applied）与 WTO 涵盖协议以及该成员的承诺不一致，造成另一成员利益的丧失或减损。与争端解决管辖范围相关的条款为 DSU 第 1 条（范围和适用），具体规定如下：

> 本谅解的规则和程序应适用于按照本谅解附录 1 所列各项协定（本谅解中称"适用协定"）的磋商和争端解决规定所提出的争端。本谅解的规则和程序还应适用于各成员间有关它们在《马拉喀什建立世界贸易组织协定》规定和本谅解规定下的权利和义务的磋商和争端解决，此类磋商和争端解决可单独进行，也可与任何其他适用协定结合进行。

一　争议的主体是有贸易争议的 WTO 成员政府

WTO 义务只针对那些已经加入 WTO 协定的成员政府。换言之，WTO 争端解决机制调整的主体是成员政府，不是公司或个人，在"美国虾案"中，上诉机构指出，只有 WTO 成员才可能成为专家组裁决事项的争议方，只有与被提交专家组裁决的事项有实质性利益的 WTO 成员才能成为专家组程序的第三方。[①]

除中央政府外，WTO 涵盖协议也约束地方政府。例如，GATT 1994 第 24.12 条规定，每一缔约方应采取其认为可采取的合理措施，保证其领土内的地区和地方政府、主管机关遵守本协定的规定。

---

① AB, US – Shrimp, WT/DS58/AB/R, 12 October 1998, para. 2775.

二 争议的客体是政府措施与 WTO 涵盖协议的一致性问题

DSU 适用于根据其磋商和争端解决条款所提出的,与该谅解附录 1 所列的"适用协定"相关的争端。这些可适用的协定为 WTO 涵盖协议,[①] 其包括 GATT 1994 和其成员政府间关于市场准入的契约式约定,包括《马拉喀什协定》、13 个单独的货物贸易多边协定、GATS、TRIPS 和 2 个诸边协定。本质上,WTO 涵盖协议是一揽子承诺(one single undertaking),其体现为一揽子权利与义务的规定,该规定具有法律拘束力(诸边协定仅对签约方有拘束力)。由于 GATT 时期的祖父条款被取消,申请加入 WTO 的成员必须接受 WTO 涵盖协议的各项规定才能加入。[②]

根据 DSU 第 2.4 条,DSU 适用于"任一成员领土内采取的、影响任何使适用协定运用的措施"。因此,WTO 争端解决机制的调整的客体是政府措施与 WTO 涵盖协议的一致性问题。在争端解决实践中,专家组指出如果在申诉时,申诉方未援引涵盖协议的条款,那么该申诉不落入专家组的职权范围中。[③]

三 措施包括被诉成员法规本身(as such)、法规的执行(as applied)

WTO 争端解决的对象是成员政府的措施。"措施"(measures)可以是成员的任何行为,其不仅包括规范性规则(普遍适用的措施),也包括执法性行为,例如,海关当局征收关税等。在实践中,被诉的措施非常广泛,其包括与关税相关的措施、与卫生检疫相关的措施、反倾销措施、反补贴措施、影响服务市场准入的措施,甚至还包括影响贸易的知识产权执法措施等。在美国 1916 年的反倾销法案中,上诉机构指出,在 WTO 协定生效之前,GATT 1947 第 23.1(a)条的裁决经验允许缔约方指控法规本身,其与法规适用是相互独立的。[④]

措施包括被诉成员法规本身,还包括法规的执行。除成员法规本身外,关

---

① 关于 WTO 涵盖协议,本书在上篇第一章有过详细阐述,可参见本书正文第 3 页注⑥。
② Take it and join it, or leave it and not join it.
③ Panel Report, Canada—Export Credits and Loan Guarantees for Regional Aircraft, WT/DS222/R, 28 January 2002, para. 7.49.
④ AB, US – 1916 Act, WT/DS136/R, 28 August 2000, para. 60.

于特定国家法规的实际适用也可构成WTO争端解决的可诉措施。例如,上诉机构指出,除了适用于特定情形的法规外,"产生旨在进行普遍或持久适用的规则或规范的行为"也受到WTO争端解决的管辖。①因为WTO纪律及其争端解决机制的目标在于,保护现有贸易进展的同时,确保未来贸易所需的安全性和可预见性。如果制定与WTO成员义务不相符合的规则或规范的文件不能被指控,那么上述目标将无法实现。②

在随后的案件中,上诉机构进一步指出,在定义上,关于法规"本身"(as such)的指控主张具有普遍的和潜在的适用的法律、法规或其他文件,其表明成员的措施——不仅是已经发生的,还包括在未来可能发生的——都可能与WTO成员义务不相符合。本质上,提起法律"本身"争议的申诉方阻止成员嗣后从事特定的行为。法规"本身"指控的范围明显广于法规"执行"(as applied)的主张。由此,WTO争端解决机制所针对的措施基本涵盖成员政府与WTO涵盖协定相关的所有法规及其适用。

四 政府违约包括行为(act)与不行为(omission),法律性违约(de jure)、事实性违约(de facto)

"措施"系成员政府的任何行为,不论其是否具有法律拘束力,包括政府发布的指导方针,也可以是不作为。在"日本胶卷案"中,专家组指出,"措施"范围较为宽广,包括无法律强制执行效力的政府措施,还包括政府或其官员要求的,或某种程度上资助的非政府机关的行为,以及由政府支持或与之相联系的私人措施,以上都可能为DSU第6.2条的调整对象。因此,对"措施"的认定必须结合个案。换言之,只要争议的法规本身或其执行能够归因于政府,那么该措施即为WTO争端解决的可诉事项。正如上诉机构所言,原则上,任何可归因于WTO成员的作为和不作为都是符合争端解决程序目的的措施。③因此,政府违约包括行为(act)与不行为(omission)。关于归因于政府的措

---

① AB Report, US—Corrosion - Resistant Steel Sunset Review, WT/DS244/AB/R, 5 December 2003, para. 82.
② AB Report, US—Corrosion - Resistant Steel Sunset Review, WT/DS244/AB/R, 5 December 2003, para. 82.
③ AB Report, US—Corrosion - Resistant Steel Sunset Review, WT/DS244/AB/R, 5 December 2003, para. 81.

施，国际法委员会《关于国家对于国际非法行为责任条款》第8条规定：根据国际法，一个人或者一群人的行为可以视为国家行为，必须该人或者该群人的行为事实上是根据国家的指令，或者由国家领导的，或者由国家控制的。①

除此之外，政府违约还可分为法律性违约（de jure）与事实性违约（de facto）。法律性违约是指因成员政府制定或实施违反WTO协定的法规而引发的争议类型；而事实性违约则是指成员法规并不违反WTO协定，但是其具体的适用违反WTO协定的情形，例如，与贸易相关的法律未能保障GATT 1994的透明度、统一或公正执法等要求。需要注明的是，WTO争端解决的措施一般不包括"非强制性的措施"。②

---

① 见《国际法年报》，2001。
② AB, US – Measures Relating to Zeroing and Sunset Reviews, WT/DS322/AB/R, 2007, para. 74.

第三章　WTO 争议适用法律

世界贸易组织争端解决机制的作用在于保护世界贸易组织成员在 WTO 涵盖协议下的权利和义务。其中，就争端解决的法律适用而言，其包括 WTO 涵盖协议及其部长级会议或总理事会通过的权威性解释。

一　WTO 涵盖协议：强制性、权利义务一揽子协议

WTO 争端解决的适用法律为 WTO 涵盖协议。DSU 第 1.1 条规定，本谅解的规则与程序应适用于依本谅解附录 1 所列各涵盖协议中的磋商与解决争端的规定而提出的争端。此处，DSU 明确说明了磋商与准司法所应适用的法律。理论上，WTO 涵盖协议是强制性的，权利与义务并存的一揽子协议。

DSU 第 7.2 条规定"专家组应处理争端各方引用的任何适用协定的有关规定"。此处的"适用协定"是指所有作为《建立世界贸易组织的马拉喀什协定》附件的 WTO 多边协定。DSU 还适用于作为 WTO 一部分的诸边协定的成员发生的争端。具体的 DSU 附录 1 如下，

DSU 附录 1　本谅解的适用协定

（A）《马拉喀什协定》

（B）多边贸易协定

附件 1A：多边货物贸易协定

附件 1B：《服务贸易总协定》

附件 1C：《与贸易有关的知识产权协定》

附件 2：《关于争端解决规则与程序的谅解》

（C）诸边贸易协定

附件 4：《民用航空器贸易协定》

《政府采购协定》

《国际奶制品协定》

《国际牛肉协定》

WTO 争端解决与 GATT 1947 体系的争端解决有密切的关系。《WTO 协定》第 16.1 条规定，除本协定或多边贸易协定项下另有规定，WTO 应以 GATT 1947 缔约方全体和 GATT 1947 范围内设立的机构所遵循的决定、程序和惯例为指导。同时，DSU 第 3.1 条规定："各成员遵守迄今为止根据 GATT 1947 第 22 条和第 23 条实施的管理争端的原则，及在此进一步详述和修改的规则和程序。"由此，DSU 附录 1 的"多边贸易协定"包括：

1.《马拉喀什协定》生效前，经过改正、修订和修改的 1947 年《关税与贸易总协定》（GATT 1947）；

2.《马拉喀什协定》生效前，依 GATT 1947 而生效的下列法律文件的规定：

（1）有关关税减让的议定书和证书；

（2）加入议定书；

（3）按 GATT 1947 第 25 条批准，而到 WTO 协定生效时仍有效的免除责任的决定；

（4）GATT 1947 缔约方全体的其他决定；

3. 包括解释 GATT 1994 第 2.1（b）条、第 17 条、第 24 条、第 28 条等《谅解》。

二　涵盖协议条款解释由部长会议做出

只有 WTO 部长级会议或总理事会才有权对 WTO 各涵盖协议做出权威的最终解释（definitive interpretation）。本质上，该权威解释是一种立法性质的解释。

《马拉喀什协定》第 9.2 条规定：部长级会议和总理事会拥有通过对本协定和多边贸易协定所作解释的专有权力。对附件 1 中一多边贸易协定的解释，部长级会议和总理事会应根据监督该协定实施情况的理事会的建议行使其权力。通过一项解释的决定应由成员的四分之三多数做出。本款不得以损害第 10 条中有关修正规定的方式使用。

DSU 第 3.9 条也指明，本谅解的规定不损害各成员通过《马拉喀什协定》或诸边贸易协定的适用协定项下的决策方法，寻求对一适用协定规定的权威性解释的权利。

换言之，争端当事方若对专家组或上诉机构所做的"（准司法）解释"不满，有权另向部长级会议或总理事会请求用立法方式做出权威性解释。

三 解释国际法的国际习惯法澄清涵盖协议条款

DSU 第 3.2 条规定，对所有的 WTO 涵盖协议条款内容的解释必须"依照解释国际公法的惯例"进行。此为 DSU 唯一规定的有关 WTO 涵盖协议解释的原则。在专家组及上诉机构的裁决中，本条款中的"解释国际公法的惯例"被解释为遵守 1969 年《维也纳条约法公约》（Vienna Convention on the Law of Treaty，简称"VCLT"）中规定的条约解释方法。

在"美国汽油案"中，上诉机构指出：1969 年 VCLT 第 31 条标题的解释通则已获得"习惯国际法或普通国际法"的法律地位，因此，上述条款已是"国际公法对解释的习惯性规则"。换言之，DSU 第 3.2 条要求上诉机构适用上述条款，以阐明 GATT 1994 和《马拉喀什协定》其他涵盖协议的各种规定。此认识表明：不可以将 GATT 1994 与国际公法隔离开来进行理解。[①]另外，DSB 通过上诉机构的报告指明《维也纳条约法公约》是 DSU 第 3.2 条所指的"解释国际公法的习惯法"，其表明即使未加入《维也纳条约法公约》的国家例如美国或单独关税区也接受《维也纳条约法公约》，可以用来解释 WTO 涵盖协议。具体的 WTO 协定的条约解释参见本书下篇相关章节。

---

① AB Report, US—Gasoline, WT/DS2/AB/R, 29 April 1996, p.17.

第四章　争议解决目的、宗旨与要求

根据 DSU 第 3.2 条的规定，WTO 争议解决是为多边贸易体制提供可靠性（security）和可预测性（predictability）的核心保障（central element）。总体而言，DSU 的基本宗旨和要求如下：

1. 保护各成员方的权利，监督各成员履行义务，即所有解决争端的办法都必须符合 WTO 实体法的规定。例如，DSU 规定磋商、调解、准司法和仲裁等争端解决方案必须与 WTO 规定相一致；

2. 保证客观（objective）、迅速（prompt）、正确地解决争议（positive solution）。例如，DSU 第 11 条规定，专家组应定期与争端各方磋商，并给予它们充分的机会以形成双方满意的解决方案。同时，在实践中，专家组可以遵循司法节制（judicial economy）原则，以便快速地审结争议；

3. 应善意地参与解决争端。DSU 第 3.10 条规定：一旦发生争端，所有成员均应以真诚（in good faith）的方式参与这些程序；[①]

4. 禁止单边贸易报复。例如，DSU 第 23 条强调成员通过多边解决争议机制解决与另一成员的贸易争议，而不得采取单方报复的行动。

正是由于上述的宗旨，WTO 争端解决机制才被认定为可靠的和可预测的多边贸易体制的核心成分。

　　DSU 第 3.2 条规定：WTO 争端解决体制在为多边贸易体制提供可靠性和可预测性方面是一个重要因素。各成员认识到该体制适于保护各成员在

[①] 参见刘敬东《WTO 法律制度中的善意原则》，社会科学文献出版社，2009，第 172—178 页。笔者注释："good faith"一词在中国很多国际法的书中翻译为"善意"，这是正确的。刘敬东的书分析 WTO 法律制度中的善意原则，很有说服力。"good faith"根据百度翻译意为诚意、信义、真诚、善意、精诚；英国商法上翻译为"真诚"；中国在 WTO 涵盖协议的翻译中将"good faith"译为"真诚"。由于 WTO 涉及贸易的商法属性，此处该词仅指参与争议解决程序的态度，翻译成"真诚"比较合适。

适用协定项下的权利和义务，及依照解释国际公法的惯例澄清这些协定的现有规定。DSB 的建议和裁决不能增加或减少适用协定所规定的权利和义务。

DSU 第 3.5 条规定：对于根据适用协定的磋商和争端解决规定正式提出的事项的所有解决办法，包括仲裁裁决，均与这些协定相一致，且不得使任何成员根据这些协定获得的利益丧失或减损，也不得妨碍这些适用协定任何目标的实现。

DSU 第 3.7 条规定：在提出一案件前，一成员应就根据这些程序采取的措施是否有效做出判断。争端解决机制的目的在于保证使争端得到积极解决。争端各方均可接受且与适用协定相一致的解决办法无疑是首选办法。如不能达成双方同意的解决办法，则争端解决机制的首要目标通常是"保证撤销"被认为与任何适用协定的规定不一致的有关措施。提供补偿的办法只能在立即撤销措施不可行时方可采取，且应作为在撤销与适用协定不一致的措施前采取的临时措施。本谅解为援引争端解决程序的成员规定的最后手段是可以在歧视性的基础上针对另一成员中止实施适用协定项下的减让或其他义务，但需经 DSB 授权采取此类措施。

DSU 第 3.10 条规定"真诚地参加争议解决的程序"：各方理解，请求调解和使用争端解决程序不应用作或被视为引起争议的行为，如争端发生，所有成员将真诚地参与这些程序以努力解决争端。各方还理解，有关不同事项的起诉和反诉不应联系在一起。

第五章　争端解决程序

在具体的机构上,争端解决机构(DSB)由 WTO 全体成员方的代表组成,其创设于乌拉圭回合,意在解决 WTO 各项协定可能引发的争端。DSB 有权设立专家组,通过专家组和上诉机构报告,并监督其通过的裁决和建议的执行,以及如果成员方未对其裁决和建议及时做出回应,其有权授权中止适用协定项下的减让和其他义务。DSB 应"视需要召开会议,以行使其权能"。它通常每月召开一次会议,也可应某一成员方的请求召开特别会议。DSB 以一致同意的方式做出决议,即如果 DSB 做出决议时,与会成员方无一正式表示反对,该决议即通过。

在争端解决程序上,GATT/WTO 争端解决机制亦被称为"外交(政治)与司法,两条腿走路"。[1]在 GATT 时期,GATT 1947 第 22 条规定的"协商"是指运用外交手段解决分歧;而第 23 条则规定,在协商无法解决时,由缔约方全体"调查"、"提出建议",并于"适宜时做出裁决"。在 WTO 时期,DSU 第 4 条和第 5 条中的磋商、调解与斡旋体现为争端解决的政治手段,而专家组和上诉机构裁决争议则体现为准司法性。当然,必须强调的是,DSU 中的磋商、斡旋、调解等程序,是受 WTO 法律框架严格限制的,它与传统国际法中的漫无限制的纯外交方式有所不同,也与国际贸易领域中 WTO 以外的规范不同。

一　磋商、斡旋、调解和调停

1. 磋商

DSU 明确规定:磋商(consultation)是解决争端优先采取的手段,是采取司法诉讼前必须进行的程序。进一步地,DSU 第 4.2 条规定:每一成员承诺对另一成员提出的有关在前者领土内采取的、影响任何适用协定运用的措施的交

---

[1] 赵维田:《世贸组织(WTO)的法律制度》,吉林人民出版社,2000,第 430 页。

涉给予积极考虑，并提供充分的磋商机会。当然，磋商是保密的，且不妨害任何成员在后续诉讼中的权利。

同时，磋商请求书应满足固定的格式。DSU第4.4条规定，所有此类磋商请求应由请求磋商的成员通知DSB及有关理事会和委员会。任何磋商请求应以书面形式提交，并应说明提出请求的理由，包括确认所争论的措施，并指出起诉的法律根据。

在磋商进程中，第三方也可参与磋商。具体而言，只要进行磋商的成员以外的一成员认为按照GATT 1994第22条第1款和GATS第22条第1款或其他涵盖协议的相关规定所进行的磋商涉及其实质贸易利益，则该成员即可在根据上述条款进行磋商的请求提交之日起10天内，将其参加磋商的愿望通知进行磋商的成员和DSB。如果磋商请求所针对的成员同意该申请参加磋商的成员的实质利益主张是有合理理由的，该成员将被允许作为第三方参加磋商。如果参加磋商的请求未予接受，那么该申请成员有权另行提起磋商请求。

2. 斡旋、调解和调停

与磋商的强制前置程序不同，斡旋、调解和调停是争端当事方同意自愿采取的程序。根据DSU第5.2条，涉及斡旋、调解和调停的诉讼程序是保密的，且不损害任何一方根据这些程序进行进一步诉讼的权利。

斡旋、调解和调停程序可以随时开始、随时终止。一旦上述程序终止，起诉方可请求设立专家组。在实践中，总干事可依其职权提供斡旋、调解和调停，以协助各成员解决争端。

二 专家组

如争端方在收到磋商请求之日起60天内未能通过磋商解决争端，则起诉方可请求设立专家组。当然，如果磋商各方均认为磋商已不能解决争端，则起诉方可在60天期限内请求设立专家组。

1. 专家组成员的选任

根据DSU的规定，专家组应由资深政府和/或非政府的个人组成，包括曾在专家组任职或曾向专家组陈述案件的人员、曾任某一成员方代表或某一GATT 1947缔约方代表或任何涵盖协议或其先前协定的理事会或委员会的代表的人员、秘书处人员、曾讲授或出版国际贸易法或政策著作的人员，以及曾任某一成员方高级贸易政策官员的人员。

总体而言，专家组成员有两个不同的来源：一是根据 DSU 第 8.4 条由各成员推荐，经过 DSU 批准形成的一份"政府或非政府专家指示性名单"；二是 WTO 总干事熟悉的各成员方驻日内瓦的官员、秘书处人员或以前曾经处理 GATT 纠纷的专家。同时，专家组成员的选择应以保证各成员的独立性、具有完全不同的背景和丰富的经验为目的。原则上，专家组成员不能办理本国案件。DSU 第 8.3 条规定：政府为争端方或为第 10 条第 2 款规定的第三方成员的公民不得在与该争端有关的专家组中任职，除非争端各方另有议定。

根据 DSU 第 6.2 条规定：设立专家组的请求应以书面形式提出。请求应指出是否已进行磋商、确认争论中的措施并提供一份足以明确陈述问题的诉求的法律根据概要。在申请方请求设立的专家组不具有标准职权范围的情况下，书面请求应包括特殊职权范围的拟议案文。

2. 专家组的设立与组建

专家组一般由 3 名成员组成，除非在专家组设立后 10 天内，争端方同意专家组由 5 名成员组成。进一步地，如在专家组设立之日起 20 天内，争端方未就专家组成员的选定达成协议，则总干事应在双方中任何一方的请求下，经与 DSB 主席和有关委员会或理事会主席磋商，且在与争端各方磋商后，决定专家组的组成。所任命的专家组成员为总干事认为依照争端所适用的涵盖协议的任何特殊或附加规则和程序最适当的成员。

3. 专家组的职权范围（terms of reference）、权限与责任

专家组具有明确的职权。根据 DSU 第 7 条规定，专家组按照（争端各方引用的适用协定名称）的有关规定，审理（争端方名称）在……申请书中向 DSB 提出的事项，做出裁决以协助 DSB 按照该协定提出建议或裁决。当然，专家组应处理争端各方引用的任何适用协定的有关规定。

虽然专家组的职权范围规定在 DSU 第 7 条中，但是 DSU 第 6.2 条规定，设立专家组的申请要说明是否进行磋商，要确认有争议的具体措施，并提供一个能说清楚问题的诉求法律根据的案情概要。同时，第 4.4 条"磋商"规定，任何磋商请求均应以书面提出，说明请求的理由，包括有争议措施的证明材料，并指出该诉状的法律根据。

结合上述条款，一成员方在请求争端磋商时，实际上就已经将未来要求成立的专家组的申请书内容填写好了。DSU 第 7 条中的"提出的事项"为 DSU 第 6.2 条中的争议涉及的具体措施和诉求的法律依据。专家组对申诉方没有提出的争议措施不具有管辖权。在"欧共体香蕉案"中，上诉机构指出：设立专家组请求书中确认的诉求设定了DSU第7条规定的专家组的职权范围；而支撑这些诉求的论据是在专家组成立后当事方第一次书面诉状中提出，并经以后反驳性诉状和当事方参加的专家组第一、第二次会议逐步阐述澄清的。①因此，"成员请求设立专家组的申请书要充分、准确，其理由是因为：第一，它通常是按DSU第7条确定专家组职权范围的根据；第二，它告诉被告和第三方该诉讼的法律根据"。②

当事方明确规定专家组的任务书，明确专家组审理的问题和权限（terms of reference）对当事方很重要。如果专家组的审理范围很宽，因申诉方对其提交的申诉（claim）要负举证责任，提出表面上有说服力的诉状（prima facie case），被诉方抗辩的范围也相应扩大，举证责任加重。如果被诉方不能证明申诉方的违反指控不成立，则败诉。如果专家组越权审理，当事方可以根据DSU第11条提起上诉，指控专家组没有按规定对案件进行客观的审理，进而专家组的越权裁定也就宣告无效。

4. 第三方参与

DSU第10条规定，争端各方的利益和争端中所争论的某一涵盖协议项下的其他成员的利益应在专家组程序中得到充分考虑。同时，任何对专家组审议的事项有实质利益且已将其利益通知DSB的成员（即第三方）应由专家组给予听取其意见并向专家组提出书面陈述的机会。这些书面陈述也应提交争端各方，并应反映在专家组报告中。简言之，第三方具有知情权、参与权和说明观点的权利。

5. 专家组审理过程

专家组对案件的事实、有关涵盖协议的适用性及被指控的措施与涵盖协议的一致性做出客观性评估，并出具调查结论，以协助DSB做出相应的裁决或提出建议。专家组在审阅双方提交的材料之后，安排时间与双方及第三方举行实质性会议，这些会议不公开，会上专家组向双方提出问题。

总体上，专家组程序应具有充分的灵活性，以保证高质量的专家组报告，

---

① Appellate Body Report, European Communities—Regime for the Importation, Sale and Distribution of Bananas, WT/DS27/AB/R, 9 September 1997, para. 140.

② Appellate Body Report, European Communities—Regime for the Importation, Sale and Distribution of Bananas, WT/DS27/AB/R, 9 September 1997, para. 141.

同时不应不适当地延误专家组程序。在审理中,专家组应为争端各方提供充分的时间以准备陈述。每一方应将其书面陈述交存秘书处,以便立即转交专家组和其他争端方。

如争端各方未能形成双方满意的解决方法,专家组应以书面报告形式向DSB提交调查结果。在此种情况下,专家组报告应列出对事实的调查结果、有关规定的适用性及其所做出的任何调查结果和建议的基本理由。

在审理时间上,专家组进行审查的期限一般不应超过6个月。如专家组认为不能在6个月内提交报告,则应书面通知DSB迟延的原因和可提交报告的估计期限。自专家组设立至报告发送给各成员的期限不应超过9个月。

6. 专家组报告

专家组经过审理、分析,其先会将案件的事实陈述和双方及第三方的观点部分,以及专家组报告调查结论的草稿,发给争端双方,让其提出评论,上述程序为中期评审。在规定时间内,如果双方没有提交书面意见,报告草稿则成为最终报告;如果双方提出意见,专家组会在最终报告中对双方的意见做出回应。最终报告先发给争端双方,然后再发送全体成员。

专家组报告发送给各成员之日起的20天后,DSB将审议专家组报告。在专家组报告发送给各成员之日起60天内,该报告应在DSB会议上通过,除非一争端方正式通知DSB其上诉决定,或DSB经协商一致决定不通过该报告。同时,如果一方已通知其上诉决定,在上诉完成之前,DSB将不审议通过该专家组报告。该通过程序不损害各成员方就专家组报告发表意见的权利。

三 上诉程序

1. 上诉机构成员的选任

DSU第17条专门规定了上诉审议事项,其中,涉及常设上诉机构的条款多达8款。与专家组不同,WTO争端解决的上诉机构为常设性机构,其专门负责审理专家组案件的上诉。在人员构成上,上诉机构由7人组成,任何一个案件由其中3名上诉机构成员负责审理。同时,上诉机构成员任期4年,可连任一次,最长为8年。

关于上诉机构成员的资格,应为公认的权威人士,须具备法律、国际贸易和各涵盖协议所涉主题方面公认的专门知识。同时,他们不隶属于任何政府,且上诉机构的成员资格应广泛代表WTO的成员资格。

在工作任务上，上诉机构任职的所有人员应随时待命，并应随时了解争议解决活动和 WTO 的其他有关活动。他们不得参与审议任何可产生直接或间接利益冲突的争议。

除此之外，DSB 就成立上诉机构的事项制定了《上诉审查工作程序》，其第一部分为组织内部事务，第二部分为程序事项。具体内容包括上诉机构的组成（专长、代表性、独立性和保密、雇用条件、遴选程序）、内部程序（即工作程序）和行政及法律支持。DSU 和上述文件共同构建起上诉机构的框架。

正如上诉机构成员所指出的：WTO 上诉机构是介于仲裁与司法诉讼之间的准司法机构。[①] 上诉机构 AB 成员没有法官的正式头衔，也没有退休金。上诉机构成员之所以受到尊重：一方面是法律授予他们终审的权力；更重要的一方面是他们经过严格选拔，具备资深的职业标准、敬业精神，他们的报告具有比较高的质量，含有对涵盖协议的分析与解释。

2. 上诉机构的职责

DSU 第 17.6 条规定，上诉应限于专家组报告涉及的法律问题和专家组所做的法律解释。

在实践中，上诉机构也不断阐述其裁决的事项仅针对法律问题。例如，在"欧共体荷尔蒙案"中，上诉机构指出，"上诉机构的审查范围仅限于因专家组报告中涉及的法律问题和专家组所做的法律解释而提起的上诉。事实的认定与一个专家组所作法律解释和法律结论不同，原则上不属于上诉机构审议的范围。确定某一特定证据的可信性及其应适当赋予的证明力（也就是对证据进行评估）是调查程序的组成部分，因而，在原则上，由作为事实判断者的专家组自由裁定。但是，某件或某组特定事实是否符合某个条约规定的要求则属于法律定性问题，是法律问题。一个专家组是否按 DSU 第 11 条要求对其所审理的事项做出客观评估也是法律问题，若为此提出上诉，就属于上诉机构审查的范围"。[②]

当然，"事实和法律"的区分在现实中存在诸多困难，有些事项既是事实

[①] 参见上诉机构前成员 Gorges ABI - SAAB 2005 年在 Cambridge 出版社出版的《WTO 争议解决中的法律问题，WTO 第一个 10 年》一书中发表的文章《WTO 争议解决与一般国际法》，以及上诉机构成员 Peter Van Den Bossche 和 Werner Zduc 在 *WTO Law，Policy and Practices*（3rd edition）一书中对 WTO 争议解决机制的介绍。

[②] See Appellate Body Report, European Communities—Measures Concerning Meat and Meat Products (Hormones), WT/DS26/AB/R, 16 January 1998, paras. 135, 132.

问题也是法律问题。更进一步地，由于缺乏上诉机构认定事实的权限，上诉机构也常面对无法完成法律分析的困难局面。有鉴于此，对上诉机构的职责的探索仍不应停止。

3. 上诉机构的决策与裁决

专家小组的终期报告公布后，争议各方均有上诉的机会，案件也随之进入了上诉机构审议阶段，通常是由争议解决机构设立的常设上诉机构受理。DSU明确规定上诉机构的意见应当是匿名的。针对有关上诉案件的裁决，应由审理该上诉案件的三名上诉机构成员组成的审议庭（division）做出。如果上诉机构成员无法达成一致意见，则裁决应由多数票做出。

在裁决的程序上，上诉审议的程序应保密，报告应在当事方不在场的情况下做出；在裁决的对象上，上诉机构应审理（address）上诉中所提出的每一个事项；在裁决的内容上，上诉机构可以维持、修正、撤销专家组的裁决结论，并向争端解决机构提交审议报告。虽然上诉机构可以维持、修正、撤销专家组报告，但是上诉机构并没有"发回重审"的权力。

需要注明的是，尽管"保密"和"匿名"之目的很清楚，但是仍然有值得思考的余地。"保密"可以保证公正、独立和高效，但是这与专家组报告的"中期审议"的民主性却形成了对比。笔者理解，由于专家组报告涉及对于事实和法律适用的认定，为保证报告事实的准确性以法律适用的表述无误，中期审议时，将专家组报告草案发给当事方征求意见，获得确认，是必要的。然而，上诉机构的报告仅仅涉及对法律的解释和专家组报告的法律问题，在口头听证会上，当事各方的意见已经充分表达并且也提供了书面的法律辩论文件。上诉机构的报告是终审的结论，一般不需要当事人的再次确认。另外，上诉机构将其报告草案发给当事方会进一步延迟上诉机构报告发表的时间。因此，DSU未规定上诉机构报告的"中期审议"。这也可以理解为 DSU 在"迅速解决争议"和民主协商方式之间的一种抉择。

"匿名"说明上诉机构成员可以发表不同意见，只是为了保护发表意见的人而不署名而已。实践中也确实出现过上诉机构报告中包含对于某个问题"不同意见"（dissenting opinion）或"单独意见"（separate opinion）的情况。允许"主审法官"将不同意见写入"判决书"，这显然是借鉴了某些国内司法制度的做法，还表明各成员方对争议解决机制的信心：即使个别"法官"有不同意见，当事方也要"无条件接受"由 DSB 通过的上诉机构裁决。

4. 上诉机构组庭审理过程

上诉机构组庭审理过程主要分为提交上诉文件、书面陈述、口头听证会、庭审三法官讨论、上诉机构七名法官在日内瓦交换意见、庭审三名法官内部讨论裁决等程序。根据《上诉机构规则》，具体内容如下：

在提交上诉文件方面，除非有关文件为上诉机构秘书处在上诉规则所列明的提交期限内收到，否则该文件不得视为已提交上诉机构。除非程序规则中明确做出相反的规定，否则所提交的每份文件都应向所有其他争议方，包括参加专家组争议解决程序的第三方和上诉程序中的参与方送交。上诉通知书应包括：提请上诉的专家组报告名称；提交上诉通知书的争议方名称；争议方的送达地址、电话和传真号码；上诉性质的简要陈述，包括专家组所涉及的法律问题和专家组做出的法律解释中存在错误的主张。

申诉方应在提交上诉通知书的同时提交书面陈述，并送达其他争议当事方和第三方。书面陈述应包括下列内容：支持申诉方立场的法律论据，包括上诉理由的准确说明，专家组报告所涵盖的法律问题及专家组做出的法律解释中所存在错误的具体主张；关于所依据的涵盖协议的条款及其他法律渊源的准确说明；所寻求的裁定或裁决的性质。被诉方的陈述必须在上诉通知书提交之日起25天内做出。被诉方陈述应包含以下内容：就申诉方陈述及上诉方支持其主张的法律论据中提出的，专家组报告所涵盖的法律问题及专家组做出的法律解释中存在错误的具体主张，予以反驳的理由的准确说明；对申诉方陈述中列明的每一条理由是接受还是反对；关于所依据的涵盖协议的条款及其他法律渊源的准确说明，以及所寻求的裁定或裁决的性质。此外，第三方也可以提出书面陈述。

关于口头听证会，每一起上诉案件都应在日内瓦WTO的会议大厅举行口头听证会，口头听证会通常在提交上诉通知之日起30天内举行。主持听证会的上诉机构首席法官可设定开幕词即阐明立场的发言的时间限制。一般根据上诉案件的复杂程度和法律问题的多少，申诉方和被诉方在听证会开幕词中阐明立场的发言通常分别为20—35分钟，第三方的发言每人5—7分钟。第三方可按照规则出席并参与听证会。庭审过程中，三名法官根据听证会前一周在当事方提交的书面陈述书基础上准备好的问题单子，分别向申诉方、被诉方和第三方提出问题。该问题单子是三名庭审法官在阅读了上诉案卷后分别提出问题然后汇总，再经过反复讨论涉案的措施、法律问题、涉及的涵盖协议条款、WTO

先前的同类案例、法律解释等而形成的。有的案件涉及经济学问题、技术标准问题、上诉机构法官会请来专家进行介绍、集体讨论专业问题。在听证会上，第一天首先听取申诉方、被诉方和第三方对涉案措施违反涵盖协议的指控、法律依据、结论等立场阐明的开幕词；然后庭审法官提问题，一般包括涉案措施、违反哪些涵盖协议的条款、违约指控的法律依据等；接着，法庭对涉案的主要法律问题进行辩论。如果上诉案件包括专家组违反DSU第11条的指控，庭审法官还要在庭上要求当事方讲清楚涉案的事实，以便庭审法官审议专家组是否履行DSU第11条的义务以及对涉案事实和法律问题是否做客观的评估。一般案件的开庭时间在2天左右。大型复杂的上诉案件时间更长，例如波音飞机和空客的补贴案开了两次听证会，每次3—5天。每天开庭后，速记员都打印出开庭问答的记录（transcript）。庭审法官连夜阅读开庭记录，调整或补充第二天的开庭提问。这个开庭记录（transcript）对于未出席口头听证会的非审议庭法官也非常有用，他们可以熟悉涉案问题和当事方的答疑，有利于7名法官之间交换意见。非庭审法官可以根据庭审记录准备他们在参加交换意见会议时将发表的个人对该案件的意见。

在法官裁决过程中，虽然DSU规定每一个案件都应当由上诉机构7名成员中的3名审理，但是实际上，上诉机构所有成员（被规避的成员除外）都将收到所有上诉程序中提交的一切文件。在完成上诉机构报告并发给WTO成员之前，上诉机构所有成员（被规避的成员除外）应对每一起上诉案件在日内瓦相互交换意见（exchange of views）。当然，负责审理的三名法官对其审理和裁决的上诉案件拥有"全部权力和自由"。实践中，经由庭审三名法官内部讨论后，仍可能存在反对的意见，但是该反对意见是匿名的，并且每一份报告都至少须由两位庭审法官同意，并以上诉机构本身的名义做出，进而保障裁决的合议性。

5. 上诉机构报告

DSU第17.5条规定，诉讼程序自一争议当事方正式通知其上诉决定之日起至上诉机构提交其报告之日止通常不得超过60天。当上诉机构认为不能在60天内提交报告时，应书面通知DSB延迟的原因及可提交报告的估计期限。同时，该诉讼程序不得超过90天。事实上，由于案件复杂、法律问题多、翻译时间长、两个上诉案件并列进行、上诉机构秘书处人力资源缺乏等原因，在约占半数的上诉案件中，上诉机构主席报告DSB主席上诉机构的报告完成期限将超过90天。

上诉机构完成最终报告后,将其提交DSB审议。当上诉机构报告被审议通过后,该报告则对当事方产生法律效力。笔者在上诉机构工作八年多,未见DSB不通过上诉机构报告的情况,也未见DSB修改任何上诉机构的报告。该规则也包括采纳专家组报告中没有被上诉机构报告变更的部分。

四 报告的通过

1. 报告的审议与通过

DSU第17.14条规定,上诉机构报告应由DSB通过,争端各方应无条件接受,除非在报告发给各成员后的30天内,DSB经协商一致决定不通过该报告。当然,此通过程序不损害各成员就上诉机构报告发表意见的权利。

上述程序表明,专家组报告的通过,或上诉情况下上诉报告的通过几乎是自动的。因为只有在胜诉方也不同意报告的情况下,报告才有可能搁浅。如果裁决认为争议措施违反WTO协定,DSB通常会建议违规方对违规措施或法规采取行动以使其与WTO义务一致。

2. 执行建议与裁决

在WTO争端解决机制下,两类裁决必须由被诉方严格执行:其一为专家组和上诉机构程序项下产生的DSB裁决;其二为DSU第25条项下的仲裁裁决。

专家组报告或上诉机构报告通过后,报告中所做的裁决和建议就成为DSB的裁决和建议,对争议当事方正式生效,这也标志着DSB对某项争议的审理已告终结,进入执行阶段。专家组或上诉机构就贸易争议做出的最终裁决,通常在其报告的最后部分即"裁定与结论"(findings and conclusions)中阐明。

"裁定与结论"部分一般包括裁决(rulings)、建议(recommendation)与意见(suggestion)。裁决是对被诉方所采取的、就引发该项争议的措施是否符合WTO涵盖协定的规定做出的合法性判断;建议是在专家组和上诉机构认定某一措施与涵盖协议不一致时,建议有关成员使该措施符合涵盖协议的方式;意见则为专家组或上诉机构在建议之外,对该成员执行上述建议的方式提出的方法。

需要注明的是,一般而言,DSB通常会对违约方做出"建议"。虽然只是建议，但这个"建议"有法律效力。根据国际公法和国际惯例，各缔约方有义务诚实信用地遵守签订的条约并终止非法行为。同时，DSU 第 23 条等还提供了败诉方不履行义务的救济措施。

在 DSB 决定的时限上，除非争议当事方另有议定，自 DSB 设立专家组之日起至 DSB 审议通过专家组报告或上诉机构报告之日止的期限，在未对专家组报告提出上诉的情况下一般不得超过 9 个月；在提出上诉的情况下不得超过 12 个月。实践中，一些大型或者复杂的案件，例如"空中客车和波音飞机补贴案"，专家组用了将近两年时间完成专家组报告。

3. 执行合理期限与执行监督

有关裁决的执行和监督也是 WTO 争议解决机制程序所不容忽视的内容。DSU 第 21.3 条规定，专家组或上诉机构报告通过后 30 天内，DSB 将举行会议要求败诉方通知 DSB 其执行 DSB 建议的安排。如果立即执行不可行，那么 DSB 将给予败诉方一个合理的期限（RPT）以完成执行。确定该期限有三种方式：一是 DSB 批准的有关成员提出的期限；二是在裁决后 45 天内争议各当事方达成的期限；三是裁决后 90 天内由仲裁决定。通常而言，8 至 15 个月内都被认为是合理的期限，具体个案的合理期限可由独立仲裁员裁决。

如果在是否存在为遵守建议和裁决所采取的措施或此类措施是否与适用涵盖协议相一致的问题上存在分歧，则此争议也应通过援用这些争议解决程序加以决定，包括只要可能应求助于原专家组。

DSB 负责监督裁决和建议的执行情况。建议或裁决通过后，任何成员可随时在 DSB 提出有关执行的问题。除非 DSB 另有规定，否则执行建议或裁决的问题在依照第 21.3 条确定合理期限之日起 6 个月后，应列入 DSB 会议的议程，并应保留在 DSB 的议程上，直到该问题解决为止。由此，该机制使 DSB 全体成员定期监督败诉方执行裁决情况，也给败诉方施加了压力，使其能够尽快修改措施以满足 DSB 的建议和决定的要求。

五 救济措施

1. 谈判与补偿

如果在规定的合理期限内败诉方拒不执行，DSU 第 22.2 条规定败诉方在申诉方的要求下应与申诉方进行谈判，以达成双方均可接受的补偿。换言之，当专家小组或上诉机构的建议或报告未被 DSB 采纳或执行时，在自愿的基础上，争议当事方可以就补偿办法达成一致协议。

由此，补偿具有临时性和自愿性，并且如果给予补偿，那么该补偿应符合WTO涵盖协议的规定。这与DSU第3.5条所确定的WTO争议解决机制的原则是一脉相承的。该条款规定，对于按涵盖协议协商与解决争议条款正式提出的争议事项的所有解决办法，均应符合该协议，不得抵消或损害任何成员按该涵盖协议所享有的利益，也不得妨碍该涵盖协议目标的实现。在实践中，WTO争议解决机制的补偿一般不是金钱性质的，而通常是以关税减让或扩大市场准入等降低贸易壁垒的方式进行。

2. 中止减让和其他义务

如果违背义务的一方未能履行建议并拒绝提供补偿，受侵害的一方可以要求DSB授权其采取报复措施，中止协议项下的减让或其他义务。

具体而言，如果在合理期限到期20天内不能达成补偿协议，则申诉方可要求DSB授权其终止对败诉方的有关减让或其他协议规定，即援引争议解决程序的一方可要求DSB授权其中止履行对有关协议的减让和其他义务，除非DSB一致拒绝该项要求。而争议当事各方就仲裁事项达成的协议应向WTO成员方通报，并将仲裁意见书通报给DSB及有关协议的理事会或委员会。

在考虑终止哪些减让或义务时，申诉方必须遵循一定的程序和原则。总原则是申诉方应首先确定由专家组或上诉机构认定违反WTO义务的部门，之后针对相同的部门终止减让或其他义务；如果不可行，则寻求终止同一涵盖协议项下其他部门的减让或其他义务；如果还不可行，而且情况足够严重，则可寻求终止另一涵盖协议项下的减让或其他义务。

按DSU第22.6条的规定，一旦胜诉方提出上述报复请求，DSB应在败诉方执行裁决的合理期限届满后30天内，同意授权胜诉方进行报复，除非DSB以共识决定拒绝该请求。如果DSB授权报复，则授权的范围是终止与利益丧失或减损程度相当的减让或其他义务。如果被报复方认为不应在另一涵盖协议或本协议项下的另一部门终止减让，或对减让的程度有异议，或者声称未遵循第22.3条规定的原则和程序，则可要求仲裁确定。仲裁应于执行裁决的合理期限届满后60天内完成。在仲裁过程中，胜诉方不可实施报复措施。

在实践中，报复也被多次使用。例如，欧盟于2012年9月27日致函DSB，根据DSU第22.2条的规定，要求DSB授权欧盟对美国采取价值120亿美元的报复措施（to take countermeasures），理由是美国未撤销其本国对大飞机的补贴措施。①

必须强调的是，WTO 争议解决机制中无"临时中止"或"临时禁令"，而这可能会造成一成员方在争议解决过程中损失的扩大。因为 WTO 的救济措施只针对未来（prospective），而不溯及既往（retrospective），所以，很多争议案件直到裁决做出，败诉方才取消其不符合 WTO 规则的措施。DSU 也规定争议当事方应该诚实信用地参与争议解决程序并努力解决争议，② 争议当事方不应扩大其措施对于另一方的损害。WTO 强调"迅速、积极解决争议"，这可以减少因违约措施而造成的损失。上诉机构报告由 DSB 通过。DSB 通过后的裁决对争议当事方具有法律拘束力，争端各方应无条件接受。③ DSU 第 21 条（对执行建议和裁决的监督）规定争议的败诉方必须立即执行裁决，在合理期限届满之后还不执行的，经 DSB 批准胜诉方可以采取报复措施，其中，也包含败诉方拖延不执行裁决对申诉方造成的损失。

六 其他

1. 仲裁

DSU 第 25 条专门规定仲裁及其程序。该条指出，WTO 中的迅速仲裁作为争端解决的一个替代手段，能够便利地解决涉及有关双方已明确界定的问题的争端。当然，诉诸仲裁应经各方同意，各方应议定将遵循的程序。诉诸仲裁的一致意见应在仲裁程序实际开始之前尽早通知各成员。

只有经已同意诉诸仲裁的各方同意，其他成员方可成为仲裁程序的一方。诉讼各方应同意遵守仲裁裁决。仲裁裁决应通知 DSB 和任何有关涵盖协议的理事会或委员会，任何成员均可在此类机构中提出与之相关的任何问题。

需要强调的是，与专家组报告和上诉机构报告不同的是，仲裁裁决无须经过 DSB 的通过程序，裁决一经做出，即对当事方产生法律拘束力。

2. 涉及最不发达国家成员的特殊程序

DSU 第 24 条的规定涉及最不发达国家成员的特殊程序。该条规定，各成员在根据 DSU 程序提出涉及最不发达国家的事项时，应表现出适当的克制。同时，如认定利益的丧失和减损归因于最不发达国家成员所采取的措施，则起诉

---

① 见本书案例 3 欧盟诉美国影响大型民用飞机贸易措施案，DS353。
② DSU 第 3.10 条。
③ DSU 第 17.14 条。

方在依照这些程序请求补偿或寻求中止实施减让或其他义务的授权时，应表现出适当的克制。

根据 DSU 第 24.2 条的规定，在涉及某一最不发达国家成员的争议解决案件中，如在磋商中未能找到令人满意的解决方法，则应最不发达国家成员的请求，总干事或 DSB 主席应进行斡旋、调解和调停，以期在提出设立专家组的请求前，协助各方解决争端。总干事或 DSB 主席在提供以上协助时，可向自己认为适当的任何机构进行咨询。

第六章 笔者对 WTO 争议解决程序的评析

一 磋商、调解与准司法两种解决争议方式并用

WTO 的争议解决机制包括磋商、调解的非诉方式和专家组、上诉机构的准司法解决争议的方式。GATT 时期以外交谈判解决争议为主。乌拉圭回合建立了包括专家组和常设上诉机构的两审终审的准司法解决争议的机制。笔者认为：无论是外交磋商、调解的非诉方式还是准司法解决争议的方式都是解决争议的手段和途径，WTO 应该坚持以两种争议解决机制"两条腿"走路的方针。

WTO 解决争议的宗旨是"迅速"（prompt）和"积极"（positive）。DSU 第 3.3 条规定：在一成员认为其根据适用协定直接或间接获得的利益正在因另一成员采取的措施而减损的情况下，迅速解决此类情况对 WTO 的有效运转及保持各成员权利和义务的适当平衡是必要的。DSU 第 3.4 条规定：DSB 所提建议或所做裁决应旨在依照本谅解和适用协定项下的权利和义务，实现问题的满意解决。

WTO 的争议解决专家和上诉机构成员应该将"迅速"、"积极"解决争议以使当事方在 WTO 下的权利与义务实现再平衡放在首位。方法和途径只是达到目的的工具。根据个案情况，非诉和准司法诉讼两种途径都应采用。DSU 第 3.7 条已肯定首选是双方通过外交磋商或非诉的调解达到和解。DSU 第 4.1 条指出：各成员决心加强和提高各成员使用的磋商程序的有效性。因此不能过多强调准司法性，更不能陷入法律文牍主义。DSB 通过的报告是解决当事方政府之间的贸易争议，而不是提交一份法律论文（presentation），因此特别应该避免冗长烦琐的（very long and complicated report）、读者读不懂的（not reader friendly）法律报告。

二 鼓励更多使用磋商和调解解决争议

WTO 应鼓励更多使用磋商、调解、调停等非诉方式解决政府间的争议。鉴

于 GATT/WTO 的契约性质，多边谈判可以达成权益与义务的平衡，并且 WTO 是成员驱动的国际机构，争议解决机构是由全体 WTO 成员组成的，所以 WTO 成员是解决争议机制的核心力量。通过成员政府间磋商或者第三者的调解，斡旋可以主动、直接、快速地解决政府之间的贸易争议。正式的、准司法的诉讼解决争议程序比较长，一般至少需要一年半。而非诉解决争议的方法可以迅速解决争议，更好地维护各方在涵盖协议下的权益。特别是 WTO 是解决与政府之间的贸易措施和已经达成的涵盖协议的一致性相关的争议。当事方应本着诚实信用、条约必须遵守的原则通过磋商或者调解迅速解决争议。DSU 第 3.7 条规定，在提出某一案件前，一方成员应就根据这些程序采取的措施是否有效做出判断。

DSU 以迅速、积极、圆满地解决争议为总目标。DSU 还确定争端各方均可接受且与适用协定相一致的解决办法无疑是首选办法。如不能达成双方满意的办法，则通过准司法的诉讼，确保被诉方撤销或修改与涵盖协议不一致的错误措施。进行贸易报复是最后的手段。DSU 还规定了磋商的重要性和程序，并提供充分的磋商机会。

DSU 第 4.3 条规定，如磋商请求是按照某一涵盖协议提出的，则请求所针对的成员应在收到请求之日起 10 天内对该请求做出答复，并应在收到请求之日起不超过 30 天的期限内真诚地进行磋商，以达成双方满意的解决办法。所有此类磋商请求应由请求磋商的成员通知 DSB 及有关理事会和委员会。任何磋商请求应以书面形式提交，并应说明提出请求的理由，包括确认所争论的措施，并指出起诉的法律根据。DSU 第 4.6 条规定：磋商应保密，并不得损害任何一方在任何进一步诉讼中的权利。DSU 第 5 条还专门规定了非诉的解决争议方式，例如斡旋、调解和调停。斡旋、调解和调停是在争端各方的同意下自愿采取的程序。争端各方在这些诉讼程序中所采取的立场应保密，并不得损害双方任何一方根据这些程序进行任何进一步诉讼程序的权利。争端任何一方可随时请求进行斡旋、调解或调停。此程序可随时开始，随时终止。一旦斡旋、调解或调停程序终止，起诉方即可请求设立专家组。如争端各方同意，斡旋、调解或调停程序可在专家组程序进行的同时继续进行;① 总干事可依其职权提供斡旋、调解或调停，以期协助各成员解决争端。②

---

① DSU 第 4.5 条。
② DSU 第 3.6 条。

笔者注意到，虽然 DSU 规定了磋商、斡旋、调解等非诉讼的解决争议方式，但是实践中斡旋、调解较少使用。WTO 成立 20 多年来，只有一件争议是由总干事（DG）办公室斡旋解决的。近年来，WTO 争议案件的数量增加很快，但是磋商解决争议的比率没有提高，反而设立专家组的请求增加了，上诉率提高了。笔者认为，WTO 应该鼓励当事方多用磋商或斡旋、调解、调停等非诉的、可替代的争议解决方式（Alternative Dispute Resolution，简称 ADR）。具体而言，一方面，上述方式可以避免准司法诉讼的文件冗长、诉讼时间长等对当事方增加的负担；另一方面，ADR 可以避免争议当事方政府之间贸易关系的冲突对抗，使政府之间的贸易关系保持长期稳定发展。如果当事方担心磋商或调解解决争议的结果难以执行的问题，笔者建议 DSB 可以在不损害第三方利益的前提下，通过该争议的当事方磋商或由第三方调解的解决争议决议，如同 DSB 通过专家组和上诉机构报告，使该磋商、调解的决议对当事方具有法律拘束力。

三　专家组的设立

首先，在很多争议案件中当事方挑战专家组的管辖权。作为败诉方的诉讼策略，如果其挑战专家组的管辖权成功，则全面否定了专家组对其不利的裁决。因此当事方在申请设立专家组时就明确专家组的职权这一点很重要。DSU 第 6.2 条规定，申请方应阐明是否已经进行磋商，确认争端中意见一致的各项具体措施，并提出一份简要概述以明确说明做出该项投诉的法律依据。如果申请方请求设立的专家组具有标准职责范围以外的职责，书面申请应包括特殊职责的建议文本。设立专家组申请书的要求是：（1）书面形式；（2）说明是否磋商和争议的具体措施；（3）涉案的法律条文。如果申诉方在初始的设立专家组申请中写得不够明确，还可以在 DSB 主席制定专家组职责范围时予以明确。DSU 第 6.3 条规定：在设立专家组时，DSB 可授权其主席与争端各方磋商，制定专家组的职权范围。由此制定的职权范围应发送给全体成员。如议定的不是标准的职权范围，则任何成员均可在 DSB 中提出与此有关的任何问题。

其次，关于挑选专家。DSU 第 8.1、8.2 条和第 8.7 条都有关于专家的条件和选任程序的规定。

笔者注意到如下两方面问题。（1）尽管 DSU 第 8.10 条规定，当争端发生在发展中国家成员与发达国家成员之间时，如发展中国家成员提出请求，则专家组应至少有 1 名成员来自发展中国家成员。但是总体上发展中国家的专家担任专家组的审案工作还很少。例如，自中国 2001 年加入 WTO 以来，只有商务部条法司前司长张玉卿参加了一个专家组的审案工作。因此 WTO 应该加强对发展中国家专家的挑选、培养和使用。

（2）由于专家组是临时组成的（ad hoc），其成员大多数是兼职的。上诉机构成员对专家组的报告质量感到忧虑。[①] 笔者认为，WTO 应该加强对专家组成员的培训，可以进行远距离定期视频培训与考核。提高专家对 WTO 法律与程序的认知水平以及案例分析的水平，通过在职培训可以提高专家组的报告质量，也可以减少上诉率，同时可以促进 WTO 知识的更新和普及。

四　公开口头听证会

关于在日内瓦举行的口头听证会是否对外公开，WTO 发达国家的成员与广大发展中国家的成员一直存在不同意见。发达国家的成员（如美国、欧盟、日本等）一直主张将听证会对外公开。而很多发展中国家的成员由于经费问题，在日内瓦都没有设立 WTO 代表团，由于日内瓦生活费用太贵，这些发展中国家也没有在日内瓦设立律师事务所或者公司代表处，因此无经济能力派人员观察听证会。如果听证会对外公开，发达国家的成员在日内瓦代表处多、律师事务所多，可以直接派人观摩听证会，从中受益，而发展中国家的人员则不能参加听证会、无法受益。因此，很多发展中国家的成员不愿意将听证会对外公开。

目前上诉机构的做法是：如果上诉案件当事方提出将其听证会公开的申请，庭审首席法官将该申请发给当事各方（包括第三方），书面征求意见。如果申诉方与被诉方都同意将该听证会对外公开，根据意思自治的原则，庭审法官也会同意当事方的选择而将该听证会公开。笔者认为，口头听证会可以通过业已向 WTO 秘书处登记的互联网向 WTO 成员公开。这样可以使很多关心 WTO 争议解决的人员在其本国，远距离地参与上诉机构在日内瓦举行的口头听证会。同时，也使发达国家和发展中国家成员的研究 WTO 争议解决的人员都有同等的机会参与听证会，从中受益。实际上，有关 WTO 规则和案例的教学还可以将 WTO 的听证会做案例教学。这对于 WTO 知识的普及和培养 WTO 人才

[①] 见 David Unterhalter 2013 年 12 月的告别讲演。

是有积极作用的。

五 第三方的权利

WTO 继承了 GATT 的契约性质，注重 WTO 全体成员之间权利与义务的平衡。当一个成员的措施违反了涵盖协议的规定而使申诉方在涵盖协议下的权益受到减损时，该措施也可能对其他成员在涵盖协议下的权益造成影响。因此，WTO 争议中与涉案措施有实质利益的一方可以作为第三方参加争议解决程序。DSU 第 10 条规定了第三方参与以及对第三方利益的保护。具体而言，第 10.1 条规定：争端各方的利益和争端中所争论的某一涵盖协议项下的其他成员的利益应在专家组程序中得到充分考虑；第 10.2 条规定，任何对专家组审议的事项有实质利益且已将其利益通知 DSB 的成员（本谅解中称"第三方"）应由专家组给予听取其意见并向专家组提出书面陈述的机会。这些书面陈述也应提交争端各方，并应反映在专家组报告中。第三方应收到争端各方提交专家组首次会议的陈述。第三方也可以提交对涉案措施的立场与评论的文件，参加口头听证会，发表与案件有关的意见。

进一步地，DSU 第 10.4 条规定，如第三方认为已成为专家组程序主题的措施造成其根据任何涵盖协议项下获得的利益丧失或减损，则该成员可援用本谅解项下的正常争端解决程序。只要可能，此种争端即应提交原专家组。只有争端各方（而非第三方）可对专家组报告进行上诉。按照第 10.2 条已通知 DSB 其对该事项有实质利益的第三方可向上诉机构提出书面陈述，该机构应给予听取其意见的机会。[①] 笔者参与受理的上诉案件中，都有第三方参与。他们虽然不是申诉方和被诉方，但是他们提交的书面陈述和在听证会上的积极参与发言，使庭审法官听到很多很有意义的法律分析和观点。这对于全面、系统地澄清涉案的涵盖协议的条款是有益处的。

DSU 第 3.6 条规定：对于根据适用协定的磋商和争端解决规定正式提出事项的双方同意的解决办法（MAS），应通知 DSB 及有关理事会和委员会，在这些机构中任何成员可提出与此有关的任何问题。笔者注意到 WTO 的某些案件如反补贴案件中，被诉方与申诉方达成双方满意的解决办法（MAS），在达成争议双方满意的解决办法时，也必须考虑到该解决办法对第三方的影响。对第

---

① DSU 第 17.4 条。

三方利益的保护也很重要。其一，第三方要有知情权；其二，任何成员包括第三方可以提出任何问题。

DSU 第 3.7 条指出：争端解决机制的目的在于保证争端得到积极解决。争端各方均可接受且与涵盖协议相一致的解决办法无疑是首选办法。DSU 第 3.5 条强调，根据涵盖协议的磋商和争端解决规定正式提出的事项的所有解决办法，包括仲裁裁决，均须与这些涵盖协议相一致，且不得使任何成员根据这些协议获得的利益丧失或减损，也不得妨碍这些适用协议任何目标的实现。该条款强调任何积极解决争议的办法都不得损害任何成员的利益，包括申诉方、被诉方和第三方。在多边体制中，公平地保护各方的知情权、参与权、抗辩权很重要，而且应特别注意保护第三方的权益。同时，WTO 也应进一步加强培训和通知，提高第三方（特别是最不发达的成员）的参与能力。

六　专家组与上诉机构的分工，上诉机构完成法律分析与退回重审

WTO 争议解决程序中没有关于"退回重审"的规定。在一些上诉案件中，当上诉机构庭审法官推翻了专家组的某项错误裁定时，由于缺乏当事方都承认的事实和专家组的认定，上诉机构庭审法官不能完成法律分析，不得不宣布该问题无结论（mooting）。当事方花费了大量人力、金钱和时间，最后拿到一纸空文的"无结论"。这是笔者在上诉机构任职感到最遗憾的事情。

WTO 争议解决机制的专家组与上诉机构的内部分工如下：专家组应对其审议的事项做出客观评估，包括对该案件事实及有关涵盖协议的适用性以及与有关涵盖协议的一致性的客观评估；[①] 上诉应限于专家组报告涉及的法律问题和专家组所做的法律解释。[②] 笔者认为，只要专家组做好对案件全面的事实认定，上诉机构庭审法官在推翻专家组的某些错误认定后，就可以根据专家组报告中对其他有关事实的认定，完成法律分析。这样可以避免上诉机构报告对某些问题不做出结论。

另外，笔者注意到，有一些成员和 DSU 改革委员会提出建立"退回重审制度"。该项新制度是否可行还有待商榷。笔者认为，即使建立一个"退回重审制度"也不一定能解决问题。因为有关当事方已经知道其提供新的事实的结果

[①] DSU 第 11 条。
[②] DSU 第 17.6 条。

是其措施会进一步被证明违法，因此他可能不愿意提供新的事实。而且重新组成一个专家组很费时、费力，也不利于迅速和积极解决争议。笔者建议，目前解决问题的办法是由专家组在事实调查（facts finding）期间尽量收集事实证据并由当事方签字（statement of facts），专家组做事实的认定，这样就可以避免因缺乏当事方承认的事实或者专家组对事实的认定，而使上诉机构不能完成法律分析。

七 上诉程序与上诉机构

WTO 的常设上诉机构（AB）对于保证 WTO 争议解决的法律解释的一致性起了重要作用。其他国际解决争议的机构，例如欧盟的投资争端解决机制也在考虑设立上诉法院。笔者认为，WTO 上诉程序以及上诉机构可以在以下方面进一步改善。

1. DSU 关于上诉机构必须在 90 天内完成上诉案件的报告的规定必须修改。DSU 第 17.9 条规定，如专家组认为不能在 6 个月内或在紧急案件中不能在 3 个月内提交其报告，则应书面通知 DSB 迟延的原因和提交报告的估计期限。自专家组设立至报告发给各成员的期限无论如何不应超过 9 个月。对专家组的完成报告时限是"应当"（should）。

2. DSU 第 17.5 条规定：诉讼程序自一争端方正式通知其上诉决定之日起至上诉机构散发其报告之日止通常不得超过 60 天。在决定其时间表时，上诉机构应考虑第 4.9 条的规定（如有关）。当上诉机构认为不能在 60 天内提交报告时，应书面通知 DSB 迟延的原因及提交报告的估计期限。但该诉讼程序绝不能超过 90 天。对上诉机构完成报告的时限是"必须"（shall）。90 天还包括节假日、周末和一个月的翻译时间。上诉机构只有不到两个月的审案和完成报告的时间。再加上上诉案件增多、案情复杂、涉及的法律问题多，大多数上诉案件无法在 90 天内完成报告。笔者认为，在结案的质量与时间之间应该以质量优先。因此，DSU 必须修改。至少在时间上给予上诉案件审理与专家组同样的灵活性，即用"should"而不是"shall"。"必须"（shall）一词是指法律义务，比"应当"（should）一词要严格得多。另一种方案是改为 90 个工作日内完成。

3. 上诉机构应该限制提交上诉文件的页数。上诉机构的报告也应该简单、明了、易懂。

4. 上诉机构交换意见的作用应该明确。上诉机构前法官 Matsushita 曾写文①指出，上诉机构 7 名法官对每一个上诉案件都要在日内瓦交换意见。由于国际旅费很贵，如果交换意见对于庭审法官的最终裁决不起任何作用，也就失去了这种昂贵的交换意见的意义。笔者同意上述意见并认为 DSU 或者上诉机构工作程序应该对全体法官（规避的法官除外）交换意见有明确的规定。

5. DSU 赋予上诉机构终审裁量权。如何保证上诉机构的裁决和法律解释的正确性，关系到 WTO 争议解决的质量和权威性。有些人担心法官造法或填补空白，也有的人担心上诉机构裁决错了怎么办。笔者认为，上诉机构法官必须在其法律授权内执法。DSB 规定专家组和上诉机构的报告必须经过 DSB 全体成员通过才能生效。这体现了 WTO 成员驱动的机构对专家组和上诉机构的监督。另外，上诉机构的法官也是人，不可能保证所有的裁决和法律分析都是完全正确的。社会在发展变化，人对客观世界的认识不断提高。再加上办案时间紧，人员不断更换。上诉机构每位至少每八年，有时每四年就要更换，新的法官需要熟悉 DSB 的程序和涵盖协议与法律解释。所以，上诉机构法官内部应该定期组织业务学习，知识更新，对已经办过的案件和法律问题进行讨论和深入研究，不断改进法律分析和裁决的质量，使其报告更有说服力，反映真理。

6. 上诉机构是由 7 名法官还是 9 名法官组成②可以根据上诉机构处理案件的数量做适当的调整。当然也要调整上诉机构秘书处的律师人数。最终这是 WTO 成员的政治决策。如果增加上诉机构成员的人数，还要相应地修改 DSU。

八 DSB 裁决及执行

根据 DSU 第 17.13 条的规定，上诉机构可维持、修改或撤销专家组的法律调查结果和结论。DSU 第 19 条规定，专家组和上诉机构的建议，如专家组或上诉机构认定某一措施与某一涵盖协议不一致，则应建议有关争议当事方的成员使该措施符合该协议。除其建议外，专家组或上诉机构还可就有关成员如何执行建议提出办法。依照 DSU 第 3.2 条，专家组和上诉机构在其调查结果和建议中，不能增加或减少涵盖协议所规定的权利和义务。

---

① 见 Matsushita 的文章，收录于 *A History of Law and Lawyers in the GATT/WTO*，edited by Gabrielle Marceau，published by Cambridge in 2015，pp. 551–555。

② 见 DG Azvedo 在 DSB 会上关于上诉机构如何解决工作量大和大额压力问题的发言，2015 年 12 月。

WTO 的裁决是前瞻性的，其主要目的是促使违反 WTO 规定的一方修改或撤销其与 WTO 的涵盖协议不一致的措施。ICSID 的投资争议裁决处理外国投资者由于东道国措施的非商业风险而产生的投资争议。其裁决对受到东道国的征收、国有化、外汇汇出以及战争和内乱所造成的损失的外国投资者给予充分、及时、有效的补偿。ICSID 的追溯补偿严正警告违约的政府不得再采取类似措施，同时也对已经投资的投资者赔偿由于东道国的违约而造成的损失。ICSID 需要对受到损失的一方给予财政补偿和救济。只有这种带惩罚性的追溯补偿才可以保护投资者的合法利益，鼓励外国投资者继续来投资。然而，WTO 解决的是一成员政府的措施与 WTO 涵盖协议的一致性问题，包括已经实施的和尚未实施的措施。只有该成员政府及时修改或撤销其与 WTO 涵盖协议不相符的措施，才能保证其他成员在 WTO 涵盖协议下的权益。WTO 要求法律合规性的救济。[①] 胜诉方的诉求是要求被诉方尽快撤销与 WTO 涵盖协议不符的措施，而不是要求被诉方追溯赔偿其损失。另外一项与 WTO 不相符的措施对申诉方以及所有 WTO 成员造成的损失一般也很难计算金额。因此，WTO 争议解决的裁决是前瞻性的，而不是追溯补偿。这对于涉及争议案件较多的国家（例如美国、欧盟以及新加入的成员中国、越南、俄罗斯和一些低收入的发展中国家等）也是一种警示和保护。只要它们能及时纠正其与 WTO 涵盖协议不符的措施，就不对其要求追溯赔偿。最重要的目的是促使 WTO 全体成员都遵守 WTO 涵盖协议，使其政府措施与涵盖协议保持一致。

DSU 第 21 条　对执行建议和裁决的监督

21.1　为所有成员的利益而有效解决争端，迅速符合 DSB 的建议或裁决是必要的。

21.2　对于需进行争端解决的措施，应特别注意影响发展中国家成员利益的事项。

21.3　在专家组或上诉机构报告通过后 30 天内召开的 DSB 会议上，有关成员应通知 DSB 关于其执行 DSB 建议和裁决的意向。如立即遵守建议和裁决不可行，有关成员应有一合理的执行期限。合理期限应为：

（a）有关成员提议的期限，只要该期限获 DSB 批准；或，在如未获批

[①] "The Law, Economics and Politics of Retaliation", in *WTO Dispute Settlement*, edited by Chad P. Bown & Joost Pauwelyn, published by Cambridge University Press.

准则为；

（b）争端各方在通过建议和裁决之日起45天内双方同意的期限；或，如未同意则为，

（c）在通过建议和裁决之日起90天内通过有约束力的仲裁确定的期限。在该仲裁中，仲裁人的指导方针应为执行专家组或上诉机构建议的合理期限不超过自专家组或上诉机构报告通过之日起15个月。自DSB设立专家组之日起至合理期限的确定之日止的时间不得超过15个月，除非争端各方另有议定。如专家组或上诉机构已延长提交报告的时间，则所用的额外时间应加入15个月的期限；但是除非争端各方同意存在例外情况，否则全部时间不得超过18个月。

21.4 除专家组或上诉机构按照第12条第9款或第17条第5款延长提交报告的时间外，自DSB设立专家组之日起至合理期限的确定日止的时间不得超过15个月，除非争端各方另有议定。如专家组或上诉机构已延长提交报告的时间，则所用的额外时间应加入15个月的期限；但是除非争端各方同意存在例外情况，否则全部时间不得超过18个月。

21.5 如在是否存在为遵守建议和裁决所采取的措施或此类措施是否与适用协定相一致的问题上存在分歧，则此争端也应通过援用这些争端解决程序加以决定，包括只要可能即求助于原专家组。专家组应在此事项提交其后90天内散发其报告。如专家组认为在此时限内不能提交其报告，则应书面通知DSB迟延的原因和提交报告的估计期限。

21.6 DSB应监督已通过的建议或裁决的执行。在建议或裁决通过后，任何成员可随时在DSB提出有关执行的问题。除非DSB另有决定，否则执行建议或裁决的问题在按照第3款确定合理期限之日起6个月后，应列入DSB会议的议程，并应保留在DSB的议程上，直到该问题解决。在DSB每一次会议召开前至少10天，有关成员应向DSB提交一份关于执行建议或裁决进展的书面情况报告。

21.7 如有关事项是由发展中国家成员提出的，则DSB应考虑可能采取何种符合情况的进一步行动。

21.8 如案件是由发展中国家成员提出的，则在考虑可能采取何种适当行动时，DSB不但要考虑被起诉措施所涉及的贸易范围，还要考虑其对有关发展中国家成员经济的影响。

关于 WTO 裁决的执行情况，国际社会一般认为 WTO 争议解决的裁决总体上的执行情况是比较好的[1]。因为败诉方可以在 15 个月以内的合理期限修改或撤销其与 WTO 涵盖协议不一致的措施。如果修改后的措施不符合 DSB 通过的裁定，当事方可以提交 DSU 第 21.5 条的诉讼程序。对于第 21.5 条"遵守程序"[2]，笔者认为应该避免提出新问题，也不应该重新审议整个争议案件。在 DSU 第 21.5 条的程序中，有关的专家组和上诉机构应该了解 DSB 通过的裁决是什么，败诉方的修改后的措施是什么，然后比较两者是否一致。目前第 21.5 条的报告过于冗长。另外，DSU 定期监督执行情况和当事方关于执行的报告相当于将不执行裁决的成员放进了重点监管的名单，在 160 多个成员的监督下，促进被诉方尽快执行裁决。

DSU 第 21.6 条规定 DSB 应监督已通过的建议或裁决的执行。具体条款如下：

> 在建议或裁决通过后，任何成员可随时在 DSB 提出有关执行的问题。除非 DSB 另有决定，否则执行建议或裁决的问题在按照第 3 款确定合理期限之日起 6 个月后，应列入 DSB 会议的议程，并应保留在 DSB 的议程上，直到该问题解决。在 DSB 每一次会议召开前至少 10 天，有关成员应向 DSB 提交一份关于执行建议或裁决进展的书面情况报告。

实行贸易报复是最后的救济手段。有一些发展中国家由于本国市场比较小，可以用来实行对等报复的措施（counter measures）很少或者没有。笔者认为，败诉方根据胜诉方的请求向胜诉方提供金钱赔偿是可以的。这也是对发展中国家的差别和优惠待遇。笔者认为这种赔偿应该是自愿的、透明的和不损害第三方的利益。这种用金钱赔偿的方式履行裁决也可以视为一种双方同意的解决方式（MAS）。[3]

九　程序矛盾问题

2016 年 6 月 8 日，时任上诉机构主席 Ujal（巴蒂亚）对 WTO 成员解释

---

[1] Peter Vondeun Boche, Werner Zdouc, *The Law and Policy of the World Trade Organization: Text, Cases and Materials*, Cambridge University Press, 2013.
[2] "遵守程序"是指争议裁决的败诉方新修改的措施是否符合 DSB 通过的裁决结论与要求。
[3] 该问题是 J. Jackson 于 2008 年在 Cornel 大学研讨会上提出的。笔者在 2016 年 9 月卸任 WTO 上诉机构成员后才对此做出回答。

为何 WTO 争议案件的审议结案时间大幅度拖延的三个主要原因：（1）上诉率提高，2006 年专家组报告的上诉率为 68%，2016 年上诉率提高到 88%；（2）提起 DSU 第 21.5 条"遵守程序"的案件数量增加；（3）成员之间至今未就程序矛盾问题达成协议。

上述发言中提到的程序矛盾是指 DSU 第 21.5 条遵守之诉与第 22 条贸易报复程序之间的矛盾。

DSU 第 21.5 条规定：如在是否存在为遵守建议和裁决所采取的措施或此类措施是否与涵盖协议相一致的问题上存在分歧，则此争端也应通过援用这些争端解决程序加以决定，包括只要可能即应求助于原专家组。专家组应在此事项提交后 90 天内提交其报告。如专家组认为在此时限内不能提交其报告，则应书面通知 DSB 迟延的原因和提交报告的估计期限。

DSU 第 22.2 条规定：如有关成员未能使被认定与某一涵盖协议不一致的措施符合该协定，或未能在第 21.3 条确定的合理期限内使其措施符合建议和裁决，则该成员如收到请求，应在不迟于合理期限期满前，与援引争端解决程序的任何一方进行谈判，以期形成双方均可接受的补偿。如在合理期限结束期满之日起 20 天内未能议定令人满意的补偿，则援引争端解决程序的任何一方可向 DSB 请求授权中止对有关成员实施适用协定项下的减让或其他义务。

DSU 第 21.5 条的"遵守程序"与第 22.2 条的"执行程序"产生了程序的冲突问题。在涉及第 21.5 条遵守的诉讼中，如果裁决结果为被诉方败诉，说明其违反涵盖协议的措施未予纠正。胜诉方可以要求实施中止减让或其他义务的贸易报复措施。如果申诉方未提起第 21.5 条遵守程序的诉讼，当事双方又不能就是否败诉方未执行裁决达成协议，该纠纷可以提交仲裁解决。在仲裁程序中谁来证明败诉方是否执行了 DSB 裁决，其措施是否符合涵盖协议，谁负担举证责任是一个有争议的问题（见"巴西飞机补贴案"）。是否在提出第 22.2 条的报复程序之前必须提出第 21.5 条的遵守之诉，DSU 没有明确规定。该问题应在 DSU 改革中尽快解决。

十　WTO 争议解决的电子化及官方语言

WTO 争议解决的程序和文件电子化程度不断提高。如何培训以使成员各方面人士广泛使用 WTO 网上信息和电子库的大量文件是一项急迫又艰巨的任务。

另外，WTO 的官方语言只有英文、法文和西班牙文。① 对于使用非 WTO 官方语言的成员在参与争议解决时，需要翻译大量的 WTO 文件和诉讼资料。特别是将某成员（区）内法规翻译成 WTO 官方语言，可能翻译得不准确而影响法庭的辩论与对事实的认定。工作语言差别对于迅速和积极解决争议造成的影响也是值得研究的问题。

---

① 参见 WTO 前法官 Shotaro Oshima 在清华 WTO 20 年大会上的发言，主题是关于 WTO 争议解决中涉及的语言问题。

中篇　笔者办案与评析

案例 1　日本诉美国—与"归零法"和"日落复审"有关的措施案（WT/DS322/RW）

一　案件基本情况[①]

1. 案名

日本诉美国—与"归零法"和"日落复审"有关的措施案

2. 案号

WT/DS322/RW

3. 申诉方、被诉方、第三方

申诉方：美国

被诉方：日本

第三方：中国、中国台北、欧共体、中国香港、韩国、墨西哥、挪威、泰国

4. 案件进度

2008 年 4 月 7 日申请成立专家组

2008 年 4 月 18 日事项提交原专家组

2009 年 4 月 24 日发布专家组报告

2009 年 5 月 20 日上诉通知

2009 年 8 月 31 日通过上诉机构报告

5. 争议条款

《反倾销协定》第 2.4 条、第 2.4.2 条、第 9.3 条和第 9.5 条；

[①] See WTO website, available at https://wto.org/english/tratop_e/dispu_e/cases_e/ds400_e.htm, last visited on 30 Jan., 2017.

GATT 1994 第 6.2 条；

DSU 第 17.14 条、第 21.1 条和第 21.3 条

6. 法官名称

上诉机构法官：Sacerdoti、Bautista、张月姣

二　案件背景情况

（一）磋商程序与专家组程序

2008 年 3 月 10 日，美国和日本通知 DSB 关于 DSU 第 21 条和第 22 条的证实程序（confirmed procedures）。2008 年 4 月 7 日，日本要求建立"遵守程序"专家组。

在 2008 年 4 月 18 日的会议上，DSB 同意如果可能，提请原先专家组审查美国是否符合 DSB 裁决和决定的问题。

（二）涉案措施

2007 年 1 月 23 日，DSB 通过了关于日本诉美国归零（zeroing）争端的专家组和上诉机构的报告。报告裁定美国商务部在原始反倾销调查中使用归零的方式违反了《反倾销协定》第 2.4.2 条。

美国在计算每笔交易的倾销幅度时继续使用归零的方式违背《反倾销协定》第 2.4 条。

美国在定期审查和审查新的运货商中仍然使用归零的方式违反了《反倾销协定》第 9.3 条以及 GATT 1994 第 6.2 条。在定期审议和审议新的运货商的过程中使用归零规定本身（as such）违反《反倾销协定》第 2.4 条。在 11 个定期审议中使用归零方式（as applied）违反了《反倾销协定》第 2.4 条和第 9.3 条以及 GATT 1994 第 6.2 条。

美国在日落条款的审议中以通过归零方式计算的倾销幅度为依据，违反了《反倾销协定》第 11.3 条。DSB 要求美国修改其归零错误的做法以使其反倾销措施符合其 WTO 义务。美、日协商同意执行裁决的合理期限为 11 个月，至 2007 年 12 月 24 日终止。

关于执行情况，美国报告称美国商务部于 2006 年 12 月公布在平均对平均（《反倾销协定》-《反倾销协定》）比较的计算中取消归零方式，并且不再在 3 个个案的定期审议中使用归零方式。日本认为美国并未根据 DSB 裁决和建议修改其措施。

(三)"遵守程序"专家组审理概况

"遵守程序"专家组认定,美国不能遵守在审查中所决定的与特定进口商评估税率相关的 DSB 裁决与认定。相应地,"遵守程序"专家组认定美国继续违反《反倾销协定》第 2.4 条、第 9.3 条以及 GATT 1994 第 6.2 条项下的义务。"遵守程序"专家组拒绝对日本提出的关于美国措施违反 DSU 第 17.14 条、第 21.1 条和第 21.3 条的申请做出裁定。

"遵守程序"专家组进一步认为,美国在审查中使用归零方式违反《反倾销协定》第 2.4 条、第 9.3 条和 GATT 1994 第 6.2 条项下的义务。特别是,美国仍维持在原先程序中的归零程序。

"遵守程序"专家组得出结论,在美国未能遵守 DSB 的建议和裁决的范围内,该建议和裁决仍有效,并且建议 DSB 要求美国的审查和清算(liquidation)遵守《反倾销协定》和 GATT 1994。

(四)上诉机构报告审理概况

1. 上诉机构报告程序

2009 年 5 月 20 日,美国通知 DSB 其将对援引 DSU 第 21.5 条(WT/DS322/RW)专家组报告中涵盖的某些法律问题以及专家组做出的某些法律解释提出上诉。

2009 年 7 月 14 日,上诉机构主席通知 DSB 该上诉机构无法在 60 天内发布上诉机构报告,其预计将不迟于 2009 年 8 月 18 日发布报告。

2009 年 8 月 18 日,上诉机构发布报告。

2. 上诉的法律问题

该上诉提出了与遵守 DSU 第 21.5 条而采取的措施相关的重要问题。但根本争点是在反倾销诉讼中对归零方法的使用。

美国对专家组做出的认定提起上诉。

(1) 在第 21.5 条(审查案号 9)程序期间所完成的定期审查,属于专家组依据第 21.5 条而享有的职权范围。美国诉称,根据 DSU 第 6.2 条的要求,日本向专家组提出的要求并没具体指定审查案号 9。美国质疑专家组做出的结论,即在审查案号 9 中使用归零法与《反倾销协定》第 2.4 条和第 9.3 条以及 GATT 1994 第 6.2 条不一致。

(2) 美国没能遵守 DSB 根据五项定期审查(审查案号 1、2、3、7 和 8)计算的进口税做出的建议和裁决。该五项定期审查是原始 WTO 争端解决程序的主体,并涉及在合理期限结束前进入美国的进口的同类产品。这五项定期审查所涉的一些条目在合理期限届满后,即被清算或将被清算。依据第21.5条,专家组认定针对合理期限届满未清算的反倾销案,美国构成连续违反《反倾销协定》第2.4条和第9.3条以及GATT 1994第6.2条。

（3）美国在三项不属于原始WTO争端解决程序的定期审查（审查案号4、5和6）中使用归零方法的行为,违反了《反倾销协定》第2.4条、第9.3条,以及GATT 1994第6.2条。其中审查案号4和审查案号5的结果是在DSB通过原审议程序中专家组和上诉机构报告前公布的,而审查案号6的结果是在通过报告9个月后公布的。美国向第21.5条专家组辩称,这三项定期审查不属于依据第21.5条应遵守程序的范围。

（4）美国违反了GATT 1994第2.1（a）条和第2.1（b）条,有关在合理期限届满后采取的某些清算行动。

第21.5条专家组还发现美国没有遵守DSB的以下建议和裁决：

（1）对在原始程序中受到指控的归零方法程序保持归零规定,即在原始调查交易对交易的比较中及定期和新运货商审查的比较方法下,使用归零方法;并且

（2）1999年进行的日落审查,作为原始WTO争端解决程序的主体,第21.5条专家组认为其仍不符合《反倾销协定》第11.3条,这些认定并未被美国上诉。

第21.5条专家组把其与当事各方的会议（及部分与第三方的会议）向公众开放。美国和日本要求本上诉口头听证会开放给公众观察。

3. 上诉机构主要法律分析

上诉机构支持专家组的认定,即美国反倾销案号9是在专家组的审理权限之内。

上诉机构重申DSU要求违反WTO的各项措施必须在DSB通过裁定与意见之日起终止,并且最迟不能超过合理期限的终止日执行。因此,裁定反倾销的定期审议必须在合理期限到期之日前完成。国内法院审议的延迟不能成为在合理期限之前不执行DSB裁决的理由。上诉机构维持专家组关于美国违反DSB裁定,未能在合理期限内对反倾销案号1、2、3、7、8进行清算的认定。上诉机构维持专家组的认定,认为美国在复审反倾销案号为4、5、6、9中使用归零方式,违反《反倾销协定》第2.4条和第9.3条以及GATT 1994第6.2条。

上诉机构还重申，对于美国在合理期限内未清算的反倾销案子，DSB 原来的裁定和建议仍然有效。

4. 上诉机构审定与结论

本上诉机构裁定如下。

（1）支持专家组报告第 7.107 段、第 7.114 段和第 7.116 段的专家组认定，即复审案号 9 落入专家组的职权范围之内。

（2）支持专家组报告第 7.154 段和第 8.1（a）段的专家组认定，即在复审案号 1、2、3、7、8 对特定进口商评估的税率中，美国未能遵守 DSB 的建议和认定。争议措施适用于在合理期间后，对审查的税率将被清算；同时，支持专家组报告第 7.154 段和第 8.1（a）（i）段的专家组认定，即美国继续违反其在《反倾销协定》第 2.4 条、第 9.3 条以及 GATT 1994 第 6.2 条的义务。

（3）支持专家组报告第 7.168 段和第 8.1（b）段的专家组认定，即美国在复审案号 4、5、6 和 9 中适用归零措施违反《反倾销协定》第 2.4 条、第 9.3 条以及 GATT 1994 第 6.2 条的义务。

（4）支持专家组报告第 7.208 段和第 8.1（d）段的专家组认定，即美国在一段合理时间后仍使用特定清算行为违反了 GATT 1994 第 2.1（a）条和第 2.1（b）条。

在美国未能符合原先争议中 DSB 的建议和认定的范围内，该建议和认定仍有效。针对在本报告和专家组报告中被认为是不符合协定义务的措施，上诉机构建议 DSB 要求美国履行其在《反倾销协定》和 GATT 1994 下的义务。

三　笔者对本案的评析

（一）关于在计算倾销幅度时采用归零的方法

《反倾销协定》第 2.4 条规定：对出口价格和正常价值应进行公平比较。第 9.3 条规定：反倾销税的金额按第 2 条规定不得超过倾销幅度。

在"原日本诉美国反倾销使用归零方法案"中对"归零"（zeroing）的定义是：美国商务部在计算倾销幅度时，在计算程序以及其他程序中，对于零以下的负数幅度忽略不计，最后建立产品的总的倾销幅度。[①]

由于在计算倾销幅度时，忽略不计零以下的价格差别，不能对出口价格和

---

① 参见"日本诉美国反倾销使用归零方法案"的原始专家报告附件 A-2。

正常价值进行公平比较，因此该方法违反《反倾销协定》第2.4条。经申诉方举证，归零方法可以人为地将倾销幅度扩大，因此而征收的反倾销税也超过了倾销幅度，所以归零方式征收的反倾销税也违反了《反倾销协定》第9.3条的规定。

（二）关于专家组审议权限

DSU第6.2条规定：应以书面形式提出设立专家组的请求。该请求应阐明是否已经进行磋商，确认争端中意见一致的各项具体措施，并提出一份简要概述足以明确说明做出该项投诉的法律依据。如果申请方请求设立的专家组文件中含有标准职责范围以外的职责，书面申请应包括特殊职责的建议文本。

在上诉时，美国指控日本关于反倾销案号9的定期审议不在专家组的职责范围内。日本在书面申请中认为"之后有密切联系的案子"太宽泛、含糊，不符合DSU第6.2条的要求。复审案子互相独立，案号9不在专家组的审议权限内。上诉机构支持专家组对证据的认证，认为在原始专家组报告中就包括案号9。美国采用追溯的征收反倾销税的体制，而定期复审的案子是有预期的，因此应该包括案号9。上诉机构还强调本案是涉及第21.5条的关于执行DSB裁决的案子。凡是原始专家组审议和裁决的案号在第21.5条的审议中也应该属于专家组的审议权限范围内。因此，上诉机构支持专家组关于案号9的定期审议符合DSU第6.2条的认定，即认为该争议是在专家组的审议权限内。

（三）关于执行DSB裁定的最后期限

本案中，美国提出如果在合理期限内调查当局对于复审案件实行清算，在合理期限内，若当事方向法院起诉，而在法院未做出裁决之前当事方就获得理赔，则会变相鼓励当事方推迟司法程序，以便获得不当得利。

上诉机构认为，DSU规定必须在DSB通过裁定之日起执行裁定，败诉方应最迟在合理期限届满之前执行裁决。WTO有164个成员，各自司法制度不同，不能根据国内法决定执行DSB裁决的期限。WTO是权利与义务的一揽子协议，而争议解决是强制性的。只有保证DSB的裁决得到及时执行，才能保护每一个成员在WTO下的权利与义务。因此，上诉机构这一明确的解释是符合涵盖协议的，也维护了DSB的信誉，为多边贸易体制提供了稳定性和可预测性。

四 本案所涉主要条款

(一) DSU 第6.2条

第6条 专家组的建立

6.2 应以书面形式提出设立专家组的请求。它应阐明是否已经进行磋商,确认争端中意见一致的各项具体措施,并提出一份简要概述足以明确说明作出该项投诉的法律依据。如果申请方请求设立的专家组具有标准职责范围以外的职责,书面申请应包括特殊职责的建议文本。

(二) DSU 第21.5条

第21条 对执行各项建议和裁决的监督

21.5 若为遵守某项建议和裁决所要采取的措施,就其实体或与某个有关协议的一致性存在分歧,则应决定通过依靠这些争端解决程序,如可能的话,包括求助于原来的专家组来解决此类争端。专家组应在90天内就该事件的处理安排公布它的报告。若专家组认为它在此时间框架内不能提交它的报告,该专家组应以书面形式向DSB通报延迟的原因,一并告知预计它将提交报告的期限。

(三)《反倾销协定》第2.4条

第2条 倾销的确定

2.4 对出口价格和正常价值应进行公平比较,此项比较应在同一贸易水平上进行,通常指在出厂价的水平上和尽可能接近于在作出销售的同一时间基础上比较。应根据每一案件的具体情况,对影响价格比较的不同因素作出适当的补偿,包括销售条件不同,税收的差异,贸易水平的高低,数量和物理性能的不同,以及任何表明将会影响价格比较的其他因素。如果涉及本条第3款所指情况时,关于成本费用,包括进口与转售之间产生的关税,税收以及所获利润,也应作出补偿。如果在这些情况下,价格的可比性受到了影响,当局应确定某一贸易水平的正常价值相等于该贸易水平的构成出口价格,或者根据本款的规定应作出适当的补偿。当局应向有关当事人指明确保进行公平比较的必备的信息资料,但不得对这些当事人强加不合理的举证责任。

(a) 按本条第4款规定的比较需要进行货币兑换时,该兑换应按销售日使用的外汇汇率作出。假如在期货市场上出售外币与有关的出口销售有直接联系，则应使用期货销售的外汇汇率。汇率的波动不予考虑，但在一项调查中，当局应给予出口商至少60天时间调整其出口价格，以反映调查期间出现的外汇汇率持续的变动。

（b）根据本条第4款有关公平比较的规定，调查期间倾销幅度的成立，通常应在加权平均正常价值与全部可比的出口交易的加权平均价格之间进行比较的基础上予以确定，或在正常价值与每项交易的出口价格进行比较的基础上予以确定。如果当局发现某一出口价格的模式在不同的购买人、地区或时间之间的差别很大，以及如果认为什么不能适当考虑使用加权平均对加权平均或进行比较的差别提出解释，则在加权平均基础上确定的正常价值可以与单独出口交易的价格进行比较。

（四）《反倾销协定》第9.3条

第9条　反倾销税的征收

9.3　反倾销税的数额按第2条规定不得超过倾销幅度。

（a）当反倾销税数额是按照追溯基础估算时，最终支付反倾销税责任的裁定应尽快作出，在提出要求作出反倾销税最终估算的数额之后，通常在12个月内作出，但最长不得超过18个月。任何退款项应尽快支付，通常应在根据本项规定作出最终责任裁定后的90天之内，在任何情况下，如果退款不能在90天之内支付，当局应在受到要求时提供解释。

（b）当反倾销税数额是按照预期基础估算时，应作出决定将超过实际倾销幅度已支付的税款，按要求迅速归还。对于超过实际倾销幅度、已支付该税款的归还决定通常应当在被征收反倾销税产品的进口商提供了有说服力的证据、提出了归还要求之日后的12个月内作出，无论如何不得超过18个月，被批准的归还通常应在上述规定的90天之内完成。

（c）如果出口价格是按照第2条第3款规定为构成价格，在作出是否予以偿还以及偿还的范围程度的决定时，当局应考虑正常价值的变化，进口与转售之间产生的成本费用的变化，以及转售价格中合理反映在其后的销售价格的波动，当局还应考虑在当事人提供上述真凭实据时，对于不扣除已支付的反倾销数额的出口价格进行计算。

(五)《反倾销协定》第11.3条

第11条 反倾销税和价格承诺的期限及复议

11.3 虽然有本条第1款和第2款的规定,但最终反倾销税仍应自征税起不超过5年之内结束(或者,根据本条第2款规定自最近复审之日起,如果对倾销和损害进行复审的话,或者根据本款的规定),除非当局主动发起的复审在该日期之前,或者在该日期之前的一段合理时间内,国内产业或其代表及时提出了具体的有根据要求,当局决定继续征收反倾销税对于防止倾销产品继续造成损害或者损害重新产生是必要的。在复审结果出来之前,征税可继续有效。

(六)GATT 1994 第2.1条

第2条 减让表

2.1 (a)每一缔约方对其他缔约方的贸易所给予的待遇不得低于本协定所附有关减让表中有关部分所规定的待遇。

(b)与任何缔约方相关的减让表第一部分中所述的、属其他缔约方领土的产品,在进口至与该减让表相关的领土时,在遵守该减让表中所列条款、条件或限制的前提下,应免征超过其中所列所规定的普通关税的部分。此类产品还应免征超过本协定订立之日征收的或超过该日期在该进口领土内已实施的法律直接或强制要求在随后对进口和有关进口征收的任何种类的所有其他税费的部分。

(七)GATT 1994 第6.2条

第6条 反倾销税和反补贴税

6.2 为抵消或防止倾销,一缔约方可对倾销产品征收数额不超过此类产品倾销幅度的反倾销税。就本条而言,倾销幅度为依照第1款的规定所确定的差价。

案例 2　欧盟诉美国归零法的继续存在和适用"归零法"（WT/DS350/R）

一　案件基本情况[①]

1. 案名
欧盟诉美国归零法的继续存在和适用"归零法"

2. 案号
WT/DS350/R

3. 申诉方、被诉方、第三方
申诉方、被诉方：欧盟

申诉方、被诉方：美国

第三方：巴西、中国、中国台北、埃及、印度、日本、韩国、墨西哥、挪威、泰国

4. 审案进度
2007 年 5 月 10 日申请成立专家组

2007 年 7 月 4 日专家组成立

2008 年 10 月 1 日发布专家组报告

2008 年 11 月 6 日上诉通知

2009 年 2 月 19 日通过上诉机构报告

5. 争议条款
《反倾销协定》第 1 条、第 2 条、第 2.1 条、第 2.4 条、第 2.4.2 条、第 5.8 条、第 9.1 条、第 9.3 条、第 9.5 条、第 11 条、第 11.1 条、第 11.2 条、

[①] See WTO Website, available at https://wto.org/english/tratop_e/dispu_e/cases_e/ds400_e.htm, last visited on 30 Jan., 2017.

第 11.3 条、第 18.3 条、第 18.4 条;

GATT 1994 第 6.1 条、第 6.2 条;

《马拉喀什协定》第 16.4 条

6. 法官名称

上诉机构法官:张月姣(首席法官)、Luiz Baptista、David Unterhalter

二 案件审理概况

(一)磋商程序与专家组程序

2006 年 10 月 2 日,欧共体请求与美国就美国在计算 18 起案件的反倾销税时适用"归零法"以及在 52 个调查或复审程序中适用"归零法"的问题进行磋商。

2007 年 6 月 4 日,DSB 建立专家组。

2007 年 10 月 1 日,专家组主席通知其预计在 2008 年 6 月发布报告。

2008 年 10 月 1 日,专家组报告发布。

(二)涉案措施

本案的涉案措施包括美国商务部的执行法规(19 CFR 第 351 节)与《反倾销手册》(1997 年版)的进口管理措施。欧共体认为,基于上述法规,美国商务部持续在反倾销管理审查的最终结论中,在对多种欧共体产品的倾销幅度进行认定时使用"归零"方法,以及在与上述最终结论相关的评估程序中违反 WTO 协定,具体而言包括:

1. 《反倾销协定》第 1 条、第 2 条、第 2.1 条、第 2.4 条、第 2.4.2 条、第 5.8 条、第 9.1 条、第 9.3 条、第 9.5 条、第 11 条(包括第 11.2 条、第 11.3 条)、第 18.4 条;

2. GATT 1994 第 6.1 条、第 6.2 条;以及

3. 《马拉喀什协定》第 16.4 条。

2006 年 10 月 9 日,在进一步磋商中,欧共体请求将美国商务部在计算倾销幅度的"归零"方法中使用的额外管理审查(additional administrative reviews)加入审查清单中。

(三)专家组审理概况

欧盟诉美国商务部在 18 个反倾销案中使用归零方法计算倾销幅度致使欧

盟出口到美国的产品被征收的反倾销税高于正确使用《反倾销协定》的计算方式而确定的税率。另外欧盟诉美国在4个反倾销调查中使用归零的方法，以及在38个定期复审案中和11个日落审议中依然使用归零的方法。

欧盟认为，归零的方法在计算总的倾销幅度时排除了零以下的幅度，使最终的倾销幅度高于用正确方法计算的倾销幅度。特别是：（1）用加权平均的正常价值与加权平均的出口价格比较时（WA）[①] 的典型归零（model zeroing）；（2）在加权正常价值与个案出口价格比较的定期审议简单归零（simple zeroing）；和（3）日落审议中依据用归零方法计算的典型归零或简单归零的定期审议。[②]

欧盟指控，美国在上诉调查中违反了《反倾销协定》第2.1、第2.4、第2.4.2、第9.3、第11.1、第11.2和第11.3条，GATT 1994第6.1和第6.2条，《马拉喀什协定》第16.4条。欧盟挑战美国使用归零的方法（as applied），但未挑战归零的方法本身（as such）。专家组对违反《反倾销协定》第2.1、2.4、11.1和11.2条以及 GATT 1994第6.1条和《WTO协定》第16.4条实施司法节制。

专家组认定，美国对4个案子的调查使用典型归零法违反了《反倾销协定》第2.4.2条。美国在29个定期复审案子中使用简单归零法违反了 GATT 1994第6.2条和《反倾销协定》第11.3条。美国在8个日落审查案子中依据先前根据典型归零方法计算的倾销幅度征收反倾销税违反《反倾销协定》第11.3条。

（四）上诉机构报告审理概况

1. 上诉机构报告程序

2008年11月6日，欧盟通知争端解决机构和上诉机构，指出其就"欧盟诉美国归零法的继续存在和适用案"（WT/DS350/R）的专家组报告中涵盖的某些法律问题和专家组给出的某些法律解释提起上诉。

2. 上诉的法律问题

上诉争议涉及欧盟就美国反倾销的归零法提出的控诉。据此方法，在以正常价值和出口价格的比较为基础计算产品倾销幅度时，美国商务部将比较结果中出口价格超出正常值的部分归为零。

[①] WA (weighted average) normal value is compared with the WA export price for different models of the product.

[②] 上诉机构报告，《欧盟诉美国归零法的继续存在和适用"归零法"》，第2段。

本争议是一系列归零法案件中出现的最新情况，这些案件要求专家组和上诉机构就归零法的一致性做出评估。在每一案件中，上诉机构无一例外地认为，归零法不符合 GATT 1994 第 6 条和《反倾销协定》的相关规定。

专家组认定，美国在本争议的四项原始调查中采用的"典型归零法"与《反倾销协定》第 2.4.2 条不符。专家组还认定，美国在 29 项定期审查中采用的"简单归零法"违反了《反倾销协定》第 9.3 条和 GATT 1994 第 6.2 条。此外，专家组还认为，美国在 8 次特别日落审查中依靠在以前的程序中适用归零法计算出的倾销幅度，违反了《反倾销协定》第 11 条。在做出结论时，专家组决定遵循之前的类似争端中上诉机构做出的法律解释。

欧盟对于专家组的认定提起上诉，即专家组认为欧盟就 18 起案件中义务的"继续适用"和 4 项初步措施（包括日落审查的三项初步结果和一项定期审查的初步结果）的请求不属于专家组的职权范围。

欧盟还认为，专家组认定欧盟没能证明其在定期审查中使用简单归零法的做法，不符合 DSU 第 11 条要求的专家组应对事实进行客观评估的职责。

此外，欧盟提起了两个"有条件的上诉"。首先，欧盟认为，如果专家组报告可被解释为认为专家组可援引"有力理由"而偏离上诉机构之前的裁决，那么欧盟要求上诉机构"修改或推翻"该认定。

其次，如果上诉机构"修改或推翻"专家组的认定，即定期审查中的简单归零法不符合 GATT 1994 第 6.2 条和《反倾销协定》第 9.3 条，那么欧盟要求上诉机构完成法律分析，并判定在此争议的定期审议中采用简单归零法的行为违反了 GATT 1994 第 6.2 条，《反倾销协定》第 2.1 条、第 2.4、第 2.4.2 条、第 9.3 条和第 11.2 条，以及《WTO 协定》第 16.4 条。

美国于 2008 年 11 月 18 日提交上诉通知，对专家组报告中所载的法律问题提出上诉。

这是上诉机构第八次听取涉及归零法的上诉，归零问题第四次在定期审查中被提出。

欧盟在上诉中认为，专家组排除一些简单归零的诉求是错误的。美国上诉挑战专家组认定美国在定期审议和日落审议中使用简单归零法这一裁定是错误的。

3. 上诉机构主要法律分析

上诉机构维持专家组的裁定，认定美国在 37 个定期复审的 29 个案子中使用简单归零法违反《反倾销协定》第9.3条和GATT 1994第6.2条。上诉机构裁定专家组违反DSU第11条，推翻专家组关于欧盟未能证明美国在37个定期复审案子中的7个案子中使用了简单归零法这一问题的论断。上诉机构对其中的5个案子完成了法律分析并裁定美国使用简单归零法违反了《反倾销协定》第9.3条和GATT 1994第6.2条。上诉机构拒绝了美国对于专家组违反DSU第11条的客观审议的指控，以及认定美国对8个日落条款的审议违反了《反倾销协定》第11.3条的指控。上诉机构维持专家组的认定，即认为美国在18个反倾销案件中的命令继续有效，继续使用归零法是可以被挑战的。上诉机构完成法律分析认定美国对于18个案子中的4个措施继续使用归零法违反《反倾销协定》第9.3条、第11.3条和GATT 1994第6.2条。

4. 上诉机构的审定与结论

本案上诉机构认定如下。

（1）针对欧盟委员会关于争议中的18个反倾销税中的持续适用问题：

（i）推翻专家组关于欧盟委员会的申诉未能符合DSU第6.2条的认定，并裁定，相反地，认定欧盟在其申请设立专家组的请求中可确认争议中的具体措施；

（ii）拒绝对专家组的做法是否符合DSU第7.1条、第7.2条、第11条和第12.7条进行额外认定；

（iii）得出结论认为在各自18个案件中的反倾销税的持续适用能够在磋商中被确认；

（iv）认定在被维持的18个反倾销税指令的后续程序中，对归零方法的持续适用系WTO争端解决中可被指控的措施；

（v）针对从意大利、德国、法国进口的四项特定产品，认定专家组的事实性认定足以证明归零方法仍在后续程序中的税率计算中被持续使用；

得出结论，在定期复审中使用归零方法进而计算税率水平的范围内，对反倾销税的适用和持续适用违反《反倾销协定》第9.3条和GATT 1994第6.2条；

得出结论，在日落复审认定中使用归零方法进而计算倾销幅度的范围内，对反倾销税的使用和持续使用归零法违反《反倾销协定》第11.3条。

拒绝为解决本争议的目的，对《反倾销协定》第2.1条、第2.4条、第2.4.2条、第11.1条，GATT 1994第6.1条和《马拉喀什协定》第16.4条做出认定；

（vi）拒绝对争议中的其余14项反倾销案件完成分析。

（2）针对欧共体关于初始认定中的主张：

（i）推翻专家组关于欧共体四项初始认定的主张不属于专家组职权的认定；以及

（ii）拒绝欧共体关于认定四项初始认定不符合在专家组程序中被指出的GATT 1994和《反倾销协定》条款的主张。

（3）支持专家组关于14项定期和日落复审落入专家组职权的认定。

（4）支持专家组关于美国在29个定期审查中使用简单归零的方法违反《反倾销协定》第9.3条和GATT 1994第6.2条的认定，并且相应地，拒绝对欧共体关于专家组认定的有条件上诉进行裁定。

（5）针对欧共体关于七项定期审查的主张：

（i）认定当专家组认定欧共体并没有表明在争议中的七项定期审查中使用简单归零法时，该专家组的做法不符合DSU第11条，相应地，推翻专家组的相关认定；

（ii）完成法律分析，认定欧共体表明简单归零法被使用，并且美国在特定产品的定期审查中使用简单归零的做法违反GATT 1994第6.2条和《反倾销协定》第9.3条；以及

（iii）拒绝对来自法国的两项产品的定期审查完成分析。

（6）拒绝美国关于专家组在认定美国在八个日落复审中的措施不符合《反倾销协定》第11.3条时的做法不符合DSU第11条的主张，并且支持专家组的认定；并且

（7）拒绝欧共体在DSU第19.1条项下的建议请求。

上诉机构建议DSU要求美国修改其在本报告和经本报告修改的专家组报告中被认定为与GATT 1994和《反倾销协定》不符的措施，使这些措施符合美国在上述协议下的义务。

（五）执行阶段情况

在2009年3月20日的DSB会议上，美国通知DSB其需要一段合理期间修改措施以符合WTO义务。2009年6月2日，美国和欧盟通知DSB，合理的执行期限为不迟于2009年12月19日。

2010年1月4日，欧盟和美国通知DSB二者根据DSU第21条和第22条达成和解程序（agreed procedures）。

2012年2月6日，欧盟和美国通知DSB美国和欧盟委员会就解决该争议的路线图制定备忘录。

三 笔者对本案的评析

（一）先例的作用（role of precedent）

关于判例的作用，各国均有不同的法律规定。有的国家规定法官有造法的功能，有的国家规定法官只有解释和适用法律的职能。WTO是一个由164个成员组成的国际机构，拥有具有约束力的60多个多边贸易协定（涵盖协议）。WTO争议案子的裁决和建议只对争议当事方有约束力（binding on the parties），对其他成员会产生法律的期待（legal expectation）。《马拉喀什协定》第9.2条规定：部长级会议和总理事会拥有对本协定和多边贸易协定做出解释的专有权力。DSU第3.2条规定：WTO争端解决体制在为多边贸易体制提供可靠性和可预测性方面是一个重要因素。各成员认识到该体制适于保护各成员在适用协定项下的权利和义务，以及依照解释国际公法的惯例澄清这些协定的现有规定，但DSB的建议和裁决不能增加或减少适用协定所规定的权利和义务。

笔者理解，上诉机构的法官权力是法律规定的、明确的，其对争议主体（即WTO成员政府）① 关于客体（即政府措施）与涵盖协议一致性的争议拥有管辖权。上诉机构法官的权限是有限的，上诉机构法官不能造法，只是澄清涵盖协议的现有规定，及时地、积极地解决成员政府之间某个成员的措施与涵盖协议规定的一致性的问题，保护各成员在适用涵盖协议项下的权利和义务，DSB的建议和裁决不能增加或减少适用涵盖协议所规定的权利和义务。

为保证对涵盖协议的澄清与适用的协调性（coherence）、一致性（consistency）、连续性（continuity）、稳定性（stability），以便为多边贸易体制提供可靠性（security）和可预测性（predictability），上诉机构的报告中经常援引先前相类似案件中对相同涵盖协议条款的澄清与适用。对同样的法律条款的理解相同，也即通常所说的：法官对同样的问题看法是类似的（Judges treat like issue alike）。

本案中，欧盟在有条件的上诉中提出，如果专家组以正当理由（cogent reasons）推翻上诉机构先前对同样问题的解释，则欧盟有权请求上诉机构修改

---

① 有关公司、律师等可参加政府代表团，参加诉讼程序。

或推翻专家组的认定。① 上诉机构注意到欧盟引用上诉机构先前的案子中"专家组只能依据正当理由对专家组先前的认定修改或偏离。只有上诉机构能够依据正当理由偏离上诉机构先前的裁定。"欧盟认为，上诉机构在"美国与墨西哥的不锈钢案"中指出：裁判机构是指同一机构在先前的案子做的裁定，又在相同的需要裁决的案子中做出裁定。② 在本案中，上诉机构认为专家组是否依据正当理由偏离上诉机构对同一法律问题的解释是不清楚的。但是专家组报告表明最后专家组遵从了上诉机构先前的报告。专家组没有逾越DSU所规定的级别管辖的结构安排。上诉机构对专家组的职权范围（DSU第6.2条）已经裁定。因此，没必要再对欧盟的有条件诉求做出裁定。

欧盟控告美国在18个案子中继续使用归零法。对此，上诉机构指出，美国在初始的和定期的反倾销调查中使用了普遍适用的、前瞻适用的、非文字性的、规范的归零方法，但是上诉机构拒绝使用在另外的案子中认定的事实和证据。上诉机构指出，在分析某国内法的运行时，当事方在一个诉讼程序中提交的事实可能也作为证据提交给另外一个诉讼程序。事实分析认定的法官必须对不同程序中的相同事实做出独立的分析与判断。两个诉讼程序的结论可能是一样的，但是DSB通过的一个关于归零法案子的裁决对另一个争议案子没有拘束力。

（二）具体案子与持续使用的措施

美国指出欧盟关于在18个案子中持续使用归零法的指控是在专家组的职责范围之外的，因而违反DSU第6.2条。专家组认定，欧盟提出的18个反倾销调查与定期审议不符合DSU第6.2条的"具体的案子"的要求，也没有具体内容。由于其实施是在未来发生的，所以不在专家组的职权范围内。③

欧盟上诉指控专家组的该认定是错误的，其请求上诉机构推翻专家组的错误认定并且完成法律分析，裁定美国继续在18个案子中使用归零法违反《反倾销协定》第2.4、2.4.2、9.3、11.1、11.3条以及GATT 1994第6.1、6.2条和《马拉喀什协定》第16.4条。④

上诉机构分析指出，DSU第6.2条有两个作用：第一，是界定专家组的管

---

① 见上诉机构报告，《欧盟诉美国归零法的继续存在和适用"归零法"》，第358、364段。
② 见上诉机构报告，《欧盟诉美国归零法的继续存在和适用"归零法"》，第362—363段。
③ 见专家组报告，《欧盟诉美国归零法的继续存在和适用"归零法"》，第151—153段。
④ 见AB报告，《欧盟诉美国归零法的继续存在和适用"归零法"》，第150段。

辖权；第二，是起正当程序（due process）的作用。在设立专家组的申请中同时明确涉案具体措施、提供申诉的法律依据概要，能够将问题讲清楚。欧盟挑战美国的两类措施：一类是在18个案子中持续使用归零法，其附件中已经列明最近的税率和调查程序；另一类是根据18个案子的税率，在52个特定反倾销程序中使用归零方法。

上诉机构认为，欧盟的专家设立申请书写得很清楚，美国在反倾销调查和定期复审中继续使用归零的计算方法。

上诉机构指出，通过申请书附件列出的18个反倾销命令，以及对美国在最近的定期和日落复审中使用归零法以及在计算倾销幅度和征收反倾销税的程序中使用归零法等总体分析，可以合理地期待，美国可以被认定为在18个案子中的连续程序中持续使用归零的方法。[①]

上诉机构认为申请书还可以将内容写得更清楚一些、更具体一些。但是只要申请书中的措施是可以辨认的，不要求申诉方一定分别地、独立地列明各项措施。上诉机构不同意专家组的论点，认为欧盟的诉求是在将来才实现的，并且DSU第6.2条不允许专家组认定在成立专家组时不存在的措施。上诉机构认为，该措施涉及在18个案子接连不断的程序中持续地采用归零方法。[②] 上诉机构解释，在WTO争议解决中对于法律本身的诉讼救济和补贴项目的支付都有前瞻的效应。本案中连续的行为可以延伸到未来，[③] 因此，上诉机构推翻了专家组的错误认定。

笔者注意到，"措施"一词在DSU第3.3条中被规定为：在一成员认为其根据适用协定直接或间接获得的利益正在因另一成员采取的措施而减损的情况下，迅速解决此类情况对WTO的有效运转及保持各成员权利和义务的适当平衡是必要的。

本案涉及的18个反倾销案子是在几年内由一系列的措施通过的文件，从

---

① "Taken together," the Appellate Body said, "the United States could reasonably have been expected to understand that the European Communities was challenging the use of the zeroing methodology in successive proceedings, in each of the 18 cases, by which the anti-dumping duties are maintained." 参见AB报告，《欧盟诉美国归零法的继续存在和适用"归零法"》，第163—166段。

② Ongoing conduct, the use of the zeroing methodology in successive proceedings in each of the 18 cases whereby anti-dumping duties are maintained.

③ 见上诉机构报告，《欧盟诉美国归零法的继续存在和适用"归零法"》，第170—171段。

开始调查的决定到终裁、定期审议等一系列的措施。在"美国不锈钢的日落复审案"中,上诉机构指出:原则上,一个 WTO 成员的行为或不作为均可能成为一项措施。① 在过去,专家组和上诉机构不仅审查用于某种情况的行为,也审查某些规则规定的适用于未来行为的措施。上诉机构注意到,专家组承认的措施可以是法规本身或法规的应用。普遍适用的和前瞻适用的措施是措施本身(as such)的诉讼,适用于某个具体情况的措施是措施的应用(as applied)。

上诉机构解释,本案中 18 个案子的反倾销税率的维持通过一系列的审议和复审中互相联系的程序像一条绳子一样串在一起,归零方法适用于每一个环节,并且本案属于对持续适用归零法的行为的诉讼。②该诉讼比针对普遍适用归零法的规定本身(as such)的诉讼范围窄。上诉机构认为,没有理由将此种连续使用归零方法的诉讼从 WTO 争议解决的诉求中排除。③ 上诉机构裁定,18 个案子中在连续的审议和复审的程序中持续使用归零方法是可以提交 WTO 争议解决的措施。④

(三)关于《反倾销协定》第17.6条

笔者在上诉机构办案 8 年多,遇到涵盖协议条款中最有争议的是《反倾销协定》第17.6(Ⅱ)条。该条规定:

> 专家组应依照关于解释国际公法的习惯规则,解释本协定的有关规定。
>
> 在专家组认为本协定的有关规定可以作出一种以上允许的解释时,如主管机关的措施符合其中一种允许的解释,则专家组应认定该措施符合本协定。

美国上诉中称,在定期复审中使用简单的归零法是《反倾销协定》第17.6条中可能的一种解释。专家组也得出同样的结论,但是专家组认定美国的措施

---

① "Any act or omission attributable to a WTO Member can be a measure."
② Here, the Appellate Body explained that "the measures at issue consist of the use of the zeroing methodology in a string of connected and sequential determinations, in each of the 18 cases, by which the duties are maintained."
③ "See no reason to exclude ongoing conduct that consists of the use of the zeroing methodology from challenge in WTO dispute settlement."
④ 见上诉机构报告,《欧盟诉美国归零法的继续存在和适用"归零法"》,第185段。

违反了《反倾销协定》第9.3条和GATT 1994第6.2条。美国辩称，这个结论错误地应用了《反倾销协定》第17.6（Ⅱ）条的审议标准。①

上诉机构按照分析顺序（analytical order）在第17.6（Ⅱ）条的第一段规定开始分析：专家组应依照关于解释国际公法的习惯规则，解释本协定的有关规定。关键的解释条约的习惯法是《维也纳条约法公约》第31条和第32条。上诉机构经常依据DSU第3.2条用《维也纳条约法公约》解释涵盖协议的条款，并且得出结论：解释条约要从整体分析（holistic fashion）；分析是对条约整体的（as a whole）、协调（harmonious）和一致性的（coherent）分析，以便使条约的各个条款有法律效力。②

第17.6（Ⅱ）条第二段规定：在专家组认为本协定的有关规定可以作出一种以上允许的解释时，必须是允许的解释。上诉机构认为，第二段必须根据第一段的规定来解读和适用，且第二段的解释应该与《维也纳条约法公约》的规则和原则一致。

根据《维也纳条约法公约》的规则，第二段在适用时可能出现一个许可的解释范围（an interpretative range），在此范围内的措施是符合涵盖协议的。第二段的目的是给予这种解释范围效力，而不是要求解释者进一步确定在该解释范围中只有其中的一种解释优先。③上诉机构指出，《维也纳条约法公约》的规则和原则不会导致相互矛盾的结果。解释使该条款的范围缩小，而不该产生相互对立和竞争的解释。④上诉机构特别指出，第二段"允许的解释"不是提问国内法的某个条款是否必须排除《维也纳条约法公约》的适用。⑤

本案中，上诉机构注意到美国辩称专家组承认可以有一个以上的解释，而在定期复审中使用归零法就是第二段"允许的解释"。欧盟和巴西反驳称专家组在解释中认为可能有"允许的解释"。但是专家组的最终裁定否认了美国的归零法是第二段"允许的解释"。上诉机构指出，本案的上诉问题是对专家组

---

① 见上诉机构报告，《欧盟诉美国归零法的继续存在和适用"归零法"》，第259段。
② 见上诉机构报告，《欧盟诉美国归零法的继续存在和适用"归零法"》，第267—268段。
③ 见上诉机构报告，《欧盟诉美国归零法的继续存在和适用"归零法"》，第269—272段。
④ "The rules and principles of the Vienna Convention cannot contemplate interpretations with mutually contradictory results," as "[t]he purpose of such an exercise is … to narrow the range of interpretations, not to generate conflicting, competing interpretations."
⑤ "Whether a provision of domestic law is'necessarily excluded' by the application of the Vienna Convention."见上诉机构报告，《欧盟诉美国归零法的继续存在和适用"归零法"》，第273段。

认定继续使用归零法违反《反倾销协定》第 9.3 条和 GATT 1994 第 6.2 条的挑战。

上诉机构认为，上诉问题的核心是如何确定倾销和倾销幅度。在先前的案子中，上诉机构指出反倾销调查就是确定出口价格是否低于正常价值的价格的公平比较和计算过程。《反倾销协定》第 9.3 条是核心且关键的条款，本条规定：反倾销税的金额不得超过根据第 2 条确定的倾销幅度。在反倾销调查的每一个程序包括初始调查、定期复审、日落复审中，以及在各种贸易方式的比较，倾销、倾销幅度的计算中都不应该使用归零法，因为它违反了《反倾销协定》第 9.3 条。经过分析 GATT 时期反倾销的历史、《反倾销协定》条款与上下文、目的与宗旨和条约解释的规则和实践，上诉机构指出，第 17.6 条不允许相互矛盾的解释。美国的解释不是第 17.6（Ⅱ）条允许的解释。[①]

（四）并行的同意意见（concurrent opinion）

笔者在本案中第一次做上诉机构庭审首席法官。其他两位法官对笔者的工作非常支持，笔者感到集体团队的力量。三名法官互相尊重，认真倾听其他法官的独立见解。辩论气氛热烈、坦诚、直接、专业和认真。庭审内部讨论有时很激烈，但是三名法官互相倾听不同意见，探索正确的解决方案，使分歧意见不断缩小。在 7 名法官于日内瓦 WTO 上诉机构会议室交换意见时，每一名法官都系统地介绍了其对本案法律问题的研究和见解。法官独立的见解和意见坦诚、激烈但是很有意义，对于正确解释《反倾销协定》中某些困难和含糊的条款如第 17.6（Ⅱ）条，以及是否可以起诉尚未发生的、继续使用归零法的案子等很有帮助。法官们深入的法律分析对于涵盖协议的解释也是一大贡献。最后，三名庭审法官对本案所有的法律问题达成共识。

让笔者感动的是，一名庭审法官在报告起草的后期，提出了一份个人的书面意见，并行同意其他庭审法官的意见。WTO 成员都知晓，该庭审法官在被任命为上诉机构成员之前，在一个归零案子的专家组中，支持在某些情况下可以使用归零方法。但是在上诉机构审理的继续使用归零法的案子中，三名庭审法官一致同意无论在反倾销调查的哪一个阶段，使用或继续使用归零方法都违反

[①] The Appellate Body then referred to Article 17.6（Ⅱ）, and noted that its analysis of the issue "does not allow for conflicting interpretations." As a result, it said, the U.S. interpretation "is not a permissible interpretation within the meaning of Article 17.6 (ii), second sentence." 见上诉机构报告，《欧盟诉美国归零法的继续存在和适用"归零法"》，第 371 段。

《反倾销协定》第 9.3 条和 GATT 1994 第 6 条。WTO 成员和法学界评论，"通过本案的裁定，美国希望上诉机构改变归零的意见大概可以终结了"。[①] 在 WTO 其他三个关于诉美国使用归零法的案子中，有三位上诉机构法官对上诉机构关于使用归零法违反《反倾销协定》和 GATT 1994 第 6 条的最终裁定，分别提出了反对意见（dissenting opinion）。美国驻世界贸易组织代表在 DSB 会议上就这三位法官反对 WTO 裁决归零措施违法进行了表扬。与其他三位反对意见相反，在本案中，一位上诉机构法官提出了并行的同意上诉机构裁决归零违法的意见（concurrent opinion）。笔者认为将本庭的一名法官同事在 AB 报告中的并行同意意见翻译出来，对读者会有参考意义。

本案的上诉机构报告第 304 段显示，一名庭审成员希望对 V.C.2 节做如下声明：

> 经过一段时期，连续的专家组和上诉机构对于《反倾销协定》和 GATT 1994 第 6 条是否禁止使用归零做了大量的解释工程。该辩论的核心是正确解释倾销的概念。上诉机构解释倾销是特定出口商的概念，要求根据所考虑的产品确定的。相反地，接连不断的专家组认定可以在个别出口交易水平上确定倾销。为解决这个差异，用解释条约的条款文字、上下文、目的宗旨和辅助解释手段仔细地研究，每一次的解释都在不同的地方获得支持。每一个解释的过程都不缺乏释义学。每一次都有自身迷惑的地方：证明相似的数学问题和条文重复性所缠身的后果。该辩论证明了 WTO 解决争议体制的坚固性，但是也有局限。解释涵盖协议要求严谨地按照解释国际公法的习惯法的纪律进行。这些纪律可以指导得出一致和协调的解释，提供解释问题的答案，保证各成员的权利与义务的确定性。变化、矛盾和不确定的高谈阔论的解释是标志着失败不是成功。正如条约的解释者强调一致性，不可避免地也承认一个条约经过很多双手。最后留下一份文件，有时某个问题点只有建设性的模糊，反映谈判方的希望和恐惧，才能达成协议。解释的工程就是分辨秩序，尽管有不确定因素，不增加或减少成员的权利与义务。《反倾销协定》第 2.1 条反映了这个问题。
>
> 最重要的是倾销的概念贯穿整个协定。第 2.1 条的文字对倾销的定义

[①] 见 Worldtradelaw.net 对本案《AB 报告》的评论。

说得非常清楚。不可能有变化的和互相矛盾的意思，否则会伤害整个协定。这个定义是在非常通用性的高度做出的。定义中没有说谁将产品出口到另一成员的商业中。第2.1条可以轻易地用"出口商"一个名词，但是该条文没有引用该名词。该条文本可以用"整个产品"，然而该条文只用"产品"。这个定义是不成熟的，但是必须这样解释。上诉机构在《反倾销协定》的其他条款找到了支持解释倾销是整个产品和特定的出口商。上诉机构特别强调第2.4、2.4.2、5.8、6.10、9.5和3.1条的重要意义。将上下文一起看，得出结论关于倾销的定义。排除对特定交易的倾销概念。无可怀疑，《反倾销协定》要求累计计算。第6.10条要求对每一个知道的出口商单独计算倾销幅度。第3.1条要求评估倾销进口的数量以及其影响。排除单一进口大型资本货物，要求对整体进口的数量分析，以便确定倾销幅度。第5.8条的小到可以忽略不计，不适用于单独的进口交易。第9.5条要求对调查期间尚未出口产品的任何出口商确定倾销幅度。当《反倾销协定》要求累计计算时，哪些必须累计计算不是太清楚的。累计计算是要求对所有的结果正数或负数都要累计计算，还是只对正数的结果累计计算？上诉机构分析了全部的交易，确定哪些是倾销了，哪些不是。上诉机构认为必须对全部的比较结果同等看重，才能公平地确定整个产品的倾销幅度。接连的专家组认为《反倾销协定》没有这个要求。除非第2.4.2条的第一段明确规定，对所有比较的出口交易累计计算。解释的工程是广泛和巨大的。上诉机构强调特定出口商倾销的概念。专家组认为缴纳反倾销税是进口商的责任。上诉机构认为其解释是尊重前瞻性和追溯性评估税率的两种制度的差异。而反对者持不同意见。

　　没有更多的解释的详细差异。我认为应该谦虚地分析这些大辩论。双方都有实质性论点。但是一个不可避免的问题是在诉讼裁决中每一场大辩论必须有一个了结。上诉机构的存在，就是澄清涵盖协议。上诉机构对归零问题给出了最终答案，该决定已经经过争议解决机构通过。WTO成员有权利依赖这些结论。无论解释"倾销"的含义有多么困难，不能同时解释为特定出口商和特定的交易。我们寻求解释第17.6（Ⅱ）条第二段关于允许的概念。含义的范围可能包括允许的解释，但是两种解释不能有很大的不同，甚至相互矛盾，其中一个优先。上诉机构对此做了裁定。在每一个大辩论中，有个时间点是对解决争议需要做一个最终决定，这比对过去的大辩论摘取其某些论点更重要。关于归零，这个时候到了。鉴于上述原因，我同意审案庭的裁决，即美国在定期复审中使用简单归零措施违反了《反倾销协定》第9.3条和GATT 1994第6条。

四 本案所涉主要条款

（一）GATT 1994 第6.2条

第6条 反倾销税和反补贴税

6.2 为抵消或防止倾销，一缔约方可对倾销产品征收数额不超过此类产品倾销幅度的反倾销税。就本条而言，倾销幅度为依照第1款的规定所确定的差价。

（二）《反倾销协定》第2.1条

第2条 倾销的确定

2.1 本协议之目的，如果一项产品从一国出口到另一国，该产品的出口价格在正常的贸易过程中，低于出口国旨在用于本国消费的同类产品的可比价格，也即以低于其正常价值进入另一国的商业，则该产品即被认为是倾销。

（三）《反倾销协定》第2.4条

2.4 对出口价格和正常价值应进行公平比较，此项比较应在同一贸易水平上进行，通常指在出厂价的水平上和尽可能接近于在作出销售的同一时间基础上比较。应根据每一案件的具体情况，对影响价格比较的不同因素作出适当的补偿，包括销售条件不同，税收的差异，贸易水平的高低，数量和物理性能的不同，以及任何表明将会影响价格比较的其他因素。如果涉及本条第3款所指情况时，关于成本费用，包括进口与转售之间产生的关税，税收以及所获利润，也应作出补偿。如果在这些情况下，价格的可比性受到了影响，当局应确定某一贸易水平的正常价值相等于该贸易水平的构成出口价格，或者根据本款的规定应作出适当的补偿。当局应向有关当事人指明确保进行公平比较的必备的信息资料，但不得对这些当事人强加不合理的举证责任。

（a）按本条第4款规定的比较需要进行货币兑换时，该兑换应按销售日使用的外汇汇率作出。假如在期货市场上出售外币与有关的出口销售有直接联系，则应使用期货销售的外汇汇率。汇率的波动不予考虑，但在一项调查中，当局应给予出口商至少 60 天时间调整其出口价格，以反映调查期间出现的外汇汇率持续的变动。

（b）根据本条第 4 款有关公平比较的规定，调查期间倾销幅度的成立，通常应在加权平均正常价值与全部可比的出口交易的加权平均价格之间进行比较的基础上予以确定，或在正常价值与每项交易的出口价格进行比较的基础上予以确定。如果当局发现某一出口价格的模式在不同的购买人、地区或时间之间的差别很大，以及如果认为什么不能适当考虑使用加权平均对加权平均或进行比较的差别提出解释，则在加权平均基础上确定的正常价值可以与单独出口交易的价格进行比较。

（四）《反倾销协定》第 9.3 条

第 9 条　反倾销税的征收

9.3　反倾销税的数额按第 2 条规定不得超过倾销幅度。

（a）当反倾销税数额是按照追溯基础估算时，最终支付反倾销税责任的裁定应尽快作出，在提出要求作出反倾销税最终估算的数额之后，通常在 12 个月内作出，但最长不得超过 18 个月。任何退款项目应尽快支付，通常应在根据本项规定作出最终责任裁定后的 90 天之内，在任何情况下，如果退款不能在 90 天之内支付，当局应在受到要求时提供解释。

（b）当反倾销税数额是按照预期基础估算时，应作出决定将超过实际倾销幅度已支付的税款，按要求迅速归还。对于超过实际倾销幅度、已支付该税款的归还决定通常应当在被征收反倾销税产品的进口商提供了有说服力的证据、提出了归还要求之日后的 12 个月内作出，无论如何不得超过 18 个月，被批准的归还通常应在上述规定的 90 天之内完成。

（c）如果出口价格是按照第 2 条第 3 款规定为构成价格，在作出是否予以偿还以及偿还的范围程度的决定时，当局应考虑正常价值的变化，进口与转售之间产生的成本费用的变化，以及转售价格中合理反映在其后的销售价格的波动，当局还应考虑在当事人提供上述真凭实据时，对于不扣除已支付的反倾销数额的出口价格进行计算。

（五）《反倾销协定》第 11.2 条

第 11 条　反倾销税和价格承诺的期限及复议

11.2　在任何有利害关系的当事人提出审查要求，并提交证明有必要进行审查的确实资料时，当局认为合理，或者，假如自征收最终反倾销税起已过了一段合理的期限，当局应对继续征收反倾销税的必要性进行复议；在有授权时，可主动发起，有利害关系的当事人应有权要求当局审查继续征收反倾销税是否对抵消倾销是必要的；如果取消或变更反倾销税或者两者兼而实施，损害是否将重新发生。如果根据本款审查结束后，当局决定征收反倾销税不再是合理的，则应立即终止它。

（六）WTO 协定第 16.4 条

第 16 条　其他规定

16.4　每一成员应当保证其法律、规则和行政程序，与所附各协议中的义务相一致。

（七）DSU 第 11 条

第 11 条　专家组的职能

专家组的职能是帮助 DSB 履行本谅解书及各有关协议所赋予它的责任。因此，专家组应就其所面对的事项作出客观的评价，包括对该案件的各项事实，以及与各有关协议的适用范围一致性作出客观的评价。专家组并应提出其他将有助于 DSB 制定各项建议或作出根据各有关协议规定的各项裁决。各专家组应经常地与争端各当事方进行磋商。

案例3　欧盟诉美国影响大型民用飞机贸易措施（第二次申诉）案（WT/DS353/R）

一　案件基本情况[①]

1. 案名

欧盟诉美国影响大型民用飞机贸易措施（第二次申诉）案

2. 案号

WT/DS353/R

3. 申诉方、被诉方、第三方

申诉方：欧盟

被诉方：美国

第三方：澳大利亚、巴西、加拿大、中国、日本、韩国

4. 公布报告时间

2005年6月27日磋商申请

2011年3月31日专家组报告发布

2012年3月12日上诉机构报告发布

5. 争议条款

《争端解决谅解协议》第23条；

GATT 1994第3.4条；

《补贴与反补贴措施协议》（以下简称《反补贴协定》）第1.1条、第2条、第3.1条、第3.2条、第5条、第6.3条、第32条

6. 法官名称

上诉机构法官：Lilia R. Bautista、张月姣、David Unterhalter

[①] See WTO Website, available at https://wto.org/english/tratop_e/dispu_e/cases_e/ds353_e.htm, last visited on 27 Nov. 2016.

二 案件审理概况

（一）磋商程序

2005年6月27日，欧盟请求与美国磋商，解决美国影响大型民用飞机贸易的措施问题。

2006年11月22日，专家组设立。

澳大利亚、巴西、加拿大、中国、日本、韩国保留作为第三方参与专家组程序的权利。

2011年3月31日，专家组报告发布。

（二）涉案措施

本案中，欧盟指控美国向其大型民用飞机制造商，尤其是波音公司和在与波音公司合并前的麦道公司，提供了各种补贴。这包括：

第一，州和本地机构提供的补贴，欧盟指控美国大飞机行业研发、生产和总部所在州和本地机构，以各种方式向美国大飞机行业转移财政资源，这些州包括美国华盛顿州、堪萨斯州、伊利诺伊州；

第二，联邦政府提供的补贴，美国联邦政府被指控通过美国航空航天局、国防部、商务部、劳动部的某些措施和其他联邦税收优惠，以优于市场上可获得的条件或未进行公平交易，向美国大飞机行业转移财政资源。

欧盟主张上述指控的措施都构成《反补贴协定》第1条和第2条含义下的具体补贴，并且通过使用这些补贴，根据《反补贴协定》第5条和第6条的规定，美国对欧盟的利益造成了损害。同时，欧盟指出，特定的措施，即特定的税收激励措施以及对外国收入待遇措施，构成《反补贴协定》第3条项下的禁止性出口补贴。所有的补贴在《反补贴协定》下是可诉的，并且因此对欧共体利益构成《反补贴协定》第5（c）条含义下的严重侵害。

（三）专家组审理概况

本案经审理，专家组支持欧盟的如下主张：

（1）美国华盛顿州、堪萨斯州、伊利诺伊州及相关机构所支持的措施、美国航空航天局的航空科研发展措施、国防部的航空科研措施，以及外国销售公司等法令构成了具体的补贴；

（2）外国销售公司等法令的补贴事项构成了禁止性的出口补贴；

（3）一些具体的补贴（例如美国航空航天局和国防部的航空科研补贴、外国销售公司及其嗣后法令补贴、华盛顿州及其机构的税收补贴）对欧盟的利益以严重损害的方式造成了负面影响。

同时，专家组拒绝了欧共体的如下主张：

（1）其他指控的措施构成了具体的补贴，以及/或者这些措施导致严重损害；

（2）通过第2294号众议院法案所执行的华盛顿州税收措施构成禁止性出口补贴。

在如下的欧盟主张中，专家组采取了司法经济原则：

（1）具体补贴以显著价格压制的形式导致了负面影响；

（2）在大型民用航空器贸易上，美国违反了1992年美国与欧盟的双边协定，进而对欧盟的利益造成了严重损害。

考虑到WTO先前案例已裁定《美国外国销售公司免除和排除域外收入法》（US FSC Repeal Extraterritorial Income Exclusion Act）构成了禁止性的出口补贴，专家组认为做出额外的建议是不必要的，因为先前的争端解决机构裁定和建议已涉及这类措施。考虑到特定补贴对欧盟利益造成负面影响的认定，专家组建议，根据《反补贴协定》第7.8条，美国应采取合适的步骤消除该负面影响或者撤销该补贴。

专家组报告解决了关于《反补贴协定》的第1条和第2条（补贴和专项性的定义）、第3.1（a）条（禁止性出口补贴）、第5条和第6条（负面效果）的解释问题。例如，专家组认定波音公司在特定的美国航天航空局的科研发展项目所获得的科研发展基金，以及一些从美国国防部获得的科研发展基金构成了《反补贴协定》第1条和第2条项下的具体补贴。本案专家组解决的一个重要问题为：争议中的科研发展交易是否作为"服务购买"而在《反补贴协定》第1条的范围之外。

（四）上诉机构报告审理概况

1. 上诉机构报告程序

2011年4月1日，欧盟通知争端解决机构与上诉机构，其对美国影响大型民用飞机贸易措施（第二次申诉）案专家组报告提起上诉。

2011年4月28日，美国通知争端解决机构其将就专家组报告中的特定法律问题和专家组提出的特定解释法律问题提起上诉。

2012年3月12日，本案上诉机构报告发布。

2. 上诉的法律问题

双方上诉的主要争议点具体如下：

第一，欧盟请求推翻或修改专家组关于购买服务不属于《反补贴协定》第1.1（a）（1）条范围的解释；

第二，美国认为专家组错误地认为争议措施构成财政资助并对波音公司授予利益；

第三，美国认为专家组做出的"不成比例"的认定，并未考虑经济活动的多样化程度等因素。

3. 各方立场和抗辩情况

在该案中，欧盟指控美国向其大型民用飞机制造商，包括波音公司和麦道公司，提供补贴。特别是，欧共体指控美国各州和当地机构提供的补贴、美国联邦政府机构提供的各种财政资金以及《美国外国销售公司免除和排除域外收入法》及其嗣后立法对美国大型民用飞机行业进行资金转让。

2011年4月1日，欧盟通知争端解决机构与上诉机构，其对美国影响大型民用飞机贸易措施（第二次申诉）案专家组报告提起上诉。在上诉阶段，欧盟主张，专家组错误地认定欧盟并未表明争议中的专利权分配不符合《反补贴协定》第2条项下的"具体性"。进一步地，欧盟认为专家组错误地认为购买服务的交易不属于《反补贴协定》第1.1（a）（1）条的范围，并且欧盟并没有表明特定关税措施及其适用事实上构成了对出口的补贴事项。更进一步地，欧盟认为专家组错误地对《反补贴协定》第5条和第6.3条进行解释和适用。

在上诉通知阶段，欧盟请求上诉机构采取保护商业机密信息和高度敏感的商业信息的额外程序。欧盟建议上诉机构在空客（Airbus）上诉过程中所使用的额外程序应该构成在现有程序中具有秘密性的程序裁决的基础。美国通知上诉机构其支持该额外程序的请求。

2011年4月28日，美国通知争端解决机构其将就专家组报告中的特定法律问题和专家组提出的特定法律解释问题提起交叉上诉。

2012年3月12日，上诉机构报告发布。

4. 上诉机构重要的法律分析

（1）"补贴"定义的条款

《反补贴协定》第1条（补贴的定义）

1.1 就本协定而言，如出现下列情况应视为存在补贴：

（a）（1）在一成员领土内，存在由政府或任何共同机构提供的财政资助，即如果：

(i) 涉及资金的直接转移（如赠款、贷款和投股）、潜在的资金或债务的直接转移（如贷款担保）的政府做法；

(ii) 放弃或未征收在其他情况下应征收的政府税收（如税收抵免之类的财政鼓励）；

(iii) 政府提供除一般基础设施外的货物或服务，或购买货物；

(iv) 政府向一筹资机构付款，或委托或指示一私营机构履行以上(i)至(iii)列举的一种或多种通常应属于政府的职能，且此种做法与政府通常采用的做法并无实质差别；

或

(a)(2) 存在 GATT 1994 第 16 条意义上的任何形式的收入或价格支持；

及

(b) 则因此而授予一项利益。

(2) 关于"财政资助"一词的解释与适用的争议方申诉意见

本案争议涉及到美国影响大型民用航空贸易的措施。在本案中，为认定欧盟所指控的美国航空航天局和美国国防部的措施是否落入《反补贴协定》第 1.1(a)(1) 条项下的"财政资助"的范围内，专家组集中分析该措施是否可被归类为"服务购买"（purchases of services），进而排除在《反补贴协定》第 1.1(a)(1)(i) 条之外，因此也并不构成通过"资金的直接转移"的财政资助。

根据本案专家组的观点，争议的措施是否构成服务购买取决于波音公司被要求运营的工作的性质，即该研究是否"根本为了波音自身的利益或使用目的，或者其是否根本为了美国政府（或不相关的第三方）的利益或使用目的"。[①] 最终，专家组认定美国航空航天局的购买合同和美国国防部的援助文件不能被归类为服务购买。相反地，专家组认定美国国防部的购买合同可被归类为服务购买。

在上诉过程中，欧盟认为专家组关于被归类为服务购买的措施可排除在《反补贴协定》第 1.1(a)(1) 条范围之外的法律解释不正确。美国则指控专

---

① Report of the Panel, United States – Measures Affecting Trade in Large Civil Aircraft (Second Complaint), WT/DS353/R, 31 March 2011, paras. 7.978 and 7.1137.

家组对于争议中的美国航空航天局和美国国防部的措施的不同认定。[①]

(3) 上诉机构关于"财政资助"解释与适用的分析

本案上诉机构认为,专家组应首先考察争议措施,然后决定这些措施的相关特征,进而在对《反补贴协定》第1.1(a)(1)条的合理解释下,考察被归类这些措施是否落入该条款的范围。由于本案专家组未能对争议措施的归类进行分析,本案上诉机构将先考察这些措施,进而决定它们的相关特征;其次考察《反补贴协定》第1.1(a)(1)条的术语和范围;最后在确定相关特征的前提下,决定本案的争议措施是否符合《反补贴协定》第1.1(a)(1)条所述的财政资助类型。[②] 由此,本案上诉机构做出如下分析。

第一,应如何对争议中的美国航空航天局和美国国防部的措施进行合理的归类?本案上诉机构认为,从美国航空航天局的资金拨付以及非金钱性资源的提供构成资源的输入;而研究成果的共享构成资源的输出,上述交易的安排属于合资(joint venture) 的类型。[③] 在美国国防部的援助文件上,其交易的情形与美国航空航天局的购买合同相似。科研信息被双方所共享。波音获得发明创造的相关权利,且美国政府获得免费使用该发明创造的许可。因此,这些措施涉及对研究成果的共享。[④] 这些特征表明其构成合资协定。最终,本案上诉机构认定美国航空航天局的购买合同和美国国防部的援助文件的交易构成某种类型的合资合作。

第二,何种类型的财政资助被《反补贴协定》第1.1(a)(1)条所调整?本案上诉机构首先分析段落(i)中的"资金直接转移"这一术语,其表明资金直接转移一般涉及从政府到接受者的融资过程。特别是在"赠款"的情况下,资金的传递并不需要接受者的相对义务。[⑤]其次,上诉机构考察段落(iii),该段落提供两种不同的交易类型:第一种为政府"提供除一般基础设施外的货物或服务";第二种为"购买货物"。本案专家组认为第二种交易类型并未提及

---

① Report of the Appellate Body, United States – Measures Affecting Trade n Large Civil Aircraft (Second Complaint), WT/DS353/AB/R, 12 March 2012, para. 553.
② Report of the Appellate Body, United States – Measures Affecting Trade n Large Civil Aircraft (Second Complaint), WT/DS353/AB/R, 12 March 2012, para. 589.
③ Report of the Appellate Body, United States – Measures Affecting Trade n Large Civil Aircraft (Second Complaint), WT/DS353/AB/R, 12 March 2012, para. 597.
④ Report of the Appellate Body, United States – Measures Affecting Trade n Large Civil Aircraft (Second Complaint), WT/DS353/AB/R, 12 March 2012, para. 608.
⑤ Report of the Appellate Body, United States – Measures Affecting Trade n Large Civil Aircraft (Second Complaint), WT/DS353/AB/R, 12 March 2012, para. 617.

"服务",其表明《反补贴协定》的起草者并不想让"服务购买"构成《反补贴协定》第1.1(a)(1)(i)条项下的财政资助。① 然而,上诉机构认为,由于该解释问题与解决本案的争议并无关系,鉴于上诉机构已经认定美国航空航天局的购买合同和美国国防部的援助文件类似于合资合作,其认为自身无须解释该问题。②

第三,争议的美国航空航天局和美国国防部的措施是否构成《反补贴协定》第1.1(a)(1)条的财政资助?上诉机构认为,美国航空航天局和美国国防部的措施与《反补贴协定》第1.1(a)(1)(i)条列举的控股之间存在相似性。例如,美国航空航天局和美国国防部提供资金并期望获得某种形式的回报,在承诺提供资金时该研究不确定是否能够获得成功,其回报取决于接受者即企业能否获得成功。③ 同时,其预期的回报也并非财政的,而是获得某种类型的科学和技术信息、发明和数据等,并且美国航空航天局和美国国防部以获得设施、设备和员工的方式对项目提供帮助。④ 基于上述相似性,上诉机构认为,美国航空航天局和美国国防部的措施属于《反补贴协定》第1.1(a)(1)(i)条"资金直接转移"的范围。同时,波音公司获得的美国航空航天局的设施、设备和人权以及美国国防部的设施,构成《反补贴协定》第1.1(a)(1)(iii)条项下的货物或服务。

5. 上诉机构审定与结论

在上诉机构报告中,作为首要问题,上诉机构认定专家组错误地拒绝了欧盟依据《反补贴协定》附件5项下规定的信息而启动程序的请求。上诉机构认定:当存在对该程序启动的请求并且争端解决机构已经建立专家组时,附件5程序的启动是自发的。然而,上诉机构拒绝对附件5的启动条件在本案中是否实现的问题做出认定。

在美国航空航天局与美国国防部的科研发展项目的措施问题上,上诉机构

---

① Report of the Appellate Body, United States – Measures Affecting Trade n Large Civil Aircraft (Second Complaint), WT/DS353/AB/R, 12 March 2012, para. 620.
② Report of the Appellate Body, United States – Measures Affecting Trade n Large Civil Aircraft (Second Complaint), WT/DS353/AB/R, 12 March 2012, para. 620.
③ Report of the Appellate Body, United States – Measures Affecting Trade n Large Civil Aircraft (Second Complaint), WT/DS353/AB/R, 12 March 2012, para. 622.
④ Report of the Appellate Body, United States – Measures Affecting Trade n Large Civil Aircraft (Second Complaint), WT/DS353/AB/R, 12 March 2012, para. 623.

认定美国航空航天局购买合同项下的付款,对设施、设备和员工的获得,以及在美国国防部援助文件中提供的付款和对设施的获得,都构成《反补贴协定》第1.1(a)(1)条项下的财政资助。由于上诉机构采取与专家组不同的分析方法,其无须解决这些措施是否可被解释为服务购买的问题,而可以将其排除在《反补贴协定》第1.1(1)(i)条的范围之外。最终,上诉机构认为专家组将这些措施排除在《反补贴协定》第1.1(1)(i)条的范围之外的认定是毫无意义且没有法律效果的。同时,由于参与方并没有要求对美国国防部购买合同的措施进行认定,上诉机构对美国国防部购买合同的事项未完成分析。

进一步地,尽管存在不同的理由,上诉机构支持了专家组的如下认定,即美国航空航天局在购买合同项下的付款,对设施、设备和员工的获得,以及在美国国防部援助文件中提供的付款和对设施的获得等方面,都给予了波音公司《反补贴协定》第1.1(b)条项下的利益。

上诉机构认定在美国航空航天局、美国国防部与波音公司的合同和协定下的专利权分配[该专利权分配被视为自我存在的补贴("self-standing subsidy")]并非限定在《反补贴协定》第2.1(a)条项下的特定企业中。然而,上诉机构认定专家组未能考察欧共体关于该分配"事实上"为《反补贴协定》第2.1(a)条的专向性补贴的主张。上诉机构因此认定专家组关于第2.1条的认定未得到有效证明,但是拒绝认定该专利权分配在《反补贴协定》第2.1(a)条项下为"具体的、专项的"。

针对华盛顿州税率减免问题,上诉机构维持了专家组的认定,其认为华盛顿州适用于商业航空器以及零件制造商的税收减免构成了在其他情况下应征收的税收,并且因此属于《反补贴协定》第1.1(a)(1)(ii)条项下的财政资助。上诉机构也维持了专家组关于华盛顿州税收减免构成《反补贴协定》第2.1(a)条项下的具体的专项补贴的认定。

对于由堪萨斯州威奇托城通过工业收入债券(industrial revenue bonds)提供的补贴,尽管出于不同的理由,上诉机构维持了专家组的认定,即认定波音等公司的工业收入债券补贴满足《反补贴协定》第2.1(a)条下的具体专项性。

针对专家组的负面效果的分析,上诉机构注意到专家组分别对美国航空航天局与美国国防部航空科研发展补贴所造成的对200—300个座位的大型民用航空器(通过"技术效果"的方式进行补贴)、对于100—200个座位和300—400个座位的大型民用航空器(通过"价格效果"的方式进行补贴)的补贴进行分析。对于"技术效果"的分析,上诉机构维持了专家组的总体结论,即航空科研发展补贴构成了《反补贴协定》第5(c)条、第6.3(b)条和第6.3(c)条含义内的(对欧共体利益的)严重损害。特别是,上诉机构维持了专家组在200—300个座位大型民用航空器市场中的显著销售下滑与限制价格压制问题上的认定,但是推翻了专家组在特定市场上关于《反补贴协定》第6.3(b)条含义下的取代和阻拦威胁的认定。

针对价格效果的分析,上诉机构推翻了专家组关于《美国外国销售公司免除和排除域外收入法》和税率减免导致欧共体利益在《反补贴协定》第5(c)条、第6.3(b)条、第6.3(c)条项下的严重损害的认定。在分析中,上诉机构认定通过对波音价格的影响,《美国外国销售公司免除和排除域外收入法》和税率减免构成了《反补贴协定》第5(c)条、第6.3(c)条项下的显著销售下滑的严重损害。

最后,上诉机构认定:

(1)专家组错误地未考虑在导致显著销售下滑、显著价格压制和取代与阻拦威胁的情况下,税率减免的价格影响与航空科研发展补贴的技术影响相互补充与替代的情形;

(2)推翻了专家组关于遗留的补贴并未表明对波音价格造成严重损害影响的认定;

(3)认定威奇托城工业收入债券和《美国外国销售公司免除和排除域外收入法》和税率减免相互补充和替代,进而导致了《反补贴协定》第5(c)条、第6.3(c)条项下的显著销售下滑的严重损害的效果。

(五)执行阶段情况

1. 遵守程序

在2012年3月23日的会议上,争端解决机构通过了上诉机构报告以及经上诉机构修改的专家组报告。

2012年4月13日,美国通知争端解决机构其将以符合WTO义务并在《反补贴协定》第7.9条规定的时间内,执行争端解决机构的建议和裁决。

2012年9月23日,美国通知争端解决机构其已经撤销了争议中的补贴,并且消除负面效果。

2012年9月25日,欧盟请求根据《争端解决谅解协议》第21.5条启动磋商。

2012年10月11日,欧盟请求建立"遵守程序"专家组。

2012年10月30日,"遵守程序"专家组组成。

2016年6月27日,"遵守程序"专家组主席表示,由于仍有一些审查工作待完成,专家组预计在2016年12月之前发布最终报告。

2. 依据《争端解决谅解协议》第22条的救济程序

2012年9月27日,欧盟认为美国未能履行争端解决机构的建议和裁决,根据《争端解决谅解协议》第22条、《反补贴协定》第4.10条和第7.9条的规定,要求争端解决机构授权其采取反措施。

2012年11月27日,仲裁员收到来自美国和欧盟的终止仲裁程序的请求。根据争议方的请求,仲裁员在2012年11月28日终止仲裁程序。

三 笔者对本案的评析

本案涉及很多法律问题,包括《反补贴协定》附件5第2款向被申诉方派调查协调员收集关于严重损害的信息和证据,《反补贴协定》是否包括服务贸易,《反补贴协定》中构成补贴的合资经营形式,对补贴与损害的因果关系的论证、授予利益,如何审议专家组违反DSU第11条等。

第一,《反补贴协定》附件5第2款(程序)。

"欧盟诉美国对波音飞机补贴案"的上诉审理中首先遇到的问题是:欧盟向美国派信息调查协调员(facilitator)收集美国政府给予波音飞机的补贴对欧盟造成严重损害的信息和证据。

WTO《反补贴协定》附件5规定:(1)每个成员应进行合作;(2)根据《反补贴协定》第7.4款,如磋商未能在60天内达成双方同意的解决办法,则参加此类磋商的任何成员可将该事项提交DSB,以立即设立专家组,除非DSB经协商一致决定不设立专家组,专家组的组成及其职权范围应在专家组设立之日起15天内确定;(3)应请求,DSB应该启动附件5第2款程序;(4)DSB应指定一名代表负责便利收集情报工作;(5)鼓励各方进行合作。

本案中,五年以前,欧盟在提起建立专家组的请求时,就请求DSB指定信息调查协调员。但是DSB没有启动指定信息收集和指定协调员的程序。欧盟认为其推荐的协调员仍然有效,并指控美国违背第5.4条,对于指定信息调查协调员未"进行合作"。

本案关于DSB应请求启动派调查协调员的程序是在申诉方请求DSB建立专家组时"自动"开始,还是需要DSB采取行动启动该调查程序?通常DSB收到申诉方建立专家组和启动调查程序的申请后,在 DSB 会议上做决定同意建立专家组和开始派调查协调员的程序。本案中,DSB 未做出启动附件 5 第 2 款程序的决定。根据时任 DSB 主席,后来与笔者一同担任上诉机构法官的 Shotaro 回忆,在成立"欧盟诉美国对波音飞机补贴案"专家组时,DSB 确实未就启动任命调查协调员和启动程序做出决定。具体原因不详。如果 DSB 未采取启动任命调查协调员程序的行动,欧盟申请启动调查和收集信息以及指定调查协调员是否有效?如果 DSB 未启动该程序,其是否承担责任?如何认定被诉方美国是否在该程序中"进行合作"?

上诉机构庭审法官经过激烈的辩论,最后的结论为:"上诉机构认定附件 5 第 2 款的条文和上下文以及 WTO 争议解决和《反补贴协定》的目的与宗旨赋予 DSB 一项义务,即一旦收到请求,就应该启动附件 5 第 2 款的程序。如果申诉方请求启动附件 5 第 2 款的程序和 DSB 设立专家组,DSB 的行动自动产生。"①

一位庭审法官认为,向被诉方或其他有关方派信息调查协调员是一项很严肃的法律和司法协助行为,DSB 必须采取行动,而不是附件 5 第 2 款的程序因申诉方的申请而自动启动。例如,在本案中 DSB 未采取行动,则附件 5 第 2 款的程序没有启动。这位庭审法官在报告的注脚中再次强调,启动附件 5 第 2 款的程序需要 DSB 采取行动。一方面强调 DSB 有义务启动附件 5 第 2 款的程序;另一方面也要求 DSB 采取该行动,例如通知全体成员让他们对协助调查信息收集有准备,这也符合正当程序(due process)的要求。②

关于欧盟要求上诉机构承认附件 5 第 2 款的程序已经或者应当已经启动的

---

① In conclusion, the Appellate Body found that the text and context of Annex V, paragraph 2, together with the object and purpose of the WTO dispute settlement system as reflected in the DSU and the SCM Agreement, "support an understanding of this provision as imposing an obligation on the DSB to initiate an Annex V procedure upon request, and that such DSB action occurs automatically when there is a request for initiation of an Annex V procedure and the DSB establishes a panel." See Report of the Appellate Body, United States – Measures Affecting Trade n Large Civil Aircraft (Second Complaint), WT/DS353/AB/R, 12 March 2012, paras. 531–533.

② One Member of the Division then "qualif[ied]" this understanding of Annex V, paragraph 2. In this Member's opinion, "to initiate an Annex V procedure, an act of the DSB is required." And, "[t]he DSB's initiation of an Annex V procedure in the manner described above can occur only when the complaining Member's request for an Annex V procedure forms an integral part of that Member's request for the establishment of a panel." See Report of the Appellate Body, United States – Measures Affecting Trade n Large Civil Aircraft (Second Complaint), WT/DS353/AB/R, 12 March 2012, footnote 1118.

问题，当时提名的调查协调员仍然有效。上诉机构裁定：专家组已经明确裁定DSB没有启动附件5第2款的程序。这是一个不争的事实。上诉机构不明白五年后的今天就这个问题做出裁定对解决本案争议是否还有意义。上诉机构裁定：没有必要就附件5第2款启动程序的条件是否已经符合要求做出裁定。①

关于欧盟要求上诉机构认定美国没有根据附件5第2款的要求"进行合作"，欧盟可以使用"反向推论"（negative reference）或者使用"已掌握的信息"（best information available）。上诉机构拒绝了欧盟的请求。上诉机构认为反向推论或已掌握的信息针对的是一项具体的诉求、措施或者证据。欧盟在本案中没有提出任何具体的诉求、措施和证据。专家组也没有认定美国在附件5第2款程序方面未合作。鉴于不合作这一事实仍不确定，上诉机构没有在上诉阶段就"不合作"的指控做出裁定的基础（basis）。②

上诉机构在本案中没有对欧盟上诉的附件5第2款程序已经启动做出裁决，也没有裁定美国不合作，也未裁定欧盟因而可以使用反向推论或使用已掌握的信息。但是上诉机构明确《反补贴协定》附件5第2款的程序条件、DSB启动该程序的义务、合作的义务、一方"不合作"另一方是否可以使用"反向推论"这些问题是很有意义的。

第二，关于服务贸易是否包括在《反补贴协定》之中。

---

① As to the first request, for a finding that an Annex V procedure was or should have been initiated, the Appellate Body recalled the panel's explicit finding that no Annex V procedure had been initiated by the DSB. It said that, even if this finding rested on a mistaken and incomplete interpretation of Annex V, paragraph 2, it is uncontested that no Annex V procedure was carried out at that time. Therefore, the Appellate Body said that "[m]ore than five years later, we do not see how the findings that the European Union seeks to have us make, on appeal, would contribute to resolving the dispute at this stage," and it found it unnecessary to make a ruling on whether the conditions for the initiation of an Annex V procedure were fulfilled. See Report of the Appellate Body, United States – Measures Affecting Trade n Large Civil Aircraft (Second Complaint), WT/DS353/AB/R, 12 March 2012, para. 535.

② given that questions about a failure to cooperate or a resulting need to use adverse inferences "are questions that usually refer to specific claims, measures, or pieces of evidence," none of which were provided by the European Union in connection with these requests. In this regard, it noted that the Panel made no specific findings of "non–cooperation" on the part of the United States, and, given the uncertain nature of the facts surrounding the alleged non–cooperation, the Appellate Body considered that it had no basis for making any such finding on appeal. See Report of the Appellate Body, United States – Measures Affecting Trade n Large Civil Aircraft (Second Complaint), WT/DS353/AB/R, 12 March 2012, paras. 541–543.

关于WTO《反补贴协定》是否包括服务贸易，上诉机构注意到《反补贴协定》第1.1.（3）条第一段中"政府提供除一般基础设施外的货物或服务"这一表达，然而，第二段只提"购买货物"，"服务"一词被取消了。专家组查阅了《反补贴协定》谈判记录。在初始的草案中有"服务"一词，后来的草案中将"服务"一词取消了。因而，专家组得出服务贸易不包括在《反补贴协定》中的结论。专家组还认定国家航天航空局免费提供的研究与开发是服务贸易。由于波音飞机公司获得使用该研究成果的主要利益（predominant use），因此，该利益被认定为补贴。从专家组这一认定中可以看到自相矛盾的地方：一方面，《反补贴协定》不包括服务；另一方面，由于波音公司是R&D服务成果的主要受益者，所以该行为是补贴。

上诉机构分析本案属于美国政府出资、科研成果由波音公司使用，这是一种"合资经营形式"，是一种合作安排的形式。①

上诉机构推翻了专家组关于"服务贸易"的认定，上诉机构没有对《反补贴协定》是否包括"服务贸易"做出裁定。上诉机构认为，该问题与解决本案的争议无关。上诉机构裁定，NASA的采购合同向波音公司付款并提供进入其办公楼使用其设施，这构成了《反补贴协定》第1.1（a）（1）条的财政支持（financial contribution）。美国国防部援助协议向波音公司提供付款和进入使用其设备的机会也构成《反补贴协定》第1.1（a）（1）条下的财政支持（financial contribution）。②

---

① "[t]he arrangements are akin to a species of joint venture." In support of this conclusion, it pointed to statements by NASA officials emphasizing the partnership between NASA and the U. S. aerospace industry. Thus, the Appellate Body concluded that these transactions are "composite in that they involve a combination of funding and access to facilities" and they are "collaborative" as they involve DOD and Boeing "pooling monetary and non-monetary resources on the input side and some sharing of the fruits of the research on the output side." It concluded, "these are not the usual characteristics of a purchase transaction," but rather, "these features resemble a joint venture arrangement." See Report of the Appellate Body, United States – Measures Affecting Trade n Large Civil Aircraft (Second Complaint), WT/DS353/AB/R, 12 March 2012, para. 609.

② On this basis, the Appellate Body concluded that "the payments and access to facilities, equipment, and employees provided to Boeing under the NASA procurement contracts at issue constitute financial contributions within the meaning of Article 1. 1 (a) (1) of the SCM Agreement." It similarly found that "the payments and access to facilities provided to Boeing under the USDOD assistance instruments at issue also constitute financial contributions within the meaning of Article 1. 1 (a) (1) of the SCM Agreement." See Report of the Appellate Body, United States – Measures Affecting Trade n Large Civil Aircraft (Second Complaint), WT/DS353/AB/R, 12 March 2012, para. 625.

第三，关于因果关系的分析。

美国上诉辩称，专家组未按《反补贴协定》的"内在的和实质性"[1]的标准分析补贴与损害的因果关系。欧盟反驳说补贴与损害的关系是专家组对事实证据的平衡与评估（weighing of the evidence），应该在 DSU 第 11 条下审查。上诉机构指出，如何分清"事实"与"法律"比较困难。需要上诉机构依据个案具体分析。在本案中，美国仅仅依据事实指控专家组没有做"内在和实质性"的因果分析，然而美国并没有提起专家组违反 DSU 第 11 条的上诉。因此，上诉机构不能审理美国根据 DSU 第 11 条有关因果关系的事实的诉求。[2]

第四，授予利益（benefit conferred）。

《反补贴协定》第 1.1（b）条规定：就本协议而言，如出现下列情况应视为存在补贴，则因此而授予一项利益。如何鉴定某一企业由于获得政府的财政资助，资金的直接转移如赠款、贷款和入股、贷款担保、税收抵免、政府购买货物、价格支持等，而使得该企业获得比正常市场上交易高的收益是否属于"授予一项利益"。

"获得利益"隐含比较的意思。对比没有财政资助，有政府的财政资助，企业更好了（better off）。政府作为财政资助提供者，与市场上商业活动者的行为我们要进行比较，另外也要分析政府财政资助与市场上商业交易的不同条件。[3]

上诉机构批评指出专家组的分析存在的问题。专家组不应该以主要收益（principal benefiter）为原则确定"利益获得"（benefit conferred）。在市场的商业交易中，由于谈判双方的地位不同，讨价还价的能力不同或者其他原因，一笔交易的收益分配可能不均衡。一方收益高过另一方的情况是存在的。这种商业行为不是补贴中的"利益获得"。此外，专家组没有完全采纳争议方提供的证据，也没有解释原因。专家组分析 NASA 对波音公司提供的财政资助的总金

---

[1] "genuine and substantial" causal link within the meaning of SCM Agreement Articles 5（c）and 6.3.

[2] See Report of the Appellate Body, United States – Measures Affecting Trade n Large Civil Aircraft（Second Complaint），WT/DS353/AB/R，12 March 2012，para. 958.

[3] "the assessment of benefit must examine the terms and conditions of the challenged transaction at the time it is made and compare them to the terms and conditions that would have been offered in the market at that time." See Report of the Appellate Body, United States – Measures Affecting Trade n Large Civil Aircraft（Second Complaint），WT/DS353/AB/R，12 March 2012，paras. 635–636.

额而不是波音的获利额。如果分析波音获利多少，专家组应该分析比较市场上交易的获利情况，从而证明在NASA援助中，波音公司获得更多好处（the advantage conferred）。

上诉机构认为，补贴金额是一个事实问题，应该由事实审议者即专家组裁定。美国没有为此提出DSU第11条的上诉，因此上诉机构不审理这些事实问题。① 上诉机构还指出，《反补贴协定》没有对严重损害金额的数量提出要求。在本案中，专家组关于"利益授予"的认定不取决于NASA的补贴金额。上诉机构不认为专家组的计算方法是错误的。专家组也不认为其计算的金额是准确的，仅仅是一个估算。美国认为专家组计算的补贴金额为26亿美元是错误的，② 上诉机构驳回了美国的这一指控。

第五，关于如何审议专家组是否违反DSU第11条。

在上诉案件中，争议方不服专家组对事实的分析与认定时，经常提出专家组违反DSU第11条关于"客观审议"的标准。因为上诉机构只审理专家组报告中的法律问题和法律分析，不审议案件的事实问题，而只有当事方提出DSU第11条"违反之诉"时，上诉机构才可以审理有关事实问题。在越来越多的上诉案件中，申诉方诉专家组违反DSU第11条，使得上诉机构任务繁重。而大多数的DSU第11条之诉是被驳回的。上诉机构对违反DSU第11条也做出了明确的、比较严格的解释，以防止有关方滥用DSU第11条的诉权。在波音飞机补贴案中，上诉机构再次重申上诉机构在"欧盟紧固件案"中所强调的：申诉方必须解释为何涉案证据是如此重要，为何专家组没有明确依据该证据解决争议将致使专家组无法形成对事实的客观分析。③

上诉机构指出，要赢得DSU第11条的指控，申诉方必须证明其申诉是专家组采用美国国防部的补贴波音公司总金额的计算的事实具有实质重要性的（material）。

---

① See Report of the Appellate Body, United States – Measures Affecting Trade n Large Civil Aircraft (Second Complaint), WT/DS353/AB/R, 12 March 2012, para. 696.

② See Report of the Appellate Body, United States – Measures Affecting Trade n Large Civil Aircraft (Second Complaint), WT/DS353/AB/R, 12 March 2012, para. 700.

③ "pointing to its decision in paragraph 442 of EC – Fasteners, the Appellate Body emphasized that the appellant must explain why the evidence at issue is "so material to its case that the panel's failure explicitly to address and rely upon the evidence has a bearing on the objectivity of the panel's factual assessment."

据此，上诉机构驳回美国关于专家组违反 DSU 第 11 条的指控，因为美方不认为美国国防部 1991 年至 2005 年向波音公司提供 450 亿美元（不到总数的 1%）的研究与发展费用与大飞机有关。[①]

第六，关于上诉审理程序中如何处理商业秘密信息（BCI）和特别敏感的商业秘密。

在"大飞机补贴案"中，专家组报告 1000 多页，上诉机构的报告 600 多页，其中也涉及大量的商业秘密（BCI）和特别敏感的商业秘密。上诉机构为此专门公布了保护涉案方的商业秘密和特别敏感的商业秘密的程序，设立密封的保密室由专人监管。法官、律师、秘书等参案人员签订保密协议。当事方的委派人员要通知上诉机构秘书处并且签订保密协议，才可以进保密室查看有关保密资料。为加强保密措施，上诉机构办公室走廊也封了大门，有保安监管进出办公室和会议室。每天会议资料及时收回，由保安人员集中销毁。

通过抽签，David、Peter 和 Lilia 是"欧盟空客补贴案"的庭审成员。David、Lilia 和笔者成为"欧盟诉美国对波音飞机补贴案"的庭审成员。参与"大飞机补贴案"的审理对于每一位上诉机构法官都是一次难得的深入研究《反补贴协定》的各个条文的机会，同时也是对上诉机构审案程序、条约解释、审议标准、举证责任、法律推理等法律问题分析能力的一次综合锻炼和经验积累。笔者有幸通过抽签成为"欧盟诉美国对波音飞机补贴案"的庭审成员，全程参与了该案的审理，这次经历在笔者担任上诉机构法官的职业生涯中也留下了很多深刻的回忆。

四 本案涉及的条款

（一）《反补贴协定》第 1 条　补贴的定义

1.1　*就本协定而言，如出现下列情况应视为存在补贴：*

（a）（1）在一成员领土内，存在由政府或任何共同机构提供的财政资助，即如果：

（Ⅰ）涉及资金的直接转移（如赠款、贷款和投股）、潜在的资金或

---

① See Report of the Appellate Body, United States – Measures Affecting Trade n Large Civil Aircraft (Second Complaint), WT/DS353/AB/R, 12 March 2012, para. 723.

债务的直接转移（如贷款担保）的政府做法；

（Ⅱ）放弃或未征收在其他情况下应征收的政府税收（如税收抵免之类的财政鼓励）；

（Ⅲ）政府提供除一般基础设施外的货物或服务，或购买货物；

（Ⅳ）政府向一筹资机构付款，或委托或指示一私营机构履行以上（Ⅰ）至（Ⅲ）列举的一种或多种通常应属于政府的职能，且此种做法与政府通常采用的做法并无实质差别；

或

（a）（2）存在GATT 1994第16条意义上的任何形式的收入或价格支持；

及

（b）则因此而授予一项利益。

（二）《反补贴协定》第2条 专向性

2.1 为确定按第1条第1款规定的补贴是否属对授予机关管辖范围内的企业或产业、或一组企业或产业（本协定中称"某些企业"）的专向性补贴，应适用下列原则：

（a）如授予机关或其运作所根据的立法将补贴的获得明确限于某些企业，则此种补贴应属专向性补贴。

（b）如授予机关或其运作所根据的立法制定适用于获得补贴资格和补贴数量的客观标准或条件，① 则不存在专向性，只要该资格为自动的，且此类标准和条件得到严格遵守。标准或条件必须在法律、法规或其他官方文件中明确说明，以便能够进行核实。

（c）如尽管因为适用（a）项和（b）项规定的原则而表现为非专向性补贴，但是有理由认为补贴可能事实上属专向性补贴，则可考虑其他因素。此类因素为：有限数量的某些企业使用补贴计划、某些企业主要使用补贴、给予某些企业不成比例的大量补贴以及授予机关在作出给予补贴的决定时行使决定权的方式。② 在适用本项时，应考虑授予机关管辖范围内经济活动的多样性程度，及已经实施补贴计划的持续时间。

---

① 此处使用的客观标准或条件指中立的标准或条件，不仅仅优惠某些企业，且具有经济性质，并水平适用，如雇员的数量或企业的大小。

② 在这方面，应特别考虑补贴申请被拒绝或获得批准的频率，以及作出此类决定的理由。

2.2 限于授予机关管辖范围内指定地理区域的某些企业的补贴属专向性补贴。各方理解，就本协定而言，不得将有资格的各级政府所采取的确定或改变普遍适用的税率的行动被视为专向性补贴。

2.3 任何属第3条规定范围内的补贴应被视为专向性补贴。

2.4 根据本条规定对专向性的确定应依据肯定性证据明确证明。

（三）《反补贴协定》第5条　不利影响

任何成员不得通过使用第1条第1款和第2款所指的任何补贴而对其他成员的利益造成不利影响，即：

（a）损害另一成员的国内产业；①

（b）使其他成员在GATT 1994项下直接或间接获得的利益丧失或减损，② 特别是在GATT 1994第2条下约束减让的利益；

（c）严重侵害另一成员的利益。③

本条不适用于按《农业协定》第13条规定的对农产品维持的补贴。

（四）《反补贴协定》第6条　严重侵害

6.1 在下列情况下，应视为存在第5条（c）款意义上的严重侵害：

（a）对一产品从价补贴的总额④超过5%；⑤

（b）用以弥补一产业承受的经营亏损的补贴；

（c）用以弥补一企业承受的经营亏损的补贴，但仅为制定长期解决办法提供时间和避免严重社会问题而给予该企业的非经常性的和不能对该企业重复的一次性措施除外；

（d）直接债务免除，即免除政府持有的债务，及用以偿债的赠款。⑥

6.2 尽管有第1款的规定，但是如提供补贴的成员证明所涉补贴未造成第3款列举的任何影响，则不得视为存在严重侵害。

---

① 此处使用的"损害另一成员的国内产业"的措辞与第五部分使用的意义相同。
② 本协定使用的"丧失或减损"的措辞与GATT 1994相关条款使用的意义相同，此类丧失或减损是否存在应根据实施这些条款的惯例确定。
③ 本协定使用的"严重侵害另一成员利益"的措辞与GATT 1994第16条第1款使用的意义相同，且包括严重侵害的威胁。
④ 从价补贴的总额应依照附件4的规定计算。
⑤ 因预期民用航空器将受专门的多边规则的约束，此项中的最低限度不适用于民用航空器。
⑥ 各方认识到，因民用航空器的实际销售额低于预测的销售额而使以专利权使用费为基础的民用航空器计划的筹资不能得到全部偿还，此点本身不构成本项中的严重侵害。

6.3 如下列一种或多种情况适用，则可产生第5条（c）款意义上的严重侵害：

（a）补贴的影响在于取代或阻碍另一成员同类产品进入提供补贴成员的市场；

（b）补贴的影响在于在第三国市场中取代或阻碍另一成员同类产品的出口；

（c）补贴的影响在于与同一市场中另一成员同类产品的价格相比，补贴产品造成大幅价格削低，或在同一市场中造成大幅价格抑制、价格压低或销售损失；

（d）补贴的影响在于与以往3年期间的平均市场份额相比，提供补贴成员的一特定补贴初级产品或商品①的世界市场份额增加，且此增加在给予补贴期间呈一贯的趋势。

6.4 就第3款（b）项而言，对出口产品的取代或阻碍，在遵守第7款规定的前提下，应包括已被证明存在不利于未受补贴的同类产品相对市场份额变化的任何情况（经过一段足以证明有关产品明确市场发展趋势的适当代表期后，在通常情况下，该代表期应至少为1年）。"相对市场份额变化"应包括下列任何一种情况：（a）补贴产品的市场份额增加；（b）补贴产品的市场份额保持不变，但如果不存在该补贴，市场份额则会降低；（c）补贴产品的市场份额降低，但速度低于不存在该补贴的情况。

6.5 就第3款（c）项而言，价格削低应包括通过对供应同一市场的补贴产品与未受补贴产品的价格进行比较所表明的此类价格削低的任何情况。此种比较应在同一贸易水平上和可比的时间内进行，同时适当考虑影响价格可比性的任何其他因素。但是，如不可能进行此类直接比较，则可依据出口单价证明存在价格削低。

6.6 被指控出现严重侵害的市场中的每一成员，在遵守附件5第3款规定的前提下，应使第7条下产生争端的各方和根据第7条第4款设立的专家组可获得、关于与争端各方市场份额变化以及关于所涉及的产品价格的所有有关信息。

---

① 除非其他多边议定的具体规则适用于所涉产品或商品的贸易。

6.7 如在有关期限内存在下列任何情况,① 则不产生第3款下造成严重侵害的取代或阻碍;

(a) 禁止或限制来自起诉成员同类产品的出口,或禁止或限制起诉成员的产品进入有关第三国市场;

(b) 对有关产品实行贸易垄断或国营贸易的进口国政府出于非商业原因,决定将来自起诉成员的进口产品改为来自另一个或多个国家进口产品;

(c) 自然灾害、罢工、运输中断或其他不可抗力影响起诉成员可供出口产品的生产、质量、数量或价格;

(d) 存在限制来自起诉成员出口的安排;

(e) 起诉成员自愿减少可供出口的有关产品(特别包括起诉成员中公司自主将该产品的出口重新分配给新的市场的情况);

(f) 未能符合进口国的标准或其他管理要求。

6.8 在未出现第7款所指的情况时,严重侵害的存在应依据提交专家组或专家组获得的信息确定,包括依照附件5的规定提交的信息。

6.9 本条不适用于按《农业协定》第13条规定对农产品维持的补贴。

(五)《反补贴协定》附件5第2条

附件5　搜集关于严重侵害的信息的程序

1. 在搜集供专家组根据第7条第4款至第6款规定的程序审查的证据时,每个成员应进行合作。第7条第4款的规定一经援引,争端各方和任何有关第三国成员即应通知DSB其领土内负责管理此规定的组织和用于应答提供信息请求的程序。

2. 在根据第7条第4款将有关事项提交DSB的情况下,应请求,DSB应开始有关程序,自给予补贴成员的政府获得确定补贴的存在和金额、接受补贴企业的总销售额以及分析补贴产品所造成的不利影响所必需的信息。② 在适当时,该程序可包括向给予补贴成员的政府和起诉成员的政府提出问题以收集信息,以及通过第七部分所列通知程序,澄清和获得争端

---

① 本款所指的某些情况这一事实本身,并未授予这些情况在 GATT 1994 或本协定范围内的任何法律地位。这些情况不得是无关联的、偶发的或在其他情况下无关紧要的。

② 本条仅在需要证明存在严重侵害的情况下适用。

各方可获得的对信息的详细说明。①

3. 关于对第三国市场的影响,一争端方可收集信息,包括通过向第三国成员政府提出分析不利影响所必要的问题,这些信息以其他方式无法自起诉成员或补贴成员处合理获得。此请求的管理不应以给第三国成员带来不合理负担的方式进行。特别是,不应期望此类成员专门为此目的而进行市场或价格分析。拟提供的信息为该成员现有的或可容易获得的信息(例如,有关统计机构已经收集但尚未公布的最新统计数字,有关进口产品和有关产品申报价值的海关数据等)。但是,如一争端方自费进行详细的市场分析,则第三国成员的主管机关应便利此人或该公司进行此项分析,且应给予此人或公司获得该成员政府通常情况下不予保密的所有信息的机会。

4. DSB应指定一名代表负责便利信息收集过程。该代表的惟一目的为保证迅速搜集便利随后对争端进行的多边审议所必需的信息。特别是,该代表可提出有关收集必要信息的最有效方法的建议,以及鼓励各方进行合作。

5. 第2款至第4款略述的信息收集程序应在根据第7条第4款将此事项提交DSB后60天内完成。在此过程中获得的信息应提交DSB依照第十部分的规定设立的专家组。此信息应特别包括有关所涉补贴的金额的数据(且在适当时,接受补贴公司的总销售额)、补贴产品的价格、无补贴产品的价格、市场中其他供应商的价格、对所涉市场供应补贴产品的变化以及市场份额的变化。此信息还应包括反驳的证据,以及专家组认为在形成其结论过程中有关的补充信息。

6. 如给予补贴的成员和/或第三国成员未能在信息收集过程中进行合作,则起诉成员可依据其可获得的证据,将此严重侵害案件与给予补贴成员和/或第三国成员不合作的事实和情况一并提起申诉。如由于给予补贴成员和/或第三国成员的不予合作而无法获得信息,则专家组可依靠从其他方面获得的最佳信息完成必要的记录。

7. 专家组在作出确定时,应从信息收集过程所涉及的任何一方不予合作的事例作出反向推断。

---

① DSB的信息收集过程应考虑保护属机密性质的信息,或由该过程所涉及的任何成员以保密条件提供的信息。

中篇　笔者办案与评析　099

8. 专家组在使用可获得的最佳信息或反向推断作出确定时，应考虑根据第4款任命的DSB代表对任何提供信息请求的合理性及各方以合作和及时的态度应答这些请求所作努力的建议。

9. 信息收集过程不得限制专家组寻求其认为对正确解决争端所必需的额外信息的能力，这些信息在该过程中未得到充分寻求或搜集。但是，如额外信息可支持特定一方的立场且记录中缺乏此类信息是由于该方在收集信息过程中不合理地不进行合作所造成的，则专家组通常不应要求此类信息以完成记录。

案例 4　印度针对美国附加税和额外附加税案（WT/DS360/R）

一　案件基本情况[1]

1. 案名

印度针对美国附加税和额外附加税案

2. 案号

WT/DS360/R

3. 申诉方、被诉方、第三方

申诉方：美国

被诉方：印度

第三方：澳大利亚、智利、欧共体、日本、越南

4. 公布报告时间

2008 年 6 月 9 日专家组报告发布

2008 年 10 月 30 日上诉机构报告发布

5. 争议条款

争议的条款：GATT 1994 第 2.1 条、第 3.2 条和第 3.4 条

6. 法官名称

上诉机构法官：Jennifer Hillman（首席法官）、Giorgio Sacerdoti、张月姣

二　案件审理概况

（一）磋商程序

1. 争议事项

2007 年 3 月 6 日，美国要求就"附加税收"或"额外附加税"问题与印

---

[1] See WTO Website, available at https://wto.org/english/tratop_e/dispu_e/cases_e/ds360_e.htm, last visited on 20 Nov. 2016.

度进行磋商。额外税收被印度适用于从美国进口的产品，包括但不限于酒类和蒸馏类产品（HS2204、2205、2206与2208）。这些措施包括：

（1）1975年《关税税则法》的第2部分、第3部分与第一减让表；

（2）1962年《关税法》第12部分；

（3）第5/2004号关税通知（2004年1月8日）；

（4）第20/1997号关税通知（1997年3月1日）；

（5）第32/2003号关税通知（2003年3月1日）；

（6）第19/2006号关税通知（2006年3月1日）；

同时，美国的主张也包括一些修正规则、相关措施或执行措施。美国认为这些措施违反了GATT 1994第2.1（a）条、第2.1（b）条、第3.2条、第3.4条。

2. 涉案措施

印度在其《基本关税法》（Basic Customs Duty）中对进口啤酒、烈性酒和酒精类饮料征收附加税（Additional Duty）和额外附加税（Extra Additional Duty）。美国指控印度征收进口啤酒、烈性酒和酒精类饮料的附加税税率是印度关税减让表第一部分的强制性关税税率的150%，额外附加税税率是有关农产品强制性关税税率的25%到100%。

印度对专家组说，根据1994年《关贸总协定》第2.1（b）条，印度减让表不适用于涉案的措施。印度的关税减让表不包括一些酒精类饮料。印度基本关税法已经将进口酒精饮料的关税提高到150%，对进口啤酒的关税提高到100%。

印度法律在基本税的基础上授权中央政府为公共利益可以免征附加税，并在政府公报中通知具体进口产品的名称，该附加税与国内同类产品的税率相同。印度宪法授权各省可以对本地生产的酒精饮料征收地方税。专家组成立后，印度海关通知取消美国指控的进口烈性酒的附加税。专家组认为海关通知书不在专家组的任务书范围内，所以对印度已经修改的附加进口税不做审理，争议双方也未上诉。

印度向专家组解释海关通知书中的附加税是中央尽量合理反映国内同类产品支付的税负的平均税率（process of averaging），有的省征收的进口关税可能比国内同类产品的税负略高，有的省进口附加税可能低于国内同类产品的税负。

3. 其他事项

2007年3月16日,欧盟要求加入磋商。

2007年3月21日,澳大利亚要求加入磋商。随后,印度通知争端解决机构,其接受欧盟加入磋商的请求。

2007年5月24日,美国要求建立专家组。在2007年6月4日争端解决机构的会议上,争端解决机构授权组建专家组。

(二)专家组审理概况

2007年6月20日,争端解决机构建立了专家组。澳大利亚、智利、欧盟、日本和越南保留其第三方权利。2007年7月3日,本案专家组组成。2007年12月17日,专家组主席通知争端解决机构,由于争议的复杂性,并且本争议涉及诸多行政和程序的事项,专家组无法在6个月内完成工作。专家组报告最终在2008年6月9日发布。

本案专家组得出结论,美国未能证明印度关于酒精饮料的附加税不符合GATT 1994第2.1(a)条和第2.1(b)条,并且其也不能证明特定附加税与GATT 1994第3.2条、第3.4条不相符合。鉴于此,专家组认为无须做出《争端解决谅解协议》第19.1条下的建议。

然而,专家组也提出了一些结论性的论断。在本专家组建立后,印度发布修改对酒精饮料的反倾销税和特定附加税的新关税通知,以解决印度贸易伙伴所提出的关税问题。因此,专家组指出,美国在GATT 1994第2.1(a)条和第2.1(b)条项下的主张安排并不必然表明印度撤销相关的新关税通知或其他之前的情形(即在专家组设立当天就已经存在的现状)与印度的WTO义务相符合。

同理,专家组并不希望表明新关税通知的生效意味着对现有仍存在的酒精饮料、额外附加税的纠正程度符合WTO规定。

(三)上诉机构报告审理概况

1. 上诉机构报告程序

2008年8月1日,美国通知上诉机构其针对专家组报告的特定法律问题和特定的专家组的法律解释问题提起上诉。

2008年8月13日,印度通知上诉机构其对专家组的特定法律问题和法律解释问题提起上诉。

2008年9月25日,上诉机构主席通知争端解决机构,由于仍需要完成并翻译报告，上诉机构无法在60天内发布其报告。上诉机构将不迟于2008年10月30日发布上诉机构报告。

2008年10月30日，本案上诉机构报告发布。

2. 上诉的法律问题

双方上诉的主要争议点具体如下：

第一，美国认为专家组错误地解释了GATT 1994第2.1（b）条和第2.2（a）条之间的关系；

第二，印度认为附加税和特别附加税等同于国内税的税收，因此应在第2.2（a）条下进行主张。

3. 上诉机构主要法律分析

（1）对"equivalent"相当于术语的解释

本案中，美国认为专家组错误地解释了"相当于"这一术语。[①] 本案上诉机构首先考察专家组对该术语的解释。"相当于"的词典含义包括：在权力、等级、权限或品质上是相同的；在价值、显著性或含义上是相同的；本质上是具有相同效果的同一事物；具有相同的对应立场或功能。[②] 由此，专家组认为边境费用是否"相当于"内部税，取决于它们"是否具有相同的功能"。

本案上诉机构认为，所有的相关定义或属性都应该在条约术语解释的习惯性规则上加以考察，即在条约目的和宗旨下，结合上下文，通过该术语的惯常含义进行解释。[③]

本案上诉机构认为，"相当于"和"与第3.2条相一致的"概念不能隔离进行解释，上述两个概念应该通过相互补充的方式，并且需要以协调的方式进行解释。与之相反，专家组解释的逻辑如下：因为"相当于"这一术语涉及边境费用，并且"施加与第3条第2段条款相一致的"短语涉及内部税收，因此，第2.2（a）条区分了该两项概念。上诉机构并不认为"施加与第3条第2段条款相一致的"短语排他性地与"内部税收"相关联。决定该费用是否与第

[①] Report of the Appellate Body, India – Additional and Extra – Additional Duties on Imports from the United States, WT/DS360/AB/R, 30 October 2008, para. 165.

[②] Panel Report, India – Additional and Extra – Additional Duties on Imports from the United States, WT/DS360/R, 9 June 2008, para. 7.179, quoting theShorter Oxford English Dictionary, 5th edn, R. Trumble, A. Stevenson（eds.）（Oxford University Press, 2002）, Vol. 1, p. 851.

[③] Report of the Appellate Body, India – Additional and Extra – Additional Duties on Imports from the United States, WT/DS360/AB/R, 30 October 2008, para. 167.

3.2条相一致必然涉及对边境费用和内部税的比较,进而才能决定边境费用是否"超过"内部税。①

同时,该案上诉机构并不认同专家组关于"相当于"这一术语并不要求对费用和内部税进行定量比较的主张,因为这将意味着,若是两者在功能上相同,那么明显高于内部税的边境费用仍可被视为是相当的。该主张与对第2.2(a)条的适当解释不相符合。② 由此,上诉机构认为,有必要在第2.2条的结构和上下文的背景下,在对费用和内部税是否构成"相当于"的评价上,解读该术语。

通过援引第3.2条的方式,第2.2(a)条也同样表明"相当于"的概念必然包含通过定量比较的"效果"和"数值"的因素。③ 同时,对"相当于"这一术语的理解还包括"价值"因素。④

由此,上诉机构认为,"相当于"这一术语包括本质上定性的和定量的比较评估。这些评估并不限定于费用和内部税的相应功能上,同时也包括对它们效果和数值的定量考察。最终,上诉机构认为专家组错误地对"相当于"这一术语做出过度狭隘的解释。⑤

(2) 对"可能"(would)一词的使用

针对法律主张和证据的提供,上诉机构解释到:主张其他成员方的国内法违反了相关的条约义务的争议方负有提供与该主张相关的这些法律的范围和含义的证据的责任。⑥ 由于本案中,上诉机构并没有认定被诉方承担起提供针对第2.2(a)条的证据和主张的表面充分证据(prima facie)的责任。任何不能

---

① Report of the Appellate Body, India – Additional and Extra – Additional Duties on Imports from the United States, WT/DS360/AB/R, 30 October 2008, para. 170.
② Report of the Appellate Body, India – Additional and Extra – Additional Duties on Imports from the United States, WT/DS360/AB/R, 30 October 2008, para. 171.
③ Report of the Appellate Body, India – Additional and Extra – Additional Duties on Imports from the United States, WT/DS360/AB/R, 30 October 2008, para. 172.
④ Report of the Appellate Body, India – Additional and Extra – Additional Duties on Imports from the United States, WT/DS360/AB/R, 30 October 2008, para. 174.
⑤ Report of the Appellate Body, India – Additional and Extra – Additional Duties on Imports from the United States, WT/DS360/AB/R, 30 October 2008, para. 175.
⑥ Report of the Appellate Body, India – Additional and Extra – Additional Duties on Imports from the United States, WT/DS360/AB/R, 30 October 2008, para. 186 (referring to Appellate Body Report, US – Carbon Steel, para. 157).

提供其主张的事实的成员方都将可能承担败诉的风险。①

在先前案件中，上诉机构裁定只有在由专家组提供的事实认定，以及专家组记录的无争议事实的前提下，上诉机构才能够完成分析。② 由于 DSU 第 17.6 条限制对"专家组报告覆盖的法律问题和专家组的法律解释"进行上诉，在涉及"专家组并没有考察的"主张的情形下，上诉机构可以拒绝完成法律分析。③

针对第 32/2003 号关税通知中列明的额外税收税率，上诉机构指出，《关税税则法》第 3.1 部分包括一个调整酒精啤酒进口的附加税的附带条件。虽然第 3.1 部分的段落规定为"对除酒精啤酒之外的产品而言，附加税收'应该'是'相当于'消费税的"，该附带条件决定了中央政府"可能"将可适用于特定的酒精啤酒进口的附加税税率具体化。④ 由于本案上诉机构并不认同专家组关于"相当于"这一术语不包括定量分析的论断，同时其主张该费用是否"超过"相应的内部税收是决定该费用是否满足第 2.2（a）条分析的不可分割的组成部分。⑤

由于专家组并没有对附加税和额外附加税是否"超过"相应的内部关税进行分析，因此上诉机构指出，专家组没有提供关于"实际上在不同州对酒精饮料课征的消费税"的具体信息，也并没有提供任何关于该税收税率的形式和结构等的证据。⑥ 同时，美国和印度都未能提供关于消费税的具体信息，专家组

---

① Failure of a party to prove the facts it asserts leaves that party at risk of losing the case. See Report of the Appellate Body, India – Additional and Extra – Additional Duties on Imports from the United States, WT/DS360/AB/R, 30 October 2008, para. 193.

② Report of the Appellate Body, India – Additional and Extra – Additional Duties on Imports from the United States, WT/DS360/AB/R, 30 October 2008, para. 204.（Referring to Appellate Body Report, EC – Hormones, paras. 222 ff; Appellate Body Report, EC – Poultry, paras. 156 ff; Appellate Body Report, Australia – Salmon, paras. 117 ff and 193 ff; Appellate Body Report, US – Shrimp, paras. 123 ff; Appellate Body Report, Japan – Agricultural Products II, paras. 112 ff; Appellate Body Report, EC – Asbestos, paras. 133 ff.）

③ Report of the Appellate Body, India – Additional and Extra – Additional Duties on Imports from the United States, WT/DS360/AB/R, 30 October 2008, para. 204.

④ Report of the Appellate Body, India – Additional and Extra – Additional Duties on Imports from the United States, WT/DS360/AB/R, 30 October 2008, para. 209.

⑤ Report of the Appellate Body, India – Additional and Extra – Additional Duties on Imports from the United States, WT/DS360/AB/R, 30 October 2008, para. 211.

⑥ Report of the Appellate Body, India – Additional and Extra – Additional Duties on Imports from the United States, WT/DS360/AB/R, 30 October 2008, para. 212.

也注意到印度对于由中央政府建立的附加税税率和各州课征的消费税税率之间的关系的解释。特别是，专家组注意到印度提出的附加税税率合理地反映了对国内相似产品的净财政负担的主张。专家组同时认为印度的主张表明"在一些州以及一些价格上，对进口产品的附加税收可能'超过'对相似国内产品的消费税，同时也存在进口产品的额外税收低于州的消费税的情形"。然而，专家组也指出印度并没有提供关于平衡过程或不同州面临的财政负担的进一步的证据。①

由此，本案上诉机构认为，只要附加税导致对酒精啤酒进口的费用超过了对相似国内产品的消费税，附加税就不能（would not）被 GATT 1994 第 2.2(a) 条所正当化。因此，若附加税超过印度关税减让表列明的酒精啤酒税收的程度，那么该附加税收可能（would）与第 2.1(b) 条不相符合。②

同样地，上诉机构认为只要额外附加税导致进口的费用超过了等价于该税收的消费税、增值税和其他本地税收和费用，那么额外附加税就可能（would not）无法被 GATT 1994 第 2.2(a) 条所正当化。因此，若其超过印度关税减让表列明的税收的程度，那么额外附加税收将可能（would）与第 2.1(b) 条不相符合。③

4. 上诉机构审定与结论

本案上诉机构裁定如下：

（1）上诉机构驳回美国认为专家组限制了美国在附加税收和额外附加税方面的诉求的主张；

（2）针对专家组对 GATT 1994 第 2.1(b) 条和第 2.2(a) 条的解释：

（i）认定专家组错误地将 GATT 1994 第 2.1(b) 条解释为仅适用于"本质上对出口具有歧视的"税收和费用；

（ii）认定专家组错误地解释了 GATT 1994 第 2.2(a) 条的"相当于"（equivalent）属于仅要求关于费用与内部税收的相应功能的定性比较，因而错误地排除了对其效果和数值上的定量考察；

---

① Report of the Appellate Body, India – Additional and Extra – Additional Duties on Imports from the United States, WT/DS360/AB/R, 30 October 2008, para. 213.
② Report of the Appellate Body, India – Additional and Extra – Additional Duties on Imports from the United States, WT/DS360/AB/R, 30 October 2008, para. 214.
③ Report of the Appellate Body, India – Additional and Extra – Additional Duties on Imports from the United States, WT/DS360/AB/R, 30 October 2008, para. 221.

(iii) 认定专家组错误地认为"与 GATT 1994 第 3.2 条相一致"并非适用 GATT 1994 第 2.2（a）条的必要条件；

(iv) 推翻专家组在专家组报告第 7.299 段、第 7.394 段、第 7.401 段和第 8.1 段的认定，即美国未能证明附加税和额外附加税与 GATT 1994 第 2.1（a）条和 GATT 1994 第 2.1（b）条不一致；

（3）根据本案的情形，认定美国承担关于附加税和额外附加税与 GATT 1994 第 2.2（a）条不相一致的证明义务，并且在证明这些关税具有正当性方面，要求印度提供支持其主张的论证；

（4）拒绝对美国在 DSU 第 11 条项下的主张做出额外的认定；

（5）认为若附加税导致对酒精啤酒的进口费用将超过相似国内产品的消费税，那么附加税不能在 GATT 1994 第 2.2（a）条下获得正当性，并且若税收的征收不符合印度关税减让表规定的程序，那么附加税将与 GATT 1994 第 2.1（b）条不相符合。

（6）额外附加税收可能（would）不被 GATT 1994 第 2.2（a）条所正当化，前提是其导致对出口费用的征收超过印度所主张的与额外附加税相当的消费税、增值税和其他本地税收或费用；并且，在关税征收下的税费超过印度关税减让表规定的税费的情况下，额外附加税与 GATT 1994 第 2.1（b）条不相符合；并且，

（7）认定在专家组报告第 8.2 段的"结论性论断"中，专家组并没有做出违反《争端解决谅解协议》第 3.2 条、第 11 条和第 19 条的论断。

在推翻专家组报告第 8.1 条的专家组认定后，鉴于如上的认定和结论，上诉机构并未根据 DSU 第 19.1 条，向争端解决机构提出建议。

（四）执行阶段情况

在 2008 年 11 月 17 日的会议上，争端解决机构通过了上诉机构报告和被上诉机构所维持的专家组报告的一部分。

三 笔者对本案的评析

本案的核心问题是举证责任。WTO 没有证据法，但是在争议解决的实践中也积累了关于举证责任的案例和法律解释。原则上，WTO 使用国际司法实践上普遍采用的"谁主张，谁举证"的原则。无论是申诉方还是被诉方，当其指控另一方的措施违反或辩护未违反 WTO 某项涵盖协议时，他均负有提供证据证

明他的主张的责任。申诉方在要求成立专家组解决争议时,应该提出申诉和表面证据充分的案子(prima facie case)证明被诉方的措施违反 WTO 涵盖协议,然后由被诉方提出抗辩并提出证据证明其措施没有违反涵盖协议。如果被诉方反驳成功,则专家组或上诉机构可以裁定驳回申诉方的指控和诉求。如果被诉方不能证明其措施符合涵盖协议,则专家组或上诉机构可以裁定被诉方的措施违反 WTO 涵盖协议,并建议争议解决机构(DSB)要求违约方修改或撤销其措施,以使其措施与 WTO 涵盖协议保持一致。

当被诉方援引例外条款,例如 GATT 1994 第 20 条为其不符合 WTO 的条款辩解时,该被诉方承担举证责任。

美国指控印度的进口附加税和额外进口附加税超过了印度关税减让表的最高税率,因此违反了 GATT 1994 第 2.1 条。印度反驳说征收附加税和额外附加税是根据 GATT 1994 第 2.2 条做出的。专家组认定第 2.1 条是"本身实质性地歧视进口"的关税,而第 2.2 条是本身不歧视进口的关税。第 2.2 条不是第 2.1 条的例外条款。美国也应证明印度的措施违反第 2.2 条。上诉机构推翻了专家组用"本身实质性地歧视进口"来解释第 2.1 条和以本身没有实质性地歧视进口来解释第 2.2 条的分析是没有 WTO 法律条文的支持的(no textual support),因而是错误的。由于专家组对第 2.1 条和第 2.2 条解释的错误,上诉机构推翻了专家组对第 2.1 条和第 2.2 条的结论。上诉机构认为没有必要对专家组关于举证责任的划分做出结论。

专家组对于"相当于"一词的解释只分析了相同的功能而认为其不包括数量的相似性,这也是对该条款做了比较狭窄的解释,上诉机构指出了专家组的错误。

在 WTO 争议解决中,专家组和上诉机构有一个分工:专家组负责事实考察和法律分析;上诉机构受理对专家组报告中的法律问题和法律分析。本案专家组得出结论,美国未能证明印度关于酒精饮料的附加税不符合 GATT 1994 第 2.1(a)条和第 2.1(b)条,并且其也不能证明特定附加税与 GATT 1994 第 3.2 条、第 3.4 条不相符合。鉴于此,专家组认为无须做出 DSU 第 19.1 条项下的建议。

对于证据和事实的认定是专家组的职权。专家组认定美国没能证明印度违法,因此未提出裁定意见和建议。上诉机构不能对证据的事实重新审理。

在口头开庭审理中,上诉机构庭审法官多次追问申诉方为何不提供被诉方违反 GATT 1994 第 2.1 和第 2.2 条的表面证据确凿（prima facie case）的申诉。申诉方提出第 2.2 条是第 2.1 条的例外，被诉方应该承担其措施符合第 2.2 条的举证责任。印度认为专家组确认第 2.2 条不是第 2.1 条的例外条款，并且申明印度征收的进口附加税和额外附加税以及各州同类产品的实际税费负担都是定期公布的。某第三方在听证会上表示到印度收集证据的成本太高，上诉机构庭审法官认为收集证据的难易不应成为不承担举证责任的依据。鉴于此案申诉方未提供充分的证据证明涉案措施违反 GATT 1994 第 2.1 和第 2.2 条，被诉方也未提供充分的证据证明印度征收的进口附加税和额外附加税以及各州同类产品的实际税费是符合第 2.2 条的规定的，再加上专家组对第 2.1 条和第 2.2 条做出的错误解释，上诉机构无法完成法律分析，只好用可能（would）违法，指出如果高于印度的关税减让表的上限，或者与印度国内同类产品的税费负担不相当，则印度征收的关税可能违反第 2.2 条和第 2.1 条的规定。上诉机构没有向争议解决机构（DSB）提出建议。

四　本案涉及的条款

（一）GATT 1994 第一部分

第 2 条　减让表

2.1　（a）一缔约国对其他缔约国贸易所给的待遇，不得低于本协定所附这一缔约国的有关减让表中有关部门所列的待遇。

（b）一缔约国领土的产品如在另一缔约国减让表的第一部分内列名，当这种产品输入到这一减让表所适用的领土时，应依照减让表的规定、条件或限制，对它免征超过减让表所列的普通关税。对这种产品，也应免征超过于本协定签订之日对输入或有关输入所征收的任何其他税费，或免征超过于本协定签订之日进口领土内现行法律规定以后要直接或授权征收的任何其他税费。

（c）一缔约国领土的产品如在另一缔约国减让表的第二部分内列名，当这种产品输入到这一减让表所适用的领土，按照本协定第一条可以享受优惠待遇时，应依照减让表的规定、条件或限制，对它免征超过减让表所列的普通关税。对这种产品，也应免征超过于本协定签订之日对输入或有关输入所征收的任何其他税费，或免征超过于本协定签订之日进口领土内现行法律规定以后要直接或授权征收的任何其他税费。但本条的规定并不妨碍缔约国维持在本协定签订日关于何种货物可按优惠税率进口的已有规定。

2.2 本条不妨碍缔约国对于任何输入产品随时征收下列税费。

(a) 与相同国产品或这一输入产品赖以全部或部分制造或生产的物品按本协定第三条第 2 款*所征收的国内税相当的费用；

(b) 按本协定第六条征收的反倾销税或反贴补税；

(c) 相当于提供服务成本的规费或其他费用。

2.3 缔约国不得变更完税价格的审定或货币的折合方法，以损害本协定所附这一缔约国的有关减让表所列的任何减让的价值。

2.4 当缔约国在形式上或事实上对本协定有关减让表列名的某种产品的进口建立、维持或授权实施某种垄断时，这种垄断平均提供的保护，除减让表内有规定或经原谈判减让的各缔约国另有议定的以外，不得超过有关减让表所列的保护水平。但本条的规定，并不限制缔约国根据本协定的其他规定，向本国生产者提供任何形式的援助。

2.5 如果一缔约国相信某一产品应享受的待遇在本协定所附另一缔约国的减让表所订的减让中已有规定，并认为另一缔约国未给予此种待遇时，这一缔约国可以直接提请另一缔约国注意这一问题。后一缔约国如同意减让表所规定的待遇确系对方所要求的待遇，但声明：由于本国法院或其他有关当局的决定，按照本国税法有关产品不能归入可以享受减让表的应有待遇的一类，因而不能给予这项待遇时，则这两个缔约国，连同其他有实质利害关系的缔约国，应立即进一步进行协商，以便对这一问题达成补偿性的调整办法。

2.6 (a) 缔约国若是国际货币基金的成员国，其减让表所列的从量关税和费用以及其维持的从量关税和费用的优惠差额，系以这一国家的货币按照国际货币基金在本协定签订之日所接受或临时认可的平价表示。因此，当这项平价按国际货币基金协定的规定降低达 20% 时，上述从量关税和费用以及优惠差额可根据平价的降低作必要的调整；但须经缔约国全体（指按本协定第二十五条采取联合行动的缔约国各国）同意这种调整不致损害本协定有关减让表及本协定其他部分所列减让的价值，而对于与调整的必要性和紧迫性有关的一切因素，都应予以适当考虑。

(b) 对于不是国际货币基金成员国的缔约国，自其成为国际货币基金的成员国或按照本协定第十五条签订特别汇兑协定之日起，上述规定也应适用。

2.7 本协定所附的各减让表，应视为本协定第一部分的组成部分。

GATT 1994 第二部分

第 3 条 国内税与国内规章的国民待遇

3.1 缔约各国认为，国内税和其他国内费用，影响产品的国内销售、推销、购买、运输、分配或使用的法令、条例和规定，以及对产品的混合、加工或使用须符合特定数量或比例要求的国内数量限制条例，在对进口产品或国产品实施时，不应用来对国内生产提供保护*。

3.2 一缔约国领土的产品输入到另一缔约国领土时，不应对它直接或间接征收高于对相同的国产品所直接或间接征收的国内税或其他国内费用。同时，缔约国不应对进口产品或国产品采用其他与本条第 1 款规定的原则有抵触的办法来实施国内税或其他国内费用。

3.3 与本条第 2 款有抵触的现行实施的国内税，如果是 1947 年 4 月 10 日有效的贸易协定中所特别规定允许征收的，而且在有关贸易协定中还规定了凡已征收这种国内税的产品，它的进口关税即不能任意增加，则征收这种国内税的缔约国，可以推迟实施本条第 2 款的规定，直到在贸易协定中所承担的义务得到解除，它能够增加进口关税以补偿国内税保护因素的取消之时为止。本条的规定不妨碍缔约国建立或者维持符合本协定第四条要求的有关电影片的国内数量限制条例。

案例 5　澳大利亚影响来自新西兰的进口苹果措施案（WT/DS367/R）

一　案件基本情况[①]

1. 案名

澳大利亚影响来自新西兰的进口苹果措施案

2. 案号

WT/DS367/R

3. 申诉方、被诉方、第三方

申诉方、被诉方：澳大利亚

被诉方、申诉方：新西兰

第三方：智利、中国台北、欧盟、日本、巴基斯坦、美国

4. 案件进度

2007 年 12 月 6 日申请设立专家组

2010 年 3 月 31 日发布专家组报告

2010 年 8 月 9 日提出上诉

2010 年 12 月 17 日通过上诉机构报告

5. 争议条款

《实施卫生与植物卫生措施协定》（以下简称"SPS 协议"）第 2.1 条、第 2.2 条、第 2.3 条、第 5.1 条、第 5.2 条、第 5.3 条、第 5.5 条、第 5.6 条、第 8 条，附件 C

6. 法官名称

上诉机构法官：张月姣（首席法官）、Jennifer Hillman、Shotaro Oshima

[①] See WTO Website, available at https://wto.org/english/tratop_e/dispu_e/cases_e/ds353_e.htm, last visited on 12 December 2016.

二 案件背景情况

（一）磋商程序与专家组程序

2007年8月31日，新西兰要求就澳大利亚影响新西兰苹果出口的措施进行磋商。

2007年3月27日，澳大利亚决定对从新西兰进口的苹果适用1908年卫生法以及2006年11月专门报告所规定的植物卫生措施。

新西兰认为上述进口限制与澳大利亚在SPS协议的义务不相符合，特别是第2.1条、第2.2条、第2.3条、第5.1条、第5.2条、第5.3条、第5.5条、第5.6条、第8条以及附件C。

2007年9月13日，欧盟请求加入磋商。2007年9月14日，美国请求加入磋商。随后，澳大利亚通知争端解决机构其接受欧盟和美国加入磋商的请求。

2007年12月6日，新西兰请求成立专家组。在2007年12月17日的会议上，争端解决机构授权成立专家组。

在2008年1月21日的会议上，本案专家组成立。智利、欧盟、日本、中国台北、美国保留第三方权利。随后，巴基斯坦保留第三方权利，2008年3月3日，新西兰请求总干事组成专家组。2008年3月12日，总干事组成专家组。

2008年9月19日，专家组主席通知争端解决机构，由于该争议的性质和范围，且根据SPS协议第11条和《争端解决谅解协议》第13条的"要求专家组寻求科学与技术专家的意见"的规定，本专家组无法在6个月内发布报告。

2009年6月22日，专家组主席通知争端解决机构，由于要求技术专家协商程序的时间包括挑选专家的时间、专家准备答复的时间以及提供成员方对专家答复进行评论的时间，因此专家组不可能在2009年7月之前发布最终的报告。专家组预计在2010年1月之前发布专家组报告。

2010年1月29日，专家组主席通知争端解决机构，由于该问题的技术复杂性以及大量的材料需被审查，专家组将无法在2010年1月发布最后的报告。专家组预计在2010年5月发布最终的报告。

2010年8月9日，专家组报告发布。

（二）涉案措施

专家组报告审理了关于新西兰苹果进口的16种植物检疫措施，包括8种针对火疫病（fire blight）风险的措施、4种针对欧洲溃疡（European canker）的措施、1 种针对苹果瘿蚊（apple leafcurling midge）的措施以及 3 种普遍适用于三类害虫的措施。

（三）专家组审理概况

针对涉案的澳大利亚对新西兰苹果进口的 16 种植物检疫措施，专家组认为这 16 种措施并非以适当的风险评估为基础，并且相应地，它们与 SPS 协议第 5.1 条和第 5.2 条不相符合。专家组同时也得出结论：上述 16 种措施与 SPS 协议第 2.2 条不相符合，该条款要求 SPS 措施必须建立在科学的原则上，并且不应在缺乏足够的科学证据的情况下继续保持相应的 SPS 措施。

专家组进一步认定：比起要求澳大利亚实现适当的植物检疫保护水平而言，上述 16 种措施中的 13 种针对特定害虫的措施更具有贸易限制性，因此也与 SPS 协议第 5.6 条不相符合。专家组认为对 8 种针对火疫病风险的措施与 4 种针对欧洲溃疡的措施而言，由新西兰建议的成熟的、无症状的苹果进口构成第 5.6 条的合理的可替代性措施，并且由新西兰建议的从任一进口箱中挑选 600 个单位的样品检疫是当前针对苹果瘿蚊的措施的合理可替代性措施。

（四）上诉机构报告审理概况

1. 上诉机构报告程序

2010 年 8 月 31 日，澳大利亚告知其将对专家组报告中的特定法律问题与专家组的特定法律解释提起上诉。

2010 年 9 月 13 日，新西兰告知其将对专家组报告中的特定法律问题与专家组的特定法律解释提起上诉。

2010 年 10 月 29 日，上诉机构主席通知争端解决机构，由于报告还需要完成与翻译，因此上诉机构将无法在 60 天的期限内发布上诉机构报告。其预计上诉机构报告将不迟于 2010 年 11 月 29 日发布。

2010 年 11 月 29 日，上诉机构报告发布。

2. 上诉的法律问题及各方观点

在上诉阶段，澳大利亚对 SPS 协议的附件 A（1）、第 2.2 条、第 5.1 条、第 5.2 条与第 5.6 条的专家组认定提起上诉。澳大利亚并没有对欧洲溃疡、专家组挑选专家等问题提起上诉。

新西兰认为专家组关于 SPS 协议附件 C（1）（a）和第 8 条的认定在专家组的管辖权限之外，并提起上诉。

澳大利亚认为：（1）专家组认定涉案的 16 种措施无论是整体还是个体均

构成SPS协议附件A（1）中的措施是错误的。

（2）专家组认定关于害虫火疫病风险的措施、针对欧洲溃疡的措施、针对苹果瘿蚊的措施以及一般措施不符合SPS协议第5.1和第5.2条，因而也不符合SPS协议第2.2条。

（a）专家组错误地解释和适用上述条款，特别是第5.6条使用了错误的审议标准进行评估，从而导致认定澳大利亚的SPS措施与SPS协议的上述条款不符合。

（b）在审议澳大利亚的风险评估时，专家组适用了专家在中间环节的鉴定。专家组对透明度和文件提出非常高的标准，因而不能客观地、和谐地对风险评估者的推理进行评估。

（c）专家组错误地评定澳大利亚的风险评估有实质性错误，并且错误地认为这些问题很严重，因而认为整个风险评估也有问题。

（3）专家组违反DSU第11条，没有对所面临的问题做客观的评估，特别是：

（a）专家组没有听取或在它指定的专家提出对澳大利亚有利的意见时表示反对；

（b）专家组对澳大利亚的风险评估方法理解错误。

（4）专家组错误地认定火光虫和ALCM的措施与SPS协议第5.6条不符，特别是：

（a）专家组不恰当地依据SPS协议第5.1条、第5.2条和第2.2条，裁定新西兰建议的替代措施可以达到澳大利亚适当的保护水平。

（b）专家组错误地要求新西兰实在证明涉案措施不符合SPS协议的第5.6条，因为专家组确定只有新西兰的替代措施可能达到澳大利亚的适当的保护水平。

（c）专家组错误地解释SPS协议A（5）"适当的卫生与植物卫生保护水平"这一表达的含义，仅仅依赖害虫进入和扩散的规模不考虑其带来的潜在生物和经济后果。

新西兰认为：专家组错误地认定新西兰关于SPS第8条和附件C（1）（a）的诉求不在专家组的任务范围内。如果上诉机构同意，则完成法律分析认定澳大利亚的措施与SPS协议附件C（1）（a）和第8条不符。

3. 上诉的主要法律问题分析

（1）关于DSU第11条的认定

在上诉中，澳大利亚指控专家组不能完成DSU第11条规定的对争议事项的客观性评估的义务，其认为专家组并没有尊重对澳大利亚有利的专家证词。然而，新西兰则认为专家组在评估给定证据是否构成报告中的推理相关的证据的问题上，享有裁量权。本案中，上诉机构首先认定专家组是否违反了 DSU 第 11 条。

DSU 第 11 条规定如下：

> 专家组应对其审议的事项做出客观评估，包括对该案件事实及有关适用协定的实用性和与有关适用协定的一致性的客观评估，并作出可协调争端解决机构提出建议或提出适用协定所规定的裁决的其他调查结果。专家组应定期与争端各方磋商，并给予它们充分的机会以形成双方满意的解决方法。

在"欧盟荷尔蒙案"中，上诉机构指出"作出对事实的客观评估的义务是一项考察提交给专家组证据的责任，也是制定关于该证据为基础的事实性认定的义务"①。相应地，"自由的不尊重"与"拒绝考虑"证据是与专家组对事实的客观评估的义务相违背的，这在"美国持续归零案"、"美国/加拿大持续中止案"中均有相似结论。然而，上诉机构认为作为"事实的审理者"（trier），专家组享有决定如何对事实进行评估的自由裁量权，包括对证据的考察程度。在"欧盟荷尔蒙案"中，上诉机构认定"在决定何种证据可以实现其认定的问题上，专家组具有普遍的裁量权"②。"美国面筋案"、"巴西轮胎案"等上诉机构报告也有相似的结论。

因此，作为事实的审理者，专家组的自由裁量权受到 DSU 第 11 条的可适用的审查标准的限制。在做出 SPS 协议第 5.1 条的"对案件事实的客观性评估"时，专家组不能使用证据（包括制定专家的证词）完成自身的风险评估。相反地，专家组必须使用这些证据考察 WTO 成员的风险评估。③

考虑到专家组对这些证据的做法，本案上诉机构认为专家组需要审查并考

---

① Appellate Body Report, *EC Measures Concerning Meat and Meat Products* (*Hormones*), WT/DS26/AB/R, WT/DS48/AB/R, 13 February 1998, para. 133.

② Appellate Body Report, *EC Measures Concerning Meat and Meat Products* (*Hormones*), WT/DS26/AB/R, WT/DS48/AB/R, 13 February 1998, paras. 135 and 138.

③ Appellate Body Report, Australia – Measures Affecting the Importation of Apples from New Zealand, WT/DS367/AB/R, 29 November 2010, para. 272.

虑所有从成员处获得的证据,或者根据DSU第13条获得。①第11条要求在对给定争议进行推理时,专家组应该衡量所有的相关证据,包括专家证词。专家组可能再次要求技术专家提供相关声明,但是若其在推理中不能够合理地评估这些声明的重要性,那么专家组仍未能完成第11条项下的对事实的客观评估义务。②由此,本案中,上诉机构并未发现专家组在评估SPS协议第5.1条时错误地适用了审查标准。

进一步地,上诉机构考察了专家组是否未能在专家组报告中再次分析与讨论特定的专家声明,该声明是否中肯以及对专家组推理是否具有显著性,并且该推理是否表明专家组将该声明纳入推理中。最终,上诉机构认为澳大利亚并没有完成对"专家组未尊重相关专家证词"这一主张的证明责任。③

(2)关于"保护水平"的认定

SPS协议第5.6条规定如下:

> 在制定或维持卫生与植物卫生措施以实现适当的卫生与植物卫生保护水平时,各成员应保证此类措施对贸易的限制不超过为达到适当的卫生与植物卫生保护水平所需要的限度,同时考虑其技术和经济可行性。

本案专家组认为,澳大利亚针对火疫病和苹果瘿蚊的措施对贸易的限制作用超过了必要的程度,进而违反了SPS协议第5.6条。澳大利亚对此提出上诉。

上诉机构首先认为第5.6条的条文以及脚注3表明,若要证明某项措施不符合第5.6条,需要证明存在被质疑措施之外的其他措施,且该其他措施可以满足三个条件:(1)合理考虑技术和经济可行性;(2)达到成员卫生与植物卫生的适当的保护水平;(3)与已采取的SPS措施相比,该措施对贸易的限制作用明显更小。④其中,争议在于对"适当的保护水平"(appropriate level of pro-

---

① Appellate Body Report, Australia – Measures Affecting the Importation of Apples from New Zealand, WT/DS367/AB/R, 29 November 2010, para. 275.

② Appellate Body Report, Australia – Measures Affecting the Importation of Apples from New Zealand, WT/DS367/AB/R, 29 November 2010, para. 275.

③ Appellate Body Report, Australia – Measures Affecting the Importation of Apples from New Zealand, WT/DS367/AB/R, 29 November 2010, para. 315.

④ Appellate Body Report, Australia – Measures Affecting the Importation of Apples from New Zealand, WT/DS367/AB/R, 29 November 2010, para. 337.

tection）的解释。该"适当的保护水平"被定义在 SPS 协议附件 A（5）中，其规定"适当的卫生与植物卫生保护水平"是指制定卫生与植物卫生措施以保护其领土内的人类、动物或植物的生命或健康的成员所认为适当的保护水平。在对该定义的评注中，其指出"适当的保护水平"为"可接受的风险水平"。

上诉机构认为设定其认为适当的保护水平是成员的"特权"，并且其可以被解释为对"保护水平"的确定在逻辑上先于并且独立于 SPS 措施的确定或维持。①同时，上诉机构认定 SPS 协议包含了维持 SPS 措施的 WTO 成员应建立并阐述适当的保护水平的隐含含义。②否则，在评估 SPS 措施是否与第 5.6 条保持一致时，其无法考察替代措施是否可以实现适当的保护水平。由此，虽然并未建立起设定适当的保护水平的具体数量要求，但是成员并不能够自由地设定模糊的或模棱两可的标准。③

本案上诉机构认为，根据第 5.6 条，为了考察显著降低贸易限制性的可替待措施是否满足适当的保护水平，专家组必须识别进口成员所建立的适当的保护水平，并且确定起诉方提出的替代措施是否可以实现相同的保护水平。④

（3）关于 SPS 附件 A（1）的解释

SPS 附件 A（1）指出，卫生与植物卫生措施包括下列目的的"任何措施"（注意是"任何措施"）：为保护成员领土内的动物或植物的生命或健康免受虫害、病害、带病有机体或致病有机体的传入、定居或传播所产生的风险而设定的措施；

卫生与植物卫生措施包括"所有"相关法律、法令、法规、要求和程序，特别"包括"：最终产品标准；工序和生产方法；检验、检查、认证和批准程序；检疫处理，包括与动物或植物运输有关的或与在运输过程中为维持动、植物生存所需物质有关的要求；有关统计方法、抽样程序和风险评估方法的规定；与粮食安全直接有关的包装和标签要求。其中，请注意"所有"（all rele-

---

① Appellate Body Report, Australia – Measures Affecting the Importation of Apples from New Zealand, WT/DS367/AB/R, 29 November 2010, para. 342.
② Appellate Body Report, Australia – Measures Affecting the Importation of Apples from New Zealand, WT/DS367/AB/R, 29 November 2010, para. 343.
③ Appellate Body Report, Australia – Measures Affecting the Importation of Apples from New Zealand, WT/DS367/AB/R, 29 November 2010, para. 343.
④ Appellate Body Report, Australia – Measures Affecting the Importation of Apples from New Zealand, WT/DS367/AB/R, 29 November 2010, para. 344.

vant)相关法规这一表述,且"包括"(including)后面是一个未穷尽的名单。这个单子是列举式的还可能扩充(illustrative and expansive),有一些即使未列明在该名单上的措施也可能包括在内,只要是相关的,且其使用符合A(1)所列明的任何一个目的、宗旨或者是标准、程序、检验认证等SPS要求。该附件还使用了"包括所有"这样的说法。① 该条款所列措施分为主要措施和辅助措施,上诉机构指出,附件A(1)并未区分某项SPS措施的主要与次要之分,当事方特别是申诉方在确定这些SPS措施时有一定的自由裁量权。② 因此,上诉机构支持专家组认定澳大利亚的16种SPS措施属于SPS协议的附件A(1)所列事项,无论是整体还是个体都属于SPS协议管辖。

4. 上诉机构审定与结论

本上诉机构裁定如下:

(1)维持专家组"无论是共同的,还是单独的,争议中的16种措施都构成SPS协议附件A(1)含义的SPS措施,并且受SPS协议管辖"的论断。

(2)维持专家组与火疫病、苹果瘿蚊有关的措施以及涉及该病虫的一般措施不符合SPS协议第5.1和第5.2条,这些措施的后果也不符合SPS协议第2.2条的认定。

(3)维持专家组对澳大利亚未能证明专家组违反DSU第11条客观审议提交给他的证据的义务的认定。

(4)推翻专家组对澳大利亚针对火疫病与苹果瘿蚊的措施违反SPS第5.6条的认定,但是不能完成对新西兰关于第5.6条诉求的分析。

(5)推翻专家组新西兰关于SPS协议附件C(1)(a)和第8条的诉求不在专家组的任务书内的认定。但是认定新西兰未能证明这16种措施与SPS附件C(1)(a)和第8条不符。

2010年12月17日,争端解决机构通过了本案上诉机构的报告以及经上诉机构报告修改的专家组报告。

(五)后续执行程序

2011年1月25日,澳大利亚通知争端解决机构其将以符合WTO义务的方法执行争端解决机构的建议和裁定。澳大利亚阐明其将对现有的针对新西兰苹

---

① a list of instruments with the words "including, inter alia".
② 上诉机构报告,新西兰诉澳大利亚苹果案,第180—181段。

果的政策进行审查,但是需要一段合理的时间。

2011年1月31日,澳大利亚和新西兰通知争端解决机构同意执行争端解决机构的建议和裁定的合理时间为不迟于2011年8月17日。在执行的合理时间后,澳大利亚将基于现有审查的条件,自该日起,允许新西兰的苹果进口。

在2011年9月2日的争端解决机构会议上,澳大利亚报告其采纳并遵守了争端解决机构的建议和裁决中的必要措施,并且新西兰对澳大利亚的进口活动从2011年8月19日已经启动。新西兰指控澳大利亚并未完全地履行争端解决机构的建议和裁决。新西兰注意到在州和联邦层面上,对现有的措施仍应该进行改变。一个例子为澳大利亚参议院通过的《私有成员法案》(Private Members Bill)将阻止新西兰苹果的进口。进一步地,新西兰注意到一些州仍试图阻止新西兰苹果的进口。作为回应,澳大利亚指出本国政府反对《私有成员法案》,并且其将尽力避免实施对新西兰苹果的进口禁止措施。澳大利亚进一步指出其与州政府的讨论仍在持续,其将确保澳大利亚的SPS措施与澳大利亚在SPS协议项下的义务相一致。

2011年9月13日,根据《争端解决谅解协议》第21条、第22条,新西兰和澳大利亚向争端解决机构通知达成合意的程序(agreed procedures)。

三 笔者对本案的评析

澳大利亚对于新西兰苹果进口采取的SPS涉案措施起始于1920年,近一个世纪的纠纷终于在本案上诉机构的报告被WTO争议解决机构DSB通过之后得以解决。作为本上诉案的首席法官,笔者感到宽慰。

本案不仅再一次确认澳大利亚采取的关于SPS限制从新西兰进口苹果的16项措施不符合SPS协议的有关规定,要求澳大利亚必须修改其措施,使之与SPS协议相符,上诉机构还对专家组的任务书(terms of reference)、SPS附件A(1)的解释与适用、风险分析(SPS协议第5.1条)和DSU第11条的解释与适用等做出澄清。特别是,上诉机构在该报告中对专家组的审议标准做了全面的分析。

DSU第6条 专家组的设立

6.2 设立专家组的请求应以书面形式提出。请求应指出是否已进行磋商、确认争论中的措施并提供一份足以明确陈述问题的起诉的法律根据概要。在申请方请求设立的专家组不具有标准职权范围的情况下,书面请求中应包括特殊职权范围的拟议案文。

DSU 第 6.2 条提出三点要求:(1) 请求设立专家组必须以书面形式提出;(2) 确认争论中的具体措施(measure);(3) 提供一份足以明确陈述问题的起诉的法律根据概要(claim)。DSU 第 6.2 条有两个目的:(1) 明确专家组的职责范围;(2) 正当程序(due process),让被诉方和第三方准备其答辩。上诉机构强调第 6.2 条的"措施"与"诉求"是两个不同的问题,申诉方必须符合 DSU 第 6.2 条的文字和精神。专家组未能考虑到这个主要的区别。①

关于专家组在本案中的职责范围的争议。专家组认定新西兰关于附件 C (1)(a)的诉求是在专家组职责范围之外。新西兰上诉要求上诉机构推翻专家组这一认定。上诉机构重申"措施"和"诉求"是两个不同的问题。专家组未能考虑到这个主要的区别。② 上诉机构批评专家组对"措施"的分析扩大到 17 项措施,"违反 SPS"或"致使违反 SPS",这后者不在措施之内,是审案的结果确定该措施是否违反 SPS 或者致使违反 SPS,而不是对申诉方的强制性要求。由此,专家组得出结论:新西兰的附件 C(1)(a)不在专家组的职责范围的结论是错误的。上诉机构推翻了专家组关于其管辖权的裁定。新西兰要求上诉机构完成法律分析。关于是不是"不正当地延迟"(Undue delay)的问题,虽然涉及大量事实的认定,然而专家组采用了错误的推理并且否认该问题在其职责范围内,因此,在专家组报告中未做有关事实调查和认定,上诉机构无法完成法律分析。

在上诉机构报告第 441 段,上诉机构承认在通常的情况下,用 8 年完成风险分析是太长的时间。上诉机构同意专家组在"欧盟批准和销售生物技术产品的争议案"中的说法,即"延迟很长时间,又没有合理的解释,在某些情况下可以推论这种延迟是不正当的"③。

1. SPS 协议下的审议标准

在"加拿大、美国的继续中止转基因产品案"中,上诉机构澄清了专家组审议和根据 SPS 协议第 5.1 条进行风险分析时使用的"审议标准"。原则上,

---

① The Panel "failed to take proper account of this key distinction", paras. 419–421.
② 上诉机构报告,《新西兰诉澳大利亚苹果案》,第 419—421 段。
③ 上诉机构报告,《新西兰诉澳大利亚苹果案》,第 415—417 段。

上诉机构将政府做的风险分析决定视为法院或者准司法机构做的裁决。WTO的一个专家组不应该对风险分析的决定重新审定（de novo review），专家组应只审议该风险分析背后的推理。一般地说，只要该推理分析是"协调的、客观的"（coherent and objective），专家组就应该支持该项风险分析。

在本案涉及的SPS协议第5.1条、第5.6条等条款中，审议标准的要求不完全一样。例如，SPS协议第5.1条的风险分析是澳大利亚政府部门做出的。专家组仅仅审议该风险分析背后的推理。如果是"协调的、客观的"则对该风险分析报告的结论予以尊重（deference）。SPS协议第5.6条则要求专家组客观地审议事实与法律的应用。可替代的措施能否符合进口国的恰当的保护水平，同时又防止进口国以防范风险为名采取武断的歧视性措施（arbitrary discriminative），并且满足第三项要求即贸易限制程度低。

在澳大利亚的"苹果案"中，上诉机构维持专家组在SPS协议第5.1条中的审议标准。① 然而在SPS协议第5.6条中，专家组不应该对某成员国内的SPS措施完全使用第5.1条的"尊重"。专家组对于SPS协议第5.6条的措施应该使用更严格的审查科学性的标准，并且较少地"尊重"某成员的内部措施。

因此，上诉机构裁定专家组依据第5.1条而将对风险评估给予尊重采纳的审议原则用于第5.6条是错误的。上诉机构推翻了专家组关于第5.6条的认定。

2. 关于第5.6条 "恰当的保护水平"

SPS协议第5.6条规定：各成员有权采取为保护人类、动物或植物的生命或健康所必需的卫生与植物卫生措施，只要此类措施与本协定的规定不相抵触。SPS协议和TBT协议均重申政府享有管理的权力和为保护公共利益（如人类健康）有权采取SPS措施，但是该措施要符合SPS协议的规定。

SPS协议第5.6条进一步规定：在不损害第3.2条的情况下，在制定或维持卫生与植物卫生措施以实现适当的卫生与植物卫生保护水平时，各成员应保证此类措施对贸易的限制不超过为达到适当的卫生与植物卫生保护水平所要求的限度，同时考虑其技术和经济可行性。②

各成员可以制定其"适当的保护水平"（appropriate level of protection,

---

① 上诉机构报告，《新西兰诉澳大利亚苹果案》，第217—231段。
② 就SPS协议第5.6条而言，除非存在如下情况，否则一措施对贸易的限制不超过所要求的程度：存在从技术和经济可行性考虑可合理获得的另一措施，可实现适当的卫生与植物卫生保护水平，且对贸易的限制大大减少。

ALP）并且保证其采取的SPS措施不超过SPS恰当保护水平所要求的限度。本质上，既要考虑该SPS措施的经济和技术的可行性以及符合该成员根据风险分析制定的"适当的保护水平"，同时还要力图减少对贸易的限制。如果被诉方提出的替代措施可以满足前两点要求又可以对贸易限制少些，则应该采用替代措施。

四 本案所涉主要条款

（一）SPS协议第2条 基本权利和义务

1. 各成员有权采取为保护人类、动物或植物的生命或健康所必需的卫生与植物卫生措施，只要此类措施与本协定的规定不相抵触。

2. 各成员应保证任何卫生与植物卫生措施仅在为保护人类、动物或植物的生命或健康所必需的限度内实施，并根据科学原理，如无充分的科学证据则不再维持，但第5条第7款规定的情况除外。

3. 各成员应保证其卫生与植物卫生措施不在情形相同或相似的成员之间，包括在成员自己领土和其他成员的领土之间构成任意或不合理的歧视。卫生与植物卫生措施的实施方式不得构成对国际贸易的变相限制。

4. 符合本协定有关条款规定的卫生与植物卫生措施应被视为符合各成员根据GATT 1994有关使用卫生与植物卫生措施的规定所承担的义务，特别是第20条（b）项的规定。

（二）SPS协议第3条 协调

1. 为在尽可能广泛的基础上协调卫生与植物卫生措施，各成员的卫生与植物卫生措施应根据现有的国际标准、指南或建议制定，除非本协定、特别是第3款中另有规定。

2. 符合国际标准、指南或建议的卫生与植物卫生措施应被视为为保护人类、动物或植物的生命或健康所必需的措施，并被视为与本协定和GATT 1994的有关规定相一致。

3. 如存在科学理由，或一成员依照第5条第1款至第8款的有关规定确定动植物卫生的保护水平是适当的，则各成员可采用或维持比根据有关国际标准、指南或建议制定的措施所可能达到的保护水平更高的卫生与植物卫生措施。① 尽管有以上规定，但是所产生的卫生与植物卫生保护水平与根据国际标准、指南或建议制定的措施所实现的保护水平不同的措施，均不得与本协定中任何其他规定相抵触。

4. 各成员应在力所能及的范围内充分参与有关国际组织及其附属机构，特别是食品法典委员会、国际兽疫组织以及在《国际植物保护公约》范围内运作的有关国际和区域组织，以促进在这些组织中制定和定期审议有关卫生与植物卫生措施所有方面的标准、指南和建议。

5. 第12条第1款和第4款规定的卫生与植物卫生措施委员会（本协定中称"委员会"）应制定程序，以监控国际协调进程，并在这方面与有关国际组织协同努力。

（三）SPS协议第5条　风险评估和适当的卫生与植物卫生保护水平的确定

1. 各成员应保证其卫生与植物卫生措施的制定以对人类、动物或植物的生命或健康所进行的、适合有关情况的风险评估为基础，同时考虑有关国际组织制定的风险评估技术。

2. 在进行风险评估时，各成员应考虑可获得的科学证据；有关工序和生产方法；有关检查、抽样和检验方法；特定病害或虫害的流行；病虫害非疫区的存在；有关生态和环境条件；以及检疫或其他处理方法。

3. 各成员在评估对动物或植物的生命或健康构成的风险并确定为实现适当的卫生与植物卫生保护水平以防止此类风险所采取的措施时，应考虑下列有关经济因素：由于虫害或病害的传入、定居或传播造成生产或销售损失的潜在损害；在进口成员领土内控制或根除病虫害的费用；以及采用替代方法控制风险的相对成本效益。

4. 各成员在确定适当的卫生与植物卫生保护水平时，应考虑将对贸易的消极影响减少到最低程度的目标。

5. 为实现在防止对人类生命或健康、动物和植物的生命或健康的风险方面运用适当的卫生与植物卫生保护水平的概念的一致性，每一成员应避免其认为适当的保护水平在不同的情况下存在任意或不合理的差异，如此

---

① 就第3条第3款而言，存在科学理由的情况是，一成员根据本协定的有关规定对现有科学信息进行审查和评估，确定有关国际标准、指南或建议不足以实现适当的动植物卫生保护水平。

类差异造成对国际贸易的歧视或变相限制。各成员应在委员会中进行合作，依照第12条第1款、第2款和第3款制定指南，以推动本规定的实际实施。委员会在制定指南时应考虑所有有关因素，包括人们自愿承受人身健康风险的例外特性。

6. 在不损害第3条第2款的情况下，在制定或维持卫生与植物卫生措施以实现适当的卫生与植物卫生保护水平时，各成员应保证此类措施对贸易的限制不超过为达到适当的卫生与植物卫生保护水平所要求的限度，同时考虑其技术和经济可行性。①

7. 在有关科学证据不充分的情况下，一成员可根据可获得的有关信息，包括来自有关国际组织以及其他成员实施的卫生与植物卫生措施的信息，临时采用卫生与植物卫生措施。在此种情况下，各成员应寻求获得更加客观地进行风险评估所必需的额外信息，并在合理期限内据此审议卫生与植物卫生措施。

8. 如一成员有理由认为另一成员采用或维持的特定卫生与植物卫生措施正在限制或可能限制其产品出口，且该措施不是根据有关国际标准、指南或建议制定的，或不存在此类标准、指南或建议，则可请求说明此类卫生与植物卫生措施的理由，维持该措施的成员应提供此种说明。

（四）SPS协议第6条 适应地区条件，包括适应病虫害非疫区和低度流行区的条件

1. 各成员应保证其卫生与植物卫生措施适应产品的产地和目的地的卫生与植物卫生特点，无论该地区是一国的全部或部分地区，或几个国家的全部或部分地区。在评估一地区的卫生与植物卫生特点时，各成员应特别考虑特定病害或虫害的流行程度、是否存在根除或控制计划以及有关国际组织可能制定的适当标准或指南。

2. 各成员应特别认识到病虫害非疫区和低度流行区的概念。对这些地区的确定应根据地理、生态系统、流行病监测以及卫生与植物卫生控制的有效性等因素。

3. 声明其领土内地区属病虫害非疫区或低度流行区的出口成员，应提

---

① 就第5条第6款而言，除非存在如下情况，否则一措施对贸易的限制不超过所要求的程度：存在从技术和经济可行性考虑可合理获得的另一措施，可实现适当的卫生与植物卫生保护水平，且对贸易的限制大大减少。

供必要的证据,以便向进口成员客观地证明此类地区属、且有可能继续属病虫害非疫区或低度流行区。为此,应请求,应使进口成员获得进行检查、检验及其他有关程序的合理机会。

(五) SPS 协议第 8 条　控制、检查和批准程序

各成员在实施控制、检查和批准程序时,包括关于批准食品、饮料或饲料中使用添加剂或确定污染物允许量的国家制度,应遵守附件 C 的规定,并在其他方面保证其程序与本协定规定不相同。

(六) SPS 协议附件 A　定义[①]

1. 卫生与植物卫生措施——用于下列目的的任何措施:

(a) 保护成员领土内的动物或植物的生命或健康免受虫害、病害、带病有机体或致病有机体的传入、定居或传播所产生的风险;

(b) 保护成员领土内的人类或动物的生命或健康免受食品、饮料或饲料中的添加剂、污染物、毒素或致病有机体所产生的风险;

(c) 保护成员领土内的人类的生命或健康免受动物、植物或动植物产品携带的病害,或虫害的传入、定居或传播所产生的风险;或

(d) 防止或控制成员领土内因虫害的传入、定居或传播所产生的其他损害。

卫生与植物卫生措施包括所有相关法律、法令、法规、要求和程序,特别包括:最终产品标准;工序和生产方法;检验、检查、认证和批准程序;检疫处理,包括与动物或植物运输有关的或与在运输过程中为维持动植物生存所需物质有关的要求;有关统计方法、抽样程序和风险评估方法的规定;以及与粮食安全直接有关的包装和标签要求。

2. 协调——不同成员制定、承认和实施共同的卫生与植物卫生措施。

3. 国际标准、指南和建议

(a) 对于粮食安全,指食品法典委员会制定的与食品添加剂、兽药和除虫剂残余物、污染物、分析和抽样方法有关的标准、指南和建议,及卫生惯例的守则和指南;

(b) 对于动物健康和寄生虫病,指国际兽疫组织主持制定的标准、指

[①] 就这些定义而言,"动物"包括鱼和野生动物;"植物"包括森林和野生植物;"虫害"包括杂草;"污染物"包括杀虫剂、兽药残余物和其他杂质。

南和建议；

（c）对于植物健康，指在《国际植物保护公约》秘书处主持下与在《国际植物保护公约》范围内运作的区域组织合作制定的国际标准、指南和建议；以及

（d）对于上述组织未涵盖的事项，指经委员会确认的、由其成员资格向所有WTO成员开放的其他有关国际组织公布的有关标准、指南和建议。

4. 风险评估——根据可能适用的卫生与植物卫生措施评价虫害或病害在进口成员领土内传入、定居或传播的可能性，及评价相关潜在的生物学后果和经济后果；或评价食品、饮料或饲料中存在的添加剂、污染物、毒素或致病有机体对人类或动物的健康所产生的潜在不利影响。

5. 适当的卫生与植物卫生保护水平①——制定卫生与植物卫生措施以保护其领土内的人类、动物或植物的生命或健康的成员所认为适当的保护水平。

6. 病虫害非疫区②——由主管机关确认的未发生特定虫害或病害的地区，无论是一国的全部或部分地区，还是几个国家的全部或部分地区。

7. 病虫害低度流行区——由主管机关确认的特定虫害或病害发生水平低、且已采取有效监测、控制或根除措施的地区，该地区可以是一国的全部或部分地区，也可以是几个国家的全部或部分地区。

---

① 许多成员也称此概念为"可接受的风险水平"。
② 病虫害非疫区可以包围一地区、被一地区包围或毗连一地区，可在一国的部分地区内，或在包括几个国家的部分或全部地理区域内，在该地区内已知发生特定虫害或病害，但已采取区域控制措施，如建立可限制或根除所涉虫害或病害的保护区、监测区和缓冲区。

案例 6　泰国对菲律宾香烟的海关和财政措施案（WT/DS371/R）

一　案件基本情况[①]

1. 案名

泰国对菲律宾香烟的海关和财政措施案

2. 案号

WT/DS371/R

3. 申诉方、被诉方、第三方

申诉方：菲律宾

被申诉方：泰国

第三方：澳大利亚、中国、欧盟、印度、中国台北、美国

4. 案件进度

2008 年 9 月 29 日申请设立专家组

2010 年 11 月 15 日发布专家组报告

2011 年 2 月 22 日提出上诉

2011 年 6 月 17 日通过上诉机构报告

5. 争议条款

《关税与贸易总协定》第 2.3 条、第 3.2 条、第 3.4 条、第 7.1 条、第 7.2 条、第 7.5 条、第 10.1 条、第 10.3 条、第 10.3（a）条、第 2.1（b）条。

《海关估价协定》第 1.1 条、第 1.2 条、第 1.2（a）条、第 1.2（b）条、第 2 条、第 3 条、第 4 条、第 5 条、第 6 条、第 7 条、第 10 条、第 13 条、第

[①] See WTO Website, available at https://wto.org/english/tratop_e/dispu_e/cases_e/ds371_e.htm, last visited on 2 Dec. 2016.

16 条

6. 法官名称

上诉机构法官：Peter Van den Bossche（首席法官）、张月姣、Ricardo Ramirez – Henandez

二 案件背景情况

（一）磋商程序与专家组程序

2008 年 2 月 7 日，菲律宾请求与泰国就泰国政府从菲律宾进口的香烟所采取的财政和关税措施进行磋商。

2008 年 2 月 20 日，欧盟请求加入磋商。

2008 年 9 月 29 日，菲律宾要求组成专家组。

在 2008 年 10 月 21 日的会议中，争端解决机构授权组成专家组。

2009 年 2 月 16 日，专家组组成。

2010 年 10 月 15 日，专家组报告发布。

（二）涉案措施

本案措施包括泰国的海关估价措施、消费税、健康税、电视税、增值税体系、零售许可要求和对香烟进口商的进口保证。菲律宾主张泰国以偏私的和不合理的方式管理上述措施，进而违反了 GATT 1994 第 10.3（a）条。

进一步地，菲律宾对影响香烟进口的不同关税估价措施提起单独诉求。菲律宾主张，作为适用这些措施的效果，泰国的行为与《海关估价协定》及对该协定条款的解释性评注（interpretative notes）的诸多条款、GATT 1994 第 2 条与第 7 条不相符合。根据菲律宾的主张，泰国并没有将协定所要求的交易价值作为关税估价的主要基础，并且未能符合《海关估价协定》所指定的计价方法。

菲律宾也指出泰国对进口和国内香烟所课征的消费税、健康税和 TV 税违反 GATT 1994 第 3.2 条第 1 段、第 2 段以及 GATT 1994 第 10.1 条，菲律宾要求泰国公布普遍适用的贸易法律。

菲律宾同时认为泰国的增值税违反 GATT 1994 第 3.2 条第 1 段、第 2 段以及 GATT 1994 第 3.4 条、第 10.1 条。

进一步地，菲律宾指出泰国的双重许可要求（即要求烟草和/或香烟零售商分别持有国内和进口香烟销售许可）违反了 GATT 1994 第 3.4 条，因为其对进口产品提供了低于类似的国内产品的待遇。

(三) 专家组审理概况

本案专家组的认定如下：

1. 菲律宾在《海关估价协定》下的主张

菲律宾主张泰国海关机构不合理地拒绝采用香烟进口的交易价格，其违反了《海关估价协定》第 1.1 条和第 1.2 (a) 条。在《海关估价协定》下，进口产品价格的主要基础是进口商声称的交易价格。当海关质疑声称的交易价格时，其必须遵循《海关估价协定》列明的考察进口商和出口商的交易情况的程序性规则，并且尊重估价方法的使用次序。

泰国反驳了菲律宾的主张，其认为在泰国海关拒绝 PM 公司所主张的交易价格时，泰国海关的措施符合《海关估价协定》项下的义务。虽然在《海关估价协定》下，产品估价的主要基础是进口商声称的交易价，但是在关联交易（a related-party transaction）的情况下，海关机构可考察销售的情况进而决定其是否接受声称的交易价格（例如其是否构成市场交易）。然而，海关机构必须遵循《海关估价协定》第 1.1 条、第 1.2 (a) 条和第 16 条规定的特定程序性义务，包括给予进口商回应海关机构初期考察的合理机会的义务。由于泰国认为在《海关估价协定》下，证明该关联关系没有影响到交易价格的主要责任在进口商，因此，根据泰国所述，海关机构拒绝接受 PM 公司（泰国进口商）声称交易价格符合《海关估价协定》的表态，因为进口商不能提供给泰国海关足够信息表明出口商（PM 菲律宾）与进口商的关系并没有影响到交易价格。

专家组认定泰国海关的估价措施与《海关估价协定》第 1.1 条、第 1.2 (a) 条和第 16 条的实体性和程序性义务不符。泰国海关拒绝 PM 泰国公司声称的交易价格决定的指令表明泰国海关是基于进口商不能证明关联关系没有影响价格这一事实来做出认定的。专家组认为泰国海关拒绝进口商声称的交易价格决定的基础并不充分。作为结果，该最终估价决定被认为在《海关估价协定》下是无效的。特别是，专家组认定泰国海关"考察"该销售情形的行为未能符合第 1.2 (a) 条中的程序性义务。

菲律宾进一步主张在认定香烟的海关价格时，泰国海关使用的推定估价方法与第 5 条和第 7 条的义务不相符合。菲律宾同时也指出泰国违反了第 10 条和第 16 条的程序性义务，分别为禁止披露保密信息与提供对决定最终海关价格认定的解释的义务。

专家组认定泰国未能以符合第 7 条和第 5 条的原则的方式适用替代性的估价方法。泰国试图将对推定估价方法的适用正当化，但是其未能反驳菲律宾关于泰国海关并没有按照《海关估价协定》第 7 条的规定与进口商进行磋商的主张。同时，泰国政府并未推断出符合《海关估价协定》第 5 条的推断价格。

2. 菲律宾关于 GATT 1994 第 3 条的主张

菲律宾指控泰国增值税体系对进口关税施加的措施。其中包括泰国决定对进口香烟采用基于增值税的关税基础从而在关税基础上超过了相似国内香烟，进而违反了 GATT 1994 第 3.2 条第 1 段。菲律宾也主张进口关税受到增值税的约束，该税率超过了相似国内香烟，由于增值税免除仅适用于国内香烟经销商，进而该措施违反了 GATT 1994 第 3.2 条第 1 段。根据菲律宾所言，进口香烟经销商的超量的关税负担同时也导致了对这些经销商的额外管理要求。

泰国主张在决定增值税的计税基础时，其以相同的方式对进口和国内香烟采取一般性方法。进一步地，在泰国法律下，国内香烟经销商被免除了增值税责任，以及相应的管理要求。泰国主张这些仅限于国内香烟经销商的免除并没有导致对进口香烟经销商的额外的税收。

根据本案的实际情况，专家组得出结论认为，泰国税务机构并没有使用对进口香烟的增值税计税基础的一般性方法，虽然其对国内香烟采用了相同的方法。这导致泰国以违反 GATT 1994 第 3.2 条第 1 段的方式，对进口香烟进行超量征税。进一步地，根据违反了 GATT 1994 第 3.2 条第 1 段的严格标准，专家组认定仅仅是进口香烟国内税超过国内香烟的可能性已经违反了 GATT 1994 第 3.2 条第 1 段的泰国义务。专家组因此认定泰国增值税体系的特定方面违反了 GATT 1994 第 3.2 条、第 3.4 条的义务。

3. 菲律宾关于 GATT 1994 第 10 条的主张

菲律宾主张泰国在关税和财政措施上，违反了 GATT 1994 第 10 条的正当程序义务。

特别是，菲律宾指控特定的政府官员同时担任 TTM（系国有国内香烟制造商）董事会成员的泰国政府体系。根据菲律宾所述，这与 GATT 1994 第 10.3 (a) 条以合理的和不偏私的方式管理海关事务的义务相违背。基于对海关决定的行政审查程序的不合理拖延，菲律宾指控泰国的行为不符合 GATT 1994 第 10.3 (a) 条。进一步地，菲律宾主张泰国税务部对增值税计税基础的决定，以及在计算消费税、健康税和电视税使用担保价格的行为是"不一致的、不合理的和偏私的",因此主张泰国违反了 GATT 1994 第 10.3（a）条。

根据菲律宾的主张,专家组认为菲律宾不能证明泰国在 TTM 董事会任命政府官员的行为构成 GATT 1994 第 10.3（a）条含义内的不合理和偏私的管理活动。然而,专家组认为由于泰国行政审查程序的拖延违反 GATT 1994 第 10.3（a）条。针对菲律宾关于担保价格的使用,专家组认为泰国将担保价格作为计税基础,并且缺乏对这些关税的自动偿还机制等与这些法律法规的实体性层面相关,而非上述法律法规的适用问题。相应地,专家组认为对泰国消费税、健康税和电视税的管理问题而言,菲律宾的主张不在 GATT 1994 第 10.3（a）条内。

菲律宾进一步主张泰国未能维持一个与海关事项相关的独立的仲裁庭或是行政诉讼的及时审查的程序,特别是海关独立仲裁庭,因此泰国违反了 GATT 1994 第 10.3（b）条。专家组同时认定,由于泰国未能维持或建立及时审查担保决定的、独立的审查仲裁庭或者程序,泰国违反了 GATT 1994 第 10.3（b）条。

专家组也同意菲律宾的主张:由于未能公布规定香烟增值税决定的法律和法规,并且未能公布在海关估价程序中的担保事项,泰国违反了 GATT 1994 第 10.1 条。

专家组建议争端解决机制要求泰国消除不符合 WTO 和 GATT1944 项下义务的措施。

（四）上诉机构报告审理概况

1. 上诉机构报告程序

2011 年 2 月 22 日,泰国通知争端解决机构其将就特定的法律问题和专家组报告中的法律解释提起上诉。

2011 年 6 月 17 日,上诉机构报告发布。

2. 上诉的法律问题

泰国的上诉事项为专家组关于 GATT 1994 第 3 条和第 10.3（b）条等法律问题和法律认定。

具体而言,泰国认为:专家组未能给予泰国对证据进行评论的机会并且接受和采纳菲律宾第 289 号证据的行为违反 DSU 第 11 条项下的义务;专家组拒绝泰国依据 GATT 1994 第 20（d）条提出的抗辩存在错误;其行政行为并不违反 GATT 1994 第 10.3（b）条迅速进行检查且维持独立法庭的义务。

3. 上诉机构主要法律分析

泰国的上诉限定在专家组关于 GATT 1994 第 3.2 条、第 3.4 条和第 10.3 (b) 条下的认定。上诉机构维持了专家组的核心认定。

上诉机构维持专家组关于泰国行为不符合 GATT 1994 第 3.2 条第 1 段的认定，即泰国的进口香烟的增值税超过了对相似国内香烟的增值税。争议中的泰国措施构成了对国内香烟经销商的增值税责任的免除。上诉机构维持专家组关于泰国措施影响对进口和相似国内产品相对应的关税责任的认定。上诉机构因此拒绝了泰国将该措施归类为"行政管理要求"的主张，并且反驳了泰国关于该措施应在 GATT 1994 第 3.4 条项下进行考察的主张。

上诉机构同时认同专家组关于泰国措施违反 GATT 1994 第 3.4 条的主张，即泰国给予进口香烟比相似国内香烟更低的待遇。争议中的泰国措施包括对国内香烟销售者的三种类型的行政管理要求的免除。上诉机构认定专家组合理地分析了该措施及它们在市场中的含义，并且因此同意专家组关于泰国施加了对进口香烟经销商的额外的行政管理要求的认定。上诉机构进一步认定专家组确保了正当程序或者说是遵守了《争端谅解协议》第 11 条的义务。由于专家组关于认定的识别存在错误，上诉机构推翻了专家组关于泰国未能证明其能够援引 GATT 1994 第 20 (d) 条的主张。然而，在完成分析后，上诉机构认为泰国未能证明争议中的行政管理要求可以被 GATT 1994 第 20 (d) 条正当化。

最后，上诉机构维持专家组关于泰国的行为违反 GATT 1994 第 10.3 (b) 条的认定，即泰国未能维持或建设及时审查的、独立的仲裁庭或程序。泰国海关要求进口商提供保证金，进而在海关价格未最终认定前获得海关放行货物。上诉机构认为，专家组关于泰国担保审查的体系与 GATT 1994 第 10.3 (b) 条规定的确保及时审查的义务不相符合的认定，因为该担保审查只有在海关价格的最终认定做出后才能够进行。

2011 年 7 月 15 日的会议中，争端解决机构通过了上诉机构报告以及经修正的专家组报告。

4. 上诉机构审定与结论

上诉机构维持专家组的认定：泰国的措施对进口香烟征收的附加税高于对国内同类香烟征收的附加税，这违反了 GATT 1994 第 3.2 条第一段的规定，即一缔约国领土的产品输入到另一缔约国领土时，不应对它直接或间接征收高于对相同的国内产品所直接或间接征收的国内税或其他国内费用。

上诉机构维持专家组的认定，同意泰国通过一些行政管理要求给予进口香烟低于国内同类香烟的待遇违反 GATT 1994 第 3.4 条规定，即认可一缔约国领土的产品输入到另一缔约国领土时，在关于产品的国内销售、推销、购买、运输、分配或使用的全部法令、条例和规定方面，所享受的待遇应不低于相同的国内产品所享受的待遇。

上诉机构裁定泰国未能证明专家组违反 DSU 第 11 条的客观审议的义务，接受和依赖 PHI－289 附件没能给予泰国对该证据评议的机会。

上诉机构裁定泰国未能提供证据证明其在 GATT 1994 第 20（d）条例外的主张。上诉机构完成法律分析，认为泰国提出的论点和证据不能支持其在 GATT 1994 第 20（d）条的抗辩。上诉机构裁定泰国未能证明其附加的行政管理要求的正当性得到 GATT 1994 第 20（d）条的支持。①

GATT 第 20 条前言规定：本协定的规定不得解释为禁止缔约国采用或加强以下措施，但对情况相同的各国，实施的措施不得构成武断的或不合理的差别待遇，或构成对国际贸易的变相限制。

GATT 第 20（d）条规定：为了保证某些与本协定的规定并无抵触的法令或条例的贯彻执行所必需的措施，包括加强海关法令或条例，加强根据协定第 2 条第 4 款和第 14 条而实施的垄断，保护专利权、商标及版权，以及防止欺诈行为所必需的措施。

上诉机构维持专家组关于泰国的行为违反了 GATT 1994 第 10.3（b）条的规定的认定，即为了能够特别对于有关海关事项的行政行为迅速进行检查和纠正，缔约各国应维持或尽快建立司法的、仲裁的或行政的法庭或程序。这种法庭或程序应独立于负责行政实施的机构之外，而它们的决定，除进口商于规定上诉期间向上级法院或法庭提出申诉以外，应由这些机构予以执行，并作为今后实施的准则；但是，如这些机构的中央主管机关有充分理由认为它们的决定与法律的既定原则有抵触或与事实不符，它可以采取步骤使这个问题经由另一程序加以检查。

（五）后续执行程序

2016 年 5 月 4 日，菲律宾要求根据 DSU 第 21.5 条规定，就泰国关于争端解决机构的建议和裁定的执行分歧进行磋商。

---

① 参见 GATT 1994 第 20 条"一般例外"。

2016年6月29日，菲律宾要求根据DSU第21.5条规定建立"遵守程序"专家组。

2016年7月21日，争端解决机构同意将菲律宾提议的事项提交原先审理的专家组。

三 笔者对本案的评析

（一）国民待遇

非歧视待遇包括无条件的最惠国待遇和国民待遇，其是GATT/WTO特别重要的基本原则。最惠国待遇指对待其他成员一视同仁。成员之间非歧视的原则是指一个成员对来自或运往其他国家的产品所给予的利益、优待、特权或豁免，应当立即无条件地给予来自或运往所有其他成员的相同产品。国民待遇是指国内税和其他国内费用，影响产品的国内销售、推销、购买、运输、分配或使用的法令、条例和规定等，在对进口产品或国内产品实施时，应该秉持非歧视待遇，不应用来对国内生产提供保护。国民待遇涉及对进口产品和国内相同产品的比较，具体而言：第一，要确定被比较的进口产品和国内产品两者之间是否"类似"（like product）；第二，要分析在税、费、手续、法规等方面的待遇是否相同。WTO在争议解决的长期实践中已经积累了比较丰富的鉴别标准。比如对于同类产品的认定，一般通过产品的物理特征、最终用途、消费者的印象和关税税则分类四个方面认定进口产品与国内产品的相似性。

本案上诉机构报告脚注135指出，专家组通过两步分析，决定涉案措施是否违反GATT 1994第3.2条和第3.4条：第一步先分析进口产品和国内产品是否"相似"，第二步分析涉案措施是否在对进口产品征收国内税或费用方面高于类似的国内产品。①关于相似性问题，专家组认定，由于涉案进口香烟与国内香烟属于同一价格分类（price segment），因此进口香烟和国内香烟是同类产品。②泰国对专家组的这一认定没有上诉。

GATT 1994第3.2条规定：一缔约国领土的产品输入到另一缔约国领土时，不应对它直接或间接征收高于对相同的国产品所直接或间接征收的

---

① 专家组报告，《泰国对菲律宾香烟的海关和财政措施案》，第7.569段。
② 专家组报告，《泰国对菲律宾香烟的海关和财政措施案》，第7.451和第7.597段。

国内税或其他国内费用。

专家组认定泰国对进口香烟征收的增值税高于国内同类香烟，其行为违反了GATT 1994 第 3.2 条。泰国上诉称专家组不是根据增值税，而是根据泰国对进口香烟与国内香烟的销售的行政管理要求做出违反的结论。泰国辩论说，其措施是根据行政管理要求执行情况而承担的财务后果。这是 GATT 1994 第 3.4 条的问题，不是第 3.2 条的问题，因此专家组做出违反 GATT 1994 第 3.2 条的结论是错误的。

上诉机构不同意泰国的辩解。泰国的措施对于未满足行政管理要求的进口香烟不能免除增值税，然而国内香烟都没有增值税。因此，上诉机构维持专家组的认定，即泰国的措施不仅仅是行政管理规定的要求，而且是第 3.2 条所指的税负的差别待遇。即使是行政管理要求，该要求也会对进口产品造成负担，然而国产香烟没有该负担，是完全免除增值税的。上诉机构维持专家组的认定，即泰国的涉案措施在销售进口香烟时的某些情况下，征收增值税，然而销售国产香烟时，在任何情况下均免除增值税，这是违反 GATT 1994 第 3.2 条的。

关于 GATT 1994 第 3.4 条的私人选择权问题，上诉机构在"韩国牛肉案"中指出：私人的选择不能免除韩国政府根据 GATT 1994 第 3 条产生的责任，即不能免除韩国政府对进口产品设定低于国内产品竞争条件的责任。

泰国辩论称，专家组的认定影响了成员按照其意愿和需要管理和收税的权力。上诉机构指出，只要符合 GATT 1994 第 3.2 条规定，WTO 成员可以自由按照适合他们的税收管理和收税办法收缴税费。①

（二）关于给进口商品低于国内产品的待遇，破坏平等竞争的条件

GATT 1994 第 3.4 条规定：一缔约国领土的产品输入到另一缔约国领土时，在关于产品的国内销售、推销、购买、运输、分配或使用的全部法令、条例和规定方面，所享受的待遇应不低于相同的国内产品所享受的待遇。

---

① WTO Members remain free "to administer and collect internal taxes as they see fit", so long as they do so "in conformity with Article III：2". 见《上诉机构报告》，泰国对菲律宾香烟的海关和财政措施案，第 154 段。

GATT 1994第3.4条是在第3条（国民待遇）的大背景下，也是根据第3.1条，要求成员方在对进口产品或国内产品实施国内税和费以及其他相关规定时，不得对国内生产商提供保护，该条要求成员为进口产品与国内产品建立平等的竞争条件。

第3.4条中列举的对进口产品给予低于国内产品的待遇，也违反第3.1条，因为它是以保护国内产品为目的的。第3.4条包括三个层次：（1）进口产品与国内产品是类似的；（2）措施涉及影响国内销售、推销、购买、运输、分销等的法律、法规和要求；（3）给予进口产品低于国内同类产品的待遇。

上诉机构在"韩国牛肉案"中指出，确定低于相同国内产品的待遇必须审查涉案措施是否改变了有关市场的竞争条件，对进口产品造成不利的影响。① 上诉机构还指出对于进口产品与国内产品的不同待遇不能足够证明违反了第3.4条。仅仅是对进口产品与国产品的规制区别，不能确定给予低于相同国内产品的待遇和违反了第3.4条。② 仅仅看到一个成员对进口产品与类似国产品的不同规制，不能确定是否是第3.4条所指的对进口产品给予低于相同国内产品的待遇。③ 关键的是，法规规制的不同是否扭曲了竞争条件，使进口产品受到了第3.4条所规定的低于相同国内产品的待遇。④

第3.4条的分析需要法官对涉案措施的作用和影响做仔细的分析，包括分析措施对有关市场的竞争条件的改变的影响。同时，也要分析措施的设计、结构、运行。

上诉机构认为涉案措施的规则不同是来源于对进口香烟要求必须符合附加的行政管理要求，而对于国内类似产品的销售没有这样的要求。但是仅有规定

---

① In Korea – Various Measures on Beef, the Appellate Body explained that the analysis of whether imported products are treated less favourably must ascertain whether the measure at issue "modifies the conditions of competition in the relevant market to the detriment of imported products". See AB Report, Thailand—Customs and Fiscal Measures on Cigarettes from the Philippines, para. 174

② "[A] formal difference in treatment between imported and like domestic products is ... neither necessary, nor sufficient, to show a violation of Article III: 4". See AB Report, Thailand—Customs and Fiscal Measures on Cigarettes from the Philippines, para. 175.

③ Accordingly, the mere fact that a Member draws regulatory distinctions between imported and like domestic products is, in itself, not determinative of whether imported products are treated less favourably within the meaning of Article III 4. See Panel Report, Thailand—Customs and Fiscal Measures on Cigarettes from the Philippines, para. 4.176.

④ Rather, what is relevant is whether such regulatory differences distort the conditions of competition to the detriment of imported products. If so, then the differential treatment will amount to treatment that is "less favourable" within the meaning of Article III: 4.

要求的不同，还不能足够证明对进口产品低于国内产品的待遇。①在任何情况下，对于任何一个案子，每一项涉案措施和对市场条件的改变和不利于进口产品并且低于国内产品的待遇之间必须有内在的联系。②

上诉机构在本案报告中上述几段的分析已经成为本案之后 TBT 三个案子③中的新的法律实验方法（Whether the negative impact stems exclusively from the regulatory distinction）。笔者认为，深入了解本案上述分析对解决 TBT 争议案和其他类似 WTO 争议案件是很有意义的。

在本案中，上诉机构支持专家组的分析，即认为泰国的附加行政管理规定对进口产品造成了潜在的低于国内产品的待遇的影响。专家组援引了上诉机构在"美国外国销售公司 FSC（第 21.5 条）案"中的裁定，即认定分析一项涉案措施是否给予"低于"的待遇，不需要根据该措施对市场的实际影响进行分析。④

（三）可否平衡"低于"或"优于"的待遇的问题

上诉机构在解答是否可以平衡"低于"或"优于"的待遇时指出：

泰国诉专家组没有解答泰国的抗辩词即转销售商可以依据附加行政管理要求从进口香烟获得财政好处（financial advantages），特别是，进口香烟的转销售商可以将使用和管理增值税的附加税转为它们的销售增值税获得减免。

---

① We observe that the regulatory "differences" at issue stem from the fact that resellers of imported cigarettes must comply with the additional administrative requirements, whereas resellers of domestic cigarettes are exempt from such requirements. Thus, in this dispute, the sole difference in regulatory treatment consists of requirements applied only to imported cigarettes. The uncontested fact that resellers of imported cigarettes are subject to certain administrative requirements, whereas resellers of like domestic cigarettes are not, itself provides a significant indication that imported cigarettes are accorded less favourable treatment.

② In any event, there must be in every case a genuine relationship between the measure at issue and its adverse impact on competitive opportunities for imported versus like domestic products to support a finding that imported products are treated less favourably. See AB Report, Thailand—Customs and Fiscal Measures on Cigarettes from the Philippines, para. 134.

③ 三个 TBT 上诉案件包括：印尼香草香烟案、墨西哥"金枪鱼"案和加拿大、墨西哥牛肉商标 COOL 案。

④ An examination of whether a measure involves less favourable treatment "need not be based on the actual effects of the contested measure in the marketplace". AB Report, Thailand—Customs and Fiscal Measures on Cigarettes from the Philippines, para. 193.

泰国辩论称，进口香烟的国内销售虽然比国产香烟销售的无增值税待遇要低，即无免增值税待遇，但这也不完全是负面的影响。① 考虑到进口香烟也有正面影响，专家组在分析时应该抵消该负面影响，泰国认为其措施负面地改变了市场的竞争条件。上诉机构指出泰国没有提供证据支持它的观点，因此，不认为专家组必须花费时间反驳这一观点。上诉机构在报告脚注中指出："第3.4条的不低于的待遇，要求是适用于每一个进口产品的个案"。专家组拒绝了用一些进口产品的优惠待遇平衡另一些进口产品的"低于"的待遇。如果本案专家组得出结论，允许这种"低于"和"优于"的待遇相互平衡的观点成立，缔约方可以偏离非歧视性待遇原则，借口对一个缔约方优惠则可以对另外的缔约方或产品给予"低于"的待遇。这种解释将对进口产品与国内产品的竞争条件造成很大的不确定性，因而偏离GATT 1994第3条的目的。在"美国337税法案"中，专家组没有同意这种平衡的意见。上诉机构也不支持该观点。

尽管上诉机构在上述案件中没有支持对"低于"待遇和"优于"待遇进行平衡，但考虑到目前实际案子尚少，不宜做最后的定论。今后可能会涉及更复杂的多项混合措施，如大部分是"优于"的待遇，少数给予"低于"国内产品的待遇，这种情况下是否可以平衡或者少数"低于"的待遇可以忽略不计等，该问题还有待视将来的案子的具体情况进一步分析定夺。

（四）GATT 1994第20（d）条例外条款的抗辩

第20条　一般例外规定：

本协定的规定不得解释为禁止缔约国采用或加强以下措施，但对情况相同的各国，实施的措施不得构成武断的或不合理的差别待遇，或构成对国际贸易的变相限制：

（d）为了保证某些与本协定的规定并无抵触的法令或条例的贯彻执行所必需的措施，包括加强海关法令或条例，加强根据协定第2条第4款和第14条而实施的垄断，保护专利权、商标及版权，以及防止欺诈行为所必需的措施；

---

① See AB Report, Thailand—Customs and Fiscal Measures on Cigarettes from the Philippines, para. 139, para. 22.

GATT 1994 第 20 条是一般例外条款。当一个成员的措施偏离第 1 条（最惠国待遇）或第 3 条（国民待遇）的原则时，采取措施的一方可以使用第 20 条为其措施的正当性辩护。采取措施的一方必须承担举证责任。当其援引第 20（d）条时，必须证明：（1）涉案措施是为保证某些与 GATT 1994 的规定并无抵触的法令或条例的贯彻执行而实施的；（2）涉案措施是保证实施所必需的（necessary）；（3）涉案措施符合第 20 条的前言（"帽子"）(chapeau) 的要求，如在相同的情况（same condition prevail）下，不得构成武断的或不合理的歧视待遇（arbitrary and unjustifiable discrimination），或构成对国际贸易的变相限制。

在本案中，泰国没有挑战专家组对第 20（d）条的分析。但是专家组犯了一个严重的法律错误。专家组分析泰国税法第 VII. F. 6（b）(ii) 节时，认定泰国的增值税的行政管理要求不符合 WTO 涵盖协议。在分析第 20（d）条时，专家组已经认定泰国的涉案措施违反了 GATT 1994 第 3.4 条。菲律宾认为专家组援引第 VII. E. 5（b）(ii) 节是一个笔误（clerical error）。

上诉机构同意当事方的意见，即专家组援引第 VII. E. 5（b）(ii) 节是错误的，但不同意它是笔误。专家组说明涉案的附加行政管理措施违反第 3.4 条，不能用第 20（d）条证明其正当性。事实上，专家组剥夺了泰国根据第 20（d）条为其措施的正当性辩护的权利。

上诉机构推翻了专家组关于"泰国未能证明其措施符合第 20（d）条"的认定。

上诉机构指出，专家组对第 3.4 条的认定与第 20（d）条的正当性分析与论证是分开进行的。上诉机构推翻专家组对第 20（d）条的法律解释以后，为便于迅速解决争议，完成法律分析。[①]

上诉机构首先解释了第 20（d）条的主要要求，进一步指出：（泰国需）要论证一项违反第 3.4 条的措施给予"低于"的待遇根据第 20（d）条是执行法律和法规必需的，还要证明给予进口产品和国内同类产品的不同规制是符合 GATT 1994 规定的。而泰国只用了六段文字，非常简短地论证了第 20（d）条的必要性。泰国的答辩至少有四个问题：（1）泰方欲证明行政管理要求是关于增值税的普遍要求，而未证明其措施对进口香烟与国内香烟的不同待遇；（2）泰

[①] "Facilitate the prompt settlement of the dispute' by completing the legal analysis of relevant issues." AB Report, Thailand—Customs and Fiscal Measures on Cigarettes from the Philippines, para. 174.

方没有明确适用于其措施的法律与法规，也未证明该法律和法规与 GATT 1994 的一致性；（3）泰方关于必要性的论证不够充分；（4）泰方关于第 20 条前言的论证不够充分。

上诉机构认为泰国未提供表面证据充分地论证第 20（d）条对于其措施违反第 3.4 条的正当性。因此，上诉机构维持专家组的认定，即泰国对进口香烟提供低于国产同类香烟的待遇不符合 GATT 1994 第 3.4 条。①

四　本案涉及的涵盖协议条款

GATT 1994

（一）第 3 条　国内税与国内规章的国民待遇

3.1　缔约各国认为，国内税和其他国内费用，影响产品的国内销售、推销、购买、运输、分配或使用的法令、条例和规定，以及对产品的混合、加工或使用须符合特定数量或比例要求的国内数量限制条例，在对进口产品或国产品实施时，不应用来对国内生产提供保护*。

3.2　一缔约国领土的产品输入到另一缔约国领土时，不应对它直接或间接征收高于对相同的国产品所直接或间接征收的国内税或其他国内费用。同时，缔约国不应对进口产品或国产品采用其他与本条第 1 款规定的原则有抵触的办法来实施国内税或其他国内费用*。

3.3　与本条第 2 款有抵触的现行实施的国内税，如果是 1947 年 4 月 10 日有效的贸易协定中所特别规定允许征收的，而且在有关贸易协定中还规定了凡已征收这种国内税的产品，它的进口关税即不能任意增加，则征收这种国内税的缔约国，可以推迟实施本条第 2 款的规定，直到在贸易协定中所承担的义务得到解除，它能够增加进口关税以补偿国内税保护因素的取消之时为止。

3.4　一缔约国领土的产品输入到另一缔约国领土时，在关于产品的国内销售、推销、购买、运输、分配或使用的全部法令、条例和规定方面，所享受的待遇应不低于相同的国产品所享受的待遇。但本款的规定不

---

① AB Report, Thailand—Customs and Fiscal Measures on Cigarettes from the Philippines, para. 181.

应妨碍国内差别运输费用的实施，如果实施这种差别运输费用纯系基于运输工具的经济使用而与产品的国别无关。

（二）第10条　贸易条例的公布和实施

10.1　缔约国有效实施的关于海关对产品的分类或估价，关于税捐和其他费用的征收率，关于对进出口货物及其支付转账的规定、限制和禁止，以及关于影响进出口货物的销售、分配、运输、保险、存仓、检验、展览、加工、混合或使用的法令、条例与一般援用的司法判决及行政决定，都应迅速公布，以使各国政府及贸易商对它们熟悉。一缔约国政府或政府机构与另一缔约国政府或政府机构之间缔结的影响国际贸易政策的现行协

定，也必须公布。但本款的规定并不要求缔约国公开那些会妨碍法令的贯彻执行、会违反公共利益，或会损害某一公私企业的正当商业利益的机密资料。

10.2　缔约国采取的按既定统一办法提高进口货物关税或其他费用的征收率、或者对进口货物及其支付转让实施新的或更严的规定、限制或禁止的普遍适用的措施，非经正式公布，不得实施。

10.3　（甲）缔约各国应以统一、公正和合理的方式实施本条第1款所述的法令、条例、判决和决定。

（乙）为了能够特别对于有关海关事项的行政行为迅速进行检查和纠正，缔约各国应维持或尽快建立司法的、仲裁的或行政的法庭或程序。这种法庭或程序应独立于负责行政实施的机构之外，而它们的决定，除进口商于规定上诉期间向上级法院或法庭提出申诉以外，应由这些机构予以执行，并作为今后实施的准则；但是，如这些机构的中央主管机关有充分理由认为它们的决定与法律的既定原则有抵触或与事实不符，它可以采取步骤使这个问题经由另一程序加以检查。

（丙）如于本协定签订之日在缔约国领土内实施的事实上能够对行政行为提供客观公正的检查，即使这种程序不是全部或正式地独立于负责行政实施的机构以外，本款（乙）项的规定，并不要求取消它或替换它，实施这种程序的缔约国如被请求，应向缔约国全体提供有关这种程序的详尽资料，以便缔约国全体决定这种程序是否符合本项规定的要求。

（三）第 20 条　一般例外

本协定的规定不得解释为禁止缔约国采用或加强以下措施，但对情况相同的各国，实施的措施不得构成武断的或不合理的差别待遇，或构成对国际贸易的变相限制：

（甲）为维护公共道德所必需的措施；

（乙）为保障人民、动植物的生命或健康所必需的措施；

（丙）有关输出或输入黄金或白银的措施；

（丁）为了保证某些与本协定的规定并无抵触的法令或条例的贯彻执行所必需的措施，包括加强海关法令或条例，加强根据协定第二条第 4 款和第十四条而实施的垄断，保护专利权、商标及版权，以及防止欺诈行为所必需的措施。

值得注意的是，本案报告脚注解释在上诉机构报告中用"欧盟"代替"欧洲共同体"。①

---

① Footnote 1 On 29 November 2009, the World Trade Organization received a Verbal Note (WT/L/779) from the Council of the European Union and the Commission of the European Communities stating that, by virtue of the Treaty of Lisbon, as of 1 December 2009, the "European Union" replaces and succeeds the "European Community". On 13 July 2010, the World Trade Organization received a second Verbal Note (WT/Let/679) from the Council of the European Union confirming that, with effect from 1 December 2009, the European Union replaced the European Community and assumed all the rights and obligations of the European Community in respect of all Agreements for which the Director – General of the World Trade Organization is the depositary and to which the European Community is a signatory or a contracting party. We understand the reference in the Verbal Notes to the "European Community" to be a reference to the "European Communities". In the proceedings before the Panel, the third party submission dated 18 May 2009 and the statement at the third party session on 11 June 2009 were made by the delegation of the European Communities. On 8 January 2010, the European Union requested the Panel to refer to "European Union" and "EU", rather than "European Communities" and "EC", in the Panel Report. (Panel Report, footnote 3 to Para. 1.6) We refer to the European Union in this Report.

案例 7 美国涉及金枪鱼和金枪鱼产品的进口、营销和销售相关的措施（WT/DS381/R）

一 案件基本情况[①]

1. 案名

美国涉及金枪鱼和金枪鱼产品的进口、营销和销售相关的措施

2. 案号

WT/DS381/R

3. 申诉方、被诉方、第三方

申诉方：墨西哥

被诉方：美国

第三方：澳大利亚、巴西、加拿大、中国、厄瓜多尔、欧共体、危地马拉、印度、日本、韩国、新西兰、挪威

4. 公布报告时间

2008 年 10 月 24 日磋商申请

2011 年 9 月 15 日专家组报告发布

2012 年 5 月 16 日上诉机构报告发布

5. 争议条款

涉案的条款：GATT 1994 第 1 条、第 3 条；《技术性壁垒协定》第 2 条、第 5 条、第 6 条、第 8 条

6. 法官名称

上诉机构法官：张月姣（首席法官）、Ujal Singh Bhatia、Thomas R. Graham

[①] See WTO Website, available at https://wto.org/english/tratop_e/dispu_e/cases_e/ds381_e.htm, last visited on 26 Jan 2017.

二　案件审理概况

（一）磋商程序与专家组审理概况

1. 涉案措施（measures at issues）

该争端涉及美国关于金枪鱼及其产品的进口、销售的措施，特别是规定dolphin‐safe（海豚安全）标签①的措施。包括：

（1）《海豚保护消费者信息法》（Dolphin Protection Consumer Information Act，DPCIA）；②

（2）《海豚安全标签标准》（Dolphin‐safe Labeling Standards）和《在东部热带太平洋捕获金枪鱼中的海豚安全要求》（Dolphin‐safe Requirements for Tuna Harvested in the ETP［Eastern Tropical Pacific Ocean］by Large Purse Seine Vessels）；③

（3）美联邦上诉法院关于地球岛屿研究所诉霍格思的判决。④ DPCIA 将捕获金枪鱼的情形分为四个标准（位置、捕鱼装置、金枪鱼和海豚群的相互作用类型、海豚死亡或受伤率）。

第（d）（1）小节序言中规定，除非符合法定条件，在美国销售或自美国出口的金枪鱼上使用"dolphin‐safe"标签或其他词语或符号，错误地表明其产品中包含的金枪鱼是以对海豚无害的方式捕获的，属于违反联邦贸易委员会法的行为。第（d）（3）小节规定，除非符合特定条件，在金枪鱼上使用涉及海豚（dolphins, porpoises or marine mammals）的其他标签或符号也是违法行为。根据 DPCIA，美国商务部认为，以袋装围网（purse seine nets）围困海豚的情形不会对 ETP 濒临灭绝的海豚造成显著不利影响，因此在符合一定条件下也可使用 dolphin‐safe 标签。但法院在"霍格思案"的判决中撤销了美国商务部的认定，认为在捕鱼中故意使用袋装围网围困海豚而捕获的金枪鱼不能被贴上 dolphin‐safe 标签。与美国标签要求相比，一些海豚保护国际条约也有自己的

---

① 设置海豚安全标签的目的是向消费者传递该金枪鱼被捕获时不会对海豚造成伤害。除美国外，澳大利亚、新西兰的一些公司、地球岛屿研究所、Earth Trust 等组织也在使用不同的 dolphin‐safe 或 dolphin‐friendly 标签。
② The United States Code, Title 16, Section 1385.
③ The Code of Federal Regulations, Title 50, Section 216.91 and Section 216.92.
④ Earth Island Institute v. Hogarth, 494 F. 3d 757 (9th Cir. 2007).

一套要求。例如，美国、墨西哥均属其成员国的 AIDCP 组织的 dolphin – safe 标签要求集中于对海豚造成的死亡率和严重伤害，而非是否使用了袋装围网。

美国使用此标签，意在向消费者提供金枪鱼是否以对海豚有害的方式被捕获的信息，阻止消费者购买以对海豚有不利影响的方式捕获的金枪鱼，从而保护海豚。墨西哥则认为，此类措施影响了其金枪鱼的出口，与《关税与贸易总协定》（GATT 1994）第 1.1 条（普遍最惠国待遇）、第 3.4 条（国民待遇）和《技术性贸易壁垒协定》（TBT 协定）第 2.1 条（非歧视待遇）、第 2.2 条（技术法规对贸易的限制不得超过为实现合法目标所必需的限度）和第 2.4 条（将国际标准作为技术法规的基础）不符。

2008 年 10 月 24 日，墨西哥请求与美国就下述措施进行磋商：

（1）美国法典第 16 章第 1385 节（《海豚保护消费者信息法》）（Dolphin Protection Consumer Information Act）；

（2）联邦法规法典第 50 章第 216.91 节（东部热点太平洋海域通过大型围网渔船捕获的金枪鱼的海豚安全要求）；

（3）美国第九巡回上诉法院关于"地球岛屿研究所诉霍格斯案"的判决。[①]

墨西哥认为，争议中的措施建立了对金枪鱼产品的"海豚安全"（dolphin – safe）标签使用的条件以及获得官方的商务部海豚安全标签的条件。该条件是基于特定的书面证据，然而其高度依赖金枪鱼的捕鱼方法以及捕获金枪鱼的场所。上述措施违反了 GATT 1994 第 1.1 条、第 3.4 条；《技术性壁垒协定》第 2.1 条、第 2.2 条和第 2.4 条。

2. 专家组审理程序

2008 年 11 月 6 日，欧共体请求加入磋商。2008 年 11 月 7 日，澳大利亚请求加入磋商。

2009 年 3 月 9 日，墨西哥请求成立专家组。

在 2009 年 3 月 20 日的会议上，争端解决机构授权成立专家组。

在 2009 年 4 月 20 日的会议上，争端解决机构成立专家组。阿根廷、澳大利亚、中国、厄瓜多尔、欧共体、危地马拉、日本、韩国、新西兰、中国台北和土耳其保留第三方权利。巴黎、加拿大、泰国和委内瑞拉随后表明保留第三

[①] 494 F. 3d 757, 9th Cir. 2007.

方权利。

2009 年 12 月 2 日，墨西哥请求总干事确定专家组的构成。

2009 年 12 月 14 日，总干事成立专家组。

2010 年 6 月 15 日，专家组主席通知争端解决机构，专家组报告预计将于 2011 年 2 月发布。

由于 Sivakant Tiwari 于 2010 年 7 月 26 日死亡，争议方在 2010 年 8 月 12 日对新的专家组成员人选达成一致意见。

2011 年 2 月 24 日，专家组主席通知争端解决机构，其预计在 2011 年 6 月 8 日发布最后的专家组报告。

2011 年 9 月 15 日，专家组报告发布。

3. 专家组报告概述

本案专家组指出本争议涉及如下措施：

(1) 美国法典第 16 章第 1385 节（《海豚保护消费者信息法》）（Dolphin Protection Consumer Information Act）；

(2) 联邦法规法典第 50 章第 216.91 节（东部热点太平洋海域通过大型围网渔船捕获的金枪鱼的海豚安全要求）；

(3) 美国第九巡回上诉法院关于"地球岛屿研究所诉霍格斯案"的判决。[①]

专家组首先考察关于美国海豚安全标签的规定是否构成 TBT 协定项下的技术法规。专家组认为，根据 TBT 协定附件 1 第 1 条规定的含义，该措施是强制性的，并且也构成 TBT 协定项下的技术法规。但是有一名专家组成员发表异议，其认为 TBT 协定附件 1 第 1 条并非强制性的。专家组随后考察墨西哥在 TBT 协定第 2.1 条、第 2.2 条和第 2.4 条项下的主张。

专家组否定墨西哥的第一项主张，其认为美国海豚安全标签的规定并没有对墨西哥的金枪鱼产品构成歧视，并且因此也并不违反 TBT 协定第 2.1 条。尽管认定墨西哥金枪鱼产品与源于美国和其他国家的金枪鱼产品构成 TBT 协定第 2.1 条规定的相似产品，但是在考察美国海豚安全标签的规定后，专家组得出结论认为，墨西哥金枪鱼产品并没有因为来源地的不同，而受到比美国和其他国家的相似产品更低的待遇。

---

① 494 F. 3d 757, 9th Cir. 2007.

针对墨西哥关于 TBT 协定第 2.2 条项下的主张，专家组认定墨西哥已经证明了对于实现合法性目标，即确保消费者不被金枪鱼产品是否以对海豚有害的方式捕获的错误信息所误解，通过不鼓励以伤害海豚的方式捕获金枪鱼而对海豚进行保护的必要性而言，以及在考察未能实现该合法性目标的风险情况下，美国海豚安全标签的规定更具有贸易限制性。专家组的结论基于如下两项认定：第一，美国海豚安全标签的规定只能部分地解决美国所追求的合法性目标；第二，墨西哥提供证据证明可采取更小限制性的替代性方案，并同时确保达到美国海豚安全标签规定的保护目标的相同水平。

针对 TBT 协定第 2.4 条项下墨西哥的主张，专家组认定美国海豚安全标签的规定并不违反"要求技术法规依据相关国际标准"的规定。尽管墨西哥提及的标准是为保护美国海豚安全目的的相关国际标准，并且美国并没有将这些措施作为基础，专家组得出结论该标准对实现美国的目标是不合适的或无效的。

专家组并不对 GATT 1994 项下的非歧视主张进行分析，并且因此对 GATT 1994 第 1.1 条和第 3.4 条相关的墨西哥的主张实施司法节制。

2011 年 10 月 31 日，墨西哥和美国要求争端解决机构依据 DSU 第 16.4 条的规定延长通过决定的时期。

在 2011 年 11 月 11 日的会议上，争端解决机构同意将在不迟于 2012 年 1 月 20 日之前通过专家组报告，除非争端解决机构一致决定不通过，或者墨西哥或美国通知争端解决机构将提起上诉。

（二）上诉机构报告审理概况

1. 上诉机构报告程序

2012 年 1 月 20 日，美国通知争端解决机构其将对专家组报告涉及的法律问题和专家组所做出的法律解释提请上诉。

2012 年 1 月 25 日，墨西哥通知争端解决机构其将对专家组报告涉及的法律问题和专家组所做出的法律解释提请上诉，并且墨西哥认为专家组不能依据 DSU 第 11 条对争议事项进行客观性评估。

2012 年 3 月 20 日，上诉机构主席通知争端解决机构其无法在 90 天内发布报告。上诉机构预期不迟于 2012 年 5 月 16 日发布上诉机构报告。

2012 年 5 月 16 日，上诉机构报告发布。

2. 上诉的法律问题

在专家组程序中，墨西哥的主张涉及《美国法典》第 16 章第 1385 节

(《海豚保护消费者信息法》)及其执行以及美国联邦上诉法院在"地球岛屿研究所诉霍格斯案"中的裁定。争议中的措施并没有要求所有在美国的金枪鱼产品的销售或进口使用"海豚安全"标签,措施的条件根据金枪鱼捕获地点或者其捕获的渔船类型与捕鱼方式的不同而有差异,但是金枪鱼产品通过"定位"海豚以捕获金枪鱼的方式(即通过追赶海豚或者在海豚附近布置渔网以抓捕在海豚附近的金枪鱼)无法获得美国的"海豚安全"标签。

3. 各方立场和抗辩概况

在上诉中,墨西哥认为与美国国内和其他国家的相似产品相比,美国的金枪鱼措施给予墨西哥金枪鱼及金枪鱼产品更低的待遇。

在上诉中,美国认为专家组在适用 TBT 协定第 2.2 条时出现错误。

在上诉中,墨西哥和美国分别就 TBT 协定第 2.4 条裁决提起上诉,美国认为《国际海豚保护项目协定》的海豚安全条款不构成"相关国际标准";墨西哥则认为专家组关于"墨西哥未能证明《国际海豚保护项目协定》是实现美国所追求目标的有效和适当方法"的认定是错误的。

4. 上诉机构主要法律分析

(1) 争议措施是否构成"技术法规"

"技术法规"术语及其定义规定如下:

1. 技术法规

规定强制执行的产品特征或其相关工艺和生产方法、包括适用的管理规定在内的文件。该文件还可包括或专门关于适用于产品、工艺或生产方法的专门术语、符号、包装、标志或标签要求。

针对争议措施是否构成"技术法规"的问题,上诉机构认定专家组在识别争议措施是否构成 TBT 协定附件 1 第 1 条意义上的"技术法规"的事项上并无错误。上诉机构指出,争议的措施由美国联邦机构的行政和规则行为所构成,并且包括管理性规定。上诉机构补充到,该措施产生单一的、具备法律属性的"海豚安全"金枪鱼产品的定义,并且不允许其他金枪鱼产品标签使用"海豚安全"术语。由此,美国措施规定了一个宽泛的、可穷尽的方式来决定金枪鱼产品是否满足"海豚安全"的条件。由此,上诉机构维持专家组将争议措施认定为"技术法规"的裁决。

(2) 争议措施是否违反 TBT 协定第 2.1 条

TBT 协定第 2.1 条规定如下：

> 各成员应保证在技术法规方面，给予源自任何成员领土进口的产品不低于其给予本国同类产品或来自任何其他国家同类产品的待遇。

证明某项措施违反 TBT 协定第 2.1 条需要证明三个内容：第一，争议措施构成 TBT 协定附件第 1.1 条的技术法规；第二，进口产品必须与来源于国内及其他国家的产品构成相似产品；第三，进口产品被给予低于国内及其他国家产品的待遇。由于墨西哥的上诉请求针对第三项要素，因此，上诉机构仅对第三项要素进行分析。

针对墨西哥关于 TBT 协定第 2.1 条的主张，上诉机构推翻了专家组关于美国"海豚安全"标签的规定与 TBT 协定第 2.1 条相符合的认定，并认为美国措施不符合 TBT 协定第 2.1 条。

首先，争议措施改变了美国市场的竞争关系，对墨西哥金枪鱼产品造成损害。由于美国的措施排除众多墨西哥的金枪鱼产品获得"海豚安全"标签，但又允许多数美国与其他国家的金枪鱼产品获得标签，上诉机构认为争议措施改变了美国市场的竞争条件，进而对墨西哥金枪鱼产品造成损害。

其次，对墨西哥金枪鱼产品的损害体现存在歧视。在考察专家组做出的事实性认定以及记录中双方无争议的事实后，上诉机构分析了该损害的影响是否排他性地根据合法的规制差异（legitimate regulatory distinction）而产生。特别是，上诉机构考察美国提出的获得"海豚安全"标签的不同条件是为"应对"在海洋的不同区域使用不同的捕鱼方法产生的风险。上诉机构指出，专家组关于定位海豚的捕鱼方法对海豚产生严重危害，并且该捕鱼方法具有伤害海豚的能力。同时，专家组认为其他捕鱼方法对海豚的风险也是显著的，并且在相同的情形下并不产生定位海豚的相同水平的风险。上诉机构进一步认为专家组的认定中，虽然美国措施减少了在东部热带太平洋海域定位海豚产生的消极影响，但是其并没有解决在其他海洋区域中使用定位海豚的捕鱼方法产生的海豚死亡率的问题。

由此，上诉机构认为，在解决不同海洋区域下的不同捕鱼方法产生的风险时，争议的措施并非衡平的（Calibration）。

（3）争议措施是否违反 TBT 协定第 2.2 条

TBT 协定第 2.2 条规定如下：

> 各成员应保证在技术法规的制定、采用或实施在目的或效果上均不得对国际贸易造成不必要的障碍。为此目的，技术法规对贸易的限制不得超过为实现合法目标所必需的限度，同时考虑合法目标未能实现可能造成的风险。此类合法目标特别包括：国家安全要求；防止欺诈行为；保护人类健康或安全、保护动物或植物的生命或健康及保护环境。在评估此类风险时，应考虑的相关因素特别包括：可获得的科学和技术信息、有关的加工技术或产品的预期最终用途。

本案上诉机构指出，判定特定技术法规对贸易的限制是否超过必要的限度，应考虑以下三个要素：第一，争议措施对实现合法性目标的贡献程度；第二，争议措施的贸易限制性程度；第三，合法性目标未能实现所可能造成的风险和后果。

针对 TBT 协定第 2.2 条项下的墨西哥主张的问题，上诉机构推翻了专家组关于墨西哥已经证明对实现美国合法性目标而言，美国"海豚安全"标签规定具有更高的贸易限制性的认定。上诉机构推理到，专家组采用了错误的方法对争议措施和墨西哥提出的替代性措施进行比较，并且指出替代性措施并不需要对美国的目标具有等价的贡献。基于此，上诉机构推翻了专家组关于争议措施不符合 TBT 协定第 2.2 条的规定。

上诉机构否定墨西哥关于专家组错误地认定美国海豚保护目标构成合法性目标，以及专家组错误地在认定争议措施仅能够部分地实现美国目标之后再考察是否存在更小贸易限制性的替代性措施的主张。

（4）争议措施是否违反 TBT 协定第 2.4 条

TBT 协定第 2.4 条规定如下：

> 如需制定技术法规，而有关国际标准已经存在或即将拟就，则各成员应使用这些国际标准或其中的相关部分作为其技术法规的基础，除非这些国际标准或其中的相关部分对达到其追求的合法目标无效或不适当，例如由于基本气候因素或地理因素或基本技术问题。

上诉机构同意专家组的结论，即美国争议中的措施符合 TBT 协定第 2.4 条。然而，上诉机构推翻了专家组关于"海豚安全"的定义与《国际海豚保护项目协定》框架下的认证构成 TBT 协定第 2.4 条项下的"相关国际标准"的认定。特别是，上诉机构得出结论认为，基于新的成员方仅需要邀请即可加入，专家组认定《国际海豚保护项目协定》对"相关国家机构是开放的，并因此构成 TBT 协定第 2.4 条下的国际标准化组织"是错误的。根据 TBT 委员会的解释，必须向 WTO 全体成员开放的标准，才是国际标准。

（5）其他诉请

上诉机构认定专家组在 GATT 1994 第 1.1 条和第 3.4 条项下行使司法节制的做法不符合 DSU 第 11 条。

在 2012 年 6 月 13 日的会议上，争端解决机构通过了上诉机构报告以及经上诉机构报告修改的专家组报告。

5. 上诉机构审定与结论

本案上诉机构做出如下认定：

（1）认定专家组将争议措施识别为 TBT 协定附件 1 第 1 条下的"技术法规"并没有错误；

（2）认定专家组错误地对 TBT 协定第 2.1 条规定的"更低待遇"术语进行条约解释和适用，并因此推翻专家组报告第 7.374 段和第 8.1（a）段中关于美国"海豚安全"标签的规定与 TBT 协定第 2.1 条相符的认定。因此，上诉机构认定美国"海豚安全"标签的规定与 TBT 协定第 2.1 条不相符合；

（3）认定专家组在第 7.620 段和第 8.1（b）段"针对实现美国合法性目标的必要性而言，在考察目标不能实现的风险前提下，墨西哥已证明争议措施具有更高的限制性的主张"是错误的，并因此推翻专家组关于争议措施不符合 TBT 协定第 2.2 条的认定；

（4）拒绝墨西哥关于专家组错误地认为美国"通过确保美国市场不鼓励使用对海豚具有负面影响的捕获方式以保护海豚"的目标不构成 TBT 协定第 2.2 条项下的合法性目标的主张；

（5）拒绝墨西哥因专家组认定争议措施不能完全实现目标而提请认定争议措施与 TBT 协定第 2.2 条不符的请求；

（6）推翻专家组报告第 7.707 段关于《国际海豚保护项目协定》框架下的认证构成 TBT 协定第 2.4 条项下的"相关国际标准"的认定，特别是推翻上诉机构的海豚安全定义和认证"构成 TBT 协定第 2.4 条项下的"相关国际标准"的认定，并以此推翻专家组报告第 8.1（c）段的认定；

（7）认定专家组在墨西哥依据 GATT 1994 第 1.1 条和第 3.4 条主张行使司法节制的问题上的做法与 DSU 第 11 条不符。

（三）执行阶段情况

1. 合理的时间期限

在 2012 年 6 月 25 日的争端解决机构会议上，美国主张其需要一段合理的时期用以执行争端解决机构的建议和裁定。

2012 年 9 月 17 日，美国和墨西哥通知争端解决机构其达成合意，美国同意在 13 个月内执行争端解决机构的建议，该合理的时间期限为 2013 年 7 月 13 日之前。

2. DSB 通过的报告的执行

在 2013 年 7 月 23 日的争端解决机构会议上，美国指出其于 2013 年 7 月 13 日已对特定海豚安全标签的要求进行修改，以使上述要求符合争端解决机构的建议和裁定。美国的修改措施符合在合理的时间期限内履行争端解决机构的建议和裁定。

2013 年 8 月 2 日，墨西哥和美国通知争端解决机构，其根据 DSU 第 21 条和第 22 条达成合意。

三 笔者对本案的评析

1. 在本案中，上诉机构裁定专家组实施了错误的司法节制，因而也违反了其在 DSU 第 11 条的义务。

上诉机构在先前的案子中指出，对于同一个法律问题，如果其中一个或几个证据已经证明违法，则可以对其他实行司法节制。在本案中，TBT 协定与 GATT 1994 有不同的规定与适用范围，已被证明违反 TBT 协定的措施，不能推论也违反 GATT 1994 的有关条款。因此，专家组实施了错误的司法节制，对于违反 GATT 1994 条款未予考察和分析。上诉机构在先前的判例中指出"如果专家组不是部分地解决某项纠纷，可以不用对每一项诉求作出裁定"。① 但是，本

---

① Regarding judicial economy, noting that panels may refrain from ruling on every claim, as long as it does not lead to a "partial resolution of the matter."

案中专家组对 GATT 1994 第 1 条和第 3 条实施司法节制是假设 TBT 协定第 2.1 条与 GATT 1994 第 1 条和第 3 条的实体义务是一致的。上诉机构指出，这种假设是错误的。TBT 协定和 GATT 1994 的相关条款在范围和内容上是不一样的。如果上诉机构不同意专家组对 TBT 协定条款的认定，专家组也应该对 GATT 1994 的一致性做出认定。①

2. 计算"低于"的待遇的时间点：是在措施公布时，还是措施公布十几年以后出现争议的时候？

在 1990 年公布涉案措施时，美国也在 EPT 使用围网捕获金枪鱼的方法，并且捕捞海域与今天的墨西哥船队一样，因而，美国捕获的金枪鱼也不能贴上海豚安全标签。因此，那时候美国没有对墨西哥的金枪鱼给予"低于"美国金枪鱼的待遇。后来技术改进了，美国放弃了对海豚威胁比较大的围网捕获金枪鱼的船队，并且在 EPT 东太平洋海域捕鱼活动减少。有的当事方在口头听证会上也提出一个问题，是鼓励技术先进的对海豚保护水平提高的捕鱼方法，还是鼓励落后的捕鱼方式？技术更新、淘汰老渔船，谁来埋单？这是值得研究的问题。

3. 国际标准组织和国际标准

（1） AIDCP 的 dolphin‐safe 条款是否构成有关国际标准？

对此，专家组分析了"国际标准"、"有关"两个因素。

① 国际标准。

TBT 协定对国际标准没有定义，但 ISO/IEC 指南 2 对国际标准有界定。根据 TBT 协定附件 1，其应具有相同含义，即"国际标准化/标准组织通过并对公众公开的标准"。专家组认为该含义包括三个要件：第一，存在一项标准；第二，这项标准被国际标准化/标准组织通过；第三，此标准对公众公开。②基于此，专家组对 AIDCP 标准进行了审查。

关于"标准"，专家组认为根据 TBT 协定附件 1.2 和 ISO/IEC 指南 2 的定义，应审查 AIDCP 的 dolphin‐safe 条款是否构成"经公认机构批准的、规定非强制执行的、供通用或重复使用的产品或相关工艺和生产方法的规则、指南或

---

① AB Report, United States—Measures Concerning the Importation, Marketing and Sale of Tuna and Tuna Products, para. 406.
② 专家组报告，《美国涉及金枪鱼和金枪鱼产品的进口、营销和销售相关的措施》，第 7.664 段。

特性的文件",并最终得出了其构成 TBT 协定第 2.4 条中的标准的结论。

关于"国际",专家组认为 AIDCP 是一项国际协定,尽管其没有建立机构和机关,但缔约方通过整体行动实现其目标,而且,AIDCP 项目事实上得到了美洲热带金枪鱼委员会(IATTC)的支持,为其提供了秘书处,因此,在 IATTC 机构框架内活动的 AIDCP 成员国构成了一个组织。由此可见,AIDCP 在标准化领域有公认的活动,构成了标准化机构,其成员资格以非歧视的方式向相关机构开放,属于 TBT 协定第 2.4 条中的国际标准化组织。

此外,AIDCP 的 dolphin-safe 条款也满足对公众公开的要求。

②美国的标签要求与 AIDCP 是否有关?专家组忆及上诉机构在"欧共体沙丁鱼案"中同意的"有关"的通常含义,认为应当确定 AIDCP 的 dolphin-safe 定义和证明其是否"bear upon, relate to, or are pertinent to"美国的 dolphin-safe 标签规定。专家组认识到二者均涉及相同产品,目的是界定 dolphin-safe 的金枪鱼产品及其捕猎方法(通过标签要求)。鉴于美国的措施是根据地区和捕鱼方法的不同进行监管分类,AIDCP 是基于地区,且 AIDCP 规制了美国禁止在围网捕捉海豚(setting on dolphins)方法上设置 dolphin-safe 标签的做法,二者是有关的。此外,相关文件的规定也表明二者有关。

(2)美国 dolphin-safe 标签措施是否以 AIDCP 标准作为基础?

专家组忆及上诉机构在"欧共体沙丁鱼案"中的结论,一个事情不可能被作为与其相冲突的事情的基础。鉴于美国法院明确声明美国偏离了 AIDCP 标准,并明确拒绝采用该标准,专家组认定美国 dolphin-safe 标签措施没有将 AIDCP 标准作为基础。

(3)AIDCP 标准对实现美国追求的合法目标是否无效或不适当?

专家组引用"欧共体沙丁鱼案"专家组的结论,认为该条中的有效代表措施的结果更多地与措施的性质有关。专家组认识到美国的目标不限于 ETP,而 AIDCP 标准则只解决 ETP 地区的捕鱼问题,其不可能帮助美国实现其对 ETP 之外的地区的目标。尽管如此,专家组还是就 AIDCP 标准对实现美国在 ETP 地区追求的合法目标的有效性和适当性进行了分析。

专家组认为,AIDCP 标准仅仅解决了在捕获金枪鱼中对海豚造成的死亡或严重伤害,不涉及"设置在海豚上的"(setting on dolphins)方法对海豚产生的其他不利影响,其标签不能向消费者传递海豚是否被追逐或存在未被观察到的潜在后果等信息,因而对实现美国确保消费者不因误导或欺骗而购买以对海豚不利的方式捕获的金枪鱼的目标不是有效或适当的。对于美国保护海豚这一目标，专家组认为 AIDCP 标准有助于减少 ETP 地区的海豚在"设置在海豚上的"捕鱼方法中的死亡，但未能解决未观察到的对海豚的不利影响，包括反复追逐、围困海豚等。

鉴于此，专家组认为墨西哥没有证明 AIDCP 的 dolphin－safe 标准是实现美国保护海豚目标的有效和适当方式，美国的措施并非与 TBT 协定第 2.4 条不一致。

关于 AIDCP 是否 TBT 协定所指的国际标准的问题。上诉机构分析指出，TBT 协定未定义国际标准和国际机构。在附件 1.2 解释中指出"国际标准是由国际标准化机构一致通过的，该国际标准化机构是对外开放的。上诉机构指出，国际标准化机构必须是对 WTO 所有成员的有关机构开放的"。[①]

上诉机构根据《维也纳条约法公约》第 31.3（a）条分析认为，TBT 委员会的决定是 WTO 全体成员一致同意的，符合嗣后协议（subsequent agreement），可以解释 TBT 协定附件 1.4 的"开放"（open）和"被承认的标准化"（the concept of recognized activities in standardization）[②]。TBT 协定前言也确定了鼓励发展国际标准。另外，TBT 也强调了国际标准化的广泛参与性和透明度。上诉机构分析，本案中的 AIDCP 不是由广泛承认的国际标准化机构制定的标准。参加 AIDCP 需要经过邀请，因其未开放给 WTO 全体成员，因此 AIDCP 不是 TBT 协定第 2.4 条所指的有关的国际标准化机构，其指定的标准也不是被广泛承认的国际标准。[③]

四 本案涉及的主要条款

（一）TBT 协定第 2.1 条

各成员应保证在技术法规方面，给予源自任何成员领土进口的产品不低于其给予本国同类产品或来自任何其他国家同类产品的待遇。

[①] AB Report, United States—Measures Concerning the Importation, Marketing and Sale of Tuna and Tuna Products, paras. 355–359, paras. 360–365.
[②] AB Report, United States—Measures Concerning the Importation, Marketing and Sale of Tuna and Tuna Products, paras. 366–372.
[③] AB Report, United States—Measures Concerning the Importation, Marketing and Sale of Tuna and Tuna Products, paras. 397–398.

（二）TBT 协定第 2.2 条

各成员应保证在技术法规的制定、采用或实施在目的或效果上均不得对国际贸易造成不必要的障碍。为此目的，技术法规对贸易的限制不得超过为实现合法目标所必需的限度，同时考虑合法目标未能实现可能造成的风险。此类合法目标特别包括：国家安全要求；防止欺诈行为；保护人类健康或安全、保护动物或植物的生命或健康及保护环境。在评估此类风险时，应考虑的相关因素特别包括：可获得的科学和技术信息、有关的加工技术或产品的预期最终用途。

（三）TBT 协定第 2.4 条

如需制定技术法规，而有关国际标准已经存在或即将拟就，则各成员应使用这些国际标准或其中的相关部分作为其技术法规的基础，除非这些国际标准或其中的相关部分对达到其追求的合法目标无效或不适当，例如由于基本气候因素或地理因素或基本技术问题。

（四）TBT 协定附件 1 第 1 条　技术法规

规定强制执行的产品特征或其相关工艺和生产方法、包括适用的管理规定在内的文件。该文件还可包括或专门关于适用于产品、工艺或生产方法的专门术语、符号、包装、标志或标签要求。

案例 8　墨西哥诉美国关于进口、推销、销售金枪鱼及金枪鱼制品的措施遵守裁决争议案（WT/DS381/AB/R）

一　案件基本情况

1. 案名
墨西哥诉美国关于进口、推销、销售金枪鱼及金枪鱼制品的措施遵守裁决争议案

2. 案号
WT/DS381/AB/R

3. 申诉方、被诉方、第三方
申诉方：美国

被诉方：墨西哥

第三方：澳大利亚、加拿大、中国、欧共体、危地马拉、日本、韩国、新西兰、挪威、泰国

4. 案件进度
2013 年 11 月 14 日墨西哥申请成立执行专家组

2015 年 4 月 14 日发布执行专家组报告

2015 年 6 月 5 日、2015 年 6 月 10 日美国、墨西哥先后对执行专家组报告进行上诉

2015 年 11 月 20 日发布执行上诉机构报告

5. 争议条款
TBT 协定第 2.1 条

GATT 1994 第 1.1 条和第 3 条

6. 法官名称

上诉机构法官：Shree Baboo Chekitan Servansing（首席法官）、张月姣、Ujal Singh Bhatia

二 案件背景情况

（一）DSU 第 21.5 条遵守程序概况

2013 年 11 月 14 日，墨西哥申请成立遵守裁决争议解决专家组。

在 2013 年 11 月 25 日的会议上，争端解决机构授权成立专家组。

在 2014 年 1 月 22 日的会议上，争端解决机构同意若可行，将墨西哥提请的事项交于原先专家组进行裁决。加拿大、中国、欧盟、危地马拉、日本、韩国、挪威和泰国保留第三方权利。随后，澳大利亚和新西兰保留第三方权利。

2014 年 1 月 27 日，专家组成立。

2014 年 4 月 16 日，专家组主席通知争端解决机构预计将于 2014 年 12 月发布最后的专家组报告。

2015 年 1 月 28 日，专家组主席通知争端解决机构 2015 年 1 月 30 日发布最后的专家组报告。

2015 年 4 月 14 日，专家组报告发布。

2015 年 6 月 5 日上诉通知。

2015 年 11 月 20 日，上诉机构报告通过。

（二）涉案措施

墨西哥认为美国修改的金枪鱼措施并不符合 WTO 协定的规定，具体而言，其违反了 TBT 协定第 2.1 条、GATT 1994 第 1.1 条和第 3 条。

美国认为其修改的金枪鱼措施符合原先程序中 DSB 的裁决和建议。同时，美国认为墨西哥的特定申诉在专家组的职权范围之外，因为相关申诉与原先程序中的主张并无差别。

（三）专家组审理概况

1. 与遵守裁定相关的法律争议

为应对专家组和上诉机构提出的意见，美国修改了其原先金枪鱼措施中的特定部分的法规。不论在何处捕获以及捕鱼渔船属于哪国国籍，该修正要求所有向美国进口的金枪鱼应具有"海豚安全"认证。该认证表明：第一，在金枪鱼的捕获过程中，不存在故意定位海豚的渔网；第二，在金枪鱼的捕获过程中，并没有海豚被杀害或者严重受伤的情况。然而，其他文件、最终认证要求仍根据金枪鱼捕获的场所的不同而有差异。进一步地，该措施继续阻止通过定位海豚捕获金枪鱼的产品获得"海豚安全"标签。修改的法规以及上述未修改的立法（《海豚保护消费者信息法》）、美国联邦巡回法院关于"地球岛屿研究所诉霍格斯案"的判决被视为"经修改的金枪鱼措施"。

墨西哥主张经修改的金枪鱼措施未能符合WTO协定下的义务，特别是经修改的金枪鱼措施违反了如下条款：TBT协定第2.1条、GATT 1994第1.1条、GATT 1994第3条。

美国主张经修改的金枪鱼措施符合先前争端解决机构的裁决和建议。进一步地，美国主张墨西哥的特定主张超出了专家组的职权范围，因为争议措施与原先程序并未要求改变相关的措施。

2. 关于TBT协定第2.1条的认定

专家组否定墨西哥关于经修改的金枪鱼措施不符合TBT协定第2.1条的主张，因为美国阻止定位海豚而捕获的金枪鱼获得"海豚安全"标签。专家组认为该措施对墨西哥金枪鱼产品和美国金枪鱼产品的竞争性条件产生严重影响。然而，在该专家组看来，上诉机构在原先程序中已经裁定定位海豚与其他捕鱼方法所造成的不同损害能够将美国对不同产品的差异待遇决定正当化。在专家组看来，墨西哥提交的新材料并不质疑上诉机构的结论。

专家组进而回溯先前上诉机构基于依据捕获位置而对特定金枪鱼施加歧视性的责任，进而金枪鱼措施不符合TBT协定第2.1条的认定。专家组由此转向考察该歧视性是否在修改后的金枪鱼措施中已经消除。

专家组同意墨西哥关于经修改的金枪鱼措施仍与TBT协定第2.1条不符合的观点，因为不同的认证、追踪和证实要求依据金枪鱼所捕获的场所而不同。这些差异事实上构成对墨西哥金枪鱼的歧视性待遇，并且墨西哥金枪鱼产品面对在其他国家捕获的金枪鱼产品无须额外责任。特别是，在东部热带太平洋海域中使用大规模围网技术的捕鱼业（其中，多数渔船为墨西哥籍）为获得海豚安全的标签，需要船长和独立观察员（independent observer）证明在捕获金枪鱼的同时并未伤害海豚；而其他捕鱼业捕获的金枪鱼只要求船长的证明。进一步地，在东部热带太平洋海域中使用大规模围网技术的捕鱼业中，追踪和认证要求比施加于其他捕鱼业的要求更为繁杂。

专家组认定该差异修改了竞争条件进而对墨西哥金枪鱼和金枪鱼产品造成了损害。同时，专家组得出结论：该损害并非排他性地来源于合法的规制差异，并且也非衡平的。在专家组看来，美国并没有承担为何差异性的规制要求与实现保护海豚和提供消费者准确信息的公共目标是相关的或者是可被正当化的解释责任。

一位专家组成员不同意因为在东部热带太平洋海域中使用大规模围网技术的捕鱼业需要独立观察员的认证而其他捕鱼业不需要这一原因，而认定经修改的金枪鱼措施违反 TBT 协定第 2.1 条。该成员认为，该区分是因为比起其他捕鱼方法，定位海豚的方法对海豚产生更高程度的受伤风险。然而，该成员同意不同的追踪和认证要求违反 TBT 协定第 2.1 条。

3. 关于 GATT 1994 第 1.1 条的认定

"遵守程序"专家组认定在东部热带太平洋海域中使用大规模围网技术的捕鱼业中，获得"海豚安全"标签的经修改的金枪鱼措施的特定额外要求并没有被施加于其他捕鱼业。因此，"遵守程序"专家组认定该措施不符合 GATT 1994 第 1.1 条。

4. 关于 GATT 1994 第 3.4 条的认定

"遵守程序"专家组认定经修改的金枪鱼措施改变了美国市场的竞争条件，进而对墨西哥金枪鱼和金枪鱼产品造成损害。该措施拒绝定位海豚的方法、墨西哥的原始捕鱼方法，获得"海豚安全"标签，并且其施加在东部热带太平洋海域中的使用大规模围网技术围捕金枪鱼程序的证明、追踪和认证要求比其他海域的责任更重，而该地区的渔船主要是墨西哥的渔船。相应地，该措施与 GATT 1994 第 3.4 条不符。

5. 美国依据 GATT 1994 第 20 条第（b）项和第（g）项的抗辩

美国主张如果其经修改的金枪鱼措施不符合 GATT 1994 的规定，可以援用第 20 条第（b）项和第（g）项将该措施正当化。

"遵守程序"专家组同意美国关于阻止定位海豚捕获金枪鱼有可能符合 GATT 1994 第 20 条第（g）项，并且并未以构成恣意的或不合理的歧视或对贸易构成变相歧视的方式适用的观点。因此，经修改的金枪鱼措施可以满足第 20 条第（g）项与序言。"遵守程序"专家组同意美国的观点，认为不同的认证要求与第 20 条第（g）项的保护"相关"。然而，"遵守程序"专家组认为该要求是以恣意的歧视方式做出的，进而违反序言的规定。一个专家组成员持有异议，认为不同的认证要求符合序言要求。

最后，"遵守程序"专家组认为不同的追踪和认证要求与第 20 条第（g）项的保护"相关"。然而，"遵守程序"专家组认为该要求是以构成恣意的或不合理的歧视方式做出的，并且相应地，不符合第 20 条的序言。

同时，"遵守程序"专家组对美国在第 20 条第（b）项的抗辩行使司法节制，因为其对解决该争议的条件不是必要的。

（三）上诉机构审理概况

1. 遵守上诉程序

2015 年 6 月 5 日，美国通知争端解决机构对"遵守程序"专家组报告所决定的特定法律问题提起上诉。

2015 年 6 月 10 日，墨西哥对相同的争议提起上诉。

2015 年 8 月 3 日，根据 DSU 第 17.5 条规定的 60 天发布期的规定，遵守上诉机构通知争端解决机构预计将不迟于 2015 年 11 月 20 日前发布遵守上诉机构报告。

2015 年 11 月 20 日，上诉机构报告发布。

2. 上诉机构报告内容概述

（1）上诉的法律问题

该上诉程序涉及确定金枪鱼产品能否获得"海豚安全"标签的美国体系。经修改的金枪鱼措施包括三种类型的标签规定：

"资格标准"（免除定位海豚捕获的金枪鱼产品获得海豚安全标签的资格，以及授予使用其他捕鱼措施捕获的金枪鱼产品标签的资格）；

"认证要求"（要求在东部热带太平洋海域中使用大规模围网技术的捕鱼作业中，获得海豚安全地位的金枪鱼的认证需要获得船长和独立观察员的认证，而其他低于这一标准的捕鱼业则只需要获得船长的认证）；

"追踪和证实要求"（在整个加工过程中，要求金枪鱼产品具备特定的表明海豚安全的文件，进而与获得非海豚安全的金枪鱼产品相区别）；

"认证要求"也包括"认可规定"（determination provisions），即当符合特定条件时，美国国家海洋渔业局助理管理人员可能要求获得海豚安全地位的金枪鱼的独立观察员的认证，即使其在东部热带太平洋海域外捕鱼。

（2）各方立场和抗辩情况

在上诉中，美国认为专家组关于"认证要求"、"追踪和正式要求"违反

TBT 协定第 2.1 条、GATT 1994 第 1.1 条和第 3.4 条，且不能被 GATT 1994 第 20 条序言所正当化的认定是错误的。专家组同时认定"资格标准"措施符合 TBT 协定第 2.1 条，且该措施虽然不符合 GATT 1994 第 1.1 条和第 3.4 条，但是能被第 20 条的序言所正当化。

在上诉中，墨西哥认为专家组错误地对经修改的措施的不同要素分别地进行分析，而并非将上述措施作为一个整体进行分析。

（3）上诉主要法律问题

上诉机构强调专家组对争议措施进行分别分析，并对经修改的金枪鱼措施中的"资格标准"、"认证要求"、"追踪和证实要求"分别进行认定，而并未对上述要素具备相互关联性的前提进行分析。上诉机构拒绝对该方法的抽象结果进行认定，相反地，其将对上诉中争议方的具体上诉进行分析，考察专家组的这种分别的、割裂的分析是否构成法律错误。

3.1 关于 TBT 协定第 2.1 条的认定

TBT 协定第 2.1 条规定如下：

> 各成员应保证在技术法规方面，给予源自任何成员领土进口的产品不低于其给予本国同类产品或来自任何其他国家同类产品的待遇。

针对经修改的金枪鱼措施是否对墨西哥金枪鱼产品产生严重影响这一问题，上诉机构认定专家组的分析有错误，具体如下：①在经修改的金枪鱼措施下采用对任一标签条件的单独分析，而并没有评估该标签条件整体影响墨西哥金枪鱼产品在美国市场的竞争条件；②仅集中于对相似产品的一组类别的认证、追踪和证实要求进行分析。

针对墨西哥金枪鱼产品的严重影响是否排他性地源于合法的规制差异的问题，上诉机构认为专家组在其法律标准上是错误的。另外，上诉机构认定，专家组错误地将测试适用于争议措施中，具体如下：①重新对上诉机构假定（supposed）的资格标准是衡平的且符合 TBT 协定第 2.1 条进行"认定"；并且②未能考察不同捕鱼业对海豚损害的相对风险的差异是否能够解释或将不同的认证要求正当化，以及是否能够解释或将东部热带太平洋海域内外的追踪和证实要求正当化。

基于此，上诉机构推翻了专家组关于"资格标准"并未给予墨西哥金枪鱼产品比其他相似产品"更低"的待遇,并因此符合 TBT 协定第 2.1 条的认定。同时,上诉机构也推翻了"认证要求"和"追踪和证实要求"并未给予墨西哥金枪鱼产品比其他相似产品"更低"的待遇,并因此符合 TBT 协定第 2.1 条的认定。

上诉机构进而继续完成法律分析,并认定通过不给予多数墨西哥金枪鱼产品以海豚安全标签,且给予从美国和其他国家进口的相似产品获得海豚安全标签的机会,经修改的金枪鱼措施改变了竞争条件,进而损害了墨西哥金枪鱼产品在美国市场中的利益。由于专家组未对东部热带太平洋海域内外海豚面临的风险进行评估,上诉机构无法完全评估所有的经修改后的金枪鱼措施的规制差异是否可以解释并将不同的捕鱼业对海豚造成的相对风险的差异正当化。然而,上诉机构能够认定"'认可规定'并未规定在所有相对高风险的情况下使用观察员认证",并且因此不符合美国措施的目标。由此,上诉机构认定经修改的措施与 TBT 协定第 2.1 条不符。

3.2 关于 GATT 1994 第 1.1 条、第 3.4 条和第 20 条的认定

GATT 1994 第 1.1 条规定如下:

> 在对进口或出口、有关进口或出口或对进口货出口产品的国际支付转移所征收的关税和费用方面,在征收此类关税和费用的方法方面,在有关进口和出口的全部规章手续方面,以及在第 3.2 条和第 4 条所指的所有事项方面,任何缔约方给予来自或运往任何其他国家任何产品的利益、优惠、特权或豁免应立即无条件地给予来自或运往所有其他缔约方领土的同类产品。

GATT 1994 第 3.4 条规定如下:

> 任何缔约方领土的产品进口至任何其他缔约方领土时,在有关影响其国内销售、标价出售、购买、运输、分销或使用的所有法律、法规和规定方面,所享有的待遇不得低于同类国产品所享有的待遇。

针对经修改的金枪鱼措施与 GATT 1994 第 1.1 条和第 3.4 条的一致性问题,上诉机构认为专家组的分析有错误,具体如下:①在经修改的金枪鱼措施下采

用对任一标签条件的单独分析,而并没有评估该标签条件整体影响墨西哥金枪鱼产品在美国市场的竞争条件;②仅集中对相似产品的一组类别组的认证、追踪和证实要求进行分析。因此,上诉机构推翻专家组关于上述三个要求与GATT 1994 第1.1 条、第3.4 条不符的认定。

GATT 1994 第20（b）条、第20（g）条规定如下：

> 在遵守关于此类措施的实施不在情形相同的国家之间构成任意或不合理歧视的手段或构成对国际贸易的变相限制的要求前提下,本协定的任何规定不得解释为阻止任何缔约方采取或实施以下措施：
> （b）为保护人类、动物或植物的生命或健康所必要的措施；
> （g）与保护可用尽的自然资源有关的措施,如此类措施与限制国内生产或消费一同实施。

针对GATT 1994 第20 条序言的认定,上诉机构关注专家组关于相关条件是不是"相似的"推理,包括相关条件在资格标准中并不相同,但是却在认证需要中是相同的。上诉机构认定专家组在阐述法律标准中并没有错误,专家组的阐述依赖于TBT协定第2.1 条的分析推理的要素。然而,基于认定专家组对与严重损害是否排他性地来源于合法性规制差异的错误分析相似的理由（见第162 页上诉机构的认定）,上诉机构认为专家组对第20 条序言的认定是错误的,并且因此推翻专家组关于资格标准符合序言的认定,以及专家组关于不同的认证要求与追踪、证实要求不符合序言的认定。

为完成GATT 1994 项下的法律分析,上诉机构认定经修改的金枪鱼措施改变了竞争条件,并且因此对墨西哥金枪鱼产品造成损害,因而该措施不符合GATT 1994 第1.1 条和第3.4 条。

针对GATT 1994 第20 条的分析,"遵守程序"专家组认定海豚构成"可耗竭自然资源",并且双方并未对经修改的金枪鱼措施的不同要求在GATT 1994 第20（g）条进行正当化的事项进行上诉。为了完成对序言的分析,首先看该措施的实施是否在情形相同的国家间构成上诉机构认定国家间事实的相关情形,即从金枪鱼捕鱼实践中产生的对海豚伤害的风险对于第20 条序言的目的是否相同。由于专家组缺乏对在东部热带太平洋海域内外海豚面临的风险的评估,上诉机构无法完成法律分析。不能认定经修改的措施的歧视性问题能否被不同捕鱼业对海豚造成的不同风险所解释与正当化。然而，上诉机构能够完成对修改措施中的"认可规定"设计的法律分析。特别是，上诉机构能够认定"认可规定"并未规定在所有相对高风险的情况下使用观察员认证，并且在东部热带太平洋海域内外也未规定采取不同的追踪和证实要求。因此，上诉机构认定经修改的措施的适用是不符合第 20 条序言的。

本案上诉机构注意到 GATT 1994 第 20 条序言和 TBT 协定第 2.1 条之间的"相似性和差异性"，同时，该案上诉机构指出，由于条款间存在相似性和差异性，从一个协定中发展出来的推理能够有助于理解其他协定的相关条款的含义。① 当然，由于 TBT 协定对例外情形规定得更为宽松，包括更开放的合法性目标，因此，当前更多的争议方及诉讼团队倾向于使用 TBT 协定为其贸易限制措施正当化。

在 2015 年 12 月 3 日的会议上，争端解决机构通过关于第 21.5 条的上诉机构报告，以及经上诉机构报告修改的"遵守程序"专家组报告。

（4）上诉机构的意见与裁定

本案上诉机构认定如下：

①针对 TBT 协定第 2.1 条，

a. 在认定专家组关于经修改的金枪鱼措施是否改变竞争条件进而损害墨西哥金枪鱼产品在美国市场的利益的分析上，专家组错误地适用 TBT 协定第 2.1 条；

b. 认定美国并未完成专家组在评估经修改的金枪鱼措施是否排他性地来源于合法的规制差异时，错误地阐述相关法律标准的证明责任；

c. 认定专家组错误地判断在原先程序中，上诉机构已经解决了"资格标准"是否衡平的问题；

d. 认定专家组在分析"认证要求、追踪与证实要求"的损害影响是否排他性地来源于合法的规制差异的分析上，专家组错误地适用 TBT 协定第 2.1 条；

e. 认定美国并未完成专家组在"认可规定"是否衡平的问题上进行错误评估的证明责任；

---

① See Appellate Body Report, United States – Measures Concerning the Importation, Marketing and Sale of Tuna and Tuna Products Recourse to Article 21.5 of the DSU by Mexico, WT/DS381/AB/RW, paras. 7.345 – 7.348.

f. 认定墨西哥和美国都未能证明在分析"资格标准"和"认证条件"与TBT协定第2.1条一致性的分析上,专家组未满足DSU第11条的客观性评估义务的证明责任;

g. 推翻专家组报告第8.2.a段,即"与美国和其他国家的相似产品相比,'资格标准'并未给予墨西哥金枪鱼产品更低的待遇,并因此与TBT协定第2.1条相符"的认定,并且推翻专家组报告第8.2.b段和第8.2.c段的单独认定,即"与美国和其他国家的相似产品相比,不同的'认证条件'和不同的'追踪、证实条件'分别给予墨西哥金枪鱼产品更低的待遇,并因此违反TBT协定第2.1条"的认定;并

h. 完成法律分析并认定:经修改的金枪鱼措施改变竞争条件,进而损害墨西哥金枪鱼产品在美国市场上的利益;该损害的影响并非排他性地来源于合法的规制差异;并且,与美国和其他国家的相似产品相比,经修改的金枪鱼措施给予墨西哥金枪鱼产品更低的待遇,因此违反TBT协定第2.1条。

②针对GATT 1994第1.1条、第3.4条,

a. 在认定专家组在分析经修改的金枪鱼措施是否对其他国家的金枪鱼产品提供的"利益、优惠、特权或豁免"并没有"立即地和无条件的"给予墨西哥的相似产品的问题上,对第1.1条进行错误的适用;并且认定专家组在"分析与本国国内相似产品相比,上述措施是否对墨西哥金枪鱼产品造成更低的待遇"的问题上,对第3.4条进行错误的适用;并且

b. 推翻专家组报告第8.3段的单独分析,即"资格标准"、不同的"认证要求"以及不同的"追踪与证实要求"与GATT 1994第1.1条和第3.4条不符;

③针对GATT 1994第20条序言,

a. 认定专家组在分析"资格标准"、不同的"认证要求"以及不同的"追踪与证实要求"是否在情形相同的国家间以恣意的或不合理的歧视方式适用的问题上,对第20条序言进行错误的适用;并且

b. 推翻专家组报告第8.5.a段,即"资格标准"以符合第20条序言的方式进行适用;推翻专家组报告第8.5.b段和第8.5.c段,即不同的"认证要求"和不同的"追踪、证实要求"以不满足第20条序言的方式进行适用;并且

c. 完成法律分析并认定:经修改的金枪鱼措施不符合GATT 1994第1.1

条、第 3.4 条；并且认定美国并未完成"经修改的金枪鱼措施并非以恣意的或不合理的歧视方式进行适用的"这一问题的证明责任，因此，经修改的金枪鱼措施不能被 GATT 1994 第 20 条所正当化。

（四）关于 DSU 第 22 条的救济程序

2016 年 3 月 10 日，墨西哥寻求争端解决机构的授权，进而根据 DSU 第 22 条终止减让或其他义务。

2016 年 3 月 22 日，美国反对终止减让或履行其他义务的要求，并根据 DSU 第 22.6 条提起仲裁。

在 2016 年 3 月 23 日的争端解决机构会议上，双方同意根据 DSU 第 22.6 条提交仲裁。

随后，欧盟、加拿大、巴西保留仲裁的第三方权利。

（五）遵守程序

1. 美国提起的遵守程序

2016 年 4 月 11 日，美国要求建立"遵守程序"专家组，其认为 2016 年 3 月 22 日的规则已经使得海豚安全措施符合争端解决机构的建议、TBT 协定与 GATT 1994。

在 2016 年 4 月 22 日的会议上，争端解决机构授权建立"遵守程序"专家组。

2016 年 3 月 9 日的会议上，根据 DSU 第 21.5 条的规定，争端解决机构同意如果可能，将该争议提交最初的专家组。

2016 年 3 月 27 日，新的主席进驻"遵守程序"专家组。

2016 年 11 月 18 日，"遵守程序"专家组主席通知争端解决机构预计将在 2017 年 5 月中旬发布最终的报告。

2. 由墨西哥第二次提出的遵守程序

2016 年 5 月 13 日，墨西哥请求根据 DSU 第 21.5 条提起磋商。

2016 年 6 月 9 日，墨西哥请求根据 DSU 第 21.5 条成立第二次的"遵守程序"专家组。

墨西哥指出，美国并没有使海豚安全规定符合争端解决机构的意见和裁定，并且 2016 年金枪鱼措施（2016 Tuna Measure）与美国在 WTO 涵盖协议中的义务不符。

在 2016 年 6 月 22 日的会议上，根据 DSU 第 21.5 条的规定，争端解决机构同意如果可能，将该争议提交最初的专家组。

2016 年 7 月 11 日，新的主席进驻"遵守程序"专家组。

2016 年 11 月 18 日，"遵守程序"专家组主席通知争端解决机构预计将在 2017 年 5 月中旬发布最终的报告。

三 笔者对本案的评析

1. 关于 DSU 第 21.5 条程序的要求。

DSU 第 21.5 条规定：

> 如在是否存在为遵守建议和裁决所采取的措施或此类措施是否与适用协定相一致的问题上存在分歧，则此争端也应通过援用这些争端解决程序加以决定，包括只要可能即求助于原专家组。专家组应在此事项提交其后 90 天内散发其报告。如专家组认为在此时限内不能提交其报告，则应书面通知 DSB 迟延的原因和提交报告的估计期限。

第 21.5 条程序是解决败诉方采取的修改或者新措施是否符合争议解决机构通过的裁定和意见而产生的争议。为积极（positive）、迅速地（prompt）解决争议（solution of dispute），第 21.5 条遵守（compliance）程序规定只要可能，应求助于原专家组。因为原专家组对于案情、措施与相关的法律问题了解，可以尽快解决争议。第 21.5 条要求"遵守程序"专家组应该在 90 天内提交报告，而对于其他专家组没有用"应该"强制性规定 90 天这样的措辞。"遵守程序"专家组比其他专家组的审案时间都短。

笔者认为，第 21.5 条程序要审查三点：（1）由争端解决机构（DSB）通过的上诉机构报告和专家组报告的裁定和建议是什么；（2）败诉方采取的经修改的措施或者新措施是什么；（3）该修改的或新措施是否符合争议解决机构通过的裁定和意见，即符合 WTO 涵盖协议。第 21.5 条程序不应该对案件重新审理或者审查与原涉案措施无关的新问题。

2. 在本案中，上诉机构的主要裁定是美国的涉案措施明确规定在东部热带太平洋海域用 setting on dolphin 方法，这一涉案措施主要针对的是墨西哥捕获金枪鱼的方法和所在海域，因而导致墨西哥不能获得海豚安全标签，由此改变了市场竞争条件，造成对进口墨西哥金枪鱼低于美国国内同类产品和低于进口其他国家同类产品的待遇。而争议方未能证明这种不利的影响是排他性地由法规规制的差异造成的。因此该措施违背了 TBT 协定第 2.1 条。

3. 在本案中，上诉机构裁定：（1）专家组错误地认定在原先程序中，上诉机构已经解决了"资格标准"是否衡平的问题；（2）专家组未能考察不同捕鱼业所产生的对海豚损害的相对风险的差异是否能够解释或将不同的认证要求正当化，以及是否能够解释或将东部热带太平洋海域内外的追踪和证实要求正当化。

4. 在本案中，专家组错误地理解上诉机构关于衡平的（calibration）裁定的部分原因可能是上诉机构与 WTO 有关解决争议的部门（如法律事务司、规则司）对上诉机构的裁定与分析介绍得不够，与专家组的沟通更少。因此，专家组对解读争议解决机构通过的报告有不同的理解。另外，专家组和上诉机构的报告越来越长，也有法律文牍主义的问题，专家组报告和上诉机构的报告晦涩难懂。笔者在结束上诉机构两届任期后的告别讲演中也特别提到要改进文风以使上诉机构报告和专家组报告简洁、正确、通俗易懂（concise, correct and reader friendly）。总体而言，第 21.5 条的程序要简化，重点审查新措施是否符合争议解决机构通过的裁定和意见，保证有关措施符合涵盖协议，避免对过去的争议重新审查或审查新问题。

5. 对于修改的措施要做整体分析。在本案中，专家组对于"资格标准""认证要求""追踪和证实要求"分别地和割裂地进行分析，未能对于由该相互联系的三个成分构成的整体措施是否符合 TBT 协定第 2.1 条和 GATT 1994 第 101 条和第 304 条做出正确分析和得出结论。上诉机构指出这种分别和割裂的分析可能造成人为地区分某项措施的不同成分（a segmented approach may create artificial distinction constituting legal error），从而构成法律错误。

6. TBT 协定第 2.1 条的分析。上诉机构认定某一 TBT 措施是否给予进口产品低于国内同类产品的待遇或者低于来自任何其他国家同类产品的待遇时，分两个步骤进行分析：（1）该措施是否改变了进口产品与国内同类产品或来自其他国家同类产品的市场竞争条件并且由申诉方能证明该措施对进口产品造成损害；（2）这种损害是否排他性地源于合法的规制差异（whether the detrimental impact on imports stems exclusively from legitimate regulatory distinction）。

在第一步分析中要分析该措施在某个市场上的设计与运行是否对进口产品给予了低于国内同类产品的待遇从而对进口产品造成了损害。在第二步的分析中要审查该措施是否对待进口产品和国内同类产品一视同仁（even handed）。在本案中，墨西哥认为美国的新措施仍然不承认墨西哥捕捞的金枪鱼符合获得"捕鲸安全"的资格标准。美国认为墨西哥捕获的金枪鱼被给予低于美国同类产品的待遇是其围网捕捞的方式造成的。上诉机构认为美国应该证明其修改的措施与不同海域鲸的死亡率是相衡平（calibrated）一致的。该分析认定美国修改后的措施与不同海域的鲸的死亡率和不同的捕捞金枪鱼的方式有关，三者之间是相互衡平的。但是专家组的报告中没有关于在不同海域捕捞方式与鲸的死亡率的关联性的分析与认证。上诉机构也无法完成对这一问题的法律分析。然而，上诉机构认为争议双方承认的美国新措施在不同海域对于"认证要求"是不同的，没有做到同等对待，因此，对墨西哥用围网捕获的金枪鱼拒绝发给"鲸安全"的认证证书。这种负面影响不是完全来自合法的规制差异，因此上诉机构裁定修改后的金枪鱼措施不符合 TBT 协定第 2.1 条（见上诉机构报告第 7.266 段）。

四 本案涉及的主要条款

（一）TBT 协定第 2.1 条

各成员应保证在技术法规方面，给予源于自任何成员领土进口的产品不低于其给予本国同类产品或来自任何其他国家同类产品的待遇。

（二）GATT 1994 第 1.1 条

在对进口或出口、有关进口或出口或对进口货出口产品的国际支付转移所征收的关税和费用方面，在征收此类关税和费用的方法方面，在有关进口和出口的全部规章手续方面，以及在第 3.2 条和第 4 条所指的所有事项方面，任何缔约方给予来自或运往任何其他国家任何产品的利益、优惠、特权或豁免应立即无条件地给予来自或运往所有其他缔约方领土的同类产品。

（三）GATT 1994 第 3.4 条

任何缔约方领土的产品进口至任何其他缔约方领土时，在有关影响其国内销售、标价出售、购买、运输、分销或使用的所有法律、法规和规定方面，所享有的待遇不得低于同类国产品所享有的待遇。

（四）GATT 1994 第 20（b）条、第 20（g）条

在遵守关于此类措施的实施不在情形相同的国家之间构成任意或不合理歧视的手段或构成对国际贸易的变相限制的要求前提下，本协定的任何规定不得解释为阻止任何缔约方采取或实施以下措施：

（b）为保护人类、动物或植物的生命或健康所必要的措施；

（g）与保护可用尽的自然资源有关的措施，如此类措施与限制国内生产或消费一同实施。

案例9 欧盟禁止海豹产品进口和销售措施案（DS400、DS401）

一 案件基本情况[①]

1. 案名
欧盟禁止海豹产品进口和销售措施案

2. 案号
DS400、DS401

3. 申诉方、被诉方、第三方
申诉方：加拿大、挪威

被诉方：欧盟

第三方：阿根廷、中国、哥伦比亚、厄瓜多尔、冰岛、日本、墨西哥、俄罗斯、美国

4. 案件进度
2009年11月2日提交磋商申请

2013年11月25日专家组报告发布

2014年5月22日上诉机构报告发布

5. 争议条款
争议的条款：《农业协定》第4.2条；

GATT 1994第1.1条、第3.4条、第11.1条、第23.1（b）条；

《技术性贸易壁垒协定》第2.1条、第2.2条、第5.1条、第5.1.1条、第5.1.2条、第5.2条、第5.2.1条、第5.2.2条、第5.2.3条、第5.4条、第

[①] See WTO Website, available at https://wto.org/english/tratop_e/dispu_e/cases_e/ds400_e.htm, last visited on 30 Jan., 2017.

5.6 条、第 6.1 条、第 6.2 条、第 7.1 条、第 7.2 条、第 7.4 条、第 7.5 条、第 8.1 条、第 8.2 条

6. 法官名称

本案上诉机构成员：Thomas Graham（首席法官）、张月姣、Seung Wha Chang

二 案件审理概况

（一）磋商程序与专家组程序

2009 年 11 月 2 日，加拿大请求就欧洲议会第 1007/2009 号法规、欧共体委员会 2009 年 9 月 16 日关于海豹产品贸易的法规以及嗣后相关的措施进行磋商。加拿大指出，争议中的法规在欧共体市场内对所有海豹产品进行进口限制。

加拿大指出上述措施与 TBT 协定第 2.1 条、第 2.2 条，GATT 1994 第 1.1 条、第 3.4 条和第 11.1 条以及《农业协定》第 4.2 条不符。

2009 年 11 月 16 日，冰岛请求加入磋商。

2010 年 10 月 18 日，加拿大请求与欧盟就欧洲委员会发布的第 737/2010 号法规进行磋商。该法规为欧洲议会第 1007/2009 号法规、欧共体委员会 2009 年 9 月 16 日关于海豹产品贸易的法规的具体执行措施。

加拿大指出，上述执行措施本身或与欧洲委员会第 1007/2009 号法规结合，与 TBT 协定第 2.1 条、第 2.2 条、第 5.1 条、第 5.2 条、第 5.4 条、第 5.6 条、第 6.1 条、第 6.2 条、第 7.1 条、第 7.2 条、第 7.4 条、第 7.5 条、第 8.1 条、第 8.2 条，GATT 1994 第 1.1 条、第 3.4 条和第 11.1 条以及《农业协定》第 4.2 条不符。

2010 年 10 月 29 日，挪威请求加入磋商。

2011 年 2 月 11 日，加拿大请求成立专家组。

在 2011 年 2 月 24 日的会议上，争端解决机构授权成立专家组。

在 2011 年 3 月 25 日的会议上，争端解决机构成立专家组。中国、哥伦比亚、冰岛、日本、墨西哥、挪威和美国保留第三方权利。

随后，阿根廷、厄瓜多尔、俄罗斯保留第三方权利。

在 2011 年 4 月 21 日的会议上，争端解决机构就 DS401 成立专家组，各方同意将 DS401 争议专家组与 2011 年 3 月 25 日成立的 DS400 争议专家组合并。

2012 年 9 月 24 日，加拿大和挪威请求总干事决定专家组成员的任命。

2012 年 10 月 4 日，总干事组成专家组。

2013年4月4日，专家组主席通知争端解决机构预计将在2013年10月发布专家组报告。

2013年11月25日，专家组报告发布。

（二）涉案措施（measures at issues）

本争议涉及欧盟禁止海豹产品在欧盟市场进口和销售的法规（以下简称欧盟海豹管理体系）。欧盟海豹管理体系规定，如果特定情况得以满足，则该体系存在诸多对禁止的例外，包括因纽特人或本地人捕猎的例外（以下简称因纽特人捕猎例外）、根据自然资源管理计划捕猎的例外（以下简称自然资源管理计划例外）。

（三）专家组审理概况

本案专家组裁决的主要内容如下。

专家组认定欧盟海豹管理体系构成技术性法规，并且欧盟海豹管理体系中的因纽特人捕猎例外、自然资源管理计划例外违反TBT协定第2.1条，因为：(1)这些例外导致与国内或从其他国家进口的同类产品相比，从加拿大、挪威进口的海豹产品享受较低的待遇；(2)这些更低的待遇并非排他性地来源于合法性规制差异。然而，专家组认定欧盟海豹管理体系不违反TBT协定第2.2条，因为其在一定程度上实现了欧盟关于海豹福利的公共道德，并且也没有证明替代性措施能够对实现该目标具有等值的或更高的价值。

专家组得出结论：欧盟海豹管理体系中的因纽特人捕猎例外违反GATT 1994第1.1条，因为欧盟对于来源于格陵兰岛（特别是因纽特人捕获）的海豹产品的利益并没有立即地、无条件地给予源于加拿大的相似产品。针对自然资源管理计划例外而言，专家组认定其违反了GATT 1994第3.4条，因为与国内相似产品相比，其给予进口的海豹产品更低的待遇。专家组同时认定因纽特人捕猎例外、自然资源管理计划例外并不能被GATT 1994第20(a)条（即保护公共道德所必要的）所正当化，因为其不能满足第20条序言的要求（即在情形相同的国家之间不构成恣意或不合理的歧视手段，或不对国际贸易进行变相限制）。进一步地，专家组认定欧盟不能提供表面证据（prima facie）证明欧盟海豹管理体系能够被GATT 1994第20(b)条所正当化（即保护动物生命和健康所必要的）。

专家组认定欧盟的措施与TBT协定第5.1.2条的义务不相符合，因为自欧盟海豹管理体系生效之日起，在欧盟海豹管理体系下的一致性评估程序未能在确定产品质量时确保贸易。针对 TBT 协定第 5.2.1 条的主张，专家组认为申诉方并不能证明欧盟的做法与其尽力快速采取和完成一致性评估的义务不符。

专家组拒绝了关于 GATT 1994 第 11.1 条的主张，并且鉴于上述认定，其认为并无必要对 GATT 1994 第 23.1（b）条项下的非违约诉求（non-violation claims）作出裁定。

（四）上诉机构报告审理概况

1. 上诉机构审理程序

2014 年 1 月 24 日，加拿大通知争端解决机构其将就专家组报告中的特定法律问题和法律解释提起上诉。

2014 年 1 月 29 日，欧盟通知争端解决机构其将就专家组报告中的特定法律问题和法律解释提起上诉。

2014 年 3 月 24 日，上诉机构主席通知争端解决机构其预期在 2014 年 5 月 20 日之前发布上诉机构报告。

2014 年 5 月 22 日，上诉机构报告发布。

2. 上诉的法律问题

双方上诉的争议点具体如下：

第一，欧盟海豹管理体系是否构成 TBT 协定项下的"技术法规"；

第二，欧盟海豹管理体系是否满足 TBT 协定第 2.1 条的非歧视标准。

3. 各方立场和抗辩概况

本案中，专家组认为欧盟海豹管理体系构成 TBT 协定项下的技术法规，欧盟对此提出上诉，其认为欧盟海豹管理体系并非"技术法规"。

在上诉中，欧盟认为 TBT 协定第 2.1 条非歧视标准不适用于 GATT 1994 第 1.1 条、第 3.4 条，并且欧盟海豹管理体系不违反 GATT 1994 第 1.1 条。

4. 上诉机构主要法律分析

（1）争议措施是否构成"技术法规"

"技术法规"术语及其定义规定如下：

> **TBT 协定附件 1.1**
> **1. 技术法规**
> 规定强制执行的产品特征或其相关工艺和生产方法、包括适用的管理规定在内的文件。该文件还可包括或专门关于适用于产品、工艺或生产方

法的专门术语、符号、包装、标志或标签要求。

本案专家组认为欧盟海豹管理体系构成技术法规。本案上诉机构指出，在分析上述问题时，其认为，对于是否构成技术法规应根据案件的事实决定。同时，本案欧盟海豹管理体系包括纯海豹产品、含有海豹的产品以及各项例外的条件。正如在欧共体—石棉案中上诉机构所言，天然状态的石棉没有可以直接使用的用途。在本案中，欧盟的海豹管理体系禁止含有海豹的产品并不是因为这类产品含有海豹，而是由于海豹狩猎者或捕猎的性质。本案专家组将狩猎者的身份、狩猎方式和捕猎目的作为"产品特性"来对待，上诉机构认为专家组的认定是错误的。

由于专家组并没有分析欧盟海豹管理体系是否对相关工艺和生产方法做出规定，上诉机构对此认为缺乏事实依据，无法完成分析。最终，上诉机构推翻了专家组关于欧盟海豹管理体系构成TBT协定附件1.1含义内的"技术法规"的认定，并认定专家组在TBT协定第2.1条、第2.2条、第5.1.2条和第5.2.1条的结论是无意义且没有法律效果的。特别是，上诉机构推翻专家组关于欧盟海豹管理体系确定附件1.1含义下的"产品特征"（product characteristics）的认定。由于该问题并未被专家组和争议双方所充分阐述，上诉机构无法完成法律分析，并且因此不对欧盟海豹管理体系是否确定了附件1.1含义下的"相关加工和生产方法"的问题进行裁决。

（2）关于GATT 1994第3.4条与TBT协定第2.1条的关系

GATT 1994第3.4条规定如下：

任何成员领土的产品进口至任何其他成员领土时，在有关影响其国内销售、标价出售、购买、运输、分销或使用的所有法律、法规和规定方面，所享有的待遇不得低于同类国产品所享受的待遇。

TBT协定第2.1条规定如下：

各成员应保证在技术法规方面，给予源于自任何成员领土进口的产品不低于其给予本国同类产品或来自任何其他国家同类产品的待遇。

上诉机构指出，对于 GATT 1994 第 3.4 条中的"不低于待遇"应考察下述因素：第一，进口产品和国内类似产品有平等的竞争条件；第二，确定进口产品受较低待遇并不必然表现为形式上的差异；第三，评估措施对竞争条件有影响时，若影响为不利的，那么进口产品就会受到较低待遇；第四，措施与不利影响之间须存在真实的联系。上诉机构指出，GATT 1994 第 3.4 条允许对进口产品和本国产品做出管理的区分，只要这样的区分没有改变两者的竞争条件。由此，上诉机构支持专家组关于 TBT 协定第 2.1 条项下非歧视义务的法律标准并不等价地适用于 GATT 1994 第 1.1 条和第 3.4 条的主张。欧盟主张专家组认定与 GATT 1994 第 1.1 条不符的全部理由为专家组法律解释的错误，上诉机构支持了专家组的结论，认为欧盟措施并未"立即地、无条件地"将给予格陵兰岛的市场准入利益同等地拓展至加拿大和挪威的海豹产品。

（3）关于 GATT 1994 第 20（a）条与 TBT 协定第 2.1 条的关系

GATT 1994 第 20（a）条规定如下：

> 在遵守关于此类措施的实施不在情形相同的国家之间构成任意或不合理歧视的手段或构成对国际贸易的变相限制的要求前提下，本协定的任何规定不得解释为阻止任何缔约方采取或实施以下措施：
>
> （a）为保护公共道德所必要的措施。

在适用 GATT 1994 第 20 条的例外方面，上诉机构分析了以下三点内容：第一，欧盟海豹管理体系的目标；第二，欧盟海豹管理体系是否具有必要性；第三，措施的适用应符合 GATT 1994 第 20 条序言。本案中上诉机构指出，TBT 协定序言第 6 段与 GATT 1994 第 20 条序言的措施具有相同之处，但是 TBT 协定第 2.1 条与 GATT 1994 第 20 条的分析是不同的。首先，二者适用的法律标准不同，前者是审查有不利影响的措施是否排他性地来源于合法的规制差异，后者则要审查措施在条件相同的国家之间是否构成恣意的、不合理的歧视；其次，二者适用范围不同，前者适用于技术法规，后者是为平衡成员引用例外的权利和其他成员在各项协议下的权利。

因此，本案上诉机构支持专家组关于欧盟海豹管理体系符合 GATT 1994 第 20（a）条下"保护公共道德所必要的"措施。特别是，上诉机构首次承认了对海豹的残忍捕猎构成违反"公共道德"的事项。同时，针对 GATT

中篇　笔者办案与评析　179

1994第20条序言中的问题，上诉机构认定专家组错误地将适用于TBT协定第2.1条相同的法律测试方法适用于第20条的序言，而非展开关于欧盟海豹管理体系是否满足特定序言条件和要求的独立分析。因此，上诉机构推翻了专家组关于序言的认定以及随后上诉机构认为无须解决争议方就此类认定提起上诉的问题。然而，上诉机构仍完成了分析，并最终认定，正如专家组报告所指出的，欧盟并没有证明欧盟海豹管理体系符合第20条序言的要求。因此，上诉机构得出结论：欧盟海豹管理体系的措施并不能在GATT 1994第20条项下得以正当化。

5. 上诉机构裁定与结论

本案上诉机构裁定如下。

（1）推翻专家组报告第7.125段和第8.2（a）段的认定，即欧盟海豹管理体系构成TBT协定附件1.1项下的"技术法规"；并且相应地，主张专家组的如下结论是无意义且没有法律效果的：

a. 专家组报告第7.319段、第7.353段、第8.2（b）段关于TBT协定第2.1条的认定；

b. 专家组报告第7.505段、第8.2（c）段关于TBT协定第2.2条的认定；

c. 专家组报告第7.528段、第7.547段、第8.2（d）段关于TBT协定第5.1.2条的认定；

d. 专家组报告第7.580段、第8.2（e）段关于TBT协定第5.2.1条的认定；

（2）针对专家组对GATT 1994第1.1条和第3.4条的分析：

a. 维持专家组报告第7.586段的认定，即TBT协定第2.1条非歧视义务的法律标准并不同样地适用于GATT 1994第1.1条和第3.4条的主张；并且

b. 维持专家组报告第7.600段和第8.3（a）段的认定，即欧盟海豹管理体系与GATT 1994第1.1条不符合，因为欧盟措施并未"立即地、无条件地"将给予格陵兰岛的市场准入利益同等地拓展至加拿大和挪威的海豹产品；

（3）针对专家组关于GATT 1994第20（a）条的分析：

a. 认定在专家组报告第7.624段中，专家组做出是否符合GATT 1994第20（a）条的认定时，应该考察欧盟海豹管理体系禁止性和允许性层面的结论并没有错误；

b. 认定在专家组报告第7.631段中，专家组得出欧盟海豹管理体系的目标落在GATT 1994第20（a）条范围内的结论并没有错误；

c. 维持专家组报告第 7.639 段中，专家组关于"欧盟海豹管理体系临时被视为符合 GATT 1994 第 20（a）条的必要性"的认定；

（4）针对专家组关于 GATT 1994 第 20 条序言的分析：

a. 推翻专家组报告第 7.649 段、第 7.650 段、第 7.651 段和第 8.3（d）段关于 GATT 1994 第 20 条序言的分析，因为专家组使用了错误的法律测试；

b. 完成分析并认定欧盟并未证明欧盟海豹管理体系，特别是因纽特人例外，以符合 GATT 1994 第 20 条序言要求的方式进行设计和适用；并因此

（5）认定欧盟海豹管理体系并不能在 GATT 1994 第 20（a）条项下被正当化；

（6）针对欧盟在 GATT 1994 第 20（b）条下的附条件的其他上诉事项，认定上诉的条件并未得到满足，并且因此，上诉机构对欧盟指控专家组错误地认定欧盟未能满足 GATT 1994 第 20（b）条项下的举出表面证据的诉求无法做出认定。

（五）执行阶段情况

在 2014 年 6 月 18 日的会议上，争端解决机构通过上诉机构报告，以及经上诉机构报告修改的专家组报告。

在 2014 年 7 月 10 日争端解决机构的会议上，欧盟通知争端解决机构其将在合理的时间内履行争端解决机构的建议和裁定。

2014 年 9 月 5 日，加拿大和欧盟通知争端解决机构，二者同意合理的执行期间为专家组报告通过后的 16 个月内。相应地，合理的执行期间为不迟于 2015 年 10 月 18 日。

三 笔者对本案的评析

（一）关于程序方面的评论

1. 合并审理、分别报告

在 WTO 争议解决的实践中，经常有两个或多个成员分别对于某个成员的同一措施提出磋商和设立专家组。为简化程序，便于审理，在征得当事方同意后，专家组和上诉机构决定将几个当事方对相同措施的争议申诉合并审理，然后分别做出裁决报告。报告主体部分涉及的被诉方的措施、法律条款、法律分析和结论是相同的，但是报告的开篇和结尾以及意见是分别写给每一个涉案的成员的。本案报告分为"加拿大诉欧共体海豹产品案""挪威诉欧共体海豹产

品案"。因此案件号也有区别，分别为 DS400、DS401。

2. 关于听证会对外部公众公开

WTO 的 164 个成员对于听证会是否公开一直有不同意见。国际贸易争议解决中，仲裁的听证会一般是不公开的，对当事方保密程度高；法院审理知识产权案的听证会一般是公开的。WTO 争议解决是准司法性质的。DSU 第 17.10 条规定，上诉机构的程序应保密。GATT 时期，争议案件的听证会不公开。听证会都在日内瓦 WTO 办公大楼的会议厅举行。DSU 对于听证会是否对外部公众公开尚无规定。目前，上诉机构的做法是根据当事方申请，如果有一当事方不同意将听证会公开，上诉机构则尊重当事方的意愿不将该听证会公开。如果一个上诉案件的当事方都同意将其听证会公开，上诉机构根据意思自治的原则和 WTO 以成员为主导的原则，同意该听证会公开。上诉机构秘书处发布通知凡是申请参加旁听的通过其代表团报名，然后组织在另一个会议室看闭路电视视频转播。

在本案中，加拿大、挪威和欧共体均要求将听证会对外公开，上诉机构审议庭（Division）发布了口头庭审（Oral hearing）对外公开的程序令以及庭审时间、要求和安排的通知。[①]

3. 法庭之友（Amicus Curiae）

法庭之友提交的资料一般是由非争议当事方或第三方提交的文件，其一般为非政府组织发表的意见书。上诉机构认为专家组和上诉机构有权决定是否接受法庭之友的文件。为不影响专家组和上诉机构的审案工作，法庭之友的文件必须简要。就是否接受该法庭之友的简报以及对其内容的意见在本案中，上诉机构收到三份未经上诉机构索求的法庭之友的简报。上诉机构在听证会上征求当事方和第三方的意见。其中有一份法庭之友的简报，在开庭的第一天上诉机构才收到。审议庭拒绝了该迟交的法庭之友的文件，因为当事方和第三方必须在开庭前有充分的时间考虑提交到上诉机构的全部书面文件。审议庭认为没有必要回复另外两份法庭之友概要。[②]

4. 上诉机构审理范围和审案时间

DSU 第 17.6 条规定：上诉应限于专家组报告涉及的法律问题和专家组所

[①] 上诉机构报告，《欧盟禁止海豹产品进口和销售措施案》，第 1.11—13 段、第 1.16 段，附件 4。

[②] "mindful of the requirement to ensure that participants and third participants are given an adequate opportunity fully to consider any written submission filed with the Appellate Body." The Division did not find it necessary to rely on the other two briefs. 见上诉机构报告，《欧盟禁止海豹产品进口和销售措施案》，第 1.15 段。

做的法律解释。

在本案中,上诉机构指出专家组根据 GATT 1994 第 20 条确定欧共体的海豹措施的目的是法律特征问题,其在上诉机构根据 DSU 第 17.6 条进行审理的范围内。[①]

DSU 第 17.5 条规定:

> 诉讼程序自一争端方正式通知其上诉决定之日起至上诉机构散发其报告之日止通常不得超过 60 天。在决定其时间表时,上诉机构应考虑第 4 条第 9 款的规定(如有关)。当上诉机构认为不能在 60 天内提交报告时,应书面通知 DSB 迟延的原因及提交报告的估计期限。但该诉讼程序决不能超过 90 天。

90 天的上诉机构审案期限是困扰上诉机构审案的一大问题。90 天完成一个大型上诉案件的审理很困难。笔者认为,在审案时间和裁决报告的质量二者之间,应该以质量优先。

在本案中,上诉机构主席在收到上诉书 60 天内通报争议解决机构主席:由于本案当事方推迟听证会时间以及修改审案时间表,也由于该案重大,上诉的问题多且复杂,另外由于翻译时间和上诉机构工作量大,上诉机构的报告将在 2014 年 5 月 22 日公布。上诉机构实际用 110 天完成报告。[②]

5. 本案上诉的实体法律问题

(1) 技术法规

TBT 协定附件 1.1 关于技术法规的定义为:规定强制执行的产品特性或其相

---

① "[a] panel's identification of the 'objective' of a measure is a matter of legal characterization subject to appellate review under Article 17.6 of the DSU." 上诉机构报告,《欧盟禁止海豹产品进口和销售措施案》,第 133 页,第 5.144 段。

② On 24 March 2014, the Chair of the Appellate Body informed the Chair of the DSB that, due to the requests made by the participants to postpone the date for the oral hearing and its subsequent rescheduling, and also "due to the size of these appeals and the other appeal by the European Union, including the number and complexity of the issues raised by the participants," it was expected that the Appellate Body Reports in these appeals would be circulated no later than 20 May 2014. Subsequently, by letter dated 16 May 2014, the Chair of the Appellate Body informed the Chair of the DSB that due to the time required for translation and the Appellate Body's caseload, the Reports would be circulated on 22 May 2014. 上诉机构报告,《欧盟禁止海豹产品进口和销售措施案》,第 1.17 段。

关工艺和生产方法、包括适用的管理规定在内的文件。该文件还可包括或适用于产品、工艺或生产方法的专门术语、符号、包装、标志或标签要求。

专家组对 TBT 协定附件1.1 的上述定义概括为：(1) 欧共体海豹制度适用于可以分辨的产品群；(2) 列明了所有包含海豹的产品的特征；(3) 强制执行。

上诉机构分析附件 1.1 规定了强制执行的产品特性或其相关工艺和生产方法。"特性"是指"产品内在的特征和质量"。①

在本案中，上诉机构不同意专家组采用的方法。专家组认为欧盟海豹管理体系由"禁止性的和许可性的"部分组成。禁止性的部分为"禁止海豹产品的进口"；而许可性的组成部分为对 IC 捕猎、MRM 捕猎和其他旅行者进口类别进口的许可。②专家组看似从措施的单一部分评估确定产品特征的措施，并没有使用整体的评估方法。③ 上诉机构强调应该"在争议措施的特征和案件的情形之下"，对措施是否构成技术法规进行认定。在欧共体石棉案中，上诉机构特别强调措施的"不可分割和重要的"方面，"并且在适当时，考察其禁止性的和许可性的层面"。在本案中，上诉机构认为分析技术法规，应该根据案件的具体情况，重点分析措施的主要和整体要求。④ 上诉机构认为专家组的结论是根据措施的某一部分内容做出的，而专家组应该审查涉案措施的设计、运行，以便确定该措施整体的和主要的成分，这样才能对最终的法律特征得出结论。⑤由此，上诉机构认为本案专家组仅审查"禁止含有海豹的产品"，而并未分析各个因素在整个体系中的作用的做法是错误的。

在"欧共体石棉案"中，上诉机构指出争议中的措施禁止原材料形式的石棉纤维的进口，其认为如果措施仅仅是禁止自然状态的产品的进口，那么该措

---

① in past cases, the Appellate Body has "described these characteristics as 'features and qualities intrinsic to the product itself'."
② AB Report, European Communities—Measures Prohibiting the Importation and Marketing of Seal Products, para. 5.28.
③ AB Report, European Communities—Measures Prohibiting the Importation and Marketing of Seal Products, para. 5.28.
④ "assess [ ] the weight that should be properly ascribed to those elements of the measure in identifying the essential and integral aspects of the measure."
⑤ "the Panel should … have examined the design and operation of the measure while seeking to identify its 'integral and essential' aspects before reaching a final conclusion as to the legal characterization of the measure in respect of, and having considered, the measure as a whole." AB Report, European Communities—Measures Prohibiting the Importation and Marketing of Seal Products, paras. 5.27 – 5.29。

施不构成技术法规。① 根据上诉机构在"欧共体石绵案"中认定,对于禁止进口的纯海豹产品没有任何产品特征的要求。②本案上诉机构同意欧盟的观点,即专家组应该评估措施的相关层面进而决定其是否为措施不可分割的和重要的层面,如果是,那么其在决定作为整体的欧盟海豹管理体系是否确定产品特征上享有多大的考量权重。③

本案中,上诉机构指出欧共体的海豹措施包括"禁止"与"许可"的措施,应该逐一分析。另外上诉机构指出石棉是有害身体的,所以禁止进口。而本案中,海豹是否被禁止进口,不是根据海豹产品的特征是否对人健康有害,而是根据不同的猎人身份、族群以及捕猎方式来确定的。申诉方也同意涉案的措施中例外规定没有列明产品特征。

上诉机构指出,TBT协定第2.9条规定技术法规需有技术内容。而欧共体根据捕猎人的特征和捕猎方式决定是否禁止进口的海豹措施是没有技术特征和技术内容的。④

上诉机构分析了全部涉案措施后认为,只有一个成分有产品特征,但该措施的整体和主要成分不符合技术法规的要求。由于申诉方没有对于相关工艺和生产方法进行分析和论证,专家组并没有分析欧盟海豹管理体系是否规定了相关工艺和生产方法,上诉机构认为由于缺乏事实依据,无法完成分析。最终,上诉机构推翻专家组关于欧盟海豹管理体系构成TBT协定附件1.1含义内的"技术法规"的认定,并认定专家组在TBT协定第2.1条、第2.2条、第5.1.2条和第5.2.1条的结论是无意义且没有法律效果的。

在"印尼香草案"中,上诉机构使用一个新的法律分析和测试的方法(legal test),即通过分析"不低于"待遇的负面影响是否排他性地产生于规制的不同特征(such negative impact stems exclusively from the regulatory distinction)来验证该措施的正当性。很多律师在该案之后的争议案中,期望将其涉案措施归类为TBT,以便用这个新的测试方式。笔者认为,测试一项措施偏离最惠国

---

① AB Report, European Communities—Measures Prohibiting the Importation and Marketing of Seal Products, para. 5.34.
② "a prohibition of pure seal products does not prescribe or impose any 'characteristics' on such products."见上诉机构报告,《欧盟禁止海豹产品进口和销售措施案》,第5.32—5.36段。
③ AB Report, European Communities—Measures Prohibiting the Importation and Marketing of Seal Products, para. 5.36.
④ 见上诉机构报告,《欧盟禁止海豹产品进口和销售措施案》,第5.49段。

待遇原则和国民待遇原则的正当性，无论是通过 TBT 还是 GATT 1994，对于当事方的举证责任要求是同样的。不能形成在 TBT 协定下比较容易证明它的正当性，而在 GATT 1994 下比较困难或者不能证明它的正当性这样的预期。因此，在使用 TBT 协定时，首先鉴定有关措施是否符合技术法规，依据 TBT 法律规定把好关。另外，在今后的实践中也要不断完善 TBT 协定第 2.1 条的法律测试方法，使得 GATT 1994 和 TBT 的审查要求是平衡的、公正的、正义的。

（2）关于保护公共道德与因纽特人捕猎例外

GATT 1994 第 20（a）条是为保护公共道德所必要的措施，但是本条没有规定具体哪些事项属于公共道德。本案措施的目的是保护海豹福利，欧共体公众对于海豹的残忍捕杀深恶痛绝，因此，为保护公共道德禁止进口捕猎的海豹，特别是禁止非人道的捕杀海豹，以免公众直接在市场上见到带血的海豹。由此，本案专家组认为，欧盟海豹管理体系的立法历史和文本反映出欧盟公众对海豹福利的关注，特别是其表明欧盟公众对海豹福利的关注与一般意义层面的海豹捕获相关，而非具体与特定的海豹捕获类型相关。[1]

本案上诉机构支持专家组关于欧盟海豹管理体系符合 GATT 1994 第 20（a）条下"保护公共道德所必要的"措施的认定。特别是，上诉机构首次承认了对海豹的残忍捕猎构成违反"公共道德"的事项。

但是欧共体认为公共道德不仅包括保护海豹的福利，立法者也考虑到 IC 原著民（因纽特人）野外打猎的习惯和传统。正如欧盟所强调的，"IC 例外并不是推动因纽特和其他当地群体的海豹产品出口，而是缓解欧盟海豹管理体系对上述群体的负面效果所必要的。"[2] 从人类道德观看，保存因纽特人 IC 族的传统文化和捕猎生活的价值比忍受残忍杀害海豹的痛苦还重要。因此欧共体不禁止从因纽特人 IC 进口的海豹。[3]

针对本案的两项政策目标，上诉机构认为，在定义措施的目标上，专家组可能面临争议方相互冲突的主张。专家组必须考察成员方对目标的描述或者是分析该项措施所实现的政策目标，但是其并不受到成员方目标类型的约束。事实上，专家组必须考察其面前的所有证据，包括"法律的文本、立法历史和其

---

[1] AB Report, European Communities—Measures Prohibiting the Importation and Marketing of Seal Products, para. 5.135.

[2] AB Report, European Communities—Measures Prohibiting the Importation and Marketing of Seal Products, para. 5.142.

[3] 上诉机构报告，《欧盟禁止海豹产品进口和销售措施案》，第 5.143 段。

他与争议措施的结构和运作相关的证据"。①同时,上诉机构认为专家组对措施"目标"的确认是DSU第17.6条上诉审查下的法律定性问题(a matter of legal characterization)。②由此,上诉机构和专家组可在争议方提出的目标范围之外确定措施所追求的真正目的。

通过考察证据,专家组认为对海豹产品贸易的规制措施的主要目的(principle objective)在于解决关于海豹福利的公共关切。③虽然专家组也提及其他利益,但是上诉机构认为专家组通过进一步的证据表明,保护公共道德是该措施的主要诉求,但是保护IC族和其他利益也体现在该措施的制定和执行过程中。该案欧盟主张对因纽特群体IC族的利益保护应"超过"对海豹福利的关切,④专家组没有认同欧盟的主张。

上诉机构认为欧盟海豹管理体系在保护公共道德时,也满足对其他利益的保护。因此,在考察欧盟海豹管理体系后,专家组认为"欧盟试图制定该体系以解决公共关切问题"。同时,专家组也指出,"欧盟也考虑特定其他的利益(例如IC族、MRM(海洋资源管理)、和旅游者的利益)"。⑤上诉机构不同意挪威认为专家组裁定上述利益具有同等优先性的主张,相反地,上诉机构认为欧盟海豹管理体系表明欧盟在保护公共道德的同时,也考虑到减少该措施对IC族和其他有关方面的影响。

该案中,上诉机构认为专家组在对《执行法规》(Implementing Regulation)"本身并没有帮助专家组识别措施的目的"的认定上行使了裁量权。上诉机构指出,专家组对于事实的评估具有一定的自由裁量幅度(margin of discretion)。该裁量范围包括专家组在做出认定时选择其所利用的证据,以及决定该证据在所有多种类型证据中的权重。⑥不能仅仅因为专家组拒绝给予争议方所要求的证

---

① AB Report, European Communities—Measures Prohibiting the Importation and Marketing of Seal Products, para. 5.144.
② AB Report, European Communities—Measures Prohibiting the Importation and Marketing of Seal Products, para. 5.144.
③ AB Report, European Communities—Measures Prohibiting the Importation and Marketing of Seal Products, para. 5.145.
④ AB Report, European Communities—Measures Prohibiting the Importation and Marketing of Seal Products, para. 5.148.
⑤ AB Report, European Communities—Measures Prohibiting the Importation and Marketing of Seal Products, para. 5.161.
⑥ AB Report, European Communities—Measures Prohibiting the Importation and Marketing of Seal Products, para. 5.166.

据的特定权重而认为专家组的做法存在错误。①

如上,上诉机构审查了专家组对涉案措施的分析以及对证据的认定,上诉机构的结论是欧共体海豹制度的主要目的是解决欧共体公共道德对海豹福利的关心,同时,也考虑到并力图减少该措施对 IC 族和其他有关方面的影响。②

由此,本质上,保护海豹福利与因纽特人 IC 族捕猎的需求都是争议措施的目的。在本案中,欧盟海豹管理体系由"禁止性的和许可性的"部分组成。禁止性的部分为"禁止海豹产品的进口";而许可性的组成部分为对 IC 族捕猎、MRM 捕猎和其他旅行者进口类别进口的许可。③ 事实上,与关于歧视的认定一样,只有欧盟海豹管理体系同时使用禁止性的和许可性的措施时,该体系才构成 GATT 1994 第 1.1 条和第 3.4 条的事实性歧视。本案上诉机构认为,只有将禁止性和许可性的组成部分一并考虑,才能评价欧盟海豹管理体系是否能够被第 20 条所正当化。④

进一步地,加拿大提出保护公共道德应该做风险分析。另外,保护海豹福利也应该给予其他动物的福利以同等保护。上诉机构针对这些问题指出,公共道德与科学或者危害身体的有害物质不同,后者要做风险分析以便确定保护水平,而风险分析对公共道德的保护作用不大。上诉机构在"跨境赌博案"中指出,成员有权决定他们认为适当的保护水平。同时,上诉机构不认为 GATT 1994 要求欧共体必须对所有动物的福利给予同等水平的保护。⑤ 换言之,成员具有确定公共道德的特定保护水平的权利。

(3) 第 20 条的分析步骤和要点

GATT 1994 第 20 (a) 条规定如下:

---

① AB Report, European Communities—Measures Prohibiting the Importation and Marketing of Seal Products, para. 5.166.
② the Appellate Body concluded that "the principal objective of the EU Seal Regime is to address EU public moral concerns regarding seal welfare, while accommodating IC and other interests so as to mitigate the impact of the measure on those interests." See AB Report, European Communities—Measures Prohibiting the Importation and Marketing of Seal Products, para. 5.167.
③ AB Report, European Communities—Measures Prohibiting the Importation and Marketing of Seal Products, para. 5.187.
④ AB Report, European Communities—Measures Prohibiting the Importation and Marketing of Seal Products, para. 5.193.
⑤ 见上诉机构报告,《欧盟禁止海豹产品进口和销售措施案》,第 5.199—5.200 段。

在遵守关于此类措施的实施不在情形相同的国家之间构成任意或不合理歧视的手段或构成对国际贸易的变相限制的要求前提下，本协定的任何规定不得解释为阻止任何缔约方采取或实施以下措施：

(a) 为保护公共道德所必要的措施。

本案上诉机构通过三个步骤考察与专家组对 GATT 1994 第 20 条分析相关的主张：第一，上诉机构解决专家组对欧盟海豹管理体系目标的识别问题；第二，上诉机构解决加拿大和挪威关于欧盟海豹管理体系是否为保护 GATT 1994 第 20 (a) 条的公共道德所必要的主张；第三，解决加拿大、挪威和欧盟关于专家组对 GATT 1994 第 20 条序言的主张。

1）措施目标的认定

在对措施目标的认定上，上诉机构应考察立法历史、立法文本等相关的因素。同时，专家组和上诉机构对措施的目的的认定并不限于争议方所主张的目标范围之中，专家组和上诉机构应根据其面前的证据和事实做出认定。具体分析参见上文。

2）必要性的认定

在解决必要性时，本案上诉机构指出，其涉及对一系列因素的"考量和平衡"（weighing and balancing）的过程，包括目标的重要性、措施对目标的实现，以及措施的贸易限制性。同时，在多数案件中，对指控的措施和可替代措施之间的比较是必需的。上述分析涉及将所有的因素统一考虑的"整体性"（holistic）考量和平衡的过程，进而形成一个综合性的裁决。①

在本案中，加拿大和挪威认为专家组在确定欧盟海豹管理体系是否对欧盟公共道德关切具有"实质性"（material）贡献时，错误地单纯分析该措施的禁止性部分。该争议主要涉及专家组建立的"实质性"贡献标准及其适用。在"巴西轮胎案"中，上诉机构在评估第 20 条必要性下的措施的贡献程度时指出，"评估措施贡献方法的选择是对于风险本质、追求的目标和保护水平的功能展现。其最终依赖分析时所具备的证据的本质、数量和质量。作为事实的探索者，专家组享有设计适当的方法决定措施贡献程度的权限。当然，该权限并非无限的。事实上，专家组必须在符合 GATT 1994 第 20 条和 DSU 第 11 条的要

---

① AB Report, European Communities—Measures Prohibiting the Importation and Marketing of Seal Products, para. 5.214.

求下,分析争议中的措施贡献程度。"①上诉机构进一步指出,对贡献程度的分析也可以采取定量或定性的方法。

在分析必要性的事项上,措施的贡献程度仅仅是一个方面,其还需要和其他因素共同考虑,包括对潜在的可替代性措施的分析。在实践中,即使是贸易限制性很高的措施也能通过必要性测试,因此,上诉机构否认加拿大和挪威关于"实质性"标准必须适用必要性分析的主张。②同时,上诉机构也否认了本案专家提出的"实质性"标准。

同时,上诉机构认为申诉方所提出的欧盟海豹管理体系导致更糟糕的海豹福利问题,并且也没有减少全球海豹产品的需求或减少虐杀海豹,上诉机构认为申诉方提出的问题是对证据的衡量和采纳问题,应在DSU第11条项下提出。

进一步地,上诉机构分析专家组对可替代措施的分析。本案上诉机构指出,当替代性措施"虽然在理论上可行,但是被诉方无法实施,或者该措施对成员施加不合理的负担,例如,实施成本或是实质技术困难"时,该可替代性措施就不是合理、可行的。"真正的替代性措施"应该是具有比原先措施更小的贸易限制性,同时"能够实现被诉方保护特定措施的既定的保护水平"。③

本案的替代性措施包括允许符合条件的海豹产品进口、许可证和标签等。申诉方认为上述替代性措施"申诉方未能具体描述该替代性措施的内容","专家组也未对该措施对目标的实现程度进行实质评估"。④然而,本案上诉机构认定,专家组已对替代性措施对欧盟海豹管理体系的目标所具有的潜在影响进行评估,⑤因此,上诉机构否定了申诉方的诉求。由于上述替代性措施具有事实上的困难,并且无法达到欧盟所设定的保护水平,所以上述替代性措施并非合

---

① AB Report, European Communities—Measures Prohibiting the Importation and Marketing of Seal Products, para. 5.210.
② AB Report, European Communities—Measures Prohibiting the Importation and Marketing of Seal Products, paras. 5.215 – 5.216.
③ AB Report, European Communities—Measures Prohibiting the Importation and Marketing of Seal Products, para. 5.261.
④ AB Report, European Communities—Measures Prohibiting the Importation and Marketing of Seal Products, para. 5.263.
⑤ AB Report, European Communities—Measures Prohibiting the Importation and Marketing of Seal Products, para. 5.279.

理、可行的。①

3）对序言的认定

GATT 1994 第 20 条序言规定："此类措施的实施不在情形相同的国家之间构成任意或不合理歧视的手段或构成对国际贸易的变相限制"。序言的功能是阻止成员滥用或不正当地使用例外权力。由此，序言是对成员援引例外权力和保护其他成员享有 GATT 1994 规定的权利之间进行平衡。实现该平衡要求"任一权利均不应该排除其他相竞争的权利，并且扭曲、消除（nullify）或损害成员自身的权利和义务"。②正如上诉机构在"美国汽油案"中所述的，证明措施临时被第 20 条例外所正当化且并不构成对序言滥用情形的举证责任落在援引该例外的成员身上。

针对序言中的"歧视"（discrimination）事项，上诉机构曾指出："序言的条款不必与先前违反实体性规则所使用的标准相同"。③针对措施是否"在情形相同的国家间构成恣意的或不合理的歧视"这一问题，需要对国家间的"情形"（conditions）是否"相同"进行认定。该"情形"术语包括国家面临的一系列的情况。同时，该"情形"仅与确定任意或不合理的歧视相关。④ 本案上诉机构认为，在确定不同国家之间的哪些"情形"与序言的情境相关时，第 20 条项下段落提供了中肯的语境（pertinent context）。换言之，与可适用第 20 条项下段落的特定政策目标相关的"情形"和序言的分析相关。根据措施的特定属性和案件的特定情形，在不同国家的"情形"是否与序言语境相关的问题上，争议措施所违反的 GATT 1994 的条款可以提供有用的指导意见。⑤理论上，

---

① AB Report, European Communities—Measures Prohibiting the Importation and Marketing of Seal Products, para. 5.279.

② Achieving this equilibrium is called for "so that neither of the competing rights will cancel out the other and thereby distort and nullify or impair the balance of rights and obligations constructed by the Members themselves. AB Report, European Communities—Measures Prohibiting the Importation and Marketing of Seal Products, para. 5.297.

③ AB Report, European Communities—Measures Prohibiting the Importation and Marketing of Seal Products, para. 5.298.

④ AB Report, European Communities—Measures Prohibiting the Importation and Marketing of Seal Products, para. 5.299.

⑤ AB Report, European Communities—Measures Prohibiting the Importation and Marketing of Seal Products, para. 5.300.

如果被诉方认为不同国家之间的情形不同,那么其应承担举证责任。①

第20条的序言关注的是落入第20条项下的措施的适用方法(manner)。虽然其集中关注措施适用的方法,但是上诉机构指出措施是否以特定的方式适用"大多数情况下能够从该措施的设计、构造(architecture)和相应的结构上获得",因此,在实际或预期的适用中,措施是否构成在相同情形中的国家之间的恣意的或不合理的歧视方法的认定上,对该措施的设计、构造和相应的结构进行考察是有意义的。②确定恣意的或不合理的歧视的最重要的因素之一是该歧视是否与适用第20条项下段落的措施的政策目标相协调,或者是合理相关的。③

本案上诉机构推翻了专家组使用与TBT协定第2.1条相同的法律测试分析GATT 1994第20条序言的主张,④并进一步完成分析。本案上诉机构将考察欧盟海豹管理体系给予因纽特人捕猎的海豹产品与"商业"捕获的不同规制待遇是否构成"恣意的或不合理的歧视"。另外,上诉机构还分析该措施是否对不同的本地群体产生歧视的效果,以及该效果是否构成恣意的或不合理的歧视。

如前所述,对序言的分析包括不同国家之间的"情形"是否"相同"。本案中,欧盟并没有表明加拿大、挪威的情形与格陵兰岛的情形是不同的,因此其假定上述国家之间的情形满足序言中的"相同"要求。⑤同时,该案中,上诉机构已经在GATT 1994第1.1条相关的裁定中认定存在"歧视",进而其考察该歧视是否构成序言中的"恣意的或不合理的歧视"。

欧盟海豹管理体系的目标是解决欧盟的公共道德关切。为实现该目标,欧盟海豹管理体系禁止"商业"捕猎的海豹产品进口以及进入市场,虽然其允许满足特定标准的捕猎产品的进口。该标准与捕猎者的身份、捕猎的目的和捕猎的副产品的使用方式相关。申诉者认为因纽特人例外与欧盟海豹管理体系的目

---

① AB Report, European Communities—Measures Prohibiting the Importation and Marketing of Seal Products, para. 5.301.

② AB Report, European Communities—Measures Prohibiting the Importation and Marketing of Seal Products, para. 5.302.

③ AB Report, European Communities—Measures Prohibiting the Importation and Marketing of Seal Products, para. 5.306.

④ AB Report, European Communities—Measures Prohibiting the Importation and Marketing of Seal Products, para. 5.313.

⑤ AB Report, European Communities—Measures Prohibiting the Importation and Marketing of Seal Products, para. 5.317.

标之间不存在合理的联系,并且该例外违背其目标。①

第一个相关的因素是欧盟是否充分解释了欧盟海豹管理体系对待因纽特人捕猎和"商业"捕猎的方式与解决欧盟与海豹服务相关的公共道德之间是相互协调的,或者是相关的。本案中,欧盟并没有做出充分的解释。例如,本案上诉机构认为,在"因纽特人捕猎存在对欧盟公众关心的残忍杀害海豹之痛苦"的前提下,欧盟并没有举证证明为何对因纽特人与其他本地民族的经济和社会利益的保护必须表明欧盟无法通过其他方式确保解决与因纽特人捕猎相关的海豹福利问题。②

第二个问题是考察因纽特人例外的特定标准是否以恣意的或不合理的方式进行设计和适用。本案中,海豹产品要被认定为由因纽特人捕获,其应满足下述三个条件:①海豹捕获的行为由因纽特人或其他本地群体所做出,该群体具有在本地区内捕获海豹的传统;②捕获的海豹产品至少部分地根据其传统在该群体内进行使用、消费或加工;并且③捕获海豹对该群体的存续(subsistence)具有贡献。③ 本案上诉机构指出因纽特人捕猎也具有获取经济利益的成分。进一步地,由于欧盟并没有对上述条件中的"存续"、"部分使用"(partial use)标准进行明确界定,并且欧盟适格机构在确定上述条件方面的宽泛的裁量权极可能导致一些本应该被归类为"商业"捕获的海豹产品被归类为因纽特人例外的产品进而进入欧盟市场,因此欧盟海豹管理体系的设计导致其可能在相同情形的国家之间形成"恣意的或不合理的歧视"。④

进一步地,在影响不同国家群体的因纽特人例外是否构成"恣意的或不合理的歧视"的方式问题上,由于因纽特人例外事实上仅能够适用于格陵兰岛,欧盟海豹管理体系对格陵兰岛和加拿大的海豹产品施加不同的待遇,并且导致了相同情形国家之间的歧视。本案上诉机构认为,如果欧盟海豹管理体系对海豹进口的限制影响到加拿大的因纽特人,那么其也同样影响到格林兰岛的因纽

---

① AB Report, European Communities—Measures Prohibiting the Importation and Marketing of Seal Products, para. 5.319.
② AB Report, European Communities—Measures Prohibiting the Importation and Marketing of Seal Products, para. 5.320.
③ AB Report, European Communities—Measures Prohibiting the Importation and Marketing of Seal Products, para. 5.322.
④ AB Report, European Communities—Measures Prohibiting the Importation and Marketing of Seal Products, paras. 5.326 – 5.329.

特人,因此不会影响加拿大和格陵兰岛之间的竞争。但是,上诉机构也注意到,欧盟并没有像帮助格陵兰岛的因纽特人那样尽力帮助加拿大的因纽特人,也并没有对加拿大的误解予以澄清,并且设定满足所有条件的"适格评定机构"对不同国家的因纽特人的认定工作是具有显著负担的。① 由此,上诉机构认为欧盟并未证明其实施海豹管理体系的方式满足第 20 条序言的要求,因此,欧盟未能证明其欧盟海豹管理体系符合 GATT 1994 第 20(a)条。

四 本案涉及的主要条款

（一）TBT 协定附件 1.1

1. 技术法规

规定强制执行的产品特征或其相关工艺和生产方法、包括适用的管理规定在内的文件。该文件还可包括或专门关于适用于产品、工艺或生产方法的专门术语、符号、包装、标志或标签要求。

（二）TBT 协定第 2.1 条

各成员应保证在技术法规方面,给予源于自任何成员领土进口的产品不低于其给予本国同类产品或来自任何其他国家同类产品的待遇。

（三）GATT 1994 第 3.4 条

任何缔约方领土的产品进口至任何其他缔约方领土时,在有关影响其国内销售、标价出售、购买、运输、分销或使用的所有法律、法规和规定方面,所享有的待遇不得低于同类国产品所享有的待遇。

（四）GATT 1994 第 20(a)条

在遵守关于此类措施的实施不在情形相同的国家之间构成任意或不合理歧视的手段或构成对国际贸易的变相限制的要求前提下,本协定的任何规定不得解释为阻止任何缔约方采取或实施以下措施:

（a）为保护公共道德所必要的措施。

---

① AB Report, European Communities—Measures Prohibiting the Importation and Marketing of Seal Products, para. 5.338.

案例 10　美国诉中国对来自美国的取向电工钢的反倾销反补贴措施案（WT/DS414/R）

一　案件基本情况

1. 案名

美国诉中国对来自美国的取向电工钢的反倾销反补贴措施案

2. 案号

WT/DS414/R

3. 申诉方、被诉方、第三方

申诉方：美国

被诉方：中国

第三方：阿根廷、欧盟、洪都拉斯、印度、日本、韩国、沙特阿拉伯、越南、俄罗斯

4. 案件进度

2010 年 9 月 15 日提交磋商请求

2012 年 6 月 15 日专家组报告发布

2012 年 10 月 18 日上诉机构报告发布

2013 年 5 月 3 日第 21.3（c）条仲裁报告发布

2015 年 7 月 31 日第 21.5 条专家组报告发布

5. 争议条款

涉及的条款：《反倾销协定》第 1 条、第 3.1 条、第 3.2 条、第 3.5 条、第 6.4 条、第 6.5.1 条、第 6.8 条、第 6.9 条、第 12.2 条、第 12.2.2 条，附件 Ⅱ；

GATT 1994 第 6 条；

《反补贴协定》第 10 条、第 11.2 条、第 11.3 条、第 12.3 条、第 12.4.1

条、第 12.7 条、第 12.8 条、第 15.1 条、第 15.2 条、第 15.5 条、第 19 条、第 22.2（iii）条、第 22.3 条、第 22.5 条

6. 法官名称

本案上诉机构成员：David Unterhalter（首席）、张月姣、Peter Van den Bossche

二 案件审理概况

（一）磋商程序与专家组程序

2011 年 2 月 11 日，美国请求建立专家组。

在 2011 年 2 月 24 日的会议上，争端解决机构授权建立专家组。

在 2011 年 3 月 25 日的会议上，争端解决机构建立专家组。欧盟、洪都拉斯、印度、日本、韩国和越南保留第三方权利。其后，阿根廷和沙特阿拉伯保留第三方权利。

2011 年 5 月 10 日，专家组组成。

2011 年 9 月 19 日，专家组主席通知争端解决机构最终报告将不迟于 2012 年 5 月发布。

2012 年 6 月 15 日，专家组报告发布。

（二）涉案措施（measures at issues）

本案中中国的反倾销与反补贴调查是依据两家中国钢铁生产商的申请发起的，即武汉钢铁（集团）公司（"武钢"）和宝钢集团有限公司（"宝钢"）。申请人认为，27 个美国联邦法律和州法律为美国的取向电工钢生产商提供可诉性补贴。[①]此外，申请人认为，来自美国的倾销及被补贴的取向电工钢的进口和来自俄罗斯的取向电工钢的倾销进口已经造成对中国国内产业的损害并有造成进一步损害的威胁。

中国商务部于 2009 年 6 月 1 日立案，对进口自美国的取向电工钢进行反倾销与反补贴税调查。[②] 两家美国取向电工钢出口商/生产商——AK 钢铁有限公

[①] 专家组报告，《美国诉中国对来自美国的取向电工钢的反倾销反补贴措施案》，第 2.2 段。2009 年 7 月 20 日，申请人提交了另一份申请，主张另外 10 个美国联邦和州的法律也容许对生产商提供补贴。

[②] 参见本案专家组报告，第 2.2 段。反补贴税调查的申请和补充申请中提及了美国 37 个联邦和州的法律，而启动调查针对的是其中 28 个联邦和州的法律。2009 年 6 月 1 日，中国商务部也对出口自俄罗斯的取向电工钢展开了反倾销调查。

司（"AK 钢"）和阿勒格尼技术公司（"ATI"）在两个调查中均登记为应诉公司。反倾销与反补贴调查期为 2008 年 3 月 1 日至 2009 年 2 月 28 日，而产业损害调查期则为 2006 年 1 月 1 日至 2009 年 3 月 31 日。①

2010 年 4 月 10 日，中国商务部公布最终裁定。中国商务部计算出 AK 钢的从价补贴税率为 11.7%，ATI 为 12%，而"其他美国公司"即在这次调查中没有登记的且对于商务部未知的美国出口商/生产商，为 44.6%。② 中国商务部计算出 AK 钢的倾销幅度为 7.8%，ATI 为 19.9%，"其他美国公司"为 64.8%。另外，中国商务部对损害和因果关系进行了累积评估，并且对美国和俄罗斯进口的取向电工钢一起进行了考虑。③在这次损害分析中，"中国商务部认定被调查进口产品的影响是'严重压低和抑制国内同类产品价格'"。④ 中国商务部也评估了中国国内产业情形的相关经济指标。经审查，中国商务部认定来自美国的倾销和被补贴的取向电工钢的进口和来自俄罗斯的倾销的取向电工钢的进口与国内产业遭到的实质损害存在着因果关系。⑤ 在此基础上，中国商务部对来自美国的取向电工钢征收上述税率的反倾销与反补贴税。⑥

在专家组面前，美国对中国商务部的调查和最终裁定的许多方面提出了挑战。2010 年 9 月 15 日，美国要求针对中国商务部 [2010] 第 21 号通知及其附件所规定的对美国进口的电工钢征收反补贴税和反倾销税的措施进行磋商。中国政府调查机关认定美国政府对其涉案企业授予补贴利益的根据是 2009 年

---

① 美国向专家组递交首次书面文件，第 17 段（见中国商务部发起对原产于美国的进口取向电工钢进行反补贴调查，公告 [2009] 第 41 号（2009 年 6 月 1 日）[专家组附件 US - 6（英文版）]，第 2 页；中国商务部发起对原产于美国和俄罗斯的进口取向电工钢进行反倾销调查，公告 [2009] 第 40 号（2009 年 6 月 1 日）[专家组附件 US - 7（英文版）]，第 2 页）。
② 专家组报告，《美国诉中国对来自美国的取向电工钢的反倾销反补贴措施案》，第 2.5 段、第 7.370 段及第 7.371 段。
③ 专家组报告，《美国诉中国对来自美国的取向电工钢的反倾销反补贴措施案》，第 7.475 段。
④ 专家组报告，《美国诉中国对来自美国的取向电工钢的反倾销反补贴措施案》，第 7.475 段，引自最终裁定 [专家组附件 CHN - 16（英文版）]，第 59 页。专家组认定中国商务部并没有认定严重的价格削减行为。（专家组报告，《美国诉中国对来自美国的取向电工钢的反倾销反补贴措施案》，第 3.553 段）
⑤ 专家组报告，《美国诉中国对来自美国的取向电工钢的反倾销反补贴措施案》，第 2.5 段和第 7.598 段。
⑥ 根据最终裁定，中国商务部也对进口自俄罗斯的取向电工钢征收了反倾销税，引自最终裁定 [专家组清单 CHN - 16（英文版）]，第 3 页。该部分税不在本次争议之内。

《美国经济恢复和再投资法》（American Recovery and Reinvestment Act）的"购买美国货"的条款以及州政府购买法。

美国认为上述措施违反如下条款：

1. 《反补贴协定》第 10 条、第 11.2 条、第 11.3 条、第 12.3 条、第 12.4.1 条、第 12.7 条、第 12.8 条、第 15.1 条、第 15.2 条、第 15.5 条、第 19 条、第 22.2（iii）条、第 22.3 条、第 22.5 条；

2. 《反倾销协定》第 1 条、第 3.1 条、第 3.2 条、第 3.5 条、第 6.4 条、第 6.5.1 条、第 6.8 条、第 6.9 条、第 12.2 条、第 12.2.2 条，附件Ⅱ；

3. GATT 1994 第 6 条。

（三）专家组审理概况

本争议涉及中国商务部对美国取向电工钢征收的反补贴和反倾销税。美国主张该措施与中国在《反倾销协定》《反补贴协定》和 GATT 1994 的义务不符。

1. 美国关于发起特定反补贴税调查的主张

中国针对美国的一系列法规展开反补贴调查，这些法规包括：2003 年《处方药医保、改进和现代化法》、1981 年《经济恢复税法》、1986 年《税制改革法》、1984 年《钢铁进口稳定法》；印第安纳州钢铁资讯服务；对达到《清洁空气法》标准的宽限期；为钢铁工业提供低价电、燃气、煤；2003 年《宾夕法尼亚经济刺激计划》以及宾夕法尼亚替代能源资助项目。美国认为中国商务部启动的针对上述 11 个项目的反补贴调查违反《反补贴协定》第 11.2 条和第 11.3。专家组指出，《反补贴协定》第 11 条规定调查机关必须确认有充分的证据支持才能发起调查，其规定调查机关必须评估证据的准确性和完整性，进而决定是否足以启动调查。专家组认为第 11.2 条规定的"充分证据"（sufficient evidence）的要求并非已经达到最终结论的要求。针对争议中的 11 个项目，专家组认定中国发起反补贴的调查违反了《反补贴协定》第 11.3 条。

2. 美国关于非保密概要的主张

调查申请人请求中国商务部对某些信息做保密处理，该请求得到中国商务部的批准。美国指控中国商务部的做法与《反补贴协定》第 12.4.1 条和《反倾销协定》第 6.5.1 条不符，因为其未能提供充足的非保密信息的概要。专家组支持了美国的主张。专家组认为该概要并不能提供对保密中的信息的实质性内容的合理解读。

3. 美国关于确定倾销幅度公告的主张

美国认为中国商务部不能披露确定倾销幅度的数据和计算方法，因而为其违反《反倾销协定》第12.2.2条。专家组拒绝了美国的主张，认为根据第12.2.2条的文本，调查机构没有义务公布所有的资料和计算方法。

4. 美国关于中国商务部公告认定和结论的利益确定的主张

美国主张中国商务部并没有充分解释为何美国政府采购法在竞争性招标程序中排除外国生产者将会导致价格并非市场价格的结论。根据美国的观点，该行为违反了《反补贴协定》第22.3条。专家组拒绝了美国的主张。专家组认为第22.3条并没有规制调查机构推理的实质性要求。在专家组看来，中国商务部在其公告中提及认定和结论相应的法律和事实，这已符合第22.3条的要求。第22.3条规定：对于任何初步或最终裁定，无论是肯定的还是否定的，按照第18条接受承诺的决定、此种承诺的终止以及最终反补贴税的终止均应做出公告。每一公告均应详细列出或通过单独报告详细提供调查主管机关就其认为重要的所有事实问题和法律问题所得出的调查结果和结论。所有此类公告和报告应转交其产品受该裁定或承诺约束的一个或多个成员及已知与此有利害关系的其他利害关系方。

5. 美国关于对可利用事实的主张

美国的指控涉及中国商务部使用可利用事实进而计算倾销和补贴税率的问题。虽然专家组否认了美国关于中国商务部不合适地向两家美国知名的出口商征收补贴税的事实，然而，专家组认为中国商务部对可利用事实的使用与《反补贴协定》第12.7条不符。

《反补贴协定》第12.7条规定：

> 如任何利害关系成员或利害关系方不允许使用或未在合理时间内提供必要的信息，或严重妨碍调查，则初步和最终裁定，无论是肯定的或还是否定的，均可在可获得的事实基础上作出。

专家组支持美国的主张，认为中国违反了《反倾销协定》第6.8条和附件Ⅱ第1段以及《反补贴协定》第12.7条，因为中国商务部不合理地使用出口商所不知晓的倾销和补贴税率的事实。

美国同时也认为中国在最终认定和结论中所使用的"不知名"的美国出口

商的事实并没有披露重要的信息，或者未提供足够详细的信息，进而违反了《反倾销协定》第6.9条、第12.2条和第12.2.2条，以及《反补贴协定》第12.8条、第22.3条和第22.5条。专家组支持了美国的观点。

6. 美国关于中国商务部价格效果分析的主张

美国指控中国商务部的倾销和幅度具有显著性价格效果的认定。美国认为中国商务部的价格效果的分析是推断性的，没有对证据进行客观性考察，因此并非基于肯定性的证据。专家组支持美国的观点，认定中国的做法与《反倾销协定》第3.1条和第3.2条以及《反补贴协定》第15.1条和第15.2条不符。

美国同时认为中国并没有披露支持其价格效果分析的重要事实，并且也没有提供对价格效果认定的充分解释，这一做法违反《反倾销协定》第6.9条和第12.2.2条以及《反补贴协定》第12.8条和第22.5条。专家组支持美国主张。

7. 美国关于中国商务部因果分析的主张

美国认为中国商务部的因果分析违反了《反倾销协定》第3.5条和《反补贴协定》第15.5条，因为中国商务部错误地得出结论，认为在调查期，国内取向电工钢行业的产能增长无法对国内行业造成损害。美国认为中国商务部的分析与《反倾销协定》第3.1条和《反补贴协定》第15.1条不符，因为其并没有履行"客观性考察"（objective examination）和"肯定性的证据"（positive evidence）的义务要求。专家组支持美国的主张。

美国同时也主张中国的做法与《反倾销协定》第6.9条和第12.2.2条不符，以及与《反补贴协定》第12.8条和第22.5条不符，因为中国不能够披露支持该分析的重要事实，并且无法提供做出因果认定的充分解释。专家组支持了该观点。

（四）上诉机构审理概况

1. 上诉机构审理程序

2012年7月20日，中国通知上诉机构其将对特定法律问题和专家组报告中的特定法律解释提起上诉。

2012年9月18日，上诉机构主席通知争端解决机构其无法在60天内完成报告，因此预计在不迟于2012年10月18日发布上诉机构报告。

2012年10月18日，上诉机构报告发布。

2. 上诉的法律问题

中国上诉的争议点具体如下。

中国上诉的主张限于专家组关于中国商务部的价格效果认定和相关事实的披露问题上。中国认为专家组错误地解释了《反倾销协定》第3.2条和《反补贴协定》第15.2条。专家组将这些条款中的"影响"错误地解释为调查机关必须证明不利价格影响由倾销和/或补贴进口所引起，将其中规定的义务适用于商务部未做出的认定，和要求调查机关遵守这些条款中没有的义务。[①] 进而错误地认定中国的做法与《反倾销协定》第3.1条、第3.2条不符，以及与《反补贴协定》第15.1条、第15.2条不符。

首先，中国主张《反倾销协定》第3.1条和《反补贴协定》第15.1条是"帽子"条款，即将"倾销和被补贴的进口产品对价格的影响"分别放在了第3条和第15条这一个更广泛的背景之下。第3.1条和第15.1条为调查机关规定了一个广泛及首要的义务，即损害裁定要依据"肯定性证据"进行"客观审查"。然而，这些条款"并未说明考量被调查进口产品不利价格影响的具体义务的性质"[②]，而是将调查机关涉及价格影响的义务列举于《反倾销协定》第3.2条和《反补贴协定》第15.2条之中，而这些条款规定了调查机关此方面义务的"全部实质内容"。[③]

中国主张第3.2条和第15.2条"仅"给予"调查机关有限的义务"来"考虑"被调查进口产品的价格影响，即"检查；注意；且仔细考虑"价格影响。[④] 中国发现在先前的争端中专家组的认定支持了中国的立场，即认为第3.2条要求调查机关考虑调查中是否存在任何条文中所述的价格影响，而并不需要对影响做出明确的裁定。[⑤] 中国认为，如果世贸组织成员要设定更具体或更高要求的义务——如得出结论或提供具体的分析——他们会使用第3条和第15条其他款项中的词语如"评估"或"证明"等。

中国进一步认为，第3.2条和第15.2条没有任何语言提及要在价格影响和被调查进口产品之间建立因果关系。中国的观点是，词组"的影响"（the

---

[①] 中国的上诉通知，第6段（见专家组报告，《美国诉中国对来自美国的取向电工钢的反倾销反补贴措施案》，第7.523—7.536段）。

[②] 中国的上诉方陈述，第49段。

[③] 中国的上诉方陈述，第50段。

[④] 中国的上诉方陈述，第51段，引自 Shorter Oxford English Dictionary（《简明牛津英语词典》）第1卷，L. Brown（ed.），克拉伦登出版社，1993，第485页。

[⑤] 中国的上诉方陈述，第53段和第54段（见专家组报告，《泰国—工字梁案》，第7.161段；专家组报告，《韩国—某些纸类案》，第7.242段）。

effect of)仅仅意味着某个原因的结果，侧重于"结果"而不是原因。这是基于单词"影响"（effect）被作为名词使用，而不是做动词。因为只有当这个词被用作一个动词时，因果关系的因素才变得相关起来。当用作动词时，"影响"（effect）的意思是"导致"。第3.2条和第15.2条中的名词"影响"（effect）是关于目前的状态，并不暗示在效果本身和任何特定的先前事件之间存在因果关系，第3.4条及第15.4条中的动词"影响"（affect）在先前的事件和后果之间得出一个关系。中国认为不应将其中规定的义务适用于商务部未做出的认定并要求调查机关遵守这些条款中没有的义务。①

中国还主张"考虑"价格影响的义务仅仅要求调查机关"仔细考虑"价格削减、抑价及价格抑制的存在。② 与之相对，"证明"因果关系的义务需要更加严格地分析。因此，中国强调，第3.5条和第15.5条下独特的义务不应当被转嫁给第3.2条和第15.2条。

中国认为《反倾销协定》和《反补贴协定》的目的和宗旨是要在调查机关实施反倾销和反补贴措施时必须遵守的义务和让调查机关自行决定如何实施这些义务之间取得平衡。中国还提出，特定条款的目的和宗旨也应当予以考虑，"如果这么做能否够帮助解释者从整体上明确条约的目的和宗旨。"③ 关于第3.2条和第15.2条，中国认为它们的目的和宗旨是"为了确定被调查的国内市场中某些特定的量及价格环境"，但应给调查机关一个较大的空间来自行决定如何确认这样的环境。④ 因此，将第3.2条和第15.2条解释为规定了"有限的义务"更符合《反倾销协定》和《反补贴协定》的目的和宗旨，即赋予调查机关认定价格影响方面的自由裁量权。

中国批评了专家组的结论，认为"仅仅表明存在严重的价格压低和价格抑制不满足《反倾销协定》第3.2条和《反补贴协定》第15.2条的目的"，"调查机关还必须表明这样的价格压低和价格抑制是被调查进口产品的影响。"⑤ 中国认为，从专家组的裁定中可见，专家组好像从这些条款中读出这样的要求，即中国商务部应该证明被调查进口产品"影响"了国内的价格，即使这些条款并没有这

---

① 中国的上诉通知，第6段（见专家组报告，第7.523段—第7.536段）。
② 中国的上诉方陈述，第78段。
③ 中国的上诉方陈述，第82段（引自上诉机构报告，《欧共体—鸡块案》，第238段）。
④ 中国的上诉方陈述，第84段。
⑤ 中国的上诉方陈述，第90段和脚注第49条到第100段（引自专家组报告，第7.520段）。

样的要求。① 此外，专家组无视了第3.2条和第15.2条中的"考虑"一词，反而认定调查机关有义务"证明"和"表明"在被调查进口产品和价格影响之间存在因果关系，但条款中并没有规定这样的义务。②

基于上述原因，中国请求上诉机构推翻专家组关于中国商务部的价格分析"违反了《反倾销协定》第3.1条和第3.2条，《反补贴协定》第15.1条和第15.2条，即专家组报告第7.554段和第8.1段（f）项的裁定"。③

中国主张，即使上诉机构同意专家组对于《反倾销协定》第3.2条和《反补贴协定》第15.2条的解释，专家组在将这些条款适用于商务部的最终裁定时仍然存在错误。中国认为，专家组"从根本上误解了中国商务部关于本案中不利价格影响的最终裁定"④。专家组的"首要错误"是它没有"依照书面的以及以整体"来考虑中国商务部对价格影响的论证，"而是以它们自己的分析框架来替代调查机关的价格影响分析"⑤。在这样做的情况下，专家组"不合适地忽略了论证的一些方面，而关注了某些实际上并不是论证中的因素，且完全没有从整体上考虑商务部就此问题的论证。"⑥

中国认为专家组没有处理"商务部讨论的关键点之一"，即在调查期内被调查进口产品和国内的价格为何遵循同样的先增长后下降的趋势。⑦ 中国提到，尽管商务部在分析中两次提到这个事实，专家组却仅仅提了一下2009年第一季度被调查进口产品价格下跌的情形，而未讨论"在调查期内，被调查进口产品和国内产品之间的平行价格趋势"⑧。

中国还提出，专家组通过裁定进口产品进口量的影响不是中国商务部最终裁定的主要基础，而舍弃了进口量影响这一要素。商务部最终裁定其从未把被调查进口产品的进口量作为唯一要素，而依据的是多个要素，只是其中包含有被调查进口产品进口量而已。而且，承认被调查进口产品价格的关联性并不意味着被调查进口产品的进口量在中国商务部的分析中就变得不重要。专家组裁

---

① 中国的上诉方陈述，第92段（见专家组报告，第7.521段和第7.522段）。
② 中国的上诉方陈述，第93段（见专家组报告，第7.521段和第7.522段）和第104段（见专家组报告，《美国诉中国对来自美国的取向电工钢的反倾销反补贴措施案》，第7.520段）。
③ 中国的上诉方陈述，第109段。
④ 中国的上诉方陈述，第110段。
⑤ 中国的上诉方陈述，第117段。
⑥ 中国的上诉方陈述，第117段。
⑦ 中国的上诉方陈述，第122段。
⑧ 中国的上诉方陈述，第123段。

定"仅有被调查进口产品量增长的认定并不足够支持"商务部对于价格影响的认定。① 中国认为专家组错误地假定中国商务部提到的"低价"的意思是在被调查进口产品和同类国内产品之间进行价格比较,并错误地认为这样的价格比较在中国商务部的分析中处于核心的地位。基于这样的认定,专家组"错误表述了中国商务部的讨论,并在错误的前提上做出了裁定"②。如中国所解释的,商务部从来没有声明被调查进口产品价格低于国内的价格。商务部指出被调查进口产品的价格处于"一个低价"的水平,但并没有把调查期内的被调查进口产品的价格与国内的价格进行比较。尽管专家组正确地认识到中国商务部未做出价格削减的认定,但专家组却裁定商务部以价格削减为依据。中国认为,商务部提及的"低价"与价格削减是不同的,因为低价进口能独立于被调查进口产品与国内产品的价格水平的关系而存在。中国认为第3.2条和第15.2条确认了这种理解,因为这两条清楚地表明了严重的价格压低和价格抑制可以在没有价格削减的情况下存在。中国指出,这些条款提到了"这些进口产品"的影响,而不是"这些进口产品的价格"的影响。在中国看来,商务部的价格影响论证关注的是价格削减之外的其他因素,且不是以价格比较为依据。

中国还认为,尽管商务部提到"'价格政策'旨在使被调查进口产品的定价低于国内的价格",但其并不认为这个政策事实上导致了更低的进口价格。在中国看来,"无论被调查进口产品是否真正低于国内价格水平,其试图定更低价的行为就会触发不利的价格影响。"③

中国还认为专家组错误地拒绝了中国商务部运用平均单价("AUVs")来计算的主张,反而使用了另外的方法,而该方法不在《反倾销协定》第3.2条和《反补贴协定》第15.2条规定之中。另外,中国挑战了专家组认为"中国商务部没有考虑不同级别的取向电工钢"的这一结论。中国再次表示,专家组误解了平均单价的性质,而以自己推断的"物理上的……不同特性"的概念取而代之。而这个概念来自《反倾销协定》第2.4条,却并不适用于第3.2条和第15.2条。④ 尽管专家组认为被调查进口产品分属两个税则号的观点从技术上看是正确的,但这两个税号代表的却是同一种产品,唯一的不同只是产品的宽

---

① 中国的上诉方陈述,第127段(引自专家组报告,第7.542段)。
② 中国的上诉方陈述,第129段。
③ 中国的上诉方陈述,第148段。
④ 中国的上诉方陈述,第163段。

度。中国强调，这是一种物理特征上的不同，而并不是一种级别上的不同。另外，专家组批评中国商务部依据每年的平均单价来评价被调查产品的价格趋势的做法，中国对此进行了反驳。中国认为，调查机关可以通过每年的平均单价来比较价格趋势，区分更细的分析或许是一种替代的方法，"但采用每年的平均单价本质上也并非不客观"。中国也提到，专家组提出了很多替代方法，但没有一个方法是应诉企业在调查期间提出的。中国认为，"专家组实质上支持的是美国在专家组程序中提出的观点，而不是被应诉企业在调查期间提交给中国商务部的"①。中国认为，尽管调查机关有调查的义务，它们也有根据它们所获信息和当事人观点来设计调查和分析的自由裁量权。具体地说，当应诉方有权自由地在调查期间提出方法时，它们没有这么做的后果是与评估调查机关调查所采取措施的合理性和客观性相关的。②

中国认为，当适用的协定并没有规定任何方法时，该调查机关就可以自行决定，特别是当应诉企业在调查期间内没有主张一种特定的方法时。其中两个替代方法——通过考虑贸易水平与不同的产品分组来确保价格的可比性——并没有在调查期间向中国商务部提出。中国主张"调查机关必须依据它所拥有的有效信息，来做出务实的选择"③。而在本次调查的当时，没有当事人要求一个分解得更详细的分析，中国商务部也无须纠缠于这个问题。

基于上述原因，中国要求上诉机构推翻专家组关于中国商务部的价格影响分析违反"《反倾销协定》第3.1条和第3.2条，《反补贴协定》第15.1条和第15.2条的调查结果，即专家组报告第7.554段和第8.1段（f）项"④ 的认定。

中国同时也主张专家组认定"中国商务部的最终披露、公告和解释及其价格效果认定的事实等与《反倾销协定》第6.9条和第12.2.2条不符，以及与《反补贴协定》第12.8条和第22.5条不符"是错误的。

3. 各方立场和抗辩概况

在解释《反倾销协定》第3.2条与《反补贴协定》第15.2条时，中国认为调查机关只要"考虑"（consider）了显著的压价或抑价的"存在"（existence），就应被认定为履行了上述条款的义务。

---

① 中国的上诉方陈述，第183段。
② 中国的上诉方陈述，第185段（见专家组报告，《埃及—螺纹钢案》，第7.104段和第7.105段）
③ 中国的上诉方陈述，第188段。
④ 中国的上诉方陈述，第192段。

在解释《反倾销协定》第 6.9 条与《反补贴协定》第 12.8 条的问题上，中国认为专家组关于中国商务部无法满足在认定目标国进口的"低价"上的"重要事实"未通知所有利害关系方的认定是错误的。

在解释《反倾销协定》第 12.2.2 条与《反补贴协定》第 22.5 条的问题上，中国认为专家组关于"中国商务部不能足够披露与'低价'相关的所有事实信息的认定"是错误的。特别是，中国指出，中国商务部无须在公告中建立目标国进口和实质性压价和抑价的因果关联。

4. 上诉机构主要法律分析

（1）《反倾销协定》第 3.1 条、第 3.2 条与《反补贴协定》第 15.1 条、第 15.2 条：与中国商务部价格效果认定相关的主张

上诉机构首先解释了《反倾销协定》第 3.2 条、《反补贴协定》第 15.2 条的相关条款，其具体规定如下：

《反倾销协定》第 3.2 条/《反补贴协定》第 15.2 条

关于倾销（补贴）进口产品的数量，调查主管机关应考虑倾销（补贴）进口产品的决对数量或相对于进口成员中生产或消费的数量是否大幅增加。关于倾销（补贴）产品进口对价格的影响，调查主管机关应考虑与进口成员同类产品的价格相比，倾销（补贴）进口产品是否大幅削低价格，或此类进口产品的影响是否是大幅压低价格，或是否是在很大程度上抑制在其他情况下本应发生的价格增加。这些因素中的一个或多个均未必能够给予决定性的指导。

上诉机构首先考察了《反倾销协定》第 3 条与《反补贴协定》第 15 条项下的"确定损害的框架"，"进而确定中国上诉所解决的具体情况与特定义务"。上诉机构认为，第 3 条和第 15 条的条款构成调查机构最终损害和因果关系认定的调查的程序。特别是，根据第 3.5 条和第 15.5 条的规定，其必须通过设定在第 2 段和第 4 段的倾销或补贴的效果确定损害。因此，上诉机构认为，对第 3.5 条和第 15.2 条的解释应该与其在第 3 条和第 15 条损害确定的整体框架中的作用保持一致。①

其次，上诉机构分析了中国上诉所主张的"考虑"（consider）的含义，其

---

① See Appellate Body Report, China—Countervailing and Anti‐Dumping Duties on Grain Oriented Flat‐rolled Electrical Steel from the United States, WT/DS414/AB/R, 18 October 2012, paras. 125–128.

强调主管机构仅仅应"考虑"问题,而非"做出最终认定",其并没有要求考虑肯定性证据以及涉及客观性评估的事实。①

同时,在考察"进口的效果"是否压低价格或阻止价格增长的问题上,上诉机构在第 3 条和第 15 条的目的上,审查第 3.2 条和第 15.2 条的文本和上下文。在文本的正常含义上,上诉机构认为"效果"(effect)的词典含义为某种事项的"结果"。因此,第 3.2 条和第 15.2 条表明显著性的压价和抑价与目标国进口具有明确的联系,并且要求考察目标国进口和国内价格之间的关联。因此,"调查机关应该通过目标国进口相联系的国内价格的考察,进而理解目标国进口是否能够作为显著性压价和抑价发生的解释因素"②。进一步地,上诉机构解释了中国关于"存在"(existence)的主张,其认为本案专家组关于压价和抑价的"存在"认定仅仅是初步的认定。只要专家组考察了"目标国进口的效果是否显著的价格压制或抑制",那么专家组即履行了其义务。③

同时,上诉机构通过上下文考察了相关争议条款的含义。其指出第 3 条和第 15 条"规定了调查机关关于损害和因果分析的框架和纪律",并且它们构成调查机关对最终损害和因果认定的逻辑性因素。因此,第 3.2 条和第 15.2 条应形成与第 3.5 条和第 15.5 条相互补充的总体因果分析的基础。第 3.2 条和第 15.2 条的上下文支持如下观点:调查机关必须展开对目标国进口和国内价格关系之间的分析。同时,上诉机构也指出,第 3.5 条和第 15.5 条的分析关注目标国进口和国内行业损害之间的因果关系,而第 3.2 条和第 15.2 条的分析关注目标国进口和国内价格之间的关系。因此,前者分析的范围要广于第 3.2 条和第 15.2 条的压价和抑价情形。④

---

① See Appellate Body Report, China—Countervailing and Anti-Dumping Duties on Grain Oriented Flat-rolled Electrical Steel from the United States, WT/DS414/AB/R, 18 October 2012, paras. 129–132.

② See Appellate Body Report, China—Countervailing and Anti-Dumping Duties on Grain Oriented Flat-rolled Electrical Steel from the United States, WT/DS414/AB/R, 18 October 2012, paras. 133–141.

③ See Appellate Body Report, China—Countervailing and Anti-Dumping Duties on Grain Oriented Flat-rolled Electrical Steel from the United States, WT/DS414/AB/R, 18 October 2012, para. 142.

④ See Appellate Body Report, China—Countervailing and Anti-Dumping Duties on Grain Oriented Flat-rolled Electrical Steel from the United States, WT/DS414/AB/R, 18 October 2012, paras. 143–147.

最后，上诉机构考察了第 3 条和第 15 条的目的。其指出争议的条款旨在建立起调查机关在确定目标国进口导致的损害认定上的框架和纪律。因此，上诉机构并不同意中国关于"第 3.2 条和第 15.5 条规定了'更为受限的'义务，其留给调查机构价格效果认定上的自由裁量权"① 的主张。

中国的主要论点是专家组误解了中国商务部最终裁定中的"低价"的含义，并错误地认定中国商务部以此因素作为价格影响分析和结论的依据。上诉机构认为中国在上诉中的论证并没有说服上诉机构。在中国向专家组主张中国商务部是依据价格削减而得出被调查进口产品维持"低价"的认定后，专家组要求中国提供支持此主张的证据，并请各方评论。因此，当专家组发现中国"承认"② 中国商务部依据 2006 年至 2008 年存在的价格削减而得出重大价格抑制和价格压低的认定时，该结果是以中国对专家组的陈述为基础的，即中国商务部的结论是有调查记录中的证据作为基础的。特别应注意，专家组提到中国的陈述，即中国商务部"指出存在价格削减"是其严重价格抑制和价格压低的认定的"一个支持事实"。③ 虽然一方提供用以说明调查机关裁定的某些方面的陈述或证据对确定其意义不起决定作用，专家组仍然可以在其审查裁定的过程中采信该陈述。如果该方在上诉中提出不同观点，且这些观点对专家组采信其自身向专家组提出的陈述提出挑战，该方应当解释为何其原陈述不应再被采信。上诉机构没有看到中国出示任何依据，这使上诉机构不再理会中国在专家组审查程序中提交的平均单价数据，而专家组在审查中国商务部的最终裁定时就是以该数据为基础的。相应地，即使中国商务部最终裁定中的"低价"有不同的解读，上诉机构认为，专家组依据中国向专家组做出的陈述进行审查也是适当的，而上诉机构依据专家组对事实的分析审查专家组的裁定也是适当的。另外价格的可比性也是重要的。在得出中国商务部以被调查进口产品和国内产品价格的比较为基础而得出被调查进口商品存在价格削减的结论后，专家组认

---

① See Appellate Body Report, China—Countervailing and Anti-Dumping Duties on Grain Oriented Flat-rolled Electrical Steel from the United States, WT/DS414/AB/R, 18 October 2012, para. 153.
② 专家组报告，《美国诉中国对来自美国的取向电工钢的反倾销反补贴措施案》，第 7.530 段。
③ 专家组报告，《美国诉中国对来自美国的取向电工钢的反倾销反补贴措施案》，第 7.529 段（参考中国对专家组问题 69 的答复，专家组第二次会议，第 161 段）。

为调查机关在这种情况下应当"保证其比较的价格应当是适当可比的"①。专家组认为,"一旦要做价格比较,价格的可比性就必然成为了一个问题"②。专家组因此认为,由于中国商务部以被调查进口产品和国内产品的价格比较为依据,却没有考虑为确保价格的可比性而应进行必要调整,所以中国商务部的理由是"既不客观,也未以肯定性证据为依据的"③。

在对口头听证会问题的答复中,参与双方都同意调查机关必须确保被比较的价格之间具备可比性。④ 事实上,虽然第3.2条和第15.2条未有明确要求,但上诉机构确实无法理解不保证价格可比性如何能够符合第3.1条和第15.1条的要求,即损害决定应以"肯定性证据"为基础,并包含对被调查进口产品对国内同类产品价格影响的"客观审查"。事实上,如果被调查进口产品价格与国内价格不具备可比性,那么被调查进口产品价格对国内价格造成的价格抑制和价格压低的解释效力就消失了。⑤ 因此,上诉机构认为没有任何理由不同意专家组指出的"一旦要作价格比较,价格可比性就必然成为一个问题"。上诉机构认为专家组仅审查了价格政策的存在是否会导致被调查进口产品的价格削减,却没有同时审查在不存在实际价格削减的情况下,该政策是否能支持严重价格压低和价格抑制的认定。专家组未审查向其提出的这个适当的问题,因此也就未能考虑以价格削减为目的的价格政策对国内价格产生价格抑制和价格压低的解释效力。被调查进口产品2009年第一季度的价格高于国内同类产品的价格,这不能必然否定以价格削减为目的的价格政策对价格抑制和价格压低认定的重要性。因此,上诉机构认为,专家组以其作为理由拒绝中国商务部以定价政策为依据是不合适的。⑥

上诉机构指出,尽管中国声称平行的价格趋势是"中国商务部论证中的关

---

① 专家组报告,《美国诉中国对来自美国的取向电工钢的反倾销反补贴措施案》,第7.530段。
② 专家组报告,《美国诉中国对来自美国的取向电工钢的反倾销反补贴措施案》,第7.530段。
③ 专家组报告,《美国诉中国对来自美国的取向电工钢的反倾销反补贴措施案》,第7.530段。
④ 中国和美国对口头听证会质询的答复。
⑤ 我们注意到对价格可比性的类似考虑出现在《反倾销协定》第2.4条和《反补贴协定》第6.5条中。
⑥ AB报告,《美国诉中国对来自美国的取向电工钢的反倾销反补贴措施案》,第207段。

键点"①，但无论是面对专家组或者是在上诉中，中国都没有解释该关键点在中国商务部最终裁定的分析中的重要性。由于中国商务部的最终裁定没有对其进行充分的论证，中国也没有对终裁进行阐明，因此对于平行价格趋势对国内价格抑制和价格压低的解释效力问题，上诉机构认为专家组不认同或不论证关于价格趋势对中国商务部分析的重要性是正确的。②

由此，上诉机构拒绝了中国对《反倾销协定》第3.2条、《反补贴协定》第15.2条的主张，认定专家组的相关认定没有错误。

（2）《反倾销协定》第6.9条与《反补贴协定》第12.8条：中国商务部价格效果分析

《反倾销协定》第6.9条与《反补贴协定》第12.8条规定如下：

> 主管机关在作出最终裁定之前，应将考虑中的、构成是否实施最终措施决定依据的基本事实通知所有利害关系方。此披露应使各方有充分的时间为其利益进行辩护。

上诉机构指出，该条款的核心是"要求在最终裁决做出之前，对信息进行披露"。披露的信息必须基于事实，其构成确定反倾销的和/或反补贴的税收的基础。上诉机构认为，与第12.2.2条和第22.5条规定的信息披露相比，争议条款的事实应该是"重要的"（essential），而非"所有的"（all）事实。同时，这些事实应有助于确定最终措施能否适用，以及是否有助于利害关系方主张其利益。③

更具体地，上诉机构指出，构成"重要事实"必须在满足《反倾销协定》和《反补贴协定》的实体性义务的基础上理解。根据第3.2条和第15.2条规定，上诉机构认为调查机构必须披露的重要事实为有助于价格效果审查，并且能够做出是否需要适用终局措施的事实，这些事实进而有助于当事方主张自身的利益。

由于中国商务部并没有提供涉及"低价认定"的价格比较的重要事实，因

---

① 中国的上诉方陈述，第122段。
② AB报告，《美国诉中国对来自美国的取向电工钢的反倾销反补贴措施案》，第207段。
③ See Appellate Body Report，China—Countervailing and Anti‐Dumping Duties on Grain Oriented Flat‐rolled Electrical Steel from the United States，WT/DS414/AB/R，18 October 2012，paras. 239–240.

此，上诉机构拒绝了中国的主张，并且认为中国未能披露《反倾销协定》第6.9条与《反补贴协定》第12.8条所要求的重要事实。

（3）《反倾销协定》第12.2.2条与《反补贴协定》第22.5条：关于公告（价格效果）的主张

《反倾销协定》第12.2.2条（类似条款为《反补贴协定》第22.5条）
在规定征收反倾销税（反补贴税）或接受价格承诺的肯定裁定的情况下，关于结束或中止调查的公告应包含或通过一份单独报告提供导致实施最终措施或接受价格承诺的所有有关的事实问题和法律问题及理由，同时应适当考虑保护机密信息的要求。特别是，公告或报告应包含第2.1项（第4款）所述的信息，以及接受或拒绝出口商和进口商所提有关论据或请求事项的理由……

上诉机构指出，上述条款并不要求调查机关披露所有的事实性信息，而是应披露那些能够形成最终措施的事实性基础的信息。进一步地，该信息一般情况下的披露晚于根据第6.9条和第12.8条进行的披露。同时，该信息包括导致实施最终措施或接受价格承诺的所有有关的事实问题和法律问题及理由。

同时，上诉机构指出，第12.2.2条和第22.5条都是与公告、反倾销与反补贴税的认定解释相关的条款。该条款涉及那些利益受到反倾销和反补贴税收影响的利益方。根据公正和程序正当原则，上述的事实、法律和理由构成征收税收的基础。由于第12.2.2条和第22.5条规定了"相关性"（relevance）要件，其包括对能够在逻辑上使决定成为最终措施的事实、法律和理由的披露。最后，上诉机构认为与形成最终措施相关的所有事实、法律和理由的信息都应该进行披露。

由此，上诉机构否认了中国的观点，并支持专家组关于中国的做法与《反倾销协定》第12.2.2条、《反补贴协定》第22.5条不符的认定。

（4）关于DSU第11条

中国还对专家组审查中国商务部最终裁定时是否根据《争端解决谅解协议》第11条的要求适用了合适的审查标准提出了挑战。中国指控专家组将被调查进口产品的"低价"认定为价格削减的一种形式，而忽视了作为中国商务部严重价格抑制和压低认定基础的一系列因素的整体性，因此专家组违反了

DSU 第 11 条的义务。在考虑中国法律适用的主张时，上诉机构审查了专家组对这些因素的考虑并认为专家组在适用《反倾销协定》第 3.2 条和《反补贴协定》第 15.2 条时，将前述条款连同《反倾销协定》第 3.1 条和《反补贴协定》第 15.1 条一并理解，是没有错误的。考虑到中国在本案主张中的重点，上诉机构认为，通过我们的审查和对中国的法律适用主张的处理，也解决了中国关于专家组未按 DSU 第 11 条的要求适用合适的审查标准的主张。中国的意见是针对专家组是否有足够证据支持其要求进行价格调整的裁定。因为这些问题看起来主要涉及专家组对证据的理解，应该属于 DSU 第 11 条的范围，即评价专家组是否履行了客观评估事实的义务。而中国在关于第 11 条的主张中并未提及该问题，因此上诉机构不会将其视为中国上诉中的一部分而进行审查。

5. 上诉机构的裁定与结论

（1）上诉机构审定

第一，上诉机构认定专家组关于"中国商务部价格效果的认定与《反倾销协定》第 3.1 条和第 3.2 条以及《反补贴协定》第 15.1 条和第 15.2 条不符"的裁定不存在错误。

上诉机构认为，《反倾销协定》第 3.2 条和《反补贴协定》第 15.2 条要求调查机构考虑目标国进口（subject imports）和国内相似产品价格之间的关系，进而理解目标国进口的数量和/或价格是否可以解释国内价格显著压价或抑价的存在。与专家组相似，上诉机构否认中国提出的第 3.2 条和第 15.2 条仅要求调查机构考察压价或抑价的存在，而并不要求考察目标国出口和价格效果关联的主张。

针对专家组在考察第 3.2 条和第 15.2 条时同时注意第 3.1 条和第 15.1 条的问题，上诉机构认为专家组正确地得出如下结论，即中国商务部关于目标国进口的"低价"涉及削减价格的存在，并且中国商务部依赖上述因素支持其显著压价或抑价的认定。上诉机构同时也认为专家组并没有不合理地忽视目标国进口和国内产品的价格趋势，或是中国商务部的价格效果认定中的目标国进口数量增加的作用。上述机构认为专家组并没有不合理地考察旨在削减国内价格的政策效果，并认为没有理由推翻专家组在本案的价格效果的认定。进一步地，上诉机构认为专家组的做法符合 DSU 第 11 条的客观性评估。

第二，上诉机构维持专家组关于中国的做法与《反倾销协定》第 6.9 条和《反补贴协定》第 12.8 条不符的认定。上诉机构认同专家组做出的"中国商务未能在预先认定和最终损害认定上披露所有与目标国进口'低价'相关的'重要事实'"的认定,而该事实决定了价格效果的认定。上诉机构也支持专家组关于中国的做法与《反倾销协定》第12.2.2条和《反补贴协定》第22.5条不符的认定,因为中国商务部未能披露在其最终认定中的所有与目标国进口"低价"相关的"重要事实",该事实决定价格效果的认定。在上述两个情形中,上诉机构认定中国商务部应该根据《反倾销协定》第6.9条、第12.2.2条和《反补贴协定》第12.8条、第22.5条的要求披露目标国进口和国内产品相比较的价格,该价格的披露对理解中国商务部关于目标国进口的"低价"认定是有必要的。

最终,本案上诉机构裁决如下。

①针对专家组关于《反倾销协定》第3.2条与《反补贴协定》第15.2条的解释上:

a. 认定《反倾销协定》第3.2条与《反补贴协定》第15.2条要求调查机关考察目标国进口和相似国内产品价格之间的关联,进而确定目标国进口是否构成对国内价格显著压价或抑价存在的解释性因素;并且

b. 认定专家组没有采纳中国关于《反倾销协定》第3.2条与《反补贴协定》第15.2条的解释主张并没有错误。

②针对专家组对中国商务部的价格效果分析的评估上:

a. 认定专家组在适用《反倾销协定》第3.2条与《反补贴协定》第15.2条时,一并考察《反倾销协定》第3.1条与《反补贴协定》第15.1条并没有错误;

b. 认定专家组并没有做出与DSU第11条的客观性评价不符的错误结论;

c. 支持专家组在专家报告第7.554段、第8.1(f)段中,关于中国商务部对目标国进口的价格效果的决定与《反倾销协定》第3.1条、第3.2条与《反补贴协定》第15.1条、第15.2条不符的认定。

③针对专家组在《反倾销协定》第6.9条与《反补贴协定》第12.8条下的认定:

维持专家组在专家报告第7.575段、第8.1(f)段中,关于中国的做法与《反倾销协定》第6.9条和《反补贴协定》第12.8条不符的认定。

④针对专家组在《反倾销协定》第12.2.2条与《反补贴协定》第22.5条下的认定:

维持专家组在专家报告第7.592段、第8.1(f)段中,关于中国的做法与《反倾销协定》第12.2.2条与《反补贴协定》第22.5条不符的认定。

（五）执行阶段情况

在 2012 年 11 月 16 日的会议上，争端解决机构通过了上诉机构报告以及被上诉机构支持的专家组报告。

1. 合理的期间

在 2012 年 11 月 30 日的会议上，中国提出其需要合理期间，以便执行争端解决机构的建议和认定。

2013 年 2 月 8 日，美国请求根据 DSU 第 21.3（c）条以仲裁的方式确定合理的期间。

2013 年 2 月 22 日，美国请求总干事任命仲裁员。

2013 年 2 月 28 日，总干事任命 Claus – Dieter Ehlermann 先生为仲裁员。

2013 年 5 月 3 日，仲裁报告发布。仲裁报告认为中国应在不迟于专家组和上诉机构报告通过后的 8 个月零 15 天内执行争端解决机构的建议和裁定，即不迟于 2013 年 7 月 31 日。

2. 对相关报告的执行

2014 年 1 月 13 日，美国请求根据 DSU 第 21.5 条建立磋商。

2014 年 2 月 13 日，美国请求建立"遵守程序"专家组。

在 2014 年 2 月 26 日的会议上，争端解决机构同意由原先专家组解决美国提起的问题。

欧盟、印度、日本和俄罗斯保留第三方权利。

2014 年 3 月 17 日，"遵守程序"专家组成立。

2015 年 7 月 31 日，"遵守程序"专家组报告发布。

2015 年 8 月 31 日，争端解决机构通过"遵守程序"专家组报告。

2015 年 8 月 31 日，中国通知争端解决机构其针对美国的取向电工钢的反倾销税和反补贴税措施已于 2015 年 4 月 10 日取消。

三 笔者对本案的评析

在贸易救济调查中要保证"正当程序"（due process），调查当局应当披露涉案的基本的重要信息（disclosure of essential facts），保证各方有充分的时间为其利益进行辩护。[①]

[①] 见《反倾销协定》第 6.9 条。

WTO贸易救济调查程序还要求调查当局公布与其做出决定有关的所有事实问题以及法律问题，以及调查当局接受或拒绝当事方所提供的证据或请求事项的理由。[①]

披露上述信息同时应适当考虑保护机密信息的要求。调查机构没有义务披露反倾销或反补贴税的计算方法和所有的资料。专家组认为第22.3条并没有规制调查机构推理的实质性要求。[②] 无论任何初步或最终裁定是肯定的还是否定的，按照第18条，调查机构对于接受承诺的决定、此种承诺的终止以及最终反补贴税的终止均应做出公告。每一公告均应详细列出或通过单独报告详细提供调查主管机关就其认为重要的所有事实问题和法律问题所得出的调查结果和结论。[③]

在本案中，庭审法官仔细阅读了当事各方提交的中国双反调查裁决公告，其认为裁决的理由和依据叙述比较简要，有完善的必要。经过此案的审理，中国商务部修改了其贸易调查裁决公告的通用格式范本，增加了裁决主要依据的事实和法律，对于拒绝采用的证据也简明地解释了理由。这不仅使中国贸易救济程序的合规性大大提高，符合了WTO的规定，也使申诉方了解了应该提供哪些证据，以及遇到商业保密信息应如何对基本的重要事实做摘要并及时披露给各方当事人。WTO对本案调查程序要求的解释对于其他成员改进贸易救济调查的程序，增加透明度，保证当事各方正当程序的权益都起了积极作用。上诉机构在本案中对《反倾销协定》第3.1条、第3.2条与《反补贴协定》第15.1条、第15.2条的解释以及对调查机关的信息披露要求对于中国出口商遭遇进口国调查机关违反上述条款和义务的情形，也提供了维护企业自身权利的法律依据。

笔者认为，本案中上诉机构对《反倾销协定》第3.2条和《反补贴协定》第15.2条损害裁定的解释对于使用贸易救济的各方均有意义，摘译如下：

1.《反倾销协定》第3条和《反补贴协定》第15条规定了损害裁定的框架，其题目是"损害裁定"。"损害"这个词在这些协定中被定义为"对国内产业的实质性损害，对国内产业的实质性损害威胁或对建立此类产业的实质性妨碍"[④]。第3条和第15条中的很多款项都规定了在反倾销反补贴调查中，对于调查机关的损害裁定在各方面的要求。第3.1条和第15.1条要求损害裁定

---

① 见《反补贴协定》第22.5条。
② 在专家组看来，中国商务部在其公告中提及认定和结论相应的法律和事实，其已符合第22.3条的要求。
③ 所有此类公告和报告应转交其产品受该裁定或承诺约束的一个或多个成员，以及已知与此有利害关系的其他利害关系方。
④ 《反倾销协定》的脚注9和《反补贴协定》的脚注45。

"对以下两方面基于肯定性证据且进行客观审查,包括(a)倾销或补贴的进口量和倾销或补贴的进口对国内同类产品市场价格的影响,以及(b)这些进口对国内此类产品生产商的影响"。

上诉机构认定《反倾销协定》第3.1条"是一条首要规定,规定了一个成员"关于损害裁定"基本的、实质的义务",而且指导"随后的款项中更多的具体的义务"。① 上诉机构认为,"肯定性证据"这个术语指的是调查机关裁定所依据的证据的质量,它要求证据是肯定的、客观的、可核查的和可靠的。② 上诉机构还认定"客观审查"一词要求调查机关的审查"符合诚实信用和根本公平的基本原则",且要"以一种公正的方式,在调查中不偏向任何利益相关方或利益相关集团"。③

除设定调查机关做出被调查产品进口造成国内产业损害的裁定必须遵循的总体义务外,第3.1条和第15.1条也概括列举了这种裁定的内容,包括:(1)被调查产品进口量。(2)这样的进口对于国内同类产品价格的影响。(3)这样的进口对于同类产品的国内生产商的影响。第3条和第15条其他款项也对第3.1条和第15.1条的三个基本要素进行了进一步的阐释。第3.2条和第15.2条包含了上述第(1)项和第(2)项,而且明确了调查机关需要考量被调查进口产品的数量以及这样的进口对国内价格的影响。第3.4条和第15.4条,与第3.5条和第15.5条一起,包含了第(3)项,即被调查进口产品对国内产业的"结果性影响"。更具体地,第3.4条和第15.4条规定了被调查进口产品对国内产业状态的影响必须评估的经济指标,而第3.5条和第15.5条要求调查机关证明被调查进口产品造成了国内产业的损害。④

第3条和第15条的款项详细地规定了调查机关做出被调查进口产品对国内产业造成损害的裁定时要遵守的义务。这些条款一起规定了调查机关进行损害和因果分析的框架和规则。这些条款关注了从调查直至调查机关认定最终损害和因果裁定的逻辑过程。该调查要求考量被调查进口产品量及其价格影响,并审查通

---

① 上诉机构报告,《泰国—工字梁案》,第106段。
② 上诉机构报告,《美国—热轧钢案》,第192段。
③ 上诉机构报告,《美国—热轧钢案》,第193段。
④ 另外,第3.3条和第15.3条规定一个调查机关可以累积评估从多于一个国家进口的影响的情形。第3.6条和第15.6条具体表明被调查进口产品的影响的评价必须考虑到同类国内产品的生产。《反倾销协定》第3.7条和第3.8条以及《反补贴协定》第15.7条和第15.8条规定了对于实质性损害威胁的裁定的要求。

过一系列经济指标反映的被调查进口产品对国内产业的影响。然后，这些多方面因素通过对被调查进口产品和国内产业损害间的因果关系的分析联系起来，并考量所有被考虑和评估的因素。[①] 具体地，根据第3.5条和第15.5条，调查机关必须证明倾销或补贴的进口产品"通过在第2款和第4款提到的"倾销或补贴的"影响"对国内同类工业造成损害。[②] 因此，第3.2条和第15.2条中的调查，和第3.4条和第15.4条要求的审查，对于回答第3.5条和第15.5条中关于被调查进口产品是否造成国内产业损害这一最终问题是必要的。这些调查的结果是第3.5条和第15.5条的总体因果分析的依据。正如下面进一步解释的，对第3.2条和第15.2条的解释应当符合这两个条款在第3条和第15条的损害裁定整个框架中的作用。

2. 关于"考虑"一词的解释

《反倾销协定》第3.2条和《反补贴协定》第15.2条规定，调查机关要"考虑"一系列特定的调查。关于被调查进口产品量，调查机关必须"考虑倾销或补贴的进口是否存在严重的增长"。关于被调查进口产品对国内价格的影响，调查机关必须"考虑与进口国同类产品的价格相比，倾销或补贴进口产品是否大幅削低价格，或者此类进口产品的影响是否大幅压低价格，或是否在很大程度上抑制在其他情况下本应发生的价格增加"。

"考虑"这个词的概念当用作决定者的义务时，要求在做决定时把某些事情考虑进来。[③] 通过对"考虑"一词的使用，第3.2条和第15.2条未规定调查机关有义务对被调查进口产品量和被调查进口产品对国内价格的影响做出最终决定。[④] 尽管如此，调查机关根据第3.2条和第15.2条考虑被调查进口产品量

---

① 如上诉机构所发现的，"《反倾销协定》的第3.1条和第3条接下来的款项清楚地表明了倾销进口量和价格，与国内产业的结果性影响对于损害裁定的目的是紧密相连的。"参见上诉机构报告，《欧共体—管道配件案》，第115段。

② 突出强调。

③ 单词"考虑"（consider）的意思包含"注意地看"，"仔细考虑"，和"考虑"（《牛津英语词典》第1卷，A. Stevenson（ed.），牛津大学出版社，2007，第496页）。

④ 以下是与第3条和第15条其他款项中的单词的比较。例如，第3.5条和第15.5条中"证明"一词要求一个调查机关做出关于被调查进口产品和对国内产业损害之间的因果关系的最终裁定。专家组在先前争端中的相关认定也支持上面对单词"考虑"的理解。例如，专家组在《泰国—工字梁案》中提到第3.2条中的"考虑"一词不要求调查机关对于倾销进口的增长是否"严重"做出明确的"认定"或"裁定"。（专家组报告，《泰国—工字梁案》，第7.161段）类似地，专家组在"韩国—某些纸类案"中表示第3.2条不对调查机关做出关于价格影响"严重性"的裁定，或是事实上有这样的价格影响有一般要求。（专家组报告，《韩国—某些纸类案》，第7.253段。另见第7.242段）

和被调查进口产品的价格影响也受到第3.1条和第15.1条首要原则的限制，即需要基于肯定性证据并包含客观审查。换句话说，即使不做出最终裁定，也不能降低对第3.2条和第15.2条中的调查的严格要求。

此外，尽管要将"对某事项的考虑"与"对某事项的最终裁定"区别开来，但这并不意味着缩小了调查机关要考虑的事项的范围。调查机关只需要予以考虑而不需要做出最终决定的事实，不能改变第3.2条和第15.2条规定的调查机关要考虑的内容，其中包含被调查进口产品的"影响"是否在很大程度上压低了价格或阻止了价格的增长。

在上诉中，中国主张第3.2条和第15.2条规定"调查机关仅有一个有限的义务"来"考虑"被调查进口产品的价格影响，即"审查、专心地看和仔细思考"这样的价格影响。① 中国认为，专家组在"韩国—某些纸类案"和"泰国—工字梁案"的报告中做出的"《反倾销协定》第3.2条要求调查机关考虑价格影响，但不需要做出裁定"的认定支持了中国的观点。② 上诉机构认为中国正确地理解了在这方面调查机关的义务不包含作出最终的裁定。然而，像上文提到的，这并不改变调查机关考虑的内容，也不改变调查机关的考虑必须基于肯定性证据且包含客观审查并必须反映在相关文件中，如调查机关的终裁。

关于考虑被调查进口产品的影响是否会抑制价格或者阻止价格上涨的义务，《反倾销协定》第3.2条和《反补贴协定》第15.2条的第二句规定，"关于倾销或补贴的进口对价格的影响"，调查机关必须考虑"与进口成员同类产品的价格相比，倾销或补贴进口产品是否大幅削低价格，或者此类进口产品的影响是否大幅压低价格，或是否在很大程度上抑制在其他情况下本应发生的价格增长。"如上面提到的，中国对专家组关于第3.2条和第15.2条的解释包括调查机关对于两个价格影响的义务，即考量倾销或补贴的进口是否会导致严重的价格压低或价格抑制的义务的认定提起上诉。

3. 《反倾销协定》第3.2条与《反补贴协定》第15.2条的文本

首先，一个调查机关必须考量"与进口成员的同类产品相比，倾销或补贴

---

① 中国的上诉方陈述，第51段（引自《新节本牛津英语词典》，第4版，L. Brown（ed.）（克拉伦登出版社，1993），第1卷，第485页）。

② 中国的上诉方陈述，第53段和第54段（见专家组报告，《泰国—工字梁案》，第7.161段；和专家组报告，《韩国—某些纸类案》，第7.242段）。

的进口是否存在严重的价格削减"①。因此,对于严重价格削减,第3.2条和第15.2条通过要求进行价格比较,清楚地将被调查进口产品的价格与国内价格联系了起来。其次,调查机关要考量"这样的倾销或进口的影响是否"严重地抑制或压低国内同类产品的价格。② 通过调查被调查进口产品的影响是否严重的价格压低或价格抑制,第3.2条和第15.2条的第二句特别要求调查机关考量某些价格影响是否被调查进口产品的后果。再次,术语"抑制价格"和"阻止价格上涨"表达出来的语法关系是一个主语(倾销或补贴的进口)对宾语(国内的价格)做了什么。第3.2条和第15.2条的语句清楚地将价格压低和价格抑制与被调查进口产品联系起来,并关注被调查进口产品和国内价格这两个变量之间的关系。更具体地,调查机关要考量第一个变量——被调查进口产品——是否解释了第二个变量——国内价格——受到严重的抑制或压低的原因。

第3.2条和第15.2条第二句中的两个调查被"或"和"否则"分开。这表明,对于严重价格削减要考量的相关要素可能不同于严重价格压低或价格抑制。因此,即使被调查进口产品的价格没有严重削减国内同类产品的价格,被调查进口产品仍然可以对国内价格有价格压低或价格抑制的影响。

考虑到第3.2条和第15.2条关注被调查进口产品和国内价格之间的关系,调查机关将其考虑的与价格压低和价格抑制相关的因素限定在国内价格正在发生什么是不够的。例如,在考量严重的价格压低时,仅仅阐明国内同类产品的市场价格在调查期间内的下降趋势是不够的;而在分析严重价格抑制时,仅仅注意到价格没有上涨,即使在通常预期下它们会上涨,也是不够的。调查机关在审查国内的价格时要联系被调查进口产品,以便理解被调查进口产品是否能解释严重的价格压低或价格抑制。第3.2条和第15.2条中"这样的倾销或补贴的进口的影响"③ 的语句表明,影响来自被调查进口产品的相关方面,包括被调查进口产品的价格和/或量。

第3.2条和第15.2条并不是简单地提到"现状",而是要求调查机关考量被调查进口产品是否能解释某些特定的结果,即国内价格的严重受抑或压低。

---

① 突出强调。
② 突出强调。
③ 突出强调。

价格压低和价格抑制的概念恰恰支持了上诉机构的解释。① 价格压低是指价格被某些因素压低,或降低的情形。根据定义,对价格压低的审查不仅仅要观察到价格下降,还要分析是什么压低了价格。关于价格抑制,第3.2条和第15.2条要求调查机关考量被调查进口产品的"影响是否在很大程度上会导致阻碍产品价格的提高"②。从这些条款的语句来看,对价格抑制的审查,必须考量如果没有被调查进口产品,价格是否"将会"增长,否则,无法适当地审查价格抑制。由此可知,价格压低和价格抑制的概念都证明要分析是什么引起了这些价格现象。

因此,第3.2条和第15.2条规定的对严重价格压低或价格抑制的考量义务,由定义可知,要分析被调查进口产品是否抑制或压低了国内价格。作为如此理解的一个推论,依据第3.2条和第15.2条更应该对被调查进口产品对国内价格的影响做一个统一的分析,即第一步确定市场现象,第二步审查这些市场现象是否被调查进口产品的影响而产生。价格压低和价格抑制的概念也出现在《反倾销协定》第6.3条中。第6.3条规定,一个WTO成员利用补贴,可能严重侵害另一个WTO成员的利益,其中补贴的影响是某些市场现象,尤其包括另一WTO成员的同类产品在其国内市场中受到严重的价格抑制或价格压低。上诉机构发现,考量被质疑的补贴的影响就是识别这些市场现象固有的过程。因此,"任何不考量补贴而试图识别第6.3条规定的任一市场现象只能是初步性质,因为第6.3条要求市场现象必须是被质疑的补贴的结果。"③ 相似地,在第3.2条和第15.2条的背景下,我们认为统一地分析严重价格压低和价格抑制的方法更好,因为它"有一个合理的概念基础"。④ 因此,在本争端中,上

---

① 在"美国—高地细绒棉(第21.5条—巴西)案"中,上诉机构意识到价格抑制和价格压低的概念可能会重叠,但也见出《反补贴协定》第6.3条第c项提到它们是有区别的概念。具体地,上诉机构提到:价格压低是一种直接观察到的现象,而价格抑制并不是。价格下跌可以被观察到;与之相比价格抑制涉及价格是否低于它在多种因素影响下(这里的因素指补贴)本来应该的水平。对价格抑制的识别,假定了一个对观察到的实际情形(价格)和反实际的情形(本应该的价格)的比较,这里必须裁定在没有补贴下……价格是否会增长或超过它的实际增长。(上诉机构报告,《美国—高地细绒棉案》(第21.5条—巴西),第351段)

② 突出强调。

③ 上诉机构报告,《欧共体及某些成员国—大型民用航空器案》,第1109段。

④ 上诉机构报告,《美国—高地细绒棉案》(第21.5条—巴西),第354段。

诉机构认为专家组对于价格压低和价格抑制的"存在""本身"的认定[①]仅仅只能是初步性质的。而且,"这也意味着两步走的方法仅仅是在时间上将分析的核心推迟到了第二步"[②]。因此,如果专家组选择两步走的分析,只要专家组也走第二步,即审查被调查进口产品的"影响"是不是严重的价格压低或价格抑制,专家组就没有犯法律错误。

第3.2条和第15.2条的上下文清楚地表明,根据这些条款而进行的分析是为了促进调查机关按第3条和第15条的规定进行全面审查以得出被调查进口产品引起国内产业损害的最终裁定。在这方面,调查机关对第3.2条和第15.2条所列的后两个价格影响的调查,必须能够使调查机关合理理解被调查进口产品是否能够解释可能发生在国内市场的严重国内价格压低或价格抑制。反过来,调查机关可以通过这种理解来裁定被调查进口产品是否正通过它们的价格影响对国内产业造成第3.5条和第15.5条意义上的损害。第3.2条和第15.2条的上下文也支持这样的观点,即根据这些条款,调查机关必须分析被调查进口产品和国内价格间的关系,特别是分析被调查进口产品能否解释严重的国内价格压低或价格抑制,并以此来作为第3.5条和第15.5条的因果分析的合理基础。

将第3.2条和第15.2条解释为调查机关应考量被调查进口产品和国内价格之间的关系并不与第3.5条和第15.5条重复。恰恰相反,第3.5条、第15.5条与第3.2条、第15.2条规定了不同阶段的调查程序。第3.5条和第15.5条的分析涉及被调查进口产品和国内损害间的因果关系。而第3.2条和第15.2条的分析则是关于被调查进口产品和另一个变量,即国内价格间的关系。如前所述,后一种关系的理解为依据第3.5条和第15.5条分析损害和因果关系奠定了基础。此外,第3.5条和第15.5条规定,调查机关应证明被调查进口产品正"通过倾销或补贴的影响"造成损害。调查机关要审查已有的"全部的相关证据",包括被调查进口产品量和根据第3.2条和第15.2条列举的价格影响,以及所有列于第3.4条和第15.4条的关于国内产业状况的经济因素。第3.5条和第5.5条的审查,从定义上看,涵盖的范围比根据第3.2条和第15.2条考量价格压低和价格抑制的范围更广。[③]

上诉机构认为,第3.4条和第15.4条不仅仅要求调查机关审查国内产业的

---

① 专家组报告,第7.515段至第7.517段和第7.546段。
② 上诉机构报告,《欧共体及某些成员国—大型民用航空器案》,第1109段。
③ 见AB报告,《中国紧固件案》,第148段。

状况，而且要求调查机关要以该审查为基础理解被调查进口产品的影响。因此，第3.4条和第15.4条是关于被调查进口产品和国内产业状态间关系的，而这个关系从分析上类似于第3.2条和第15.2条的"影响"一词。换句话说，第3.4条和第15.4条要求审查被调查进口产品对国内产业影响状态的评估。在我们看来，这样的评估并没有复制第3.5条和第15.5条中的相关义务。调查的结果构成了第3.5条和第15.5条全部因果分析的基础。类似于对第3.2条和第15.2条的考量，第3.4条和第15.4条下的审查促成了第3.5条和第15.5条的全部裁定，而不是起重复作用。

第3.5条和第15.5条要求调查机关"审查除了倾销或补贴的进口产品以外的任何正在同时损害国内产业的已知因素"，并确保"这些其他因素所引起的损害并不是由倾销或补贴的进口产品所致"。[1] 如上诉机构所认定的，第3.5条和第15.5条非归因性地表述规定"评价必须将其他因素的损害影响与倾销进口产品的损害影响分开和区别"[2]。与之相反，第3.2条和第15.2条要求调查机关考虑被调查进口产品和国内价格间的关系，以理解前者能否能解释后者发生的严重价格抑制或价格压低。为此，调查机关无须详尽地分析所有可能引起国内产业损害的已知因素，或区别这些因素引起的损害。

《反倾销协定》第3条与《反补贴协定》第15条的目的是，为调查机关对被调查进口产品最终损害裁定的分析制定框架和相关规则，以及确保其中的分析和结论是适当的。《反倾销协定》第3.2条与《反补贴协定》第15.2条解释的依据是《反倾销协定》第3.2条和《反补贴协定》第15.2条的文本与上下文，以及从这些条款中得出的第3条和第15条的目的。具体来说，关于第3.2条和第15.2条的价格压低和价格抑制，调查机关要考虑被调查进口产品和国内产品价格间的关系，以理解被调查进口产品能否解释国内价格的严重抑制或压低。调查机关会依据调查结果推进分析，并以此为依据裁定被调查进口产品是否通过这样的价格影响对国内产业造成损害。另外，第3.2条和第15.2条的调查没有重复第3.5条和第15.5条的审查，第3.5条和第15.5条审查的是关于被调查进口产品和国内产业损害间的因果关系，

---

[1] 基于第3.5条和第15.5条，这些其他因素包括：没有以倾销或补贴价格出售的进口产品的量与价格；需求紧缩或消费模式的改变；在外国和国内生产商间的竞争及贸易限制实践；技术发展；出口表现和国内产业生产力。

[2] 上诉机构报告，《美国—热轧钢案》，第223段。

不同于且范围宽于第 3.2 条和第 15.2 条的调查。第 3.2 条和第 15.2 条均没有要求调查机关对所有可能引起国内产业损害的因素进行穷尽的和充分的非归因性分析。调查机关依据第 3.2 条和第 15.2 条的调查关注的是被调查进口产品和国内价格间的关系，且调查机关不应忽视导致质疑前者对后者的严重压低或抑制的解释效力的证据。

4. 关于 DSU 第 11 条

DSU 第 11 条之诉对专家组未能对事项做出客观评估提出挑战，包括对案件事实的客观评估。① 在以往的案例中，上诉机构已经意识到要清晰区分法律适用问题和事实问题是困难的。但在大多数案例中，某一主张提出的问题"要么是将法律适用于事实问题，要么是对事实的客观评估问题，而不是两者兼有"②。上诉机构已认定过，主张专家组对事实和证据进行鉴定的问题受到 DSU 第 11 条的约束。③ 相比之下，"某特定事实或一系列事实符合或不符合特定条约条款的要求是法律识别的问题"，因此是一个法律问题。④

5. 关于信息披露

《反倾销协议》第 6.9 条（类似条款为《反补贴协定》）第 12.8 条）规定：

> 主管机关在作出最终裁决之前，应将考虑中的、构成是否实施最终措施决定依据的基本事实通知所有利害关系方。此披露应使各方有充分的时间为其利益进行辩护。

《反倾销协定》第 6.9 条和《反补贴协定》第 12.8 条的核心是，在最终裁定作出之前，要求披露作为是否实施最终措施的基础而考虑的基本事实。就必

---

① 上诉机构之前已解释道，专家组作为事实审判者，拥有对证据的裁量权，上诉机构不会轻易地干涉专家组行使该裁量权。上诉机构已注意到，不会仅仅因为可能得出一个符合事实的但是结论不同的认定，就认为某认定不符合《争端解决谅解》第 11 条。相反地，若想根据第 11 条对专家组的事实评价提出意见和主张，上诉机构认为必须符合专家已组超越了其对事实的审判的权限的这一条件。（上诉机构报告，《美国—面筋》，第 151 段；上诉机构报告，《美国—碳素钢》，第 142 段）
② 上诉机构报告，《欧共体及某些成员国—大型民用航空器》，第 872 段（突出强调）。
③ 上诉机构报告，《美国—高地细绒棉》，第 399 段；上诉机构报告，《美国—高地细绒棉案》(21.5 条—巴西)，第 385 段；上诉机构报告，《欧共体及某些成员国—大型民用航空器》，第 1005 段。
④ 上诉机构报告，《欧共体—激素案》，第 132 段。

须是被披露的信息的类型，条文的用语包括"考虑中的事实"，即在案件记录中的，可能会被有关调查机关在决定最终是否征收反倾销和/或反补贴征税时考虑的事实。我们强调，与《反倾销协定》第12.2.2条和《反补贴协定》第22.5条的规定不同，第6.9条和第12.8条规定，要在调查期间内"最终裁定作出前"披露"事实"，而前面两条规定的是要在反倾销和反补贴征税调查的结论中披露事实、法律及理由。另外，我们注意到第6.9条和第12.8条并不要求披露有关机关知道的所有事实，而只是披露那些"基本"事实，即那些重大的、重要的和显著的事实。在考虑何为"基本"事实时，会引发以下问题：为了什么目的被界定为是"基本的"？第6.9条和第12.8条后半部分条文澄清此类事实是指，首先，是"构成是否实施最终措施决定的基础"，其次，能保证利益相关方维护自身权利。① 因此，我们认为"基本事实"是那些在决定是否实施最终措施过程中予以考虑的重要事实。无论是否做出实施最终措施的裁定，这些事实都是重要的。相关机关必须用一种清晰的方式披露该类事实，以便利害关系方得以理解是否实施最终措施的裁定是基于什么而做出的。我们认为，根据第6.9条和第12.8条，披露予以考虑的基本事实对确保涉案相关方维护自己的权利十分重要。

《反倾销协定》第12.2.2条（类似条款为《反补贴协定》第22.5条的相关部分）为：

> 在规定征收最终……税的肯定裁定的情况下，关于结束或中止调查的公告应包含或通过一份单独报告提供导致实施最终措施……的关于事实问题和法律问题及理由的所有有关信息，同时应适当考虑保护保密信息的要求。特别是，公告或报告应包含《反倾销协定》第12.2.1条/《反补贴协定》第22.4条）所述的信息。

争议点在于第12.2.2条和第22.5条要求的公告须包括"导致实施最终措

---

① 利害关系方有效维护自身权利的要求是，在最终裁定作出之前，当局应当按照《反倾销协定》和《反补贴协定》规定的实质性义务，解释其是如何以基本事实为依据作出是否使用最终措施的裁定的。我们同意专家组在《欧共体—鲑鱼案（挪威）》中的观点，即这些条文的目的是"为利害关系方提供必要的信息，以便其评论当局正考量的事实的完整性和正确性，提供更多信息或更正可能的错误，以及对事实解释发表意见。"（专家组报告，《欧共体—鲑鱼案（挪威）》，第7.805段）

施"的"事实"的"所有有关信息"。① 以上条文并未要求当局披露所有已知事实，而是要求披露用以理解最终措施的事实依据的那部分事实。② 这些信息应当为当局做出最终措施提供合理的事实理由。第6.9条和第12.8条规定，基本事实的披露要在"最终裁定做出之前"，所以一旦确定征收最终税，就需按照第12.2.2条和第22.5条规定的义务公告调查结论。

根据我们对第6.9条和第12.8条的审查，征收最终反倾销税或反补贴税要求当局确认倾销或补贴的事实、损害事实以及倾销或补贴与对国内产业损害的因果关系。对"关于事实的相关信息"的理解，其应当满足《反倾销协定》和《反补贴协定》对实施最终措施的实质要求，并结合个案的实际情况。调查机关应当在损害分析的背景下审查这些认定所依据的不同因素，其中特别要注意《反倾销协定》第3.1条、第3.2条、第3.4条和第3.5条，以及《反补贴协定》第15.1条、第15.2条、第15.4条和第15.5条的相关要求。根据第3.2条和第15.2条，调查机关考量被调查进口产品的价格影响的标准应该是是否存在严重的价格削减，或者进口产品是否严重压低了国内价格，或者严重地阻碍了价格本应有的上涨。我们注意到，第12.2.2条和第22.5条与《反倾销协定》第12.2.1条和《反补贴协定》第22.4条前后照应，进一步强调了对公告的要求，即公告或报告应当包含按照第3条和第15条所列与对损害确定有关的考虑。

第12.2.2条和第22.5条的上下文均是关于反倾销和反补贴税调查裁定的公告和解释的。在调查机关决定征税的情况下，根据第12.2.2条和第22.5条的规定，公告必须包含最终措施所依据的与事实、法律问题和理由有关的所有信息。这两条均坚持了一个原则，即受最终反倾销和反补贴税影响的利害关系方均有权知道该税所依据的事实、法律和理由，这也是公平和正当程序的要求。第12.2.2条和第22.5条是按"相关性"要求来规定披露义务的，即将实施最终措施所依据的事实、法律和理由都按照逻辑关系进行整体的披露。通过要求披露这些类型的"所有相关信息"，第12.2.2条和第22.5条保障了利益相关方能按《反倾销协定》第13条和《反补贴协定》第23条的规定，对最终

---

① 我们注意到，除了事实，第12.2.2条和第22.5条还要求公告必须包含最终措施依据的法律问题以及与推论问题有关的所有相关信息。

② 我们观察到，在"美国—针对DRAMs的反补贴税调查案"中，上诉机构认为《反补贴协定》第22.5条"并未要求政府机构引用和论证最终裁定中每一个事实所依据的每一个证据"（上诉机构报告，《美国—针对DRAMs的反补贴税调查》，第164段）。

裁定要求司法审查。

关于信息披露的形式，第12.2.2条和第22.5条允许有关机关自行决定将信息包含在公告本身中或"通过单独报告提供"。我们注意到第12.2.2条和第22.5条也规定公告或单独报告应当"适当考虑保护保密信息的要求"。当保密信息构成第12.2.2条和第22.5条意义上的与事实有关信息的一部分时，披露此信息的非保密摘要就应能满足这些条款下的披露义务。

四 本案涉及的主要条款

（一）《反倾销协定》第3.2条（类似条款为《反补贴协定》第15.2条）

关于倾销（补贴）进口产品的数量，调查主管机关应考虑倾销（补贴）进口产品的决定数量或相对于进口成员中生产或消费的数量是否大幅增加。关于倾销（补贴）产品进口对价格的影响，调查主管机关应考虑与进口成员同类产品的价格相比，倾销（补贴）进口产品是否大幅削低价格，或此类进口产品的影响是否是大幅压低价格，或是否是在很大程度上抑制在其他情况下本应发生的价格增加。这些因素中的一个或多个均未必能够给予决定性的指导。

（二）《反倾销协定》第6.9条（类似条款为《反补贴协定》第12.8条）

主管机关在作出最终裁定之前，应将考虑中的、构成是否实施最终措施决定依据的基本事实通知所有利害关系方。此披露应使各方有充分的时间为其利益进行辩护。

（三）《反倾销协定》第12.2.2条（类似条款为《反补贴协定》第22.5条）

在规定征收最终反倾销税或接受价格承诺的肯定裁定的情况下，关于结束或中止调查的公告应包含或通过一份单独报告提供导致实施最终措施或接受价格承诺的所有有关的事实问题和法律问题及理由，同时应适当考虑保护机密信息的要求。特别是，公告或报告应包含2.1项所述的信息，以及接受或拒绝出口商和进口商所提有关论据或请求事项的理由，及根据第6条第10.2款作出任何决定的依据。

案例11 美国诉印度限制农产品进口措施（WT/DS430/R）

一 案件基本情况[①]

1. 案名

美国诉印度限制农产品进口措施

2. 案号

WT/DS430/R

3. 申诉方、被诉方、第三方

申诉方：印度

被诉方：美国

第三方：阿根廷、澳大利亚、巴西、中国、哥伦比亚、厄瓜多尔、欧盟、危地马拉、日本、越南

4. 案件进度

2012年5月11日设立专家组申请

2014年10月14日专家组报告公布

2015年1月26日上诉通知

2015年6月19日上诉机构报告通过

5. 争议条款

涉及的条款：《实施卫生与植物卫生措施协定》（以下简称SPS协议）第2条、第2.2条、第2.3条、第3.1条、第5条、第5.1条、第5.2条、第5.5条、第5.6条、第5.7条、第6条、第6.1条、第6.2条、第7条，以及附

[①] See WTO Website, available at https://wto.org/english/tratop_e/dispu_e/cases_e/ds430_e.htm, last visited on 12 December 2016.

件 B；

GATT 1994：第 1 条、第 11 条

6. 法官名称

本案上诉机构成员：张月姣（首席法官）、Seung Wha Chang、Shree Servansing

二 案件背景情况

（一）磋商程序与专家组程序

2012 年 3 月 6 日，美国就印度对诸多美国家禽类产品实施的禽流感进口措施提出磋商请求。由于双方磋商未果，美国请求建立专家组。

2012 年 6 月 25 日，DSB 同意建立专家组。

2013 年 2 月 18 日，专家组组成。

2014 年 10 月 14 日，专家组报告发布。

（二）涉案措施

本案争议涉及印度对存在禽流感（Avian Influenza，简称 AI）报告国家的进口禁令，该禁令主要针对家禽及家禽产品。世界卫生组织区分禽流感高发区（简称 HPAI）和病虫害非疫区或低度流行区（简称 LPAI）。世界动物卫生组织（简称为 OIE）制定了 OIE 法典要求其成员报告其 HPAI 和 LPAI 地区。

为控制国外禽流感疫情传入本国，印度实施了限制进口措施以防止可报告的传染性禽流感国家（简称 NAI）的农产品进入本国。具体而言，上述进口措施主要规定在两部法律文件中，即印度 1898 年《家禽产品进口法》及其 2011 年 8 月 28 日的修正案，以及印度畜牧、乳业、渔业部于 2011 年发布的 1663（E）号令（S.O.1663［E］）。上述规定禁止从申报禽流感国家（NAI）进口生禽、家养和野生的鸟、鸡、鸭等，未加工的肉、蛋等产品。

美国自 2004 年以来未向 OIE 报告发生禽流感高发区（HPAI），自 2006 年 1 月美国向 OIE 报告美国的家禽禽流感低传播的发生区（LPAI）。印度自 2003 年底至 2013 年 3 月 12 日向 OIE 报告了 95 起家禽禽流感高发区（HPAI）。印度从未向 OIE 报告过印度家禽的禽流感低传播区发生情况。

由此，美国指控印度措施违反《实施卫生与植物卫生措施协定》（简称 SPS 协议）第 2 条、第 2.2 条、第 2.3 条、第 3.1 条、第 5 条、第 5.1 条、第 5.2 条、第 5.5 条、第 5.6 条、第 5.7 条、第 6 条、第 6.1 条、第 6.2 条、第 7

条，以及附件 B。

（三）专家组审理概况

本次争议由美国提出，旨在反对印度对存在禽流感（AI）报告国家的进口禁令，该禁令主要针对家禽及家禽产品。与多数 SPS 案件相似，专家组决定从专家和国际组织中获得对解决该争议的建议。专家组咨询了世界动物卫生组织对其法典的解释，并且就印度国内措施及其疫情情况问题咨询了三位独立的专家。

针对印度第一次的预先裁决申请，专家组在 2013 年 5 月 22 日发布了预先裁定，其认定：

第一，在识别争议中的措施时，专家组的请求是足够精确的，并且符合 DSU 第 6.2 条的规定；

第二，S.O.1663（E）中的产品以及美国的请求都在本争议的范围之内。

针对印度第二次的预先裁决申请，专家组认定如下：

第一，印度的两项法律文件，由于其并没有在美国的申请中被具体提及，因此不构成争议中的措施；并且

第二，美国没有义务在其申请中识别印度适用于国内产品的规则以支持其在 SPS 协议第 2.3 条项下的主张。

针对美国关于 SPS 协议的主张，专家组认定作为预先裁决问题，印度的禽流感措施构成 SPS 协议附件 A（1）含义下的 SPS 措施，并且受本协定规则的约束。

专家组进一步认定：

第一，印度的禽流感措施与 SPS 协议第 3.1 条不符，因为其并没有"基于"相关的国际标准，同时，印度的禽流感措施并未"遵循"由 SPS 协议第 3.2 条含义所确定的相关国际标准；

第二，印度的禽流感措施与 SPS 协议第 5.1 条、第 5.2 条和第 2.2 条不符，因为其并没有依赖风险评估；

第三，印度的禽流感措施与 SPS 协议第 2.3 条不符，因为其在相同或相似情形的成员间构成恣意的和不合理的歧视，并且以变相地对国际贸易进行限制的方式而被适用；

第四，印度的禽流感措施与 SPS 协议第 5.6 条和第 2.2 条不符，因为在世界植物卫生组织法典所要求的产品上，该措施与实现印度的适当保护水平相

比，具有更多的贸易限制性，并且因此以超越保护人类和动物生命或健康的必要范围的方式而被适用；

第五，印度的禽流感措施与SPS协议第6.1条和第6.2条不符，因为其并没有确定非疫情区和低疫情区的概念，并且相关措施并没有采纳上述区域中的SPS特征；

第六，印度的行为与SPS协议第7条、附件B（2）和附件B（5）（a）、（b）和（d）不符，因为其未能实施一系列的通知和公布要求。

由于认定印度的争议措施与SPS协议第2.3条不相符合，专家组认为其无须继续分析美国关于SPS协议第5.5条的替代性主张。同时，针对违反SPS协议附件B（5）（c）的主张而言，专家组认为美国未能提供足够的表面证据。

进一步地，专家组认为其无须分析美国在GATT 1994第11条下的主张。

（四）上诉机构报告审理概况

1. 上诉机构报告程序

2014年11月6日，印度和美国请求DSB根据DSU第16.4条规定采用拓展至60日期间的起草决定。

2015年1月26日，印度就专家组的诸多关键认定提起上诉。

2015年6月4日，上诉机构报告发布。

2. 上诉的法律问题及各方观点

在上诉中，印度的主要上诉观点如下：第一，印度认为专家组对SPS协议第2.2条的法律解释存在错误，专家组应当审查禽流感措施是否具有科学证据，印度认为专家组的行为违反DSU第11条的规定，并要求上诉机构完成对该问题的法律分析；

第二，印度认为专家组向世界植物卫生组织咨询SPS协议第3.1条和第3.2条的法律解释违反SPS协议第11.2条和DSU第13.2条；

第三，印度认为专家组对SPS协议第6.1条和第6.3条关系的解释是错误的；

第四，印度认为美国未能提出符合第5.6条的替代性措施，因此专家组的结论存在错误。

本案专家组就印度措施得出如下结论：（1）缺乏充分的科学依据，没有基于适当的风险评估；（2）没有基于国际标准；（3）与区域条件不适；（4）产生了更多"必需"之外的贸易限制；（5）将进口产品与国内产品差别对待。印度也提出了多项涉及对 DSU 第 11 条适用错误的主张。

3. 上诉的主要法律问题分析

（1）SPS 协议第 2.2 条①、第 5.1 条②和第 5.2 条③

印度主张专家组对印度的 AI 措施与第 2.2 条不符的认定有误，因专家组仅依据上述措施做出，并未基于第 5.1 条和第 5.2 条要求的风险评估而得出结论的，且没有考虑印度为来自有禽流感低致病性报告国家的鸡蛋和家禽肉类的进口禁令而建立科学依据所提出的论据和证据。上诉机构同意专家组的意见，认为印度的 AI 措施与第 5.1 条和第 5.2 条规定不符，专家组进而提出一个假设，即这些措施也不符合第 2.2 条。然而，上诉机构认为，由于没有考虑到这种假设是否被印度所提出的论据和证据所反驳，专家组对于第 2.2 条的适用有误。因此上诉机构部分推翻了专家组关于印度 AI 措施违反第 2.2 条的结论，因为这些结论事关印度对于"LPNAI"报告国家的鸡蛋和家禽肉类的进口禁令。上诉机构无法完成法律分析，其还维持了专家组对印度 AI 措施与第 5.1 条和第 5.2 条不一致的认定。在推理过程中，上诉机构驳回了印度关于符合第 2.2 条的措施没必要基于第 5.1 条和第 5.2 条所要求的风险评估的论点，并强调了所有成员的 SPS 措施必须同时符合第 2.2 条、第 5.1 条和第 5.2 条的三项规定。

（2）SPS 协议第 3.1 条④和第 3.2 ⑤条

印度对专家组的结论提出上诉，认为印度的 AI 措施并非基于国际标准，且根据第 3.2 条，印度无权推定其 AI 措施与 SPS 协议和 GATT 1994 相一致从

---

① 第 2 条 基本权利和义务
2.2 各成员应保证任何卫生与植物卫生措施仅在为保护人类、动物或植物的生命或健康所必需的限度内实施，并根据科学原理，如无充分的科学证据则不再维持，但第 5 条第 7 款规定的情况除外。
② 第 5 条 风险评估和适当的卫生与植物卫生保护水平的确定
5.1 各成员应保证其卫生与植物卫生措施的制定以对人类、动物或植物的生命或健康所进行的、适合有关情况的风险评估为基础，同时考虑有关国际组织制定的风险评估技术。
③ 5.2 在进行风险评估时，各成员应考虑可获得的科学证据；有关工序和生产方法；有关检查、抽样和检验方法；特定病害或虫害的流行；病虫害非疫区的存在；有关生态和环境条件；以及检疫或其他处理方法。
④ 第 3 条 协调
3.1 为在尽可能广泛的基础上协调卫生与植物卫生措施，各成员的卫生与植物卫生措施应根据现有的国际标准、指南或建议制定，除非本协定特别是第 3 款中另有规定。
⑤ 3.2 符合国际标准、指南或建议的卫生与植物卫生措施应被视为为保护人类、动物或植物的生命或健康所必需的措施，并被视为与本协定和 GATT 1994 的有关规定相一致。

而受益。世界动物卫生组织（OIE）负责制定与 AI 相关的健康标准，且特别依照包括提供动物及动物制品的安全贸易的建议性做法的 OIE 准则来制定。在上诉中，印度特别要求专家组基于 OIE 准则的含义向 OIE 寻求依据和建议。上诉机构认为，专家组在就 OIE 准则的含义同 OIE 进行磋商时，并没有违反 SPS 协议第 11.2 条①或 DSU 第 13.2 条②。拒绝了印度根据 DSU 第 11 条③提出的主张后，上诉机构维持了专家组根据第 3.1 条和第 3.2 条做出的决定。

（3）SPS 协议第 6 条④

印度对专家组的结论提出上诉，认为印度的 AI 措施不适应地区条件且与第 6.1 条和第 6.2 条不符。尽管上诉机构没有全盘赞同专家组的推理，但其认为专家组并没有如印度诉称的那样对第 6.1 条和第 6.3 条之间的关系做出错误解释。同专家组一样，上诉机构驳回了印度的"只有在出口成员已证明其遵守第 6.3 条后才触发第 6.1 条和第 6.2 条中的义务"的论点。在适用第 6.2 条来确定印度的 AI 措施是否承认对 AI 有无疾病区和疾病低发区概念的划分时，上

---

① 第 11 条　磋商和争端解决
11.2 在本协定项下涉及科学或技术问题的争端中，专家组应寻求专家组与争端各方磋商后选定的专家的意见。为此，在主动或应争端双方中任何一方请求下，专家组在其认为适当时，可设立一技术专家咨询小组，或咨询有关国际组织。

② 第 13 条　寻求信息的权利
13.2 专家组可向任何有关来源寻求信息，并与专家进行磋商并获得他们该事项某些方面的意见。对于一争端方所提科学或其他技术事项的事实问题，专家组可请求专家审议小组提供书面咨询报告。设立此类小组的规则及其程序列在附录 4 中。

③ 第 11 条　专家组的职能
专家组的职能是协助 DSB 履行本谅解和适用协定项下的职责。因此，专家组对其审议的事项作出客观评估，包括对该案件事实及有关适用协定的适用性和与有关适用协定的一致性的客观评估，并作出可协助 DSB 提出建议或提出适用协定所规定的裁决的其他调查结果。专家组应定期与争端各方磋商，并给予它们充分的机会以形成双方满意的解决办法。

④ 第 6 条　适应地区条件，包括适应病虫害非疫区和低度流行区的条件
6.1 各成员应保证其卫生与植物卫生措施适应产品的产地和目的地的卫生与植物卫生特点，无论该地区是一国的全部或部分地区，或几个国家的全部或部分地区。在评估一地区的卫生与植物卫生特点时，各成员应特别考虑特定病害或虫害的流行程度、是否存在根除或控制计划以及有关国际组织可能制定的适当标准或指南。
6.2 各成员应特别认识到病虫害非疫区和低度流行区的概念。对这些地区的确定应根据地理、生态系统、流行病监测以及卫生与植物卫生控制的有效性等因素。
6.3 声明其领土内地区属病虫害非疫区或低度流行区的出口成员，应提供必要的证据，以便向进口成员客观地证明此类地区属、且有可能继续属病虫害非疫区或低度流行区。为此，应请求，应使进口成员获得进行检查、检验及其他有关程序的合理机会。

诉机构认为,对于印度的实践,专家组将立法和执行措施都考虑进来的做法并无不妥。专家组和上诉机构都认为印度的 AI 措施违反了第 6 条,因其对任何没有向 OIE 通报 AI 的国家的所有进口产品都采用禁令,从而排除了从这些国家间无 AI 地区进口产品的可能性。基于这些原因,上诉机构驳回了印度依据 DSU 第 11 条提出的主张,维持了专家组认为印度 AI 措施与第 6.1 条和第 6.2 条不符的决定。

(4) SPS 协议第 5.6 条①和第 2.2 条

专家组认为印度的 AI 措施与第 5.6 条和第 2.2 条不符是由于它们产生的贸易限制比印度要实现适当保护水平所需的更甚,并且远超保护人类和动物生命或健康之所需。印度对专家组的上述结论提出上诉。对于印度指出的专家组在对印度 AI 措施适用第 5.6 条时有误的主张,上诉机构认为,专家组在认定美国已经指出可以实现印度适当保护水平的替代措施时无误,且专家组精准地对替代措施加以识别。在驳回了印度根据 DSU 第 11 条提出的主张后,上诉机构维持了专家组的结论,即印度的 AI 措施违反了第 5.6 条,且认为其没有必要根据第 2.2 条对专家组的决定进行裁定。

(5) SPS 协议第 2.3 条②

印度诉称专家组违反了 DSU 第 11 条,因其认定印度的 AI 措施在具有相同或类似条件的成员间产生了任意且无理的差别待遇,原因是印度只对发生 LPNAI 国家的产品进口加以禁止,但并未在印度境内形成可靠的监测制度来检测 LPNAI。印度对专家组回应称 LPNAI 并未在印度出现。在上诉时,印度诉称专家组在就印度 LPNAI 的疾病状况向个别科学专家进行咨询时违反了 DSU 第 11 条。上诉机构认为,无论是专家组就 LPNAI 是否源自印度这一问题而向个别专家进行咨询,还是专家组要求印度证明 LPNAI 并非源自印度本土,都不能证明专家组违反 DSU 第 11 条。因此上诉机构支持了专家组的结论,认为印度的 AI 措施与第 2.3 条的第一句不符。

---

① 5.6 在不损害第 3 条第 2 款的情况下,在制定或维持卫生与植物卫生措施以实现适当的卫生与植物卫生保护水平时,各成员应保证此类措施对贸易的限制不超过为达到适当的卫生与植物卫生保护水平所要求的限度,同时考虑其技术和经济可行性。

② 2.3 各成员应保证其卫生与植物卫生措施不在情形相同或相似的成员之间,包括在成员自己领土和其他成员的领土之间构成任意或不合理的歧视。卫生与植物卫生措施的实施方式不得构成对国际贸易的变相限制。

4. 上诉机构审定与结论

本上诉机构部分推翻了专家组关于印度 AI 措施缺乏充分的科学依据的结论，理由是专家组所得出的结论仅基于其认定这些措施没有基于适当的风险评估，且其没有对印度提供的证据和论据加以评估。在此外的其他方面，上诉机构支持了专家组认为印度 AI 措施与涵盖协议不一致的决定。

具体而言，本上诉机构裁定如下。

a. 针对 SPS 协议第 2.2 条、第 5.1 条和第 5.2 条而言：

i. 认定专家组在解释第 2.2 条、第 5.1 条和第 5.2 条，特别是在理解第 2.2 条与第 5.1 条、第 5.2 条之间的关系上并没有错误；

ii. 认定专家组错误地将第 2.2 条适用于印度的禽流感措施中，因为其未能考察第 2.2 条的不一致性是否被印度所提出的主张和证据反驳；并因此

iii. 部分地推翻专家组在专家组报告第 7.332 段、第 7.334 段和第 8.1.c.v 段中的认定，即印度的禽流感措施与第 2.2 条不相符合，因为它们并没有依赖科学的原则，并且缺乏足够的科学证据所支撑；

iv. 认定印度并没有证明专家组的行为不符合 DSU 第 11 条规定的客观性评估义务的责任；

v. 认定其无法完成印度禽流感措施是否满足第 2.2 条的法律分析和评估；并且

vi. 支持专家组在专家组报告第 7.318 段、第 7.319 段、第 7.333 段和第 8.1.c.ii 段、第 8.1.c.iv 段中的认定，即印度的禽流感措施不符合第 5.1 条和第 5.2 条；

b. 针对 SPS 协议第 3.1 条和第 3.2 条而言：

i. 就世界植物卫生组织法典的含义咨询世界植物卫生组织，专家组并没有因此违背 SPS 协议第 11.2 条或 DSU 第 13.2 条；

ii. 认定印度并没有证明专家组的行为不符合 DSU 第 11 条规定的客观性评估义务的责任；并且

iii. 支持专家组在专家组报告第 7.274 段、第 7.275 段和第 8.1.c.ii 段中的认定，即印度的禽流感措施不符合第 3.3 条，并且印度无权从禽流感措施与根据第 3.2 条规定的其他 SPS 协议和 GATT 1994 保持一致性的假定中获利；

c. 针对 SPS 协议第 6 条而言：

i. 认定专家组在解释第 6.1 条和第 6.3 条的关系上并没有错误；

ii. 认定专家组在适用第 6.2 条上并没有错误，专家组并未单独以《家禽

法》第 2 部分和第 3A 部分来评估印度是否认可无疫情区和低疫情区概念；

iii. 在认定印度禽流感措施与第 5.6 条的一致性的问题上，印度并没有证明专家组的行为不符合 DSU 第 11 条规定的客观性评估义务的责任；并且

iv. 支持专家组在专家组报告第 7.616 段和第 8.1.c.vii 段中的认定，即印度的禽流感措施不符合第 5.6 条，因为在世界植物卫生组织法典第 10.4 章所调整的产品下，印度的争议措施比实现印度适当的保护水平具有更大的贸易限制性；上诉机构认定没有必要解决印度关于推翻专家组印度措施最终不符合第 2.2 条的问题。

d. 针对 SPS 协议第 2.3 条而言：

i. 认定印度并没有证明专家组的行为不符合 DSU 第 11 条规定的客观性评估义务的责任；并且

ii. 支持专家组在专家组报告第 7.472 段和第 8.1.c.vi 段中的认定，即印度的禽流感措施与第 2.3 条第 1 句不相符合。

（五）后续执行程序

2015 年 6 月 19 日，争端解决机构通过了本案上诉机构的报告，以及经上诉机构报告修改的专家组报告。

2015 年 12 月 8 日，印度和美国通知 DSB，二者同意将执行 DSB 建议和裁定的合理期限为上诉机构和专家组报告通过之日起的 12 个月内。

2016 年 7 月 7 日，美国请求 DSB 根据 DSU 第 22.2 条授权其中止对印度的减让或特定的义务。2016 年 7 月 18 日，印度反对中止减让或特定义务的程度，并且根据 DSU 第 22.6 条提出仲裁申请。在 2016 年 7 月 19 日的 DSB 会议上，二者同意根据 DSU 第 22.6 条的规定进行仲裁。

2016 年 7 月 18 日，印度通知 DSB，其已经通过履行建议和裁决的必要措施。随后，印度又通知 DSB 额外的措施。

2017 年 3 月 2 日，印度通知 DSB，在 2017 年 2 月，其修正了措施以执行 DSB 的建议和裁决。

三 笔者对本案的评析

（一）如何定义 SPS 措施？

其一，卫生与植物卫生措施用于 SPS 协议附件 A 所列目录的任何措施，例如：保护成员领土内的动物或植物的生命或健康免受虫害、病害、带病有机体

或致病有机体的传入、定居或传播所产生的风险；保护成员领土内的人类或动物的生命或健康免受食品、饮料或饲料中的添加剂、污染物、毒素或致病有机体所产生的风险；保护成员领土内的人类的生命或健康免受动物、植物或动植物产品携带的病害，或虫害的传入、定居或传播所产生的风险；防止或控制成员领土内因虫害的传入、定居或传播所产生的其他损害。

其二，该 SPS 措施影响到国际贸易包括限制或禁止进口携带上述风险的动植物产品。

实施卫生与植物卫生措施（SPS 措施）是政府为国内公共卫生特别是为保障人民、动植物的生命或健康所必需采取的措施；SPS 协议重申政府有管理权力，可以根据有关的国际标准，特别是通过风险分析制定本国适当地保护水平。政府可以采取 SPS 措施，但是 SPS 措施不能成为非关税壁垒，不得构成武断的或不合理的差别待遇，或构成对国际贸易的变相限制。

SPS 协议是根据 GATT 1994 第 20（b）条制定的。

本协定的规定不得解释为禁止缔约国采用或加强以下措施，但对情况相同的各国，实施的措施不得构成武断的或不合理的差别待遇，或构成对国际贸易的变相限制：

（b）为保障人民、动植物的生命或健康所必需的措施；

SPS 措施包括法律、法令、条例检验程序和标准、通关手续、审批程序等。为查明一项 SPS 措施的目的和含义，上诉机构在 2010 年澳大利亚的苹果案中指出：不仅按照法律条文所列的目的和宗旨，还要审查该措施的文字含义、立法的背景以及该措施的设计与执行的情况。

TBT 协议与 SPS 协议均涉及技术标准。但是 TBT 与 SPS 是两个相互独立的协议，互不适用。SPS 协议与 GATT 1994 有密切关系，特别是 GATT 1994 第 20（b）条，"保障人民、动植物的生命或健康所必需的措施"。但是一项 SPS 措施符合 GATT 1994，但不一定符合 SPS 协议。因为 SPS 协议比 GATT 1994 有更多和更详细的规定，例如 SPS 协议第 5.1、5.6 条。因此，可以用"特殊法优于普通法"来解释 SPS 协议与 GATT 1994 的关系。

（二）本案件的核心问题

第一，在本案中首先是 SPS 协议第 2.2 条与第 5.1 条和第 5.2 条的关系。

SPS 协议第 2 条（基本权利和义务）包括范围很广的基本权利与义务。第 5 条是风险评估和适当的 SPS 保护水平。第 2 条与第 5 条是密切联系的。第 5 条是将第 2 条的基本权利和义务具体化，包括进行风险评估和确定适当的 SPS 保护水平。第 2 条是其他条款的背景和总体要求（context），本条要求 SPS 措施和科学证据之间有"合理的和客观的联系"（rational and objective relationship）。一项 SPS 措施如无充分的科学证据则不再维持。第 5 条的各项具体措施是为落实第 2 条的基本权利和义务。第 5.1 条可以解读为对第 2.2 条的应用（application）。鉴于第 2.2 条与第 5.1 条的密切关系，上诉机构强调必须将第 2.2 条与第 5.1 条"持续性地放在一起解读"（should constantly read together）。

第 2.2 条和第 5.1、5.2 条相互支持，这说明科学在 SPS 协议中的重要作用，也反映出谈判者在起草 SPS 协议时细心和谨慎地平衡促进国际贸易与保护人民生命和健康防范传染病的风险两者之间的关系。

第 2.2 条要求各成员"应保证"（shall ensure），第 5.1 条规定成员"应该"（shall）以风险评估为基础（based on risk assessment），第 5.2 条要求各成员考虑可获得的科学证据（shall consider scientific evidence）。每一段都用"应该"（shall）一词表明这是法律义务，带有强制性。

第 5 条的意图是具体执行第 2 条中的基本权利和义务。第 5.2 条规定 SPS 措施应建立在风险评估的基础上以便保障第 2.2 条的基本权利和义务有科学证据。第 5.1 条的风险评估应该考虑到第 5.2 条列出的"应考虑可获得的科学证据；有关工序和生产方法；有关检查、抽样和检验方法；特定病害或虫害的流行；病虫害非疫区的存在；有关生态和环境条件；以及检疫或其他处理方法"。第 5.2 条不是一个封闭的有限的名单，这说明风险评估不仅要在实验室内完成，还要了解人的生活实际风险。

SPS 协议第 1 条总则规定

本协定适用于所有可能直接或间接影响国际贸易的卫生与植物卫生措施。此类措施应依照本协定的规定制定和适用。

一项 SPS 措施要符合 SPS 的各项规定包括第 2 条和第 5 条。上诉机构在"澳大利亚苹果案"中指出，在第 5.1 条或第 5.2 条等比较专门的、范围比较窄的条款和第 2.2 条等规定的基本权利与义务比较宽泛的条款之间，如果一项

SPS 措施违反了第 5.1 条或第 5.2 条,则可以假设其隐含了对第 2.2 条的违反。但是相反地,就不一定也违反后者,即违反了第 2.2 条不意味着对第 5.1 条或第 5.2 条的违反。

在本案中,上诉机构指出,虽然一项 SPS 措施违反第 5.1 条或第 5.2 条在很多请况可以假设也构成对第 2.2 条的违反,但有的证据也可以指向虽然违反了第 5.1 条或第 5.2 条但是未违反第 2.2 条。这也符合条约解释中的条款有效性原则。①

印度在上诉中称第 2.2 条与第 5.1 条、第 5.2 条是相互独立的。只要 SPS 措施符合其中任何一条的要求就是符合 SPS 协议。上诉机构强调成员的措施必须符合第 2.2 条、第 5.1 条和第 5.2 条的所有要求。印度认为只要符合第 2.2 条而不用按照第 5.1 条和第 5.2 条做风险分析的观点是错误的。上诉机构也不同意印度关于必须先认定第 2.2 条然后分析第 5.1 条和第 5.2 条的风险分析的错误观点也是错误的。②

一项 SPS 措施违反了第 5.1 或第 5.2 条可能被假设为也违反第 2.2 条,但是其对第 2.2 条的违反不是不可反驳的(such presumption cannot be irrebuttable.)。

上诉机构认定专家组对于第 2.2 条、第 5.1 条和第 5.2 条的解释,特别是对第 2.2 条与第 5.1 条、第 5.2 条的关系的理解没有错误。专家组适用该条款时,认定印度的 AI 措施违反了第 5.1 条和第 5.2 条,因此假设该措施也违反了第 2.2 条。然而后者是可以反驳的。印度的抗辩提供了对于"LPNAL"报告的国家禁止进口新鲜鸡肉和鸡蛋的证据,然而专家组没有对这些证据审查和认定。因此上诉机构推翻了专家组的部分裁定,即"印度 AI 措施不符合 SPS 协议第 2.2 条,因为该措施不是根据科学原则得出的,继续维持这一原则没有足够的科学证据"。

由于专家组报告中没有无争议的事实证据,专家组也没做有关的事实认定,上诉机构无法完成法律分析。

---

① Consistent with the principle of effectiveness in treaty interpretation [O]ne of the corollaries of the "general rule of interpretation in the Vienna Convention is that interpretation must give meaning and effect to all the terms of the treaty. An interpreter is not free to adopt a reading that would result in reducing whole clauses or paragraphs of a treaty to redundancy or inutility. See Appellate Body Reports, Australia – Apples, para. 339.
② 见上诉机构报告,《美国诉印度限制农产品进口措施案》,第 5.32 段。

第二，SPS 措施与国际标准。

SPS 协议涉及科学卫生等专业知识，在国际范围内制定统一标准和规范尤为重要。SPS 协议的前言明确了建立规则、标准的重要性，其认识到国际标准、指南和建议可以在这方面做出重要贡献，期望进一步推动各成员使用协调的，以有关国际组织制定的国际标准、指南和建议为基础的卫生与植物卫生措施，这些国际组织包括食品法典委员会、国际兽疫组织以及在《国际植物保护公约》范围内运作的有关国际和区域组织，但不要求各成员改变其对人类、动物或植物的生命或健康的适当保护水平。

为了人类健康，SPS 协议规定各成员有义务使其 SPS 措施与国际标准相协调。

SPS 协议第 3 条规定：各成员的 SPS 措施应根据现有的国际标准、指南或建议制定，符合国际标准、指南或建议的 SPS 措施应被视为为保护人类、动物或植物的生命或健康所必需的措施，并被视为与本协定和 GATT 1994 的有关规定相一致。如存在科学理由，或一成员依照第 5 条第 1 款至第 8 款的有关规定确定动、植物卫生的保护水平是适当的，则各成员可采用或维持比根据有关国际标准、指南或建议制定的措施所可能达到的保护水平更高的卫生与植物卫生措施。[①]

尽管有以上规定，但是任何与根据国际标准、指南或建议制定的措施所实现的保护水平不同的措施，均不得与本协定中任何其他规定相抵触。

SPS 协议也明确世界动植物卫生组织（OIE）负责制定与 AI 相关的健康标准。为比较印度的 SPS 措施是否符合 OIE 标准，专家组首先要查清 OIE 标准的含义。专家组认为，印度的 AI 措施不符合 OIE 的国际标准因此也不符合 SPS 协议。上诉机构支持专家组的这一认定。由于国际标准在衡量一项 SPS 措施是否合法方面起着关键作用，中国的农、禽、鱼产品的管理部门应派专家参与有关国际标准、样本、检验程序等的制定工作以保证国际标准符合我国国情，切实保护我国人民健康、食品安全。商品检验检疫部门也可以依法把关，不让有害病虫侵入我国，同时也可以保护我国农民、渔业、家禽业的健康发展以及减少其他成员对我国 SPS 措施的指控。我国参与制定 SPS 国际标准的专家也有更多的机会参与 WTO 国际争端解决。

[①] 就第 3 条第 3 款而言，存在科学理由的情况是，一成员根据本协定的有关规定对现有科学信息进行审查和评估，确定有关国际标准、指南或建议不足以实现适当的动植物卫生保护水平。

第三，专家组咨询国际专家、举证责任。

OIE 关于 AI 的标准中有很多科学性、技术性和卫生专业知识，专家组有权根据 DSU 第 13 条寻求更多信息并按照 SPS 协议第 11.2 条咨询专家意见，即在涉及科学或技术问题的争端中，专家组应寻求专家组与争端各方磋商后选定的专家的意见。为此，在主动或应争端双方任何一方的请求下，专家组在其认为适当时，可设立一技术专家咨询小组，或咨询有关国际组织。在本案中，专家组认定印度 AI 措施不符合 OIE 制定的国际标准。印度上诉指控专家组未按 DSU 第 11 条的要求独立地客观分析 OIE 标准的含义。上诉机构驳回了印度关于专家组违反 DSU 第 11 条和 SPS 协议第 11.2 条咨询 OIE 专家的指控。上诉机构维持专家组关于印度的涉案措施违反 SPS 协议第 3.1 条和第 3.2 条的结论。

通过此案可以看到，SPS 措施与相关的国际标准密切联系。如果一项 SPS 措施不符合某一国际标准，则该项措施违反 SPS 协议，如果该项措施符合国际标准，则可以证明其符合 SPS 协议（第 3.1 条、第 3.2 条）。如果一项 SPS 措施高于国际标准，则执行该措施的成员可以通过风险评估证明其有科学理由确定其 SPS 适当的保护水平（第 5.6 条）。另外，该项 SPS 措施的实施不得构成武断的或不合理的差别待遇，或构成对国际贸易的变相限制（第 2.3 条）。

印度上诉控告专家组自行决定转换了当事方的举证责任，应该由美国证明印度的"LPNAI"的指控。上诉机构认为，很难理解印度关于专家组向咨询专家提问题即是转换了举证责任的主张。专家组在咨询专家方面是有广泛的自由裁量权的，向个别专家提问题不构成对当事方举证责任的转换。况且专家组所提问题涉及印度和美国在本争议中提交的证据和辩论，在本争议案中专家组的行为不构成向印度转移举证责任。[①]

第四，SPS 第 6 条。

SPS 协议第 6 条　适应地区条件，包括适应病虫害非疫区和低度流行区的条件：

    6.1　各成员应保证其卫生与植物卫生措施适应产品的产地和目的地的卫生与植物卫生特点，无论该地区是一国的全部或部分地区，或几个国家的全部或部分地区。在评估一地区的卫生与植物卫生特点时，各成员应

---

① 见上诉机构报告，第 5.270—5.273 段。

特别考虑特定病害或虫害的流行程度、是否存在根除或控制计划以及有关国际组织可能制定的适当标准或指南。

6.2 各成员应特别认识到病虫害非疫区和低度流行区的概念。对这些地区的确定应根据地理、生态系统、流行病监测以及卫生与植物卫生控制的有效性等因素。

6.3 声明其领土内地区属病虫害非疫区或低度流行区的出口成员，应提供必要的证据，以便向进口成员客观地证明此类地区属、且有可能继续属病虫害非疫区或低度流行区。为此，应请求，应使进口成员获得进行检查、检验及其他有关程序的合理机会。

在本案中，印度请求上诉机构推翻专家组关于印度的 AI 措施不符合 SPS 协议第 6.1 条和第 6.2 条的裁定。印度认为专家组对于第 6.1 条与第 6.3 条关系的解释是错误的，专家组对印度的 AI 措施适用第 6.2 条也是错误的。

上诉机构指出第 6.1 条与第 6.3 条的关系必须在第 6 条的大范围内考量。第 6 条规定的是 SPS 措施的地区适应性，要求成员应该考虑到产品来源地和产品去向国的病虫害程度、控制措施、有关的国际标准。各成员应特别认识到病虫害非疫区和低度流行区的概念。对这些地区的确定应根据地理、生态系统、流行病监测以及卫生与植物卫生控制的有效性等因素来进行。

第 6 条的核心条款是第 6.1 节的第一段：各成员应保证其卫生与植物卫生措施适应产品的产地和目的地的卫生与植物卫生特点，无论该地区是一国的全部或部分地区，或几个国家的全部或部分地区。第 6.1 条第 2 节、第 6.2 条和第 6.3 条均为落实"适应地区特点的 SPS 措施"。第 6.2 条要求各成员应特别认识到病虫害非疫区和低度流行区的概念。第 6.3 条要求声明其领土内地区属病虫害非疫区或低度流行区的出口成员提供必要的证据。第 6 条的三个段落是一个整体。上诉机构对于专家组分别认定印度 AI 措施的对于第 6.1 条、第 6.3 条的合法性表示担心。但是从专家组对第 6 条的整体分析，特别是对印度国内立法是否承认病虫害非疫区和低度流行区的概念的分析是对的，即不仅审查其基本法的原则规定，还要看其对法律的解释与实施。上诉机构概括：SPS 协议第 6 条的三段内容是互相联系的，SPS 措施适应地区情况的不同义务要求。第 6 条总的要求是第 6.1 条第一段，其要求各成员的 SPS 措施要符合地区条件；第 6 条的其他条款涉及病虫害非疫区和低度流行区以及出口国与进口国的义务。上诉机构支持专家组的认定即认为印度的 AI 措施不符合第 6.1 条和第 6.2 条。①

四　本案涉及的主要条款

（一）SPS 协议第 2.2 条

第 2 条　基本权利和义务

2.2　各成员应保证任何卫生与植物卫生措施仅在为保护人类、动物或植物的生命或健康所必需的限度内实施，并根据科学原理，如无充分的科学证据则不再维持，但第 5 条第 7 款规定的情况除外。

（二）SPS 协议第 2.3 条

2.3　各成员应保证其卫生与植物卫生措施不在情形相同或相似的成员之间，包括在成员自己领土和其他成员的领土之间构成任意或不合理的歧视。卫生与植物卫生措施的实施方式不得构成对国际贸易的变相限制。

（三）SPS 协议第 3.1 条、第 3.2 条

第 3 条　协调

3.1　为在尽可能广泛的基础上协调卫生与植物卫生措施，各成员的卫生与植物卫生措施应根据现有的国际标准、指南或建议制定，除非本协定、特别是第 3 款中另有规定。

3.2　符合国际标准、指南或建议的卫生与植物卫生措施应被视为为保护人类、动物或植物的生命或健康所必需的措施，并被视为与本协定和 GATT 1994 的有关规定相一致。

（四）SPS 协议第 5.1 条、第 5.2 条、第 5.6 条

第 5 条　风险评估和适当的卫生与植物卫生保护水平的确定

5.1　各成员应保证其卫生与植物卫生措施的制定以对人类、动物或植物的生命或健康所进行的、适合有关情况的风险评估为基础，同时考虑有关国际组织制定的风险评估技术。

5.2　在进行风险评估时，各成员应考虑可获得的科学证据；有关工序和生产方法；有关检查、抽样和检验方法；特定病害或虫害的流行；病

---

① 见上诉机构报告第 5.141 段。

虫害非疫区的存在；有关生态和环境条件；以及检疫或其他处理方法。

5.6 在不损害第3条第2款的情况下，在制定或维持卫生与植物卫生措施以实现适当的卫生与植物卫生保护水平时，各成员应保证此类措施对贸易的限制不超过为达到适当的卫生与植物卫生保护水平所要求的限度，同时考虑其技术和经济可行性。

（五）SPS 协议第 6 条

第 6 条 适应地区条件，包括适应病虫害非疫区和低度流行区的条件

6.1 各成员应保证其卫生与植物卫生措施适应产品的产地和目的地的卫生与植物卫生特点，无论该地区是一国的全部或部分地区，或几个国家的全部或部分地区。在评估一地区的卫生与植物卫生特点时，各成员应特别考虑特定病害或虫害的流行程度、是否存在根除或控制计划以及有关国际组织可能制定的适当标准或指南。

6.2 各成员应特别认识到病虫害非疫区和低度流行区的概念。对这些地区的确定应根据地理、生态系统、流行病监测以及卫生与植物卫生控制的有效性等因素。

6.3 声明其领土内地区属病虫害非疫区或低度流行区的出口成员，应提供必要的证据，以便向进口成员客观地证明此类地区属、且有可能继续属病虫害非疫区或低度流行区。为此，应请求，应使进口成员获得进行检查、检验及其他有关程序的合理机会。

（六）SPS 协议第 11.2 条

第 11 条 磋商和争端解决

11.2 在本协定项下涉及科学或技术问题的争端中，专家组应寻求专家组与争端各方磋商后选定的专家的意见。为此，在主动或应争端双方中任何一方请求下，专家组在其认为适当时，可设立一技术专家咨询小组，或咨询有关国际组织。

（七）DSU 第 13.2 条

第 13 条 寻求信息的权利

13.2 专家组可向任何有关来源寻求信息，并与专家进行磋商并获得他们该事项某些方面的意见。对于一争端方所提科学或其他技术事项的事实问题，专家组可请求专家审议小组提供书面咨询报告。设立此类小组的规则及其程序列在附录 4 中。

案例12 中国涉及稀土、钨和钼出口措施案（DS431、DS432、DS433）

一 案件基本情况[①]

1. 案名

中国涉及稀土、钨和钼出口措施案

2. 案号

DS431、DS432、DS433

3. 申诉方、被诉方、第三方

申诉方：美国、欧盟、墨西哥

被诉方：中国

第三方：阿根廷、巴西、加拿大、智利、哥伦比亚、厄瓜多尔、印度、日本、韩国、挪威、中国台北、土耳其、沙特阿拉伯

4. 公布报告时间

2012年3月13日提起磋商请求

2014年3月26日专家组报告发布

2014年8月7日上诉机构报告发布

5. 争议条款

涉及的条款：GATT 1994第7条、第8条、第10条、第11条、第11.1条、第10.3（a）条；

《中国入世议定书》第1部分第1.2段、第5.1段、第11.3段、第5.2段、第8.2段、第7.2段

[①] See WTO Website, available at https://wto.org/english/tratop_e/dispu_e/cases_e/ds431_e.htm, last visited on 3 Jan 2017.

6. 法官名称

本案上诉机构成员：Seung Wha Chang（首席法官）、张月姣、Ricardo Ramirez–Hernandez

二 案件审理概况

（一）磋商程序与专家组程序

2012年3月13日，美国要求与中国就稀土、钨和钼实施的出口限制措施进行磋商。涉及的措施包括但不限于212种中国海关商品编码产品以及30多种措施。该请求同时还涉及一系列中国公布的与未公布的措施。上述限制包括出口税、出口配额、最小出口价格要求、出口许可要求、与定量限制管理相关的额外要求和程序。

美国认为上述措施违反如下条款：

1. GATT 1994第7条、第8条、第10条和第11条；

2. 《中国入世议定书》第1部分第2（A）2段、第2（C）1段、第5.1段、第5.2段、第7.2段、第8.2段和第11.3段，以及《中国入世议定书》第1部分第1.2段的义务。

2012年3月22日，欧盟和日本请求加入磋商。2012年3月26日，加拿大请求加入磋商。随后，中国通知争端解决机构，其接受加拿大、欧盟和日本加入磋商的请求。

2012年6月27日，美国请求建立专家组。

2012年7月10日，争端解决机构授权成立专家组。

在2012年7月23日的会议上，依据《争端谅解协议》第9.1条规定，争端解决机构审查该争议。

2012年9月24日，总干事组成专家组。

2013年3月22日，专家组主席通知争端解决机构，专家组报告将于2013年11月21日前发布。

2014年3月26日，专家组报告发布。

（二）涉案措施

本争议涉及中国对稀土、钨和钼的出口限制。中国主张其对这些原材料的限制与保护可耗竭自然资源相关，并且是减少煤矿行业污染所必要的措施。申诉方则认为，上述这些措施通过帮助中国企业获得特定的材料，进而促进中国企业生产使用上述原材料的下游产品。

中国施加于稀土、钨和钼的不同类型的限制措施如下：第一，施加于诸多原材料的出口关税；第二，在特定时期内施加的出口配额；第三，其对出口该材料的企业施加的特定的限制。

本案专家组试图厘清如下三个问题：第一，中国征收出口关税的措施是否违反《中国入世议定书》第11.3条；第二，中国实施的出口配额是否违反GATT 1994第11.1条和《中国入世工作组报告》第162段和第165段；第三，中国的出口限制措施是否违反其贸易权承诺。

（三）专家组审理概况

本案专家组裁决的主要内容如下。

1. 出口关税

申诉方认为中国对稀土、钨和钼施加了出口关税，其认为该关税与中国在《中国入世议定书》中规定的义务不符，因为除了那些列入《中国入世议定书》附件6的产品以外，中国承诺减少所有的出口关税。申诉方主张，除钨矿石、精矿（concentrates）外，争议的产品并未包括在附件6中，因此，中国并没有权力对争议产品施加关税。

中国指出，虽然争议产品并未包括在附件6中，但是征收出口税费可以通过援引GATT 1994第20条的"一般例外"而得以正当化。特别是GATT 1994第20（b）条允许WTO成员维持与GATT 1994不符的措施，只要该措施是为保护人类、动植物生命或健康所必要的。在本案中，中国主张其出口关税对保护人类、动植物生命和健康而言是必要的，因为该措施能够保护人类、动植物免受采矿的污染。申诉方认为，GATT 1994第20条规定的"一般例外"无法减免中国在《中国入世议定书》中承诺的消除出口关税义务，并且中国的出口关税并非为保护人类、动植物的生命和健康所必要的。

大多数专家组成员同意申诉方的观点，并认定GATT 1994第20条的"一般例外"无法将违反《中国入世议定书》义务的措施正当化；相应地，大多数专家组成员认为中国无法援引GATT 1994第20（b）条将其出口关税措施正当化。一名专家组成员发表异议意见，其认为GATT 1994第20条的"一般例外"能够正当化所有与货物贸易相关的WTO义务，除非有相反规定，并且本案中，中国并未在《中国入世议定书》中做出不适用一般例外的相反规定。

专家组进一步考察了中国关于GATT 1994第20（b）条的主张，进而帮助未来的上诉机构基于专家组的事实认定做出裁决。所有的专家组成员均认为即使中国能够援引 GATT 1994 第 20（b）条，然而因为中国的出口措施并非"为保护人类、动植物生命或健康所必要的"，中国征收出口关税的措施仍然违反了中国应承担的 WTO 义务。

2. 出口配额

中国同时对稀土、钨和钼施加一定时期内的数量限制（配额），虽然该限制措施与 GATT 1994 并不相符，但是中国主张争议措施能够被 GATT 1994 第 20（g）条所正当化，因为其与可耗竭自然资源的保护相关。

专家组并不同意中国的观点。其认为中国的出口配额旨在实现产业政策目标，而非保护资源。专家组认同中国对于 GATT 1994 第 20（g）条"保护"（conversation）并不仅仅限于对自然资源的维持（preservation）的主张，并且也同意，在设定保护政策时，以遵循诸多联合国或其他国际文件列明的对自然资源享有主权原则的方式，所有的 WTO 成员都可以制定自身可持续发展的目标和宗旨。然而，专家组裁定："保护"并不允许成员采取措施控制自然资源的国际市场，而控制国际市场是本案出口配额措施的目标。

进一步地，专家组认为争议的出口配额措施并没有与限制国内对稀土、钨和钼使用的措施一起使用，这与 GATT 1994 第 20（g）条第 2 部分并不符合。在考察中国所主张的对国内使用的稀土、钨和钼的措施后，专家组认为中国对外和对内限制措施的总体效果反应为鼓励中国国内企业对原材料的提炼，并且确保了中国企业能够可靠地获得原材料。由此，专家组得出结论，GATT 1994 第 20（g）条所要求的"一视同仁、衡平（even-handedness）"并未在中国的关税措施中获得满足，并且因此该配额措施不能在该条款下获得正当化。

3. 贸易权

中国限制出口稀土、钨和钼的企业的权利。虽然中国在《中国入世议定书》中承诺将削减贸易限制，但是中国主张 GATT 1994 第 20（g）条可以使争议措施得到正当化，因为上述措施与保护可耗竭自然资源相关。虽然专家组认为中国可援引第 20 条的例外主张措施的正当化，但是中国并没有成功地解释贸易权限制如何能够被例外条款所正当化。由此，专家组认为中国的贸易权限制措施违反 WTO 义务。

（四）上诉机构报告审理概况

1. 上诉机构报告程序

2014 年 4 月 8 日，美国通知争端解决机构，其将对专家组报告中的特定法律问题和专家组的特定法律解释提起上诉。

2014年4月17日，中国提起上诉。

2014年4月25日，中国对DS432和DS433提起上诉。

2014年6月24日，本案上诉机构通知争端解决机构上诉机构报告将在2014年8月7日前发布。

本案上诉机构在2014年8月7日发布上诉机构报告。

通常情况，上诉机构报告的编号与申诉方提交上诉通知的时间顺序一致。但是美国、日本、墨西哥告中国的稀土案与中国告美国的反倾销与反补贴案同时进行，为保证公平，使案件受理时间和顺序不可预测，上诉机构在征得两个案件的当事方同意后，2014年4月1日在上诉机构秘书处由当事方代表出席抽签，抽签结果决定中国稀土案案号为DS431，美国双反案为DS499。应稀土案三个申诉当事方的要求，上诉机构庭审法官同意对三个申诉方分别制定上诉机构报告，报告内容是一样的，案号分别为DS431、D432、DS433。

2. 上诉的法律问题

双方上诉的争议点具体如下：

（1）中国对专家组关于GATT 1994第20条不能适用于违反《中国入世议定书》第11.3段的措施的认定提起上诉；

（2）中国对专家组关于GATT 1994第20（g）条的解释和适用，争议中的的出口配额并非与可耗竭自然资源"相关"的认定，以及争议措施并非与国内生产或消费的"有效的"限制实施同时实施的认定提起上诉；

（3）美国请求上诉机构认定专家组否认申诉方在专家组程序最后阶段提交的10件证据的做法是与DSU第11条和第12.4条不相符的。

3. 各方立场和抗辩概况

在上诉中，中国对专家组关于GATT 1994第20条不能适用于违反《中国入世议定书》第11.3段的措施的认定提起上诉。中国认为《中国入世议定书》是《马拉喀什协定》与多边贸易协议的不可分割的一部分，但专家组错误地否认了中国对《中国入世议定书》第1.2段和《马拉喀什协定》第12.1条之间关系的这一解释。

中国对专家组关于GATT 1994第20（g）条的解释和适用，争议中的出口配额并非与可耗竭自然资源"相关"的认定，以及争议措施并非与国内生产或消费的"有效的"限制实施同时实施的认定提起上诉，中国认为专家组的认定存在错误，并且请求认定中国措施能够被GATT 1994第20（g）条所正当化。

在上诉中，美国请求上诉机构认定专家组否认申诉方在专家组程序最后阶段提交的 10 件证据的认定专家组的这一认定与 DSU 第 11 条和第 12.4 条不符。

4. 上诉机构主要法律分析

(1)《马拉喀什协定》第 12.1 条与《中国入世议定书》第 1.2 段的关系

本案上诉机构指出，中国并未反驳其出口关税与《中国入世议定书》第 11.3 段不符的认定。相反地，中国主张第 11.3 段的义务应该属于 GATT 1994 第 20 条规定的一般例外。具体而言，本案的出口关税能够被 GATT 1994 第 20 (b) 条所正当化，因为该措施的目的是保护人类、动植物的生命与健康。在该案中，本案专家组回溯先前专家组和上诉机构在美国原材料案中的认定，并认为《中国入世议定书》第 11.3 段不能适用 GATT 1994 第 20 条。

在上诉中，中国认为 GATT 1994 第 20 条能够作为其违反第 11.3 段义务的抗辩，理由在于，该段必须被视为 GATT 不可分割的一部分（an integral part）。特别是，专家组认为《中国入世议定书》第 1.2 段第 2 句的法律效果使得该入世议定书构成《马拉喀什协定》"不可分割的部分"，而非附属于《马拉喀什协定》的多边贸易协定的"一部分"。

在该案中上诉机构指出：WTO 原始成员受到《马拉喀什协定》第 11 条的调整，而加入方受《马拉喀什协定》第 12 条的调整；由于加入过程涉及"对国家或单独关税区所特定的谈判程序"，并且入世义务包括新加入成员的入世议定书以及在入世工作组报告中表明并被包括在入世议定书中的承诺，因此，《中国入世议定书》的解释应该以《维也纳条约法公约》第 31 条和第 32 条所确定的条约解释的习惯性规则进行解释。上诉机构转而独立地解释各个条款。

《马拉喀什协定》第 12.1 条规定如下：

> 任何国家或在处理其对外贸易关系及本协定或多边贸易协定规定的其他事项方面拥有完全自主权的单独关税区，可按它与 WTO 协定的条件加入本协定。此加入适用于本协定及所附多边贸易协定。

上诉机构解释该条款确定了入世的"一般性规则"，即申请者是以其与 WTO 之间所协定的条件加入《马拉喀什协定》，并且加入的"条件"并非"确定的"，而是由 WTO 和单独加入成员"所达成的协定"为加入条件。同时，第二句表明当申请方加入《马拉喀什协定》时，其必然以接受一揽子权利与义务的方式加入所有的多边贸易协定。上诉机构由此认为第12.1条被《马拉喀什协定》第2.2条所限制并补充。换言之，上述两条款应该被一起解读，并确保多边贸易协定附件1、附件2和附件3所列的协定及相关法律文件对所有成员均具有拘束力。同时，上诉机构也指出第12.1条并没有明确地定义加入的"条件"与《马拉喀什协定》、多边贸易协定之间的实质性关系。①

《中国入世议定书》第1.2条规定如下：

> 中国所加入的《WTO协定》应为经在加入之日前已生效的法律文件所更正、修正或修改的《WTO协定》。本议定书，包括工作组报告第342段所指的承诺，应成为《WTO协定》的组成部分。

中国认为专家组未能正确解释《中国入世议定书》第1.2段的法律效果。在上诉阶段，中国针对专家组关于《中国入世议定书》第1.2段的解释提起上诉。

在考察条款的文本和上下文后，上诉机构认为此处的"《WTO协定》(the WTO Agreement)"较大可能为"从1995年到中国入世之时的，经更正、修正和修改的《马拉喀什协定》"。当然，上诉机构也明确指出，其并非得出WTO协定排除或包括多边贸易协定的结论。同时，上诉机构指出，理解第1.2段法律效果的关键不在于WTO协定是狭义的《马拉喀什协定》，还是广义的WTO法律体系。

因此，上诉机构认为，议定书构成第1.2段WTO协定的"不可分割的一部分"，议定书的上述条文本质上在议定书条款和《马拉喀什协定》、多边贸易协定的权利与义务之间架起桥梁。然而，该桥梁具有"一般属性"，其并没有明确回答《中国入世议定书》的具体条款如何与其他WTO协定的具体条款相关联。因此，针对条款相关性的认定应基于个案分析。

上诉机构也援引其他案件表明，条款之间相关性的认定必须通过审查具体条款，在适当考虑WTO体系以一揽子权利和义务为基本架构后，在其上下文和目的与宗旨下进行解读。

本案中，上诉机构认为中国并没有明确定义"内在联系"(intrinsic relationship)测试的含义和范围，并且中国的诸多主张也使得该测试不明确。由此，上诉机构认为中国的主张无法得到认可。

---

① Report of the Appellate Body, China—Measures Related to the Exportation of Rare Earths, Tungsten and Molybdenum, WT/DS431/AB/R, 7 August 2014, paras. 5.31 – 5.34.

(2) 关于 GATT 1994 第 20 (g) 条的法律解释

在上诉中，中国认为专家组错误地解释和适用了 GATT 1994 第 20 (g) 条。GATT 1994 第 20 (g) 条规定如下：

> 在遵守关于此类措施的实施不在情形相同的国家之间构成任意或不合理歧视的手段或构成对国际贸易的变相限制的要求前提下，本协定的任何规定不得解释为阻止任何缔约方采取或实施以下措施：
>
> (g) 与保护可用尽的自然资源有关的措施，如此措施与限制国内生产或消费一同实施。

本案上诉机构指出，GATT 1994 第 20 (g) 条允许成员使用与保护可用尽的自然资源具有紧密和真实的因果关系的贸易措施，并且该贸易措施必须与国内生产和消费一同实施。为援引该条款，WTO 成员必须标明其通过满足该条款设定的所有条件的测试，并且该测试体现对所有条件进行"体系性评估"（holistic assessment）。在实践中，在评估中，上诉机构强调争议措施的设计和机构的重要性，并且对措施设计和结构的分析不应与措施适用的市场条件相分离，包括市场结构、市场的产品和地理范围、以及外国和国内市场参与者的相对地位。①

在"相关的"（relating to）术语的解释上，中国指控专家组仅依据措施的"设计和结构"进行评估。上诉机构解释，GATT 1994 第 20 (g) 条"与保护相关的措施"表明存在"目的和手段之间的紧密的和真实的联系"。本案上诉机构认为对相关性的评估不应仅仅集中于对措施的设计和结构上，但其也并未发现专家组认为评估仅限于设计和结构的认定。同时，上诉机构也认为对 GATT 1994 第 20 (g) 条的分析并不必然要求对争议措施的实际效果进行评估。

针对"一同有效实施"（made effective in conjunction with）术语的解释，中国认为专家组错误地对 GATT 1994 第 20 (g) 条的第 2 部分进行解释，包括其错误地认定了对"衡平"（一视同仁）"even‑handiness"的额外要求，并且据此错误地要求国内和国外消费者或生产者被分配平等地保护责任。

本案上诉机构做出如下认定：其一，上诉机构认为专家组错误地解释了"衡平"概念，该概念并非独立的条件，其应该与第 2 部分一起考察；其二，

---

① Report of the Appellate Body, China—Measures Related to the Exportation of Rare Earths, Tungsten and Molybdenum, WT/DS431/AB/R, 7 August 2014, paras. 5.84 – 5.97.

本案专家组在分析"一同有效实施"这一术语时,其使用了一系列不同的方法表述与 GATT 1994 不相符的措施以及与国内限制措施一同实施的效果,然而,专家组并没有定义不同的表述,因此,本案上诉机构认为 GATT 1994 第 20 (g) 条并不要求国内消费者和国外消费者之间在保护责任分配上的平衡。然而,上诉机构也指出,如果一个措施对国外消费者或生产者施加了显著的严格责任,那么其也难以满足 GATT 1994 第 20 (g) 条的所有要求,特别是难以满足序言中要求措施的非歧视适用这一点。① 由于专家组的上述错误并没有导致整个分析和结论的错误,最终,上诉机构维持了专家组关于中国的出口限制措施未能成功援引 GATT 1994 第 20 (g) 条的结论。

5. 上诉机构审定与结论

本案上诉机构裁定如下:

中国并没有就专家组的最终结论提起上诉,其上诉仅针对专家组推理和特定的认定。根据中国的观点,其上诉旨在确定《中国入世议定书》的特定条款与 WTO 协定之间的体系性关联,以及确认 WTO 成员保护和维护可耗竭自然资源的权利。

第一,本案上诉机构否认了中国对《中国入世议定书》第 1.2 段和《马拉喀什协定》第 12.1 条关系的解释,并且认定专家组否认中国的"内在联系"(intrinsic relationship) 测试并没有错误。上诉机构认为,虽然《马拉喀什协定》第 12.1 条规定了加入 WTO 的一般规则,但是其并没有对加入的具体条款如何与《马拉喀什协定》、多边贸易协定的权利和义务相关联做出明确指导。上诉机构指出,《中国入世议定书》第 1.2 段规定本议定书为"WTO 协定的不可分割的一部分",其建立起入世议定书条款与现有的 WTO 权利和义务之间的桥梁。因而,《马拉喀什协定》、多边贸易协定、《中国入世议定书》构成必须共同解读的单一的权利和义务体系。然而,上述解释自身无法回答《中国入世议定书》的具体条款是否和现有的《马拉喀什协定》、多边贸易协定项下的既有义务存在本质关联的问题,也无法回答中国是否可以依据上述协定主张违反议定书条款措施的正当性问题。这些问题必须依据条约解释的惯常规则和争议的具体情况,通过对相关条款的全面分析而得出答案。

第二,上诉机构认为,与中国的主张不同,在 GATT 1994 第 20 (g) 条的解释和适用中,专家组并没有仅限于分析争议措施的设计和结构,从而排除中

---

① Report of the Appellate Body, China—Measures Related to the Exportation of Rare Earths, Tungsten and Molybdenum, WT/DS431/AB/R, 7 August 2014, paras. 5.132 – 5.135.

国出口配额效果的证据。相反地，专家组正确地认为其应该集中关注措施的设计和结构，而非对市场效果的影响。针对"相关的"（relating to）要求，上诉机构裁定，专家组推理认为应考察争议措施对国内和国外消费者传递的信号信息是否正确。针对"共同有效的"（made effective in conjunction with）要求，上诉机构裁定，专家组的"在 GATT 1994 第 20（g）条明确规定之外，'衡平'是一个必须满足的单独要求的认定"是错误的，并裁定"GATT 1994 第 20（g）条要求保护的负担是被平等地分配的认定"也是错误的。然而，上诉机构同时也认为上述错误并不足以导致专家组对 GATT 1994 第 20（g）条的整体认定错误。上诉机构同时拒绝了中国认为专家组未能满足 DSU 第 11 条义务的主张。相应地，上诉机构支持专家组关于中国出口配额不能被 GATT 1994 第 20（g）条所正当化的认定。

最后，在 DS431 上诉中，美国请求上诉机构认定专家组否认申诉方在专家组程序最后阶段提交的 10 件证据的做法与 DSU 第 11 条和第 12.4 条不符。由于美国上诉的条件并未满足，上诉机构并没有对美国的上诉主张进行认定。

在 2014 年 8 月 29 日的会议上，争端解决机构通过了上诉机构报告和经上诉机构报告确认的专家报告。

（五）执行阶段情况

1. 合理的期间

在 2014 年 9 月 26 日的会议上，中国提出其需要合理期间，以便执行争端解决机构的建议和认定。

2014 年 12 月 8 日，中国和美国通知争端解决机构在，双方同意中国应在不迟于上诉机构通过的 8 个月零 3 天前的合理期间内执行争端解决机构的建议和意见。相应地，该合理期间到 2015 年 5 月 2 日终止。

2. 对相关报告的执行

在争端解决机构 2015 年 5 月 20 日的会议上，中国通知争端解决机构，根据中国商务和海关总署的通知，对稀土、钨和钼的出口税和出口配额措施，以及关于出口稀土、钨和钼企业的贸易权限制的措施已经被移除。由此，中国全面地执行了争端解决机构的建议和裁定。

2015 年 5 月 21 日，根据 DSU 第 21 条和第 22 条，中国和美国通知争端解决机构达成和解协议。

三 笔者对本案的评析

1. 中国在稀土案中上诉的问题比较少。上诉机构在报告中指出"中国重申不寻求上诉机构推翻其对中国原材料出口措施违反 WTO 规定的推理和裁定。中国也不要求上诉机构背离专家组关于"中国稀土措施违反 WTO 规定"的推理与裁定。中国仅仅要求上诉机构在不推翻专家组的推理和结论的同时,对中国上诉的问题①给予一个与专家组的分析和谐的论点和裁定。②

2. 本案涉及两个核心的法律问题:第一个是成员加入议定书与 WTO 涵盖协议的关系;第二是新加入的成员引用 GATT 1994 一般例外条款为其措施的合法性辩护是否需要在其加入议定书中明确写有文字的联系(textual linkage)注明一般例外条款(例如,GATT 1994 第 20 条)可以适用该议定书。

在本案开庭审理中,巴西、俄罗斯均表示 GATT 1994 的一般例外条款对于所有成员均适用,除非该成员书面明确同意不适用 GATT 1994 的一般例外条款。俄罗斯还回顾了其谈判加入议定书的过程:原先俄罗斯在议定书中写明适用 GATT 1994 第 20 条和第 21 条;有的成员提出应将适用第 21 条去掉,因为第 21 条国家安全例外条款是普遍适用的,不写在加入议定书中的一般例外条款也应该适用。

笔者在听证会上问一当事方,"WTO 法哪一条要求加入议定书必须文字写清楚 GATT 1994 第 20 条适用"才能援引第 20 条一般例外条款?你们在要求俄罗斯删除第 21 条适用的文字时不是也承认,即使加入议定书没有文字联系,具有重要意义的一般例外条款(如国家安全条款)也可以被引用并在政府的措施偏离 GATT 1994 时为其辩护?该当事方未否认他们在与俄罗斯谈判时对 GATT 1994 一般例外条款的重要性和普遍适用的肯定立场。

GATT 1994 一般例外条款是非常重要的,普遍适用于所有成员加入议定书中的货物进出口条款,除非加入的成员在其加入议定书中明确排除适用 GATT 1994

---

① China's opening statement at the oral hearing.
② 见上诉机构报告,《中国涉及稀土、钨和钼出口措施案》,第 33 页,第 2.27 段。Finally, China reiterates that it is not seeking reversal of the Panel's finding that Article XX of the GATT 1994 is not available to justify a breach of Paragraph 11.3 of China's Accession Protocol. Moreover, China is not requesting the Appellate Body to depart from the same finding it made in *China – Raw Materials*. China expresses the view that the Appellate Body can, and should, find a way to endorse fully China's arguments in the present disputes "in a manner that stands in harmony with" the Appellate Body's decision in *China – Raw Materials*.

一般例外条款。有"文字联系"（textual linkage）不是适用 GATT 1994 一般例外条款的先提条件。WTO 法没有支持"必须有文字联系"（Textual linkage）的法律规定（no WTO law textual support）。在"中国音像制品案"中，关于"外贸经营权"的管理要根据 WTO 法的文字联系的规定是因为外贸经营权不是 GATT 1994 和 WTO 法律规定的内容。为了将中国外贸经营权的管理纳入 WTO/GATT 的法律范畴内，例如透明度和取消限制的规定等，谈判方同意加入"根据 WTO 和 GATT 1994 的规定管理外贸经营权"。然而，加入议定书第 11 条与 GATT 1994 第 11 条基本相同，都是关于货物进出口关税的规定，所以即使不写上适用 GATT 1994 第 20 条（一般例外条款），一般例外条款也应该适用。

3. 最终，上诉机构报告明确支持"文字联系"不是适用 GATT 1994 一般例外条款的前提条件："特别是无论是否有文字联系，GATT 1994 一般例外条款的适用取决于加入议定书的设计、结构和具体规定。①"《中国加入议定书》规定出口税要符合 GATT 1994 第 8 条和《中国加入议定书》目录 6。第 8 条是承诺的最高关税，目录 6 规定除目录中规定的产品外，其他不征收出口税。"中国出口稀土案"中有两个产品不在目录 6 规定的可以征收出口税的产品范围内。第 11.3 条还规定了例外条款（special exceptions）。上诉机构认为，GATT 1994 的一般例外条款并非适用于所有的 WTO 涵盖协议，例如 TBT 协定就不适用 GATT 1994 第 20 条。②

---

① 见上诉机构报告，《中国涉及稀土、钨和钼出口措施案》，第 104 页，第 5.61 段。(Notably, under the approach adopted by the Appellate Body, express textual references, or the lack thereof, to a covered agreement (such as the GATT 1994), a provision thereof (such as Article VIII or Article XX of the GATT 1994), or "the WTO Agreement" in general, are *not* dispositive in and of themselves.)

② The Appellate Body's findings in *China – Publications and Audiovisual Products* comport with our understanding that a case-by-case analysis is required to determine the specific relationship between an individual provision in China's Accession Protocol, on the one hand, and provisions of the Marrakesh Agreement and the Multilateral Trade Agreements, on the other hand, including whether Article XX of the GATT 1994 can be invoked to justify a breach of a Protocol provision. As discussed in the previous subsection, Paragraph 1.2 of China's Accession Protocol essentially serves to build a bridge between the package of Protocol provisions and the package of existing rights and obligations under the Marrakesh Agreement and the Multilateral Trade Agreements. This bridge, however, is only the starting point when examining the question as to whether an objective link exists between the *specific obligations* under China's Accession Protocol and the relevant covered agreement, or whether a breach of the former may be justified under an exception contained in the latter. Notably, under the approach adopted by the Appellate Body, express textual references, or the lack thereof, to a covered agreement (such as the GATT 1994), a provision thereof (such as Article VIII or Article XX of the GATT 1994), or "the WTO Agreement" in general, are *not* dispositive in and of themselves.

关于《中国加入议定书》是 WTO 的不可分割的部分（integral part of WTO），上诉机构认为《中国加入议定书》是 WTO 的一部分，涵盖协议也是 WTO 一部分。GATT 1994 一般例外条款并非适用于所有的涵盖协议，例如对 TBT 协定就不适用。《服务贸易协定》也有自己的例外条款。加入议定书是 WTO 的一部分，也是涵盖协议的一部分。但是，不是加入议定书的每一个条款都是 WTO 的一部分，例如一些行政手续安排是针对某个成员的特别安排，其就不是 WTO 一揽子的权利与义务的平衡条款。同样地，加入议定书是 WTO 的一部分，但是加入议定书的每一个条款与涵盖协议的适用还要看该条款的设计结构、具体规定，并用《维也纳条约法公约》解释该条文的正常含义、上下文、目的与宗旨等确定该加入议定书的条文与涵盖协议的适用问题。

该裁决和推理纠正了先前报告中"适用 GATT 1994 第 20 条一般例外条款必须在加入议定书中明确'文字联系'（textual linkage）"的认定。这表明 GATT 1994 第 21 条国家安全例外条款适用于《中国加入议定书》。第 20 条一般例外条款也适用于《中国加入议定书》，但该议定书的第 11.3 条除外，因为第 11.3 条已经有了自己的例外条款规定。[①]

另外，上诉机构再次确认：《中国加入议定书》是 WTO 不可分割的一部分；WTO 协议包括所有涵盖协议；条款之间的相互适用问题要具体问题具体分析。

最后，上诉机构认定专家组对成员方提出的对国内消费者与国外消费者要一视同仁的要求是错误的。因此，中国国内所采用的限制开采和销售稀土、钨等的措施不一定必须与出口管理措施完全一样。

WTO 研究的学者应当注意，"WTO"一词是指狭义的《马拉喀什协定》，即 WTO 协定，还是指广议的包括 60 多个涵盖协议的 WTO 法，不同的解读会带来完全不同的法律后果。

[①] 学术上可以进一步研究的问题是：《中国加入议定书》第 11.3 条的例外条款是否在其他成员的加入议定书中也有相同规定？如果有，GATT 1994 第 20 条的例外规定是否适用？如何理解约束性关税的上限？对于超过上限的关税，成员国是否可以援引 GATT 1994 第 20 条进行抗辩？第 11.3 条的"特殊情况例外"是例外吗？第 11.3 条的特殊情况例外与 GATT 1994 第 20 条的一般例外有何差别？第 11.3 条的特殊情况例外如何使用、如何证明？但是上述问题不在本案的上诉范围内。

四 本案涉及的主要条款

(一)《加入世界贸易组织的马拉喀什协定》第12.1条

任何国家或在处理其对外贸易关系及本协定或多边贸易协定规定的其他事项方面拥有完全自主权的单独关税区,可按它与WTO协定的条件加入本协定。此加入适用于本协定及所附多边贸易协定。

(二)《中国入世议定书》第1.2条

中国所加入的《WTO协定》应为经在加入之日前已生效的法律文件所更正、修正或修改的《WTO协定》。本议定书,包括工作组报告第342段所指的承诺,应成为《WTO协定》的组成部分。

(三) GATT 1994 第20 (g) 条

在遵守关于此类措施的实施不在情形相同的国家之间构成任意或不合理歧视的手段或构成对国际贸易的变相限制的要求前提下,本协定的任何规定不得解释为阻止任何缔约方采取或实施以下措施:

(g) 与保护可用尽的自然资源有关的措施,如此措施与限制国内生产或消费一同实施。

案例 13　美国对中国某些产品的反补贴和反倾销措施案　（WT/DS449/R）

一　案件基本情况[①]

1. 案名
美国对中国某些产品的反补贴和反倾销措施案

2. 案号
WT/DS449/R

3. 申诉方、被诉方、第三方
申诉方：中国

应诉方：美国

第三方：澳大利亚、加拿大、欧盟、日本、土耳其、越南、印度、俄罗斯

4. 公布报告时间
2012 年 9 月 17 日通知申请磋商

2014 年 3 月 27 日专家组报告发布

2014 年 7 月 7 日上诉机构报告发布

5. 争议条款
涉及的条款：GATT 1994 第 10 条、第 6 条；《反补贴协定》第 10 条、第 15 条、第 19 条、第 21 条、第 32 条；

《反倾销协定》第 9 条、第 11 条

6. 法官名称
本案上诉机构成员：Ujal Bhatia、张月姣、Seung Wha Chang

[①] See WTO Website, available at https://wto.org/english/tratop_e/dispu_e/cases_e/ds449_e.htm, last visited on 16 Jan. 2017.

二 案件审理概况

（一）磋商程序与专家组程序

2012年9月17日，中国申请与美国就如下问题进行磋商：

1. 美国公法（US Public Law）第112—99节第1部分和第2部分《关于对非市场经济国家适用1930年美国关税法中反补贴税条款和其他问题的法案》（An act to apply the countervailing duty provisions of the US Tariff Act of 1930 to non-market economy countries, and for other purposes）；

2. 美国商务部、美国国际贸易委员会和美国海关与边境保护局在2006年11月20日至2012年3月13日期间做出或采取的反补贴税裁定或行动；

3. 与反补贴税措施相关的反倾销措施，以及反倾销措施和反补贴税措施的协同效果；

4. 对于2006年11月20日至2012年3月13日期间发起的调查或复审，美国未能提供美国商务部确认或避免双重救济的法律权力。

中国认为上述措施违反《反补贴协定》第10条、第15条、第19条、第21条、第32条；GATT 1994第6条、第10.1条、第10.2条和第10.3条；《反倾销协定》第9条、第11条。

2012年11月19日，中国申请设立专家组。

在2012年11月20日的会议上，争端解决机构授权设立专家组。

在2012年12月17日的会议上，争端解决机构设立专家组。澳大利亚、加拿大、欧盟、日本、土耳其和越南保留第三方权利。随后，印度和俄罗斯保留第三方权利。

2013年2月21日，中国请求WTO总干事组成专家组。

2013年3月4日，总干事组成专家组。

2013年9月11日，专家组主席通知争端解决机构预计在2013年9月发布专家组报告。

2014年3月27日，专家组报告发布。

（二）涉案措施（measures at issues）

本争议涉及两项不同的美国措施：

1. 关于美国公法第112—99节的主张

本案的争议涉及美国公法第112—99节第1部分，其为《关于对非市场经济国家适用 1930 年美国关税法中反补贴税条款和其他问题的法案》，于 2012 年 3 月 13 日制定。

2. 关于美国"双重救济"

本案的争议涉及美国根据美国公法对中国企业出口美国产品 25 种反倾销税和反补贴调查程序中对所谓的双重救济展开的调查，该调查时期为 2006 年到 2012 年，主要针对从"非市场经济"的中国的进口的产品。

（三）专家组审理概况

针对第一个争议措施，中国主张美国的措施违反 GATT 1994 第 10.1 条、第 10.2 条和第 10.3（b）条。

专家组并不认同中国关于美国公法的争议措施在 2006 年生效的主张，专家组认为美国相关法律的生效期为 2012 年。因此，专家组认为争议法律在其生效之后迅速地发布，因而美国并没有违反 GATT 1994 第 10.1 条。

针对第 10.2 条，大多数专家组成员认为虽然在官方发布之前，争议法律已经作为一般适用的措施得到"执行"，但是争议法律并不属于第 10.2 条的范围内，因为其既没有根据既定的或统一做法"提高"进口产品的关税税率或其他费用，也没有施加"新的"或"更难于负担的"要求，亦没有限制进口。相应地，根据大多数专家组成员的观点，争议法律并未违反 GATT 1994 第 10.2 条。然而，一位专家组成员并不同意上述观点，其认为争议法律已通过既定的或统一做法提高进口产品的关税税率或其他费用，并且施加了新的或更难于负担的要求，或者对进口进行了限制。因此，该专家组成员认为争议法律属于第 10.2 条的范围内，因此，美国的做法违反了 GATT 1994 第 10.2 条。

最后，专家组认为第 10.3（b）条并不阻止诸如美国公法第 112—99 节的立法。换言之，第 10.3 条关于"此类法庭或程序应独立于受委托负责行政实施的机构，它们的决定应由此类机构执行，并应适用于此类机构的做法"的规定并不禁止取代当立法生效时，仍处于待决的国内法院或仲裁庭决定的立法。在专家组看来，美国并没有违反 GATT 1994 第 10.3（b）条。

针对中国关于"双重救济"的主张，专家组认为美国并没有考察"双重救济"是否出现在争议的程序中，因此其做法违反了《反补贴协定》第 19.3 条、第 10 条和第 32.1 条。

（四）上诉机构报告审理概况

1. 上诉机构报告程序

2014 年 4 月 8 日，中国通知争端解决机构其将就特定的专家组报告中的法律问题与专家组形成的特定法律解释提起上诉。

2014 年 4 月 17 日，美国通知争端解决机构其将就特定的专家组报告中的法律问题与专家组形成的特定法律解释提起上诉。

2014 年 6 月 6 日，上诉机构主席通知争端解决机构其无法在常规的 60 天内发布报告，其预计在不迟于 2014 年 7 月 7 日发布上诉机构报告。

2014 年 7 月 7 日，上诉机构报告发布。

2. 上诉的法律问题

双方的争议点具体如下。

在上诉中，美国主张：专家组报告的认定与 DSU 第 6.2 条不符合，其错误地认为自身对《反补贴协定》第 10 条、第 19.3 条和第 32.1 条项下的争议具有管辖权。

在上诉中，中国质疑专家组对 GATT 1994 第 10.2 条的解释，并认为专家组错误地认定由于争议法律并没有产生"根据既定和统一做法提高进口产品的关税税率或其他费用"的效果，也并没有"对进口施加新的或更难于负担的要求，以及限制或禁止进口"，因此该争议法律不违反第 10.2 条。

3. 各方立场和抗辩概况

（1）关于 DSU 第 6.2 条的适用

虽然美国并没有就专家组对《反补贴协定》第 10 条、第 19.3 条和第 32.1 条的认定提起上诉，但美国在上诉时主张专家组报告的认定与 DSU 第 6.2 条不符合，并且美国主张专家组错误地认为其对《反补贴协定》第 10 条、第 19.3 条和第 32.1 条项下的争议具有管辖权。

（2）关于 GATT 1994 第 10.2 条的解释与适用

2012 年 3 月 13 日，美国国会执行公法第 112—99 节，其第一部分在 1930 年美国关税法第 701 节上增加段落（f），明确规定反补贴税适用于非市场经济国家。美国公法第 112—99 节第 1 部分进一步明确其适用于由美国机构启动的或在 2006 年 11 月 20 日后启动的所有反补贴税程序，以及与反补贴税程序相关的所有待决的法院诉讼。

第 10.2 条规定，若一般适用的措施将增加关税税率或施加新的或更难于负担的要求，那么该措施不应在正式公布之前执行。专家组认为第10.2条禁止行政机构或法院在官方发布之前执行措施，而且也禁止对在官方发布之前发生的事件或情形执行或适用该措施。专家组认为本案的争议法律是在公布之后执行的，该认定并没有被上诉。然而，专家组认为争议法律并非第10.2条所调整的措施，因此其认定争议法律并不违反GATT 1994第10.2条。

在上诉中，中国质疑专家组对GATT 1994第10.2条的解释，并认为专家组错误地认定"由于争议法律并没有产生'根据既定和统一做法提高进口产品的关税税率或其他费用'的效果，也并没有'对进口施加新的或更难于负担的要求，以及限制或禁止进口'的效果，所以该争议法律不违反第10.2条"。

4. 上诉机构主要法律分析

（1）关于DSU第6.2条的专家组职权范围的解释与适用

DSU第6.2条规定如下：

> 设立专家组的请求应以书面形式提出。请求应指出是否已进行磋商、确认争论中的措施并提供一份足以明确陈述问题的起诉的法律根据概要。

本案上诉机构认为，DSU第6.2条主要包括两个功能：一是建立和限定专家组的职权范围；二是通过使被诉方和第三方知晓诉请并做出回应来实现正当程序的目标。其进一步认为，设立专家组的请求要满足第6.2条关于提供起诉法律根据概要的要求，至少需列明声称被违反的涵盖协议的条款，并将被提起的措施和被指控违反的涵盖协议条款明确联系起来。①决定一般援引条约的某一条款是否足以满足DSU第6.2条的要求需要在个案基础上进行审查，并应考虑援引该条款可在多大程度上阐明所争议的义务性质。

本案上诉机构认为，本案的争点是美国商务部在2006年11月20日至2012年3月13日的一系列反补贴调查和复审中未能调查和避免双重救济，其需要审查的是中国设立专家组的请求提供的起诉法律依据的概念是否足以清楚地提出该问题。上诉机构认为本案设立专家组的请求D部分对《反补贴协定》第10条、第19条和第32条的援引受到"双重救济"术语的限定，其能够确定与涉案措施相关的具体义务是《反补贴协定》第10条、第19.3条和第32.1条，同

---

① See Appellate Body Report, United States—Countervailing and Anti-dumping Measures on Certain Products from China, WT/DS431/AB/R, 7 July 2014, paras. 4.5-4.9.

时中国随后放弃某些诉求的声明并不导致专家组请求 D 部分"明确性"不足的后果。因此,本案上诉机构认为,专家组关于《反补贴协定》第 10 条、第 19.3 条和第 32.1 条项下的认定符合 DSU 第 6.2 条,并且争议事项落入专家组的职权范围内。由此,上诉机构认定,专家组在《反补贴协定》第 10 条、第 19.3 条和第 32.1 条项下的认定和建议有效。

(2) 关于 GATT 1994 第 10.2 条的解释与适用

GATT 1994 第 10.2 条规定如下:

任何缔约方不得在产生以下结果的普遍适用的措施正式公布之前采取此类措施:根据既定和统一做法提高进口产品的关税税率或其他费用,或对进口产品或进口产品的支付转账实施新的或更难于负担的要求、限制或禁止。

针对该争议事项,上诉机构首先审查 GATT 1994 第 10.2 条的功能。上诉机构认为第 10.2 条包括透明度和正当程序的要求,本条的立法目的是确保透明度并保护贸易商对特定措施公布和实施的预期。考虑到第 10.2 条旨在确保贸易商有合理的机会获知新措施的真实信息,并据此保护和调整其活动或寻求修改新措施,第 10.2 条项下的适当比较基准应当反映贸易商对所要适用的措施的预期。①

其次,上诉机构考察专家组对第 10.2 条的两类措施比较基准的解释,其认为第 10.2 条表明,"根据既定和统一做法提高进口产品的关税税率和其他费用"与"对进口产品或进口产品的支付转账实施新的或更难以负担的要求、限制或禁止"的所有要素界定了"普遍适用的措施"。因此,"根据既定和统一做法"描述的是普遍适用的措施是如何提高进口产品的关税税率或其他费用的。因此,上诉机构认定,"根据既定和统一做法"指的是措施的适用,而"普遍适用"指的是措施本身。② 进一步地,第 10.1 条要求成员公布一系列措施,包括第 10.2 条项下的措施。这一情况表明,第 10.2 条下的比较基准应当是成员被要求迅速公布的措施,而不是成员的做法。③ 由此,上诉机构认为在第 10.2 条项下的"根据既定和统一做法"的惯常含义是"表明普遍适用措施

---

① See Appellate Body Report, United States—Countervailing and Anti-dumping Measures on Certain Products from China, WT/DS431/AB/R, 7 July 2014, paras. 4.64 - 4.67.

② See Appellate Body Report, United States—Countervailing and Anti-dumping Measures on Certain Products from China, WT/DS431/AB/R, 7 July 2014, paras. 4.72 - 4.74.

③ See Appellate Body Report, United States—Countervailing and Anti-dumping Measures on Certain Products from China, WT/DS431/AB/R, 7 July 2014, paras. 4.84 - 4.85.

的功能，而非服务于比较基准"。①

针对普遍适用措施的第二种类型，即"对进口产品实施新的或更难以负担的要求、限制或禁止"，上诉机构认为第 10.2 条的比较基准应当是被指控提高关税税率或实施新的或更难于负担要求的措施之前存在的普遍适用的已公布的措施。因此，该案上诉机构认为，对争议措施是否构成第 10.2 条规定的提高税收或施加新的或更难于负担的要求的认定需要在新的一般适用的措施与被修改或替换的先前措施之间进行比较。因此，第 10.2 条需要以新措施适用之前的法律作为比较的"基准"。总体而言，第 10.2 条保护在官方发布法规变化之前，贸易商的待遇不会发生变化。②

由于中国的上诉事项集中在专家组对比较基准的解释和适用方面，因此，上诉机构得出结论认为专家组错误地认定"依据既定和统一做法"这一术语定义了"税率是否提高的相关事先税率"，并且 GATT 1994 第 10.2 条规定的比较是在"争议措施确定的新关税和之前依据既定和统一做法下的关税"之间展开。最后，上诉机构推翻了专家组关于"美国并未违反 GATT 1994 第 10.2 条"的认定。

（3）关于 DSU 第 11 条

由于推翻了专家组对于 GATT 1994 第 10.2 条的解释和适用，上诉机构认为并无必要继续分析中国关于 DSU 第 11 条的主张。

（4）关于完成 GATT 1994 第 10.2 条项下的分析

由于推翻了专家组对于 GATT 1994 第 10.2 条的解释和适用，上诉机构考察其是否需要完成分析，进而决定美国公法第 112—99 节第 1 部分产生第 10.2 条规定的"提高进口产品的关税税率或其他费用"，或者"实施新的或更难于负担要求"的效果。上诉机构指出，完成分析需要对争议措施与美国反补贴税法进行比较。为达成该比较，上诉机构考察了中国主张的争议法律是否改变了美国反补贴法，并且因而产生了"提高"关税税率或施加"新的或更难于负担的"要求。

美国认为争议法律仅仅阐述先前可适用的法律，其并未改变反补贴法。上

---

① See Appellate Body Report, United States—Countervailing and Anti‐dumping Measures on Certain Products from China, WT/DS431/AB/R, 7 July 2014, para. 4.86.
② See Appellate Body Report, United States—Countervailing and Anti‐dumping Measures on Certain Products from China, WT/DS431/AB/R, 7 July 2014, paras. 4.87 – 4.88.

诉机构的考察表明，根据专家组的记录（例如相关法律文件文本、美国法院的相关司法宣言，以及参与方提供的法律专家的意见），美国反补贴法的相关部门可以进行不同的解读。进一步地，美国商务部对美国涉及的从非市场经济国家进口的反补贴税法的解释和适用的实践是跟随时间而变化的，并且美国商务部认定的法律基础仍是模糊的。上诉机构强调其完成分析的任务非常困难，因为专家组并没有充分地考察美国反补贴税法的相关要素，其进而在第10.2条的正确解释下得出结论。基于此，上诉机构无法完成分析并就此争议问题形成结论。

5. 上诉机构审定与结论

本案上诉机构裁定如下。

（1）维持专家组在专家组初裁裁定第4.2段和专家组报告第7.4段的认定，即《反补贴协定》第10条、第19.3条和第32.1条项下中国的诉求主张符合DSU第6.2条的要求，并且因此落入专家组的职权范围；

（2）推翻专家组报告第7.155段关于GATT 1994第10.2条的解释，其涉及"根据既定和统一做法提高进口产品关税税率或其他税费的"一般适用的措施的比较基准；同时，推翻专家组报告第7.203段的解释，其涉及"对进口实施新的或更难于负担的要求、限制或禁止进口"的一般适用的措施的认定；

（3）推翻专家组对GATT 1994第10.2条的解释，进而将该条款适用于争议措施的认定，特别是专家组报告第7.191段的认定，即"中国并没有证明美国公法第112—99节第1部分系'依据既定和统一做法提高进口产品的关税税率或其他费用'的条款"；以及专家组报告第7.208段的认定，即"中国并没有证明美国公法第112—99节第1部分系'对进口施加新的和更难于负担的要求、限制或禁止进口的'条款"；并且相应地，

（4）推翻专家组在专家组报告第7.209段、第7.210.c段、第7.211段和第8.1.b.ii段的认定，即由于美国公法第112—99节第1部分并未依据既定和统一做法提高进口产品的关税税率或其他费用，或对进口施加新的和更难于负担的要求、限制或禁止进口，因此，美国并未违反GATT 1994第10.2条；

（5）裁定下述专家组认定是无意义的且没有法律效力的：

i. 专家组报告第7.185段和第7.186段，即由于美国商务部关于美国反补贴税法的解释在缺乏做出相反规定的有效司法认定下进行调整，美国商务部在2006年到2012年期间将反补贴税适用于作为非市场经济国的中国的实践在美

国法下是合法的；以及

ii. 专家组报告第 7.159 段，即基于对 GATT 1994 第 10.2 条进行分析的目的，解决美国商务部 USDOC 在美国公法第 112—99 节第 1 部分制定之前的实践在美国市政法（municipal law）下是否合法的问题可能是相关的，并且是该相关性至少不是不合适的；并且，相应地，

（6）推翻专家组对 GATT 1994 第 10.2 条的解释和适用，并且认定专家组对 USDOC 在 GATT 1994 第 10.2 条项下的分析的合法性认定是无意义且无法律效力的，上诉机构认为无须进一步考察中国关于 DSU 第 12 条的主张；并且

（7）无法完成 GATT 1994 第 10.2 条的分析，无法认定美国公法第 112—99 节第 1 部分是否构成 GATT 1994 第 10.2 条项下的"提高"关税税率或者施加"新的或更难于负担"的要求，或者进行进口限制。

（五）执行阶段情况

在 2014 年 7 月 22 日的会议上，争端解决机构通过了上诉机构报告，以及经上诉机构报告修改的专家组报告。

1. 合理的期间

2014 年 8 月 21 日，美国通知争端解决机构其将在合理的时期内执行争端解决机构的建议和裁定。

2015 年 2 月 20 日，中国和美国通知争端解决机构二者同意美国在上诉机构报告发布之日起的 12 个月内完成执行义务。

2015 年 7 月 23 日，中国和美国通知争端解决机构二者同意将完成执行的日期延迟到 2015 年 8 月 5 日。

2. 对相关报告的执行

2015 年 8 月 21 日，中国和美国通知争端解决机构，二者根据 DSU 第 21 条和第 22 条达成合意程序。

三 笔者对本案的评析

1. 在 WTO 上诉争议案件中，申诉方经常质疑专家组的管辖权，其指控被诉方未按照 DSU 第 6.2 条的要求提出设立专家组，并据此主张涉案的争议问题不在专家组的职权内。DSU 第 6.2 条包括 4 个要求：

（1）书面形式提出设立专家组（in writing）；

（2）已经进行磋商（consultations were held）；

（3）确认争论中的措施（identify the specific measures at issue）；

（4）提供一份足以明确陈述问题的起诉的法律根据概要（a brief summary of the legal basis of the complaint sufficient to present the problem clearly）。

前两点是程序性要求，后两点是实质性的要求。其目的是：（1）确定专家组的职权范围（terms of reference）；（2）保证程序的正当性（due process）。

上诉机构重申一般情况，申诉方应该根据DSU第6.2条在申请设立专家组报告中明确列明涉案措施违反涵盖协议的哪一个条款。[①] 上诉机构也强调要从申请设立专家组报告的整体性上予以分析，包括文字叙述部分的含义是否符合第6.2条的要求。[②]

上诉机构还强调要审查设立专家组申请的文字叙述部分（narrative）（包括脚注的叙述文字），考察设立专家组的报告是否从整体上符合DSU第6.2条的要求。在本案中，中国诉美国商务部使用双重救济（double remedies），即认为美国既使用反倾销，又使用反补贴，使征收的税率超过了倾销或补贴幅度，因而违反了《反补贴协定》第19.3条。即使中国在设立专家组报告中没有列明《反补贴协定》第19条和第19.3条，从中国设立专家组报告的脚注6的叙述文字中采用"双重救济"一词可见，中国已经将美国商务部措施违反《反倾销协定》和《反补贴协定》这一诉求说清楚了。[③] 因此，上诉机构维持专家组认定中国设立专家组的申请是符合DSU第6.2条的规定的。

2. 关于上诉机构审议新提交的证据

在上诉机构审议其是否能完成GATT 1994第10.2条的法律分析时，中国就美国国内法是否对非市场经济（NME）实行双反（即反倾销税和反补贴）的问题向上诉机构指明：2014年3月18日，在本案专家组的报告发布之后，美国联邦巡回法院（CAFC）对美国政府的双反案提出了司法裁决（wirking decision）。但是，该联邦法院的裁决不是专家组报告的组成部分，而是一个新的证据。因此，其不在上诉机构的审议范围内。上诉机构先前在"美国抵偿法案"（Byrd Act）中指出：上诉机构没有权力在上诉阶段考虑新的事实。[④] "即

[①] 见上诉机构报告，《美国对中国某些产品的反补贴和反倾销措施案》，第4.25—4.31段。

[②] The Appellate Body emphasized that it must "examine the narrative to see whether the panel request, as a whole, conforms to the requirements of Article 6.2."

[③] 见上诉机构报告，《美国对中国某些产品的反补贴和反倾销措施案》，第4.44—4.45段。

[④] No authority to consider new facts on appeal. 见上诉机构报告，《美国对中国某些产品的反补贴和反倾销措施案》，第222节。

使该文件已经提供给公众，也不能使上诉机构不受 DSU 第 17.6 条的约束"①。所以上诉机构不能在其法律分析中采纳 Wirking decision。② 因为：第一，Wirking decision 不在中方设立专家组的申请报告内，因此也不在专家组的职权范围内；第二，上诉机构只审议专家组报告中的法律问题和法律解释。③ 由此，Wirking decision 作为一个证据事实问题不在上诉机构的审理范围内。考虑到正当程序的要求，上诉机构不能接受新的证据。依据法律对专家组和上诉机构的职权范围的规定，上诉机构也无权受理该法院新裁决的证据。

3. 上诉机构在本案中推翻了专家组的三个错误裁定，并认为专家组在事实认定、法律解释和法律适用方面的认定错误将造成严重后果。即使上诉机构对第 10.2 条无法完成法律分析，但是上诉机构在其报告中指出美国商务部采取双反措施，执行美国的法律不一致性，例如 2006 年之前对 NME 不适用反补贴，2016 年至 2012 年对 NME 适用反补贴法与美国联邦法院裁决中不对 NME 适用反补贴的案子的部分裁定也不一致。因此，专家组认为认定该措施合法性在美国法上是合法的缺乏依据。上诉机构推翻了专家组的以下错误裁定：

美国商务部在 2006 年到 2012 年间将反补贴税适用于非市场经济国家的实践在美国法下是合法的；专家组报告第 7.159 段，即基于对 GATT 1994 第 10.2 条进行分析的目的，解决 USDOC 在美国公法第 112—99 节第 1 部分制定之前的实践是否在美国法（municipal law）下是否合法的问题可能是相关的，并且该相关至少不是不合适的；并且，推翻专家组对于 GATT 1994 第 10.2 条的解释和适用，认定专家组关于 USDOC 在 GATT 1994 第 10.2 条项下的分析的合法性认定是无意义且无法律效力的。

4. 关于 GATT 1994 第 10.2 条。

本案的争议焦点是 GATT 1994 第 10.2 条项下的"新的"和"更严格的规定"的比较基准是什么？

上诉机构认为，专家组以"一般适用的措施即美国商务部在 2006 年至 2012 年间适用的双反措施"为基准的解释是错误的，应该以之前公布的法规为比较基准，使法规执行者、贸易商有合理的法律预期。相应地，上诉机构认

---

① "[T] he fact that the documents are 'available on the public record' does not excuse [the Appellate Body] from the limitations imposed by Article 17.6."
② 见上诉机构报告，《美国对中国某些产品的反补贴和反倾销措施案》，第 4.181 段。
③ DSU 第 17.6 条。

为：专家组的第10.2条的法律适用也是错误的；专家组认为美国商务部对"非市场经济"的双反措施符合第10.2条的结论也是错误的。

因此，上诉机构推翻了专家组在专家组报告第7.155段中对GATT 1994第10.2条的解释，其涉及"根据既定和统一做法提高进口产品关税税率或其他税费的"一般适用的措施的比较基准；同时，推翻专家组报告第7.203段的解释，以及"对进口实施新的或更难于负担的要求、限制或禁止进口"的一般适用的措施的认定；推翻专家组对GATT 1994第10.2条的解释，进而将该条款适用于对争议措施的认定。

上诉机构裁定下述专家组认定是无意义的且没有法律效力的：

专家组报告第7.185段和第7.186段，即由于美国商务部关于美国反补贴税法的解释在缺乏做出相反规定的有效司法认定下进行调整，美国商务部关于在2006年到2012年期间将反补贴法适用于（当时）作为非市场经济国的中国的实践在美国法下是合法的。

5. 为什么上诉机构无法完成关于第10.2条的法律分析？

上诉机构完成法律分析的条件是专家组有足够的事实认定以及专家组有记录双方不争议的事实（见"美国汽油案"），或者由于专家组记录的事实不充分使得上诉机构不能进行自己的分析（见"欧盟转基因案"），其他原因致使上诉机构不能完成法律分析，诸如问题的复杂性、专家组没有完全分析以及影响争议方的程序正当性的权益（见"加拿大再生能源案"）或者由于专家组对有关问题根本没有审议，则上诉机构也不能完成法律分析。

在审理美国双反的已经公布的法律涉及对美国国内法的认定。上诉机构在其之前的"美国碳钢案"中指出：确定某一国内法的含义需要研究有关的法律条文以及有关法律条文执行的一致性；国内法院对于该法律条文含义的司法解释；以及知名的法律专家和学者的法律意见和文章。

上诉机构指出GATT 1994第10条的行政部门的执法不包括违法的行政行为，也不包括被法院推翻的行政行为。GATT 1994第10条保障贸易者可以采取司法、仲裁、行政复议等渠道起诉有关海关事务。上诉机构在本案中已经认定专家组将美国商务部2006年至2012年的对非市场经济采取双反措施作为比较第10.2条的基本尺度（baseline）是错误的。专家组应该将之前公布的普遍适用的美国关税法701（A）节与新的关税法第701（F）节作比较，看是否增加了关税或者是新的、更加严厉的税负。其包括美国商务部对非市场经济国家进口的反补贴税负是否更重。

在本案中，上诉机构推翻了专家组对 GATT 1994 第 10.2 条的错误解释以及专家组用美国商务部 2006 年至 2012 年的双反调查作为第 10.2 条的比较基础的错误的法律适用。上诉机构认为要比较 PL 112—99 第 1 节与先前公布的 701 （A）税法作比较是否增加了新的更加沉重的税负。

中方认为 701（A）第 1 节没有反补贴法适用于非市场经济的文字规定。PL 112—99 第 1 节增加了反补贴法适用于非市场经济，这是对于前法的变更（change）。

美方则认先前的 701（A）税法第 1 节适用于所有的国家，包括非市场经济的国家，因此新法 PL 112—99 第 1 节不是变更，而是对 701（A）税法第 1 节的澄清（clarification）。专家组则错误地认为新法是对之前的税法变更还是澄清对于 GATT 第 10.2 条的解释与适用不重要。由于专家组以美国商务部的 2006 年至 2012 年双反调查的措施的实践作为第 10.2 条比较的基础，专家组根本未审议美国商务部在 2006 年之前的执法情况。

上诉机构认为美国 701（A）第 1 节没有规定反补贴法适用于非市场经济，但是该法应该适用于每一个国家，如果美国政府主管部门证明该国的进口有补贴则应该征收反补贴税。701（A）第 1 节的"国家"没有排除非市场经济国家。上诉机构最后指出：新的关税法第 701（F）节确认先前的第 701（A）节包括当美国商务部不能认定和计算一个政府或公共部门的补贴时，因为该国的经济是一个单位，是一体的，则反补贴不适用该国家。[①]

上诉机构分析 701（A）第 1 节仅从条文上很难判断新法是对旧法的变更（Change）还是澄清（Clarification）。例如第 701（A）节规定反补贴法应该适用于所有的国家，是强制性（Shall be imposed）的。然后又用"如果"（If）美国商务部有自由裁量权确定该非市场经济是否有补贴以及是否征收反补贴税。这后一段没有指令美国商务部不得对非市场经济实行反补贴措施。[②] 为了深入解读两个法的差异，有必要审议美国行政部门的一贯性的执法实践和法院对于该法的解释。

[①] Finally, the new Section 701 (f) provides that a countervailing duty is not required to be imposed under subsection (a) in cases where the administering authority (the USDOC) is unable to identify and measure subsidies provided by the government or a public entity of an NME country "because the economy of that country is essentially comprised of a single entity". 上诉机构报告，《美国对中国某些产品的反补贴和反倾销措施案》，第 4.131 段。

[②] 见上诉机构报告，《美国对中国某些产品的反补贴和反倾销措施案》，第 4.141 段。

中方依据美国联邦巡回法院（CAFC）1986 年在"乔治敦城钢铁案"中裁定，反补贴法不适用于非市场经济国家的进口。美方不同意该裁决是美国反补贴法不适用于非市场国家的法律解释。在"乔治敦城钢铁案"中，联邦巡回法院（CAFA）指出国会最近关于处理从非市场经济进口的贸易救济问题，国会倾向对于从非市场经济进口的不合理的低价商品应当适用反倾销法。没有法规或立法的历史指明反补贴法也适用。如果反补贴不能足够保护美国的工业，则应由国会提出附加的合适救济措施。中方依据该裁定认为美国商务部对非市场经济适用反补贴法是没有法律依据的，美国商务部无权对非市场经济国家 NME 适用反补贴法。

然而，在同一裁决中，美国联邦巡回法院在结论部分指出："反补贴法的行政管理部门具有广泛的自由裁量权确定补贴是否存在。我们不能说行政部门做出结论，苏联和民主德国向出口到美国的钾补贴不按第 303 节征收反补贴税是不合理的、不合法的或者滥用自由裁量权"。[①] 上诉机构认为这后一段判决又支持了美国的主张，即新法 701（F）是对 701（A）的澄清，即反补贴法适用于所有国家包括非市场经济。如果美国商务部不能确定出口国家的政府或公共机构对出口商品的补贴，则可以不适用反补贴法。是否对非市场经济国家的出口适用反倾销法和反补贴法，美国商务部有自由裁量权。

上诉机构承认该法院裁决至少包括了两部分内容，一部分支持新法变更了（change）前税法，另一部分可以解读为新法对前税法的澄清（Clarify）。专家组对于法院裁决的这两种不同的解读没有审定。专家组应该分析美国商务部对非市场经济国家否认适用反补贴法的实践也可证明该法院判决的含义。但是专家组没有分析 2006 年之前美国商务部的实践，也未对非市场经济是否适用反补贴法进行审议。因此上诉机构无法完成法律分析。

四　本案涉及的涵盖协议条款

（一）GATT 第 10 条

第 10 条　贸易条例的公布和实施

10.1　缔约国有效实施的关于海关对产品的分类或估价，关于税捐和其他费用的征收率，关于对进出口货物及其支付转账的规定、限制和禁止，以

[①] 上诉机构报告，《美国对中国某些产品的反补贴和反倾销措施案》，第 4.148 段。

及关于影响进出口货物的销售、分配、运输、保险、存仓、检验、展览、加工、混合或使用的法令、条例与足资一般援用的司法判决及行政决定,都应迅速公布,以使各国政府及贸易商对它们熟悉。一缔约国政府或政府机构与另一缔约国政府或政府机构之间缔结的影响国际贸易政策的现行协定,也必须公布。但本款的规定并不要求缔约国公开那些会妨碍法令的贯彻执行、会违反公共利益、或会损害某一公私企业的正当商业利益的机密资料。

10.2 缔约国采取的按既定统一办法提高进口货物关税或其他费用的征收率、或者对进口货物及其支付转让实施新的或更严的规定、限制或禁止的普遍适用的措施,非经正式公布,不得实施。

10.3 (甲)缔约各国应以统一、公正和合理的方式实施本条第一款所述的法令、条例、判决和决定。

(乙)为了能够特别对于有关海关事项的行政行为迅速进行检查和纠正,缔约各国应维持或尽快建立司法的、仲裁的或行政的法庭或程序。这种法庭或程序应独立于负责行政实施的机构之外,而它们的决定,除进口商于规定上诉期间向上级法院或法庭提出申诉以外,应由这些机构予以执行,并作为今后实施的准则;但是,如这些机构的中央主管机关有充分理由认为它们的决定与法律的既定原则有抵触或与事实不符,它可以采取步骤使这个问题经由另一程序加以检查。

(丙)如于本协定签订之日在缔约国领土内实施的事实上能够对行政行为提供客观公正的检查,即使这种程序不是全部或正式地独立于负责行政实施的机构以外,本款(乙)项的规定,并不要求取消它或替换它,实施这种程序的缔约国如被请求,应向缔约国全体提供有关这种程序的详尽资料,以便缔约国全体决定这种程序是否符合本项规定的要求。

(二)DSU 第 6.1 条

第 6 条 专家组的设立

6.1 如起诉方提出请求,则专家组应最迟在此项请求首次作为一项议题列入 DSB 议程的会议之后的 DSB 会议上设立,除非在此次会上 DSB 经协商一致决定不设立专家组。①

---

① 如起诉方提出请求,DSB 应在提出请求后 15 天内为此召开会议,只要提前至少 10 天发出会议通知。

6.2　设立专家组的请求应以书面形式提出。请求应指出是否已进行磋商、确认争论中的措施并提供一份足以明确陈述问题的起诉的法律根据概要。在申请方请求设立的专家组不具有标准职权范围的情况下，书面请求中应包括特殊职权范围的拟议案文。

(三)《反补贴协定》第19.2条

19.2　在所有征收反补贴税的要求均已获满足的情况下是否征税的决定，及征收反补贴税金额是否应等于或小于补贴的全部金额的决定，均由进口成员的主管机关作出。宜允许在所有成员领土内征税，如反补贴税小于补贴的全部金额即足以消除对国内产业的损害，则该反补贴税是可取得，并宜建立程序以允许有关主管机关适当考虑其利益可能会因征收反补贴税而受到不利影响的国内利害关系方①提出的交涉。

(四)《反倾销协定》第9.3条

9.3　反倾销税的金额不得超过根据第2条确定的倾销幅度。

---

① 就本款而言，"国内利害关系方"一词包括接受调查的进口产品的消费者和工业用户。

案例 14　巴拿马诉阿根廷—货物和服务贸易相关措施（WT/DS453/AB/R）

一　案件基本情况[①]

1. 案名
巴拿马诉阿根廷—货物和服务贸易相关措施

2. 案号
WT/DS453/AB/R

3. 申诉方、被诉方、第三方
申诉方、被诉方：巴拿马

申诉方、被诉方：阿根廷

第三方：澳大利亚、巴西、中国、厄瓜多尔、欧盟、危地马拉、洪都拉斯、印度、欧曼、沙特阿拉伯、新加坡、美国

4. 案件进度
2013 年 5 月 13 日申请成立专家组

2015 年 9 月 30 日发布专家组报告

2015 年 10 月 27 日上诉通知

2016 年 5 月 9 日通过上诉机构报告

5. 争议条款
《服务贸易总协定》第 2.1 条、第 11 条、第 16 条、第 17 条；

GATT 1994 第 1.1 条、第 3.2 条、第 3.4 条和第 11.1 条。

6. 法官名称
上诉机构庭审法官：Seung Wha Chang（首席法官）、Ujal Bhatia、张月姣

[①] See WTO Website, available at https://wto.org/english/tratop_e/dispu_e/cases_e/ds453_e.htm, last visited on 30 December 2016.

二 案件背景情况

（一）磋商程序与专家组程序

2012年12月12日巴拿马提出就影响货物和服务贸易的措施与阿根廷进行措施。双方磋商未果

2013年6月25日应巴拿马的请求，DSB决定成立专家组

2013年11月11日专家组组成

2015年9月30日专家组报告发布

（二）涉案措施

本案争端涉及巴拿马对阿根廷影响货物和服务贸易的特定措施。巴拿马主张诸多阿根廷的措施体现在《收入/利润税收法》、被第1037/00号指令所修改的第1344/98号指令。具体而言，其包括，

措施1：扣留对利益或报酬支付的税收；

措施2：对财富不公正增加的假定；

措施3：基于转让价格的交易估值；

措施4：对费用分配的支付接收规则；

规则5：与再保险服务相关的要求；

规则6：对阿根廷资本市场准入的要求；

规则7：对分支机构注册登记的要求；以及

规则8：外汇授权要求。

巴拿马认为上述措施违反GATS第2.1条、第16条及其脚注8、第17条；以及GATT 1994第1.1条、第3.2条、第3.4条和第11.1条。

（三）专家组审理概况

本案争端涉及巴拿马就阿根廷对所谓"税务透明不合作国家"（非合作国家）的服务和服务提供者所强制施加的八项措施的指控。这些措施还特别涉及对这些国家实体的某些交易征税，与来自这些国家的人的交易估价，适用的课税减免标准，以及来自这些国家的实体进入阿根廷资本市场的要求。该争端涉及WTO措施一致性的问题，即根据是否能获得外国提供者的税务信息来使针对不同来源的服务和服务提供者所采取的不同措施相一致。由OECD（由125个成员国和欧盟组成）发起的税收透明和信息交流全球论坛和反洗钱金融行动

特别工作组正在努力打击造成税基侵蚀和利润转移且方便洗钱和恐怖主义融资的有害税收行为。阿根廷坚称受指控的措施符合这些国际论坛的建议。

阿根廷主张，受指控的措施符合相关政府间论坛为打击有害税收行为而通过的建议，例如"税收透明度和情报交换全球论坛和反洗钱金融行动特别工作组"的建议。专家组认为，阿根廷政府采取的所有八项措施都不符合GATS第2条第1项①所规定的最惠国待遇义务，而且无论是在GATS第14条②还是在GATS《金融服务附件》第2条a款③下都无法证明其合法性。具体而言：

针对GATS歧视性主张而言，专家组认定，上述八项措施都与GATS第2.1条不符，因为阿根廷给予不合作国家的服务和服务提供者的待遇低于其给予合作国家的相似服务和服务提供者的待遇；

措施2、措施3和措施4并非不符合GATS第17条，因为在阿根廷承诺的具体减让表的相关服务和提供模式上，与非合作国家的相似服务或服务提供者相比，阿根廷并没有改变竞争条件以支持阿根廷服务或服务提供者。

针对措施5的市场准入主张而言，专家组驳回了关于GATS第16.2（a）的主张，因为措施5并不为该条款所调整；同时驳回关于GATS第16.1条的主张，因为巴拿马未能提供表面证据。

针对阿根廷在GATS下的抗辩，专家组指出：

---

① 第二条　最惠国待遇
1. 关于本协议所涵盖之措施，各会员应立即且无条件地对来自其它会员之服务或服务提供者提供不低于该会员给予其它国家相同服务或服务提供者之待遇。
② 第十四条　国家安全之例外
1. 本协议不得解释为：
（a）要求会员提供其认为揭露系不利于其基本安全利益之信息；
或（b）阻止会员采取其认为为防护其基本安全利益所需之行动：
（i）关于服务之提供，系为直接或间接供应军事设施之目的；
（ii）关于可分裂与可融合之物质，或用以制造该等物质之原料；
（iii）战时或在其它国际关系紧急时采取之措施；
或时（c）阻止会员依其在联合国宪章下之义务，为维护国际和平与安全而采取之行动。
2. 依第1项第（b）款及第（c）款规定所采取之措施及其终止，应尽可能完整的通知服务贸易理事会。
③ 2. 国内法规（a）
本协议其它规定，不得妨碍会员基于审慎理由，所采取之措施，包括保护投资人、存款人、保单持有人、或金融业者对之负有信托责任之人，或为维持金融体系之健全与稳定所实行之措施。当该等措施不符协议规定者，该等措施不应被会员用来作为规避本协议之义务或其承诺之手段。

第一，措施1、措施2、措施3、措施4、措施7和措施8在GATS第14(c)条下无法得到正当化，由于阿根廷在合作国家和非合作国家构成扭曲的界分方式，上述措施并不满足其序言的要求（非恣意的歧视性）；

第二，措施5和措施6并不能在《金融服务附件》第2(a)段下予以正当化，因为缺乏关于措施和审慎原因之间的因果关系，上述措施并非基于"审慎的原因"。

专家组对关于GATS第14(d)条的主张实施司法经济。

针对巴拿马关于GATT 1994项下的主张，专家组驳回了其关于第1.1条的主张，因为巴拿马并没有提供表面证据；并且驳回了第11.1条的主张，因为措施3本质是税收，并且因此不被该条款所调整。相应的，专家组对阿根廷在GATT 1994第20(d)条的抗辩实施司法节制。

（四）上诉机构报告审理概况

1. 上诉机构报告程序

2015年10月27日，巴拿马通知DSB，其对专家组报告中的特定法律问题提起上诉。2015年11月2日，阿根廷提起交叉上诉。

2015年12月22日，上诉机构通知DSB，其无法在90天内发布报告，预计在2016年4月19日前发布上诉机构报告。

2016年4月14日，上诉机构报告发布。

2. 上诉的法律问题及各方观点

巴拿马和阿根廷均以GATS下专家组的不同认定作为上诉理由。

在上诉中，阿根廷认为专家组错误地对GATS第2.1条和第17条的服务和服务提供者的相似性进行认定。

在上诉中，巴拿马认为专家组错误地对GATS第2.1条和第17条中的"不低于待遇"进行评估，具体而言，其并没有考虑与服务和服务提供者相关的"规制因素"（regulatory aspect）。

在上诉中，巴拿马对专家组关于特定措施为第14条第c段中的"对确保与符合GATS的（阿根廷）法律和法规所必要的"主张提起上诉。同时，巴拿马对专家组关于《金融服务附件》第2(a)段的解释提起上诉。

同时，争议双方并没有针对专家组在GATT 1994下的认定提出上诉。

3. 上诉的主要法律问题分析

在本案中，上诉机构支持了阿根廷的上诉主张，即认为专家组对GATS第

2.1条和第17条①下的服务和服务提供者的"同类服务和服务提供者"分析有误,并据此推翻了专家组将此争端中所争议的服务和服务提供者定性为"同类"的结论。又因为专家组对于同类的认定为专家组在 GATS 第 2.1 条和第 17 条下的结论提供了关键性基础,专家组的相关结论也被上诉机构推翻。

此外,上诉机构支持了巴拿马所主张的专家组对于 GATS 第 2.1 条和第 17 条之下的"不低于待遇"的评估中必须纳入与服务和服务提供者相关的"监管因素"的认定有误。

至于巴拿马就专家组针对阿根廷所援引的抗辩中的认定所提出的上诉,上诉机构认为巴拿马没能证实专家组有误:(1)其对于 GATS 第 14 条 c 款的运用;(2)认为 GATS《金融服务附件》第 2 条 a 款并未对可能因审慎原因而采用的措施类型强加具体限制。

(1)关于"同类"的认定

关于巴拿马根据 GATS 第 2.1 条和第 17 条提出的主张,专家组认为相关服务和服务提供者属"同类",因为八项受指控的措施为争议中的服务和服务提供者根据来源的不同提供了差别待遇。

上诉机构认定服务和服务提供者的同类性可以根据争议中的与服务和服务提供者之间的竞争关系相关的某些标准来建立。或者,当某项措施仅仅根据有关服务和服务提供者的来源提供差别待遇时,可推测其为同类。上诉机构在其对 GATS 第 2.1 条的分析中认为,专家组没有得出争议中的措施对于合作和非合作国家仅仅依据来源来划分的结论,如无此结论,则专家组对于同类的认定是"基于来源"的结论就是错误的。上诉机构认为专家组因此需要对同类展开分析,基于同评估合作与非合作国的服务和服务提供者的竞争关系相关的各种标准,并认定专家组没能做出分析。由于专家组在 GATS 第 17 条下提出的同类结论基于其在第 2.1 条下对同类的认定,上诉机构认为专家组在第 17 条下的分

---

① 国民待遇
1. 对承诺表上所列之行业,及依照表上所陈述之条件及资格,就有关影响服务供给之所有措施,会员给予其它会员之服务或服务提供者之待遇,不得低于其给予本国类似服务或服务提供者之待遇。
2. 会员可以对所有其它会员之服务及服务提供者提供与其给予自己服务及服务提供者,或者形式上相同待遇,或者形式上有差别待遇之方式,以符合第 1 项之要求。
3. 如该待遇改变竞争条件,致使会员自己之服务或服务提供者较其它会员之服务或服务提供者有利,则该项形式上相同或形式上有所不同之待遇都应被视为不利之待遇。

析也有误。因此，上诉机构推翻了专家组根据第2.1条和第17条对争议中的服务和服务商做出的同类认定。

（2）对"不低于待遇"的解释

专家组认为这八项措施与第2.1条的最惠国待遇不符，因为与合作国家相比，非合作国家的服务和服务提供者被给予了不利待遇。专家组进一步认为，巴拿马所主张的三项措施也违反了不应倾斜于阿根廷的服务和服务提供者的国民待遇义务，因此不符合GATS第17条。

上诉机构认为，根据GATS第2.1条和第17条，某个措施如果基于对来自任何其他施加竞争措施的国家或成员的同类服务和服务提供者的分别对比，来变更竞争条件从而损害来自该成员的服务和服务提供者，那么它就没能遵守"不低于待遇"的规定。在上诉机构看来，专家组通过这些规定采用了错误的法律标准，对"监管因素"的分析可能致使如下结论产生——即使某个措施变更了竞争条件并导致对其他成员的服务和服务供应者产生损害，但其仍然符合第2.1条和第17条。上诉机构认为，如果某个措施与GATS非歧视条款不一致，那么在相关例外中可能存在一些监管因素或关注，用以更恰当的证明该措施的合法性。因此上诉机构认为，专家组对GATS第2.1条和第17条的解释有误，专家组认为对"不低于待遇"的分析需要考虑与服务和服务提供者相关的"监管因素"是错误的，在本争议中，这涉及阿根廷是否能够获得外国供应商的税务信息。回顾其对专家组关于同类结论的逆转，上诉机构认定专家组对"不低于待遇"所做的结论因缺乏适当的基础而不能成立，因此推翻了专家组根据GATS第2.1条和第17条做出的结论。

（3）阿根廷根据GATS第14条（c）款提出的抗辩

在专家组面前，阿根廷试图以GATS第14条（c）款来捍卫其中的六条措施，但没有成功，因为专家组认为阿根廷将合作国地位赋予那些未曾与之签订此类信息有效交换协议的国家，因此不符合第14条的引言。

虽然阿根廷没有对专家组对其辩护的最终否决提出上诉，但巴拿马对专家组的中间结论提出了上诉，即所涉及的六项措施"有必要确保遵守"某些同GATS第14条（c）款相关的阿根廷法律法规。

上诉机构驳回了巴拿马对专家组的指控，在将第14条（c）款适用于六项措施时，专家组没能将措施的相关方面重点分析使其得出与GATS第2.1条矛盾的结论。上诉机构进一步发现，巴拿马没能证明专家组在认定争议措施是专为确保符合相关阿根廷法律或法规而设计且十分必要时存在错误。特别是，上诉机构认为专家组不仅分析了这些措施是否确保了符合有关法律或法规的目标，还分析了这些法律和法规的具体规定。至于对"必要性"的分析，上诉机构认为巴拿马未能证实专家组无论在对有关措施的贡献和贸易限制性进行评估时，还是在权衡相关必要因素时都存在错误。

阿根廷根据 GATS《金融服务附件》提出如下抗辩：本附件第 2 条（a）款规定在满足相应条件时，GATS 任何其他规定都允许成员国采取"审慎措施"。专家组认为其中两项被挑战的措施不符合 GATS 金融服务业附则第 2 条（a）款，因为这些措施并非因该条款所规定的"审慎理由"而被采用。

上诉机构不同意巴拿马关于附则第 2 条（a）款只涵盖那些构成"国内规则"的措施的说法，相反，其认为该条款并不对任何可能属于本条规定范围内的措施类型以巴拿马所宣称的方式加以限制。因此，上诉机构同意专家组的意见，即金融服务业附则第 2 条（a）款涵盖了附则第 1 段（a）款范围内影响金融服务供应的各种措施。

4. 上诉机构的审定与结论

本案上诉机构裁定如下。

a. 针对 GATS 第 2.1 条而言，

i. 认定专家组在分析"相似服务和服务提供者"术语上存在错误，并且因此推翻专家组在专家组报告第 7.186 段的认定，即合作国家的服务和服务提供者与非合作国家的服务和服务提供者具有相似性；

ii. 认定专家组在专家组报告第 7.235 段的认定存在错误，即争议中的"不低于待遇"的评估"并没有考虑与服务和服务提供者相关的规制因素，其影响竞争条件；特别是阿根廷是否能够获得外国提供者的税收信息"；并且

iii. 推翻专家组在专家组报告第 7.367 段、第 8.2.b 段的结论，即措施 1 到措施 8 与 GATS 第 2.1 条不符。

b. 针对 GATS 第 17 条而言：

i. 认定专家组在分析"相似服务和服务提供者"术语上存在错误，并且因此推翻专家组在专家组报告第 7.489 段的认定，即阿根廷的服务和服务提供者与非合作国家的服务和服务提供者具有相似性；

ii. 认定专家组在专家组报告第 7494 段的认定存在错误，即争议中的"不低于待遇"的评估"并没有考虑与服务和服务提供者相关的规制因素，其影响

竞争条件；特别是阿根廷是否能够获得外国提供者的税收信息"；并且

iii. 推翻专家组在专家组报告第 7.525 段、第 8.2.c 段的结论，即措施 2、措施 3 和措施 4 与 GATS 第 17 条不符。

c. 针对专家组将 GATS 第 14（c）条适用于措施 1、措施 2、措施 3、措施 4、措施 7 和措施 8：

i. 认定巴拿马并没有证明专家组未能集中分析产生于 GATS 第 2.1 条不符认定的措施的相关因素；

ii. 认定巴拿马并没有证明专家组在专家组报告第 7.655 段的认定有错误，即这些措施旨在确保符合相关阿根廷法律或法规；并且

iii. 认定巴拿马并没有证明专家组在专家组报告第 7.655 段的认定有错误，即这些措施是确保符合相关阿根廷法律或法规"所必要的"；并且

d. 针对《金融服务附件》第 2（a）段而言，认定专家组在专家组报告第 7.847 段的认定并没有错误，即《金融服务附件》第 2（a）段"调整影响附件第 1（a）段含义内的金融服务供给的所有类型的措施"。

（五）后续执行程序

2016 年 5 月 9 日，DSB 通过上诉机构报告以及经上诉机构报告修改的专家组报告。

三 笔者对本案的评析

"阿根廷金融服务业上诉案"是笔者担任上诉机构成员八年中唯一一件涉及《服务贸易协定》的解释与执行的上诉案件，也是某些 WTO 成员对上诉机构庭审组三位主审法官的裁决有些质疑的案件。争议的核心是：既然上诉机构裁定阿根廷被指控的措施所涉及的服务和服务提供者没有确定"同类性"，因而不存在比较其措施违反最惠国待遇和国民待遇的法律基础。本案到此应该完结，不需要继续以"假设"类似性成立的情况继续长篇累牍地逐条批驳申诉方和被诉方的观点和立场。在不披露庭审组辩论和 7 名法官交换意见的信息的情况下，笔者者提出以下个人的法律分析：

（一）同类性（Likeness）

货物贸易和服务贸易中的基石条款是无条件的最惠国待遇。国民待遇也是非歧视性待遇的重要条款。货物或者服务的同类性是分析非歧视待遇的基础。在货物贸易中，很多案例已经归纳了认定某个行业或产品的同类性的方法：从

产品的物理特征、消费者印象、最终用途和海关税则分类四方面确定两个产品的相同性；或者通过两个行业的竞争关系确定其相同性；或者只要一项措施给予某个行业或某种产品的不同待遇完全基于来源国，即可默认该行业或产品的相同性。服务贸易尚未有案例认定服务或服务的提供者的同类性。

在本案中，巴拿马指控阿根廷的措施违背最惠国待遇和国民待遇，以"完全依据来源国"作为其指控违反 WTO 涵盖协议条款的关于同类性的法律依据。在 WTO 的案例中使用过"完全依据来源国"（exclusively based on origin）这一概念，即假设（presumption）两个成员的产品或服务是相同的，只是完全根据不同的成员（国家或地区）而采取不同的待遇措施。在本案中，巴拿马仅仅依据"完全依据来源国"指控阿根廷的金融服务措施违反了最惠国待遇和国民待遇，而没有指出服务和服务提供者在合作国家与不合作国家的竞争关系，也未从服务和服务提供者的行业特征、消费者印象、最终用途和服务行业分类等方面论述涉案的服务和服务提供者是同类的。上诉机构认定专家组裁定阿根廷的措施"基于来源国"，而不是专家组在初始分析时采用的"完全基于来源国"，因此，专家组关于"同类性"的分析有错误因而导致其认定是错误的。

上诉机构推翻专家组关于同类性的认定后，找不到专家组关于同类性的其他认定，专家组报告中也没有当事方一致同意的提交的事实或其他关于同类性论证的证据，因此无法完成法律分析。这是很遗憾的。上诉机构庭审法官如果依据"关于货物贸易的相同性的判案分析，以及阿根廷服务贸易措施的核心是打击洗钱而不涉及改变银行的正常业务性质、消费者对银行的印象、最终用途和行业分类合作国家与不合作国家的银行是同类的"这几点完成法律分析，那么上诉机构是否越权？上诉机构庭审法官也可以认定专家组在做结论时将"完全依据来源国"改为"依据来源国"是个错误，但是专家组的论述并未改变合作国家与不合作国家中服务和服务提供者的同类性，因而，笔者支持专家组关于"同类性"的结论。

无论庭审组采用哪种方式完成法律分析，都需要全体法官充分交换意见并达成共识。这不是个案的问题，是具有系统性以及上诉机构的授权范围和对涵盖协议的解释的问题。DSU 要求上诉机构必须在 90 天内完成报告，再开一次全体法官的交换意见会议没有时间，也没有充分准备。该案的遗憾只能留待以后在其他的服务贸易案件里解决。例外，如果将"完全依据来源地"改为"来源地"，则后者比较宽泛的认定同类性的标准也存在法律风险，比如两个服务只有部分是来源于同一来源地，而其他部分可能影响到两个做比较的服务特征不相同，因而，将两个不完全同一来源的服务或者服务提供者认定为具有同类性就会造成最惠国待遇与国民待遇的比较基础错误。因此，上诉机构只好推翻专家组将"完全依据来源地"改为"依据来源地"来分析和认定同类性的错误结论。由于申诉方未提供关于同类性的其他论证，上诉机构无法完成对"同类性"的法律分析。

（二）既然上诉机构否决了专家组关于"同类性"的认定，又没有完成法律分析，为什么庭审组还对专家组的其他裁定做了分析并指出专家组违反涵盖协议的裁定？

本案中的"同类性"被否定了，其他问题也没有法律效力。上诉机构的审理过程是要回答争议方就专家组报告中的法律问题提出的各种违法指控。在上诉审理中的提交文件和口头听证会阶段，上诉机构的主审法官已经听取了各方的意见。上诉机构的七名法官已经就当事方提出的各种法律问题全面地交换了意见。庭审法官也对当事方提出的各种法律问题做了全面深入的研究和分析。虽然专家组"同类性"的分析和认定被上诉机构否定了，且其他问题都建立于"假设"的基础上，但上诉机构报告中的深入分析和结论对当事方积极解决争议具有参考意义，且本案对于专家组在今后类似的案件中不重蹈覆辙也是有警示作用的。

上诉机构认定专家组关于 GATT 1994 第 2.1 条和第 17 条 "不低于的待遇" 的分析是错误的，驳回了巴拿马关于违反 GATS 第 14 条的诉求。在《金融服务附件》第 2（a）段"的谨慎例外"包括在附件 1（a）"影响到金融服务的所有形式的措施"的范围内这一问题上，上诉机构认定专家组没有错误。

四 本案所涉的主要条款

（一）GATS 第二条　最惠国待遇

2.1 关于本协议所涵盖之措施，各会员应立即且无条件地对来自其它会员之服务或服务提供者提供不低于该会员给予其它国家相同服务或服务提供者之待遇。

（二）GATS 第十四条　国家安全之例外

2.1 本协议不得解释为：

（a）要求会员提供其认为揭露系不利于其基本安全利益之信息；或

（b）阻止会员采取其认为防护其基本安全利益所需之行动：（i）关于服务之提供，系为直接或间接供应军事设施之目的；（ii）关于可分裂与可融合之物质，或用以制造该等物质之原料；（iii）战时或在其它国际关系紧急时采取之措施；或。

（c）阻止会员依其在联合国宪章下之义务，为维护国际和平与安全而采取之行动。

2.2 依第 1 项第（b）款及第（c）款规定所采取之措施及其终止，应尽可能完整的通知服务贸易理事会。

（三）GATS《金融服务附则》第 2 条　国内法规

（a）本协议其它规定，不得妨碍会员基于审慎理由，所采取之措施，包括保护投资人、存款人、保单持有人、或金融业者对之负有信托责任之人，或为维持金融体系之健全与稳定所实行之措施。当该等措施不符协议规定者，该等措施不应被会员用来作为规避本协议之义务或其承诺之手段。

（四）GATS 第十七条　国民待遇

17.1 对承诺表上所列之行业，及依照表上所陈述之条件及资格，就有关影响服务供给之所有措施，会员给予其它会员之服务或服务提供者之待遇，不得低于其给予本国类似服务或服务提供者之待遇。

17.2 会员可以对所有其它会员之服务及服务提供者倡供与其给予自己服务及服务提供者，或者形式上相同待遇，或者形式上有差别待遇之方式，以符合第 1 项之要求。

17.3 如该待遇改变竞争条件，致使会员自己之服务或服务提供者较其它会员之服务或服务提供者有利，则该项形式上相同或形式上有所不同之待遇都应被视为不利之待遇。

案例 15　危地马拉诉秘鲁农产品进口附加税（WT/DS457/AB/R & WT/DS457/AB/R/Add. 1）

一　案件基本情况 [①]

1. 案名

危地马拉诉秘鲁农产品进口附加税

2. 案号

WT/DS457/AB/R & WT/DS457/AB/R/Add. 1

3. 申诉方、被诉方、第三方

申诉方：危地马拉

被诉方：秘鲁

第三方：阿根廷、巴西、中国、哥伦比亚、厄瓜多尔、欧盟、洪都拉斯、印度、韩国、美国

4. 公布报告时间

2013 年 6 月 13 日申请设立专家组

2014 年 11 月 27 日专家组报告公布

2015 年 7 月 20 日上诉通知

2015 年 12 月 16 日上诉机构报告通过

5. 争议条款

《农业协定》第 4.2 条

GATT 1994 第 2.1（a）条、第 2.1（b）条、第 10.1 条、第 10.3（a）条、第 11 条、第 11.1 条

[①] See WTO Website, available at https://wto.org/english/tratop_e/dispu_e/cases_e/ds457_e.htm, last visited on 3 Jan 2017.

《海关估价协定》（GATT 1994 第 7 条）第 1 条、第 2 条、第 3 条、第 5 条、第 6 条、第 7 条。

6. 法官名称

上诉机构庭审法官：

Ujal Bhatia（首席法官）、Tom Graham、张月姣

二 案情审理概况

（一）磋商程序与专家组程序

2013 年 4 月 12 日，危地马拉请求就农产品关税问题与秘鲁进行磋商。危地马拉主张争议中的措施违反了 WTO 协定。

2013 年 6 月 13 日，危地马拉申请成立专家组。

在 2013 年 6 月 25 日的会议上，争端解决机构授权成立专家组。

2013 年 9 月 19 日，专家组成立。

2014 年 11 月 27 日，专家组报告发布。

（二）涉案措施

本案争议涉及秘鲁对于从危地马拉进口的某些农产品如牛奶、玉米、大米和糖征收进口附加税。上述措施自 2001 年 6 月 22 生效。上述税收是通过价格幅度机制（Price Range System，以下简称 PRS）所决定的，其依赖于下述因素：其一，过去 60 个月国际价格的峰值和平面底价的混合值；其二，每两周对涉案产品有影响的参考价格。如果受影响的产品的拟定价格（reference price）低于平面底价，那么将征收附加关税；相反，如果拟定价格超过峰值价格，那么将减少征收的关税。

危地马拉认为秘鲁的上述措施违反了如下协定：

(1)《农业协定》第 4.2 条和脚注 1；

(2) GATT 1994 第 2.1（a）条、第 2.1（b）条、第 10.1 条、第 10.3（a）条、第 11 条、第 11.1 条；

(3)《海关估价协定》第 1 条、第 2 条、第 3 条、第 5 条、第 6 条、第 7 条。

在争议中，秘鲁指控危地马拉将本争议提交 WTO 争议解决违反诚实信用原则，因为在其与秘鲁的自由贸易协议中同意秘鲁保留 PRS 附加税。秘鲁还抗辩称专家组认定 PRS 与 WTO 不一致，这也即认定 FTA 与 WTO 不一致，而 FTA 允许秘鲁保留 PRS。

(三) 专家组审理概况

本案专家组裁决的主要内容如下：

第一，专家组认为没有证据表明危地马拉将上述争议提请 WTO 争议解决机构的行为与 DSU 第 3.7 条和第 3.10 条的诚信（good faith）义务相违背。因此，专家组认为没有理由不评估危地马拉的主张；

第二，专家组认定，因为秘鲁与危地马拉的自由贸易协议并没有生效，因此，在专家组报告对成员方发挥作用时，FTA 的相关条款并不需要考虑。相应的，专家组并非必须对成员方是否可通过 FTA 的方式修改 WTO 协定下的权利和义务发表意见；

第三，专家组认定，通过将争议中的措施设定在普通的关税上，秘鲁的行为与《农业协定》第 4.2 条的义务相背离。特别是，专家组认为，PRS 产生的附加关税构成《农业协定》脚注 1 含义中的可变的进口关税，或者，至少具有与可变进口关税相似的特征；

第四，专家组认定，PRS 产生的附加关税并不构成最低进口价格，并且其与《农业协定》脚注 1 含义中的最低进口价格的特征并不相同；

第五，专家组认定，PRS 产生的附加关税并非是一般关税。在专家组看来，此类税收应该是 GATT 1994 第 2.1（b）条第 2 句含义中的"对进口施加的或与进口相关的其他税收或费用"。秘鲁在关税减让表中并没有登记"其他税收或费用"，秘鲁的行为违反 GATT 1994 第 2.1（b）条第 2 句；

第六，专家组认为其无需对附件税是否符合 GATT 1994 第 10.1 条或第 10.3（a）条做出认定。

由于专家组认定 PRS 产生的附加税并非一般海关税收，因此，专家组并没有解决危地马拉在《海关估价协定》中的替代性主张。

(四) 上诉机构报告审理概况

1. 上诉机构报告程序

2015 年 3 月 25 日，秘鲁通知 DSB，其将就专家组报告中的特定法律问题和法律解释提请上诉。

2015 年 3 月 30 日，危地马拉通知 DSB，其将就专家组报告中的特定法律问题和法律解释提请上诉。

2015 年 7 月 20 日，上诉机构报告发布。

2015 年 7 月 31 日，DSB 通过了上诉机构报告以及经上诉机构修改的专家组报告。

2. 上诉的法律问题

上诉主要涉及的法律问题为：DSU 第 3.7 条和第 3.10 条中的"诚信"义务；对《农业协定》第 4.2 条"可变进口关税"、"最低进口价格"和"相似边境措施"的解释；对 GATT 1994 第 2.1（b）条的解释；WTO 与 FTA 条款之间的关系。

3. 各方立场和抗辩概况

在上诉中，秘鲁指控本案专家组关于变化进口税违反了《农业协定》第 4.2 条和 GATT 1994 第 2.1（b）条，和对 DSU 第 3.7 条和第 3.10 条的认定，以及对 FTA 与 WTO 关系的认定。

同时，危地马拉上诉指控专家组在农业协定第 4.2 条关于最低进口价的认定。

4. 上诉机构主要法律分析

2015 年 6 月 30 日，争议解决机构通过上诉机构关于"秘鲁农产品案"的报告。秘鲁和危地马拉双方间的争端涉及秘鲁通过价格范围体系对部分农产品施加附加税。在上诉中，秘鲁对专家组认为所涉措施在《农业协定》脚注 1 中构成"可变进口关税"的结论提出异议。危地马拉提了有限交叉上诉。秘鲁上诉的挑战失败。上诉机构部分地接受了危地马拉对专家组关于"最低进口价格"和类似边境措施的结论提起的交叉上诉，并推翻了专家组的两项裁决。专家组的其他裁决都得到维持，其中包括认定秘鲁的措施与《农业协定》第 4.2 条和 GATT 1994 第 2.1（b）条不符的裁决。此外，上诉机构的裁决还涉及 DSU 下的"诚实信用"义务，以及涉及 WTO 法及自由贸易协定（FTA）之间的关系。具体如下，

（1）DSU 第 3.7 条①和第 3.10 条②下的诚实信用

对于危地马拉所提出的秘鲁上诉中的论点是"新的"或构成"新的诉求"，上诉机构认为其与专家组报告中涉及的法律问题和专家组做出的法律解

---

① 第 3 条　总则

3.7 在提出一案件前，一成员应就根据这些程序采取的措施是否有效作出判断。争端解决机制的目的在于保证使争端得到积极解决。争端各方均可接受且与适用协定相一致的解决办法无疑是首选办法。如不能达成双方同意的解决办法，则争端解决机制的首要目标通常是保证撤销被认为与任何适用协定的规定不一致的有关措施。提供补偿的办法只能在立即撤销措施不可行时方可采取，且应作为在撤销与适用协定不一致的措施前采取的临时措施。本谅解为援引争端解决程序的成员规定的最后手段是可以在歧视性的基础上针对另一成员中止实施适用协定项下的减让或其他义务，但需经 DSB 授权采取此类措施。

② 3.10 各方理解，请求调解和使用争端解决程序不应用作或被视为引起争议的行为，如争端发生，所有成员将真诚参与这些程序以努力解决争端。各方还理解，有关不同事项的起诉和反诉不应联系在一起。

释相关，因此不构成"新的诉求"或"新的抗辩"。此外，秘鲁根据第3.7条和第3.10条提出的诚实信用义务也与其向专家组提出的法律问题相关，且不需要上诉机构来征求、接受和审查新的事实。由此，上诉机构认为这些论点并没有对危地马拉的正当程序性权利产生不利影响，也因此属于本次上诉范围。

上诉机构认为，在秘鲁与危地马拉签署但未生效的自由贸易协定（FTA）中没有明确规定，且危地马拉也没有放弃根据DSU或在其范围内诉诸WTO争端解决机制的权利。因此，当危地马拉在启动这些程序来挑战秘鲁的PRS措施与WTO的一致性时，该行为不能被认为与其在DSU第3.7条和第3.10条下的诚实信用义务相悖。因此上诉机构维持了专家组的裁决，即，认为没有证据表明危地马拉以违背了诚实信用义务的方式提起诉讼。

(2)《农业协定》第4.2条①——"可变进口关税"

上诉机构裁定"内在"变动性是"可变进口关税"的关键和必备要素。"可变进口关税"具有"内在"可变动性，是因为其纳入了能引起并确保征税持续自动变化的机制或准则。这种潜在的机制或准则的存在使得"可变进口关税"同"普通关税"区分开来。秘鲁认为附加税同"普通关税"一样不随规律而变化，并且专家组在认定该措施是"可变进口关税"时，"过度"依赖"内在可变动性"。上诉机构驳回了秘鲁的上述主张。上诉机构认为，秘鲁没能证明专家组对"内在可变动性"的评估有误。

上诉机构驳回了秘鲁就专家组对"可变进口关税"的"附加特征"（"缺乏透明度、可预测性和国际价格向国内市场的传递"）的评估的上诉请求，并且认定专家组的分析无误。鉴于"附加特征"并非是被认定为"可变进口关税"所必须具备的"独立或绝对特征"，专家组所做的评估仅应被视为判定一项措施是否可被定性为具有"内在变动性"。

上诉机构裁定，秘鲁根据DSU第11条②提出的认为专家组没能将涉案措施

---

① 第4条 市场准入
2. 各成员不得保留、采用或重新使用已被要求转换为普通关税的任何措施①，除非第5条和附件5中另有规定。

② 第11条 专家组的职能
专家组的职能是协助DSB履行本谅解和适用协定项下的职责。因此，专家组应对其审议的事项作出客观评估，包括对该案件事实及有关适用协定的适用性和与有关适用协定的一致性的客观评估，并作出可协助DSB提出建议或提出适用协定所规定的裁决的其他调查结果。专家组应定期与争端各方磋商，并给予它们充分的机会以形成双方满意的解决办法。

与"普通关税"进行适当比较的挑战不当,因其与专家组根据农业协定第4.2条适当适用的法律标准相关,并且该挑战并未涉及专家组对证据的客观评估。因此,上诉机构驳回了秘鲁根据第11条提出的主张。

(3) GATT 1994 第 2.1 (b) 条①

秘鲁诉称,专家组"PRS 产生的附加税不属于 GATT 1994 第 2.1 (b) 条第一句项下的'普通关税'"的认定有误。鉴于附加税是"可变进口关税",且属于需转化为"普通关税"范围内的措施,这些措施本身不能成为《农业协定》第4.2条脚注1②所规定的"普通关税"。因此,上诉机构认为专家组在认定这类附加税也并非 GATT 1994 第 2.1 (b) 条第一句所称的"普通关税"时,将这一点考虑进来是正确的。

上诉机构裁定,秘鲁根据 DSU 第 11 条提出的关于专家组是否未能审查部分证据一事与专家组适当适用的 GATT 1994 第 2.1 (b) 条中的法律标准相关,且其并非挑战专家组对证据的客观评估。因此上诉机构驳回了秘鲁的主张。

(4) WTO 和 FTA 规则间的关系

上诉机构驳回了危地马拉对秘鲁论点的诉求,即认为秘鲁根据《农业协定》第4.2条的解释、GATT 1994 第 2.1 (b) 条以及《维也纳条约法公约》第31条第(3)款(a)项③和(c)项④提出的论点不能在上诉中提出。上诉机构认为论点涉及专家组报告中涵盖的法律问题和专家组给出的法律解释,并且它们在上诉中将被限制在无须上诉机构获取或审查新的事实的范围内。

---

① 第二条 减让表
1. (乙) 一缔约国领土的产品如在另一缔约国减让表的第一部分内列名,当这种产品输入到这一减让表所适用的领土时,应依照减让表的规定、条件或限制,对它免征减让表所列普通关税的超出部分。对这种产品,也应免征超过于本协定签订之日对输入或有关输入所征收的任何其他税费,或免征超过于本协定签订之日进口领土内现行法律规定以后要直接或授权征收的任何其他税费。
② 这些措施包括进口数量限制、进口差价税、最低进口价格、酌情发放进口许可证、通过国营贸易企业维持的非关税措施、自动出口限制及除普通关税外的类似边境措施,无论这些措施是否根据特定国家背离 GATT 1947 的规定而保留,但不包括根据国际收支条款或 GATT 1994 其他总体的、非特指农产品的规定或 WTO 协定附件1A 所列其他多边贸易协定的规定而维持的措施。
③ 第三十一条 解释之通则
应与上下文一并考虑者尚有:
(甲) 当事国嗣后所订关于条约之解释或其规定之适用之任何协定;
④ (丙) 适用于当事国间关系之任何有关国际法规则。

秘鲁在上诉中称，专家组对 1994 年《农业协定》第 4.2 条和 1994 年 GATT 1994 第二条第一款（b）项的认定有误，因专家组没能将《维也纳条约法公约》第 31 条第（3）款、FTA 的相关条款以及国家责任条款第 20 条[①]和第 45 条[②]列入考虑。上诉机构认为秘鲁提出的这些论点超出了《农业协定》第 4.2 条、GATT 1994 第 2.1（b）条。

关于 DSU 第 3.2 条和《维也纳条约法公约》第 31 条的解释，争议点等于是秘鲁和危地马拉实际上通过 FTA 的措施对第 4.2 条和第 2.1（b）条进行了修改。无论如何，上诉机构都认为 FTA 和《国家责任条款》第 20 条和第 45 条均与在第 31 条第（3）款（c）项下的《农业协定》第 4.2 条和 GATT 1994 第 2.1（b）条的解释不"相关"，且 FTA 并非第 31 条第（3）款（a）项所指的作为 WTO 规则解释的嗣后协定。此外，上诉机构认为，无论如何，FTA 的有关条款并未明确授权秘鲁继续保留与 WTO 不一致的价格范围体系。

在得出秘鲁的论点——"实际上相当于所谓的修改"而非对涉案 WTO 条款的解释，上诉机构进一步认为，这种"所谓的修改"并不受《维也纳条约法公约》第 41 条[③]关于多边条约彼此间修改的约束，而是受 GATT 1994 第 24 条[④]

[①] 第 20 条 同意
一国以有效方式表示同意另一国实施某项特定行为时，该特定行为的不法性在与该国家的关系上即告解除，但以该行为不逾越该项同意的范围为限。

[②] 第 45 条 援引责任权利的丧失
在下列情况下不得援引另一国的责任：
(a) 受害国已以有效方式放弃要求；或
(b) 受害国基于其行为应被视为已以有效方式默许其要求失效。

[③] 第四十一条 仅在若干当事国间修改多边条约之协定
多边条约两个以上当事国得于下列情形下缔结协定仅在彼此间修改条约：
(1) 条约内规定有作此种修改之可能者；或
(2) 有关之修改非为条约所禁止，且：
(1) 不影响其他当事国享有条约上之权利或履行其义务者；
(2) 不关涉任何如予损抑即与有效实行整个条约之目的及宗旨不合之规定者。
二、除属第一项（甲）款范围之情形条约另有规定外，有关当事国应将其缔结协定之意思及协定对条约所规定之修改，通知其他当事国。

[④] 第二十四条 适用的领土范围—边境贸易—关税联盟和自由贸易区
1. 本协定的各项规定，应适用于各缔约国本国的关税领土，适用按照第二十六条接受本协定或按照第三十三条或《临时适用议定书》实施本协定的任何其他关税领土。每一个这样的关税领土，从本协定的领土适用范围来说，应把它作为一个缔约国对待。但本款的规定不得解释为：一缔约国按照第二十六条接受本协定或按照第三十三条或《临时适用议定书》实施本协定，即因此在两个或两个以上的关税领土之间产生任何权利或义务。（转下页注）

的WTO特殊规则的约束。因此，上诉机构回顾了其在"土耳其纺织品案"中根据第24条所建立的，用以证明FTA措施同其他GATT 1994规则不一致的标准。此外，上诉机构指出，第24条例外不应被解读为使FTA措施反噬WTO成员权利和义务的广泛抗辩。然而，考虑到秘鲁并没有援引第24条来抗辩，且该FTA尚未生效，上诉机构没有就价格范围体系是否与第24条的例外相一致做出裁决。

因此，上诉机构在依据《维也纳条约法公约》第31条第（3）款，综合考

（接上页注④）2. 本协定所称的关税领土，应理解为一个与其他领土之间的大部分贸易保持着单独税率或其他单独贸易规章的领土。

3. 本协定的各项规定，不得阻止

（甲）任何缔约国为便利边境贸易对毗邻国家给予某种利益；

（乙）毗邻的里雅斯得自由区的国家，对与这一自由区进行的贸易给予某种利益；但这些利益不能与第二次世界大战后缔结的和平条约相抵触。

4. 缔约各国认为，通过自愿签订协定发展各国之间经济的一体化，以扩大贸易的自由化是有好处的。缔约各国还认为，成立关税联盟或自由贸易区的目的，应为便利组成联盟或贸易区的各领土之间的贸易，但对其他缔约国与这些领土之间进行的贸易，不得提高壁垒。

5. 因此，本协定的各项规定，不得阻止缔约各国在其领土之间建立关税联盟或自由贸易区，或为建立关税联盟或自由贸易区需要采用某种临时协定，但是：

（甲）对关税联盟或过渡到关税联盟的临时协定来说，建立起来的这种联盟或临时协定对未参加联盟或临时协定的缔约各国的贸易所实施的关税和其他贸易规章，大体上不得高于或严于未建立联盟或临时协定时各组成领土所实施的关税和贸易规章的一般限制水平；

（乙）对自由贸易区或过渡到自由贸易区的临时协定来说，在建立自由贸易区或采用临时协定以后，每个组成领土维持的对未参加自由贸易区或临时协定的缔约各国贸易所适用的关税和其他贸易规章，不得高于或严于同一组成领土在未成立自由贸易区或临时协定时所实施的相当关税和其他贸易规章，以及（丙）本款（甲）项和（乙）项所称的临时协定，应具有一个在合理期间内成立关税联盟和自由贸易区的计划和进程表。

6. 在实施本条第五款（甲）项要求的时候，一缔约国所拟增加的税率如与本协定第二条不符，则本协定第二十八条的程序，应予适用。在提供补偿性调整时，应适当考虑联盟的其他成员在减低相应的关税方面已提供的补偿。

7.（甲）任何缔约国决定加入关税联盟或自由贸易区，或签订成立关税联盟或自由贸易区的临时协定，应当及时通知缔约国全体，并应向其提供有关所拟议的联盟或贸易区的资料，以便缔约国全体得以斟酌向缔约各国提出报告和建议。

（乙）经与参加本条第五款所述临时协定的各方对协定所包括的计划和进程表协商研究，并适当考虑本款（甲）项所提供的资料以后，如缔约国全体发现：参加协定各方在所拟议的期间内不可能组成关税联盟或自由贸易区，或认为所拟议的期间不够合理，缔约国全体应向参加协定各方提出建议，如参加协定各方不准备按照这些建议修改临时协定，则有关协定不得维持或付诸实施。（转下页注）

虑 FTA 的规定和《国家责任条款》第 20 条和第 45 条后，认为专家组对《农业协定》第 4.2 条和 GATT 1994 第 2.1（b）条不解释的做法无误。

（4）《农业协定》第 4.2 条——"最低进口价格"和"类似边境措施"

上诉机构回顾了"最低进口价格"通常指某种进口商品可能进入某一成员国国内市场的最低价格的结论。与危地马拉的主张相反，上诉机构认为专家组未能解释如下问题：某措施作为"最低进口价格"其必然要根据进口交易价值征税，并且必然防止每一宗低于指定价格的进口。因此，上诉机构驳回了危地马拉的相关诉求。然而，上诉机构认为，专家组在分析涉案措施是否是"最低进口价格"时，由于未能充分分析与措施相关的设计、结构和运作环节而导致错误，实际上以上因素可能有助于专家组得出或推翻本案的结论。

上诉机构回顾了一项措施具有与"最低进口价格"相似的设计、结构、运

（接上页注）（丙）本条第五款（丙）项所述计划或进程表的任何重要修改，应通知缔约国全体。如果这一改变将危及或不适当地延迟关税联盟或自由贸易区的建立，缔约国全体可以要求同有关缔约国进行协商。

8. 在本协定内，

（甲）关税联盟应理解为以一个单独的关税领土代替两个或两个以上的关税领土，因此，

（1）对联盟的组成领土之间的贸易，或至少对这些领土产品的实质上所有贸易，实质上已取消关税和其他贸易限制（在必要时，按照本协定第十一条、第十二条、第十三条、第十四条、第十五条和第二十条规定准许的，可以除外）。

（2）除受本条第九款的限制以外，联盟的每个成员对于联盟以外领土的贸易，已实施实质上同样的关税或其他贸易规章。

（乙）自由贸易区应理解为由两个和两个以上的关税领土所组成的一个对这些组成领土的产品的贸易，已实质上取消关税或其他贸易限制（在必要时，按照第十一条、第十二条、第十三条、第十四条、第十五条和第二十条规定准许的，可以除外）的集团。

9. 本协定第一条第二款的优惠，不应因建立关税联盟或自由贸易区而受到影响，但可以与有关缔约国谈判加以调整或取消。当须要按照第八款（甲）项（1）和第八款（乙）项的规定取消优惠时，这种与有关缔约各国进行谈判的程序应特别适用。

10. 缔约国全体经 2/3 的多数通过，可以批准与本条第五款至第九款的要求不完全相符但系为建立本条所称的关税联盟或自由贸易区的建议。

11. 考虑到印度和巴基斯坦各自建成独立国家这一特殊情况，并承认这两个国家系长期组成一个经济单位这个事实，缔约各国同意，在它们之间的贸易关系尚未建立在确定的基础上以前，本协定的各项规定将不阻止这两个国家对它们的贸易，作出特别的安排。

12. 缔约国应采取一切可能采取的合理措施，保证在它的领土内的地区政府和当局及地方政府和当局能遵守本协定的各项规定。

行和影响等特征，则该措施即与"最低进口价格""类似"的结论。与危地马拉的诉求相反，上诉机构认为专家组并未将"最低进口价格"和"类似边境措施"的法律标准合并，并驳回了危地马拉就专家组对"类似边境措施"的解释提出的诉求。然而，上诉机构认为专家组在分析涉案措施是否是与"最低进口价格"、"类似"的边境措施时，未能充分分析该措施的设计、结构以及运行，因而，推翻了专家组的该项结论。

关于危地马拉要求完成法律分析的请求，上诉机构注意到专家组报告中没有包含如下无可争议的事实，即无论是明示还是暗示，危地马拉有多大程度是根据措施的设计、结构和运行，来确定其进入秘鲁市场的进口价格的最低门槛。没有这些事实的支持，上诉机构认为不可能完成法律分析。

（五）上诉机构审定与结论

本案上诉机构裁定如下。

1. 针对 DSU 第 3.7 条和第 3.10 条：

（a）认定秘鲁在上诉中的主张并非是"新主张"或是"新抗辩"，因此落入上诉的范围中；

（b）认定危地马拉针对秘鲁的 PRS 措施并未放弃其诉诸 WTO 争端解决机制中的权利；

（c）结论为支持专家组在专家组报告第 8.1.a 段中的认定，即"没有证据表明危地马拉以违背诚信的方式提起诉讼"，并且因此"没有理由认为专家组应放弃评估危地马拉提出的主张"。

2. 针对《农业协定》第 4.2 条脚注 1 的"可变进口税收"：

（a）认定秘鲁没能证明专家组在评估争议措施的"可变性"上存在错误；

（b）认定秘鲁并没有证明专家组在评估争议措施的"辅助特征"上存在错误；

（c）认定在考察关于《农业协定》第 4.2 条的危地马拉的主张时，专家组的做法并没有违反 DSU 第 11 条。

3. 针对 GATT 1994 第 2.1（b）条而言，

（a）认定秘鲁并没有证明专家组在认定争议中的措施不构成 GATT 1994 第 2.1（b）条第 1 句的"一般海关税收"时存在错误；

（b）认定在考察关于 GATT 1994 第 2.1（b）条的危地马拉的主张时，专家组的做法并没有违反 DSU 第 11 条。

4. 在《维也纳条约法公约》第 31 条下，在对《农业协定》第 4.2 条和 GATT 1994 第 2.1（b）条的解释上：

（a）认定秘鲁关于在《维也纳条约法公约》第 31 条下，对《农业协定》第 4.2 条和 GATT 1994 第 2.1（b）条的解释属于上诉的范围；

（b）认定秘鲁"专家组在解释《农业协定》第 4.2 条和 GATT 1994 第 2.1（b）条存在错误"的主张（因为专家组未能在《维也纳条约法公约》第 31（3）条项下考虑 FTA 和 ILC 第 20 条、第 45 条）超出 DSU 第 3.2 条和《维也纳条约法公约》第 31 条下解释第 4.2 条和 2.1（b）条的范畴，并且构成"通过 FTA，秘鲁和危地马拉实际上修改了二者间的 WTO 条款"的错误主张；

（c）认定秘鲁和危地马拉间的 FTA 和 ILC 第 20 条与第 45 条与解释《农业协定》第 4.2 条和 GATT 1994 第 2.1（b）条并不构成《维也纳条约法公约》第 31（3）（c）条含义下的"相关"，并且 FTA 并非是第 31（3）（a）条含义内与解释相关的嗣后惯例；并且因此，

（d）认定在《维也纳条约法公约》第 31（3）条项下，专家组在解释《农业协定》第 4.2 条和 GATT 1994 第 2.1（b）条时考虑 FTA 条款和 ILC 第 20 条与第 45 条的做法并没有错误。

5. 认定专家组对于 FTA 是否修改秘鲁和危地马拉之间的 WTO 权利和义务不予认定并没有错误。

6. 上诉机构维持专家组在专家组报告第 8.1.b 段中的认定，即 PRS 中的额外关税构成《农业协定》脚注 1 含义下的"可变进口关税"，以及通过维持构成"可变进口关税"的措施，秘鲁的行为与《农业协定》第 4.2 条的义务不一致；并且

上诉机构维持专家组在专家组报告第 8.1.e 段中的认定，即 PRS 中的额外关税构成 GATT 1994 第 2.1（b）条第 2 句含义中的"对进口施加的或与进口相关的其他税收或费用"，并且因为使用并未在关税减让表中所记载的措施，秘鲁的行为与 GATT 1994 第 2.1（b）条第 2 句的义务不一致。

7. 针对专家组对《农业协定》第 4.2 条脚注 1 的"最低进口价格"和"相似边境措施"的解释和适用而言：

（a）认定危地马拉未能证明专家组在解释《农业协定》第 4.2 条脚注 1 的"最小进口价格"术语上存在错误；

（b）推翻专家组在专家组报告第 8.1.c 段中的认定，即争议中的措施并没

有构成《农业协定》第4.2条脚注1的"最低进口价格";

（c）认定危地马拉并没有证明专家组在解释《农业协定》第4.2条脚注1的"相似边境措施"术语上存在错误；

（d）推翻专家组在专家组报告第8.1.c段中的认定，即争议中的措施并没有享有与相似于《农业协定》第4.2条脚注1的"最低进口价格"的边境措施的特征；并且

（e）无法完成在《农业协定》第4.2条脚注1下的法律分析，并且也无法决定争议中的措施是否构成脚注1含义下的"最低进口价格"或相似于"最小进口价格"的边境措施。

（六）执行阶段情况

1. 合理的期间

2015年8月31日，秘鲁通知DSU，根据DSU第21.3条的规定，其将执行DSB的建议和裁定。

2015年10月1日，根据DSU第21，3（c）条规定，危地马拉请求就合理的期间进行仲裁。

2015年12月16日，仲裁员认定合理地期间为不迟于2016年3月29日。

2. 对相关报告的执行

2016年3月29日，秘鲁通知DSB，其根据DSB的建议修改了PRS。

2016年4月11日，秘鲁和危地马拉通知DSB其根据DSU第21条和第22条，达成和解程序。

三 笔者对本案的评析

本案涉及三个主要法律问题，即（1）危地马拉是否违反了DSU第3.7条和第3.10条的诚实信用原则；（2）秘鲁的"变化进口税"PRS是否违反《农业协定》第4.2条和GATT 1944第2.1（b）条；（3）FTA与WTO的关系。

1. DSU第3.7条和第3.10条是WTO成员参与WTO争议解决程序方面的诚实信用原则，也可称为procedural good faith obligation。这与成员违背信实使用原则，不遵守WTO涵盖协议的实体性义务不同（亦俗称substantial good faith obligation）。申诉方危地马拉在FTA中未放弃提交WTO解决争议的权利。FTA规定当事方可以选择解决争议的地点。在庭审中，当事双方均同意危地马拉可以将关于PRS的争议提交WTO解决。因此上诉机构裁定危地马拉没有违反

DSU 第 3.7 条和第 3.10 条的"诚实信用"原则。

2. 上诉机构裁定秘鲁的"可变进口税率"PRS 违反《农业协定》第 4.2 条和 GATT 1994 第 2.1（b）条。

3. FTA 与 WTO 的关系。

本案是笔者在担任 WTO 上诉机构成员八年多的时间内，上诉机构受理的首例涉及 WTO 涵盖协议与区域自由贸易协定（FTA）之间的关系的争议。本争议针对的措施是秘鲁采用的价格幅度体系（PRS），其目的为通过额外关税或返还款项（rebates）等措施，将特定产品的进口价格维持在稳定的水平上。

FTA 附件 2.3 第 9 段规定：

> 秘鲁可维持其第 1152001EF 号最高法令及其修正案所确定的价格幅度体系，适用价格幅度体系的产品在本附件中的秘鲁减让表（Peru's Schedule）第 4 列中被标注星号（*）。

因此，在 FTA 下，针对特定产品，该措施是被明确许可的。然而，该允许的范围仍不明确。例如，虽然秘鲁"可维持"该措施，但是该规定是否意味着其构成因该措施而违反其他国际协定的理由？或者其是否仅意味着维持该措施不违反 FTA？

由于秘鲁未核准其与危地马拉的自由贸易协议（FTA），因此，秘鲁不是该 FTA 的缔约方，该 FTA 草案的任何规定对当事方都没有法律拘束力。该 FTA 草案与 WTO 无法律关系。但是本案涉及的很多法律问题值得研究和思考。例如是否当事方可以通过 FTA 修改 WTO 涵盖协议？FTA 可以作为《维也纳条约法公约》的"嗣后协议"（subsequent agreement）来解释涵盖协议吗？如果 FTA 规定了其它争议解决的方法和场所，那该如何选择争议解决的场所（Forum Shopping）？如果两个争议解决机构——（WTO 的争议解决机构）WTODS 和（区域自由贸易协议的争议解决机构）FTADS 所做的裁决相左，以哪个裁决为准？在经济全球化的过程中如何保障多边贸易体制的安全性和可预测性，防止全球贸易规则碎片化（globalization v. fragmentation）？

由于多哈回合多边贸易谈判久拖未果，世界各地区的自由贸易协定发展很快。据不完全统计，已经有 400 多个区域自由贸易协定（FTA），还有几十个区域自由贸易协定在谈判之中。长期以来，各界人士都关心 FTA 与 WTO 的关系以及大背景下国际法与 WTO 法的关系。

在解决 WTO 争议时需考虑：（1）FTA 的文字规定与 WTO 涵盖协议规定的义务的关系；（2）国际法在 WTO 解决争议中的作用，如果二者有冲突如何解释他们的相互关系；GATT 1994 第 24 条和 GATS 第 5 条将 FTA 在一定程度上引进 WTO 的体制。虽然本案中的法律解释不多，但是笔者认为，WTO 争议解决是为多边贸易体制提供安全性和可预测性的核心成分（central element）。FTA 已经成为国际多边贸易体制的一部分。GATT 时期允许欧洲共同体的钢煤联盟等区域安排（也叫"灰区"），其是为在区域内实行更加开放的贸易政策以便于将来实现全球的贸易自由化。但是区域的自由贸易安排不能降低区外国家产品进入自由贸易区的关税等待遇。GATT 1994 第 24 条允许区域贸易自由化和便利边境贸易，是为加强而不是瓦解 GATT/WTO 的多边贸易体制。FTA 必须符合 GATT 1994 第 24 条。同样地，国际服务贸易协议 TISA（Trade in Service Agreement）应该符合《服务贸易总协定》。

本案中的很多问题值得思考：例如关于 FTA 草案包括的"可以维持可变附加税 PRS"（may maintain PRS）是否修改了《农业协定》第 4.2 条（不应维持）（shall not maintain）；FTA 是否能够通过《维也纳条约法公约》第 31 条第 c 款的"嗣后协议"修改 FTA 当事方在 WTO 涵盖协议下的权利与义务；FTA 是修改还是解释涵盖协议；FTA 的缔约方是否能够自行修改或解释涵盖协议；一个 FTA 缔约方是否能将它在 FTA 中同意的条款告到 WTO；危地马拉将该争议提交 WTO 解决是否违背了 DSU 的诚实信用原则。根据案情、有关的涵盖协议、当事方提供的证据、专家组的报告、上诉机构先前同类案件的判例，笔者与印度籍法官 Bhatia 先生和美国籍法官 Graham 先生在庭审中深入分析和回答了上诉问题。

上诉机构分析认为，FTA 是 GATT 1994 第 24 条和 GATS 第 5 条允许的，WTO 成员之间的争议解决符合了 WTO 法的要求，FTA 的条款就可以作为专家组和上诉机构考察该 FTA 是否与 WTO 一致的基础。在"欧共体香蕉第Ⅲ案"中，上诉机构指出：1996 年 10 月 14 日 WTO 总理事会通过决议延长《洛美公约》（洛美豁免协议，Lomé Waiver）允许欧洲共同体对来自非洲、加勒比和太平洋（ACP）国家的产品给予优惠待遇。上诉机构同意专家组的意见：自从 GATT 缔约方将《洛美公约》（也包括洛美豁免权）引入 GATT 以后，洛美公约就成为 GATT/WTO 的问题。①

秘鲁辩解到，根据《维也纳条约法公约》第 31（3）（a）和（c）条以及秘鲁与危地马拉达成的 FTA，"秘鲁可以维持使用 PRS"，而不是《农业协定》第 4.2 条的"不应维持"（"shall not maintain"）。根据国际法委员会 ILC 第 20 条，危地马拉已经同意秘鲁保留 PRS。危地马拉反驳说《维也纳条约法公约》第 31 条是对条约的解释，而不是对条约的修改。

上诉机构认为，《维也纳条约法公约》对条约解释的总原则是确定条约条文的普通含义，反映条约全体成员的共同意向，尽管条约的某些条文仅适用于争议的当事方，但是条约的解释必须代表条约全体成员的共同意向。②

上诉机构认为，秘鲁的观点不是解释《农业协定》，而是通过 FTA 修改《农业协定》第 4.2 条。

关于解释《农业协定》，适用于当事方间关系之任何有关国际法规则。"有关的"（relevant）必须是与被解释的条约相同标的的内容（same subject matter）③ 在"欧盟与美国的大飞机补贴案"中，上诉机构认为，欧盟与美国于 1992 年达成的协议第 4 条与《反补贴协定》第 1.1（B）的"利益"（Benefit）无关，不能用来解释《反补贴协定》的"利益"。因为 1992 年美欧双边协议是对政府给予发展大飞机的补贴设立金额限制，并不是《反补贴协定》中以市场为基准的"利益"。在"美国诉墨西哥金枪鱼案"中，TBT 委员会的决定可以视为《维也纳条约法公约》第 31 条解释之通则三的"嗣后所订关于条约之解释或其规定之适用之任何协定"（即"嗣后协定"，subsequent agreement）。美国涉案措施属于 TBT 措施，对此当事双方无异议。TBT 协议由 TBT 委员会监督执行，TBT 委员会由全体 WTO 成员组成。因此，上诉机构认为该决定可以专

---

① "Incorporated a reference to the Lomé Convention into the Lomé Waiver, the meaning of the Lomé Convention became a GATT/WTO issue" to the extent necessary to interpret the Lomé Waiver（也就有必要解释洛美豁免权）. See Appellate Body Report, EC – Bananas III, para. 167.

② The "general rule of interpretation" in Article 31 of the Vienna Convention is aimed at establishing the ordinary meaning of treaty terms reflecting the common intention of the parties to the treaty, and not just the intentions of some of the parties. While an interpretation of the treaty may in practice apply to the parties to a dispute, it must serve to establish the common intentions of the parties to the treaty being interpreted. 见上诉机构报告，《危地马拉诉秘鲁—农产品进口附加税》，第 5.95 段。

③ 上诉机构报告，《危地马拉诉秘鲁—农产品进口附加税》，第 5.101 段。

门对TBT协定条文的解释和应用起作用。①

为了确定秘鲁是否可以保留PRS，专家组必须解释《农业协定》第4.2条和注脚1，说明关税是变化进口税、最低进口价而不是注脚1的普通关税或是根据GATT 1994第2.1（B）条的其他税或费。上诉机构认为，FTA、国际法委员会（ILC）的条款与《农业协定》第4.2条、GATT 1994的第2.1（B）条针对的是不一样的问题，因此不能成为解释涵盖协议的相关条款。上诉机构不同意秘鲁的观点，即"FTA是解释农业协议的有关国际法"。FTA也不是《维也纳条约法公约》第31（3）（C）条的"嗣后所订关于条约之解释或其规定之任何的协定"。

上诉机构注意到，从FTA视角出发，其他FTA条款看似赋予WTO法优先性，并且可与附件2.3第9段一起被解读，如FTA第1.3条第1段规定"成员方确认其在WTO协定下的既有权利和义务"。在关税减免的语境下，第2.3条第2段规定"除非本条约有相反规定，否则任何成员方应削减源自其他成员方产品的关税，以符合附件2.3规定"。如果附件2.3第9段被视为解释《农业协定》第4.2条与GATT 1994第2.1（b）条具有"相关性"，那么上诉机构认为没有理由否认其他FTA条款的相关性。在其他条款与《农业协定》第4.2条与GATT 1994第2.1（b）条具有"相关性"的范围内，专家组得出与秘鲁主张不同的结论，即通过FTA的方式，危地马拉认为秘鲁维持"价格幅度体系"（PRS）的措施与WTO不相符合。② 虽然注意到不同FTA条款的差异，但是上诉机构认为无须在此处解决本问题。同时，国际法委员会ILC的《国家责任草案》第20条专门针对在"同意"规则下，国家排除其他国家不法行为的有效性问题，并且其第45条a段规定，当受害国以有效方式放弃要求时，援引国家责任权利将丧失。由此，上诉机构注意到，与秘鲁对《农业协定》第4.2条与GATT 1994第2.1（b）条解释相关的《国家责任草案》条款建立在"FTA允许秘鲁维持与WTO义务相违背的PRS"这一假定之上。如上诉机构在之前所考察的，FTA第1.3条第1款规定，缔约方承认其在WTO协定下的既有权利和义务。因此，当FTA附件2.3第9段与其他FTA条款被共同解释时，该第9段（其规定秘鲁可以维持PRS）是否可以被理解为"允许秘鲁维持与WTO义务相

---

① It "bears specifically" on the interpretation and application of a term or provision "in a specific case", AB报告，《危地马拉诉秘鲁—农产品进口附加税》，第5.102段。

② 上诉机构报告，《危地马拉诉秘鲁—农产品进口附加税》，第5.105段。

违背的 PRS"的问题是不明确的。在尚缺乏对 FTA 规则是否允许秘鲁背离 WTO 义务这一问题的阐述的情况下,上诉机构无法分析与同意"不法行为"与"放弃权利要求"相关的《国家责任草案》条款是否对于解释《农业协定》第 4.2 条与 GATT 1994 第 2.1（b）条具有相关性。

然而,上诉机构注意到,截至现在,秘鲁并没有批准 FTA。由此,对于秘鲁是否可被视为 FTA 的"缔约方"尚不明确。进一步的,上诉机构对于 FTA 条款（特别是附件 2.3 第 9 条）是否可以用于建立 WTO 成员方关于《农业协定》第 4.2 条与 GATT 1994 第 2.1（b）条的共同意图持有保留态度。上诉机构认为,该方法可推导出,WTO 条款可进行不同解释,因为其解释依赖于进行条约适用的成员方,以及关于上述成员方在 FTA 项下的权利和义务。[①]

鉴于上述分析,上诉机构认为,虽然秘鲁在上诉中援引《维也纳条约法公约》第 31（3）（a）条和第 31（3）（c）条对《农业协定》第 4.2 条与 GATT 1994 第 2.1（b）条进行解释,然而事实上,秘鲁的主张超出根据 DSU 第 3.2 条和《维也纳条约法公约》第 31 条对上述条款进行的解释,并且其主张"通过 FTA 的方式,秘鲁和危地马拉修改了在他们之间的 WTO 规则"也是缺乏法律依据的。[②]

由此,上诉机构注意到 FTA 第 1.3 条第 1 段指出,缔约方承认在《建立世界贸易组织马拉喀什协定》项下的既有权利和义务,虽然该条第 2 段规定,在 FTA 与 WTO 附属协议存在差异的情况下,FTA 条款应该得到优先适用。表面上,当与其他条款共同理解时,上述条款对于附件 2.3 第 9 段是否必然地被理解为允许秘鲁维持与 WTO 不一致的 PRS 措施问题是不明确的。

如前所考察的,FTA 修改或解释《农业协定》第 4.2 条与 GATT 1994 第 2.1（b）条的结论以 FTA 条款允许维持与 WTO 不一致的 PRS 为前提。然而,即使 FTA 本身,对于该问题仍是不明确的。上诉机构并不认为其可以认定,通过 FTA 的方式,成员方已经达成修改第 4.2 条和第 2.1（b）条的一致意见。[③]

在任何情况下,即使假定 FTA 条款允许秘鲁维持与 WTO 不一致的 PRS,上诉机构并不认为,正如秘鲁在专家组阶段所表明的,在 FTA 缔约方间的修改受《维也纳条约法公约》第 41 条的调整。《维也纳条约法公约》第 4 部分标题为"条约的修订和修改",其规定对条约术语的修改规则;特别是第 41 条针对

---

① 上诉机构报告,《危地马拉诉秘鲁—农产品进口附加税》,第 5.106 段。
② 上诉机构报告,《危地马拉诉秘鲁—农产品进口附加税》,第 5.107 段。
③ 上诉机构报告,《危地马拉诉秘鲁—农产品进口附加税》,第 5.110 段。

"仅在若干当事国间修改多边条约之协定"。在专家组阶段，当秘鲁援引《维也纳条约法公约》表明 FTA 条款修改了秘鲁和危地马拉之间的 WTO 规则时，其看似依赖于对《维也纳条约》的解释规则和特定修改规则的区分，然而，上诉机构注意到 WTO 协定包括解决修订、豁免（waivers）或区域贸易协定例外的具体规则，上述具体规则优先于《维也纳条约法公约》的一般性条款（例如，第 41 条）而适用。特别是在关于 FTA 的情形中，GATT 1994 第 24 条允许 FTA 规定对特定 WTO 规则的背离。然而，第 24 条规定了背离的条件，即对非自由贸易区成员方或非协定参与方的缔约方实施的关税或其他贸易法规，不得高于或严于在未成立自由贸易区所实施的相当关税或其他贸易法规。[①]

鉴于如上情形，上诉机构认为，评估 FTA 条款是否符合 WTO 涵盖协定的适当方法应依据 GATT 1994 第 24 条或授权条款（其要求涉及的国家为发展中国家，并且针对货物贸易）以及与服务贸易相关的 GATS 第 5 条。[②]

由于并未援引 GATT 1994 第 24 条进行抗辩，在上诉提交的材料中，秘鲁回溯上诉机构在"土耳其纺织品案"中所指出的，在满足条件的情况下，"第 24 条可将与其他 GATT 规则不相一致的措施正当化"。在专家组阶段，秘鲁主张"GATT 1994 第 24 条表明成员方可通过区域贸易协定的方式修改 WTO 权利"。危地马拉指出，"秘鲁无法通过'土耳其纺织品案'上诉机构提出的测试将其措施正当化"。危地马拉认为，秘鲁主张的结论导致"第 24 条是多余的，或者，至少其将'体系性一体化'（systemic integration）原则推翻"，并且得出"不管 GATT 1994 第 24 条或第 20 条的例外与抗辩的条件是否被满足，WTO 的成员方都可以通过双边协定规定修改 WTO 法的义务"的观点。

在"土耳其纺织品案"中，上诉机构认为 GATT 1994 第 24 条可将与其他特定 GATT 1994 条款不相符合的措施正当化，但是其规定了两项必须满足的条件：（1）主张该抗辩利益的成员方应证明争议措施以完全符合第 24 条要求的方式达成关税联盟或 FTA；（2）该成员方必须证明如果其不允许该争议措施，那么关税同盟或 FTA 将无法达成。

关于上述措施是否可以使用 GATT 1994 第 24 条第 5 段作为抗辩理由的问题，有必要回顾"土耳其纺织品案"的裁决。该案上诉机构提及该条款第 4 段，其规定关税同盟或 FTA 的目的在于"便利"缔约方之间的"贸易"，而非

---

① 上诉机构报告，《危地马拉诉秘鲁—农产品进口附加税》，第 5.111 段。
② 上诉机构报告，《危地马拉诉秘鲁—农产品进口附加税》，第 5.113 段。

对第三国设置贸易壁垒。进一步的，上诉机构注意到第 4 条将关税同盟或 FTA 视为"关于此类协定缔约方之间更紧密的经济一体化的协定"。在我们看来，第 4 段对便利贸易和更紧密一体化的提及与将第 24 条作为降低成员方在 WTO 协定中既有权利和义务的抗辩理由的解释并不一致。①

在当前争议中，秘鲁并没有援引 GATT 1994 第 24 条作为将与 WTO 协定不相符的 PRS 正当化的理由，并且争议方均同意该 FTA 尚未产生效力。在口头庭审中，秘鲁和危地马拉同意未产生效力的协定不能作为 GATT 1994 第 24 条的抗辩理由。进一步的，对于 FTA 是否允许秘鲁维持与 WTO 不相符的 PRS 问题仍不明确。鉴于此，上诉机构认为无须继续考察 PRS 是否满足 GATT 1994 第 24 条设定的要求。

上诉机构的结论：秘鲁认为专家组错误地解释了《农业协定》第 4.2 条与 GATT 1994 第 2.1（b）条，因为其未能考察适用于秘鲁和危地马拉的《维也纳条约法公约》第 31（3）条以及《国家责任草案》第 20 条与第 45 条。鉴于前述分析，上诉机构认定秘鲁的上述主张超过依据 DSU 第 3.2 条和《维也纳条约法公约》第 31 条对第 4.2 条和第 2.1（b）条进行解释的范围，并且秘鲁主张"通过 FTA 的方式，秘鲁和危地马拉实际上修改了它们之间的 WTO 条款"。进一步的，上诉机构认定秘鲁和危地马拉 FTA 以及《国家责任草案》第 20 条、第 45 条与通过《维也纳条约法公约》第 31（3）（c）条项解释第 4.2 条和第 2.1（b）条问题是"无关的"，并且 FTA 并不是第 31（3）（a）条项下的、与此类条款解释相关的"嗣后协定"。因此，上诉机构认定专家组并未在《维也纳条约法公约》第 31（3）条项下使用 FTA 的条款、《国家责任草案》第 20 条与第 4 条来解释《农业协定》第 4.2 条与 GATT 1994 第 2.1（b）条，专家组的解释并没有错误。

进一步的，虽然秘鲁要求上诉机构推翻专家组关于"秘鲁和危地马拉与 2011 年 12 月签署的自由贸易协定尚未生效，所以专家组无需对争议方是否通过 FTA 的方式，修改 WTO 附属协定的权利和义务进行裁定"的认定，然而，在上诉中，秘鲁并没有质疑专家组"尚未生效的协定（例如 FTA）不能修改 WTO 附属协定权利和义务"的认定。鉴于此，上诉机构认定专家组"在 FTA 并未生效的情况下"，拒绝对"FTA 是否修改秘鲁和危地马拉之间的 WTO 权利

---

① 上诉机构报告，《危地马拉诉秘鲁—农产品进口附加税》，第 5.116 段。

和义务"进行认定并没有错误。

上诉机构认定秘鲁并没有完成其所主张的"专家组错误地认定 PRS 中的额外关税落入《农业协定》第 4.2 条脚注 1 定义的'可变进口关税'范畴"的举证责任。因此，上诉机构维持专家组在专家组报告第 8.1.b 段的认定，即 PRS 中的额外关税落入《农业协定》第 4.2 条脚注 1 定义的"可变进口关税"范畴；以及专家组报告第 8.1.d 段的认定，即由于秘鲁维持构成"可变进口关税"措施，秘鲁违背其在《农业协定》第 4.2 条项下的义务。

上诉机构同时认定秘鲁并没有完成其所主张的"专家组错误地认定 PRS 中的额外关税并不落入 GATT 1994 第 2.1（b）条第 1 句中的'普通关税'范畴"的举证责任。因此，上诉机构维持专家组在专家组报告第 8.1.e 段的认定，即 PRS 中的额外关税落入 GATT 1994 第 2.1（b）段第 2 句中的"施加或与进口相关的其他税收或费用"；并且因为该措施以不符合关税减让表的方式进行适用，所以秘鲁违背其在 GATT 1994 第 2.1（b）条第 2 句项下的义务。

针对 FTA 与其他国际协定（例如 WTO）的关系，在一些情况下，FTA 可以明确的定义二者关系。例如，本案的 FTA 草案第 1.3 条规定如下：

1. 缔约方承认在 WTO 协定及其他双方为缔约方的协定项下的既有权利和义务。

2. 在本条约与第 1 款所规定的协定之间存在不一致时，本条约应该得到优先适用，除非本条约有相反规定。①

同时，FTA 第 15.3 条规定如下：

若产生违反本协定或其他双方为缔约方的自由贸易协定或 WTO 协定的争议情况时，申诉方可以选择解决争议的场合。②

上述条款产生两项问题：针对 PRS 而言，FTA 和 WTO 是否存在不一致？如果存在不一致，审理关于 PRS 争议的 WTO 专家组如何解决该问题？

针对不一致性问题，如果措施违反 WTO 义务（专家组认为 PRS 违反 WTO

---

① See Panel report, Peru—Additional Duty on Imports of Certain Agricultural Products, para. 7.38.
② See Panel report, Peru—Additional Duty on Imports of Certain Agricultural Products, para. 7.41.

义务，上诉机构在上诉审理中也维持该认定），但是该违反措施又被 FTA 所允许（至少是对特定产品），那么该冲突就是明显的。如果秘鲁采取 FTA 明确授权的特定行为，那么其将违反 WTO 义务。在本案中，上诉机构明确指出：WTO 协定包括解释修订、豁免（waivers）或区域贸易协定例外的具体规则，上述具体规则优先于《维也纳条约法公约》一般性条款（例如，第 41 条）而适用。特别是，在关于 FTA 的情形中，GATT 1994 第 24 条允许 FTA 规定对特定 WTO 规则的背离。然而，第 24 条也规定了背离的条件，即对非自由贸易区成员方或非协定参与方的缔约方实施的关税或其他贸易法规，不得高于或严于在未成立自由贸易区的地区所实施的同类关税或其他贸易法规。

鉴于如上情形，上诉机构认为评估 FTA 条款是否符合 WTO 涵盖协议应依据 GATT 1994 第 24 条或授权条款（其要求涉及的国家为发展中国家，并且针对货物贸易），以及《服务贸易总协定》第 5 条。

由于当事方并未援引 GATT 1994 第 24 条进行抗辩，在上诉提交的材料中，秘鲁回溯上诉机构在"土耳其纺织品案"中所指出的，在满足条件的情况下，"第 24 条可将与其他 GATT 规则不相一致的措施正当化"。在"土耳其纺织品案"中，上诉机构认为 GATT 1994 第 24 条可将与其他特定 GATT 1994 条款不相符合的措施正当化，但是其规定了两项必须满足的条件：（1）主张该抗辩利益的成员方应证明争议措施以完全符合第 24 条要求的方式达成关税联盟或 FTA；（2）该成员方必须证明如果其不允许该争议措施，那么关税同盟或 FTA 将无法达成。

在大多数情况下，WTO 与 FTA 争端解决程序是相互分离的，如果裁决结果相互冲突，如何协调该冲突确实存在问题。因为不存在最高等级的国际裁决机构解决此类问题。虽然在特定协定中，解决争议的职权（terms of reference）关注特定措施与该协定义务的一致性。为适当地解决争议中的国际义务的范围，WTO 专家组需要评估 FTA 的实体规定，这是一项在诸多方面都存在困难的任务。

一个相关议题是国际法在 WTO 争议解决中的作用问题。这存在诸多层面：一方面，秘鲁援引《维也纳条约法公约》的特定条款（第 18 条和第 41 条），然而，上诉机构、专家组并没有接受其主张；另一方面是 FTA 本身作为国际法而存在的问题。此处，秘鲁主张在提起 WTO 争端解决时，危地马拉并没有履行实诚信用的义务。本质上，秘鲁的立场是：由于在 FTA 中危地马拉同意维持

PRS，因此危地马拉之后在 WTO 起诉该措施的行为违反实诚信用原则，其进而违反了 DSU 第 3.7 条和第 3.10 条。进一步的，秘鲁主张 FTA 可以作为修改 FTA 缔约方间的 WTO 权利和义务的依据。

上诉机构指出，危地马拉在 FTA 中没有承诺不将争议提交 WTO 解决。在开庭审问中，秘鲁也同意危地马拉可以提交 WTO 解决该争议，因此危地马拉没有违反 DSU 第 3.7 条和第 3.10 条的实诚信用的规定。

在上诉中，上诉机构集中分析关于秘鲁使用 FTA（在《维也纳条约法公约》31 条的调整下）以及用《国家责任草案》第 20 条和第 45 条的影响对争议中的 WTO 条款进行解释的问题。上诉机构关于此问题的态度明确，其他国际法与此案涉及的涵盖协议条款不相关，不能用来解释或修改 WTO 涵盖协议。[①]

最后是与 GATT 1994 第 24 条（其适用于货物贸易，而 GATS 第 5 条适用于服务贸易）相关的问题。双边或区域自由贸易协定的核心是接受特定的在某些方面背离 WTO 规则的行为。GATT 1994 第 1 条规定最惠国待遇，其阻止一成员对另一成员进行贸易歧视。然而，根据第 24 条，关税同盟和自由贸易区域能够允许此类歧视。基于此，如果两项国际协定在对于区内成员与区外成员的待遇方面存在明显冲突，那么 FTA 规则将优先。

另一个问题是，除单纯的歧视性问题外，如何解决 FTA 与 WTO 协定的其他类型的冲突。例如，秘鲁与危地马拉的 FTA 草案，具体规定如下：

"危地马拉也指出，GATT 1994 第 24 条允许在自由贸易协定下，对最惠国待遇义务履行的例外规定。虽然其使得成员方赋予其他成员方在其间比 WTO 规则所赋予的更大权利，但是自由贸易协定不能修改在多边贸易框架下持续已既得（continue to be vested）的成员方权利和义务。"

值得注意的是，秘鲁并没有援引第 24 条作为抗辩理由。其可能存在诸多理由：秘鲁并未批准该 FTA；FTA 并没有被 WTO 所批准（大多数 FTA 并未被批准）；该措施并不依据 FTA 而执行，因为其在多年前就已经以某种形式而存在；并且该措施具有贸易限制性，因而违反 FTA 的目的。然而，秘鲁也提及第 24 条："秘鲁认为，GATT 1994 第 24 条表明成员方可以通过自由贸易协定的方式修改其 WTO 权利"。[②]

---

① See Appellate Body Report, para. 5.91 – 112.
② see panel report, Peru—Additional Duty on Imports of Certain Agricultural Products, para. 7.508.

上诉机构在本案中裁定：

（1）GATT 1994 第 24 条允许 FTA 规定对特定 WTO 规则的背离。然而，第 24 条规定了背离的条件，即对非自由贸易区成员方或非协定参与方的缔约方实施的关税或其他贸易法规，不得高于或严于在未成立自由贸易区的地区所实施的同类关税或其他贸易法规；

（2）FTA 不是可以解释 WTO 涵盖协议的《维也纳条约法公约》定义的"嗣后协议"；

（3）WTO 某些成员不能通过 FTA 修改其在 WTO 涵盖协议中的义务；

（4）DSU3.7 与 3.10 条是程序性的诚实信用（Good Faith）条款，其与其他争议的实质性义务违背诚实信誉的规定有区别。

目前有几十个 FTA 要求 WTO 总干事指定仲裁员特别是指定首席仲裁员。WTO 总干事是否接受 FTA 当事方的这一请求？总干事任命仲裁员后承担什么责任？WTO 是否有人力、财力做这项工作。

我们需要等待未来案件的判决结果以更好地确定 FTA 如何影响 WTO 义务的范围。

笔者在担任 WTO 上诉机构法官时，在任期届满的告别演讲中提到，WTO 应该对 FTA 进行协调、指导和监管，例如及时公布成员签订的 FTA，召开 WTO 与 FTA 的研讨会等，提高成员的 FTA 谈判能力，避免签订违反 WTO 涵盖协议的 FTA。避免和预防争议的产生是 WTO 争议解决的重要作用，以便保证多边贸易体制的安全性和可预测性。

四 本案所涉的主要条款

（一）DSU 第 3.7 条和第 3.10 条

第 3 条 总则

3.7 在提出一案件前，一成员应就根据这些程序采取的措施是否有效作出判断。争端解决机制的目的在于保证使争端得到积极解决。争端各方均可接受且与适用协定相一致的解决办法无疑是首选办法。如不能达成双方同意的解决办法，则争端解决机制的首要目标通常是保证撤销被认为与任何适用协定的规定不一致的有关措施。提供补偿的办法只能在立即撤销措施不可行时方可采取，且应作为在撤销与适用协定不一致的措施前采取的临时措施。本谅解为援引争端解决程序的成员规定的最后手段是可以在歧视性的基础上针对另一成员中止实施适用协定项下的减让或其他义务,但需经 DSB 授权采取此类措施。

3.10 各方理解,请求调解和使用争端解决程序不应用作或被视为引起争议的行为,如争端发生,所有成员将真诚参与这些程序以努力解决争端。各方还理解,有关不同事项的起诉和反诉不应联系在一起。

(二) DSU 第 11 条

第 11 条 专家组的职能

专家组的职能是协助 DSB 履行本谅解和适用协定项下的职责。因此,专家组应对其审议的事项作出客观评估,包括对该案件事实及有关适用协定的适用性和与有关适用协定的一致性的客观评估,并作出可协助 DSB 提出建议或提出适用协定所规定的裁决的其他调查结果。专家组应定期与争端各方磋商,并给予它们充分的机会以形成双方满意的解决办法。

(三)《农业协定》第 4.2 条

第 4 条 市场准入

4.2 各成员不得保留、采用或重新使用已被要求转换为普通关税的任何措施①,除非第 5 条和附件 5 中另有规定。

(四)《农业协定》第 4.2 条脚注 1

①这些措施包括进口数量限制、进口差价税、最低进口价格、酌情发放进口许可证、通过国营贸易企业维持的非关税措施、自动出口限制及除普通关税外的类似边境措施,无论这些措施是否根据特定国家背离 GATT 1947 的规定而保留,但不包括根据国际收支条款或 GATT 1994 其他总体的、非特指农产品的规定或 WTO 协定附件 1A 所列其他多边贸易协定的规定而维持的措施。

(五) GATT 1994 第二条(乙)项[即第 2.1(b)条]

第二条 减让表

2.1 (乙)一缔约国领土的产品如在另一缔约国减让表的第一部分内列名,当这种产品输入到这一减让表所适用的领土时,应依照减让表的规定、条件或限制,对它免征减让表所列普通关税的超出部分。对这种产品,也应免征超过于本协定签订之日对输入或有关输入所征收的任何其他税费,或免征超过于本协定签订之日进口领土内现行法律规定以后要直接或授权征收的任何其他税费。

(六) GATT 1994 第 24 条

第二十四条 适用的领土范围—边境贸易—关税联盟和自由贸易区。

1. 本协定的各项规定,应适用于各缔约国本国的关税领土,适用按照第二十六条接受本协定或按照第三十三条或《临时适用议定书》实施本协定的任何其他关税领土。每一个这样的关税领土,从本协定的领土适用范围来说,应把它作为一个缔约国对待。但本款的规定不得解释为:一缔约国按照第二十六条接受本协定或按照第三十三条或《临时适用议定书》实施本协定,即因此在两个或两个以上的关税领土之间产生任何权利或义务。

2. 本协定所称的关税领土,应理解为一个与其他领土之间的大部分贸易保持着单独税率或其他单独贸易规章的领土。

3. 本协定的各项规定,不得阻止

(甲) 任何缔约国为便利边境贸易对毗邻国家给予某种利益;

(乙) 毗邻的里雅斯得自由区的国家,对与这一自由区进行的贸易给予某种利益;但这些利益不能与第二次世界大战后缔结的和平条约相抵触。

4. 缔约各国认为,通过自愿签订协定发展各国之间经济的一体化,以扩大贸易的自由化是有好处的。缔约各国还认为,成立关税联盟或自由贸易区的目的,应为便利组成联盟或自由贸易区的各领土之间的贸易,但对其他缔约国与这些领土之间进行的贸易,不得提高壁垒。

5. 因此,本协定的各项规定,不得阻止缔约各国在其领土之间建立关税联盟或自由贸易区,或为建立关税联盟或自由贸易区的需要采用某种临时协定,但是:

(甲) 对关税联盟或过渡到关税联盟的临时协定来说,建立起来的这种联盟或临时协定对未参加联盟或临时协定的缔约各国的贸易所实施的关税和其他贸易规章,大体上不得高于或严于未建立联盟或临时协定时各组成领土所实施的关税和贸易规章的一般限制水平;

(乙) 对自由贸易区或过渡到自由贸易区的临时协定来说,在建立自由贸易区或采用临时协定以后,每个组成领土维持的对未参加贸易区或临时协定的缔约各国贸易所适用的关税和其他贸易规章，不得高于或严于同一组成领土在未成立自由贸易区或临时协定时所实施的相当关税和其他贸易规章，以及

（丙）本款（甲）项和（乙）项所称的临时协定，应具有一个在合理期间内成立关税联盟和自由贸易区的计划和进程表。

6. 在实施本条第五款（甲）项要求的时候，一缔约国所拟增加的税率如与本协定第二条不符，则本协定第二十八条的程序，应予适用。在提供补偿性调整时，应适当考虑联盟的其他成员在减低相应的关税方面已提供的补偿。

7. （甲）任何缔约国决定加入关税联盟或自由贸易区，或签订成立关税联盟或自由贸易区的临时协定，应当及时通知缔约国全体，并应向其提供有关所拟议的联盟或贸易区的资料，以便缔约国全体得以斟酌向缔约各国提出报告和建议。

（乙）经与参加本条第五款所述临时协定的各方对协定所包括的计划和进程表协商研究，并适当考虑本款（甲）项所提供的资料以后，如缔约国全体发现：参加协定各方在所拟议的期间内不可能组成关税联盟或自由贸易区，或认为所拟议的期间不够合理，缔约国全体应向参加协定各方提出建议，如参加协定各方不准备按照这些建议修改临时协定，则有关协定不得维持或付诸实施。

（丙）本条第五款（丙）项所述计划或进程表的任何重要修改，应通知缔约国全体。如果这一改变将危及或不适当地延迟关税联盟或自由贸易区的建立，缔约国全体可以要求同有关缔约国进行协商。

8. 在本协定内，

（甲）关税联盟应理解为以一个单独的关税领土代替两个或两个以上的关税领土，因此，

（1）对联盟的组成领土之间的贸易，或至少对这些领土产品的实质上所有贸易，实质上已取消关税和其他贸易限制（在必要时，按照本协定第十一条、第十二条、第十三条、第十四条、第十五条和第二十条规定准许的，可以除外）。

（2）除受本条第九款的限制以外，联盟的每个成员对于联盟以外领土的贸易，已实施实质上同样的关税或其他贸易规章。

（乙）自由贸易区应理解为由两个和两个以上的关税领土所组成的一个对这些组成领土的产品的贸易，已实质上取消关税或其他贸易限制（在

必要时，按照第十一条、第十二条、第十三条、第十四条、第十五条和第二十条规定准许的，可以除外）的集团。

9. 本协定第一条第二款的优惠，不应因建立关税联盟或自由贸易区而受到影响，但可以与有关缔约国谈判加以调整或取消。当须要按照第八款（甲）项（1）和第八款（乙）项的规定取消优惠时，这种与有关缔约各国进行谈判的程序应特别适用。

10. 缔约国全体经2/3的多数通过，可以批准与本条第五款至第九款的要求不完全相符但系为建立本条所称的关税联盟或自由贸易区的建议。

11. 考虑到印度和巴基斯坦各自建成独立国家这一特殊情况，并承认这两个国家系长期组成一个经济单位这个事实，缔约各国同意，在它们之间的贸易关系尚未建立在确定的基础上以前，本协定的各项规定将不阻止这两个国家对它们的贸易，作出特别的安排。

12. 缔约国应采取一切可能采取的合理措施，保证在它的领土内的地区政府和当局及地方政府和当局能遵守本协定的各项规定。

（七）《维也纳条约法公约》第31条和第41条

第三十一条　解释之通则

三、应与上下文一并考虑者尚有：

（甲）当事国嗣后所订关于条约之解释或其规定之适用之任何协定；

（丙）适用于当事国间关系之任何有关国际法规则。

第四十一条　仅在若干当事国间修改多边条约之协定

一、多边条约两个以上当事国得于下列情形下缔结协定仅在彼此间修改条约：

（甲）条约内规定有作此种修改之可能者；或

（乙）有关之修改非为条约所禁止，且：

（一）不影响其他当事国享有条约上之权利或履行其义务者；

（二）不关涉任何如予损抑即与有效实行整个条约之目的及宗旨不合之规定者。

二、除属第一项（甲）款范围之情形条约另有规定者外，有关当事国应将其缔结协定之意思及协定对条约所规定之修改，通知其他当事国。

(八) ILC《国家责任条款》第 20 条和第 45 条

第二十条　同意

一国以有效方式表示同意另一国实施某项特定行为时,该特定行为的不法性在与该国家的关系上即告解除,但以该行为不逾越该项同意的范围为限。

第四十五条　援引责任权利的丧失

在下列情况下不得援引另一国的责任:

(a) 受害国已以有效方式放弃要求;或

(b) 受害国基于其行为应被视为已以有效方式默许其要求失效。

案例 16 哥伦比亚—纺织品、服装和鞋相关进口措施（DS461）

一 案件基本情况[①]

1. 案名

哥伦比亚—纺织品、服装和鞋相关进口措施

2. 案号

DS461

3. 申诉方、被诉方、第三方

申诉方：哥伦比亚

被诉方：巴拿马

第三方：中国、厄瓜多尔、萨尔瓦多、欧盟、圭地马拉、洪都拉斯、菲律宾、美国

4. 公布报告时间

2013 年 8 月 19 日请求建立专家组

2015 年 8 月 6 日专家组报告发布

2016 年 1 月 22 日上诉申请

2016 年 6 月 22 日上诉机构报告通过

5. 争议条款

涉及的条款：GATT 1994 第 2.1 条、第 2.1（b）条、第 8.1 条和第 10.3（a）条。

6. 法官名称

上诉机构庭审法官：张月姣（首席）、servansing, Van den Bossche

[①] See WTO Website, available at https://wto.org/english/tratop_e/dispu_e/cases_e/ds461_e.htm, last visited on 3 Jan 2017.

二　案情审理概况

（一）磋商程序与专家组程序

2013 年 6 月 18 日巴拿马请求就哥伦比亚所征收的"复合关税"进行磋商。

2013 年 8 月 19 日巴拿马请求成立专家组。

2013 年 8 月 30 日 DSB 授权成立专家组。

2013 年 9 月 25 日专家组成立。

2015 年 11 月 27 日专家组报告发布。

（二）涉案措施

本案的涉案措施为哥伦比亚对从巴拿马进口的纺织品、服装和鞋类征收的"复合关税"。其主要规定在 2013 年 1 月 23 日发布的第 074 号总统法令（Decree 074/2013）中，具体而言，争议的措施包括：

（1）第 2013/074 号法令；

（2）作为调整关税减让表第 61、62、63 和 64 章术语中的产品定义的第 1497/2011 号法令；

（3）2013 年 4 月 30 日关于"调控遵守第 2013/074 号法令措施"的国税局海关管理部第 000165 号备忘录。

巴拿马认为上述措施违反 GATT 1994 第 2.1 条、第 2.1（b）条、第 8.1 条和第 10.3（a）条。

（三）专家组审理概况

本案争议根源于巴拿马就哥伦比亚对纺织品、服装和鞋强制征收的包括从价税和从量税的复合关税所做出的投诉。巴拿马向专家组提出此复合关税不符合 GATT 1994 第 2.1（a）条和第 2.1（b）条。哥伦比亚坚称，复合关税是为了打击洗钱并符合 GATT 1994 第 20（a）条和第 20（d）条。

专家组认为，关于第 61、62 和 63 章分类下以及哥伦比亚海关关税税目 6406.10.00.00 的产品的进口，复合关税构成了一项超越了哥伦比亚减让表限定标准的普通关税，并因此在下列情况下，与 GATT 1994 第 2.1（b）条第一句不符：

当进口价为 10 美元/公斤或更低时，关税由 10% 的从价成分加 5 美元/公斤的特定成分构成；

当进口同一分目录下的产品，部分进口价格高于 10 美元/公斤而其余部分低于该临界值时，关税由 10% 的从价成分加 5 美元/公斤的特定成分构成；

关于分目录 6305.32，当进口价格大于 10 美元/公斤但小于 12 美元/公斤时，关税由 10% 的从价成分加 3 美元/公斤的特定成分构成。

专家组认为，关于所涉措施规定的哥伦比亚海关关税第 64 章各类关税税目列入产品的进口，复合关税构成了一项超越了哥伦比亚减让表限定标准的普通关税，并因此在下列情况下，与 GATT 1994 第 2.1（b）条第一句不符：

当进口价格为 7 美元/双或更低时，关税由 10% 的从价成分加 5 美元/双的特定成分构成；并且

当进口同一分目录下的产品，部分进口高于 7 美元/双而其余部分低于该临界值时，关税由 10% 的从价成分加 5 美元/双的特定成分构成。

专家组认为，在其确定的情况下，复合关税也遵从了相较哥伦比亚减让表预想的较为不利的措施，而该措施与 GATT 1994 第 2.1（a）条不符。此外，因其并没有考虑哥伦比亚适用于"非法贸易"行动的措施，专家组认为没必要就 GATT 1994 第 2.1（a）条和第 2.1（b）条包含的责任是否可适用于非法贸易给出结论。

专家组认为，哥伦比亚没能证明复合关税是一项如下措施：（1）符合 GATT 1994 第 20（a）条保护公共道德所必需；且（2）为遵守 GATT 1994 第 20（d）条含义下的哥伦比亚反洗钱法所必需。专家组还发现，即使哥伦比亚成功证明该措施根据 GATT 1994 第 20（a）条或 GATT 1994 第 20（d）条临时合法，复合关税的适用方式也不符合 GATT 1994 第 20 条引言部分的要求。

最终，本案专家组主要裁定如下。

第一，专家组不必对 GATT 1994 第 2 条是否适用于"非法贸易"（illicit trade）进行认定。在专家组看来，此类的认定对确保争议的实质性解决是不必要的，或者是无益处的。专家组指出，哥伦比亚复合税适用于争议中的所有产品的进口，而无须区分其是"合法的"、"非法的"，或者是否被用于洗钱。

第二，专家组认定由于复合税导致了特定情况下，哥伦比亚征收的税收超过了其关税减让表中的约定税率，并且因此违反了 GATT 1994 第 2.1（b）条第 1 句。由于其提供了比哥伦比亚在关税减让表中承诺的更低的待遇，因此，复合税被认定违反 GATT 1994 第 2.1（a）条。

第三，针对哥伦比亚的抗辩，专家组认定哥伦比亚未能证明复合税为

GATT 1994 第 20（a）条中的保护公共道德所必要的措施。更为具体的，专家组认为哥伦比亚未能证明复合税要么是为对抗洗钱"所设计的"，要么是对抗洗钱"所必要的"。

第四，专家组认为，哥伦比亚未能证明复合税是 GATT 1994 第 20（d）条含义下对抗洗钱的哥伦比亚法律所必要的措施。更具体的，专家组认定哥伦比亚未能证明复合税要么是为确保遵守对抗洗钱的哥伦比亚法而"设计的"，要么是确保遵守对抗洗钱的哥伦比亚法"所必要的"；

最后，专家组认定，鉴于适用中存在不同的例外情况，复合税并非以符合 GATT 1994 第 20 条序言的方式所适用。

（四）上诉机构报告审理概况

1. 上诉机构报告程序

2016 年 1 月 22 日，哥伦比亚通知 DSB，其对专家组报告中的特定法律问题和法律解释提请上诉；

2016 年 6 月 7 日，上诉机构报告发布；

2016 年 6 月 22 日，DSB 通过了上诉机构报告以及经上诉机构报告所修改的专家组报告。

2. 上诉的法律问题及各方观点

2016 年 1 月 22 日，哥伦比亚对"哥伦比亚—纺织品、服装和鞋相关进口措施"一案的专家组报告提起上诉。这一争议涉及哥伦比亚对纺织品、服装和鞋类征收的"复合关税"（包括从价税和从量税）。专家组认为哥伦比亚的复合关税不符合 GATT 1994 第 2.1（a）条[①]和第 2.1（b）条[②]的规定，因为在某些情况下，它超出了哥伦比亚预定的关税限制，并且也不符合 GATT 1994 第 20（a）条[①]和第 20（d）条[②]的规

[①] 第二条　减让表

2.1（a）一缔约国对其他缔约国贸易所给的待遇，不得低于本协定所附这一缔约国的有关减让表中有关部分所列的待遇。

[②] 2.1（b）一缔约国领土的产品如在另一缔约国减让表的第一部分内列名，当这种产品输入到这一减让表所适用的领土时，应依照减让表的规定、条件或限制，对它免征减让表所列普通关税的超出部分。对这种产品，也应免征超过于本协定签订之日对输入或有关输入所征收的任何其他税费，或免征超过于本协定签订之日进口领土内现行法律规定以后要直接或授权征收的任何其他税费。

GATT 1994 关于解释《1994 年关税与贸易总协定》第二条第 1 款（b）的谅解

各成员在此协议如下：（转下页注）

定。哥伦比亚在上诉时认为，专家组根据 GATT 1994 第 2.1（a）条和第 2.1（b）条、GATT 1994 第 20（a）条和第 20（d）条所做的分析和结论有误。其同时指出，如巴拿马希望提起交叉上诉，则必须在 2016 年 1 月 27 日星期三前提出。

具体而言，在上诉时，哥伦比亚宣称专家组认定复合关税与 GATT 1994 第

（接上页注②）1. 为确保第二条第 1 款（b）产生的法律权利和义务的透明度，该条款所指的对约束性关税项目征收的任何"其他税费"的性质及水平应在 1994 年 GATT 所附的适用于该关税项目的减让明细表中载明。各成员理解此类载明并不改变"其他税费"的法律性质。

2. 就第二条而言，"其他税费"的约束日期为 1994 年 4 月 15 日。因而，"其他税费"应按该日期适用的水平载入减让明细表。对于每减让随后的重新谈判或每一新减让的谈判；关税项目的适用日期应为新减让载于适当的明细表之日。但是，有关任何特定关税项目的减让首次载入 1947 年 GATT 或 1994 年 GATT 的文件日期，亦应继续载入活页的第 6 栏。

3. "其他税费"应在所有关税义务方面予以载入。

4. 如果某一关税项目曾被列为减让对象，则载入适当明细表的"其他税费"水平不应高于该减让首次载入明细表时达到的水平。但在 WTO 协议生效后的三年时间内，或在将该明细表纳入 1994 年 GATT 的文件交存 WTO 总干事之日后的三年，如该日期在后的话，则该水平将开放供任何成员以有关项目最初受约束时不存在此类"其他税费"为理由，对某一"其他税费"的存在以及任何"其他税费"的载入水平与以前的约束性水平一致提出异议。

5. 除受第 4 款的影响外，"其他税费"的载入明细表并不损害其与 1994 年 GATT 项下权利与义务的一致性。所有成员保留权力于任何时候对任何"其他税费"与此类义务是否一致提出异议。

6. 就本谅解而言，《争端解决谅解》所详述和适用的 1994 年 GATT 第二十二条和第二十三条应予适用。

7. 在将有关明细表载入 1994 年 GATT 的有关文件交存，在 WTO 协议生效之前 1947 年 GATT 缔约方全体的总干事或其后 WTO 总干事时，如果明细表中漏载"其他税费"不再载入明细表中；低于适用通行水平载入的任何"其他税费"不应再恢复到原来水平，除非此类补载或变更在交存文件后的六个月内作出。

8. 第 2 款中为 1994 年 GATT 第二条第 1 款（b）之目的的而就适用于每一减让的日期作出的决议，取代 1980 年 3 月 26 日关于适用日期作出的决议（BISD24S/24）。

① 第二十条 一般例外
本协定的规定不得解释为阻止缔约国采用或实施以下措施，但对情况相同的各国，实施的措施不得构成武断的或不合理的差别待遇，或构成对国际贸易的变相限制：
（a）为维护公共道德所必需的措施；

② （b）为保证某些与本协定的规定并无抵触的法令或条例的贯彻执行所必需的措施，包括加强海关法令或条例，加强根据本协定第二条第四款和第十四条而实施的垄断，保护专利权、商标及版权，以及防止欺骗行为所必需的措施；

2.1（a）条和第2.1（b）条不一致且不符合 GATT 1994GATT 1994 第20（a）条和第20（d）条的结论是错误的。

哥伦比亚宣称专家组根据 GATT 1994 第2.1（b）条而认为该复合关税超越了哥伦比亚减让表的限定标准，从而与 GATT 1994 第2.1（b）条第一句不符的结论是错误的，并违背了 DSU 第11条。① 特别是，哥伦比亚主张"专家组得出的没必要确定第2.1条的义务是否适用于非法贸易"的结论是错误的。哥伦比亚还宣称，由于专家组在 GATT 1994 第2.1（a）条下的结论完全基于其根据 GATT 1994 第2.1（b）条做出的错误结论，因此专家组在 GATT 1994 第2.1（a）条下的结论也是错误的。

哥伦比亚宣称专家组错误地解释和运用了 GATT 1994 第20（a）条，且其行为与 DSU 第11条不符，不论是专家组对于洗钱是否属于"保护公共道德"的评估还是其对该措施为实现这一目标的"必要性"评估。哥伦比亚还宣称，由于专家组在分段（d）项下的结论全部基于其在分段（a）项下的错误结论，因此专家组也错误地解释和适用了第20条（d）项。

哥伦比亚宣称专家组错误地解释和适用了第20条序言部分，并没能依照 DSU 第11条对问题进行客观评估。哥伦比亚还认为，由于适用该措施排除了某些进口商品，该复合关税没有按照第20条序言部分要求的方式加以适用。此外，哥伦比亚坚称，专家组对哥伦比亚在 GATT 1994 第24条项下的抗辩所做的结论不在其职权范围内，因而违反了 DSU 第6.2条。②

3. 上诉的主要法律问题分析

（1）关于专家组对 GATT 1994 第2.1条的认定

上诉机构在先前的案例中指出，专家组应该对于法律的解释和法律的适用做出合理和适当的解释和协调的推理。一般的做法是，专家组根据他的任务书先确定使用的涵盖协议条款，然后对该条款进行解释。专家组在本案中认为没

---

① 第11条 专家组的职能
专家组的职能是协助 DSB 履行本谅解和适用协定项下的职责。因此，专家组应对其审议的事项作出客观评估，包括对该案件事实及有关适用协定的适用性和与有关适用协定的一致性的客观评估，并作出可协助 DSB 提出建议或提出适用协定所规定的裁决的其他调查结果。专家组应定期与争端各方磋商，并给予它们充分的机会以形成双方满意的解决办法。

② 2. 设立专家组的请求应以书面形式提出。请求应指出是否已进行磋商、确认争论中的措施并提供一份足以明确陈述问题的起诉的法律根据概要。在申请方请求设立的专家组不具有标准职权范围的情况下，书面请求中应包括特殊职权范围的拟议案文。

有必要对涵盖协议——GATT 1994 第 2.1（a）条和第 2.1（b）条是否适用于非法的贸易做解释，专家组违反了 DSU 第 11 条的义务。上诉机构推翻专家组的该项认定。上诉机构的结论认为，GATT 1994 第 20（a）条和第 20（d）条不排除适用哥伦比亚所指的非法贸易；上诉机构认为，没有必要推翻专家组"哥伦比亚的复合税超过他承诺的约束关税"这一裁定。①

（2）关于专家组对 GATT 1994 第 20 条的认定

上诉机构推翻专家组"根据 GATT 1994 第 20（a）条，哥伦比亚没能证明复合税的设计是为保护公共道德反洗钱"这一认定。上诉机构完成法律分析，裁定该措施的设计是为保护公共道德，但是哥伦比亚没能证明其征收复合税是为实现 GATT 1994 第 20（a）条保护公共利益必要的措施。

专家组认定，根据第 20（d）条哥伦比亚没能证明其复合税的设计是为执行《哥伦比亚刑法》第 323 条，上诉机构推翻了专家组的这一认定。专家组裁定哥伦比亚没能证明复合税是执行与 GATT 1994 第 20（d）条不是不一致的法律或法规所必要的，上诉机构推翻了专家组的上述裁定。上诉机构完成法律分析认定哥伦比亚的复合税的设计是为执行《哥伦比亚刑法》第 323 条，但是哥伦比亚没能证明征收复合税是保证符合 GATT 1994 第 20（d）条的必要（necessary）措施。

4. 上诉机构审定与结论

本上诉机构裁定如下。

（1）GATT 1994 第 2.1（a）条和第 2.1（b）条

①针对专家组认为无需对 GATT 1994 第 2.1（a）条和第 2.1（b）条进行解释的问题，上诉机构认为，该专家组的认定并非是从"措施可适用于非法贸易的先前认定"中逻辑地推导而来的。因此，上诉机构认为专家组并没有提供一致性的推理，并且解释 GATT 1994 第 2.1（a）条和第 2.1（b）条的基础是错误的。

---

① The Appellate Body considered that just as a panel must provide "reasoned and adequate explanations and coherent reasoning" when assessing the facts, similar expectations exist in the context of a panel's assessment of "the applicability of the covered agreements." It explained that, "ordinarily, in structuring its analysis, a panel would first identify which provisions of the covered agreements are applicable in the light of its terms of reference, and would then interpret those provisions as appropriate." See AB Report, Colombia—Measures Relating to the Importation of Textiles, Apparel and Footwear, paras. 5.16 – 5.19.

（a）认定专家组"无需对 GATT 1994 第 2.1（a）条和第 2.1（b）条的专家组解释的方式进行认定"的做法与 DSU 第 11 条做出客观性评估的义务不符；

（b）专家组在专家组报告第 7.108 段和第 8.1 段中认定，专家组无须发布关于 GATT 1994 第 2.1（a）条和第 2.1（b）条是否适用于非法贸易的认定，上诉机构推翻了专家组的上述认定。

②针对哥伦比亚对完成法律分析的请求，上诉机构并不认为 GATT 1994 第 2.1（a）条和第 2.1（b）条的文本排除了那些被哥伦比亚归类为非法贸易的事项。然而，GATT 1994 第 2.1（a）条和第 2.1（b）条以及《海关估价协定》的上下文含义表明，GATT 1994 第 2.1（a）条和第 2.1（b）条并不限于哥伦比亚主张的方式。上诉机构因此认为，GATT 1994 第 2.1（a）条和第 2.1（b）条范围的解释应该符合 GATT 1994 的目的和宗旨，并且成员可以通过 GATT 1994 第 20 条一般例外而解决洗钱问题。鉴于 GATT 1994 第 2.1（a）条和第 2.1（b）条的解释，上诉机构认为没有理由背离专家组关于复合关税必然超过哥伦比亚的约束关税的认定。

（a）认定在哥伦比亚海关税收第 61、62、63 和 64 章的产品进口中，其复合关税超过了哥伦比亚关税减让表中的约定关税税率，因此与 GATT 1994 第 2.1（a）条和 GATT 1994 第 2.1（b）条不符。

（b）因此，上诉机构维持专家组在专家组报告第 7.189 段、第 7.192—7.194 段、第 8.2—8.4 段的认定。

（2）GATT 1994 第 20（a）条

①针对专家组关于 GATT 1994 第 20（a）条的认定，专家组错误地依据复合关税能够对抗洗钱的理由（例如，措施和公共道德保护之间存在联系）而得出哥伦比亚未能证明措施"旨在"对抗洗钱的结论。因此，专家组未能依据衡量（weighing and balancing）的基础而评估该措施的"必要性"（necessity）。与第 20（a）条的法律标准不同，专家组在尚未评估措施对目标的贡献程度以及对其他"必要性"因素进行考量之前，终止了其分析。

（a）因此，上诉机构推翻专家组关于哥伦比亚未能证明复合关税"旨在"对抗洗钱的认定，以及哥伦比亚未能证明复合关税是符合 GATT 1994 第 20（a）条含义的"保护公共道德所必要的"措施；

（b）由于专家组关于第 20（a）条的最终认定排他性地依赖于错误的认定，上诉机构推翻了专家组在专家组报告第 7.471 段和第 8.5 段的下述认定，即,"哥伦比亚未能证明复合关税是在 GATT 1994 第 20(a)条范围内'对保护公共道德所必要的'措施"。

由于上诉机构推翻了专家组关于哥伦比亚未能证明其复合关税"旨在"保护公共道德的认定,因此,上诉机构认为有必要考察哥伦比亚的额外主张,包括"专家组错误地展开"必要性"分析,并且专家组的做法与 DSU 第 11 条项下进行客观性评估的义务不符"。

②针对哥伦比亚请求完成法律分析而言,上诉机构先前关于哥伦比亚主张的考察表明,当多个专家组的认定被系统地予以解读,明显的结论是复合关税能够对抗洗钱,例如存在的措施和公共安全保护之间的相关性。

(a)因此,上诉机构认定争议的措施是"旨在"保护 GATT 1994 第 20(a)条含义的"公共道德所必要的"。

③针对哥伦比亚请求认定争议措施对保护公共道德是"必要的"这一问题,上诉机构认为争议方缺乏对"必要性"分析的多个因素的全面阐述,特别是缺乏关于争议措施对目标的贡献程度,措施的贸易限制程度阐述。因此,专家组认为哥伦比亚并没有证明其措施对保护公共道德是"必要的"。

因此,根据专家组的认定,上诉机构认定哥伦比亚并没有证明复合关税是 GATT 1994 第 20(a)条项下"保护公共道德所必要的"措施。

(3) GATT 1994 第 20(d)条

①针对哥伦比亚请求完成法律分析,上诉机构先前关于哥伦比亚主张的考察表明,当多个专家组的认定被系统地予以解读,明显的结论是,复合关税能够确保遵守《哥伦比亚刑法》第 323 条,例如存在的措施和确保法律法规遵守之间的相关性。因此,认定争议的措施"旨在"保护 GATT 1994 第 20(d)条含义的确保遵守以及与 GATT 1994 相符的法律法规。

②针对哥伦比亚请求认定争议措施确保遵守与 GATT 相符的法律法规的问题,上诉机构认为争议方缺乏对"必要性"分析的多个因素的全面阐述,特别是缺乏关于争议措施对目标的贡献程度,措施的贸易限制程度方面的阐述。因此,专家组认为哥伦比亚并没有证明其措施对确保遵守与 GATT 相符的法律法规是"必要的"。

根据专家组的认定,上诉机构认定哥伦比亚并没有证明复合关税是 GATT 1994 第 20(d)条项下"确保遵守与 GATT 1994 相符的法律法规所必要的"措施。

（4）GATT 1994 第 20 条序言

由于哥伦比亚未能证明复合关税可被 GATT 1994 第 20（a）条和第 20（d）条所正当化，因此，上诉机构认定其无须考察哥伦比亚关于 GATT 1994 第 20 条序言的主张。

（五）后续执行程序

1. 合理的时间期限

在 2016 年 7 月 21 日的 DSB 会议上，哥伦比亚指出其将执行 DSB 的建议和裁决，以符合 WTO 的义务，但是其需要一段合理的时间来执行。

2016 年 8 月 8 日，巴拿马请求根据 DSU 第 21.3（c）条通过仲裁确定合理的时间期限。

2016 年 11 月 15 日，仲裁员确定的合理的期限为不迟于 2017 年 1 月 22 日。

2. 执行通过的报告

2017 年 2 月 9 日，哥伦比亚申请成立"遵守程序"专家组。

2017 年 2 月 20 日，DSB 授权成立"遵守程序"专家组。

在 2017 年 3 月 6 日的 DSB 会议上，DSB 同意依据 DSU 第 23 条，将哥伦比亚提出的争议交由原先专家组。

截至 2017 年 5 月，"遵守程序"专家组仍在审理中。

三 笔者对本案的评析

本案的争议对象是打击洗钱类非法贸易的措施。洗钱已经被国际社会公认为非法活动，但申诉方所列举的国际反洗钱会议文件基本都是不具有拘束力的文章或者会议纪要，申诉方不能直接引用这些宣传文件作为法律依据为其复合税措施做出有力度的法律抗辩。GATT 1994 第 20（a）条规定，缔约国对其他缔约国贸易所给的待遇，不得低于本协定所附这一缔约国的减让表中所列的待遇。本条款中使用的中性词"贸易"包括各种贸易，例如被禁止的出口补贴，上诉机构认为也不排除申诉方所指的非法贸易。因而，要具体分析该措施是否符合 WTO 涵盖协议。

GATT 1994 的约束性关税是各成员不得违反的。哥伦比亚的复合税超过了他承诺的约束关税不符合涵盖协议的规定，具体问题如下：

哥伦比亚是否能援用 GATT 1994 第 20（a）条为其复合税的正当性辩护？

引用第 20 条是各成员的权利。但是第 20 条能否成功地证明其措施是一般例外,则难度比较大,要通过很多坎,例如"必要性"、"可替代措施和比较少的贸易限制"、"武断的和不公正的歧视"、"在同等贸易条件下的比较"的测试与要求等。

首先,分析一个成员的政府措施不是证明它的设计(design)是否符合 GATT 1994 第 20(a)条,而是由采取该措施的成员证明该项措施是执行保护公共道德所必需的(necessary)。从目的(aim)与效应(effect)的角度进行分析,则最重要的不是看该措施设计的主观目的性,而是要证明该措施的实施是必需的。对于该措施符合第 20 条的政策目标,上诉机构认为只要证明该措施不会导致第 20(a)条的政策目的不能实现即可。①

其次,要符合 GATT 1994 第 20 条的规定有很多门槛,例如必要性,没有可替代的措施能够保护公共道德,贸易限制比较小,然后还要经过第 20 条序言的考核,例如在同等贸易条件下(same conditions prevail)是否构成任意或不合理的歧视手段。上诉机构推翻了专家组关于哥伦比亚复合税的设计不符合第 20(a)条的认定。上诉机构认定哥伦比亚复合税的设计符合第 20(a)条,但是没能证明其复合税是为实现 GATT 1994 第 20(a)条保护公共利益所必要的措施。

最后,在本案中,哥伦比亚的复合税的设计是否符合哥伦比亚的刑法不是我们解决本争议的要点,也不是我们需要解决的问题。因此,上诉机构推翻了专家组"哥伦比亚没能证明其复合税的设计是为了执行《哥伦比亚刑法》第 323 条"这一认定。对于哥伦比亚国内法的一致性,上诉机构采取认可的态度。最终上诉机构完成法律分析,裁定哥伦比亚没能证明复合税是保证符合 GATT 1994 第 20(d)条的必要(necessary)措施。

一项政府措施与第 20 条的政策目的的联系不需要很复杂的证明,只要证明该措施"不是不能实现"(is not incapable of achieving)第 20 条某项政策目的(policy objective)即可。因为第 20 条列出的政策目标都很宏大、很宽泛,基本都是公共利益的大目标,例如公共道德、人类健康等,因此证明一项措施能够实现该政策目标不是很难。第 20 条的关键是审查该措施是否是必要的(necessary),进一步论证是否有贸易限制比较小的可替代措施。最后要论证在

---

① The Appellate Body explained that the proper approach is to consider whether the measure is "not incapable of" achieving its objective. If the measure is "not incapable of" achieving its objective, then, it stated, the measure is "designed" to achieve this objective. As the Appellate Body put it: With respect to the analysis of the "design" of the measure, the phrase "to protect public morals" calls for an initial.

相同情况的国家中该措施是否存在武断或不合理的歧视（arbitrary or unjustifiable discrimination.）。一般情况下，一项违背最惠国或国民待遇的贸易措施很难通过第20条的几道坎的测试并被论证其正当性。由此可见，第20条既可以为有利于实现公共政策目标的措施开绿灯，又是防止贸易限制的安全阀。

四　本案所涉的主要条款

（一）GATT 1994 第二条（甲）（乙）项 [即第2.1（a）条和第2.1（b）条]

第二条　减让表

（甲）一缔约国对其他缔约国贸易所给的待遇，不得低于本协定所附这一缔约国的有关减让表中有关部分所列的待遇。

（乙）一缔约国领土的产品如在另一缔约国减让表的第一部分内列名，当这种产品输入到这一减让表所适用的领土时，应依照减让表的规定、条件或限制，对它免征减让表所列普通关税的超出部分。对这种产品，也应免征超过于本协定签订之日对输入或有关输入所征收的任何其他税费，或免征超过于本协定签订之日进口领土内现行法律规定以后要直接或授权征收的任何其他税费。

（二）GATT 1994 关于解释《1994年关税与贸易总协定》第二条第1款（b）的谅解

各成员在此协议如下：

1. 为确保第二条第1款（b）产生的法律权利和义务的透明度，该条款所指的对约束性关税项目征收的任何"其他税费"的性质及水平应在1994年GATT所附的适用于该关税项目的减让明细表中载明。各成员理解此类载明并不改变"其他税费"的法律性质。

2. 就第二条而言，"其他税费"的约束日期为1994年4月15日。因而，"其他税费"应按该日期适用的水平载入减让明细表。对于每减让随后的重新谈判或每一新减让的谈判；关税项目的适用日期应为新减让载于适当的明细表之日。但是，有关任何特定关税项目的减让首次载入1947年GATT或1994年GATT的文件日期，亦应继续载入活页的第6栏。

3. "其他税费"应在所有关税义务方面予以载入。

4. 如果某一关税项目曾被列为减让对象，则载入适当明细表的"其他税费"水平不应高于该减让首次载入明细表时达到的水平。但在 WTO 协议生效后的三年时间内，或在将该明细表纳入 1994 年 GATT 的文件交存 WTO 总干事之日后的三年，如该日期在后的话，则该水平将开放供任何成员以有关项目最初受约束时不存在此类"其他税费"为理由，对某一"其他税费"的存在以及任何"其他税费"的载入水平与以前的约束性水平一致提出异议。

5. 除受第 4 款的影响外，"其他税费"的载入明细表并不损害其与 1994 年 GATT 项下权利与义务的一致性。所有成员保留权力于任何时候对任何"其他税费"与此类义务是否一致提出异议。

6. 就本谅解而言，《争端解决谅解》所详述和适用的 1994 年 GATT 第二十二条和第二十三条应予适用。

7. 在将有关明细表载入 1994 年 GATT 的有关文件交存，在 WTO 协议生效之前 1947 年 GATT 缔约方全体的总干事或其后 WTO 总干事时，如果明细表中漏载"其他税费"不再载入明细表中；低于适用通行水平载入的任何"其他税费"不应再恢复到原来水平，除非此类补载或变更在交存文件后的六个月内作出。8. 第 2 款中为 1994 年 GATT 第二条第 1 款（b）之目的的而就适用于每一减让的日期作出的决议，取代 1980 年 3 月 26 日关于适用日期作出的决议（BISD24S/24）。

（三）GATT 1994 第二十条（甲）（丁）项 [即第 20（a）条和第 20（d）条]

第二十条　一般例外

本协定的规定不得解释为阻止缔约国采用或实施以下措施，但对情况相同的各国，实施的措施不得构成武断的或不合理的差别待遇，或构成对国际贸易的变相限制：

（甲）为维护公共道德所必需的措施；

（丁）为保证某些与本协定的规定并无抵触的法令或条例的贯彻执行所必需的措施，包括加强海关法令或条例，加强根据本协定第二条第四款和第十四条而实施的垄断，保护专利权、商标及版权，以及防止欺骗行为所必需的措施。

(四) DSU 第 11 条

第 11 条　专家组的职能

专家组的职能是协助 DSB 履行本谅解和适用协定项下的职责。因此，专家组应对其审议的事项作出客观评估，包括对该案件事实及有关适用协定的适用性和与有关适用协定的一致性的客观评估，并作出可协助 DSB 提出建议或提出适用协定所规定的裁决的其他调查结果。专家组应定期与争端各方磋商，并给予它们充分的机会以形成双方满意的解决办法。

(五) DSU 第 6.2 条

第 6 条　专家组的设立

2. 设立专家组的请求应以书面形式提出。请求应指出是否已进行磋商、确认争论中的措施并提供一份足以明确陈述问题的起诉的法律根据概要。在申请方请求设立的专家组不具有标准职权范围的情况下，书面请求中应包括特殊职权范围的拟议案文。

案例 17　欧盟—对阿根廷生物柴油反倾销措施案（WT/DS473/AB/R）

一　案件基本情况[①]

1. 案名

欧盟—对阿根廷生物柴油反倾销措施案

2. 案号

WT/DS473/AB/R

3. 申诉方、被诉方、第三方

申诉方、被诉方：欧盟

申诉方、被诉方：阿根廷

第三方：澳大利亚、中国、哥伦比亚、印度尼西亚、墨西哥、挪威、俄罗斯、沙特阿拉伯、土耳其、美国

4. 案件进度

2014 年 3 月 13 日申请成立专家组

2014 年 4 月 25 日专家组成立

2016 年 3 月 29 日发布专家组报告

2016 年 5 月 20 日上诉通知

2016 年 10 月 26 日通过上诉机构报告

5. 争议条款

《反倾销协定》第 2.1 条、第 2.2 条、第 2.2.1.1 条、第 2.2.2 条、第 2.4 条、第 3.1 条、第 3.2 条、第 3.4 条、第 3.5 条、第 6.2 条、第 6.4 条、第 6.5

[①] See WTO Website, available at https://wto.org/english/tratop_e/dispu_e/cases_e/d473_e.htm, last visited on 12 December 2016.

条、第 6.5.1 条、第 9.3 条、第 18.4 条；

GATT 1994 第 6.2 条；

《建立世界贸易组织协定》第 16.4 条。

6. 法官名称

上诉机构庭审法官：Ujal Bhatia（首席法官）、Van den Bossche、张月姣

二 案件背景情况

（一）磋商程序与专家组程序

2013 年 12 月 19 日，阿根廷请求就欧盟对生物柴油所施加的措施进行磋商。

2014 年 3 月 13 日，阿根廷请求成立专家组。

在 2014 年 3 月 26 日的会议上，DSB 授权成立专家组。

2016 年 3 月 29 日，专家组报告发布。

（二）涉案措施

本案涉及的措施为欧盟对源自阿根廷的生物柴油所施加的临时和终裁的反倾销措施及其相关的调查，以及 2009 年 11 月第 1225/2009 号 EC 委员会法规的特定条款。上述特定条款涉及在认定倾销幅度的调查中对与产品的生产和销售相关的成本予以确定或调整。

阿根廷认为上述措施违反了如下的条款义务：

《反倾销协定》第 1 条、第 2.1 条、第 2.2 条、第 2.2.1.1 条、第 2.2.2 条、第 2.4 条、第 3.1 条、第 3.2 条、第 3.4 条、第 3.5 条、第 6.2 条、第 6.4 条、第 6.5 条、第 6.5.1 条、第 9.3 条、第 18 条、第 18.4 条；

GATT 1994 第 6 条；

《建立世界贸易组织协定》第 16.4 条。

（三）专家组审理概况

在本案中，专家组认为，由于欧盟在调查中未能对生产者和出口商帐簿中的生物柴油的生产成本进行计算，因此欧盟的做法与《反倾销协定》第 2.2.1.1 条不符。专家组考虑到欧盟所主张的欧盟机构无视生产者成本的理由——人为导致的价格低于国际价格，进而形成扭曲——并不构成第 2.2.1.1 条项下的生产者记录不能合理体现生物柴油生产和销售成本的适格的法律基

础。由于专家组认定争议措施违反第2.2.1.1条，因此其认为无需对阿根廷在《反倾销协定》第2.2条和GATT 1994第6.1（b）（ii）条项下的主张进行考察。

进一步的，专家组认为通过在正常价格中使用并非是"来源国"主导的"成本"，欧盟的做法与《反倾销协定》第2.2条不符。专家组认为被欧盟机构推理为使用成本的并非是"来源国"的成本，因为其被明确地用于消除由阿根廷进口关税体系所导致的大豆国内价格的扭曲。专家组对欧盟机构行为在《反倾销协定》第2.2.1.1条上的相符性问题行使司法节制。

专家组认为，对《反倾销协定》第2.1条和GATT 1994第6.1条的认定对有效解决争端是不必要的。

专家组认定，由于施加的反倾销税超过了《反倾销协定》第2条确定的倾销幅度，因此欧盟的做法与《反倾销协定》9.3条和GATT 1994第6.2条不符。

同时，阿根廷认为由于其未能依赖第2.2.2（iii）条中的合理方法，因此欧盟机构的做法违反了《反倾销协定》第2.2条和第2.2.2（iii）条，专家组否认了阿根廷的上述主张。

最后，专家组认定欧盟机构未能依赖对"实体证据"的"客观性考察"来决定损害因素，该做法与《反倾销协定》第3.1条和第3.4条不符。同时，专家组并未认定争议中的欧盟的做法违反《反倾销协定》第3.1条和第3.5条。

由此，专家组裁定欧盟对阿根廷生物柴油的反倾销措施违反《反倾销协定》第2.2.1.1条、第2.2条、第2.4条、第3.1条、第3.4条、第3.5条、第9.3条，也违反GATT 1994第6条。专家组认为阿根廷未能证明欧盟的措施违反《反倾销协定》第2.2条、第2.2.2（iii）条和第2.4条，同时认为阿根廷未能证明欧盟的基本规定违反《反倾销协定》。

（四）上诉机构报告审理概况

1. 上诉机构报告程序

2016年5月20日，欧盟通知DSB，其对专家组报告中的特定法律问题和法律解释提请上诉。

2016年5月25日，阿根廷提起交叉上诉。

2016年10月6日，上诉机构报告发布。

2. 上诉的法律问题及各方观点

阿根廷在专家组上的指控包括：第一，欧盟2009年11月30日公布的对从非欧盟国家进口的产品实施反倾销措施的欧委会第1225/2009规定（以下称基本规定）的第2（5）条违反《反倾销协定》；第二，欧盟对从阿根廷进口的生物柴油的反倾销措施违反《反倾销协定》。

欧盟认定阿根廷生产的生物柴油的主要原料大豆和豆油的国内市场由政府严格控制，并对大豆和豆油的进出口征收差别关税（DET），人为地压低国内大豆和豆油的价格。欧盟认为，阿根廷的生物柴油的生产者保持的账簿成本不能合理地反映其正常价值。欧盟拒绝使用阿根廷生产者的账簿成本，而是使用阿根廷农业部公布的大豆出口FOB报价的平均参考价，上诉机构将之称为"大豆替代价格"（surrogate price for soybeans）。①

在上诉阶段，阿根廷对专家组涉及基本规则的所有结论都提出上诉。此外，欧盟和阿根廷各自针对专家组所做判决的若干方面提起上诉。然而，专家组根据《反倾销协定》第2.2.2条、第3.1条和第3.4条所做的裁定未被上诉。

同时，关于从阿根廷进口生物柴油的反倾销措施，欧盟对专家组的调查结果提出异议，认为欧盟的做法不符合《反倾销协定》第2.2.1.1条、第2.2条和第9.3条，以及GATT 1994第6.1（b）（ii）条和第6.2条。此外，阿根廷对专家组拒绝其根据《反倾销协定》第2.4条、第3.1条和第3.5条提出的主张提出质疑。

3. 上诉的主要法律问题分析

关于《反倾销协定》第2.2.1.1条，上诉机构认为，该条款对调查当局就生产相关产品费用的确定加以规制。本条第一句规定，如果满足两个条件，即此记录符合出口国的公认会计原则并合理反映与被调查的产品有关的生产和销售成本，则成本通常应根据受调查的出口商或生产者保存的记录计算。上诉机构认为，第二个条件，即"如果此类记录…合理地反映与正在审议的产品的生产和销售有关的费用"，涉及被调查出口商或生产者保存的记录是否能够适当、充分的符合或重现同被审查的特定产品的生产和销售有真实联系的被调查出口商或生产者所产生的成本。对于上诉机构而言，专家组的解释与其对这一规定的理解没有冲突。上诉机构也同意专家组的认定，即欧盟当局认为由于阿根廷的差别出口税制度而致阿根廷大豆的国内价格"人为降低"，其本身并不足以作为断定生产者记录没有合理地反映与生产和销售生物柴油相关的大豆成本的

---

① 见上诉机构报告，《欧盟对阿根廷生物柴油反倾销措施案》，第5.2—10段。

根据。因此，上诉机构维持专家组的裁决，即认为欧盟因没有根据阿根廷生产者保存的记录计算生物柴油的生产成本，而违反了《反倾销协定》第2.2.1.1条的第一句。

上诉机构注意到，《反倾销协定》第2.2条和GATT 1994第6.1（b）（ii）条要求正常价值应以"生产成本⋯在原产国"为根据。与专家组一样，上诉机构认为，"原产国⋯生产成本"一词不限制可用于在原产国内部确定价格来源的信息或证据。上诉机构进一步认为，调查当局在依赖任何国外信息时，必须确保这些信息在原产国被用于计算生产成本，这可能需要调查当局调整这些信息。上诉机构还同意专家组的认定，即欧盟当局用于计算阿根廷生物柴油生产成本的大豆的替代价格不是"在原产国"的成本。因此，上诉机构维持专家组的裁决，认为欧盟因在确立生物柴油的正常价值时没有使用阿根廷的生产成本，而违反了《反倾销协定》第2.2条和GATT 1994第6.1（b）（ii）条。

尽管对专家组根据《反倾销协定》第2.4条进行分析的某些方面有所保留，上诉机构还是维持了上述专家组的结论，但上诉机构并不认为应进一步审查欧盟当局在对确立的正常值与出口价格进行比较时，是否没能进行"公平比较"。因此，上诉机构认为没有必要就阿根廷对专家组根据《反倾销协定》第2.4条所做裁定提出的主张做出裁决。

关于征收反倾销税，上诉机构维持了专家组的裁决，即欧盟因施加超过依据《反倾销协定》第2条和GATT 1994第6.1条确定的倾销幅度的反倾销税，而违反《反倾销协定》第9.3条和GATT 1994第6.2条。上诉机构同意专家组的意见，即《反倾销协定》第9.3条中提及的"倾销幅度"与第2条确定的幅度相一致。上诉机构同意专家组的意见，认为根据本争议的特殊情况，阿根廷表面上已经证明欧盟违反了《反倾销协定》第9.3条的规定，欧盟没能反驳。

关于欧盟对倾销进口之外造成伤害的四个因素之一的非归因分析，上诉机构维持了专家组的结论，认为阿根廷没能确定欧盟的非归因分析不符合《反倾销协定》第3.1条和第3.5条。上诉机构认为，专家组对第3.1条和第3.5条的解释无误，因为与阿根廷的论点相反，专家组没有明示一项法律标准，而该标准是分析审查修订的数据是否在欧盟当局的非归因分析中发挥重要作用的依据。上诉机构还驳回了阿根廷关于专家组适用第3.1条和第3.5条有误的主张，因为阿根廷没能证明专家组有误：（1）欧盟当局对"最后裁定"产能过剩的非归因分析未"基于"修订的数据或"受其影响"；（2）欧盟当局不要求依据国内产业产能过剩的发展绝对值来提供优先权,而是依据其发展的相对值。

专家组对阿根廷基于"规则本身"(as such)提出的主张的结论:

关于"基本规则"第2.5条第2项,专家组认定,阿根廷尚未确定该措施与《反倾销协定》第2.2.1.1条、第2.2条和第18.4条,GATT 1994第6.1(b)(ii)条和WTO协定第16条第4款规定的"规定本身"不一致,阿根廷对此提出了质疑。

上诉机构维持专家组的裁决,即阿根廷没有确定"基本规则"第2.5条第2项与《反倾销协定》第2.2.1.1条规定的"规定本身"不一致。上诉机构认为,专家组认定"基本规则"第2.5条第2项时无误,当记录由于失真而被认为是"人为或异常低"的价格时,不要求欧盟对于生产者的记录能否合理地反映与受调查产品生产和销售有关的费用做出审定。与专家组一样,上诉机构认为,"基本规则"的案文或阿根廷所依赖的其他要素并未提供支持,因为第2.5条第2项适用于欧盟当局的这种决定。上诉机构还驳回了阿根廷关于专家组在确定"基本规则"第2.5条第2项的含义时与DSU第11条不一致的说法。

关于阿根廷根据《反倾销协定》第2.2条和GATT 1994第6.1(b)(ii)条提出的主张,上诉机构认为,专家组对于"基本规则"(第2.5条第2项),并不要求欧盟当局确定生产成本以保证在原产国以外的其他国家普遍存在的成本被认定无误。上诉机构还驳回了阿根廷关于专家组在确定"基本规则"第2.5条第2项的含义时与DSU第11条不一致的说法。此外,上诉机构认为,阿根廷没有履行其证明义务,未证明"基本规定"(第2.5条第2项)在实质上限制了欧盟当局根据《反倾销协定》第2.2条和GATT 1994第6.1(b)(ii)条,自行确立生产成本的权利。基于上述原因,上诉机构维持了专家组的裁决,即阿根廷没能确定第2.5条第2项与《反倾销协定》第2.2条和GATT 1994第6.1(b)(ii)条不一致。

上诉机构在维持了上述专家组的结论的同时,也维持了专家组的下述结论,即阿根廷尚未证明"基本规则"(第2.5条第2项)与WTO协定第16.4条和《反倾销协定》第18.4条不符的主张。

4. 上诉机构审定与结论

本上诉机构裁定如下。

(1) 针对与欧盟对阿根廷生物柴油进口的反倾销措施相关的主张:

①倾销的决定

上诉机构认为,《反倾销协定》第2.2.1.1条第1句的第2个条件——被调查的出口商或生产者保存的记录应合理地反映与被调查的产品有关的生产和销售成本——被调查的出口商或生产者保存的记录是否适当的和足够的与被调查的出口商或生产者的成本相关，或者与生产成本具有紧密的关系。专家组的解释与上诉机构对该条款的认识并不存在差异。上诉机构认为，专家组并没有否认欧盟针对第2.2.1.1条的第1句的第2个条件（包括"合理性"）提出的一般标准。针对本争议，上诉机构同意专家组的认定，即阿根廷的国内价格低于国际价格这一事实本身并不能得出生产者的记录不合理地反映生物柴油的销售价格的结论，并且也不应在设定争议产品的正常价格时忽视记录中的相关成本，因此，上诉机构认定专家组在对《反倾销协定》第2.2.1.1条的解释和适用上，不存在错误。

（a）维持专家组在专家组报告第7.249段和第8.1.c.i段的认定，即欧盟在调查中未能基于生产者保留的记录而计算产品的生产成本，因而其做法与《反倾销协定》第2.2.1.1条不符。

上诉机构认为，《反倾销协定》第2.2条以及GATT 1994第6.1（b）（ii）条中"原产国的生产成本"这一术语并没有限制在原产国内部可用于确定原产国的生产成本的信息来源或证据。当参考外部信息确定"原产国生产成本"时，调查机构必须确保此类信息被用于确定"原产国的生产成本"，并且其要求调查机构采用此类信息。在本案中，上诉机构认为，欧盟机构在计算阿根廷争议产品的生产成本时使用的豆类产品的替代价格并不能反映阿根廷的生物柴油的生产者和出口商的豆类产品成本。因此，上诉机构认定专家组在解释和适用《反倾销协定》第2.2条和GATT 1994第6.1（b）（ii）条时并没有错误。

（b）维持专家组在专家组报告第7.260段和第8.1.c.ii段的认定，即欧盟确定生物柴油的正常价值时未能使用阿根廷的生产成本，因而其做法与《反倾销协定》第2.2条和GATT 1994第6.1（b）（ii）条不符。

上诉机构维持专家组"欧盟调查机构依据上述理由确定正常价值的做法不符合《反倾销协定》第2.2条和GATT 1994第6.1（b）（ii）条"的认定。基于此，尽管对专家组分析的特定层面存在保留，上诉机构认为其无须考察欧盟调查机构是否在确定出口价格的正常价值时进行了"公平比较"。

（c）认定上诉机构本身无需对专家组就《反倾销协定》第2.4条的决定进行裁决。

②反倾销税的征收：《反倾销协定》第9.3条和GATT 1994第6.2条

上诉机构认为，在第 9.3 条的"倾销幅度"与根据第 6.2 条规则确定的倾销幅度的相关性（因此符合第 2 条规则）问题上，专家组做出了正确的解释。进一步的，在考虑本争议的特定情形下，专家组对"阿根廷表面上已证明欧盟的做法与《反倾销协定》第 9.3 条不相符合"的认定并不存在错误。同时，上诉机构同意专家组的观点，即指导阿根廷对第 9.3 条评估的相同情形必须同等适用（mutatis mutandis）于阿根廷关于 GATT 1994 第 6.1 条主张的评估。

（a）维持专家组在专家组报告第 7.367 段和第 8.1.c.vii 段的认定，即由于欧盟施加的反倾销税超过了《反倾销协定》第 2 条和 GATT 1994 第 6.1 条所确定的倾销幅度，因而其做法与《反倾销协定》第 9.3 条和 GATT 1994 第 6.2 条不符；

③因果认定的非归因分析：《反倾销协定》第 3.1 条和第 3.5 条

上诉机构认为，当其指出修改的数据在认定导致损害的"其他因素"方面不存在显著作用时，专家组并未对《反倾销协定》第 3.1 条和第 3.5 条做出解释，因此也不存在错误。进一步的，专家组在适用上述条款中也不存在错误。特别的，专家组并没有在如下层面产生错误：第一，主张在非归因分析中，欧盟调查机构的结论并没有依赖修改的数据或者受其影响；第二，否认阿根廷以欧盟调查机构不合理地关注产能效用作为反对在特定时间内绝对产能过剩增长的主张；第三，认定欧盟调查机构的"生产产能过剩可以被认定为'严重的损害原因'的结论"不存在错误。更一般的，上诉机构同意专家组的观点，即欧盟调查机构关于过剩产能的认定是不偏私的和客观的，任何调查机构在相同事实前都将做出同样的认定。由此，上诉机构认为，阿根廷并没有证明专家组的"欧盟调查机构关于非归因分析中的产能过剩是导致欧盟国内行业损害原因的认定"存在错误。

（a）维持专家组在专家组报告第 7.472 段和第 8.1.c.x 段的认定，即阿根廷并没有证明欧盟的非归因分析与《反倾销协定》第 3.1 条和第 3.5 条不符。

（2）《基本规则》第 2.5 条第 2 小段

①上诉机构并不认为阿根廷证明了专家组在评估《基本规则》第 2.5 条第 2 小段时存在错误。与专家组的认定相同，上诉机构认为《基本规则》的文本和阿根廷依赖的其他因素并未支持如下观点，即在由于市场扭曲导致记录体现虚假的或非正常的低价的前提下，在适用《基本规则》第 2.5 条第 2 小段时，欧盟调查机构有权决定调查中的成员方记录并未合理地反映调查中的产品的生

产和销售价格。由此，上诉机构认为专家组已进行了合理的审查，并且对不同因素进行了系统评估。因此，上诉机构否认了阿根廷主张的"专家组的做法与 DSU 第 11 条不相符合"的观点。相应的，上诉机构认定专家组在履行 DSU 第 11 条义务方面并没有错误。

（a）维持专家组在专家组报告第 7.154 段和第 8.1.b.i 段的认定，即，阿根廷并没有证明《基本规则》第 2.5 条第 2 小段与《反倾销协定》第 2.2.1.1 条"本身"（as such）不符。

②上诉机构认为阿根廷并没有证明《基本规则》第 2.5 条第 2 段意味着"当某一国家其国内生产者或出口商的成本不能被使用时，欧盟调查机构可以从其他不能反映原产国生产成本的代表性市场中获得信息的主张"是错误的。由此，上诉机构认为专家组已进行了合理的审查，并且对不同因素进行了系统评估。相应的，上诉机构否认阿根廷关于专家组的做法与 DSU 第 11 条不相符合的主张。

针对阿根廷的另一个主张，即建立与其"规则本身"不相符合的措施需要在案件的特定情况下，并依赖于该措施的本质和争议中的 WTO 义务。《反倾销协定》第 2.2 条和 GATT 1994 第 6.1（b）(ii) 条并没有限定信息来源或证据。然而，不管信息如何使用，调查机构必须确保该信息用于原产国的"生产成本"。针对争议中的措施，上诉机构认为，《基本法规》第 2.5 条第 2 小段并未排除当欧盟调查机构依赖"其他代表性市场的信息"时，这些信息能够反映原产国生产成本的信息的可能性。因此，上诉机构认为阿根廷在证明其相关主张时，并未完成举证责任。

与专家组相似，上诉机构认为"阿根廷已证明第 2.5 条第 2 小段能够以不符合欧盟在《反倾销协定》第 2.2 条和 GATT 1994 第 6.1（b）(ii) 项下义务的方式适用。在申诉方关于专家组表明"规则本身"指控的法律标准的范围内，上诉机构认为其对"美国—碳钢（印度）案"上诉机构主张存在误解。任何情况下，适用第 2.5 条第 2 小段将导致 WTO 非一致性的单独事实不足以免除阿根廷的相应举证责任。

（a）维持专家组在专家组报告第 7.174 段和第 8.1.b.ii 段的认定，即阿根廷并没有证明《基本规则》第 2.5 条第 2 小段与《反倾销协定》第 2.2 条"本身"和 GATT 1994 第 6.1（b）(ii) 条不符。

（3）WTO 协定第 16.4 条和《反倾销协定》第 18.4 条

①上诉机构维持专家组关于阿根廷并未证明《基本法规》第 2.5 条第 2 小

段"规则本身"与 WTO 协定第 16.4 条和《反倾销协定》第 18.4 条不符的主张。在上诉中，阿根廷并未提出将 WTO 协定第 16.4 条和《反倾销协定》第 18.4 条与《反倾销协定》第 2.2.1.1 条和第 2.2 条、GATT 1994 第 6.1（b）（ii）条相分离的主张。

（a）维持专家组报告第 7.175 段和第 8.1.b.iii 段的认定，即阿根廷并没有证明《基本规则》第 2.5 条第 2 小段与 WTO 协定第 16.4 条和《反倾销协定》第 18.4 条不符。

（五）后续执行程序

截至 2017 年 5 月，本案仍未完成执行程序。

三 笔者对本案的评析

（一）贸易救济调查中正常价值的确定

本案的核心裁定是在贸易救济调查中使用"替代国"（surrogate country price）的价格作为反倾销调查的正常价值（Normal value）违反 WTO《反倾销协定》。

众所周知，GATT 1994 第 6 条规定，反倾销与反补贴是贸易救济的手段。"倾销"定义包含三个内容：（1）出口价格低于正常价值（倾销）；（2）该倾销对进口国同类工业造成实质性损害；（3）倾销与损害二者之间有因果关系。

> 当一缔约方的企业"用倾销的手段将一国产品以低于正常价值的办法引入另一国的商业，如因此对一缔约方领土内一已建立的产业造成实质损害或实质损害威胁，或实质阻碍一国内产业的新建，则倾销应予以谴责"（GATT 1994 第 6.1 条）。"为抵消或防止倾销，一缔约方可对倾销产品征收数额不超过此类产品倾销幅度的反倾销税"（GATT 1994 第 6.2 条）。

如一产品由一国出口至另一国的出口价格低于在正常贸易过程中出口国同类产品的可比价格，即以低于正常价值的价格（normal value）进入另一国的商业，则该产品被视为倾销（dumping）。反倾销调查就是准确地计算出口价格与正常价值的差额。进口商都了解出口商的出口价格，因此，如何确定正常价值是关键。

GATT 1994 第 6.1 条和《反倾销协定》第 2.2 条规定了三种计算正常价值

的方法：（1）国内可比价格；①（2）国内构成价格；②（3）出口到第三国的可比价格。③

"应以被调查的出口商或生产者保存的记录为基础进行计算成本"（第2.2.1.1条）是本案的主要法律依据。

《反倾销协定》第2.2.1.1条规定，"成本""应以被调查的出口商或生产者保存的记录为基础进行计算，只要此类记录符合出口国的公认会计原则并合理反映与被调查的产品有关的生产和销售成本。"

在本案中，欧盟拒绝使用阿根廷生物柴油的主要原料大豆和豆油的出口商或生产者保存的记录为基础进行成本计算，而是采用阿根廷农业部公布的大豆出口平均参考价作为阿根廷出口到欧盟的生物柴油的成本计算依据。上诉机构维持了专家组裁定，认定欧盟使用替代国的价格计算成本违反了第2.2.1.1条的规定。

由于替代国的价格与出口商或生产者的账簿成本无可比性，某些进口国当局使用了较高的替代国的价格。这样计算倾销的结果是人为地扩大了反倾销的幅度，因而进口国征收的反倾销税也违反了《反倾销协定》第9.3条"反倾销税的数额按第二条规定不得超过倾销幅度"的规定。

（二）关于对第2.2条的解释与适用

《反倾销协定》第2.2条规定：如在出口国国内市场的正常贸易过程中不存在该同类产品的销售，或由于出口国国内市场的特殊市场情况或销售量较低，不允许对此类销售进行适当比较，则倾销幅度应通过比较同类产品出口至一适当第三国的可比价格确定，只要该价格具有代表性，或通过比较原产国的生产成本加合理金额的管理、销售和一般费用及利润确定。

专家组认为，根据第2.2条的成本计算方法，不禁止参考使用非原产国的信息来计算原产国的成本。

阿根廷辩论称，《反倾销协定》和GATT 1994第6.1（b）（ii）条不允许在

---

① 低于正常贸易过程中在出口国中供国内消费时的可比价格。
② 如无此种国内价格，则低于（ii）该产品在原产国的生产成本加上合理的销售成本和利润。
③ 如在出口国国内市场的正常贸易过程中不存在该同类产品的销售，或由于出口国国内市场的特殊市场情况或销售量较低，不允许对此类销售进行适当比较，则倾销幅度应通过比较同类产品出口至一适当第三国的可比价格确定，只要该价格具有代表性。

计算原产国成本时采用原产国之外的信息。

上诉机构分析认为,《反倾销协定》和 GATT 1994 规定了原产国的生产成本,但上述两协议未规定禁止使用原产国之外的信息。调查当局自然首先用原产国的国内信息审阅其生产成本,但是上述条款没有规定禁止使用外国信息验证或调适以确定原产国的生产成本。第2.2.1.1 条规定,应以被调查的出口商或生产者保存的记录为基础进行计算成本,这是计算原产国生产成本的首选数据来源。①但是,不排除在某些特殊情况下,调查中可能参考非原产国的信息或证据来分析或验证原产国的生产成本,当然,外部的信息或证据必须与确定原产国的生产成本有关。参考某些外部信息便于更好地理解原产国的生产成本。

上诉机构指出,这不意味着调查当局可以简单地用其他国家的成本替代原产国的生产成本。② 确实,《反倾销协定》第2.2 条和 GATT 1994 第6.1 (b) (ii) 条明确规定不论用原产国或非原产国的信息,调查当局都有义务选择和适用这些信息以反映与原产国相符的条件,最后达到确定正常价值必须以原产国的生产成本为基础的法律效果。③

上诉机构指出,在使用任何信息或证据计算生产成本时,要求调查当局必须解释是如何使用该信息或证据计算原产国的生产成本的。④

在本案中,欧盟用替代的大豆和豆油价格(即国际价格)取代阿根廷生产者的大豆和豆油的国内价格。专家组认定欧盟使用的替代价格不能反映阿根廷的生物柴油生产成本,因此,违反第2.2.1.1 条的规定。上诉机构维持了专家组的结论。

(三) 关于第2.4 条的解释与适用

《反倾销协定》第2.4 条规定:"对出口价格和正常价值应进行公平比较 (fair comparasion),此比较应在相同贸易水平上进行,通常在出厂前的水平上

---

① The preferred source for cost of production data to be used in such calculation.
② This, however, does not mean that an investigating authority may simply substitute the costs from outside the country of origin for the "cost of production in the country of origin".
③ Thus, whatever the information that it uses, an investigating authority has to ensure that such information is used to arrive at the "cost of production in the country of origin". Compliance with this obligation may require the investigating authority to adapt the information that it collects. the authority reflect conditions prevailing in the country of origin".
④ Respect to any information or evidence used to determine the cost of production in the country of origin, an investigating authority is required to explain how the information or evidence informed the calculation of the cost of production.

进行，且应尽可能针对在相同时间进行的销售。具体而言，应根据每一案件的具体情况，适当考虑影响价格可比性（Comparability）的因素，包括在销售条件和条款、税收、贸易水平、数量、物理特征方面的差异，以及其他能够证明影响价格可比性的差异。在《反倾销协定》第 3 款所指的情况下，还应对进口和转售之间产生的费用（包括捐税）及所产生的利润进行减免。如在这些情况下价格的可比性已经受到影响，则主管机关应在与推定的出口价格相同的贸易水平上确定正常价值，或应根据本款进行适当减免（Due allowance）。主管机关应向所涉各方指明必须提供为保证进行公平比较所必需的信息，并不得对这些当事方强加不合理的举证责任。

笔者认为，在反倾销调查中，调查当局有义务对进口价和正常价值做公平的比较。无论采用哪种认定正常价值的方法，调查当局采用的方法都应该有可比性，从而对差异性进行调查以便实现对进口价值与正常价值的公平比较。如果进口价格与正常价值不在同一贸易水平上或存在其他不可比性（comparability），调查当局必须做出正当的调整或减免（due allowences should be made）。在本案中，阿根廷指控专家组错误地认定欧盟使用了"构成正常价值"（constructed normal value），而不是第 2.2 条中列举的差异，因此不受第 2.2 条管辖。专家组以"欧盟—紧固件（中国）案"为例，认为一个"总的建议"（general proposition）针对计算正常价值的方法不同，原则上不适用第 2.4 条的方法调整价格比较性的差异。① 上诉机构不同意专家组的上述理解。② 上诉机构在"欧盟—紧固件（中国）案"中没有做出那个"总的建议"，因此对专家组的这个"总的建议"表示严重保留意见。第 2.4 条明确指出，调查出局应根据每一个案子和每一种情况进行适当调整（减免）。③

上诉机构维持专家组的认定，即欧盟的措施违反《反倾销协定》第 2.2.1.1 条和第 2.2 条。上诉机构对专家组关于第 2.4 条的解释持保留意见。由于考虑到本案的结论，进一步分析欧盟的措施是否对正当价值做出公平比较已没有必要。

---

① 见上诉机构报告，《欧盟对阿根廷生物柴油反倾销措施案》，第 269 段。
② We do not share this understanding.
③ "We would have serious reservations regarding what the Panel referred to as the "general proposition". The text of Article 2.4 itself makes clear that "［d］ue allowance shall be made in each case, on its merits"."（见上诉机构报告，《欧盟对阿根廷生物柴油反倾销措施案》，第 271 段）。

（四）关于第 9.3 条反倾销税低于反倾销幅度

《反倾销协定》9.3 条规定：反倾销税的数额按第 2 条规定不得超过倾销幅度。

本案上诉机构维持专家组的结论，即欧盟的措施违反了第 2.2.1.1 条和第 2 条。虽然第 9.3 条是根据第 2 条的要求计算倾销幅度，但是违反了第 2 条不能被推论为违反了第 9.3 条。申诉方必须进一步举证被诉方征收的反倾销税高于倾销幅度才能证明被诉方违反了第 9.3 条。在本案中，阿根廷举证证明欧盟的最终反倾销税比临时反倾销税高出 2 至 3 倍。

上诉机构的结论认为，第 9.3 条中的倾销幅度应该根据第 2 条的计算要求做出。本案中阿根廷提供了初步证据证明欧盟违反了第 9.3 条，欧盟无法反驳。上诉机构最终认定欧盟违反了《反倾销协定》第 9.3 条和 GATT 1994 第 6 条，即认定欧盟征收的反倾销税高于根据《反倾销协定》第 2 条和 GATT 1994 第 6.2 条计算的倾销幅度。

四 本案所涉主要条款

（一）GATT 1994 第 6.1（b）（ii）条反倾销税和反补贴税

各缔约方认识到，用倾销的手段将一国产品以低于正常价值的办法引入另一国的商业，如因此对一缔约方领土内一已建立的产业造成实质损害或实质损害威胁，或实质阻碍一国内产业的新建，则倾销应予以谴责。就本条而言，如自一国出口至另一国的一产品的价格符合下列条件，则被视为以低于其正常价值的价格进入一进口国的商业。

（a）低于正常贸易过程中在出口国中供国内消费时的可比价格，或

（b）如无此种国内价格，则低于

（ii）该产品在原产国的生产成本加上合理的销售成本和利润。

但应适当考虑每种情况下销售条款和条件的差异、征税的差异以及影响价格可比性的其他差异。

（二）GATT 1994 第 6.2 条

第 6 条 反倾销税和反补贴税

6.2 为抵消或防止倾销，一缔约方可对倾销产品征收数额不超过此类产品倾销幅度的反倾销税。就本条而言，倾销幅度为依照第 1 款的规定

所确定的差价。

(三)《反倾销协定》第 2 条

第二条 倾销的确定

2.1 就本协定而言，如一产品自一国出口至另一国的出口价格低于在正常贸易过程中出口国供消费的同类产品的可比价格，即以低于正常价值的价格进入另一国的商业，则该产品被视为倾销。

2.2 如在出口国国内市场的正常贸易过程中不存在该同类产品的销售，或由于出口国国内市场的特殊市场情况或销售量较低，不允许对此类销售进行适当比较，则倾销幅度应通过比较同类产品出口至一适当第三国的可比价格确定，只要该价格具有代表性，或通过比较原产国的生产成本加合理金额的管理、销售和一般费用及利润确定。

2.2.1 同类产品以低于单位（固定和可变）生产成本加管理。销售和一般费用的价格在出口国国内市场的销售或对一第三国的销售，只有在主管机关确定此类销售属在一持续时间内以实质数量、且以不能在一段合理时间内收回成本的价格进行时，方可以价格原因将其视为未在正常贸易过程中进行的销售，且可在确定正常价值时不予考虑。如在进行销售时低于单位成本的价格高于调查期间的加权平均单位成本，则此类价格应被视为能在一段合理时间内收回成本。

2.2.1.1 就第 2 款而言，成本通常应以被调查的出口商或生产者保存的记录为基础进行计算，只要此类记录符合出口国的公认会计原则并合理反映与被调查的产品有关的生产和销售成本。主管机关应考虑关于成本适当分摊的所有可获得的证据，包括出口商或生产者在调查过程中提供的证据，只要此类分摊方法是出口商或生产者一贯延续使用的，特别是关于确定资本支出和其他开发成本的适当摊销和折旧期限及备抵的证据。除非根据本项已在成本分摊中得以反映，否则应对那些有利于将来和/或当前生产的非经常性项目支出或在调查期间支出受投产影响的情况做出适当调整。

2.2.2 就第 2 款而言，管理、销售和一般费用以及利润的金额应依据被调查的出口商或生产者在正常贸易过程中生产和销售同类产品的实际数据，如此类金额不能在此基础上确定，则该金额可在下列基础上确定：

（i）所涉出口商或生产者在原产国国内市场中生产和销售同一大类产

品所产生和实现的实际金额；

（ii）被调查的其他出口商或生产者在原产国国内市场中生产和销售同类产品所产生的加权平均实际金额；

（iii）任何其他合理方法，但是如此确定的利润额不得超过其他出口商或生产者在原产国国内市场中销售同一大类产品所通常实现的利润额。

2.3 如不存在出口价格或据有关主管机关看来，由于出口商与进口商或第三者之间的联合或补偿性安排，而使出口价格不可靠，则出口价格可在进口产品首次转售给一独立购买者的价格基础上推定，或如果该产品未转售给一独立购买者或未按进口时的状态转售，则可在主管机关确定的合理基础上推定。

2.4 对出口价格和正常价值应进行公平比较。此比较应在相同贸易水平上进行，通常在出厂前的水平上进行，且应尽可能针对在相同时间进行的销售。应根据每一案件的具体情况，适当考虑影响价格可比性的差异，包括在销售条件和条款、税收、贸易水平、数量、物理特征方面的差异，以及其他能够证明影响价格可比性的差异。在第 3 款所指的情况下，还应对进口和转售之间产生的费用（包括捐税）及所产生的利润进行减免。如在这些情况下价格的可比性已经受到影响，则主管机关应在与推定的出口价格相同的贸易水平上确定正常价值，或应根据本款进行适当减免。主管机关应向所涉各方指明为保证进行公平比较所必需的信息，并不得对这些当事方强加不合理的举证责任。

2.4.1 如第 4 款下的比较需要进行货币换算，则该换算应使用销售之日的汇率进行，但是如期货市场上外汇的销售与所涉及的出口销售有直接联系，则应使用期货销售的汇率。汇率波动应不予考虑，且在调查中，主管机关应给予出口商至少 60 天的时间调整其出口价格，以反映调查期间汇率的持续变化。

2.4.2 在遵守适用于第 4 款中公平比较规定的前提下，调查阶段倾销幅度的存在通常应在对加权平均正常价值与全部可比出口交易的加权平均价格进行比较的基础上确定，或在逐笔交易的基础上对正常价值与出口价格进行比较而确定。如主管机关认为一种出口价格在不同购买者、地区或时间之间差异很大，且如果就为何不能通过使用加权平均对加权平均或交易对交易进行比较而适当考虑此类差异作出说明，则在加权平均基础上确定的正常价值可以与单笔出口交易的价格进行比较。

2.5 在产品不直接从原产国进口、而自一中间国出口至进口成员的情况下，该产品自出口国向进口成员销售的价格通常应与出口国中的可比价格进行比较。但是如产品仅为通过出口国转运，或此类产品在出口国无生产，或在出口国中不存在此类产品的可比价格，则也可以与原产国的价格进行比较。

2.6 本协定所用"同类产品"一词应解释为指相同的产品，即与考虑中的产品在各方面都相同的产品，或如果无此种产品，则为尽管并非在各方面都相同，但具有与考虑中的产品极为相似特点的另一种产品。

2.7 本条不损害 GATT1994 附件 I 中对第 6 条第 1 款的第 2 项补充规定。

（四）《反倾销协定》第 3.1 条和第 3.5 条

第 3 条 损害的确定

3.1 就 GATT1994 第 6 条而言，对损害的确定应依据肯定性证据，并应包括对下述内容的客观审查：（a）倾销进口产品的数量和倾销进口产品对国内市场同类产品价格的影响，及（b）这些进口产品随之对此类产品国内生产者产生的影响。

3.5 必须证明通过按第 2 款和第 4 款所列的影响，倾销进口产品正在造成属本协定范围内的损害。证明倾销进口产品与对国内产业损害之间存在因果关系应以审查主管机关得到的所有有关证据为依据。主管机关还应审查除倾销进口产品外的、同时不在损害国内产业的任何已知因素，且这些其他因素造成的损害不得归因于倾销进口产品。在这方面可能有关的因素特别包括未以倾销价格销售的进口产品的数量和价格、需求的减少或消费模式的变化、外国与国内生产者的限制贸易的做法及它们之间的竞争、技术发展以及国内产业的出口实绩和生产率。

（五）《反倾销协定》第 9.3 条

第九条 反倾销税的征收

9.3 反倾销税的数额按第二条规定不得超过倾销幅度。

（a）当反倾销税数额是按照追溯基础估算时，最终支付反倾销税责任的裁定应尽快作出，在提出要求作出反倾销税最终估算的数额之后，通常在 12 个月内作出，但最长不得超过 18 个月。任何退款项目应尽快支付，通常应在根据本项规定作出最终责任裁定后的 90 天之内，在任何情况下，如果退款不能在 90 天之内支付，当局应在受到要求时提供解释。

(b) 当反倾销税数额是按照预期基础估算时，应作出决定将超过实际倾销幅度已支付的税款，按要求迅速归还。对于超过实际倾销幅度、已支付该税款的归还决定通常应当在被征收反倾销税产品的进口商提供了有说服力的证据、提出了归还要求之日后的 12 个月内作出，无论如何不得超过 18 个月，被批准的归还通常应在上述规定的 90 天之内完成。

(c) 如果出口价格是按照第二条第 3 款规定为构成价格，在作出是否予以偿还以及偿还的范围程度的决定时，当局应考虑正常价值的变化，进口与转售之间产生的成本费用的变化，以及转售价格中合理反映在其后的销售价格的波动，当局还应考虑在当事人提供上述真凭实据时，对于不扣除已支付的反倾销数额的出口价格进行计算。

（六）《反倾销协定》第 18.4 条

第 18 条 最后条款

18.4 每一成员应采取所有必要的一般或特殊步骤，以保证在不迟于 WTO 协定对其生效之日，使其法律、法规和行政程序符合可能对所涉成员适用的本协定的规定。

（七）WTO 协定 第 16.4 条

第十六条 其他规定

16.4 每一成员应当保证其法律、规则和行政程序，与所附各协议中的义务相一致。

下篇　WTO 争议解决的法律问题

第一章　有关法律问题

一　WTO 法与其他国际法的关系

WTO 法与其他国际法的关系，首先看如何定义国际法。《国际法院规约》第 38 条（关于国际法的渊源）具体条文如下：

> 法院对于陈诉各项争端，应依国际法裁判之，裁判时应适用：
> （一）不论普通或特别国际条约，确立诉讼当事国明白承认的条约规定。
> （二）国际习惯，作为通例之证明而经接受为法律者。
> （三）一般法律原则为文明各国所承认者。
> （四）在第五十九条规定之下，司法判例及各国权威最高之公法学家学说，作为确定法律原则之补助资料者。

希金斯（Higgins）认为国际法的渊源有两个：国际条约和习惯法[1]。作为一个强制执行的、不完善的合同（an obligationally incomplete contract），WTO 的法律渊源有涵盖协议和国际习惯法。WTO 是二者兼备的制度（a hybrid system）[2]。

WTO 法（包括 WTO 设立的组织法，亦称为《马拉喀什协定》，以及 60 个涵盖协议）是 GATT/WTO 成员经过八轮多边贸易谈判，在乌拉克回合达成的，又经过 WTO 全体成员核准、具有法律拘束力的多边贸易协定。WTO 涵盖协议包括其他国际条约，例如《保护版权的伯尔尼公约》、《关于专利的巴黎公约》

---

[1] Higgins, *International Law and How We Use It*, Oxford University Press，1994.
[2] Mitsuo Matsushita, Thomas J. Schoenbaum & Petros C. Mvroidis, *The World Trade Organization Law, Practice and Policy*, Oxford International Law Library.

等。WTO法是符合《国际法院规约》第38.1条所指的国际条约,即国际法。DSU第3.2条授权争议解决的专家和上诉机构成员可以用解释国际公法的习惯法澄清涵盖协议。通过解释涵盖协议,《国际法院规约》(ICJ规约)第38.2条(国际习惯),甚至第3款(一般法律原则),也被引用。综上所述,WTO是一揽子的、有拘束力的、权利与义务的国际多边贸易协议。笔者认为:WTO法包括多边贸易协议和解释涵盖协议的习惯法;WTO法就是国际贸易方面的国际法。

国际法院的法官有比较多的自由裁量权。在解决争议时,可选择适用的国际法,可以根据ICJ规约的第38条(国际法的渊源)作为适用法,但又不限于第38条的规定。例如,ICJ法官可以接受单方面的声明,"1974年核实验案"是一个证明,[①] 然而,在受理争议解决案件中,WTO争议解决的专家和上诉机构法官的法律授权仅限于适用WTO涵盖协议和解释国际公法的习惯法来澄清WTO的涵盖协议。DSU第7.2条规定,专家组应处理争端各方引用的任何涵盖协议的有关规定或争议当事方引用的协议。DSU第3.2条规定,各成员认识到该体制适于保护各成员在涵盖协议项下的权利和义务,以及依照解释国际公法的惯例澄清这些协定的现有规定。DSB的建议和裁决不能增加或减少涵盖协议所规定的权利和义务。DSU第17.6条规定,上诉应限于专家组报告涉及的法律问题和专家组所作的法律解释。因此,上诉也限于涵盖协议有关的法律问题。

那么WTO法与其他国际法有何关系?有的学者提出WTO法是一个封闭的自足的法律体制,也有学者提出WTO法是由其他国际法并入的开放体制。

笔者认为,尽管WTO法是一个自足的、完整的贸易和与贸易有关的法律体系,[②] WTO有60个涵盖协议、WTO组织机构和争端解决程序;就其争端解决所管辖的案件来看,其只限于涉及政府措施与WTO涵盖协议一致性的争端;就争端解决所适用的法律来看,限于适用WTO涵盖协议。但是,WTO争议解决的管辖权的明确界定并未排除国际公法在WTO的适用。

并入论认为,WTO法不是一个自足的体系,它是国际法的一个部分。依据《国际法院规约》第38条第1款的规定,所有国际法渊源都可以是WTO法的

---

① "WTO: A Hybrid System", in *The World Trade Organization Law, Practice and Policy*, by Mitsuo Matsushita, Thomas J. Schoenbaum & Petros C. Mvroidis, The Oxford International Law Library, pp. 21 – 26.

② 参见左海聪《WTO法与其他国际法规则的关系》。

组成部分，都可以被 WTO 争端解决机构所适用。

可以看出，两种理论试图解释 WTO 法和非 WTO 法之间的关系，主要分歧体现在 WTO 法是不是一个封闭、自足体系上。①

WTO 涵盖协议是 164 个缔约方在国际贸易以及与贸易有关的投资、知识产权等领域制定的共同遵守的规则，是 WTO 成员代表国际社会绝大多数经济体的共同意志。WTO 成员之间的贸易额共计占世界贸易总额的 95% 以上，这说明 WTO 是有广泛代表性的。WTO 是成员驱动的国际机构，其最高权力机构部长会议有权解释和修改涵盖协议。WTO 继承了 GATT 的国际契约性安排。WTO 法是一个自足的体系，包括立法和执法，同时 GATT/WTO 又具有开放性，这主要体现在：

1. 其他国际公约，如 1971 年《伯尔尼国际版权公约》、1967 年《保护专利的巴黎公约》、1961 年《关于保护表演和节目制作、广播的罗马公约》、1989 年《集成线路公约》等，都包括在 WTO 涵盖协议——《与贸易有关的知识产权》(Trips) 之中。在"美国版权法第 119 节案"的专家组报告中，专家组指出《伯尔尼公约》已经是 Trips 协议的一部分，它的条款适用于 WTO 全体成员。在 GATT 第 XXIX 条列明 GATT 与《哈瓦那宪章》的关系；缔约各国在按照各自的宪法程序接受《哈瓦那宪章》以前，应承担义务在其行政权力所及的范围内尽量遵守《哈瓦那宪章》第 1 章至第 6 章，以及第 9 章的一般原则。此外，《反补贴协定》引用 OECD 官方出口信贷。②

---

① 国际法委员会的研究组报告——《国际法碎片化报告》认为，WTO 法是一个自足的法律体制。该报告从特别法和一般法的角度讨论自足（特别）制度问题，认为自足制度有三种含义，第一种是相对于一般法次要规则的特别次要规则，例如具体条约对某一问题的规定。如外交法就是这种意义上的自足。第二种自足体制包括了主要规则和次要规则的特别法整体。第三种是职能专门化的整个领域的自足，这些领域适用特别的规则、特别的法律解释规则和特别的管理手段。这些领域的管理中，通常都假定要对一般国际法规则进行修改甚至排除，如人权法、WTO 法、人道主义法、欧盟法等。

② OECD 官方出口信贷。政府（或政府控制的和/或根据政府授权活动的特殊机构）给予的出口信贷，利率低于它们使用该项资金所实际应付的利率（或如果它们为获得相同偿还期和其他信贷条件且与出口信贷货币相同的资金而从国际资本市场借入时所应付的利率），或它们支付的出口商或其他金融机构为获得信贷所产生的全部或部分费用，只要这些费用保证在出口信贷方面能获得实质性的优势。
但是，如一成员属一官方出口信贷的国际承诺的参加方，且截至 1979 年 1 月 1 日至少有 12 个本协定创始成员属该国际承诺的参加方（或创始成员所通过的后续承诺），或如果一成员实施相关承诺的利率条款，则符合这些条款的出口信贷做法不得视为本协定所禁止的出口补贴。在家那大叔巴西的飞机补贴案件中，专家组指出 OECD 官方出口信贷在《反补贴协定》中提及。因此也要考虑 1998 年关于出口信贷的安排。

2. 对于未包括在 WTO 涵盖协议中的国际协议，例如，东京《反倾销协定》，专家组通过《维也纳条约法公约》的辅助解释涵盖协议引用了东京回合《反倾销协定》。针对双边协议（例如，欧盟《洛美豁免条约》）而言，上诉机构指出要确定哪些是《洛美条约》的要求时，首先要确定与本案有关的《洛美条约》条款。① 在"美国虾案"中，数个多边协议被参考，包括里约（RIO）声明、《生物多样化公约》。在"欧盟石棉案"中引用了《世界卫生组织公约》（WHO）。上诉机构将 WHO 的证据看作事实，说明石棉有毒对公共健康造成严重威胁。② 有时候，上诉机构也参考其他法院的裁决加强其法律分析。例如在"印度专利法案"中，上诉机构参照国际法院常设庭（PCIJ）的裁决，认定国内法可以作为事实来审议。③

3. DSB 通过的具有法律拘束力的专家组和上诉机构裁定、法律推理、法律适用和法律救济也引进了国际习惯法和国际法一般原则。

WTO 争议解决机制有明确的管辖范围。DSU 第 1 条规定，WTO 争议解决机制的管辖权，DSB 受理的争端为依据 WTO 涵盖协定所提起的争端案件。WTO 与国际法院（ICJ）不同。ICJ 受理的案件范围包括一切国际法争端，其范围是开放性的，并不限于某些特定事项。

关于法律适用，上诉机构适用的法律也是 DSU 第 7.2 条所规定的"争端当事方援引的 WTO 有关协定的有关规定"。上诉机构依据有关的涵盖协议以及用于解释国际公法的习惯法澄清涵盖协议的有关规定。④

根据 GATT 1994 第 23 条的规定，WTO 争端解决机构受理的案件从理论上说分为三种类型：违法之诉、非违法之诉和情势之诉。⑤ 无论是违法之诉、非违法之诉，还是情势之诉，案件类型的特定性决定了专家组和上诉机构只能依据 WTO 涵盖协议的有关条文判案。

实践中，专家组和上诉机构的报告中也会涉及习惯法、其他国际协定、一般法律原则、非 WTO 判例、权威学者学说，那都不是作为法律依据适用，而是用来解决事实认定问题、用作解释工具或用作论据等。⑥

---

① 见上诉机构报告，《欧盟香蕉案》，第 167 节。
② 见 AB 报告，《欧盟石棉案》，第 114 节。
③ 见上诉机构报告，《欧盟香蕉案》，第 167 节。
④ DSU 第 3.2 条。
⑤ 根据 WTO 统计，绝大多数案件是违法之诉。
⑥ 参见左海聪《论 WTO 法与国际法》。

考虑到所有自足体系的建立都依赖于自身的基础条约，而基础条约是缔约国间的共识，也可以认为，自足制度的产生取决于缔约国通过一个或一组专门条约在某一专门领域创设特别制度的共识。①

WTO制度的产生就是如此。WTO的成员缔结WTO涵盖协议时具有这样的共识：成员间的权利义务均依据WTO协定和WTO涵盖协议的规定，成员间的法律争议应在WTO涵盖协议所创设的争端解决机制里解决。为此，DSU第3.2条规定，争端解决机构的建议和裁决不能增加或减少WTO涵盖协议所规定的权利和义务。

联合国国际法委员会（ILC）《国际法碎片化问题研究报告》认为，作为特别制度的自足制度与一般国际法的关系，取决于特别制度的自足程度，自足程度主要与构成制度的条约的解释相关联。一般法律作为解释工具用于条约的解释时，则只起到了解释手段的作用。这里的一般法律与习惯法的含义是一致的。

在"欧共体荷尔蒙案"中，欧共体认为，"预防原则"是一项国际习惯法原则，该原则允许在缺乏明确的科学依据时为了防止对人体健康产生潜在危害，可以采取相应措施。而SPS协议对成员在缺乏完全的科学确定性时只允许成员实施临时性措施。欧共体试图援引"预防原则"主张更广泛的权利。专家组认为，即使该原则是国际习惯法，它也不能优于WTO协定的明确规定。上诉机构认为，该原则是否构成国际习惯法尚不清楚，由它来认定该原则的法律地位既无必要，也不合适。

DSU第3.2条规定，WTO争端解决机制应依据国际公法关于（条约）解释的习惯法来澄清WTO协定的现行规定。上诉机构在"美国汽油案"中认为，国际公法关于条约解释的习惯法就是《维也纳条约法公约》第31条和第32条规定的条约解释规则。因此，几乎在所有案例中，专家组和上诉机构都依据上述第31条和第32条中的方法来解释WTO协定。由此，该条款成为WTO法解释的基本工具。

WTO协定可以被专家组和上诉机构引用。例如，在"美国海虾案"中，上诉机构指出：由于WTO的序言明确承认"可持续发展原则"，"第20条（g）项中的'可用竭自然资源'一词必须参照国际社会当代对环境保护的关心来解

---

① 国际法委员会研究组报告（定稿人：马尔蒂·科斯肯涅米）：《国际法不成体系问题：国际法多样化和扩展引起的法律困难》（中文本），A/CN.4/L.682，第158段—159段。

读。现代国际公约和宣言经常把自然资源看作兼指有生命和无生命的资源"①。上诉机构裁定,争议涉及的五种海龟构成了GATT 1994第20条(g)项意义上的"可用竭自然资源"。

非WTO协定可以成为解释关税减让表含义的补充工具。在"欧共体家禽进口限制案"中,巴西提出其与欧共体签订的《双边油料种子协定》应适用于争端解决。欧共体没有明确提出反对意见。作为第三方的美国认为该双边协定不属于专家组审案的职权范围。专家组认为该双边协定系根据GATT 1994第28条谈判签订,因此,在裁决欧共体与巴西在WTO框架下的权利义务关系时可以适用。但是,上诉机构推翻了专家组的裁决。上诉机构认为,《双边油料种子协定》是欧共体与巴西谈判的双边协定,不是WTO涵盖协定,也不是WTO协定第16条第1款中规定的经GATT缔约方全体通过的"决定、程序和惯例",不能作为解决本争端的法律依据。同时,上诉机构注意到,欧共体在《双边油料种子协定》中承诺给予冰冻家禽配额,并将之并入GATT 1994关税减让表的起草历史,根据《维也纳条约法公约》第23条的规定,可以作为解释欧共体关税减让表的补充工具。② 在"美国波音飞案"中,上诉机构裁定美国与欧盟1992年签订的双边协定不能用于解释《反补贴协定》中的"利益授予"(benefit conferred)。

嗣后的协定不能减损WTO涵盖协定的义务。WTO协定是贸易领域的宪法性条约,对WTO协定的修改只能通过《建立世界贸易组织协定》第10条(关于修改的规定)进行,其部分成员方订立的嗣后的贸易协定如果与WTO协定相冲突(例如,约定较WTO承诺更低的承诺,或改变WTO的规则),并不能优先于WTO协定的规则而适用,相反还会被其他成员认为违反了WTO义务而遭到起诉。在"土耳其纺织品进口限制案"中,专家组指出,"WTO成员之间

---

① 例如,1982年《联合国海洋法公约》(UNCLOS)在定义沿海国在专属经济区的管辖权时,第36条规定:"1.在专属经济区沿海国为探求、开采、养护与管理自然资源(不论有生命或无生命)的目的,对……上述水域有主权权利……"该公约在第61条和第62条中反复提到"活的资源",规定了各国在其专属经济区的权利与责任。《生物多样性公约》使用了"生物资源"的概念。《21世纪议程》说的"自然资源"的含义最宽,详细说明了"海洋活的资源"。此外,与《养护野生动物的游动种群的公约》一道通过的"援助发展中国家决议"说,意识到发展的重要内容在于养护和管理活的天然资源,而游动种群是这类资源的重要组成部分。

② AB Report, European Communities—Measures Affecting Importation of Certain Poultry Products, WT/DS69/AB/R, para. 83.

的双边协定不能改变争议措施的性质,也不能改变 WTO 涵盖协定有关条款的适用性……即使双边协定要求土耳其采取限制措施,该要求也不能成为土耳其免除其在 WTO 框架下义务的理由。① 在"秘鲁与厄瓜多尔的农业进口附加税案"中,上诉机构认定秘鲁与厄瓜多尔的区域贸易协定 FTA(未生效)不能作为《维也纳条约法公约》的"嗣后协议"用于解释 WTO《农业协定》,更不能修改《农业协定》的规定。②

一般法律原则指世界各国法律体系共有的一般性原则或国际法本身的一般原则。从现有司法实践来看,一般法律原则没有作为判案的依据,而只用于解决某些事实问题,或者作为论据加强推理。在"美国海虾案"中,上诉机构认为,GATT 1994 第 20 条序言实际上就是诚实信用原则的一种表述。这一原则既是一般法律原则,也是国际法的一般原则,控制着国家对权力的行使。上诉机构引用诚实信用原则是为了加强其对第 20 条序言解释的说服力,是将其作为论据来使用的。诚实信用原则在"韩国政府采购案"、"美国综合拨款法第 211 节案"和"美国热轧钢反倾销案"中均有引用,而且也是为了加强法律推理和法律解释的说服力而引用的。

在程序问题方面,一般法律原则更被专家组和上诉机构多次引用。在"美国羊毛衫案"中,上诉机构认为"谁主张、谁举证"原则是大多数国家的国内法,也是国际法一般法律原则,从而为 WTO 争端解决机制确立了举证责任制度的基石原则。在该案中,上诉机构指出:"包括国际法院在内的许多国际审理机构,均普遍接受和适用这样一个原则:提出论断的一方,无论是申诉方还是被诉方,负责提供由此的举证。实际上,在大陆法、英美法以及绝大多法域中,普遍确立的证据规则是,举证责任应由起诉或辩护的一方(该当事方主张确认某一具体诉讼请求或抗辩)承担,而不论其是申诉方还是被诉方。如该方提供充足证据证明其主张成立,则举证责任转移到另一方,另一方如不能提供充足证据予以反驳,将败诉。"③

在"美国知识产权第 211 节案"中,上诉机构解释:国民待遇是国际法的一个古老的义务。本争议案的当事方和很多其他国家都是《巴黎公约》的缔约

---

① Panel Report, Turkey—Restrictions on Imports of Textile and Clothing Products, WT/DS34/R, para. 9.178.
② 参见 AB 报告,《巴拿马诉秘鲁》。
③ Appellate Body Report, US – Shirts and Blouses, p.14.

方，也是 WTO 的成员。如果没有《与贸易有关的知识产权协定》（Trips），没有 WTO，本争议的当事方也受 1967 年《巴黎公约》第 2（1）条国民待遇的规定的约束。

正如我们解释的，由于乌拉圭回合的谈判结果，1967 年《巴黎公约》的第 2（1）条成为 Trips 协定的第 2.1 条。《巴黎公约》的其他条款也并入 WTO 的 Trips 协定，成为 WTO 的涵盖协议中的一个协议。《巴黎公约》的法律义务也是 WTO 的法律义务。作为 WTO 成员，其法律义务是可以依据 DSU 执行的。

在 WTO 第一个案件——"美国汽油案"中，上诉机构指出 DSU 第 3.2 条反映总协定（GATT）承认的一项措施不能在与国际公法相隔绝的诊所内阅读总协定。[①] 笔者认为，从上述国际法渊源看，WTO 的 164 个成员通过和执行的 60 个多边贸易协议及涵盖协议（包括在涵盖协议内的其他国际条约）通过条约解释国际习惯法和国际法的一般原则引入 WTO 涵盖协议等，均证明 WTO 规则是广泛意义的国际法内容的一部分。

约翰·H. 杰克逊认为，WTO 体制从来都不是一个封闭的制度，即使是晚期，《关贸总协定》（GATT）、WTO 的判例也都提到了《维也纳条约法公约》和习惯国际法。

2006 年 7 月至 8 月国际贸易法委员会（ILC）的一个研究小组向 ILC 介绍了"国际法的碎片化问题的研究"——《国际法的多样化和扩展中的问题》分析报告中指出：毫无疑问，WTO 是自足的制度。DSU 第 23 条规定：当成员寻求纠正违反义务情形或寻求纠正其他造成适用协定项下利益丧失或减损的情形，或寻求纠正妨碍适用协定任何目标的实现的情形时，它们应援用并遵守本谅解的规则和程序。该规定即排除当事方在 WTO 体制之外，单方面确定违约或者采取在 WTO 之外的报复措施。[②]

该分析报告解释通常辩论国际法不应适用于管理 WTO 涵盖协议，因为国际公法是建立在国家主权的基础上，而贸易法的合法性是来自比较优势的理论。即使用解释国际公法的习惯法解释 WTO 涵盖协议，研究小组指出大多数律师都认为，WTO 与国际公法不是封闭的。贸易法的总的目的与原则更等同于

---

① In US – Gasoline, the Appellate Body Observed that Article 3.2 of the DSU "Reflects A Measure of Recognition that the General Agreement is not to be Read in Clinical Isolation from Public International Law".

② ILC，《国际法的多样化和扩展中的问题》，第 134 段。

贸易组织和专家观点，而不是传统的解释工具。自足体制与国际法的关系，前者是特殊法后者是普通法。特殊法优于普通法。国际法的作用是填补 WTO 法的空白。同时，国际法也在特殊法失败的情况下，提供补救措施。[1]

WTO 的案例[2]指出：WTO 法在自足的体制内继续使用国际法；上诉机构指出不能在与外界隔绝的诊所内阅读 WTO 法[3]。此后经常引用国际法的一般原则辅助贸易规则的解释。[4]

例如，根据《维也纳条约法公约》第 31 条和第 32 条的解释国际公法的习惯法解释 WTO 涵盖协议。[5]根据《维也纳条约法公约》第 31（3）（c）条，WTO 允许考虑适用于当事方的有关国际法的规则。在《维也纳条约法公约》之外，上诉机构也使用了其他国际法的规则。例如，在"美国虾案"中，上诉机构引用了 1992 年里约（RIO）声明和《联合国生物多样化公约》以及《联合国海洋法公约》，以便对 GATT 1994 第 20 条的"自然资源"一词的含义作出结论。该研究还指出：国际法是 WTO 法的补充，除非明确排除国际法的适用。

该报告的结论是：当下没有任何条约是完全体系自足的。即使是自足体制，也不是封闭的小圈子。当今的贸易法、环保法等没有一个明确的边界，也没有一个非常严格的确定规则的标准，因此，决策者必须平衡全部有关的考虑。[6]

综上所述，笔者认为不能将自足性与开放性对立起来。自足性是指 WTO 法律体系包括立法、执法和准司法的完整体系；开放性是指 WTO 法对其他国际法不是排斥的、封闭的。在 WTO 涉及的国际贸易以及与国际贸易有关的投资、知识产权等领域，很多其他国际法已经引入 WTO 的涵盖协议。WTO 的总则也包括环境保护、保护自然资源的合理利用、提高人民生活水平、可持续发展等社会发展和人权的内容。WTO 法根据解释国际公法的习惯法澄清 WTO 涵盖协议。[7] 因此，WTO 法是系统的、自足的，又是对其他国际法开放的。WTO

---

[1] "Failure" is defined as a situation arising when the special law has no reasonable prospect of appropriately addressing objectives, through persistent non-compliance or withdrawal by the parties.
[2] See Analytical Report, para. 165 onwards.
[3] Appellate Body Report, *US—Gasoline*, p. 17, DSR 1996: I, 3, at 16, see Analytical Report at footnote 218.
[4] Appellate Body Report, *US—Shrimp*, para. 151. See Analytical Report at footnote 219.
[5] DSU 第 3.2 条。
[6] 见国际法委员会关于国际法碎片化问题的研究报告结论。
[7] DSU 第 3.2 条。

法与其他国际法的分工与衔接由 WTO 的成员在多边谈判和制定与解释规则是进行协调，体现 WTO 是由其成员直接驱动的国际机构（Member driven institution）。笔者认为，WTO 法的统一和协调对减少国际法的碎片化是积极贡献。同时，WTO 法的完善和发展也需要整个国际法的发展与完善的大环境。例如，在过去的 20 年，国际知识产权立法为保护权利人的利益提高了知识产权的保护水平，延长了保护年限，有利于鼓励发明创造，体现了科技是第一生产力的重要性。但是为公共健康，也需要对于例如防治艾滋病等国际流行病的新药"强制许可"。这样才能公平地平衡权利人的独占权和公众健康的利益。另外，有一些国家以反对侵犯知识产权为由，而限制该产品的进口。国际社会也应该制定共同规则，防止以保护知识产权的名义限制进口。再如，国际环境保护规则的制定与完善，以及如何解决有关环境保护的争议，也需要在国际法的层面作出法律规制。另外，国际社会对于贩毒、淫秽、走私、洗钱等也应联手制定规则积极应对。

二 WTO 法与国内法的关系

世界上关于国际法与国（区）内法的关系，有一元论和二元论：一元论（monism）认为国际法与国内法属于同一法律体系[1]，或二元论（dualism）即国际法与国内法分开的法律体系。[2] 美国、欧盟通过立法对于 WTO 和其国内法采用二元论（dualism）。日本通过法院判例也采用二元论，即 WTO 法不在国内法院直接适用。

在美国，WTO 通过行政协议执行（executive agreement）。美国总统根据快轨（fast track）授权谈判《乌拉圭回合协议书》（URAA），该协议于 1994 年得到国会批准。WTO 法律在美国无直接法律效力（Section 102）；美国国际贸易法院决定 WTO 争议解决报告对美国法院无拘束力。美国加入了具有强制拘束力的 WTO。WTO 法构成对美国有拘束力的国际义务，由国会和总统负责保证美国法与 WTO 法的一致性。

欧洲共同体法院（ECJ）也裁决不直接适用 WTO 争议解决的报告。WTO 法有拘束力，必须由欧盟将 WTO 法的规定转换成国内法。

---

[1] 见 Ian Brownlie, Principles of PublicInternational law, pp. 31 – 33。
[2] 见上述脚注和 Dionisio Anzilotti。

无论是一元论还是二元论，当国际法与国内法冲突时，国家在该国际法下的义务不能免除。国家有义务使其国内法与国际义务相一致①。WTO协定第2.2条规定WTO涵盖协议对所有成员具有拘束力。WTO协定第16.4条还规定每一成员应保证其法律、法规和行政程序与WTO涵盖协议对其规定的义务相一致。

19世纪末叶以后，在国际法学界流行的是二元论，即认为是两个不同的法律关系，两者没有隶属关系，而处于同等的地位。两者之间的关系是彼此"转化"、"采纳"、"接受"等。他们认为，两者的主体、对象、渊源都不同：国际法的主体主要是国家，而国内法的主体主要是个人（包括自然人与法人）；国际法调整的对象主要是国家之间的关系，而国内法调整的对象主要是个人之间的关系；国际法的主要渊源是国际条约和习惯，而国内法的主要渊源是国内立法和习惯，等等。但是，这两个不同法律体系是互有联系的。国内法和国际法都是国家意志的表现，区别只是在于前者是一个国家的意志的表现，后者是协议的各国意志的表现。国内法和国际法同是国家制定的，区别之处在于：前者由一个国家独自制定，后者是由各国协议制定。因此，它们是互有联系的两个法律体系。

在实践中，各国对于解决国际法与国内法的关系主要的倾向是把国际法和国内法看作两个不同的法律体系。有些国家认为国际法是国内法的一部分，甚至作为一项基本原则在宪法中作了明文规定。这项原则并不否定国际法和国内法是两个不同的法律体系，也并不表明国际法高于国内法，或者国内法高于国际法，只是指明在国内，国际法要像国内法一样作为法律加以适用。国际实践还表明，国际法和国内法之间是彼此联系、彼此补充的。这种联系曾被说成国际法被"转化"、"采纳"或"接受"为国内法，而成为国内法的一部分。

国际法和国内法的关系可以从国际法和国内法两个方面来看。从国际法方面看，首先应该肯定，公认的国际法原则、规则和制度是各国所应遵守的，因此，任何国家都不能用国内法加以改变或否定。例如，国家不能以本国宪法或法律为理由来拒绝履行国家自己所承担的国际义务。国际常设法院就曾指出："一国不能引用其宪法以反对另一国，以便逃避其依据国际法或现行条约所承担的义务"②。另外，国家是主权国家，国际法也不能干预国家所制定的国内

---

① 见《奥本海国际法》，第84—85段。
② PICJ，波兰国民的待遇案，1932。

法。这是作为国际法基本原则之一的不干涉内政原则的一种体现。《联合国宪章》第2条第7项规定："本宪章不得认为授权联合国干涉在本质上属于任何国家国内管辖之事件"（见国内管辖事项）。事实上，在很多场合，国际法原则、规则和制度需要依靠国内法的规定加以实施，或者需要国内法的补充以使其具体化。

WTO争议解决机制处理一个成员的政府措施（governmental measure），包括法律法规本身（as such）；法律法规的执行（as applied），与涵盖协议的一致性问题。WTO争议解决将成员的国（区）内法律法规视为事实（facts），客观地审议该措施是否与WTO涵盖协议相符。

上诉机构审理案件时对于WTO成员的立法权和立法方式，不干涉成员的主权。当案件涉及当事方的国（区）内的法律法规时，将它视为政府措施的事实。由当事方提出的有关其国内法律与法规的内容并解释与论证该法律、法规与涵盖协议的一致性。当申诉方提出了表面上证据充分的案情说明被诉方的法律法规违反了涵盖协议的某些规定，被诉方提出反驳，如果被诉方可以推翻申诉方的指控，证明其政府措施符合涵盖协议，则不用修改其国（区）内被挑战的法律法规。如果被诉方不能证明其国（区）内法与WTO涵盖协议一致，DSB通过裁决要求被诉方修改或撤销其与涵盖协议不符的措施，即其国内（区内）法律法规，以使其措施与涵盖协议一致。

笔者注意到，目前多数的WTO成员实行二元制，即，WTO法与其国内法是分开的。WTO法不能直接在国（区）内法院执行。WTO成员政府对WTO负责，履行其国际义务，保证其国（区）内法以及其他措施与WTO涵盖协议一致。如果出现争议，成员政府向申诉方解释其法规与WTO的一致性。如果败诉，该成员政府必须按照DSB裁决修改或撤销其与WTO涵盖协议不一致的措施，包括国（区）内法规。中国执行DSB的裁决是很好的，得到WTO成员的一致赞许。

笔者认为，由于国际法在不断发展，国际法包含的内容很广泛、很复杂，例如，WTO法包括60个多边贸易协定，有一些是程序性的，还有新加入成员的议定书、关税减让表等。如果在中国的法律中强调国际法是国内法一部分，如果二者有矛盾以国际法优先。在国内法院直接适用国际法（例如WTO法），会造成某些解释问题、适用问题、法律效力问题等。为保证法律体系的安全性和可预测性，还是将WTO法与国内法分开为妥。由中国商务部归口对WTO负责,各部门协调落实中国的国际承诺。在国内要加强 WTO 法律知识的普及,在制定政府措施时,保证国内法规与 WTO 涵盖协议的一致性,履行中国的国际义务,也可以减少和避免 WTO 争议案件。另外中国政府通过积极参与多边贸易谈判、制定国际规则,使国际规则更多反映中国的经济发展需求以及中国的法律文化与解释。中国为国际法治做出了更大贡献。

三 审议标准（standard of review）

WTO 争议解决是解决 WTO 某一成员的措施,其包括法律本身（AS SUCH）和法律的应用（AS APPLIED）与涵盖协议不一致,致使另一成员在涵盖协议下的利益受到减损的争议。当上诉案件第一次提到审议标准时,上诉机构强调:DSU 第 11 条直接回答了审议标准的问题。该条款对于专家组确认事实和有关协议适用的最简要、足够清晰且适当的审议标准。DSU 第 11 条规定:专家组的职能是协助 DSB 履行本谅解和适用协定项下的职责。

因此,专家组应对其审议的事项作出客观评估,包括对该案件事实及有关适用协定的适用性和与有关适用协定的一致性的客观评估,并作出可协助 DSB 提出建议或提出适用协定所规定的裁决的其他调查结果。专家组应定期与争端各方磋商,并给予它们充分的机会以形成双方满意的解决办法。上诉机构解释 DSU 第 11 条的"客观评估"必须与涵盖协议的具体条款一起理解其所指的具体的合适的审议标准。上诉机构明确指出,DSU 第 11 条的审议标准对于成员内部的权力机构对事实的认证的结论既不是重新审议（de novo review）,也不是完全遵从（total deference）[①]。上诉机构理解重新审议时,一个极端为,专家组用自己的结论代替成员国内主管当局的结论（substitute）;[②] 另一个极端是完全遵从（total deference）。上诉机构理解专家组接受国内权力机构的结论而不做积极的审查。上诉机构认为,适当的审议标准是在以上两个极端中间的挑剌和探讨地分析（critical and searching analysis）。[③]

虽然上诉机构解释 DSU 第 11 条确定的审议标准一般适用于所有的 WTO 争议解决案件,但是客观评估没有明确 WTO 专家组对成员国内的决定的监督程度。客观评估的要求可以理解为公平、一碗水端平、平等地对待或者公正对待

---

① AB 报告,《欧盟荷尔蒙案》,第 118 段。
② 参见 AB 报告,《美国软木案》。
③ 参见 AB 报告,《美国软木案》。

成员国内权力机构的决定。或者理解为专家组对国内的事实认定具有一定的自由裁量权。上诉机构创始成员 Ehlermann 和 Lockhart 法官指出：无论使用的审议标准赋予多少自由裁量权，专家组都可以对成员的措施进行客观评估.① 为此，上诉机构裁定：DSU 第 11 条的客观评估必须与有关的涵盖协议的义务一起理解，以便得出更具体的适当的审议标准的涵盖内容。② 专家组的客观评估必须重点分析国内调查机关的记录的证据是否客观地支持国内的调查结论，是否有足够的推理，调查机关的说理是否协调一致地支持采取保障措施和确定反倾销税、《保障协定》和《反补贴协定》要求国内调查当局必须按照协定的具体程序进行调查。在审议成员当局的调查是否符合 WTO 的协定时，专家组不是事实的初步审议者，而是对成员当局对于事实的认定和对法律的解释做第二层次的审议。③ 这种职权的分工说明了在协定下的审议标准，专家组对于成员当局的裁定给予某些遵从。④ 因为成员调查当局更方便收集证据和分析案情，以便做出裁决。WTO 的审议标准要求专家组客观地评估。在"美国铅和铋案"中，上诉机构拒绝了美国关于《反倾销协定》的第 17.6 条的审议标准适用于专家在《反补贴协定》下的审议标准的请求。一般来说，专家组在第 11 条的客观评估的仔细审查的程度不是很明确。在"美国羊肉案"中，上诉机构指出

---

① Ehlermann and Lockhart, *supra*, footnote 2, p. 495. See also, A. T. Guzman, "Determining the appropriate standard of review in WTO disputes" (2009) 42 *Cornell International Law Journal* 45, p. 48.

② Appellate Body Report, *US—Countervailing Duty Investigation on DRAMS*, para 184. In this particular case, the Appellate Body was "especially mindful" of Articles 12, 19, and 22 of the *SCM Agreement.* See also Appellate Body Report, *US—Softwood Lumber VI (Article 21.5—Canada)*, para. 95, where the Appellate Body stated that "[i]n disputes involving a threat of injury determination under the *Anti-Dumping Agreement* and the *SCM Agreement*, the provisions of the two Agreements relevant to the standard of review include: Articles 3.1, 3.5, 3.7, 3.8, and 12 of the *Anti-Dumping Agreement*; and Articles 15.1, 15.5, 15.7, 15.8, and 22 of the *SCM Agreement*"; and Appellate Body Reports, *US—Continued Suspension* and *Canada-Continued Suspension*, paras. 590 and 591, where the Appellate Body relied on the requirement that an SPS measure be "based on" a risk assessment in Article 5.1 of the *SPS Agreement* to derive the appropriate standard of review.

③ This applies exclusively to countervailing duty measures imposed under the terms of Articles 10-22 of the *SCM Agreement*. The Appellate Body has held that panels reviewing a "serious prejudice" claim under Article 6.3 (c) of that Agreement act as the first trier of facts and therefore have the responsibility to gather and analyze relevant factual data and information. (See Appellate Body Report, *US-Upland Cotton*, para. 458)

④ Deference to determinations made by domestic authorities.

专家组的审议仔细程度与申诉方的具体诉求有关。

《保障协定》和《反补贴协定》提出成员当局的两项义务：第一，协定提出调查当局收集证据和审查的程序性要求；第二，对成员调查当局裁定的性质和内容以及决策等实体义务的要求。

上诉机构在"美国羊肉案"中指出：《保障协定》第 4.2 条对专家组的"客观评估"有两点要求：1. 专家组审议成员权力当局是否审查了全部有关的成分（all relevant factors）；2. 专家组必须审查成员权力当局是否提供了有理由的与适合的解释事实如何支持其结论的。[1]

以上审议标准也被称为完全和深入地审议调查当局审查证据的合理性（completeness or thoroughness）。[2] 专家组应该审议成员调查当局采用的证据的证据力（the probative value of a piece of evidence）。根据证据的精确度以及在调查当局记录的全部证据，仔细评估所选用的证据的证据力。

专家组应该仔细审议成员调查当局的推理是否保持一致协调。专家组也应该深入审议成员调查当局对待证据的态度与解释，以及仔细审查成员调查当局公布的解释是否根据确定的证据支持其推论和最终的结论。[3]

1. 《反倾销协定》的审议标准

《反倾销协定》规定了专项的审议标准。

> 该协议第 17.6（i）条规定：在评估该事项的事实时，专家组应确定成员主管机关对事实的确定是否适当，及他们对事实的评估是否无偏见和客观的。如事实的确定是适当的，且评估是无偏见和客观的，则即使专家组可能得出不同的结论，而该评估也不得被推翻。

根据《反倾销协定》第 17.6（i）条的规定，专家组和调查当局扮演不同的角色。上诉机构指出：调查当局负责事实的调查以便确定总的倾销和损害。专家组的任务仅仅是审议成员调查当局确定和评估的那些事实。[4] 无论是 DSU

---

[1] A Reasoned and adequate explanation of how the facts support their determination. See Appellate Body Report, *US—Lamb*, para. 103.

[2] M. Oesch, "Standards of Review in WTO Dispute Resolution"（Oxford University Press, 2003）, p. 119.

[3] Appellate Body Report, *US—Lamb*, para. 93.

[4] Appellate Body Report, *US—Hot-Rolled Steel*, para. 55.

第 11 条还是《反倾销协定》(ADA) 第 17.6 (i) 条都要求专家组审议有关事实并作客观评估,两个条款对专家组的要求仔细审议事实没有矛盾。在反倾销案件中,专家组必须审议成员调查当局对事实的评估是否无偏见和客观。上诉机构认为,专家组根据《反倾销协定》第 17.6 (i) 条作为事实的审查者,享有一定的自由裁量权。但是该条款没有授权专家组做重新的、独立的事实认定。① 上诉机构指出:第 17.6 (i) 条的目的是防止专家组对调查当局是否对事实的评估是无偏见和客观的和适当的,做第二次猜测 (second – guessing)。②

关于《反倾销协定》第 17.6 (ii) 条的审议标准,至今 WTO 的案件未涉及,因此也没有相关的法律解释。笔者亲历"欧盟诉美国持续归零上诉案",其中涉及第 17.6 (ii) 条,但是不涉及专家组对成员调查当局的审议标准。那个案子需要解答的法律问题是如何解释《反倾销协定》第 9.3 条,即反倾销税不能高于倾销幅度。根据第 17.6 (i) 条解释国际公法的习惯法对《反倾销协定》第 9.3 条已经做出明确的解释。使用第 17.6 (ii) 条能够对第 9.3 条作出相反的解释吗?答案很清楚:不能。

2. 其他协议的审议标准

《商品检验检疫协议》(SPS) 和《技术贸易壁垒协议》(TBT) 均没有审议标准的规定。SPS 协议要求成员提供必要的科学证据来证明其 SPS 措施是根据风险评估而采取的。SPS 第 2.2 条和第 5.1 条要求其成员没有足够的科学证据不得继续采用一项 SPS 措施。在欧盟荷尔蒙案件中,上诉机构指出:第 5.1 条不要求每一个成员做自己的风险分析。一项 SPS 措施很可能由另一个成员的风险分析或者某个国际机构做的风险分析得到论证。③

SPS 协议没有条款分配专家组的审议权限和成员的权力部门的职能权限。上诉机构在"美国持续中止案"中指出:风险分析是 WTO 成员的任务。专家组的任务是审议该成员的风险分析。当一个专家组逾越了该授权的界限,成为一位风险分析员,则用专家组自己的科学判断代替风险评估的科学评估,做了重新审议,结果是专家组逾越了 DSU 第 11 条规定的职能。所以专家组的审议权力不是确定 WTO 成员的风险分析正确与否,而是鉴定 WTO 成员的风险分析

---

① Appellate Body Report, *Mexico—Corn Syrup (Article 21.5 – US)*, para. 84.
② Appellate Body Report, *Thailand—Beams*, para. 117.
③ Appellate Body Report, *EC—Hormones*, para. 190. (emphasis added)

是否有协调一致的推理并支持和尊重科学证据,是客观的和有依据论证的。①

在"新西兰诉澳大利亚苹果案"中,上诉机构指出SPS第5.1条要求专家组不得做重新审议。但是在SPS第5.6条必须审查可替代的措施是否符合该成员设立的SPS恰当的保护水平。在"苹果案"中,上诉机构维持专家组在SPS第5.1条中的审议标准。② 然而,在SPS第5.6条中,专家组不应该对某成员国内SPS措施完全使用第5.1条的"尊重"。专家组对于SPS第5.6条的措施应该使用更严格的审查科学性的标准,因而,比较少地使用"尊重"某成员的内部措施。

因此,上诉机构裁定专家组依赖第5.1条对风险评估"给予尊重采纳"的审议原则用于第5.6条"关于恰当的保护水平"是错误的。上诉机构推翻了专家组关于第5.6条的认定。

笔者观察到,在WTO的争议解决中,审议标准(例如,如何处理专家组、上诉机构权限与WTO成员调查当局的权限,如何分辨法律与事实的关系)都是很敏感的问题。WTO争议解决中的审议标准涉及成员内部的司法和行政管辖权,特别是涉及国内对事实认证程序,例如在反倾销、反补贴和保障措施、TBT、SPS措施与WTO不一致时的审议标准。审议标准是指专家组和上诉机构审议该成员的措施是否与涵盖协议相符时,审议的性质和深度。审议标准是在国际裁判机构的审判权和成员国(区)内的立法和行政当局自由裁量权之间划一个界限。上诉机构在"欧盟荷尔蒙案"中首先指出,WTO的审议标准必须反映成员让与给WTO的管辖权和成员留给自己的管辖权之间的平衡。③ WTO不干涉其成员的国内立法权。成员承诺遵守WTO法,使其国内措施与WTO涵盖协议必须保持一致。WTO将成员公布的法律视为事实,审议该事实与WTO涵盖协议的一致性。

另外,由于WTO专家组与上诉机构的内部分工不同,这也涉及事实与法律的问题。根据DSU第11条专家组可以审理案件的事实和法律适用,根据DSU第17.6条规定,上诉机构仅受理专家组报告中的法律问题和法律解释。如果当事方未提起DSU第11条之诉,上诉机构拒绝审理涉案的事实问题。当

---

① Appellate Body Reports, *US—Continued Suspension* and *Canada – Continued Suspension*, para. 590.
② 见上诉机构报告,《新西兰诉澳大利亚苹果案》,第217—231段。
③ AB报告,《欧盟荷尔蒙案》,第115段。

事方经常提起 DSU 第 11 条的上诉，指控专家组没有履行客观评估的义务，上诉机构认为审议专家组是否客观地评估有关的事实，虽然由此涉及对有关事实的审查，但是这种审查属于法律特征的认定问题（legal characterisation），也是法律问题，这是在上诉机构权限之内。笔者认为，实践中完全区分事实与法律是很困难的，主要依靠 DSU 第 11 条，即专家组应客观地审议①；DSU 授予专家组调查权，可以向任何个人或机构索取信息的权利（DSU 第 13 条）；WTO 专家组和上诉机构对成员国（区）内权力机构的法律决定事实持遵从态度（deference），并且 WTO 不做重新调查（de novo review principle）。事实上，上诉机构采用中间做法，既不是完全遵从，也不是重新调查，而是"客观分析"。②

笔者体会 WTO 争议解决要做到成员的权利与利益的平衡。DSB 规定争议解决机构的建议和裁定不能增加和减损 WTO 涵盖的协议赋予成员的权利和义务（DSU 第 3 条）；上诉机构审查专家组是否正确解释有关争议的 WTO 条款；不对专家组报告的事实部分重新调查，仅审专家组是否客观分析案情，以及审专家组如何正确依据事实适用法律；最后，WTO 规则不是僵硬的、脱离实际的；③ 要根据事实做出有说服力的裁决。

四 关于"先例"（Precedent）的理论与作用

WTO 不是大陆法也不是英美法。WTO 没有先例的强制拘束力的规定（No stars decisis），其个案的特征（case specificity）与法律问题不完全相同。专家组和上诉机构的报告一旦由 DSB 通过，则对争议的当事方有拘束力。先例对以后的案子无拘束力，但具有法律的期待（Legal expectation）。因为专家组和上诉机构经常引述同类案件的决定，以便保持一致性、稳定性和可预测性（consistency and predictability）。

通常说，法官对同样案件的处理意见应类同。国际法院（ICJ）章程第 59 条明确，其很大程度上依赖先前的判决（considerable reliance on the value of pre-

---

① Art. 11: objective assessment of the matter before it, including an objective assessment of the facts of the case and the applicability of and conformity with the relevant covered agreements.
② See AB Report, EC Hormones.
③ WTO rules are not so rigid or so inflexible as not leave room for reasoned judgments in confronting the endless and ever changing ebb and flow of real facts in real case in the real world. See Taxes on Alcoholic Beverages case.

vious decisions）。

先前的判例的作用在不同的法系有不同的规定。先例两种：一种为强制性的，即其他法院必须遵守（称为"stare decisis"）；另一种先前的判例不是强制性的，但是有说服力，因此法院遵守有说服力的先例（persuasive precedent）。具有拘束力的判例分为水平拘束和垂直拘束。上诉法院的判决对水平平行的法院有拘束力。垂直拘束是指下一级法院受上一级法院判例的拘束。

遵循先例（Stare Decisis）定义先例的理论是一个法院在诉讼中裁定一个相同问题时，必须遵守先前的司法判决。① 遵循先例原则建立一种法律期待，也有利于法律的确定性。遵循先例包含公平性，即相类似的案件、相类似的法律问题，用相类似办法裁定。② 先例的强制性适用表明法律是一致、普遍适用的，而不是根据个别的解释或者法官个人的意志决定。引用先前判例的法律分析与解释，不需要每一个法官对每一个案子重复解释类似的法律和推理。普通法系的法官一般都遵循先例。但是也有推翻先前判例的时候，例如严格遵循先例会影响法律的发展，或因为有时也会造成裁判的不正义。

在大陆法系中，一个先前的法院判决对之后相类似案件的审判没有法律拘束力。《法国民法典》第5条禁止法官指定使用未来案子的普遍适用的规则。③ 但是，在一个法院的判决公之于众后，百姓对未来类似的案子有合理正当的期待，因此，为保证法律的稳定性和安全性，法官也会引用先前的类似问题的判决。④ 事实上大多数的较低一层法院都遵循高一层法院的先前判例。

《国际法院规约》第59条和第38条规定先前判例的作用。第59条规定：法院裁决仅对那个特定案件的当事人有拘束力，此外无法律拘束力。⑤

---

① "Stare decisis" is defined as "[t]he doctrine of precedent, under which it is necessary for a court to follow earlier judicial decisions when the same points arise again in litigation." See *Black's Law Dictionary*, p. 1414.
② In that similar cases raising similar legal questions are decided in a similar way.
③ Article 5 of the French Code Civil, for instance, forbids judges to lay down rules of general application to govern future cases.
④ 例如，根据 Alexyhe Dreier 统计，德国最高法院刑事案件 95.94% 和法国最高法院民事案件 99.29% 都引用了先前的判例。[R. Alexy and R. Dreier, "Precedent in the Federal Republic of Germany," in Neil MacCormick and Robert Summers, Interpreting Precedents—A Comparative Study (Ashgate, Dartmouth, 1997), p. 23. 根据德国法，联邦宪法法院的判决是法定地具有垂直拘束力的。
⑤ Article 59 IJC provides that "the decision of the Court has no binding force except as between the parties and in respect of that particular case."

无论接受或不接受有拘束力的先例理论，法院一般遵守相类似的问题的先前法院的判例。因为，这些先例的判决是法律经验的积累和存档。它们遵循过去法院认为是好的法。这是保持法律稳定和安全，也是有序管理司法裁决的核心。除非特别的原因和重要理由，法官不会承认之前的判决是错误的。①

国际法院法官 Shahabuddeen 指出，尽管法院未规定先例可被视为具有拘束力的法律，但是从实践出发，他们遵守先例，除非他们认为没有正当的理由遵守该先例，或者认为该先例明显是错误的，或者该先例不能适应国际社会发展的新条件。②

在其他国际法领域（例如，WTO 法），没有先例拘束的规则（no rule of stare decisis in WTO law），WTO 争议解决案件的已经通过的一项裁决对于之后的专家组或者上诉机构的受理的案件不具有法律拘束力。

通过的专家组和上诉机构的报告对其他人没有法律拘束力，该报告仅仅对某项特别的争议案件的当事方有拘束力。③然而，上诉机构指出已经通过的专家组或上诉机构的报告在 WTO 成员之间产生正当的法律期待，④ 因此，在相关的案件中，应该考虑先例，特别是相同的问题。这与争议解决的宗旨相关，即为多边贸易体制提供安全性和可预测性。⑤

关于 GATT 专家组报告中先例的价值，杰克逊（Jackson）于 1994 年写道："一般说来，争议解决的程序、法庭的意见都没有先例的效应。GATT 的一些专家组裁决有意识地偏离之前专家组的裁决。专家组认为这是在他们的权限之内。尽管专家在其报告中列举之前专家组的裁决。但是清楚地表明这是事实上先例的影响，而不是需要严格遵守的先例。"⑥

---

① Lauterpacht, p. 14.
② Shahabuddeen, p. 12.
③ See Appellate Body Report, *US – Softwood Lumber V*, paras. 109 – 112; Appellate Body Report, *US – Shrimp (Article 21. 5—Malaysia)*, para. 109; and Appellate Body Report, *Japan – Alcoholic Beverages II*, pp. 1215, DSR 1996: I, 97, at 106 – 108.
④ Adopted panel and Appellate Body reports create legitimate expectations among WTO Members.
⑤ This is also in line with a key objective of the dispute settlement system to provide security and predictability to the multilateral trading system.
⑥ J. Jackson, "The Legal Meaning of a GATT Dispute Settlement Report", in N. Blokker and S. Muller (eds.), *Towards More Effective Supervision by International Organizations: Essays in Honour of Henry G. Schermers* (Martinus Nijhoff, 1994), p. 158. [original footnote] I. Brownlie, Principles of Public International Law 21 (4th edition, 1990). Art. 59 Statute of the ICJ, signed 26 June 1945, 59 Stat. 1055, TS 993.

上诉机构第一次在"日本酒精饮料案"中谈到先例的价值。上诉机构推翻了专家组认定其报告是《维也纳条约法公约》第31.3（B）条的"嗣后实践"（subsequent practice），然而，上诉机构指出这些报告在WTO成员中建立了"合法的期待"（legitimate expectations），所以在其他有关的案件中应该参考。

WTO建立常设的上诉机构导致先例被引用的次数增加。当上诉机构维持专家组依据先例进行裁定的同时也提高了先例对其他案件裁决中的影响力。

上诉机构在"日本诉美国归零案"中指出：在我们的分析中，我们理解第17.6（Ⅱ）条的审议标准。然而，我们认为在本上诉案件中没有给予第17.6（Ⅱ）条的空间。因为我们认为，《反倾销协定》第2.4、2.4.2、9.3、9.5条和GATT 1994第4.1和4.2条应根据解释国际公法的习惯法解释，第17.6（Ⅱ）条不接受对我们面临的归零有关条款的另外一种解释。[①] 在"美国不锈钢（墨西哥）案"中，上诉机构指出：尽管上诉机构的报告对于之后的专家组没有法律拘束力，但是专家组也不能自由地偏离已经通过的上诉机构先前报告中的解释与判决。上诉机构还说，解决争议的实践表明，WTO成员特别重视先前通过的专家组和上诉机构报告的推理和法律解释。争议解决机构通过的专家组和上诉机构的报告已经成为争议解决制度中的财富。为保证争议解决的安全性和可预测性，没有正当理由，裁决机构在之后的案子中用相同的方式解决相同的法律问题。

在级别管辖方面，专家组与上诉机构扮演不同角色。为加强多边贸易体制的争议解决，乌拉圭回合建立了常设的上诉机构。根据DSU第17.6条，上诉机构被赋予审议专家组报告中的法律问题和法律解释的权力。DSU第17.13条规定上诉机构可以维持、修改或推翻专家组的结论。保证争议解决的安全性和可预测性以及积极正确地解决争议是关键。上诉机构指出，其非常担心专家组偏离已经对同一个法律问题做出明确解释的先例是由于专家组对涵盖协议条文的错误理解。这将影响争议解决机制的正常运行。[②] 在之后的上诉案件中，上诉机构重申了关于归零的决定和法律依据，例如，"美国继续使用归零案"，"美国大型飞机案"，以及"美国香草烟案"、"加拿大美国软木案"等。在第21.5条的遵守案件中，专家组审查新的措施是否符合了已经通过的专家组和上诉机构报告。专家组不应该重新审查原来通过的报告中的法律解释。专家组受

[①] Appellate Body Report, *US—Zeroing (Japan)*, para. 189.
[②] Appellate Body Report, *US—Stainless Steel (Mexico)*, paras. 160-162.

到原报告的法律解释的约束。① 在"美国诉墨西哥不锈钢案"的上诉中，上诉机构认定，上诉机构和之后的专家组都引用上诉机构在前一个案子的裁定。

专家组是否有充分的理由不遵守上诉机构的决定？

由于上诉机构的裁决是终局的，按垂直管辖，专家组要遵循上诉机构的先例，没有正当理由，不能偏离先例。上诉机构在裁定案子和做法律解释时特别慎重。有时上诉机构对其先前的解释偏离，新的解释更符合谈判者在制定条文时的真实意图或者适应新的发展。例如，在"美国虾案"中，在先前的案子中可游动的鱼虾不被视为可用竭的自然资源。根据有关国际公约，在之后的案子中将鱼虾等也视为可用竭的自然资源，适用第20（g）条。在"中国的原材料出口案"，上诉机构认定由于《中国加入议定书》未用文字表明第20（b）条的适用，另外《中国加入议定书》第11.3条已经有例外条款，所以第20（b）条不适用。然而，在"中国稀土案"中，上诉机构特别指出，无论有否文字联系（Textual Linkage），第20条例外的适用与文字联系无关。

关于GATT 1994第3条（国民待遇）而言，上诉机构关于GATT 1994第3.4条"不低于的待遇"，上诉机构经常集中分析涉案措施是否改变了竞争条件对进口产品造成不利的影响。然而在"多米尼加进口和销售香烟案"中，低于优惠的待遇不是取决于进口香烟的外国原产地（does not depend on the foreign origin of the imported cigarettes）。②在之后的GATT 1994第3.4条中，上诉机构没有提到产品的外国原产地（no reference to the origin of the product）。③在"美国诉墨西哥金枪鱼案"中，专家组依据外国原产地，认为墨西哥的金枪鱼没有违反TBT协定第2.1条。上诉机构不同意专家组的该项分析和认定。上诉机构在"日本烈性酒饮料案"中指出：第3条的广泛和基本的目的是避免使用内部税或者规定措施达到保护主义的目的。特别是，保证内部措施对进口产品或国产品的应用为保护国内生产的目的。为此，第3条要求WTO成员为进口产品与国内产品提供同等的竞争条件。④

在"泰国菲律宾香烟案"中，上诉机构指出，分析"低于"的待遇要审

---

① 见上述"美国不锈钢案"的 AB 报告。
② Appellate Body Report, *Dominican Republic – Import and Sale of Cigarettes*, para. 96.
③ Appellate Body Report, *China—Auto Parts*, and Appellate Body Report, *Thailand—Cigarettes (Philippines)*.
④ Article III obliges Members of the WTO to provide equality of competitive conditions for imported products in relation to domestic products.

查涉案措施是否改变了有关市场的竞争条件并对进口产品产生了不利的影响。上诉机构还指出对进口产品与国内产品的正式的差别待遇既不必要也不能充分地证明违反了第3.4条。①

五 举证责任（burden of proof）

举证责任是指民事案件当事人，对自己提出的主张有收集或提供证据的义务。中国《民事诉讼法》规定：当事人对自己提出的主张，有责任提供证据。

证明责任包括行为意义上的证明责任和结果意义上的证明责任这两层含义。前者是指对于诉讼中的待证事实，应当由谁提出证据加以证明的责任，又称形式上的证明责任、主观的证明责任、提供证据的责任；后者是指当待证事实的存在与否最终于真伪不明状态时，应当由谁承担因此而产生的不利法律后果的责任，又称为实质上的举证责任、客观的举证责任、说服责任。

举证责任制度最早产生于古罗马法时代。古罗马法上关于举证责任制度的规定可以概括为五句话："原告对于其诉，以及其诉请求之权利，须举证证明之"；"原告不举证证明，被告即获胜诉"；"若提出抗辩，则就其抗辩有举证之必要"；"为主张之人负有证明义务，为否定之人则无之"；"事物之性质上，否定之人无须证明"。可见，罗马法就举证责任确认了两个基本原则：其一为"原告有举证责任之义务"，它是"无原告就无法官"这一古老法则在证据法上的映现；其二为"为主张之人有证明义务，为否定之人则无之"，即"肯定者应负举证，否定者不负举证责任"。当时的证明责任制度已经比较健全，就此，奠定了"谁主张、谁举证"的证明规则。对后世产生了巨大的影响。

罗马法的举证规则在历经中世纪的寺院法的演变之后，到了德国确立了原告就其诉讼原因的事实举证，被告就其抗辩的事件事实举证的一般原则。此为首次将举证责任分为主观的举证责任和客观的举证责任。英美法系国家的学者一般认为举证责任的含义有两个：证明负担和举证负担。如果主张者就事实主张提供证据加以证明，对方当事人就产生了提供证据加以反驳的义务。对方当事人如果不提供证据反驳，法官便认定该事实无争议，也把它作为法律问题作出不提供证据一方当事人败诉的判决。

---

① "[A] formal difference in treatment between imported and like domestic products is … neither necessary, nor sufficient, to show a violation of Article III: 4".

英美法系国家在举证责任分配规则上则集中体现了抗辩式的诉讼方式，这使负担对抗说得以成立。其司法裁判将任何一方提出的有关诉讼请求都视为一种抗争，案件事实对证据所提出的本质要求取决于哪方当事人就某一事实主张而承担总体上的举证责任以及适用何种标准。

事实上，两大法系的举证分配规则在一定程度上具有兼容性和互补性，而举证责任分配规则的运用，在审判实践中有助于一些特殊情形下，仅凭相关程序法和实体法并不能解决根本问题的案件。

WTO没有证据标准和关于举证责任的规定。上诉机构在其报告中对举证责任有明确的裁定。上诉机构最早和最有影响的案例是"美国羊毛衣和衬衫案"。在该案中，上诉机构指出：对于举证责任，我们认为，如果简单的诉求可以视为证据，任何一个司法解决争议都是困难的。一般国际审判庭（包括国际法院）一直接受和使用这一原则，即无论是申诉方还是被诉方主张一个事实，他必须提供证明。一个被大陆法和英美法和事实上绝大多数的司法体系普遍接受的证据原则是无论胜诉方或被诉方必须确定他提出的某项特别的诉求或抗辩。如果他提出的证据足以证明它的诉求是真实的假设，证明的负担就转给另一方。除非被诉方提出足够的证据驳倒申诉方的假设，否则被诉方败诉。①

2008年，笔者在与Tanikuqi、Jeorgio等上诉机构的法官参加康奈尔大学的WTO讨论会时，一位主讲人质疑上诉机构的以上裁决，认为负责举证责任的一方直到完成举证责任，这是申诉人固有的责任，不应该转换（shift）举证责任。Philishiano法官参与了该案报告的起草。他在上诉机构业务讨论会上解释说：这不是申诉方自身举证责任的转换给被诉方，而是法庭辩论分析的秩序（analytical order）由申诉方申辩转为被诉方的抗辩。

上诉机构在"欧盟荷尔蒙案"中进一步发展了举证责任的规则：在任何SPS诉讼中，专家组首先安排诉讼各方的证明负担的分配。申诉方承担初始的证明负担，必须提出被诉方违背了SPS哪个条款的表面证据充分的案情，② 或者控告的违背SPS条款的详细情况。申诉方完成表面证据充分的诉求后，证明责任转移到被诉方。被诉方反驳指控的违法性。这与"美国羊毛衣和衬衫案"的裁决相同，专家组在对抗程序中引用了举证责任分配制度。同时，应当记住如果被诉方不能有效地反驳申诉方提出的表面证据充分的案子，专家组应该从

---

① Appellate Body Report, *US—Wool Shirts and Blouses*, p. 14, DSR 1997: I, 323, at 335.
② A prima facie case of inconsistency with a particular provision of the SPS Agreement.

事实或法律方面做出有利于表面证据充分的申诉方的判决。①

关于证据和证明的标准，WTO法没有规定。在"美国羊毛衣和衬衫案"中，上诉机构认为，在定量分析证明时要有一定的灵活性。证据的多少和准确性，取决于各案所涉及的条款和措施的具体情况。

大多数法官和专家认为，证据力用"各种可能性的平衡"（balance of probabilities）来衡量。也有学者对于特别类型的申诉提出用"超过合理怀疑"（beyond a reasonable doubt）作为证明标准。由于WTO争议解决的案件涉及某一成员政府措施与WTO涵盖协议的一致性问题，而政府措施都是公布的，因此一般采用"各种可能性的平衡"对证据进行权衡与比较（weighing and balancing of the evidence）。这与刑事或民事案件不同，后者由于其证据的不确定性，一般用"可以超过合理的怀疑"鉴定证据力。

在"美国网上赌博案"中，上诉机构指出：表面证据充分的诉状应该能充分证明涉案措施、有关的WTO条款的基本义务，并能解释违法措施的依据所需要的最低证据和辩论词。②

在"美国碳钢案"中，上诉机构指出：该证据应该包括有关立法的文件以及证据、连续使用该法规的情况、法院对于该法规含义的司法解释、法律专家的意见、著名学者的文章。根据各案的差异，满足证明的证据的性质和类型有所不同。③

上诉机构在"巴西诉美国高地棉花（21.5条）案"中指出：我们认为对于同样的可能性，数据资料得出相反的结论。专家组根据措施的结构、设计和运行，从数量证据得出两个类似的结果，足以证明GSM102项目运行有亏损。因此，我们认为巴西成功地证明GSM102项目获得利润不足以弥补长期运行的成本和亏损。④

在"印度附加税案"中，上诉机构认为美国应该提出一个证据充分的诉状说明印度的措施是在GATT 1994第2.2条之外的。美国坚持认为第2.2条是一个例外规定，应该由被诉方为其措施辩护，否则该措施违反第2条。上诉机构认为这不是被诉方的举证责任提出一个肯定的抗辩。GATT 1994第2.2（a）条

---

① Appellate Body Report, *EC—Hormones*, paras. 98 and 104.
② Appellate Body Report, *US—Gambling*, para. 141.
③ Appellate Body Report, *US—Carbon Steel*, para. 157.
④ Appellate Body Report, *US—Upland Cotton (Article 21.5 – Brazil)*, para. 321.

和第 2.2（b）条是相连的条款，应当放在一起解读。美国应该提出表面证据充分的初步诉状证明涉案措施不违反第 2.2（b）条，涉案措施违反第 2.2（a）条①。

上诉机构指出对于申诉方提出关于违反第 2.2（a）条的证据不是不正当的负担。第 2.2（a）条的执行取决于涉案措施的内容以及对边境费用与内地税的关系的确认。②

上诉机构认为，专家组要求美国证明印度的措施不能被第 2.2（a）条证明其正当性没有错误。但是由于专家组对第 2.1（a）条和第 2.2（a）条解释的错误，因此，专家组在本中没有就美国是否满足其举证责任得出适宜的结论。在"美国持续使用归零案"中，上诉机构指出，如果证据必须标明一项具体的事实，致使在任何情况下都得不出结论，除非那个事实的存在。我们同意这比分析某个证据是否符合证明的负担的要求更严厉。③ 上诉机构不同意专家组要求在所有的情况下，用必要的证据说明使用了归零的方法。上诉机构批评专家组未审查全部证据，而要求特别的证据证明使用了简单的归零的方法。上诉机构批评专家组在证明责任上，错误地强调其使用的标准。上诉机构审查了专家组记录的全部证据（in its totality），发现欧盟证明美国在七个反倾销复审案中五个使用了简单归零，上诉机构对这五个归零复审案完成了法律分析，其他两个复审案未完成法律分析。④

关于证据力问题，上诉机构指出，专家组不能让当事方猜测需要何种证明。专家组不能为某个当事方办案。DSU 第 11 条要求专家组向当事方验证证据，必要时可以索取进一步的信息，以便评估证据的价值并确定该证据是否满足了当事方的举证责任的要求。专家组可以客观地分析申诉方是否已经完成了表面上证据充分的诉状。⑤

在"墨西哥诉美国金枪鱼 II 案"中，上诉机构关于证明负担的分配指出：在 TBT 协定第 2.1 条，申诉方必须证明其对进口产品的待遇低于被诉方的同类国产品或者低于对从任何其他国家进口的同类产品的待遇，为了能成功地证明"低于"的待遇，申诉方可以提供证据和论据充分说明涉案措施不是被同等对

---

① Appellate Body Report, *India—Additional Import Duties*, para. 191.
② Appellate Body Report, *India—Additional Import Duties*, para. 193.
③ Appellate Body Report, *US—Continued Zeroing*, para. 335.
④ Appellate Body Report, *US—Continued Zeroing*, para. 348.
⑤ Appellate Body Report, *US—Continued Zeroing*, para. 347.

待的（even-handed），说明该涉案措施不符合第 2.1 条。然而，如果被诉方能证明该案措施对进口产品的不利影响排他性地仅仅来自合法的规制的差异，则该被挑战的措施即是符合第 2.1 条的。①

在第 2.2 条的证明责任的分配上，上诉机构指出：为建立表面证据充分的诉状，申诉方必须提供证据和论据确定涉案措施对贸易的限制超过为实现合法目标所必需的限度，同时考虑合法目标未能实现可能造成的风险。在准备表面证据充分的诉状时，申诉方也可以指出一个对贸易限制度低、对实现政策目标有同等贡献、合理存在的替代措施。然后，被诉方反驳申诉方的表面证据充分的诉状，举出证据和论据说明涉案措施对贸易的限制没有超过为实现合法目标所必需的限度。申诉方提出的替代措施不是合理存在的、不是贸易限制更低，也不能对实现有关的合法的目标作出同等贡献。②

六 条约解释（Treaty Interpretation）：兼论世贸组织上诉机构对条约解释的贡献*

对于大多数涉及国际条约的争端解决程序而言，条约解释是具有实际意义又魅力无穷的部分。随着国际条约和协议的不断增多，例如，2800 多个保护投资双边条约（BITs），400 多个自由贸易协议（FTA），和构成《建立世界贸易组织的马拉喀什协议》的将近 60 个涵盖协议、谅解和决定，条约解释的重要性日渐突出。《维也纳条约法公约》③ 由一套适用于条约解释的单一规则构成。这些国际公法的解释规则中，许多规则已成为惯例，并在世界范围内被接受为解释国际条约的工具。

在 1980 年初，笔者于世界银行担任法律顾问，并在协助国际投资争端解决中心（ICSID）副秘书长乔治·德拉姆编纂 ICSID 发布的判决期间，首次研

---

① The detrimental impact on imported products stems exclusively from a legitimate regulatory distinction, it follows that the challenged measure is not inconsistent with Article 2.1. Appellate Body Report, *US—Tuna II (Mexico)*, para. 216.
② Appellate Body Report, *US—Tuna II (Mexico)*, para. 323.
* 本部分内容的英文原版发表于 Oxford "WTO History of Lawyers" 2015，撰写英文版时参考了 WTO 上诉机构秘书处干事 V. Loungnarath, K. Castren, J. Larik 和 J. Windon 所撰写的文章，该文章由 J. Remy, C. V. Leon, A. Sennekamp 及 N. Lamp 更新。
③ Vienna Convention on the Law of Treaties of 22 May 1969, United Nations Treaty Series, Vol. 1155, p. 331.

究了《维也纳条约法公约》。依其结论,从《华盛顿公约》生效的 1965 年至 1982 年,ICSID 只发布了十三份判决。虽然在这些判决中,《维也纳条约法公约》未被系统使用,但其所提供的解释性工具仍部分被用于一些较早的判决。诸如:首先要查看国际投资争端解决公约条款的文本、背景、通常含义及其目的和宗旨,同时要审查立法沿革并重视特殊意义及筹备工作。举例而言,解释工具被用于解释 ICSID 公约第 25(1)条关于 ICSID 的管辖范围,以解决诸如申请人是否被视为另一缔约国的国民,以及某缔约国是否接受 ICSID 管辖。对双边投资协定 BIT 下的外国投资者公平、公正待遇(fair and equitable treatment)的解释是 ICSID 下争端解决的一个挑战。

然而,ICSID 公约对条约解释没有强制性要求。仲裁员在 ICSID 的早期案件中采用相对自由的方式解释 BIT 和 ICSID 条款。ICSID 有特别的仲裁制度,虽然没有像世贸组织上诉机构这样的常设上诉机构审议专家组报告中的法律问题和法律解释,但它有对仲裁员裁决审议和撤销程序。

至于国际商事仲裁,条约解释似乎较少用于仲裁裁决。笔者曾经担任国际商会仲裁委员会(ICC)和中国国际经济贸易仲裁委员会(CIETAC)等多个国际仲裁机构的仲裁员,并参与受理了 100 多件国际商事争议的仲裁案件。其中只有两个仲裁庭,在当事方关于如何适用《国际货物销售公约》(CISG)有争议时,当事方在其商事合同中未排除《国际货物销售公约》作为适用法律,由于当事双方的母国都是 CISG 缔约方,CISG 为该合同的适用法。仲裁庭使用了《维也纳条约法公约》解释 CISG,进行分析。相比之下,《维也纳条约法公约》经常在世贸组织的争端解决程序中使用。截至本章撰写之日前发布的 119 份上诉机构报告中,大多数都提及了《维也纳条约法公约》的条款。

自 2008 年加入了世贸组织上诉机构七人组后,笔者更加了解了上诉机构在澄清 WTO 所涵盖协议时经常使用《维也纳条约法公约》的原因。笔者想同本篇的读者分享下这些理由。一个重要原因是《维也纳条约法公约》由世界范围所公认的解释国际公法的习惯规则构成。由于上诉机构肩负着世贸组织《争端解决谅解协议》(DSU)委托的强制性任务,"以符合解释国际公法的习惯规则来澄清[WTO 涵盖的协议]",故而,《维也纳条约法公约》在上诉机构审理上诉案件时是不可或缺的解释工具。同时,上诉机构在解释 WTO 涵盖的协议方面积累了大量实践经验,因此,在全球范围内对条约的解释做出了贡献。

笔者非常荣幸能够作为首位中国籍法官在上诉机构任职。自从被任命为上诉机构法官以来，笔者有幸与其他六位上诉机构法官合作处理世贸组织上诉案件。审理上诉案件的三人庭审组通过"神秘"抽签决定，以保障特定案件的庭审三名法官的组成的不确定性。独立、公正和诚信是上诉机构法官审理上诉案件时的主要原则。确保上诉案件的结果公正和高质量的报告，对上诉机构法官而言至为重要。反过来，这又创造并加强了上诉机构的威信与权威，且扩大了其对于基于规则的国际贸易体系的安全性和可预测性的贡献。上诉机构法官花费大量时间仔细阅读争议各方提交的材料，并审查专家组做出的法律解释。虽然上诉案件由三名上诉机构法官形成庭审小组（Division）审理，但是全部七名法官均参与每一上诉案件的交换意见（不包括从某一特定案件中被规避的任何上诉机构法官）。因此，全部七位上诉机构法官都要阅读并完全熟悉每一个案件的上诉文件。

世贸组织争端解决机构的管辖权在DSU第1.1条中被明确定义为，"解决成员间根据［世贸组织贸易协议］条款以及该谅解单独或结合其他任何涵盖协议所规定的权利和义务而产生的争端。"因此，DSU将专家组和上诉机构之间的责任和管辖权区分开来。DSU第7.2条规定，"专家组可援引争端方引用的任何一项或多项涵盖协议中的相关规定。"此外，专家组应根据DSU第11条"对案件的事实，以及相关协议的适用性和一致性进行客观评估"。世贸组织争端解决中的上诉机构任务在DSU中也有明确的定义。DSU第17.1条规定"上诉机构应听取专家组案件的上诉"；第17.6条进一步澄清"上诉应仅限于专家组报告中所涵盖的法律问题和专家组做出的法律解释"。因此，DSU授权上诉机构发挥对WTO涵盖协议的条款进行法律解释的重要作用。

乌拉圭回合贸易谈判以来，人们普遍认为，一个独立的常设上诉机构的创设，是从《关税和贸易总协定》（GATT）的外交性争端解决机制向WTO准司法途径的新时代迈出的重要一步，其使得争端解决决策从"一致同意"转变为"反向一致同意"，使专家组的设立以及专家组和上诉机构报告的通过成为自动的。乌拉圭回合的多边贸易谈判产生了约60项协议，超越了货物贸易，扩大了《关贸总协定》范围，从而使WTO框架之下包括了《服务贸易总协定》（GATS）、《与贸易有关的投资措施协定》（TRIMS）、《与贸易有关的知识产权协定》（TRIPS）等。上诉机构在确保WTO涵盖协议解释的连贯性和一致性方面发挥着关键作用。

DSU第3.2条指出，世贸组织争端解决机制的主要目的和宗旨是向多边贸易体系提供安全性和可预测性。本条指出：

> 世贸组织成员认识到，[世贸组织争端解决机制]依据涵盖协议保护成员的权利和义务，并根据国际公法解释的习惯规则来澄清这些协议的现有条款。[争端解决机构]的建议和裁决不能增加或削弱涵盖协议中规定的权利和义务。

那么，"国际公法解释的习惯规则"是什么？正如肖恩（Shaw）强调的那样，"[《维也纳条约法公约》]部分反映了习惯法，并且构建了讨论条约性质和特点的基本框架。公约的某些条款可视作国际习惯法的反映，例如解释规则……"①

就国际法而言，有三种基本的条约解释方法。第一个是查看协议的实际文本，并给出使用的词语的意义；第二个是观察协议各方的意图；第三个是看协议的目的和宗旨。实践中，上诉机构要将以上三个方面纳入考虑。《维也纳条约法公约》第31、32和33条包括了对条约解释的这三种方法。

《维也纳条约法公约》第31条②（一般解释规则）规定，"对条约的解释应本着诚实信用原则，并根据条约的背景确定条约文本的一般意义、目的和宗旨。"公约还规定，除条约文本、序言和附件外，其背景还包括与条约有关的任何协议和文书，并应考虑到任何嗣后协议、嗣后惯例和缔约方间可适用的相关国际法规则。如果已证实缔约双方的意愿，则应赋予该条文特殊意义；第32条提供"补充解释手段"；第33条提供"以两种或以上规定语言表述的条约解释"的指导。

如何正确地解释众多世贸组织涵盖协议的条款？如何更好地理解那些协议的谈判者的真实意图？遗憾的是，GATT/WTO没有正式谈判记录或缔约方签署的备忘录来解释世贸组织所涵盖协议的潜在含义。这使得《维也纳条约法公约》成为澄清世贸组织涵盖协议的主要工具，因为无论参与争端的缔约方是否为该公约的缔约国，《维也纳条约法公约》作为条约解释的分析工具都已为全世界所普遍接受。公约还为法律推理的分析方法和正确探索条约谈判者的真实意愿的顺序提供指导。一般来说，上诉机构首先要阅读当事方援引的协议条

---

① M. N. Shaw, International Law, p. 811.
② 《维也纳条约法公约》第31条规定了条约解释的基本规则，可以视为国际习惯法的反映。国际法院在其判决中重申，《维也纳条约法公约》第31条和第32条反映了国际习惯法。

款，并确定该协议条款的一般含义（wormal mearing）。这种文本方法与背景相关，并与协议的目的和宗旨（object and purpose）相联系。有时，协议的解释也使用"嗣后协议"或"补充解释手段"，如协议的准备工作或谈判历史。尤为重要的是，《维也纳条约法公约》中所体现的文本文字（text）分析和背景（context）分析法是上诉机构用于解释世贸组织涵盖协议最主要的工具。

DSU 第 3.2 条认为，世贸组织争端解决中产生的解释性问题应通过适用国际法解释的习惯规则来解决。实际上，上诉机构早在其首例报告"美国汽油案"中就指出，《维也纳条约法公约》第 31 条所编纂的原则是习惯规则，其中规定：

"[《维也纳条约法公约》第 31（1）条规定]'解释一般规则'须已达到国际习惯法或一般国际法规则的地位。因此，这构成了上诉机构根据 DSU 第 3（2）条指示的'国际公法解释的习惯规则'的一部分，从而用以澄清总协定及其所涵盖的协议下的规定……该方向反映了对总协定的解释不得同国际公法相孤立的认定方式"。①

在"日本—酒精饮料Ⅱ案"中，上诉机构将条约解释的任务与多边贸易体系的安全性和可预测性概念联系起来：

"WTO 规则是可靠的、可理解的，并可执行的。世贸组织的规则不是僵硬死板到不留任何空间，来适应现实世界中无休止变化的种种真实案例。虑及于此，它们将最好的在多边贸易体系中发挥作用。因此，我们将通过建立争端解决体系，来实现世贸组织成员寻求的'安全性和可预测性'"。②

在"印度—专利（美国）案"中，上述机构强调，"专家组和[上诉机构]都必须以[《维也纳条约法公约》]规定的条约解释规则为指导，不得增加或减少 WTO 协定所规定的权利和义务"。③

国际法委员会（ILC）在其关于条约法条款草案的评注④中解释说，各方

---

① Appellate Body Report, *United States – Standards for Reformulated and Conventional Gasoline* (*US – Gasoline*), WT/DS2/AB/R, adopted 20 May 1996.
② Appellate Body Report, *Japan—Taxes on Alcoholic Beverages* (*Japan—Alcoholic Beverages II*), WT/DS8/AB/R, WT/DS10/AB/R, WT/DS11/AB/R, adopted on 4 October 1996, p. 31.
③ Appellate Body Report, *India—Patent Protection for Pharmaceutical and Agricultural Chemical Products* (*India – Patents* (*US*)), WT/DS50/AB/R, adopted 19 December 1997, para. 46.
④ International Law Commission, "Draft Articles on the Law of Treaties with Commentaries", Report to the General Assembly, Yearbook of the International Law Commission, Vol. II, 1966 available online at un. legal. org/ilc.

的意图是根据其所使用的术语的一般含义被推定的。"[条约条款]文本必须推定为缔约方意图的真实表达；也因此，解释的起点是对文本意义的阐明，而非对缔约方意图的新调查"①。因此，解释过程中首先分析争端中争议条款的有关规定，然后"继续考虑条约背景，也即条约的其他条款，包括其序言、附件和其他缔结条约时的相关文书，还要特别考虑到从这些材料中所体现出的条约的目的和宗旨"②。需要纳入考虑的其他材料包括嗣后协议、嗣后惯例及适用于缔约方之间关系的国际法相关规则。

值得注意的是，国际法委员会的评论将解释的过程描述为一个"统一体"，并将第31条规定的"解释的要素"解释为，出于"逻辑考虑，而非任何强制性的法律等级制度"。背景与条约文本密切相关，并先于第31（3）条规定的解释要素，亦即任何嗣后协议、嗣后惯例和国际法相关规则。国际法委员会认为这些是"条约法文本的外在"。尽管如此，它们具有强制性，并且具有与前述段落中所提及的其他元素同等的层级。在注意到文本作为"解释的起点"（即在一项条款的文本中得到真实表达的缔约方合意）的重要性后，国际法委员会转而发掘"补充解释手段"的可能联系，特别是，同条约筹备工作潜在的相关性。

国际法委员会不同意将条约的筹备工作和文本置于同一级别。相反，它选择将条约的"筹备工作"和"缔结情况"限定为次要角色，作为仅用于某些目的的"补充解释手段"。因此，《维也纳条约法公约》第32条规定，只有在第31条下的解释使某一条款的规定晦涩难懂或含义不清，甚或导致明显荒谬或不合理的结果时，才可以使用补充解释手段。

在给出上述的一般性意见后，接下来笔者将讨论上诉机构如何使用《维也纳条约法公约》第31、32和33条。结论及一般性意见将在本章结尾处。

1.《维也纳条约法公约》第31条：条款的一般含义

《维也纳条约法公约》第31条中条约解释的一般规则，赋予了公约条款的一般含义。首先要在其背景下考虑相关文本中使用的词语。这可以使人们更好

---

① International Law Commission, "Draft Articles on the Law of Treaties with Commentaries", Report to the General Assembly, Yearbook of the International Law Commission, Vol. II, 1966 available online at un. legal. org/ilc. p. 220.

② Ibid. ; J. De Aréchaga, "International Law in the Past Third of a Century" *Recueil des Cours 159* (1978), p. 44. De Aréchaga 指出该解释过程被 Max Huber 称为合意文本的"encerclement progressif"，意即"文本逐渐偏离同心圆"。

地理解文本中使用词语所表达的一般含义，以及缔约方的共同意图。

根据《维也纳条约法公约》第31条，上诉机构在"日本—酒精饮料Ⅱ案"中认定，"解释首先必须基于条约文本"。① 在"印度—专利（美国）案"，上诉机构肯定了条约"词语"的根本作用，即"条约解释者的职责是审查条约的用词以确定缔约方的意图。"它补充了《维也纳条约法公约》第31条，既不要求也不允许将不存在的词语插入条约，或将本不属于条约的概念引入条约。② 这一点在"欧盟荷尔蒙案"中得到了进一步强调，上诉机构认为，"条约解释的基本规则要求条约解释者审阅和解释被审查协议中实际使用的词汇，而非解释者可能认为本该被使用的词汇"。③

然而，有时词语并非只有一个意义。虽然查明一个词语的一般含义的普遍方式，是通过一部被认可的字典进行查找。但在"中国出版物和视听产品案"中，上诉机构指出，字典是"重要的指引，但并非决定性的"，因其"不一定能够解决复杂的解释问题，因为它们通常将词语的所有含义编录进去"。④ 上诉机构还认为，条约用语的一般含义只能在其背景下，结合条约的目的和宗旨加以确定。⑤

2. 条约的目的和宗旨

在"美国虾案"中，上诉机构认为，在进行解释时应考虑条约的目的和宗旨：

"条约解释者首先必须重点从待解释的文本着手。最为首要的是结合背景，

---

① Appellate Body Report, *Japan—Alcoholic Beverages II*, p. 12.
② Appellate Body Report, *India—Patents (US)*, para. 45.
③ Appellate Body Report, *EC Measures Concerning Meat and Meat Products (Hormones) (EC – Hormones)*, WT/DS26/AB/R and WT/DS48/AB/R, adopted 16 January 1998, para. 181. 这点也在欧洲共同体—冷冻无骨鸡肉（欧盟—鸡肉）案的上诉机构报告中得到强调（Appellate Body Report, *European Communities—Customs Classification of Frozen Boneless Chicken Cuts (EC—Chicken Cuts)*, WT/DS269/AB/R and WT/DS286/AB/R, adopted 12 September 2005），para. 175："条约术语的一般含义必须根据当事人意图来确定，正如他们选用的词语展现出的不同于周围情势的意味。"
④ Appellate Body Report, *China—Measures Affecting Trading Rights and Distribution Services for Certain Publications and Audiovisual Entertainment Products (China – Publications and Audio—Visual Products)*, WT/DS363/AB/R, adopted 21 December 2009, para. 348.
⑤ Appellate Body Report, *China—Measures Affecting Trading Rights and Distribution Services for Certain Publications and Audiovisual Entertainment Products (China—Publications and Audio—Visual Products)*, WT/DS363/AB/R, adopted 21 December 2009, para. 348.

探究构成条款的词语中所蕴含的条约缔约国的目标和宗旨。如果文本本身所赋予的并不清晰明确，或者需要确认文本本身解读的正确性，那么，条约整体的目的和宗旨将可作为有益参考。"①

在"泰国—香烟（菲律宾）案"中，通过参照1994年《关贸总协定》的待审条款第10：3（b）条，明确了整个GATT 1994协议的目的和宗旨。上诉机构认为，"第10：3（b）条所反映的GATT 1994的根本目的和宗旨是确保习惯事务的正当程序。"② 因此，上诉机构似乎并未排除通过参考具体争议条款，来识别世贸组织涵盖协议的目的及宗旨的可能性。上诉机构进一步强调，在评估目的和宗旨时，应根据当事各方的共同意愿，而非任何一方的单方面目的和意图。③

在"美国—丁香烟案"中，上诉机构探讨了TBT协议的目的和宗旨。上诉机构指出，协定序言部分第五段"通过表达希望技术规则、技术标准和合格评定程序不会对国际贸易造成不必要障碍，反映了TBT协定的贸易自由化目标"，并将第六段解读为"通过承认成员的监管权，来平衡贸易自由化目标。"④

在"美国—金枪鱼Ⅱ（墨西哥）案"中，上诉机构审查了TBT协定的目的和宗旨对"国际标准化机构"这一术语解释的影响。上诉机构指出，TBT协定的序言明确鼓励制定国际标准。同时，上诉机构认为TBT协定的其他要素反映了世贸组织成员希望确保国际标准的制定透明并有广泛参与度的意愿，并总结为，在分析一个实体是否为"国际标准化机构"时，专家组应平衡好这些考虑。⑤

3. 背景—整体方法

《维也纳条约法公约》第31（2）条阐明，条约解释的所指的背景应包括条约文本、条约序言、附件和与条约有关的任何协定或文书。国际法委员会在起草公约草案时，采用了同样的积累原则，而非规定的一系列规则，是把依据

---

① Appellate Body Report, *United States—Import Prohibition of Certain Shrimp and Shrimp Products* (*US - Shrimp*), WT/DS58/AB/R, adopted 12 October 1998, para. 114.
② Appellate Body Report, *Thailand—Customs and Fiscal Measures on Cigarettes from the Philippines* [*Thailand—Cigarettes (Philippines)*], WT/DS371/AB/R, adopted 17 June 2011, para. 202.
③ Appellate Body Report, *EC—Chicken Cuts*, para. 239.
④ Appellate Body Report, *United States—Measures Affecting the Production and Sale of Clove Cigarettes* (*US—Clove Cigarettes*), WT/DS406/AB/R, adopted 4 April 2012, para. 92.
⑤ Appellate Body Report, *US—Tuna II (Mexico)*, paras. 353 – 379.

其目的和宗旨将一般含义赋予条约的每一条款的结合作为起点。根据前文引述的国际法委员会的声明，上诉机构解释说，对《维也纳条约法公约》第31条下的一般含义和背景进行分析不应被视为两个孤立的分析步骤，而应视为整体分析法的要素：

"根据[《维也纳条约法公约》]第31条编纂的习惯规则所作的解释，最终是一个整体性的工作，不应将其机械地细化成刚性部分。考虑到'一般含义'及'根据其背景'的词语所涵盖的特定情况，我们认为，这并不会改变条约解释的结果。"[①]

在"美国持续使用归零案"中，上诉机构补充说，《维也纳条约法公约》规定的解释原则"应以全面的方式加以遵守。进行解释工作是为了产生一种协调一致且适用于整个条约的解释，以便使条约规定具有法律效力。"[②] 上诉机构开篇便指出，"条约解释的习惯规则适用于国际公法全部领域内任何条约，而非仅适用于WTO协定"；他们将"某些一般规则强加给条约解释者"。它继续解释道：

"词语或术语不只具有一种语义，但是对这些语义的识别仅是过程的开端，而非终局。词语或术语的多重语义也无法自动构成[《反倾销协定》]第17.6 (ii)条含义范围内的'允许'解释。相反，条约解释者需要求助于背景、目的和宗旨，来阐明该词语或术语的相关含义……同时，应牢记的是，条约解释是一项综合活动，必须将解释性规则或原则加以理解和适用，并将其作为与整体活动相关联和相辅相成的组成部分。"[③]

4. 不同的背景

在"欧盟—鸡肉案"中，上诉机构审议了统一商品说明和编码系统（统一系统）是否可以作为解释欧洲共同体的特许权清单中术语的背景。

上诉机构认为，尽管统一制度不是"世贸组织协定"的正式组成部分，但统一制度与世贸组织所涵盖协议之间有密切联系。特别是，上诉机构认为："……在乌拉圭回合谈判之前、期间以及之后，《关贸总协定》缔约方曾就使用统一制度作为其世贸组织清单的基础达成广泛共识……我们认为，这一共识在世贸组织成员间形成了'合意'……因此，该合意是第31（2）（a）条的'背

---

① Appellate Body Report, *EC—Chicken Cuts*, para. 176.
② Appellate Body Report, *United States - Continued Existence and Application of Zeroing Methodology* (*US—Continued Zeroing*), WT/DS350/AB/R, adopted 4 February 2009, para. 268.
③ Ibid.

景'，用于解释世贸组织协定……"①

上诉机构的这一认定，在"中国汽车零件案"中得到重申。上诉机构认为，"第 31（2）条所定义的背景范围是广泛的"，因为它既包括条约的所有文本，也可延伸到"所有缔约国之间就条约达成的任何为缔结条约而产生的相关协议"以及"一个或多个与缔结条约有关的缔约方，在其他缔约方接受的情况下，为缔结条约而作出的与条约有关的任何文书"。② 与此同时，上诉机构指出："……对于在任何特定情况下作为相关背景的特定条款、协议或文书，其不仅必须落入第 31（2）条确定的规范边界范围内，还必须与被解释的语言有某种相关性，使得它能够帮助解释者明确这种语言的含义。"③

5. 嗣后协议

《维也纳条约法公约》第 31（3）（a）条含义下的"嗣后协议"概念已在几起世贸组织争端中得到讨论。例如，在"欧盟—香蕉Ⅲ（第 21.5 条—厄瓜多尔Ⅱ）案"和"欧盟—香蕉Ⅲ（第 21.5 条—美国）案"中，上诉机构没有采信，在《维也纳条约法公约》第 31（3）（a）条意义范围内，多哈第Ⅰ条豁免是对相关条约解释或条款适用的"嗣后协议"。为支持这一观点，上诉机构提到了关于条约法草案条款的评注，其中，国际法委员会将第 31（3）（a）条含义下的嗣后协议描述为"应与背景一同考虑的更为可信的解释要素"。在上诉机构看来，国际法委员会将第 31（3）（a）条解读为专指特别涉及条约解释的协定，因此，上诉机构认为，根据 WTO 协定第 9.2 条通过的多边解释：协定"最类似于［《维也纳条约法公约》］第 31（3）（a）条意义上的嗣后协议，而非根据世贸组织协定第 9.3 条和第 9.4 条通过的豁免。"④

----

① Ibid., para. 199.

② Appellate Body Report, *China—Measures Affecting Imports of Automobile Parts* (*China - Auto Parts*), WT/DS339/AB/R, WT/DS340/AB/R and WT/DS342/AB/R, adopted 15 December 2008, para. 151.

③ Appellate Body Report, *China—Measures Affecting Imports of Automobile Parts* (*China - Auto Parts*), WT/DS339/AB/R, WT/DS340/AB/R and WT/DS342/AB/R, adopted 15 December 2008, para. 151.

④ Appellate Body Reports, *European Communities - Regime for the Importation, Sale and Distribution of Bananas, Second Recourse to Article 21.5 of the DSU by Ecuador/European Communities - Regime for the Importation, Sale and Distribution of Bananas, Recourse to Article 21.5 of the DSU by the United States* (*EC—Bananas III* (*Article 21.5 - Ecuador II*)) and (*EC—Bananas III* (*Article 21.5—US*)) WT/DS27/AB/RW2/ECU, and WT/DS27/AB/RW/USA, adopted 26 November 2008, para. 390.

在"美国—丁香烟案"中，上诉机构审查了多哈部长级决定的第5.2段是否构成《维也纳条约法公约》第31（3）（a）条意义上的"嗣后协议"。上诉机构申明，根据第9.2条通过的解释，最类似于但并非详尽无遗地包含第31（3）（a）条含义内的协定解释。上诉机构认为，成员通过的决定可能有资格作为"当事方间的嗣后协议"。如果：（i）该决定在时间上是在相关涵盖协议之后通过的；且（ii）该决定的条款和内容表达了成员之间关于WTO法律条款的解释或适用的合意。上诉机构指出，《维也纳条约法公约》第31（3）（a）条并未规定该条款含义下"嗣后协议"应采取的形式。因此，上诉机构认为，第31（3）（a）条中的"合意"一词实质上是指实体而非形式。因此，上诉机构审议了多哈部长级决定第5.2段是否"具体涉及TBT协定第2.12条的解释，以及它是否清楚地表达了……成员国之间对第2.12条中'合理间隔'的共识"。[①]

世贸组织协定第9.2条规定：部长级会议和总理事会应享有对本协定和多边贸易协定进行解释的专属权力。上诉机构为什么不使用该条款来确认多哈部长级会议对TBT协定第2.12条解释决定的法律效力，即认定"合理间隔"应为六个月，这是因为第9.2条要求部长解释须遵守特别程序。具体而言，第9.2条要求：

> 在对附件1中的对多边贸易协定进行解释的情况下，它们应基于理事会关于监督该协定运作情况的建议下行使其权力。

在本案中，没有证据证明为TBT委员会提供服务的总理事会提出了需要这种解释的建议。因此，上诉机构在援引第5.2条时，基于它是嗣后协议的理由是适当且谨慎的。

在"美国—金枪鱼Ⅱ（墨西哥）案"中，上诉机构审议了TBT委员会通过的决定，是否符合《维也纳条约法公约》第31（3）（a）条所定义的"嗣后协议"。上诉机构指出，该决定是在缔结TBT协定后通过的，TBT委员会包含WTO全体成员，且该决定以协商一致方式通过。上诉机构接着分析了"决定的条款和内容是否表达了成员之间关于WTO法律条款的解释或适用的合意"。关于此，上诉机构注意到该决定的标题以及通过该决定是为了"澄清和加强"

[①] Appellate Body Report, *US—Clove Cigarettes*, paras. 265-267.

国际标准的概念。基于此，上诉机构认为，该决定可以被视为《维也纳条约法公约》第 31（3）（a）条含义下的"嗣后协议"。①

然而，上诉机构补充到，在具体案件中该决定对于 TBT 协定的术语或条款的解释和适用的影响程度，取决于其对于特定术语或条款解释或适用的特别程度。在当前的争议中，上诉机构认为，该决定直接涉及 TBT 协定附件 1.4 中"开放"一词的解释，以及对于"已进行的标准化活动"概念的解释和适用。

为什么上诉机构认为有必要确定 TBT 委员会的决定是否是《维也纳条约法公约》第 31（3）（a）条意义内的"嗣后协议"，以便进行 TBT 协议的解释？换言之，为什么上诉机构不能直接将该决定作为对 TBT 协议的权威解释？这是因为 WTO 协定规定，只有世贸组织的部长级会议和总理事会才有权通过对世贸组织协定的解释。根据特定涵盖协议设立的委员会并没有这种权力，如 TBT 委员会。因此，上诉机构必须明确在解释 TBT 协定时将基于上述哪些决定。

为什么上诉机构采用"嗣后协议"一词，而非"嗣后惯例"？"嗣后惯例"要求一系列一致的行为和声明或重复行为。在前述最近的 TBT 案件中，就 TBT 协定条款的解释只出现了一次，但它将产生长期的法律效力。这是所有世贸组织成员通过协商一致达成的解释，从而构成"嗣后协议"，而非世贸组织成员的"嗣后惯例"或重复行为。

6. 嗣后惯例

《维也纳条约法公约》第 31 条（3）（b）条规定，在适用条约时，除背景外还应考虑"能确定缔约方对其协议进行解释的任何嗣后惯例"。上诉机构解释说，条约适用中的"嗣后惯例"可能是条约解释的一个重要因素，因为"它构成了各方对条约含义理解的客观证据"。②

在"日本—酒精饮料Ⅱ案"中，上诉机构解释道，"一般而言，国际法中在解释条约方面对嗣后惯例的实质认定已是'共同一致且一以贯之的'一系列行为或声明，其足以形成一种可辨别的模式，并意味着各方［对条约］解释达成的合意"③。

在"美国赌博案"中，上诉机构规定了依照《维也纳条约法公约》第 31（3）（b）条的含义来确定"嗣后惯例"需要满足的条件：(1) 存在共同一致，可辨别的行为或声明模式；且 (2) 该类行为或声明必须意味着各方就有关条

---

① Appellate Body Report, *US—Tuna II (Mexico)*, paras. 371 - 372.
② Appellate Body Report, *EC—Chicken Cuts*, para. 255.
③ Appellate Body Report, *Japan—Alcoholic Beverages II*, p. 13.

文的解释达成合意。①

在"欧盟—鸡肉案"的上诉中提出的问题之一是：什么可以称为"惯例"。上诉机构同意专家组的意见：

"不是每个缔约方都必须参与某一特定的实践，以使其成为'共同的'和'一致的'惯例。然而，部分而非所有当事方的实践，显然同只有一个或很少几方的实践处于不同序列。我们认为，很难在多边条约中，基于一个或极少数缔约国的行为或声明的之上建立'共同一致且可辨别的模式'，例如，世贸组织协定。但是我们承认，如果只有部分世贸组织成员确实在某一标题下进行产品交易或分类，这种情况可能会减少通过'行为和声明'来确定是否存在第31（3）（b）条规定的嗣后惯例的可适用性。"②

7. 国际法相关规则

《维也纳条约法公约》第31（3）（c）条规定，条约解释者应与背景一并考虑"适用于当事方之间关系的任何相关国际法规则"。在"美国—虾案"中，上诉机构极大地依赖了这项规定，上诉机构试图通过"国际法的一般原则"来解释总协定第20条的序言部分。③

在"欧盟—鸡肉案"中，上诉机构指出：

"HS制度并非世贸组织协定的正式组成部分，因为它并未全部或部分纳入该协定。……如果第31（3）（c）条规定的条件得以实现，统一制度可以作为适用于双方关系的国际法相关规则。"④

在"欧共体和某些成员国大型民用航空器案"中，上诉机构审查了欧洲经济共同体（EEC）与美国之间关于民航飞机贸易中适用《关贸总协定》的1992年双边协定（1992年协定）。争议在于：该1992年协定是否属于《维也纳条约法公约》第31（3）（c）条含义下的"当事方之间关系的国际法相关规则"。在这项争端中，上诉机构指出，对于1992年协定，如要符合"《维也纳条约法公约》"第31（3）（c）条所指的国际法相关规则，这样的协议：

"……必须是'国际法规则'，且必须'适用于当事方之间的关系'并'相关'。此外，即便假设1992年协定满足这些条件，第31（3）（c）条的起

---

① Appellate Body Report, *United States—Measures Affecting the Cross - Border Supply of Gambling and Betting Services* (*US—Gambling*), WT/DS285/AB/R, adopted 7 April 2005, para. 192.
② Appellate Body Report, *EC—Chicken Cuts*, para. 259.
③ Appellate Body Report, *US—Shrimp*, para. 158.
④ Appellate Body Report, *EC—Chicken Cuts*, para. 195.

首部分也规定了赋予 1992 年协定的规范性权重,即在解释 SCM 协议时应考虑到该'协定'。"①

尽管双方针对 1992 年协定提出了论点,即第 31(3)(c)条中提到"当事方之间"一词是指争端的当事方,还是条约的所有缔约方,但是上诉机构集中分析了 1992 年协定第 4 条是否与确定补贴和反补贴措施协定(《反补贴协定》)第 1.1(b)条"利益"的目的,具有"相关性"。上诉机构认为第 4 条并无相关性,因为它并未涉及《反补贴协定》第 1.1(b)条所反映的基于市场的"利益"的概念,以及第 14 条(b)中反映的基于市场的基准。② 因此,它既没有涉及《维也纳条约法公约》第 31(3)(c)条中"当事方之间"的问题,也不涉及 1992 年协定第 4 条是否属国际法规则的问题。

上诉机构审查了"美国反倾销和反补贴税(中国)案"中的后一个争议点。争议点是国际法委员会关于《国家对国际不法行为的责任条款》(《国际法委员会条款》),特别是第 4 条、第 5 条和第 8 条,是否构成第 31(3)(c)条所指的适用于当事方之间关系的国际法相关规则。上诉机构指出,第 31(3)(c)条包括三个要素,即(1)其涉及"国际法规则";(2)规则必须是"相关的";且(3)该规则必须"适用于当事方之间的关系"。在处理第 31(3)(c)条的每一个必须要素时,上诉机构认为:

"首先,'国际法规则'应与[国际法院]规约第 38(1)条中的国际法渊源相对应,因此应包括国际法的习惯规则以及法律的一般原则。第二,为了确保相关性,这些规则必须与解释条约条款同属相同的主题……至于第三个要求,问题是国际法委员会条款是否适用于当事方之间的关系。我们注意到,'国际法委员会条例'第 4 条、第 5 条和第 8 条由于是国际条约的一部分而不具有拘束力。但是,只要它们反映习惯国际法或一般法律原则,这些条款就适用于当事方之间的关系。"③

---

① Appellate Body Report, *European Communities and Certain member States – Measures Affecting Trade in Large Civil Aircraft* (*EC and certain member States – Large Civil Aircraft*), WT/DS316/AB/R, adopted 18 May 2011, para. 841.

② Appellate Body Report, *European Communities and Certain member States – Measures Affecting Trade in Large Civil Aircraft* (*EC and certain member States – Large Civil Aircraft*), WT/DS316/AB/R, adopted 18 May 2011, para. 851.

③ Appellate Body Report, *United States – Definitive Anti—Dumping and Countervailing Duties on Certain Products from China* [*US – Anti—Dumping and Countervailing Duties* (*China*)], WT/DS379/AB/R, adopted 11 March 2011, para. 308.

上诉机构审查了《反补贴协定》第1.1（a）（1）条中对"公共机构"的解释，特别参考了《国际法委员会条例》第4条、第5条和第8条。

上诉机构表示，对《反补贴协定》第1.1（a）（1）条的"公共机构"一词的解释符合《国际法委员会条例》第5条的实质，因为其中被赋予和行使的执行政府功能的权力，是第1.1（a）（1）条含义中"公共机构"的核心特征。依上诉机构所言，"第5条提到实体的真正共同特点是……即，仅在有限程度或在具体情况下，它们有权行使特定范围内的政府权力"。[①] 国家更多或更少地参与其资本或其资产所有权的事实，不是将实体的行为归于国家的决定性标准。上诉机构认为"被赋予政府权力是公共机构的关键特征。国家所有权虽然不是决定性标准，但可与其他要素一起作为证据表明政府权力授权"。[②] 因此，上诉机构推翻了专家组的结论，即由政府控制的企业是公共机构。

事实上，这并非已通过的专家组报告和上诉机构报告首次指出，国际法委员会条款草案是习惯国际法。"美国赌博案"中专家组指出，《国际法委员会条例》第4条所载的原则反映了关于归属的国际习惯法。[③]

结果是专家组和上诉机构可以诉诸国际法的某些规则，无论是常规的还是习惯的，作为解释世贸组织涵盖协议条款的有效手段。

8. 条约术语的特殊含义

《维也纳条约法公约》第31（4）条规定，"如果明确了当事方的意向，则应对某一术语给予特殊意义"。

在"澳大利亚—苹果案"中，上诉机构根据卫生和植物检疫措施适用协定（SPS协议）的宗旨，解释了"SPS措施"。上诉机构认为，SPS协议在附件A（1）中定义了受其管辖的措施。上诉机构继续审查附件A（1）中使用的词汇的含义，其他涵盖协议提供的背景，特别是《关贸总协定》第3.1条，以及附件A（1）中定义的总体结构，来确定"SPS措施"定义的范围。据此，上诉

---

① Appellate Body Report, *United States – Definitive Anti—Dumping and Countervailing Duties on Certain Products from China* [*US – Anti—Dumping and Countervailing Duties (China)*], WT/DS379/AB/R, adopted 11 March 2011, para. 310.

② Appellate Body Report, *United States – Definitive Anti—Dumping and Countervailing Duties on Certain Products from China* [*US – Anti—Dumping and Countervailing Duties (China)*], WT/DS379/AB/R, adopted 11 March 2011, para. 310.

③ Panel Report, *United States – Measures Affecting the Cross – Border Supply of Gambling and Betting Services (US – Gambling)*, WT/DS285/R, adopted 10 November 2004, para. 6. 128.

机构认为"卫生和植物检疫措施"一词存在特殊意义，虽然没有明确提及《维也纳条约法公约》第 31（4）条，但上诉机构将这一定义作为对 SPS 协议的相关条款进行分析的基础。①

在"美国—金枪鱼Ⅱ（墨西哥）案"中，上诉机构指出，TBT 协定附件 1 的引言条款规定，在 ISO/IEC 指南 2：1991 中定义的 TBT 协议中使用的术语"应具有……同'指南'中给出的定义相同的含义。"上诉机构进一步指出，TBT 协定附件 1 的引言条款规定："依据本协定的宗旨，应适用以下定义。"对于上诉机构而言，使用"然而"一词表明，TBT 协定附件 1 所载的定义超出了 ISO/IEC 指南 2：1991 中规定的定义。因此，上诉机构指出，专家组必须仔细审查 TBT 协定附件 1 中的定义在多大程度上偏离了 ISO/IEC 指南 2：1991 中的定义。上诉机构接下来使用 TBT 协定附件 1 中的定义来确定术语"技术法规"、"标准"和"国际机构或系统"，以及通过 ISO/IEC 指南 2：1991 的含义，来确定术语"机构"、"组织"、"标准机构"和"标准化机构"的含义。②

9.《维也纳条约法公约》第 32 条：补充解释手段

可以通过采用《维也纳条约法公约》第 32 条含义范围内的补充解释方式，来确认适用第 31 条后所产生的意义，或当根据第 31 条进行解释时，导致语义模糊或含义不清，甚或导致明显荒谬或不合理的结果时，据以确定含义。上诉机构做解释时也依据《维也纳条约法公约》第 32 条，特别是在解释《关税与贸贸易总协定》和《服务贸易总协定》承诺清单时。上诉机构指出，第 32 条"没有详尽规定"补充解释的手段，这样条约解释者在考虑除了条约以外的解释方式及其结论时具有一定的灵活性。③ 例如，在"加拿大乳制品案"的上诉中，在解释成员清单中的语言时，上诉机构根据《维也纳条约法公约》第 32 条采用"补充解释手段"，因为加拿大的承诺清单中的语言是笼统且含糊的，这意味着它需要条约解释者予以特别注意。④

在"美国—赌博案"中，上诉机构认为，有"必要"诉诸《维也纳条约

---

① Appellate Body Report, *Australia – Measures Affecting the Importation of Apples from New Zealand*（*Australia – Apples*）, WT/DS367/AB/R, adopted 29 November 2010, paras. 165 – 176.

② Appellate Body Report, *US – Tuna II（Mexico）*, paras. 371 – 372.

③ See Appellate Body Report, *EC – Chicken Cuts*, para. 283.

④ Appellate Body Report, *Canada – Measures Affecting the Importation of Milk and the Exportation of Dairy Products*（*Canada – Dairy Products*）, WT/DS103/AB/R and WT/DS113/AB/R, adopted 13 October 1999, para. 138.

法公约》第32条，因为适用第31条下的一般解释规则，无法对《服务贸易总协定》下美国承诺清单中特定术语的含义进行确定。由于适用《维也纳条约法公约》第31条规定的一般解释规则中，"其他娱乐服务（体育除外）"的含义不明确，无法解答美国作出的承诺是否包括关于赌博和博彩服务承诺，上诉机构认为有义务向《维也纳条约法公约》第32条规定的补充解释手段寻求答案。①

10. 筹备工作

在"美国—赌博案"中，上诉机构在解释美国承诺清单中的相关承诺时，诉诸了《维也纳条约法公约》第32条含义下的"筹备工作"。其依据的筹备工作是美国1993年的承诺表指南。不仅在承诺清单和指南之间存在着显著的语言和结构上的相似性，意即后者可以为前者提供解释性指导，且《服务贸易总协定》筹备工作的种种迹象也表明美国理解本指南并在起草《服务贸易总协定》承诺清单时力图遵守这些规定。②

在"美国—碳钢案"中，上诉机构也提到《维也纳条约法公约》第32条，提醒专家组一定要阐明为了解释而依据特定的筹备工作合理的原因，并提醒他们只能选择性地依赖这些文件。③

11. 缔结情况

上诉机构在解释成员的承诺清单时，主要依赖［条约］缔结情况。例如，在"欧盟—计算机设备案"中，上诉机构认为，条约谈判的历史背景可能符合《维也纳条约法公约》第32条含义内的条约"缔结情况"。具体而言，上诉机构认为，国内立法及其适用的实践（如欧洲经济共同体在乌拉圭回合期间的分类实践）在审查一项条约的缔结情况时是相关的。④在"欧盟—家禽案"中，上诉机构表示"历史背景"可以用作解释的补充手段。虽然它使用了不同的术语，但上诉机构似乎认为"历史背景"与关于条约缔结情况的材料是同义的，

---

① Appellate Body Report, *US – Gambling*, para. 197.
② Appellate Body Report, *US – Gambling*, paras. 203 – 204.
③ Appellate Body Report, *United States – Countervailing Duties on Certain Corrosion—Resistant Carbon Steel Flat Products from Germany*（*US – Carbon Steel*）, WT/DS213/AB/R, adopted 28 November 2002, para. 78.
④ Appellate Body Report, *European Communities – Customs Classification of Certain Computer Equipment*（*EC – Computer Equipment*）, WT/DS62/AB/R, WT/DS67/AB/R and WT/DS68/AB/R, adopted 5 June 2008, para. 86.

或至少包括这类材料。因此，在解释欧洲经济共同体的承诺清单时，上诉机构考虑了以前在美国和欧盟委员会之间缔结的《双边油子协议》时的背景。①

在"欧盟—鸡肉案"中，上诉机构指出条约"缔结情况"的范围如下：

"事件、行为或文书"可能成为相关的补充解释手段，不仅限于它实际上影响了条约文本中某个因果关系的特定方面时；当它有助于识别缔约方在缔结条约或具体条款的共同意图时，它也可以作为"缔结情况"。②

在同一案件中，上诉机构认为，如果根据第32条进行解释时，有助于确定缔约方的共同意图的情况下，国内法院的裁决也可以被视为条约的"缔结情况"。"与此同时，上诉机构强调，判决作为对与具体争端相关的处理，无论其在特定法律体系中的先例效果如何，与一般适用的立法行为相比，均具有较低相关性。③

此外，上诉机构确定了条约解释人员解释某一条款时，在评估缔结条约的"情况"相关性过程中，可能依赖的若干客观因素。这些客观因素包括：

"……事件、文件或文书的类型及其法律性质；情况与缔结条约的时间关系；实际知识或仅是获得公开的法令或文书；与待解释的条约条款有关的文件，文书或事件的主旨；以及是否或如何对条约的谈判产生影响。"④

此外，关于缔结条约"情况"的"时间关系"，上诉机构发现：

"缔结条约的确切日期不应与当时的普遍情况相混淆……应该考虑的'时间的迫近将因条约条款而异'，可能取决于谈判进程的结构。"⑤

此外，上诉机构引入了争议相关文件、文书或事件的"主旨"来评估其作为缔结一项条约的"情况"时的相关性。⑥ 争议中的欧洲经济共同体条例涵盖了争议的关税承诺下的肉类产品。上诉机构还认为，其自身情况的相关性不是排他性的；相反，"国际上普遍存在的情况"与欧洲经济共同体的GATT承诺清单相应标题的解释相关。⑦

---

① Appellate Body Report, *European Union – Measures Affecting the Importation of Certain Poultry Products*（*EC – Poultry*），WT/DS69/AB/R, adopted 13 July 1998, para. 83.
② Appellate Body Report, *EC – Chicken Cuts*, para. 289.
③ Appellate Body Report, *EC – Chicken Cuts*, para. 309.
④ Appellate Body Report, *EC – Chicken Cuts*, para. 291.
⑤ Appellate Body Report, *EC – Chicken Cuts*, para. 293.
⑥ Appellate Body Report, *EC – Chicken Cuts*, para. 291.
⑦ Appellate Body Report, *EC – Chicken Cuts*, para. 300.

12. 《维也纳条约法公约》第 33（3）条

根据《维也纳条约法公约》第 33（3）条，以几种规定语言表述的条约条款被推定为在每种规定语言中均具有相同的含义。

在"美国—软木材Ⅳ案"中，上诉机构指出，假定条约的条款力图在每个规范文本中具有相同的含义，则应尽一切努力为文本寻找共同含义。①

在"欧盟—床上用品（第 21.5 条—印度）案"中，上诉机构通过参照条款的法文和西班牙文版本，明确了《反倾销协定》中第 9.1 条"已经履行"以及第 9.3 条"已经限制"用语的时间含义，它们均可适应该条款的时间含义。② 在"美国—高地棉花案"中，SCM 协议的法文和西班牙文版本被用以确认该协议第 6.3（c）条中"抑制价格"一词的一般含义，③ 并再次在"美国—DRAMS 反补贴税调查案"中，被用以确定该协议第 1.1（a）（1）（iv）条补贴定义中"直接"一词的含义。④

在"欧盟—关税歧视案"中，上诉机构依据法语和西班牙语文本解释了"依照"和"如……所描述"两个术语。因此，它认定：

"我们认为，法语和西班牙文本中更有力，更强制性的语言——应为使用'如……所定义'而不是'如……所描述'——致使我们认为，只有'普遍化、非互惠和非歧视性'的优惠关税待遇，涵盖在授权条款第 2（a）段之下。"⑤

与之相比，在"美国—赌博案"中，上诉机构批评了专家组依赖美国承诺清单中所包含的法文和西班牙文版本，因为该清单明确表示只有其英文版才是

---

① Appellate Body Report, *United States – Final Countervailing Duty Determination with Respect to Certain Softwood Lumber from Canada（US – Softwood Lumber IV）*, WT/DS257/AB/R, adopted 19 January 2004, para. 59.

② Appellate Body Report, *European Communities – Anti—Dumping Duties on Imports of Cotton—Type Bed Linen from India, Recourse to Article 21.5 of the DSU by India（EC – Bed Linen（Article 21.5 – India））*, WT/DS141/AB/RW, adopted 8 April 2003, para. 123（footnote 153）.

③ Appellate Body Report, *United States – Subsidies on Upland Cotton（US – Upland Cotton）*, WT/DS267/AB/R, adopted 3 March 2005, para. 424.

④ Appellate Body Report, *United States – Countervailing Duty Investigation on Dynamic Random Access Memory Semiconductors（DRAMS）From Korea（US – Countervailing Duty Investigation on DRAMS）*, WT/DS296/AB/R, adopted 27 June 2005, para. 110（footnote 172）.

⑤ Appellate Body Report, *European Communities – Conditions for the Granting of Tariff Preferences to Developing Countries（EC – Tariff Preferences）*, WT/DS246/AB/R, adopted 7 April 2004, para. 147.

权威的。①

根据《维也纳条约法公约》第 33（4）条，若对规范文本进行比较时，显示第 31 条和第 32 条的适用并未被删除，应采用最好地协调规范文本的意思。在"智利—价格区间系统案"中，上诉机构质疑专家组在确定"普通关税"一词的含义时是否考虑到了《维也纳条约法公约》第 33（4）条：

"事实上，专家组得出的结论，对法文和西班牙文版本的'普通关税'，与该词的英文版普通含义进行了不同的解释。很难认为专家组在这样做时考虑到了［《维也纳条约法公约》］第 33（4）条规定的解释规则……"②

13. 结论

我们正面临着一个充满活力和日新月异的世界，这带来了许多新的挑战。在处理这么多的国际条约和协定时，《维也纳条约法公约》提供的解释性工具能否应对所有新的挑战？全球法律界和争端解决机构（例如国际法委员会、国际法院和世贸组织上诉机构）应密切注视新的发展和挑战，例如电子商务、全球价值链、环境保护、食品安全和公共卫生的产生；同时，也应制定新规则并加强《维也纳条约法公约》的现有规则以解释新条约。

条约解释的关键问题是认识谈判者的真实意图，以便使条约文本中使用的文字具有其应有之义。因此，法律顾问应参与谈判过程，并就正确的措词向谈判者提供建议，以便尽可能明确地表达其意图，从而避免对其达成的文本的措辞含义产生争议。

补充手段可用于条约解释，例如，条约的谈判历史、谈判记录。遗憾的是，许多国际组织（包括世贸组织）没有关于谈判历史的官方记录或备忘录。这种机构记录对解释世贸组织涵盖协议非常有帮助。

随着条约解释变得更加复杂，世贸组织专家组和上诉机构报告变得更长。然而，经济和效率仍然是成功解决争端的关键。"迟到的正义是非正义。"减少纸耗量并避免法律问题过度技术化、法律文牍主义，将减少争端各方的成本和负担，并将进一步提高上诉机构上诉程序的效率。这将确保争端能够迅速和积极地得到解决，从而进一步提供"多边贸易体系的安全性和可预测性"。

---

① Appellate Body Report, *US – Gambling*, para. 166.
② Appellate Body Report, *Chile – Price Band System and Safeguard Measures Relating to Certain Agricultural Products* (*Chile – Price Band System*), WT/DS207/AB/R, adopted 23 September 2002, para. 271.

世贸组织是一个由成员驱动的多边机构。上诉机构的任务是根据《维也纳条约法公约》编纂的解释国际公法的习惯规则，澄清世贸组织所涵盖的协议。如上所述，世贸组织协定第9.2条规定，"部长级会议和总理事会应有专属权力对本协定和多边贸易协定做出解释"。作为世贸组织最高决策机构的部长级会议通过的对涵盖协议的正式解释，将对条约解释和基于规则的多边贸易体系的成功，做出建设性的贡献。

第二章 上诉机构成员的选聘和行为准则

一 上诉机构成员的选聘与续聘

WTO 设立了由 7 名成员组成的常设上诉机构，每一位成员一届任期为 4 年，最多连任两届。DSU 第 17 条规定：

  1. DSB 应设立一常设上诉机构。上诉机构应审理专家组案件的上诉。该机构应由 7 人组成，任何一个案件应由其中 3 人任职。上诉机构人员任职应实行轮换。此轮换应在上诉机构的工作程序中予以确定。

  2. DSB 应任命在上诉机构任职的人员，任期 4 年，每人可连任一次。但是，对于在 WTO 协定生效后即被任命的 7 人，其中 3 人的任期经抽签决定应在 2 年期满后终止。空额一经出现即应补足。如一人被任命接替一任期未满人员，则此人的任期即为前任余下的任期。

  3. 上诉机构应由具有公认权威并在法律、国际贸易和各适用协定所涉主题方面具有公认专门知识的人员组成。他们不得附属于任何政府。上诉机构的成员资格应广泛代表 WTO 的成员资格。上诉机构任职的所有人员应随时待命，并应随时了解争端解决活动和 WTO 的其他有关活动。他们不得参与审议任何可产生直接或间接利益冲突的争端。

  4. 只有争端各方，而非第三方，可对专家组报告进行上诉。按照第 10 条第 2 款已通知 DSB 其对该事项有实质利益的第三方，可向上诉机构提出书面陈述，该机构应给予听取其意见的机会。

  5. 诉讼程序自一争端方正式通知其上诉决定之日起至上诉机构散发其报告之日止通常不得超过 60 天。在决定其时间表时，上诉机构应考虑第 4 条第 9 款的规定（如有关）。当上诉机构认为不能在 60 天内提交报告时，应书面通知 DSB 迟延的原因及提交报告的估计期限。但该诉讼程序绝不能超过 90 天。

DSU 第 17.6 条规定：

上诉应限于专家组报告涉及的法律问题和专家组所作的法律解释。

DSU 规定了上诉机构成员的资格、任务、要求，没有规定选聘和续聘的程序。自 2001 年上诉机构成立以来，共有 27 名成员被 WTO 争议解决机构聘任。其中 5 名成员已经去世，他们是：

埃及籍 Said El-Naggar，1995-2000*

新西兰籍 Christopher Beeby，1995-1999，1999-2000

澳大利亚籍 John Lockhart，2001-2005，2005-2006

菲律宾籍 Florentino Feliciano，1995-1997，1997-2001

乌拉圭籍 Julio Lacarte Muró，1995-1997，1997-2001

目前健在的上诉机构前任成员和现任成员：

美国籍 James Bacchus，1995-1999，1999-2003

日本籍 Mitsuo Matsushita，1995-2000*

德国籍 Claus-Dieter Ehlermann，1995-1997，1997-2001

埃及籍 Georges Michel Abi-Saab，2000-2004，2004-2008

巴西籍 Luiz Olavo Baptista，2001-2005，2005-2009

印度籍 Arumugamangalam Venkatachalam Ganesan，2000-2004，2004-2008

美国籍 Merit E. Janow，2003-2007

意大利籍 Giorgio Sacerdoti，2001-2005，2005-2009

日本籍 Yasuhei Taniguchi，2000-2003，2003-2007

菲律宾籍 Lilia R. Bautista，2007-2011

美国籍 Jennifer Hillman，2007-2011

日本籍 Shotaro Oshima，2008-2012

南非籍 David Unterhalter，2006-2009，2009-2013

印度籍 Ujal Singh Bhatia，2011-2015，2015-2019

韩国籍 Seung Wha Chang，2012-2016

美国籍 Thomas R. Graham，2011-2015，2015-2019

墨西哥籍 Ricardo Ramírez-Hernández，2009-2013，2013-2017

毛里求斯籍 Shree Baboo Chekitan Servansing，2014-2018

比利时籍 Peter Van den Bossche，2009－2013，2013－2017

中国籍 Yuejiao Zhang，2008－2012，2012－2016

韩国籍 Hyun chong Kim，2017－2021

中国籍 Hong Zhao，2017－2021

其中 Jean Lockart，Merit Janow，Jennifer Hillman，Lilia R. Bautista，Shotaro Oshima，Seung Wha Chang 等6名成员仅任期一届4年，其余21名成员获得续聘，连任两届8年。现任的三名成员——Shree Baboo Chekitan Servansing，Hyun chong Kim 和赵宏尚在第一届任期。所有上诉机构前成员的大照片都挂在上诉机构大会议室的墙壁上。每一届上诉机构7名成员的全家福大照片挂在上诉机构办公室的走廊侧面墙上。

近年来，在选聘与续聘上诉机构成员的程序中，由于 WTO 主要成员的政治干预和意见分歧而拖延了上诉机构成员的选聘和续聘。2015年12月南非籍成员 David Unterhalter 结束其两届任期，非洲各国推荐了几位候选人。由于美国与欧盟对埃及候选人 Hamid 时任 WTO 服务贸易司司长和肯尼亚 James GATH-IL 候选人存在分歧，该项任命拖延了9个月，最后由毛里求斯原驻 WTO 大使——Shree Baboo Chekitan Servansing 接替 David Unterhalter 的空缺。笔者2016年5月31日第二届任期届满后，因办一个案子任期延期到9月30日。韩国、日本、澳大利亚和中国的两名候选人面试6个月后，2016年12月上诉机构才任命韩国籍 Hyun chong Kim 先生和中国籍赵宏女士。2017年7月墨西哥籍成员 Ricardo Ramírez - Hernández 完成其两届任期。Peter Van den Bossche 也将于2017年12月两届任期届满。DSB 在2016年12月发出通知，请成员政府推荐候选人填补这两个空缺。至今，某些成员仍不同意欧盟关于将两名空缺的候选人一起甄选的做法。2017年8月新上任的韩国籍法官 Hyun Chong Kim 突然被任命为韩国贸易部长而辞去上诉机构法官一职，从而形成3位空缺。如何选定三名 AB 新成员，DSB 的成员拭目以待。

关于续聘问题。2014年以来，美国大使要求单独与该续聘的成员见面谈话。欧盟和巴西反对某个成员单独与上诉机构待续聘的成员谈话。DSB 决定愿意与待续聘的 AB 成员谈话提问题的 WTO 成员可以参加 DSB 主席召集的成员集体见面会。2015年，Thomas R. Graham 和 Ujal Singh Bhatia 参加了这样的集体见面会。参会代表都很客气，对 AB 工作给予肯定。Thomas R. Graham 和 Ujal Singh Bhatia 也顺利续聘。2016年5月，韩国籍成员 Seung Wha Chang 第一届4年任期届满。美国大使在同年3月要单独约见。USTR透露不同意续聘Seung Wha Chang，表示对他判的案子不满，并认为他在听证会上提一些与涉案无关的问题。美方这个意见在DSB例会上提出了，该新闻也在报纸上发表了。当时笔者与上诉机构的其他6名成员集体写信认为，虽然选聘和续聘上诉机构成员是WTO成员的权利，但是某成员政府将上诉机构成员的办案结果与对该成员的续聘连在一起，将影响上诉机构成员的独立性（Independence）和公正性（Impartiality）。上诉机构的报告由上诉机构集体负责，而不是由某个成员负责。上诉机构的13名前成员也发表了类似的反对美国USTR这一做法的集体签名信。Seung Wha Chang在他参与的最后一个上诉机构报告中写了分别的意见（Separate Opinion）。美国代表在DSB会议上批评这个分别意见与上诉机构报告无关，再一次暴露了美国不同意其续聘的真实原因。韩国政府对美国代表表示不满，要求继续推荐候选人接替Seung Wha Chang。为此DSB选聘了韩国推荐的Hyun chong Kim，而不是原来传说的澳大利亚推荐的一位反倾销律师。WTO成员总体认为，保证上诉机构成员的独立性是保证WTO争议解决的公正性与独立性的重要因素。在上诉机构成员的续聘程序中应该减少政治干扰、增强透明度、及时决定续聘或选聘新成员，以保证上诉机构的正常运行。WTO成员对上诉机构的工作以及对上诉机构成员的意见可以通过与上诉机构主席或其全体成员的对话进行沟通。

二　上诉机构成员的行为守则（code of conduct）和团队精神（collegiality）

DSU对上诉机构成员的行为守则规定：他们不得附属于任何政府。上诉机构的成员资格应广泛代表WTO的成员资格。在上诉机构任职的所有人员应随时待命，并应随时了解争端解决活动和WTO的其他有关活动。他们不得参与审议任何可产生直接或间接利益冲突的争端。

每一名新成员获得任命后要在DSB大会上宣誓：独立、公正、自觉地处理WTO成员的争端。每一年上诉机构成员办案号码是密封在保险柜里，通过抽签提取一个神秘的据说是根据古埃及的计算方法得出的由1至7任意排列的组庭序号。然后每一个成员再抽签一个自己的号码并且该号码严格保密不对任何人讲。直到一个案子提交上诉，与该庭审成员有关的号码主动报告给上诉机构秘书处。在审议庭组成之前，每一个成员要认真填写利益冲突或潜在利益冲突的检查和报告表并签名,保证报告的内容真实无误。上诉机构成员对于某个即将上诉的案件是否有利益冲突进行审查的会议,必须在日内瓦面对面地进行。每一位上诉机构成员在每一个案件提出上诉后都要做以下信息披露。

例如,笔者在 2012 年 4 月世界贸易组织关于中国对美国的平卷电钢的反倾销和反补贴上诉案件的信息披露表格中声明:我已经阅读了《争议解决规则和程序的谅解》(DSU) 以及 DSU 关于行为守则的规定。我铭记我的连续存在的职责——参加该争议解决直至 DSB 通过该争议的报告或者有关争议的记录,再次披露现在和将来可能影响我的独立性或公正性或则对该争议机制的诚实和公正性产生合理的怀疑。我遵守保守争议解决程序的秘密的义务。

是的。我声明我知道没有关联利益或影响或合理怀疑我的独立性或公正性的事情。

我披露如下:我没有与争议有关的金钱利益如投资、贷款、股份、债权或其债务,以及产权利益;

特别是没有专业利益(例如过去或现在与私人客户的关系,或则在国内或者国际的诉讼程序的利害人的关系或者参与与涉案问题相似的问题)。

没有其它浓厚兴趣,例如积极参与公共利益集团或其它组织,该集团或组织声明的日程可能与涉案的争议有关联。

特别的是本人没有发表过对本争议案的有关问题的个人意见,例如出版的公开声明。

更特别的是没有雇佣关系和家庭的利益,例如获得间接好处,或者受到雇主、商业协会或者近亲属的压力。

更特别的是没有任何其他利益、关系或事项。

2012 年 6 月 19 日

WORLD TRADE ORGANIZATION DISCLOSURE FORM

China-Countervailing and Anti-Dumping Duties on Grain Oriented Flat-Rolled Electrical Steel from the United States (GOES)

AB – 2012 – 4

I have read the Understanding on Rules and Procedures Governing the Settlement of Disputes (DSU) and the Rules of Conduct for the DSU. I understand my continuing duty, while participating in the dispute settlement mechanism, and until such time as the Dispute Settlement Body (DSB) makes a decision on adoption of a report relating to the proceeding or notes its settlement, to disclose herewith and in future any information likely to affect my independence or impartiality, or which could give rise to justifiable doubts as to the integrity and impartiality of the dispute settlement mechanism; and to respect my obligations regarding the confidentiality of dispute settlement proceedings.

Yes. I declare that I know of no interest, relationship, or matter that is likely to affect, or give rise to justifiable doubts as to, my independence or impartiality.

wish to disclose the following:

(a) Nofinancial interests (e. g. , investments, loans, shares, interests, other debts); business interests (e. g. , directorship or other contractual interests); and property interests relevant to the dispute in question;

more specifically:

(b) Noprofessional interests (e. g. , a past or present relationship with private clients, or any interests the person may have in domestic or international proceedings, and their implications, where these involve issues similar to those addressed in the dispute in question);

more specifically:

(c) No other active interests (e. g. , active participation in public interest groups or other organizations which may have a declared agenda relevant to the dispute in question);

more specifically:

(d) Noconsidered statements of personal opinion on issues relevant to the dispute in question (e. g. , publications, public statements);

more specifically:

(e) Noemployment or family interests (e. g. , the possibility of any indirect advantage or any likelihood of pressure which could arise from their employer, business associates or immediate family members);

more specifically:

(f) no any other interest, relationship, or matter:

Signed: Dated: 2012 – 06 – 19

一旦与某个上诉案子有利益冲突,该成员向其他6名成员报告之后离开会议室,其他6名成员讨论该不在场的成员是否要规避(Recusal)。一旦某成员被规避,该成员就不能参加审议庭对该案件的审理,也不能参加7名成员全体的交换意见(exchange of views)会议。

上诉机构成员不能与争议当事方或第三方接触,更不能披露正在审议的案件(No expart communication)。[①]

WTO争议解决的参与者不能在离职后继续参与该案件的工作。上诉机构成员离职后三年内不得出席上诉机构的听证会,不得做该案件代理律师等(即冷却期,cooling off)。

上诉机构的成员以及律师都来自不同国家,语言、文化、历史、教育背景不同,经常有不同意见的对立与碰撞。但是大家互相尊重,互相倾听,互相关心,很快成为一个团结关爱的大家庭。在严肃的开庭、激烈的法律辩论之后,大家会组织聚餐,为同事过生日等娱乐活动。每一个案件结案后,庭审首席法官出钱购买酒、饮料和美食,有时笔者还从北京带去烤鸭并在日内瓦的中餐馆订购美味中餐,举行一个上诉机构和秘书处的小型庆祝会,大家唱歌跳舞联欢。

为传播中国文化,笔者在上诉机构工作近9年,每一年春节前都从北京购买大量当年的生肖绒毛摆件带给上诉机构的成员、秘书处律师和工作人员,这些产品非常受欢迎。笔者在清华园为来参会的副总干事Bruaner和其他WTO专家等一行购买著名书法家的毛笔字帖。Bruaner将"行重于言"裱糊成精致的镜框挂在WTO办公大楼通向餐厅的墙上。它不仅弘扬了中国的书法,更重要的是提醒WTO成员与官员要行动起来,少空谈,有效地推动以规则为基础的多边贸易谈判,行动起来让WTO在推动经济全球化和国际经济治理中发挥更大作用。

为加强上诉机构成员和秘书处高级律师对中国的了解,笔者还与中国世界贸易组织研究中心、上海WTO研究中心、深圳WTO研究中心、清华大学、汕

[①] DSU第18.1条。

头大学、南开大学等分别邀请了 21 名上诉机构前成员和现成员、WTO 高官和高级律师分别访华。他们对中国的改革开放和经济的高速发展以及对 WTO 人才的培养和中国举国对 WTO 多边贸易体制的重视印象非常好,评价非常高。

特别值得提一下,上诉机构的创始人——《哈瓦那宪章》起草人之一,原乌拉圭驻 WTO 大使 94 岁高龄的 Julio Lacarte Muró 于 2012 年 7 月访华,本次访问载入 WTO 上诉机构的史册。Julio Lacarte Muró 大使在上海和北京都做了专题讲演,还参观了北京和上海。他参观上海 WTO 中心后说,中国是将 WTO 文件和案例翻译成本国语言和出版 WTO 专著最多的国家。中国是最重视 WTO 宣传工作的国家。他在北京与孙振宇大使和余建华副部长会谈后,认为中国经贸领导人很了解 WTO,中国一定会在 WTO 和世界贸易多边谈判与争议解决中发挥巨大作用。Julio Lacarte Muró 大使与中国研究 WTO 的学者和官员讨论后,对中国有这么多人研究 WTO 印象很深,认为这是推动 WTO 多边贸易体制的重要动力。Julio Lacarte Muró 大使也赞许笔者非常专业并且将法律、贸易、争议解决和国际关系、外交结合运用,发挥了很好的领导和组织、协调的作用(very professional, very good leadership and excellent conciliator)。他希望中国培养更多国际顶尖的人才。

2015 年清华 WTO 20 年大会是笔者组织的在日内瓦之外举行的最大规模的 WTO 20 年大会。有 400 多人参加和 50 多名国内外知名的 WTO 专家学者、官员、律师做了专题发言。大会的主题为"多边贸易体制、争议解决、发展中国家"。清华大学校长邱勇和商务部王受文副部长、WTO 副总干事 Bruaner 以及上诉机构 10 名前任和现任成员都做了主旨报告。北京清华 WTO 大会之后,上诉机构成员以及其他国际专家还参加了上海举办的 WTO 20 年大会和深圳 WTO 大会以及天津 WTO 讲座。每一位参会专家都高度评价大会的组织、发言的深度和提问题的质量。他们说这是 WTO 大家庭在中国最大的一场专业聚会(WTO family reunion in China)。

第三章　GATT、WTO 的基本原则

一　基石条款：最惠国待遇

（一）最惠国待遇条款文本

《1947 年关税与贸易总协定》第 1 条　普遍最惠国待遇

在对进口或出口、有关进口或出口或对进口或出口产品的国际支付转移所征收的关税和费用方面，在征收此类关税和费用的方法方面，在有关进口和出口的全部规章手续方面，以及在第 3 条第 2 款和第 4 款所指的所有事项方面，任何缔约方给予来自或运往任何其他国家任何产品的利益、优惠、特权或豁免应立即无条件地给予来自或运往所有其他缔约方领土的同类产品。

（二）最惠国待遇条款的解释与适用

如上所述，最惠国待遇条款为 WTO 法律制度的最重要的基石。最惠国待遇条款规定在 GATT 1994 第 1 条中。其共由四款条文构成。其中，GATT 1994 第 1.2 条、第 1.3 条、第 1.4 条是为解决历史性问题而设。在最惠国待遇条款中，第 1.1 条的价值最为重要，且在实践中，该条款频繁地被成员所使用。具体分析如下：

1. 第 1.1 条概述

（1）目的与宗旨

在"加拿大汽车案"中，上诉机构指出，第 1 条的目的和宗旨是"阻止对来源于不同国家或出口到不同国家的相似产品之间进行歧视"。[1]

---

[1] Appellate Body Report, Canada—Autos, para. 84.

（2）对事实性歧视的适用

在"欧共体—香蕉第三案"中，在解释 GATS 第 2 条适用于禁止事实性歧视和法律上的歧视时，该上诉机构也明确 GATT 1994 第 1 条可适用于事实性歧视。在"加拿大—汽车案"中，上诉机构审查了专家组关于加拿大对来源于特定国家的汽车进口税的豁免措施不符合第 1.1 条的认定，其指出第 1.1 条项下的歧视包括法律上的和事实性歧视。该上诉机构指出，"第 1.1 条用于并未仅限制于表面上对其他成员方的相似产品的拒绝授予'利益'，或者是需要举证措施的纸面证据……其并不限于'法律上的措施'，或法律上的歧视。正如 GATT 时期诸多专家组所证实的，第 1.1 条还调整'事实性的措施'，或事实上的歧视。"①

在"印度尼西亚—汽车案"中，专家组解释了如何开展关于第 1.1 条的审查活动，其指出："在'欧共体—香蕉第三案'中，上诉机构表明若存在违反第 1 条的情形，那么应有第 1 条项下的特定类型的利益并未无条件地授予所有 WTO 成员的'相似产品'。根据该分析，我们首先应审查是否关税利益是构成第 1 条项下的利益类型。第二，我们应该决定该利益是否授予给所有的相似产品，以及该授予是否是无条件的。"②

2. 对 "与进出口相关的所有规则和手续" 的解释

在"欧共体—香蕉第三案"中，专家组指出，第 1 条要求最惠国待遇适用于"与进出口相关的所有规则和手续"。③在相关案件中，"所有的规则和手续"包括关税配额、进口许可程序等。

3. 对 "第 3 条第 2 款和第 4 款所指的所有事项" 的解释

该条款建立起与第 3 条国民待遇的联系。具体相关事项如下，

GATT 1994 第 3.2 条规定：任何缔约方领土的产品进口至任何其他缔约方领土时，不得对其直接或间接征收超过对同类国产品直接或间接征收的任何种类的国内税或其他国内费用。此外，缔约方不得以违反第 1 款所列原则的方式，对进口产品或同类国产品实施国内税和其他国内费用。

GATT 1994 第 3.4 条规定：任何缔约方领土的产品进口至任何其他缔

---

① Appellate Body Report, Canada—Autos, para. 78.
② Panel Report, Indonesia—Autos, para. 14.138.
③ Panel Report, EC—Bananas III, para. 7.107.

约方领土时，在有关影响其国内销售、标价出售、购买、运输、分销或使用的所有法律、法规和规定方面，所享受的待遇不得低于同类国产品所享受的待遇。本款的规定不得阻止国内差别运输费的实施，此类运输费仅根据运输工具的经济营运，而不根据产品的国别。

4. 对"任何缔约方给予的利益、优惠、特权或豁免"的解释

在"欧共体—香蕉第三案"中，专家组认为第1.1条的"利益"为那些创造"更为优惠的进口机会"或影响到不同国家的产品之间的商业关系的事项。① 在"加拿大—汽车案"中，上诉机构指出，加拿大对来源于特定国家的汽车进口的进口税豁免违反了第1.1条。在实践中，关税配额的分配、进口程序的灵活性、认证程序的可获得性等都构成此处的利益。

5. 对"相似产品"的解释

在"印度尼西亚—汽车案"中，专家组对比了第1条和第3条的"相似产品"的概念，其指出，"在讨论第3.2条项下的相似产品中，我们认定特定的进口汽车与国内汽车相似，相同的情形也能够适用于第1条"。

在"美国—禽类制品（中国）"案中，专家组论述了关于产品的"相似性"，其指出，"上诉机构解释相似产品的分析必须基于个案分析。传统的决定'相似性'的方法包括使用四种标准：（1）产品的属性、本质和质量；（2）产品的最终使用；（3）与产品相关的消费偏好和爱好——更为全面的术语系消费者的认知与习惯"；以及（4）产品的关税税则。"②

另一种确定产品相似性的方法无须考察相似产品的特性、本质和特征。具体而言，专家组和上诉机构将假定市场上存在两种相似产品，只要如下两种情形之一发生：其一为存在完全以来源地为基础的歧视；其二为由于进口禁止导致无法做出相似产品的比较。

"中国—视听产品案"专家组指出，当国内和进口产品以来源地的不同而获得不同待遇时，那么WTO将假定产品存在相似性。在此种情况下，申诉方无须指明特定的国内和进口产品，也无须根据传统方法建立相似性。相反地，如果来源地成为区分产品的唯一标准，那么该做法足以使得申诉方证明其国内的和进口的产品具有"相似性"。简言之，WTO专家组和上诉机构不承认来源

---

① Appellate Body Report, EC—Bananas III, para. 206.
② Panel Report, US—Poultry (China), paras. 7.430 – 7.432.

国的差异性为产品非相似性的理由。

6. 对 "来自或运往任何其他国家任何产品" 的解释

在"欧共体—香蕉第三案"中，上诉机构审查了专家组关于欧共体香蕉进口体系违反其义务的认定，该案的争议为：欧共体授予特定成员的关税配额并不适用于其他国家。上诉机构分析到，"非歧视义务的本质是相似产品必须被同等地对待，而不管其来源地。正如没有当事方对所有的香蕉是相似产品存有异议，非歧视义务适用于所有的香蕉进口，而不管根据管理原因，特定成员对香蕉采用的归类或分类方法。如果选择根据法律理由施加进口限制，或者通过不同的关税，成员可以避免适用非歧视条款的话，那么非歧视条款的目的和宗旨将丧失。如果这些条款仅适用于成员确定的规制体系，那么成员将非常容易规避 GATT 1994 和其他附件 1A 协定的非歧视条款"。①

7. 对 "立即地、无条件地授予" 的解释

在"印度尼西亚—汽车案"中，专家组认定，虽然进口关税和销售税豁免措施满足来源地中性要求，但是其仍不符合第 1.1 条，因为该豁免是"有条件的"。事实上，在该案中，是否能够获得更优惠的税率取决于生产国民汽车（National Car）的出口公司能否与特定机构达成"协议"（deal）。在 WTO 中，成员的权利不能够依赖于任何私人契约性义务，或以该私人契约性义务为条件，或受其影响。②由此，该条件的存在使得印度尼西亚违反了第 1.1 条。

在"加拿大—汽车案"中，争议中的加拿大措施涉及对进口关税的豁免。具体而言，如果汽车的出口商附属于在 1998 年《汽车关税指令》（MVTO）免税进口汽车类型下或在所谓的《特别豁免指令》（SRO）项下的加拿大制造商或进口者，那么加拿大将授予汽车以进口关税豁免。在该案上诉阶段，上诉机构首次讨论了法律上歧视和事实性歧视的概念，其认为"通过该措施的文本，以及专家组关于措施实际运用的结论，明显的是，针对'对进口施加的关税'而言，加拿大授予给来源于特定成员的产品的'利益'并没有立即无条件地给予来源或运往其他所有成员的相似产品。由此，我们认为，加拿大的措施不符合第 1.1 条规定"。③

---

① Appellate Body Report, EC – Bananas III, para. 206. 6 Panel Report, US – Poultry (China), paras. 7.430 – 7.432.

② See Panel Report, Canada – FIRA, para. 5.6.

③ Appellate Body Report, Canada – Autos, para. 82.

"欧共体—关税优惠案"专家组明确了"无条件"的含义。针对该术语，专家组解释到，"无条件的"意味着"不受任何条件所限制，也不依据任何条件"。由于药品安排的关税优惠只授予那些遭受严重的药品困扰的国家，而并非"无条件地"授予其他成员，因此，该案专家组认定药品安排的关税优惠违反第1.1条。①

二 国民待遇

（一）具体法律条文

《1947年关税与贸易总协定》第3条 国内税和国内法规的国民待遇

1. 各缔约方认识到，国内税和其他国内费用、影响产品的国内销售、标价出售、购买、运输、分销或使用的法律、法规和规定以及要求产品的混合、加工或使用的特定数量或比例的国内数量法规，不得以为国内生产提供保护的目的对进口产品或国产品适用。

2. 任何缔约方领土的产品进口至任何其他缔约方领土时，不得对其直接或间接征收超过对同类国产品直接或间接征收的任何种类的国内税或其他国内费用。此外，缔约方不得以违反第1款所列原则的方式，对进口产品或同类国产品实施国内税和其他国内费用。

3. 对于与第2款的规定不一致、但根据1947年4月10日已实施的一贸易协定明确授权征收的任何现有国内税，该协定规定征税产品的进口关税已经约束不再提高，征收该项国内税的缔约方有权推迟对该项税适用第2款的规定，直至其在该贸易协定中的义务得以解除，以便允许在补偿取消国内税保护因素的必要限度内提高该项税。

4. 任何缔约方领土的产品进口至任何其他缔约方领土时，在有关影响其国内销售、标价出售、购买、运输、分销或使用的所有法律、法规和规定方面，所享受的待遇不得低于同类国产品所享受的待遇。本款的规定不得阻止国内差别运输费的实施，此类运输费仅根据运输工具的经济营运，而不根据产品的国别。

5. 缔约方不得制定或维持与产品的混合、加工或使用的特定数量或比

---

① Panel Report, EC – Tariff Preferences, paras. 7.59 – 7.60.

例有关的任何国内数量法规，此类法规直接或间接要求受其管辖的任何产品的特定数量或比例必须由国内来源供应。此外，缔约方不得以违反第 1 款所列原则的其他方式实施国内数量法规。

6. 第 5 款的规定不得适用于 1939 年 7 月 1 日、1947 年 4 月 10 日或 1948 年 3 月 24 日在任何缔约方领土内已实施的任何国内数量法规，具体日期由有关缔约方选择；但是任何此类违反本条第 5 款规定的法规不得进行修改从而损害进口产品，并应在谈判中将其视为关税。

7. 任何与产品的混合、加工或使用的特定数量或比例有关的国内数量法规，不得以在外部供应来源之间分配任何此种数量或比例的方式实施。

8. （a）本条的规定不得适用于政府机构购买供政府使用、不以商业转售为目的或不以用以生产供商业销售为目的的产品采购的法律、法规或规定。

（b）本条的规定不阻止仅给予国内生产者的补贴的支付，包括自以与本条规定相一致的方式实施的国内税费所得收入中产生的对国内生产者的支付和政府购买国产品所实行的补贴。

9. 各缔约方认识到，国内最高价格控制措施，尽管符合本条的其他规定，但是可对供应进口产品的缔约方的利益产生损害效果。因此，实施此类措施的缔约方应考虑出口缔约方的利益，以期最大限度地避免此类损害效果。

10. 本条的规定不得阻止任何缔约方制定或维持与已曝光电影片有关的、且满足第 4 条要求的国内数量法规。

（二）国民待遇条款的解释与适用

国民待遇条款规定在 GATT 1994 第 3 条中。其共由 10 个条款构成。在实践中，GATT 1994 第 3.1 条、第 3.2 条等频繁地被成员所使用。具体分析如下。

1. 第 3 条概述

（1）目的与宗旨

在"日本—酒精饮料第二案"中，上诉机构解释道："第 3 条的广泛的和基本的目的是避免国内税和规制措施适用的保护主义。更具体的，第 3 条的目的在于'确保国内措施不以保护国内生产的目的，对进口或国内产品进行适用'。基于此目的，第 3 条强制要求 WTO 成员提供对进口产品的与国内产品相等的竞争条件。本协定的起草者的意图明确表明,在清关后,应给予相似国内产品和进口产品以相同待遇。否则,将存在非直接的保护"。①

进一步的,在"韩国—酒精饮料案"中,上诉机构补充到,"鉴于避免保护主义、竞争条件的平等性,以及保护平等竞争关系的预期,我们否决了对'直接竞争的或可替代的'术语采取静止的观点。"②

总体而言,第3条的目的在于避免贸易保护主义,并实现市场的平等竞争条件。

(2) 第3条项下保护关税承诺(关税承诺的相关性)

在"日本—酒精饮料第二案"中,上诉机构指出第3条与关税承诺相关,但是其范围比关税承诺更广。具体而言,其指出,"当考虑到第3条和WTO协定其他条款的关联时,第3条避免保护主义的广泛目的必须被重视。虽然对谈判的关税承诺的保护确实是第3条的目的之一,但是第3条的范围并不限于第2条项下的关税承诺。第3条的国民待遇义务是一般性禁止使用国内税收和其他内部规制措施以保护国内生产。该义务明显可拓展到第2条所约束的产品之外。该观点也得到第3条的起草历史材料的印证。"③

2. 关于第3.1条的解释

(1) 与第1段、第2段、第4段和第5段的关系

在"美国—汽油案"中,专家组考察美国对进口汽油的规制措施是否以符合第3.1条的方式实施。专家组指出,"专家组首先在认定其与第3.4条不符后,必须考察其是否应该在第3.1条项下做出认定。其认为因为'第3.1条比第3.2条或第3.4条都更加一般化。"④ 进一步的,在"日本—酒精饮料第二案"中,上诉机构使用了条约解释的有效性原则 (the principle of effective treaty interpretation),并认定第3.1条构成了第3.2条的上下文。具体而言,其指出,"第3条术语必须在其上下文以及WTO协定的整体目的和宗旨下,从其惯常含义进行解读。因此,在该条款中实际使用的术语是进行解释的基础,并且其影响该术语的解释。对条款的适当解释应首先从文本解释出发。结论是,专家组正确地区分了第3.1条(包含一般性原则)和第3.2条(包含于国内税和费用

---

① Appellate Body Report, Japan—Alcoholic Beverages II, p. 16.
② Appellate Body Report, Korea—Alcoholic Beverages, para. 120.
③ Appellate Body Report, Japan—Alcoholic Beverages II, pp. 16 – 17.
④ Panel Report, US—Gasoline, para. 6.17.

的特定义务)。第3.1条规定了一般性的原则——国内措施不应以保护国内生产的方式进行适用。一般性原则对第3条剩余部分起到告知作用。第3.1条的目的是建立起指导第3.2条和第3条其他款项的具体义务解释的作用，但是其应尊重，并不应削减，其他条款中存在的文本的含义。简言之，第3.1条构成了第3.2条和第3条其他款项的上下文。"①

3. 关于第3.2条的解释

（1）概述

第1句与第2句的一般性差异：

在"日本—酒精饮料第二案"中，上诉机构阐述了第3.2条第1句与第2句之间的差异，其指出，"考察对不构成'相似产品'的产品类型进行适用时，第3.2条第2句规定了独立的和不同的考察措施的方式"。② 在"加拿大—期刊案"中，上诉机构进一步指出，"在决定是否违反GATT 1994第3.2条时，存在两个必须被回答的问题：（a）进口和国内产品是否属于相似产品；以及（b）进口产品是否比国内产品被课征更多税费。如果上述两个问题都是肯定性的，那么存在违反第3.2条第1句的义务。如果上述问题有一个是否定性的，那么其需要考进一步考察措施是否符合第3.2条第2句的义务"。③ 本质上而言，第3.2条第2句比第1句的适用范围更广。

在"韩国—酒精饮料案"中，上诉机构指出，"第3.2条第1句也是该术语的上下文。'相似'产品是具有直接竞争性或可替代性的产品：在定义上，所有的相似产品都是直接竞争的或可替代的产品，虽然并非所有的'直接竞争的或可替代的'产品是'相似的'。相似产品概念必须被狭义地理解，但是直接竞争的或可替代产品的类型更为广泛。完全可替代性产品（perfectly substitutable products）落入第3.2条第1句的范围，而不完全可替代性产品则在第3.2条第2句中进行评估"。④

（2）第3.2条第1句

①概述

在"日本—酒精饮料第二案"中，上诉机构澄清了第3.2条第1句的两个

---

① Appellate Body Report, Japan—Alcoholic Beverages II, pp. 17-18.
② Appellate Body Report, Japan—Alcoholic Beverages II, p. 19.
③ See Appellate Body Report, Canada—Periodicals, pp. 22-23.
④ Appellate Body Report, Korea—Alcoholic Beverages, para. 118.

要素："相似产品"和"超过"（in excess of）。上诉机构指出，通过确定如果进口产品的征税超过了相似国内产品，那么税收措施与第3条不符，第3.1条提示了第3.2条第1句的含义。第3.2条第1句没有明确地提及第3.1条。该缺失（omission）其含义。此处并非意味着第3.1条的一般性原则不适用于第3.2条。相反的，我们认为，在效果上，第3.2条第1句是该一般性原则的适用。结合上下文，在WTO协定的目的和宗旨下，第1句的术语要求对第3.1条项下的国内税措施的一致性进行考察。具体而言：第一，应确定课征税收的进口产品和国内产品是否构成"相似产品"；第二，要看适用于进口产品的税收是否"超过"那些适用于相似国内产品的税收。如果进口产品和国内产品是"相似产品"，并且适用于进口产品的税收"超过"适用于国内产品的税收，那么该措施即与第3.2条第1句不相符合。①

进一步的，在"加拿大—期刊案"中，上诉机构确定了两个层次的测试方法。具体而言，"在决定措施违反GATT 1994第3.2条时，应确定两项问题：其一，进口产品和国内产品是否属于相似产品；其二，该进口产品的税收是否超过国内产品。如果上述问题都是肯定性回答，那么该措施违反了第3.2条第1句"。②

在举证责任上，"日本—酒精饮料第二案"专家组指出，"由申诉方负责举证证明产品构成相似，以及外国产品的税收高于本国产品"。③

②对"相似国内产品"的解释

在"日本—酒精饮料第二案"中，上诉机构指出，对相似性的认定应该采用个案分析的方式，并且根据既定市场中的产品最终使用、消费者偏好和习惯（其可能根据国家的不同而不同），产品的属性、本质和质量而确定。④ 除此之外，该案上诉机构还指出，产品的统一税则分类与决定是否属于相似产品也有相关性。如果其能够提供足够具体的信息，那么税则分类对明确产品的相似性具有帮助。值得注明的是，实践中，WTO成员在GATT 1994第2条项下做出的税则分类术语和关税承诺也具有差异性。随后的"加拿大—期刊案"遵循了"日本—酒精饮料第二案"的分析思路。

---

① See Appellate Body Report, Japan—Alcoholic Beverages II, pp. 18 – 19.
② See Appellate Body Report, Canada—Periodicals, pp. 22 – 23.
③ Panel Report, Japan—Alcoholic Beverages II, para. 6.14.
④ See Appellate Body Report, Japan—Alcoholic Beverages II, p. 20.

在现实中，专家组也常使用假设性的相似产品（hypothetical like product）认定。例如，在"印度尼西亚—汽车案"中，专家组指出，"根据来源地不同而设置的不同国内税已经足以违反第3.2条，而无需证明事实上存在被交易的相似产品"。① "中国汽车零部件案"也采取假设性的认定。② 在举证责任上，应由申诉方对相似产品的认定提供举证责任。

需要注明的是，此处的"相似产品"与第3.2条"直接竞争的产品"之间存在包含与被包含的关系。在"日本—酒精饮料第二案"中，上诉机构分析了第3.2条第1句的范围，其指出第3.2条第1句应被狭义地理解。具体而言，其指出，如果进口产品和国内产品并非第3.2条第1句狭义目的下的"相似产品"，那么措施将不构成该条款的适用对象，并且也不存在与该段落要求不一致的情形。然而，根据其本质，以及其在相关市场上的竞争条款，相同的产品可能落入更为广泛的"直接相竞争或可替代的产品"的类型，其受第3.2条第2句的管辖。③ 此外，在争端解决实践中，上诉机构指出，第3.4条"相似产品"的范围广于第3.2条第1句"相似产品"的范围。④

③对"国内税和其他国内费用"的解释

在"阿根廷—皮革案"中，专家组指出，关税管理措施为"国内税和其他国内费用"的组成部分。在"中国—汽车零部件案"中，专家组指出，争议中的费用落入第3.2条的范围中，因为涉及货物的再次销售与使用。在"泰国香烟案（菲律宾）"中，专家组认定，增值税等构成此处的"国内税"。

④对"超过"的解释

"日本—酒精饮料第二案"上诉机构建立其第3.2条第1句的"超过"术语的严格标准，其指出，"第3.2条第1句的唯一遗留问题是：对进口产品的税收是否'超过'国内相似产品。如果超过，那么成员就未能履行第3条的税收义务。即使小幅度地'超过'也表明成员未能履行义务。禁止第3.2条第1句的歧视性关税并不建立在'贸易效果测试'或最小标准（de minimi standard）之上。"⑤

在"阿根廷—皮革案"中，专家组指出，基于第3.2条第1句的目的，有

---

① Panel Report, Indonesia—Autos, para. 14.113.
② Panel Report, China—Autos, para. 7.216.
③ Appellate Body Report, Japan—Alcoholic Beverages II, p. 25.
④ Appellate Body Report, EC—Asbestos, para. 99.
⑤ Appellate Body Report, Japan—Alcoholic Beverages II, p. 23.

必要建立起"在进口产品和相似国内产品之间的竞争条件的平等性"。在审理中，专家组指出，第3.2条第1句要求对实际的税收负担进行比较，而非仅仅是名义上的税收负担，进而避免成员规避其义务。进一步的，"第3.2条第1句可适用于任一具体的进口交易。其不允许成员在特定情形赋予进口产品更优惠的待遇，而在其他情形下赋予更低优惠的待遇"。[1]

⑤对"直接的或间接的"的解释

在"加拿大—期刊案"中，上诉机构指出，"对《消费税法》第5.1部分的考察表明，在其结构和本质上，争议措施是对期刊的税收。因为需要交税的主体是发行者，或者在发行者未在加拿大有居住地，那么由分销者、复印者或经销商交税，而非是广告者。"由此，上诉机构认为此处的消费税构成"间接"影响进口产品的国内税。[2] 嗣后的案件也有相似的认定。

（3）第3.2条第2段

①概述

在"日本—酒精饮料第二案"中，上诉机构解释到，第3.2条第2段使用的测试与第1段使用的测试存在差异。具体而言，"与第3.2条第1句不同，第3.2条第2句明确提及第3.1条。在该条款中，在决定国内税措施是否符合第3.2条时，应考虑三个独立的问题：第一，进口产品与国内产品是否属于'直接相竞争的或可替代的产品'；其二，是否对直接相竞争的或可替代的进口产品和国内产品采取'不同的税收征收'；其三，直接相竞争的或可替代的进口国内产品的不同征税是否以保护国内生产的方式进行适用"。上述三项问题是独立的问题。任一问题必须由申诉方独立地确定，进而专家组可认定WTO成员采取的税收措施与第3.2条第2句不相符合。[3]

在"日本—酒精饮料第二案"中，专家组指出第3.2条第2句的举证责任落于申诉方。

②对"直接相竞争的或可替代的产品"的解释

在解释"直接相竞争的或可替代的产品"术语中，"日本—酒精饮料第二案"上诉机构指出，在相关市场上考虑竞争性条件是"合适的"，特别体现在交叉价格（cross-price）弹性中。具体而言，"GATT 1994是商业协定，并且

---

[1] Panel Report, Argentina—Hides and Leather, paras. 11.182 – 11.184.
[2] Appellate Body Report, Canada—Periodicals, p. 18.
[3] See Appellate Body Report, Japan—Alcoholic Beverages II, p. 24, p. 97.

WTO 与市场相关。因此如果不在相关市场中考察竞争是不合适的。同样的，如果不考察相关市场可替代的弹性也是不合适的。专家组并不是认为，在决定产品是否为'相竞争的或可替代的'产品上，需求的交叉交价格弹性是'决定性的标准'"。① 在决定该问题上，争端解决机构指出可使用数量、质量或本质等方式。

在确定竞争情形时，"韩国—酒精饮料案"上诉机构指出，虽然并非所有的其他市场都具有相关性，但是其他市场中的证据对分析争议中的市场问题是有益的。当然，"消费者偏好可能依据国家的不同而不同。但是，如果其他市场具有与争议中的市场相同的特征，那么在其他市场中的消费者需求证据对于争议中的市场就具有相关性。当然，该问题必须在考虑所有相关事实的基础上，个案进行解决"。②

"韩国—酒精饮料案"上诉机构在解释"直接相竞争的或可替代的"术语中考虑了第3条的"目的和宗旨"。其指出，"第三条的目的和宗旨是维持进口和国内产品竞争条件的平等性。"③ 对该术语的解释应满足此目的与宗旨。当然，由于市场的竞争状态是动态的、持续发展的过程，因此，"直接相竞争的或可替代的"术语表明其并非单独以现有的消费者偏好而决定。在考察需求时，专家组和上诉机构可以考察内在的（latent）、现存的（extant）和潜在的（potential）需求。

在决定"直接相竞争的或可替代的"产品时，"日本—酒精饮料第二案"上诉机构同意，专家组应考虑如下因素：相比较产品的本质、相关市场的竞争情况，以及物理特征、普遍的最终使用和关税税则。④

在"韩国—酒精饮料案"中，上诉机构指出，"'相似'产品系直接相竞争或可替代的产品。在定义上，所有的产品都是相竞争的或可替代的产品，而并非所有的'直接竞争的或可替代的'产品是'相似的'。"⑤

③对"不相同地征税"的解释

此处的"不相同地征税"（not similarly taxed）并非"最小"（de minimis）标准。在"日本—酒精饮料第二案"中，上诉机构指出，"'不相同地征税'

---

① Appellate Body Report, Japan—Alcoholic Beverages II, p. 25.
② Appellate Body Report, Korea—Alcoholic Beverages, para. 137.
③ Appellate Body Report, Korea—Alcoholic Beverages, para. 127.
④ Appellate Body Report, Japan—Alcoholic Beverages II, p. 25.
⑤ Appellate Body Report, Korea—Alcoholic Beverages, paras. 141–144.

术语与第1句的'超过'术语是不同的。表面上，第1句的'超过'术语意味着进口产品的征税量'超过'了国内'相似产品'的税收。然而，'不相同地征税'术语意味着其他的含义，其超过了最小的标准。"①

④对"为国内生产提供保护的目的"的解释

在"日本—酒精饮料第二案"中，上诉机构指出，"我们在确定不同的征税是否以为国内生产提供保护为目的时，应该对争议中的国内与进口产品的措施的结构和适用进行全面和客观的分析。"其进一步指出，"虽然措施的目的比较难以确定，然而保护目的的适用一般可以通过措施的设计、组成部分以及相应的结构进行确定"。② 具体而言，对保护目的的确定可能与税收的差异性、目标产品的关税、立法者和监管者的意图相关。

在"菲律宾诉泰国香烟案"中，上诉机构裁定泰国的措施违反 GATT 关于国民待遇的规定。泰国只对外国的香烟实行行政措施。然而对国内香烟没有此要求。③

三 关于约束关税（第2条和第11条）

（一）约束关税第2条的解释与适用

1. 具体条款规定

第2条 减让表

2.1 （a）每一缔约方对其他缔约方的贸易所给予的待遇不得低于本协定所附有关减让表中有关部分所规定的待遇。

（b）与任何缔约方相关的减让表第一部分中所述的、属其他缔约方领土的产品，在进口至与该减让表相关的领土时，在遵守该减让表中所列条款、条件或限制的前提下，应免征超过其他所列和所规定的普通关税的部分。此类产品还应免征超过本协定订立之日征收的或超过该日期在该进口领土内已实施的法律直接或强制要求在随后对进口和有关进口征收的任何种类的所有其他税费的部分。

---

① Appellate Body Report, Japan—Alcoholic Beverages II, pp. 26 – 27.
② Appellate Body Report, Japan—Alcoholic Beverages II, p. 29.
③ Panel Report, Argentina—Hides and Leather, paras. 11.182 – 11.184.

(c) 与任何缔约方相关的减让表第二部分中所述的、属根据第 1 条在进口至与减让表相关的领土时有权享受优惠待遇的产品，在进口至该领土时，在遵守减让表中所列条款、条件或限制的前提下，应免征超过减让表第二部分所列和所规定的普通关税的部分。此类产品还应免征超过本协定订立之日所征收的或超过该日期在该进口领土内已实施的法律直接或强制要求在随后对进口和有关进口征收的任何种类的所有其他税费的部分。本条的任何规定不得阻止任何缔约方维持在本协定订立之日关于货物以优惠税率进口的资格已存在的要求。

2.2 本条的任何规定不得阻止任何缔约方对任何产品的进口随时征收下列关税或费用：

(a) 对于同类国产品或对于用于制造或生产进口产品的全部或部分的产品所征收的、与第 3 条第 2 款的规定相一致且等于一国内税的费用；

(b) 以与第 6 条的规定相一致的方式实施的任何反倾销税或反补贴税；

(c) 与所提供服务的成本相当的规费或其他费用。

2.3 任何缔约方不得改变其确定完税价格的方法或货币折算方法从而减损本协定所附有关减让表中规定的任何减让的价值。

2.4 如任何缔约方形式上或事实上对本协定所附有关减让表中列明的任何产品的进口设立、维持或授权实行垄断，除非该减让表中有所规定或最初谈判减让的各方之间另有议定，否则此种垄断不得以提供平均超过该减让表所规定的保护水平的方式实施。本条的规定不得限制缔约方使用本协定其他规定所允许的、对本国生产者提供任何形式的援助。

2.5 如任何缔约方认为一产品未从另一缔约方获得其认为本协定所附有关减让表规定的减让所预期的待遇，则前一缔约方应直接提请后一缔约方注意该事项。如后者同意预期的待遇是前一缔约方所要求的待遇，但声明由于法院或其他有关机关裁定，该所涉及的产品不能根据该缔约方的关税法规进行归类而享受本协定预期的待遇，则以上两缔约方及任何其他有实质利害关系的缔约方应迅速进行进一步谈判，以期就此事项达成补偿性调整。

2.6 (a) 与属国际货币基金组织成员的缔约方相关的减让表所包括的从量关税和费用，及此类缔约方维持的从量关税和费用的优惠幅度，以本协定订立之日基金接受或临时认可的有关货币的评价表示。因此，如此平价以符合《国际货币基金组织协定》的方式降低超过百分之二十时，此类从量关税和费用及优惠幅度可考虑该项降低而进行调整；只要缔约方全体（即按第25条的规定采取联合行动的各缔约方）同意此类调整不致减损有关减让表或本协定其他部分所规定减让的价值，同时应适当考虑可影响此类调整的必要性或紧迫性的所有因素。

（b）对于不属基金成员的任何缔约方，自其成为基金成员或按照第15条订立特别外汇协定之日起，类似规定应适用于该缔约方。

2.7 本协定所附减让表特此成为本协定第一部分的组成部分。

2. 对减让表条款的解释与适用

《关于解释1994年关税与贸易总协定第2条第1款（b）项的谅解》

各成员特此协议如下：

1. 为保证第2条第1款（b）项产生的法律权利和义务的透明度，该条款中所指的对约束税号所征收的任何"其他税费"的性质和水平，应记录在GATT 1994所附减让表适用的税号中。各方理解，该项记录并不改变"其他税费"的法律性质。

2. 就第2条而言，约束"其他税费"的日期应为1994年4月15日。因此，"其他税费"应以该日期实施的水平记录在减让表中。在随后每一次有关减让的重新谈判或有关一项新的减让的谈判中，所涉税号的适用日期应成为该项新的减让并入有关减让表的日期。但是，据以将有关任何特定税号的减让首次并入GATT 1947或GATT 1994的文件的日期，也应继续记录在活页减让表第6栏中。

3. 对于所有约束关税均应记录"其他税费"。

4. 如一税号以往为一减让的对象，则记录在有关减让表中的"其他税费"的水平不得高于该项减让首次并入该减让表之时所获得的水平。在WTO协定生效之日后3年内，或在将所涉减让表并入GATT 1994的文件交存WTO总干事之日后3年内，如此日期迟于前一日期，任何成员均可以在所涉税号最初约束之时不存在此类"其他税费"，或以任何"其他税费"的记录水平与以往约束水平的一致性为由，对一"其他税费"的存在提出质疑。

5. "其他税费"记录在减让表中不损害各成员在 GATT 1994 项下权利和义务的一致性,但受第 4 款影响的权利和义务除外。所有成员保留随时对任何"其他税费"与此类义务的一致性提出质疑的权利。

6. 就本谅解而言,应适用由《争端解决谅解》详述和适用的 GATT 1994 第 22 条和第 23 条的规定。

7. 在 WTO 协定生效之日前,将有关减让表并入 GATT 1994 的文件交存 GATT 1947 缔约方全体的总干事之时,或在此后交存 WTO 总干事之时,减让表中遗漏的"其他税费"不得随后加入此表,而以低于适用之日的实行水平记录在减让表中的任何"其他税费"不得恢复至该水平,除非此类增加或变更在该文件交存之日起 6 个月内作出。

8. 第 2 款中关于就 GATT 1994 第 2 条第 1 款(b)项而言每项减让适用日期的决定应取代 1980 年 3 月 26 日作出的关于适用日期的决定(BISD 第 27 册 24 页)。

3. 对减让表条款的解释与适用

(1) 第 2.1 条:对关税减让表的解释

①概述

在"欧共体—鸡块案"中,专家组在决定争议的鸡块进口到欧共体的关税待遇是否符合第 2.1(a)条和第 2.1(b)条时,其提出三步骤的分析方法。具体而言,专家组指出,"我们需要确定:(a)欧共体减让表下给予争议产品的待遇;(b)争议措施给予争议产品的待遇;以及(c)与欧共体减让表的规定相比,争议措施是否提供更低的优惠待遇,并且更为具体的,此类措施是否导致征收产品的税率与条件超过了在欧共体减让表规定的税率与条件"。[1]同时,专家组也忆及 WTO 协定和 GATT 1994 的根本目的和宗旨,即维护互惠的和相互得益的协定的安全性和可预见性。在专家组看来,某一成员针对在 WTO 多边贸易谈判语境下制定承诺的单独意图不能超过所有 WTO 成员的共同意图。该共同意图是依据《维也纳条约法公约》第 31 条和第 32 条的分析和解释所确定的。[2]

---

[1] Panel Report, EC—Chicken Cuts, para. 7.65.
[2] See Panel Report, EC—Chicken Cuts, paras. 7.425 – 7.427.

在"欧共体—信息技术产品案"中,专家组指出,"第2条的核心问题是被给予免税待遇的特定产品是否事实上获得此类待遇。如果申诉方能够确定措施以必然拒绝免税待遇的方式进行运作,进而我们认为,该措施确实违反第2条。"①

②可适用的解释性规则

在"欧共体—计算机仪器案"中,上诉机构确定关于关税减让的解释性规则,其强调通过条约解释的方法确定成员的共同意图。具体而言,上诉机构指出,"《维也纳条约法公约》第31条条约解释的目的是为了确定成员方(parties)的共同意图。该共同意图不能建立在某一条约成员方所主观的和单边确定的'期望'。成员减让表规定的关税减让是互惠的,并且也是来自于出口成员和进口成员之间的互利的谈判。依据 GATT 1994 第 2.7 条,减让表构成 GATT 1994 不可分割的一部分。因此,减让表规定的减让构成条约术语的一部分。如此,解释减让的含义所适用的唯一规则为《维也纳条约法公约》所确定的条约解释的一般规则"。②

在"欧共体—鸡块案"中,上诉机构认为,在基于关税归类的目的对产品进行分类时,有必要排他性地考察争议产品在边境归类中的"客观性特征"。

③惯常含义和事实性语境

在"欧共体—鸡块案"中,上诉机构指出,"上诉机构认为词典是分析条约术语的'惯常含义'的'有益出发点',但是其并不必然是决定性的。条约术语的惯常含义必须根据具体案件中的特定情况进行确定。重要的是,条约术语的惯常含义必须在成员方的意图下进行考虑,该意图'明确反映在其使用术语中'"。③该案专家组认为,"诸如落入海关统一编码(以下简称 HS)标题内的产品、产品的物理属性、产品的描述是否正确等相关因素构成补充词典含义的'惯常含义'。如果上述因素不被视为是'惯常含义',那么它们也可被视为是'上下文'"。然而,上诉机构指出,"根据《维也纳条约法公约》第31条所确定的习惯性规则,解释是一项整体性的工作,其不能被机械性地划分为严格的组成部分。在我们看来,在'惯常含义'或'上下文'的框架下,对特定的情况的考察并不会改变条约解释的结果。"④

---

① Panel Report, EC—IT Products, para. 7.116.
② Appellate Body Report, EC—Computer Equipment, para. 84.
③ Lord McNair, The Law of Treaties (Oxford Clarendon Press, 1961), p. 365.
④ Appellate Body Report, EC—Chicken Cuts, para. 176.

④包含 HS 的关税减让的上下文

根据《维也纳条约法公约》第 31（2）（a）条，上诉机构在"欧共体鸡块案"中证实 HS 构成解释成员关税减让表的"上下文"。具体而言，其指出，"在乌拉圭回合谈判之前、之中与之后，存在 GATT 缔约方使用 HS 作为 WTO 减让表的基础的广泛共识，特别是在农业产品上。在我们看来，在《维也纳条约法公约》第 31（2）（a）条下，上述共识构成了与 WTO 协定缔结时'相关的'WTO 成员间的'协定'。由此，该协定为第 31（2）（a）条的'上下文'，进而构成欧共体减让表的不可分割的一部分。由此，我们认为 HS 对于解释 WTO 成员减让表的关税承诺目的而言是相关的。"①

上诉机构进一步解释到，除了考虑 HS 的标题和分支标题，条约解释者还必须考察对 HS 缔约方有拘束力的 HS 元素（即节、章、分支标题评注、HS 一般性解释规则），以及其他对 HS 缔约方没有拘束力的元素，例如 HS 解释性评注。②

⑤缔结的情况

在"欧共体—鸡块案"中，上诉机构指出，"由于条约缔结情况可被视为《维也纳条约法公约》第 32 条项下的补充解释工具，乌拉圭回合关税减让的语境'必须在 WTO 协定缔结之日后的一段时间期限内被确定；相关的关税归类实践将包括进口成员，以及也可以包括其他成员的实践；并且，条约缔结之后的信息或事件可以反映出条约缔结时成员的共同意图'"。③

⑥"合法预期"的相关性

在"欧共体—计算机仪器案"中，上诉机构指出，"关税减让是互惠的需求和减让的过程，也是'获得与给予'的过程。一般而言，为满足其需求，进口成员将确定其要价（以及其持续的义务）。另一方面，在进口成员的减让表中，出口成员应确保经谈判同意的出口利益。事实上，成员减让表是 GATT 1994 不可或缺的部分的事实表明，虽然减让表体现一成员的关税承诺，但是其反映出所有成员的共同协定。"④

---

① Appellate Body Report, EC—Chicken Cuts, para. 199.
② See Appellate Body Report, EC—Chicken Cuts, para. 224.
③ See Appellate Body Report, EC—Chicken Cuts, paras. 272 – 273, 293, 300 – 301.
④ MTN. TNC/131, 21 January 1994.

(2) 第 2.1 (a) 条:"不得低于本协定所附有关减让表中有关部分所规定的待遇"

①对"不得低于的待遇"的解释

在"阿根廷—纺织品案"（Argentina—Textiles and Apparel）中，上诉机构认定，"第（b）段禁止将与第（a）段不符的具体类型的实践，即适用超过减让表规定的一般关税。"同时，"适用超过减让表规定的关税与第 2.1 (b) 条第 1 句不符，其构成了第 2.1 (a) 条规定的'低于优惠的'待遇"。①

②"待遇"：减让表承诺，而非进口关税

关于此项的待遇包括非关税承诺、出口税费。

(3) 第 2.1 (b) 条

①第 2.1 (b) 条项下的税费

在"印度—额外进口税案"中，上诉机构指出，"某种形式上，正如仅仅对其他某一成员适用的进口关税是不公平的或具有偏见的。在我们看来，其与允许成员就征收达到某一约定水平的关税减让进行谈判是相违背的。关税是确保特定贸易政策或实现其他诸如增加财政税收的目标的合法性文件。事实上，在 GATT 1994 下，它们都是优惠的更受推崇的贸易政策文件，而原则上，数量限制是被禁止的。不管潜在目标，关税在第 2.1 (b) 条项下是被允许的，只要其不超过成员的约束税率。"②

②对"在遵守该减让表中所列条款、条件或限制的前提下"的解释

在"欧共体加拿大第三案"中，为解决减让表的关税配额配置是否与 GATT 1994 第 13 条不符的问题，上诉机构明确了关税减让的法律地位。上诉机构认定，"成员可能放弃权利和授予利益，但是其并不能消除义务"。③该观点也得到《马拉喀什议定书》第 3 段的证实，其规定，"一经请求，议定书附件的减让表中关于减让和承诺的执行应受到成员的多边性审查。这无损于成员在 WTO 协定附件 1A 下的权利和义务。"

在"加拿大—牛奶案"中，上诉机构指出，"在 GATT 1994 第 2.1 (b) 条项下，成员的市场准入承诺'受到减让表中的条款、条件或限制的约束'。在我们看来，此处'受约束'术语的惯常含义为这些减让必须无损于且因此受制

---

① See Appellate Body Report, Argentina—Textiles and Footwear, paras. 45, 47.
② Appellate Body Report, India—Additional Import Duties, para. 159.
③ Panel Report, US—Sugar, para. 5.2.

于成员减让表规定的任何'条款、条件或限制'。"①

③对"一般关税"的解释

在"中国—汽车零部件案"中,专家组指出,"在其上下文及其目的与宗旨下,GATT 1994 第 2.1（b）条第 1 句的'进口'（on their importation）的惯常含义包括一个严格的且精确的时间性属性,此点不应被忽视。这意味着支付一般关税的义务与产品进入其他成员领土的时刻相关。如果由于产品进入其他成员领土之时,而确有一般关税的权利——以及进口商支付的义务,一般关税必然与产品在此刻的地位相关。正是该时点,以及仅在该时点,支付的义务被确定。正如'欧共体—家禽案'中,上诉机构所述,'正式在产品进入到海关区域,而不是在产品进入国内市场之前,支付关税的义务被确定'。并且正是基于产品进入之时的情况,相关进口国人员实施执行、评估或再评估、施加或收集一般关税的行动"。②

在"中国—汽车零部件案"中,上诉机构指出,"征收或支付费用的时刻对该费用是一般关税或是国内费用而言并非决定性的。一般关税可能在进口之后被征收,并且国内费用可能在进口之时被征收。然而,对构成一般关税的费用而言,支付的义务必须在第 2.1（b）条术语下的进口中（on importation）的时候,并且本质上也是在进口中被确定。"③

④对"其他税费"的解释

在"多米尼加—香烟案"中,专家组分析了"其他税费",其指出,"虽然并没有对 GATT 1994 中的'其他税费'的定义,但是第 2.1（b）条和第 2.2 条的惯常含义明确与进口相关的任何费用或要价并非一般关税,第 2.2 条项下的税费（国内税、反倾销税、反补贴税、与服务成本相关的费用或要价）也并非第 2.1（b）条规定的'其他税费'"。④

上诉机构在"印度—额外进口税案"中指出,"第 2.1（b）条第 2 句所包括的税费与第 2.1（b）条第 1 句所包括的税收相关,即其只包括那些不构成[一般关税]的税费。"⑤

在实践中,进口附加税、外币汇兑费等可构成第 2.1（b）条中的"其他

---

① See Panel Report, Canada—Autos, paras. 10.55 – 10.56.
② Panel Report, China—Autos, para. 7.184.
③ Appellate Body Report, Chin—Auto Parts, para. 158.
④ See Panel Report, Dominican Republic—Import and Sale of Cigarettes, paras. 7.113 – 7.114.
⑤ Appellate Body Report, India—Additional Import Duties, para. 151.

税费"。

⑤段落1（b）和段落2（a）的关系

在"印度—额外进口关税案"中，上诉机构指出，"根据其规定的条件，第2.2（a）条免除第2.1（b）条范围内的费用。成员方同意，如果费用满足第2.2（a）条的条件，那么其将不会违反第2.1（b）条"。①

（4）第2.2条

①第2.2（a）条："与第3条第2款的规定相一致且等于一国国内税的费用"

在"印度—额外进口税案"中，上诉机构指出，"在我们看来，两个概念——'等于'与'与第3.2条相一致'——不能被孤立地解释；它们都互相呼应，并且应该被协调地解释。决定费用是否与第3.2条一致的问题涉及与国内税的边境费用相比较，进而确定是否前者'超过'后者"。"正如我们看到的，第2.2（a）条援引与第3.2条保持一致表明'等于'概念包括'效果'和'数量'要素，其必然涉及定量比较"。②

②第2.2（b）条

在"美国—归零（日本）案"（第21.5条）中，上诉机构指出，"第2.2（b）条规的安全港并不适用于本争议程序中的清关行为，因为上述行为依赖在原先程序中，被认为与WTO规定不符的行政审查，以及针对特定进口商的评估税率。日本指控的清关行动的内在基础与WTO不符，我们认为根据清关行动所征收的反倾销税'与GATT 1994第6条并不相符'，其在《反倾销协定》进行执行"。③

（5）第2.5条

在"欧共体—计算机仪器案"中，上诉机构指出，"第2.5条指出在减让表中，规定在成员减让表中的特定产品减让待遇可能与给予此产品的待遇不同，并且其规定了在此情况下，重新平衡两个成员的补偿机制。然而，在解释第2.1条项下的义务的一致性时，第2.5条不能表明出口成员的单独预期能够作为解释成员减让表的基础。"④

（6）第2.7条

在"欧共体—计算机仪器案"中，上诉机构认为，"根据GATT 1994第

---

① Appellate Body Report, India—Additional Import Duties, para. 153.
② See Appellate Body Report, India—Additional Import Duties, paras. 170, 172.
③ Panel Report, US—Zeroing (Japan—Article 21.5—Japan), para. 7.207.
④ Appellate Body Report, EC—Computer Equipment, para. 81.

2.7 条，减让表是 GATT 1994 不可分割的一部分。"因此，上诉机构得出结论，"减让表规定的承诺是条约条款的一部分"。①

（二）关于约束关税（第 11 条）的解释与适用

1. 具体的条款规定

第 11 条　普遍取消数量限制

11.1　任何缔约方不得对任何其他缔约方领土产品的进口或向任何其他缔约方领土出口或销售供出口的产品设立或维持除关税、国内税或其他费用外的禁止或限制，无论此类禁止或限制通过配额、进出口许可证或其他措施实施。

11.2　本条第 1 款的规定不得适用于下列措施：

（a）为防止或缓解出口缔约方的粮食或其他必需品的严重短缺而临时实施的出口禁止或限制；

（b）为实施国际贸易中的商品归类、分级和销售标准或法规而必须实施的进出口禁止或限制；

（c）对以任何形式进口的农产品和鱼制品的进口限制，此类限制对执行下列政府措施是有必要的：

（i）限制允许生产或销售的同类国产品的数量，或如果不存在同类国产品的大量生产，则限制可直接替代进口产品的可生产或销售的国产品的数量；或

（ii）消除同类国产品的暂时过剩，或如果不存在同类国产品的大量生产，则消除可直接替代进口产品的同类国产品的暂时过剩，使国内消费者的某些群体免费或以低于现行市场水平的价格获得此种过剩；或

（iii）限制允许生产的任何动物产品的数量，此种产品的生产全部或主要直接依赖进口商品，如该商品的国内生产相对可忽略不计。

根据本款（c）项对任何产品的进口实施限制的任何缔约方，应公布今后特定时期内允许进口产品的全部数量或价值及数量或价值的任何变化。此外，与在不存在限制的情况下国内总产量和总进口量的可合理预期的比例相比，根据以上（i）目实施的任何限制不得减少总进口量相对于

---

① Appellate Body Report, EC—Computer Equipment, para. 84.

国内总产量的比例。在确定此比例时，该缔约方应适当考虑前一代表期的比例及可能已经影响或正在影响有关产品贸易的任何特殊因素。

2. 普遍取消数量限制条款的解释与适用

（1）概述

①GATT 1994 第 11 条的作用

在"土耳其—纺织品案（Turkey—Textiles）"中，专家组指出，"对数量限制的禁止反映为关税是可选择的边境保护措施。数量限制施加了对进口的绝对限制，但是关税却并非如此。与最惠国关税允许最有效率的竞争者进行进口不同，一般而言，数量限制具有贸易扭曲效应，它们的配置是有问题的，并且其管理也并不透明"。[①]乌拉圭回合的谈判者认识到非关税边境限制的整体负面效果（不管是适用于进口或出口），并且需要有利的更透明的、价格为导向的措施，例如，关税措施。为此目的，谈判者将在一些部门设计排除数量限制的机制。

②举证责任

在"印度—数量限制案"中，专家组指出，"在所有的情形下，任何当事方都需要提供支撑其特定主张的证据。这表明美国应该证明印度措施违反第11.1 条和第 18.1 条的主张，而印度应提供能够由第 18.b 条进行正当化的主张。"[②]

（2）第 11.1 条

①对"限制或禁止"的解释

在"印度—数量限制案"中，专家组指出，"第 11.1 条的文本在范围上是非常广泛的，其规定为'关税、国内税或其他费用外'并对进出口进行限制或禁止的一般禁令。正如'日本—半导体贸易案'的专家组所言，第 11.1 条的用语是较全面的，其适用于'所有由成员所设置或维持的，除以关税、税收或其他费用为形式之外的，关于进口、出口或产品出口销售禁止或限制的所有措施'。'限制'这一用语的范围非常广泛"。[③]

在"印度—汽车案"中，专家组指出，"从惯常文本上，'限制'不需要

[①] Panel Report, Turkey—Textiles and Clothing, para. 9.63.
[②] Appellate Body Report, Australia—Salmon, paras. 257–259.
[③] Panel Report, India—Quantitative Restrictions, para. 5.129.

整体的禁止或者极精确的数量限制。事实上,'限制'术语并不仅仅意味着对进口的'禁止',因为第11.1条明确包括'禁止或限制',进一步的,'印度—数量限制案'专家组指出,该'限制'术语表明不仅需要确认进口限制的条件,而且该条件还必须具有限制性,即具有限制效果。"①在"多米尼加—香烟进口和销售案"中,专家组指出,"并非所有影响进入市场机会的措施都被第11条所调整,仅仅是那些构成对产品进口的禁止或限制的措施"。②

②事实上的禁止或限制

在"阿根廷—皮革案"中,专家组指出,"在我们看来,第11.1条纪律应拓展至事实上的限制措施。"③该专家组继续指出,"GATT/WTO的法理已经确定只有政府的措施可落入第11.1条的范围内。当然,这并不意味着成员可能通过政府措施使得私主体直接或间接地限制贸易的可能性"。由此,其指出,"在针对贸易效果的证据时,申诉方需要证明争议中的措施如何导致较低数量的进口"。具体而言,"即使贸易数据显示进口数量一般是较低的,那么这也不能证明该低水平的进口量全部或部分地归因于出口限制措施。特别是在事实性的限制,以及其可能存在多重限制的情形下,有必要由申诉方建立起争议措施和低进口量之间的因果关系。在专家组看来,不管涉及何种事项,因果关系的证明必须包括对争议措施如何形成或导致低水平的出口量之间明确的、具有说服力的解释"。④

在"哥伦比亚—入境港口案"中,专家组指出,"在申诉方能够证明基于措施的设计、结构和构架而违反第11.1条的范围内,专家组认为其无须考虑贸易数量或者措施和贸易数量效果的因果联系。"⑤在"中国—原材料案"中,专家组指出,涉及CCCMC的多种措施归因于中国,因为中国明知其授权CCCMC协调出口价格的权力,并且CCCMC的章程也旨在设定和协调所有其权力下属机构的出口价格,包括本争议中的原材料。⑥由此,该措施能够被第11.1条所调整。

③进口禁止

在"加拿大—期刊案"中,专家组认定对特定杂志进口的全面禁止违反

---

① See Panel Report, India—Autos, paras. 7.269 - 7.270.
② Panel Report, Dominican Republic—Import and Sale of Cigarettes, para. 7.261.
③ Panel Report, Argentina—Hides and Leather, para. 11.17.
④ See Panel Report, Argentina—Hides and Leather, paras. 11.20 - 11.55.
⑤ Panel Report, Colombia—Ports of Entry, paras. 7.252 - 7.253.
⑥ See Panel Report, China—Raw Materials, para. 7.1005, 7.1026.

GATT 1994 第 11.1 条。①在"美国—虾案"中,专家组指出,"[争议中的美国法规]明确要求对未认证的国家的产品进口施加禁令……美国禁止了从任何未满足特定政策条件的国家进口虾类或虾类制品。我们也知晓先前的专家组认为相似的限制措施为第 11 条含义内的'禁止或限制'"。②在"巴西—轮胎案"中,专家组指出,"对于何种措施构成对进口的'禁止'并不存在模糊性:成员不应禁止特定成员的特定产品进入其市场"。③

④执法措施

在"巴西—轮胎案"中,专家组指出,"对于考察何种措施为第 11.1 条所调整的措施类型而言,重要的是认定该措施的本质。在当前案件中,我们认为,罚金具有对二手轮胎'进口'行为的处罚的效果。在此范围内,我们认为虽然罚金并不在边境中进行调整,但是该事实并没有改变其构成第 11.1 条含义内的进口限制的本质。"④

⑤许可计划

在"印度—数量限制案"中,专家组指出,第 11.1 条禁止自裁性的或非自动的进口许可机制。⑤ 进一步的,在"韩国—牛肉案"中,专家组指出,"当存在配额时,对自裁性的(discretionary)许可体系的使用并不必然导致任何额外的限制。当自裁性的许可体系与其他限制共同执行时,自裁性的许可机制所运行的方式可能产生额外的限制,其独立于原则性的限制要求"。⑥

在"中国—原材料案"中,专家组指出,"未设定条件的许可,或那些可被其他 WTO 协定条款(例如,GATT 1994 第 11.2 条、第 12 条、第 18 条、第 19 条、第 20 条或第 21 条)所正当化的许可,并不违反第 11.1 条,只要该许可本质上并不具限制性的效果。相反的,导致被允许措施具有额外限制效果的许可要求与 GATT 1994 第 11.1 条不相符合。因为该限制将产生拒绝许可申请的裁量权力不限制或不明确。专家组认为,因为中国《对外贸易法》第 19 条规定允许出口许可机构获得'实施出口限制产品'的许可,所以,中国的出口许可体系本身与第 11.1 条相符合。"然而,专家组认为,由于中国未明确定义

---

① Panel Report, Canada—Periodicals, para. 5.5.
② Panel Report, US—Shrimp, para. 7.16.
③ Panel Report, Brazil—Retreaded Tyres, para. 7.11.
④ See Panel Report, Brazil—Retreaded Tyres, paras. 7.372 – 7.373.
⑤ Panel Report, India—Quantitative Restrictions, para. 5.130.
⑥ Panel Report, Korea—Various Measures on Beef, para. 782.

且未具体化许可要求,由此产生了广泛的自裁权,该自裁权构成第 11.1 条所禁止的额外限制。①

⑥贸易平衡要求

《与贸易有关的投资措施协定》(TRIMs)附件第 2 段规定如下,

> 与 GATT 1994 第 11.1 条规定的普遍取消数量限制义务不一致的 TRIMs 包括根据国内法律或行政裁定属强制性或可执行的措施,或为获得一项利益而必须遵守的措施,且该措施:
>
> (a) 普遍限制企业对用于当地生产或与当地生产相关产品的进口,或将进口限制在与其出口的当地产品的数量或价值相关的水平;
>
> (b) 通过将企业可使用的外汇限制在与可归因于该企业外汇流入相关的水平,从而限制该企业对用于当地生产或与当地生产相关产品的进口;或
>
> (c) 限制企业产品出口或供出口产品的销售,无论是按照特定产品、产品数量或价值规定,还是按照当地产品在数量或价值上所占比例规定。

在"印度—汽车案"中,由于印度要求接受所谓的"贸易平衡条件",其对进口施加限制,因此违反了 GATT 1994 第 11.1 条规定。具体而言,本案专家组指出,首先,争议中的措施构成第 11.1 条范围内的"措施";其次,由于进口商不得不接受从事特定出口数量的承诺,因此进口商不能够自由地进口特定数量的产品。因此,专家组认为对贸易平衡条件的接受使得限制性产品的进口获得利益,其违反了 GATT 1994 第 11.1 条规定。②

⑦最小进口价格要求

在"中国—原材料案"中,专家组认定,最小出口价格要求构成第 11.1 条所禁止的对贸易的数量限制措施。③

⑧对进口情形的限制

第一,关于对特定人员进口的限制。

在"印度—数量限制案"中,专家组认为,"适用于'实际使用者'条件

---

① See Panel Report, China—Raw Materials, paras. 7.957 – 7.958.
② See Panel Report, India—Autos, paras. 7.318 – 7.322.
③ Panel Report, China—Raw Materials, paras. 7.1081 – 7.1082.

的措施将导致对进口限制的效果,因为其排除了中间商进行再次销售的产品的进口,例如,该措施影响对那些由于自身中间使用被限制,而无法直接进口的消费者的分销。"①由此,此类措施也具有限制性效果。

第二,关于贸易权。

近期,诸多 WTO 新成员的入世工作组报告包括对不存在贸易权限制的承诺。例如,吉尔吉斯斯坦入世工作组报告中指出,"吉尔吉斯斯坦的代表证实,从其入世之日起,吉尔吉斯斯坦共和国确保所有与货物贸易权相关的法律和法规,以及所有与此类贸易权相关的费用、收费或税收都将全面符合 WTO 义务,包括 GATT 1994 第 8.1(a)条、第 11.1 条和第 3.2 条和第 4 条,并且其将以全面符合上述义务的方式执行此类法律和法规。"②

第三,关于入境港口的限制。

在"哥伦比亚—入境港口案"中,专家组指出,若进口特定海港,将产生较长等候期限,或可能产生额外成本。此类不确定性将产生入境的限制,限制了进口的竞争性机会,并且对进口施加了限制性效果的入境措施,因而违反 GATT 1994 第 11.1 条。③

⑨"通过运营国营贸易使限制措施有效"

在"印度—数量限制案"中,专家组强调,通过运营国营贸易方式而影响进口本身并不意味着进口被限制。具体而言,其指出,"通过运营国营贸易方式而影响进口本身并不构成限制。相反的,若是限制存在,应证明该国有贸易实体的运营导致了限制"。④

⑩捆绑要求(bonding requirements)

在"美国—特定欧共体产品案"中,争议中的措施是美国对从欧共体进口的措施施加捆绑要求。对该捆绑要求的实施是为了确保未来收集进口税。在该案中,大多数的专家组成员认为捆绑要求构成第 2 条的税费,而有一名专家组成员认为该措施为第 11 条项下的措施。⑤

⑪对任何产品进口的销售或对进口的禁止或限制

《与贸易有关的投资措施协定》附件第 2 段规定如下:

---

① Panel Report, India—Quantitative Restrictions, para. 5.142.
② WT/ACC/KGZ/26, para. 30.
③ See Panel Report, Colombia—Ports of Entry, paras. 7.274 – 7.275.
④ Panel Report on Korea—Various Measures on Beef, para 115.
⑤ See Panel Report, US—Certain EC Products, para. 6.61.

与GATT 1994第11.1条规定的普遍取消数量限制义务不一致的TRIMs包括根据国内法律或行政裁定属强制性或可执行的措施，或为获得一项利益而必须遵守的措施，且该措施：

……

（c）限制企业产品出口或供出口产品的销售，无论是按照特定产品、产品数量或价值规定，还是按照当地产品在数量或价值上所占比例规定。

在"中国原材料案"中，专家组认为中国维持的一系列出口配额措施实际上共同导致对出口的禁止或限制，其与中国在第11.1条项下的义务不相符合。①

（3）第11.2（a）条

①举证责任

专家组在"中国—原材料案"中指出，"应诉方的举证责任是表明第11.2（a）条的条件被满足，进而不存在第11.1条项下的不一致性"。②由于中国未能证明其争议中的出口配额措施符合第11.2（a）条，因此其措施不可被正当化。

②对"出口禁止或限制"的解释

在"中国—原材料案"中，专家组指出，第11.2条中的"禁止或限制"的含义与第11.1条相同，因此，第11.2条潜在地适用于第11.1条所规定的"禁止或限制"。③

③对"临时适用"的解释

在"中国—原材料案"中，专家组指出，"临时的"属于表明第11.2（a）条允许在一定时间内适用限制或禁止性措施。具体而言，"专家组认为，第11.2（a）条的解释允许在特定时间根据特定情况对限制性或禁止性措施的使用，只要其符合成员在第20（g）条项下的保护权利，其解决可耗竭的自然资源保护的问题。同时，第20（g）条包括额外的序言义务，以确保措施的适用

---

① See Panel Report, China—Raw Materials, para. 7.224.
② Panel Report, China—Raw Materials, para. 7.213.
③ Panel Report, China—Raw Materials, para. 7.250.

不导致恣意的或不合理的歧视，或者构成对国际贸易的变相限制。第11.2（a）条并不包括此类对成员行为的限制。在专家组看来，第11.2（a）条缺乏此类保障支持我们的观点，即第11.2（a）条项下的限制或禁止必须具有一定的时间，并且是非决定性的。"①

④对"重要产品"（essential products）的解释

在"中国—原材料案"中，专家组认为，"当产品对特定成员是'重要的'、'必要的'，或'不可或缺的'，那么该产品就构成第11.2（a）条项下的'重要的'产品。其可能包括一个重要产品或行业的'原件'。然而，决定特定产品是否对成员是'重要的'问题时，必须考虑成员在适用该限制性措施时所面临的特定环境。"②进一步的，"专家组并不认为第11.2条的术语或者与其相关的谈判主张表明产品的重要性'应该有特定的国家进行裁决'，即WTO成员可以自我决定产品是否是重要的。"③

⑤对"阻止或缓解严重短缺"的解释

在"中国—原材料案"中，专家组指出，第11.2（a）条的"严重短缺"术语"涉及那些通过措施的临时使用能够阻止或缓解的情形或事件，该适用是临时的，而非无限的或永久的。"④

该条款的适用与GATT 1994第20（g）条适用并不相同。第11.2（a）条适用的条件是"临时地解决严重的短缺"。相反的，第20条的保护性措施应在满足序言，并与国内限制共同使用的基础上，该例外规则才可发挥作用。⑤

（4）数量限制和非关税壁垒的通知

1995年12月1日，货物贸易理事会通过了《关于数量限制的通知程序决定》（The Decision on Notification Procedures for Quantitative Restrictions），其要求成员应全面告知其在1996年1月21日前维持的数量限制措施，其后每隔两年应该进行告知，并且当数量限制措施发生改变时应该告知其改变的措施。

---

① See Panel Report, China—Raw Materials, paras. 7.257 – 7.258.
② Panel Report, China—Raw Materials, para. 7.282.
③ Panel Report, China—Raw Materials, para. 7.276.
④ Panel Report, China—Raw Materials, para. 7.305.
⑤ See Panel Report, China—Raw Materials, paras. 7.300 – 7.301.

1995年12月1日，货物贸易理事会通过了《关于非关税措施的反向通知决定》（The Decision on Reverse Notification of Non-Tariff Measures），其规定成员可告知其他成员所维持的非关税措施，只要该措施不受现有WTO通知义务所约束，也不受在WTO协定下的其他反向通知约束。

四 倾销与反倾销

倾销的概念由来已久。最早给倾销下定义的是本世纪初的美国经济学家雅各布·瓦恩纳（Jacob Viner）。他指出"倾销是同一商品在不同国家市场上的价格歧视"，并认为这种价格歧视背离了公平竞争原则，是一种不公平的贸易做法，有损于进口国工业，应当受到谴责和抵制。对于反倾销的合理性，不少国家的著名学者也提出过质疑，例如美国法学家约翰·杰克逊（John Jakson）的界面理论认为反倾销惩罚属于不公平贸易行为。有的学者对倾销是价格歧视的观点提出质疑，他们认为：根据反垄断法，反对价格歧视是反对垄断厂商高价销售产品的行为，而反倾销是反对低价销售行为；倾销对进口消费者有益，即使倾销给进口国造成损害，也应采取保障措施而不应采取反倾销措施。当前一些国家滥用反倾销手段，使之成为贸易保护主义工具。

反倾销最有权威的定义是《关贸总协定》第6条关于反倾销的三个条件：（1）一国产品以低于正常价值的价格进入另一国市场内，则该出口产品被视为倾销产品；（2）该倾销产品对进口国相似产品工业造成实质性损害或产生实质性威胁，或实质性地阻碍某一相似产品工业的建立；（3）倾销与损害有因果关系。如果一国进入另一国市场的产品符合以上三个条件，则进口国为了抵销或阻止倾销，可以对倾销产品征收不超过该产品倾销幅度的反倾销税。

《中国外贸法》第41条做了相同的规定：其他国家或者地区的产品以低于正常价值的倾销方式进入我国市场，对已建立的国内产业造成实质损害或者产生实质损害的威胁，或者对建立国内产业造成实质阻碍时，国家可以采取措施，消除或者减轻这种损害或者损害的威胁或者阻碍。

（一）反倾销立法的历史

以立法形式制定对倾销的救济措施是20世纪初开始的，例如：加拿大1904年的关税法规定，对于出口加拿大的价格低于出口国公平市场价格的进口商品征收反倾销税；新西于 1905 年，澳大利亚于 1906 年，南非于 1914 年，美国于 1916 年都先后制定和颁布了本国的反倾销条款。美国 1921 年制定反倾销法，1930 年关税法又对 1921 年反倾销法做了补充，1974 年美国贸易法和 1988 年综合贸易法对反倾销法做了新的修改和补充。欧盟于 1968 年、1979 年、1984 年、1988 年制定和修订了反倾销反补贴条例。日本根据东京反倾销法典制订了《关于不当廉卖的政令》，1980 年和 1986 年对反倾销程序又作了进一步修改与完善。墨西哥于 1986 年也制订了第一部反倾销法。中国于 1995 年公布外贸法，其中包含反倾销规则。2001 年 10 月 31 日中国公布反倾销条例。印度于 1985 年公布对造成损害的倾销进口产品征税。

  国际上最有影响的反倾销法是 1948 年 1 月 1 日临时生效的关税与贸易总协定第 6 条反倾销反补贴规定。但由于关贸总协定临时适用议定书中规定了"祖父条款"，因此即使各缔约方的国内反倾销法与《关贸总协定》第 6 条相抵触，也可照样执行。直到 1995 年 WTO 成立。反倾销协定成为 WTO 的 60 个涵盖协议之一。WTO 是全体成员必须遵守的一揽子强制执行的权利与义务的规定。GATT 时期的"祖父条款"被取消。

  1967 年 6 月 GATT 多边贸易谈判达成反倾销法典，对《关贸总协定》第 6 条进行解释、补充和发展，内容比较详细，可操作性强。1979 年东京回合谈判对反倾销法典进一步修改，规定了发达国家对发展中国家的特殊情况给予特殊考虑，并规定参加该法典的国家应一律采取一般或特殊的必要措施，在该协议对其生效之日前，保证其法律、法规与该协议规定相一致。

  1986 年开始的乌拉圭回合谈判试图在反倾销谈判中进一步改进反倾销程序，力求提高透明度和公平性；澄清和修改有关"倾销"与产业损害认定的条文，探讨反规避等问题。乌拉圭回合谈判达成《关于实施 1994 年关税与贸易总协定第 6 条的协定》（即 ADA，也称作《反倾销协定》)，该协定有 18 条条款，其框架结构和各标题与 1979 年反倾销法典基本相同。但是在确定倾销、损害、反倾销调查期限、反倾销征税方面做了更明确、具体的规定。这表明反倾销法正向着统一性、透明性和可操作性的方向发展。2001 年 11 月，WTO 多哈部长声明将《反倾销协定》作为乌拉圭回合谈判的结果。多哈部长在声明中指出：根据成员使用反倾销和反补贴的增加以及获得的经验，我们同意该谈判旨在澄清与改进实施 GATT 1994 年第 6 条倾销与反倾销和补贴与反补贴的纪律，同时保留其基本的概念、原则、有效性以及其目的与宗旨。与此同时考虑到发展中国家和最不发达国家的参与度。①

（二）WTO 关于倾销和反倾销的规则

WTO 的倾销与反倾销规则包括 GATT 1994 第 6 条和《关于实施 1994 年关税与贸易总协定第 6 条的协定》。

"倾销"的定义：如一产品自一国出口至另一国的出口价格低于在正常贸易过程中出口国供消费的同类产品的可比价格，即以低于正常价值的价格进入另一国的商业，则该产品被视为倾销（ADA 第 2.1 条）。

倾销（dumping）是指一进口产品的价格低于正常价值。该产品被称为倾销产品。出口价格低于正常价值（normal value）的差额被称为倾销幅度（dumping margin）。

上诉机构指出，反倾销调查程序包括原始调查、新的出口商以及定期审议的倾销与倾销幅度。上诉机构在美国—归零（日本）案（2007）和美国—不锈钢（墨西哥）案（2008）案中指出：（1）倾销和倾销幅度系指某一出口商或者外国生产者的一个产品；（2）必须根据调查的已知的出口商或者外国生产企业确定其产品"倾销"及其"倾销幅度"②。上诉机构还进一步指出：正确确定倾销和倾销幅度必须考察该出口商或者生产企业在一段时间内的全部交易的定价行为。

确定倾销必须经过三个步骤：（1）确定该产品的出口价格；（2）确定该产品的正常价格，正常价格通常是指在一般贸易条件下出口国国内同类产品的可比销售价格；（3）确定该产品的出口价格低于正常价值。

"正常价值"是指：在正常贸易过程中出口国供消费的同类产品的可比价格（ADA 第 2.1 条）。

上诉机构在美国—热辊板钢（2001）案中指出四种国内销售情况可以用来确定正常价值：（1）必须是在正常贸易过程中的销售；（2）同类产品的销售；（3）出口国供消费的产品；以及（4）必须是可比价格。上诉机构在该案中还指出：ADA 第 2.1 条要求调查当局在计算正常价值时必须将非正常贸易过程中的

---

① 参见多哈部长声明，WT/MIN，2001 年 11 月 20 日，第 28 段。
② 上诉机构在本案中还强调倾销税不得超过每一个出口商或者生产企业的倾销幅度。见 AB 报告，《美国—归零（日本）案》，2007，第 111—114 段。

销售排除，保证正常价值是出口国的正常贸易过程中同类产品的销售价格。①上诉机构在该案中还指出，ADA 授予 WTO 成员在确定正常价值是否为非正常贸易过程中未被扭曲方面的自由裁量权。但是上诉机构指出这种自由裁量权不是无限制的。"特别是该自由裁量权必须对于所有反倾销调查的当事方一视同仁（even-handed）"。如果一成员采取一项规则防止关联企业之间的正常价值的扭曲，该规则应该是一视同仁的。关联企业之间的高价或者低价都可能是非正常贸易过程中的交易。②

成本通常应以被调查的出口商或生产者保存的记录为基础进行计算，只要此类记录符合出口国的公认会计原则并合理反映与被调查的产品有关的生产和销售成本。主管机关应考虑关于成本适当分摊的所有可获得的证据，包括出口商或生产者在调查过程中提供的证据，只要此类分摊方法是出口商或生产者一贯延续使用的，特别是关于确定资本支出和其他开发成本的适当摊销和折旧期限及备抵的证据（ADA 第 2.2.1.1 条）

如在出口国国内市场的正常贸易过程中不存在该同类产品的销售，或由于出口国国内市场的特殊市场情况或销售量较低，③不允许对此类销售进行适当比较，ADA 第 2.2 条提供了两种计算正常价值的方式供进口国调查当局选择：其一，倾销幅度应通过比较同类产品出口至一适当第三国的可比价格确定，只要该价格具有代表性；其二，通过构成价，即比较原产国的生产成本加合理金额的管理、销售和一般费用及利润确定正常价值。使用第三国价格必须符合三个条件：(1) 同类产品出口到第三国；(2) 价格具有可比性；(3) 该价格具有代表性。

对出口价格和正常价值应进行公平比较。该比较应在相同贸易水平上进行，通常在出厂前的水平上进行，且应尽可能针对在相同时间内进行的销售。应根据每一案件的具体情况，适当考虑影响价格可比性的差异，包括在销售条件和条款、税收、贸易水平、数量、物理特征方面的差异，以及其他能够证明影响价格可比性的差异（ADA 第 2.4 条）

公平比较是计算倾销幅度的关键。ADA 要求 WTO 成员的调查当局对出

---

① 见 AB 报告，《美国—热轧板钢案（2001）》，第 140 段。
② 见 AB 报告，《美国—热轧板钢案（2001）》，第 148 段。
③ ADA 第 2.2 条规定，出口国国内市场中供消费的同类产品的销售如占被调查的产品销往进口成员销售的 5% 或 5% 以上，则此类销售通常被视为确定正常价值的足够数量，但是如有证据表明较低比例的国内销售仍属进行适当比较的足够数量，则可接受该较低比例。

价格和正常价值进行公平比较。调查当局要求当事方提供具有可比性的产品和价格信息。对于贸易水平的不同以及影响价格的差异性，主管机关要进行调整（ajust），主管机关"还应对进口和转售之间产生的费用（包括捐税）及所产生的利润进行减免。如在这些情况下价格的可比性已经受到影响，则主管机关应在与推定的出口价格相同的贸易水平上确定正常价值，或应根据本款进行适当减免（due allowence）。主管机关应向所涉各方指明为保证进行公平比较所必需的信息"（ADA 第 2.4 条）。

在美国—热辊板钢（2001）案中，美国以产品下游的售价做比较，而没有做减免（allowance）、调整。上诉机构指出：ADA 第 2.4 条要求在使用下游销售价格计算正常价值时，必须做适当的减免，以便将出口价格和正常价值做公平的比较。如果没有做适当减免，如同在本案中美国商务部在比较出口交易的正常价值时未减免，这是不公平的，也不符合 ADA 第 2.4 条。①

上诉机构在美国—归零（欧盟）案（2006）中指出：ADA 第 2.4 条设立一项独立的义务，即公平比较的义务，该义务的适用不限于 ADA 第 2.4 条所列出的销售、税收等差异，其也适用于反倾销调查的各个程序。"公平"一词代表公正不偏不倚（Impartiality）、一视同仁（even-handness）和不偏袒（unbiast）。上诉机构裁定，美国在交易对交易中使用归零法，人为地扩大了倾销幅度，违反了 ADA 第 9.3 条。在继续使用归零法和定期审议中使用归零法都违反了 ADA 第 2.4 条公平比较的原则。②

计算反倾销倾销幅度时必须在"同类产品"之间比较。损害调查也是对国内"同类产业"的实质性损害调查。

"同类产品"一词应解释为指相同的产品，即与考虑中的产品在各方面都相同的产品，或如果无此种产品，则为尽管并非在各方面都相同，但具有与考虑中的产品极为相似特点的另一种产品（ADA 第 2.6 条）。

1. 倾销幅度的计算

倾销幅度是出口价格与正常价值的差额。倾销是某个出口企业或外国生产企业对于一个产品的出口定价行为。为了正确地审查某个出口商或生产企

---

① 上诉机构报告，《美国—热辊钢（2001）》，第 176 段。
② 上诉机构报告，《美国—归零（日本）案（2007）》，第 127 段。

业的定价行为，需要考察该出口商或生产企业的全部出口交易的价格。ADA 2.4.2（第一段）规定：在遵守适用于第4款中公平比较规定的前提下，调查阶段倾销幅度的存在通常应在对加权平均正常价值与全部可比出口交易的加权平均价格进行比较的基础上确定，或在逐笔交易的基础上对正常价值与出口价格进行比较而确定。ADA第2.4.2第二段规定：如主管机关认为一种出口价格在不同购买者、地区或时间之间差异很大，且如果就为何不能通过使用加权平均对加权平均或交易对交易进行比较而适当考虑此类差异作出说明，则在加权平均基础上确定的正常价值可以与单笔出口交易的价格进行比较。如果出口价格在不同购买者、不同地区或者不同时间段的价格明显不同，即目标倾销（targeted dumping）或者调查机关为何不能在加权平均对加权平均或交易对交易进行比较中考虑这些差异。上诉机构在美国—软木V（加拿大）案（2005）中指出：ADA第2.4.2条第二段是一种例外。调查当局一般应使用ADA第2.4.2条第一段的两种方法，即加权平均对加权平均或交易对交易中的一种。上诉机构还指出：如果一个调查当局选择进行多种比较，该调查当局必须考虑各种比较的结果，以便确定符合第2.4.2条款的整个产品的倾销幅度。① 上诉机构在美国—归零（欧盟）案（2006）中指出：在对反倾销的倾销幅度计算的多种比较中，没有理由只考虑对某些多种倾销幅度比较的结果而不考虑对另一些倾销幅度的比较结果。②

实施反倾销措施必须符合三个条件，即（1）出口价格低于正常价值；（2）该倾销进口产品对国内同类工业造成实质性损害；（3）该倾销与损害有因果关系。

2. 损害的确定

"损害"一词，应理解为指对一国内产业的实质损害、对一国内产业的实质损害威胁或对此类产业建立的实质阻碍（ADA第3条）。

ADA第3条是调查损害和因果关系的核心条款。损害包括三个方面，即实质损害、实质损害威胁、实质阻碍。

（1）有关该条款的第一个问题是如何确定"国内产业"？

ADA第4.1规定："国内产业"一词应解释为指同类产品的国内生产者全

---

① 上诉机构报告，《美国—软木V（加拿大）案（2005）》，第98段。
② 上诉机构报告，《美国—归零（欧盟）案（2006）》，第126段。

体，或指总产量构成同类产品国内总产量主要部分的国内生产者①"。两个特殊情况除外，即①生产者与出口商或进口商有关联；②在特殊情况下，对所涉生产，一成员的领土可分成两个或两个以上的竞争市场，在下述条件下，每一市场中的生产者均可被视为一独立产业：（a）该市场中的生产者在该市场中出售他们生产的全部或几乎全部所涉产品，且（b）该市场中的需求在很大程度上不是由位于该领土内其他地方的所涉产品生产者供应的。在此种情况下，即使全部国内产业的主要部分未受损害，只要倾销进口产品集中进入该孤立市场，且只要倾销产品正在对该市场中全部或几乎全部产品的生产者造成损害，即可认定存在损害。在欧盟—紧固件（中国）（2011）案中，上诉机构指出：代表生产总量的"主要部分"的同一产品的国内企业。ADA第4.1条没有规定特别的比例用来确定"主要部分②"。上诉机构还指出：应该理解为占国内同类产品的整个生产企业的大部分。调查当局使用的比例能实质性地反映生产者全体的全部生产。③

---

① 除非：（i）如生产者与出口商或进口商有关联［就本款而言，只有在下列情况下，生产者方可被视为与出口商或进口商有关联：（a）他们中的一方直接或间接控制另一方；或（b）他们直接或间接被一第三者控制；或（c）他们直接或间接共同控制一第三者，但应有理由相信或怀疑此种关系的后果是使有关生产者的行为不同于无关联的生产者。就本款而言，如一方在法律上或经营上处于限制或指导另一方的地位，即前者应被视为控制后者。］，或他们本身为被指控的倾销产品的进口商，则"国内产业"一词可解释为指除他们外的其他生产者；

（ii）在特殊情况下，对所涉生产，一成员的领土可分成两个或两个以上的竞争市场，在下述条件下，每一市场中的生产者均可被视为一独立产业：（a）该市场中的生产者在该市场中出售他们生产的全部或几乎全部所涉产品，且（b）该市场中的需求在很大程度上不是由位于该领土内其他地方的所涉产品生产者供应的。在此种情况下，则可认为存在损害，即使全部国内产业的主要部分未受损害，只要倾销进口产品集中进入该孤立市场，且只要倾销产品正在对该市场中全部或几乎全部产品的生产者造成损害。

4.2 如国内产业被解释为指某一地区的生产者，即按第1款（ii）项规定的市场，则反倾销税只能对供该地区最终消费的所涉产品征收［本协定所使用的"征收"应指最终或最后的合法课税或征收关税或国内税］。如进口成员的宪法性法律不允许以此为基础征收反倾销税，则进口成员只能在下列条件下方可征收反倾销税而不受限制：（a）应给予出口商停止以倾销价格向有关地区出口的机会或按照第8条作出保证，而出口商未能迅速在此方面作出保证，且（b）此类反倾销税不能仅对供应所涉地区的特定生产者的产品征收。

4.3 如两个或两个以上国家已根据GATT 1994第24条第8款（a）项达到具有单一统一市场特征的一体化水平，则整个一体化地区的产业应被视为第1款所指的国内产业。

② 上诉机构报告，《欧盟—紧固件（中国）案（2011）》，第411段。
③ 上诉机构报告，《欧盟—紧固件（中国）案》，第412段。

下篇　WTO争议解决的法律问题　　437

肯定性证据，ADA 第 3.1 条规定：对损害的确定应依据肯定性证据，并应包括对下述内容的客观审查：（a）倾销进口产品的数量和倾销进口产品对国内市场同类产品价格的影响，及（b）这些进口产品随之对此类产品国内生产者产生的影响。上诉机构在欧盟—床单案（21.5 条"印度"）指出：ADA 第 3.1 条清楚地说明，调查当局必须保证其"损害调查"依据肯定的证据对倾销进口的数量以及国内生产企业的影响做了客观的分析。

（2）关于倾销进口产品的数量

ADA 第 3.2 条规定详细的义务，要求调查主管机关应考虑倾销进口产品的绝对数量或相对于进口成员中生产或消费的数量是否大幅增加。关于倾销产品进口对价格的影响，调查主管机关应考虑与进口成员同类产品的价格相比，倾销进口产品是否大幅削低价格，或此类进口产品的影响是否是大幅压低价格，或是否在很大程度上抑制了在其他情况下本应发生的价格增加。上诉机构在欧盟—床单案（21.5 条"印度"）指出，ADA 第 3.2 条清楚地说明调查当局必须考虑是否倾销产品的数量大幅增加；倾销的进口产品是否大幅削低价格，或此类进口产品的影响是否是大幅压低价格，或是否在很大程度上抑制了在其他情况下本应发生的价格增加。①

（3）关于累积评估对国内同类工业的损害

ADA 第 3.3 条规定：如来自一个以上国家的一产品的进口同时接受反倾销调查，则调查主管机关只有在确定以下内容后，方可累积评估此类进口产品的影响：（a）对来自每一国家的进口产品确定的倾销幅度大于第 5 条第 8 款定义的微量倾销幅度，且自每一国家的进口量并非可忽略不计；及（b）根据进口产品之间的竞争条件和进口产品与国内同类产品之间的竞争条件，对进口产品的影响所作的累积评估是适当的。

（4）关于倾销进口产品对国内产业影响的审查

ADA 第 3.4 条规定：该审查应包括对影响产业状况的所有有关经济因素和指标的评估，包括：销售、利润、产量、市场份额、生产力、投资收益或设备利用率实际和潜在的下降；影响国内价格的因素；倾销幅度大小；对现金流动、库存、就业、工资、增长、筹措资金或投资能力的实际和潜在的消极影响。

---

① 上诉机构报告，《欧盟—床单案（21.5 条"印度"）》，第 111 段。

3. 因果关系

ADA 第 3.5 条规定：证明倾销进口产品与对国内产业损害之间存在因果关系应以审查主管机关得到的所有有关证据为依据。主管机关还应审查除倾销进口产品外的、同时正在损害国内产业的任何已知因素，且这些因素造成的损害不得归因于倾销进口产品。在这方面可能的有关因素特别包括未以倾销价格销售的进口产品的数量和价格、需求的减少或消费模式的变化、外国与国内生产者的限制贸易的做法及它们之间的竞争、技术发展以及国内产业的出口实绩和生产率。ADA 第 3.5 条规定，调查当局对任何已知因素进行分析确定这些因素是否是造成国内产业实质性损害由内在的（genuine）和实质性（substantial）的原因（cause）。第 3.5 条所列举的已知因素不是强制性的。但是造成损害的已知因素多而且有说服力则对国内产业损害的证明力强。调查当局对于不得归因于倾销的已知因素要在损害调查的因果关系中予以排除。上诉机构在美国—热辊板钢（2001）案中指出：只要调查当局在因果关系的分析中排除不得归因于倾销的已知因素，调查当局才可以自由选择针对倾销与损害的因果关系的审查方法。①

4. 实质损害威胁

ADA 第 3.7 条规定：对实质损害威胁的确定应依据事实，而不是仅依据指控、推测或极小的可能性。倾销将造成损害发生的情形变化必须是能够明显预见且迫近的。②

5. 特别慎重决定

ADA 第 3.8 条规定：对于倾销进口产品造成损害威胁的情况，实施反倾销措施的考虑和决定应特别慎重。

---

① 上诉机构报告，《美国—热辊板钢（2001）案》中指出，第 224、226 段。
② 在作出有关存在实质损害威胁的确定时，主管机关应特别考虑下列因素：
(i) 倾销进口产品进入国内市场的大幅增长率，表明进口实质增加的可能性；
(ii) 出口商可充分自由使用的、或即将实质增加的能力，表明倾销出口产品进入进口成员市场实质增加的可能性，同时考虑吸收任何额外出口的其他出口市场的可获性；
(iii) 进口产品是否以将对国内价格产生大幅度抑制或压低影响的价格进入，是否会增加对更多进口产品的需求；
以及 (iv) 被调查产品的库存情况。
这些因素中的任何一个本身都未必能够给予决定性的指导，但被考虑因素作为整体必须得出如下结论，即更多的倾销出口产品是迫近的，且除非采取保护性行动，否则实质损害将会发生。

(三) 反倾销措施

ADA 规定了三种反倾销措施，即临时措施、格承诺价、征收反倾销税。

1. 临时措施

尽管反倾销调查并未结束，但在已经初步裁定存在倾销及其造成的实质性损害以及倾销与损害的因果关系，为防止倾销在调查过程中继续造成损害，各当事方在已经享有充分的知情权和发表意见的机会的前提下，受害成员可以采取临时措施。

ADA 第 7.2 条规定：临时措施可采取征收临时税的形式，或更可取的是，采取现金保证金或保函等担保形式，其金额等于临时估算的反倾销税的金额，但不高于临时估算的倾销幅度。预扣估算的反倾销税是一种适当的临时措施，但需表明正常反倾销税和反倾销税估算的金额，且预扣估算的反倾销税需与其他临时措施受相同条件的约束。

ADA 第 7.3 条规定：临时措施不得早于发起调查之日起 60 天实施。

ADA 第 7.4 条规定：临时措施的实施应限制在尽可能短的时间内，不超过 4 个月，或经有关主管机关决定，并应在所涉及的贸易中占很大百分比的出口商请求，可不超过 6 个月。在调查过程中，如主管机关审查低于倾销幅度的反倾销税是否足以消除损害，则这些时间可分别为 6 个月和 9 个月。

ADA 第 7.5 条规定：在实施临时措施时应遵循第 9 条的有关规定。特别是临时征收的反倾销税不得高于倾销的幅度。

2. 价格承诺

另外一种补救措施是价格承诺。若出口商自愿做出了令人满意的承诺，修改价格或停止以倾销价格出口，则调查程序可能被暂停或终止，有关部门不采取临时措施或征收反倾销税。

ADA 第 8.1 条规定：如收到任何出口商关于修改其价格或停止以倾销价格向所涉地区出口的令人满意的自愿承诺，从而使主管机关确信倾销的损害性影响已经消除，则调查程序可以中止或终止，[①] 而不采取临时措施

---

① "可以"一词不得解释为允许在执行价格承诺的同时继续进行调查程序，但第 4 款的规定除外。

或征收反倾销税。根据此类承诺的提价不得超过抵消倾销幅度所必需的限度。如提价幅度小于倾销幅度即足以消除对国内产业的损害，则该提价幅度是可取的。

ADA 第 8.2 条规定： 除非进口成员的主管机关已就倾销和倾销所造成的损害作出初步肯定裁定，否则不得寻求或接受出口商的价格承诺。

ADA 第 8.3 条规定： 如主管机关认为接受价格承诺不可行，则不必接受所提承诺。如发生此种情况且在可行的情况下，① 主管机关应向出口商提供其认为不宜接受承诺的理由，并应在可能的限度内给予出口商就此发表意见的机会。

ADA 第 8.4 条规定： 如承诺被接受，且如果出口商希望或主管机关决定，则关于倾销和损害的调查仍应完成。②

ADA 第 8.5 条规定： 价格承诺可由进口成员的主管机关提出建议，但不得强迫出口商作出此类承诺。③

ADA 第 8.6 条规定： 进口成员的主管机关可要求承诺已被接受的任何出口商定期提供有关履行该承诺的信息，并允许核实有关数据。如违反承诺，则进口成员的主管机关可根据本协定的相应规定采取迅速行动，包括使用可获得的最佳信息立即实施临时措施。

在此类情况下，可依照本协定对在实施此类临时措施前 90 天内进口供消费的产品征收最终税，但此追溯课征不得适用于在违反承诺之前已入境的进口产品。

3. 征收反倾销税

ADA 第 9.1 条规定： 在所有征收反倾销税的要求均已满足的情况下是否征税的决定，及征收的反倾销税金额是否应等于或小于倾销幅度的决

---

① 例如，由于实际或潜在的出口商数量过大，或由于其他原因，包括一般政策原因。
② 在此种情况下，如做出关于倾销或损害的否定裁定，则承诺即自动失效，除非此种裁定主要是由于承诺的存在而做出的。在此类情况下，主管机关可要求在与本协定规定相一致的合理期限内维持承诺。如做出关于倾销和损害的肯定裁定，则承诺应按其条件和本协定的规定继续有效。
③ 出口商不提供此类承诺或不接受这样做的邀请的事实，决不能有损于对该案的审查。但是，如倾销进口产品继续发生，则主管机关有权确定损害威胁更有可能出现。

定，均由进口成员的主管机关作出。宜允许在所有成员领土内征税，如反倾销税小于倾销幅度即足以消除对国内产业的损害，则该反倾销税是可取的。

ADA 第 9.2 条规定：如对任何产品征收反倾销税，则应对已被认定倾销和造成损害的所有来源的进口产品根据每一案件的情况在非歧视基础上收取适当金额的反倾销税，来自根据本协定条款提出的价格承诺已被接受的来源的进口产品除外。主管机关应列出有关产品供应商的名称。①

ADA 第 9.3 条规定：反倾销税的金额不得超过根据第 2 条确定的倾销幅度。

上诉机构在美国—归零（日本）案（2007）中指出：任何征税和确定倾销幅度的体制都必须遵循 ADA 第 2 条的要求来确定出口商的倾销幅度和征收反倾销税的上限。如果有进口商支付反倾销税，且该税金超过了倾销幅度，则允许该进口商主张退还已经支付的超过倾销幅度的税金。在追溯上述税息的制度中，美国可自行审议特别交易的税负，但是征收的反倾销税总额不能超过出口商或者外国生产企业的倾销幅度。②

（四）反倾销税和价格承诺的期限和复审

ADA 第 11.1 条规定：反倾销税应仅在抵消造成损害的倾销所必需的时间和限度内实施。

ADA 第 11.2 条规定：主管机关在有正当理由的情况下，自行复审或在最终反倾销税的征收已经过一段合理时间后，应提交证实复审必要性的肯定信息的任何利害关系方请求，复审继续征税的必要性。利害关系方有权请求主管机关复审是否需要继续征收反倾销税以抵消倾销，如取消或改变反倾销税，则损害是否有可能继续或再度发生，或同时复审两者。如作为根据本款复审的结果，主管机关确定反倾销税已无正当理由，则反倾销税应立即终止。

上诉机构在墨西哥—大米反倾销措施案（2005）中指出：ADA 第 11.2 条

---

① 但是，如涉及来自同一国家的多个供应商，且不能列出所有供应商的名称，则主管机关可列出有关供应国的名称。如涉及来自一以上国家的多个供应商，则主管机关可列出所有供应商的名称，或如果这样做不可行，也可列出所有涉及的供应国的名称。
② 上诉机构报告，《美国—归零（日本）（2007）案》，第 162 段。

要求调查当局应一个相关方的请求对涉案反倾销税进行定期审议。如果调查当局认为征税没有必要,则可终止该项反倾销措施。利害关系方有权请求主管机关复审是否需要继续征收反倾销税以抵消倾销,或复命如取消或改变反倾销税,则损害是否有可能继续或再度发生,或同时复审两者。ADA 第 11.2 条的义务有两个条件:(1) 自最终反倾销税的征收已经过一段合理时间;(2) 利害关系方提供正面的信息说明有必要复审。上诉机构还认为第 11.2 条的规定很清楚,调查当局不能拒绝完成该项复审,即便复审结果需要终止该项反倾销措施。①

1. 日落条款

ADA 第 11.3 条规定:任何最终反倾销税应在征收之日起,5 年内的一日期终止,除非主管机关在该日期之前自行进行的复审或在该日期之前一段合理时间内由国内产业或代表国内产业提出的有充分证据请求下进行的复审确定,反倾销税的终止有可能导致倾销和损害的继续或再度发生。在此种复审的结果产生之前,可继续征税。

2. 公告和裁定的说明

ADA 第 12.1 条规定:如主管机关确信有充分证据证明按照第 5 条发起的反倾销调查是正当的,则应通知其产品接受该调查的一个或多个成员和调查主管机关已知与该调查有利害关系的其他利害关系方,并应发布公告。

ADA 第 12.1.1 条规定:关于发起调查的公告应包括或通过单独报告。②

ADA 第 12.2 条规定:对于任何初步或最终裁定,无论是肯定的还是否定的,按照第 8 条接受承诺的决定、此种承诺的终止以及最终反倾销税的终止均应作出公告。

ADA 第 12.2.1 条规定:实施临时措施的公告应列出或通过单独报告提供关于倾销和损害的初步裁定的详细说明,并应提及导致有关论据被接受或被拒绝的事实问题和法律问题。③

---

① 上诉机构报告,《墨西哥—大米反倾销措施(2005)案》,第 314 段。
② 应保证该报告可使公众容易获得。
③ 每一公告均应详细列出或通过单独报告详细提供调查主管机关就其认为重要的所有事实问题和法律问题所得出的调查结果和结论。所有此类公告和报告应转交其产品受该裁定或承诺约束的一个或多个成员,及已知与此有利害关系的其他利害关系方。

3. 司法审查

ADA 第 13 条规定：国内立法包含反倾销措施规定的每一成员均应设有司法、仲裁或行政庭或程序，其目的特别包括迅速审查与最终裁定的行政行为有关的审查。此类法庭或程序应独立于负责所涉裁定或审查的主管机关。

4. 发展中国家成员

ADA 第 15 条规定：各方认识到，在考虑实施本协定项下的反倾销措施时，发达国家成员应对发展中国家成员的特殊情况给予特别注意。在实施会影响发展中国家成员根本利益的反倾销税之前，应探讨本协定规定的建设性补救的可能性。

5. 反倾销措施委员会

ADA 第 16.1 条规定：设立反倾销措施委员会（本协定中称"委员会"），由每一成员的代表组成。委员会应选举自己的主席，每年应至少召开 2 次会议，或按本协定有关规定所设想的在任何成员请求下召开会议。委员会应履行本协定项下或各成员指定的职责，并应向各成员提供机会，就有关本协定的运用或促进其目标实现的任何事项进行磋商。WTO 秘书处担任委员会的秘书处。

ADA 第 16.4 条规定：各成员应立刻通知委员会其采取的所有初步或最终反倾销行动。此类报告应可从秘书处获得，供其他成员审查。各成员还应每半年提交关于在过去 6 个月内采取的任何反倾销行动的报告。半年期报告应以议定的标准格式提交。

（五）磋商和争端解决

ADA 第 17.1 规定：除本协定另有规定外，《争端解决谅解》适用于本协定项下的磋商和争端解决。

ADA 第 17.2 条规定：每一成员应对另一成员提出的有关影响本协定运用的任何事项的交涉给予积极考虑，并应提供充分的磋商机会。

ADA 第 17.3 条规定：如任何成员认为其在本协定项下直接或间接获得的利益正在受到另一成员或其他成员的丧失或减损，或任何目标的实现正在受到阻碍，则该成员为就该事项达成双方满意的解决办法，可以书面形式请求与所涉一个或多个成员进行磋商。每一成员应对另一成员提出的磋商请求给予积极考虑。

ADA 第 17.4 条规定：如请求磋商的成员认为按照第 3 款进行的磋商未能达成双方同意的解决办法，且如果进口成员的行政主管机关已经采取征收最终反倾销税或接受价格承诺的最终行动，则该成员可将此事项提交争端解决机构（下称"DSB"）。如一临时措施具有重大影响，且请求磋商的成员认为该措施的采取违反第 7 条第 1 款的规定，则该成员也可将此事项提交 DSB。

ADA 第 17.5 条规定了起诉文件以书面形式：

（i）提出请求成员的书面陈述，其中表明该成员在本协定项下直接或间接获得的利益如何丧失或减损，或本协定目标的实现如何受到阻碍，及

（ii）根据适当国内程序的使进口国的主管机关可获得的事实。

ADA 第 17.6 条规定了审议标准（standard of view）：

（i）在评估该事项的事实时，专家组应确定主管机关对事实的确定是否适当，及他们对事实的评估是否无偏见和客观的。如事实的确定是适当的，且评估是无偏见和客观的，则即使专家组可能得出不同的结论，而该评估也不得被推翻；

（ii）专家组应依照关于解释国际公法的习惯规则，解释本协定的有关规定。在专家组认为本协定的有关规定可以作出一种以上允许的解释时，如主管机关的措施符合其中一种允许的解释，则专家组应认定该措施符合本协定。

ADA 第 17.7 条规定了信息保密的要求：未经提供此类信息的个人、机构或主管机关正式授权，向专家组提供的机密信息不得披露。如该信息为专家组要求提供，但未授权专家组公布该信息，则经提供该信息的个人、机构或主管机关授权，应提供该信息的非机密摘要。

（六）调查机关在反倾销调查程序中应遵循的主要原则

1. 在计算倾销时要对出口价格与正常价值进行"公平比较"。此比较应在相同贸易水平上进行，通常在出厂前的水平上进行，且应尽可能针对在相同时间进行的销售。应根据每一案件的具体情况，适当考虑影响价格可比性的差异，包括在销售条件和条款、税收、贸易水平、数量、物理特征方面的差异，

以及其他能够证明影响价格可比性的差异（ADA 第 2.4 条）。

2. 对实质损害威胁的确定应依据事实，而不仅仅依据指控、推测或极小的可能性。倾销造成的损害发生的情形变化必须是能够明显预见且迫近的（《反倾销协定》第 3.7 条）。对于倾销进口产品造成损害威胁的情况，实施反倾销措施的考虑和决定应特别慎重（ADA 第 3.8 条）。

3. 非歧视性收税，对任何产品征收反倾销税，则应对已被认定倾销和造成损害的所有来源的进口产品根据每一案件的情况在非歧视的基础上收取适当金额的反倾销税，来自根据本协定条款提出的价格承诺已被接受的来源的进口产品除外。

4. 反倾销的最终补救措施是对倾销产品征收反倾销税。征收反倾销税的数额可以等于倾销幅度，也可以低于倾销幅度。反倾销税的金额不得超过根据第 2 条确定的倾销幅度（ADA 第 9.3 条）。

5. 关于程序正当，ADA 第 6.1 条规定：应将主管机关要求的信息通知反倾销调查中的所有利害关系方，并给予它们充分的机会以书面形式提出其认为与所涉调查有关的所有证据。ADA 第 6.1.2 条规定：在遵守保护机密信息要求的前提下，一利害关系方提出的书面证据应迅速向参与调查的其他利害关系方提供。

ADA 第 6.1.3 条规定：调查一经发起，主管机关即应将根据第 5 条第 1 款收到的书面申请的全文向已知出口商和出口成员的主管机关提供，并应请求，应向其他涉及的利害关系方提供。应适当注意按第 5 款规定的保护机密信息的要求。

ADA 第 6.2 条规定：在整个反倾销调查期间，所有利害关系方均有为其利益进行辩护的充分机会。ADA 第 6.5 条规定：任何属机密性质的信息（例如，由于信息的披露会给予一竞争者巨大的竞争优势，或由于信息的披露会给信息提供者或给向信息获得者提供信息的人士带来严重不利影响），或由调查参加方在保密基础上提供的信息，主管机关应在对方说明正当原因后，按机密信息处理。ADA 第 6.5.1 条规定：主管机关应要求提供机密信息的利害关系方提供此类信息的非机密摘要。这些摘要应足够详细，以便能够合理了解以机密形式提交的信息的实质内容。在特殊情况下，此类利害关系方可表明此类信息无法摘要。在此类特殊情况下，必须提供一份关于为何不能进行摘要的原因的说明。ADA 第 6.9 条规定：主管机关在作出最终裁定之前，应将考虑中的、构成是否实施最终措施决定依据的基本事实通知所有利害关系方。此披露应使各方有充分的时间为其利益进行辩护。

ADA 第 6.10 条规定：主管机关通常应对被调查产品的每一已知出口商或生产者确定各自的倾销幅度。

6. 对于不合作的被调查出口企业，进口主管机关可以使用"可获得的信息"，即针对较高的倾销幅度和对不合作的出口企业征收较高的反倾销税。ADA 第 6.8 条规定：如任何利害关系方不允许使用或未在合理时间内提供必要的信息，或严重妨碍调查，则初步和最终裁定无论是肯定的还是否定的，均可在可获得的事实基础上做出。在适用本款时应遵守 ADA 附件 2 的规定。

7. 主管机关一经确信不存在有关倾销或损害的足够证据以证明继续调查该案是正当的，则根据第 1 款提出的申请即应予以拒绝，且调查应迅速终止。如主管机关确定倾销幅度属微量，或倾销进口产品的实际或潜在的数量或损害可忽略不计，则应立即终止调查。如倾销幅度按出口价格的百分比表示小于 2%，则该幅度应被视为属微量。如来自一特定国家的倾销进口产品的数量被查明占进口成员中同类产品进口的不足 3%，则该倾销进口产品的数量通常应被视为可忽略不计，除非占进口成员中同类产品进口不足 3% 的国家合计超过该进口成员中同类产品进口的 7%（ADA 第 5.8 条）。

8. 反倾销实施时间与终止

反倾销税应仅在抵消造成损害的倾销所必需的时间和限度内实施（ADA 第 11.1 条）。与启动反补贴调查程序一样，一成员政府应该在接到国内受倾销产品损害的企业或产业的申请后，展开反倾销调查。各当事方必须接到关于启动调查的通知。这些当事方包括出口商所在成员政府、出口商或国外生产商、被调查产品的进口商、行业协会、进口国同类产品的生产商及其行业协会等。若没有充分证据表明存在倾销及其损害，或者倾销幅度或倾销进口数量低于最低限额，则应终止调查。

在世贸组织框架下，只有政府，而不是贸易商和产业界，才能采取反倾销措施。因此，一国的贸易商或产业界必须通过政府来启动 WTO 有关反倾销争议解决的程序。若出口产品受到调查的成员不满展开调查的成员所采取的行动，可以通过调查国国内的行政审议或司法审议程序。也可以将问题提交世贸组织争端解决机构解决。在这种情况下，出口商必须通过本国政府采取这样的行动。

(七) 对 GATT 1994 第 6 条的解释与适用

GATT 1994 第 6 条　反倾销税和反补贴税

1. 各缔约国认为，用倾销的手段将一国产品以低于正常价值的办法挤入另一国贸易内，如因此对某一缔约国领土内已建立的某项工业造成重大损害或产生重大威胁，或者对某一国内工业的新建产生严重阻碍，这种倾销应该受到谴责。本条所称一产品以低于它的正常价值挤入进口国的贸易内，系指从一国向另一国出口的产品的价格。

（1）低于相同产品在出口国用于国内消费时在正常情况下的可比价格；或

（2）如果没有这种国内价格，低于：

（a）相同产品在正常贸易情况下第三国出口的最高可比价格；或

（b）产品在原产国的生产成本加合理的推销费用和利润。

但对每一具体事例的销售条件的差异、赋税的差异以及影响价格可比性的其它差异，必须予以适当考虑。

2. 缔约国为了低销或防止倾销，可以对倾销的产品征收数量不超过这一产品的倾销差额的反倾销税。本条所称的倾销差额。系指按本条第一款的规定所确定的价格差额。

3. 一缔约国领土的产品输入到另一缔约国领土时，对这种产品征收的反补贴税，在金额上不得超过这种产品在原产国或输出国制造、生产或输出时，所直接或间接得到的奖金或补贴的估计数额。一种产品于运输时得到的特别补贴，也应包括在这一数额以内。"反补贴税"一词应理解为：为了抵销商品于制造、生产或输出时所直接或间接接受的任何奖金或补贴而征收的一种特别关税。

4. 一缔约国领土的产品输入到另一缔约国领土，不得因其免纳相同产品在原产国或输出国用于消费时所须完纳的税捐或因这种税捐已经退税，即对它征收反倾销或反补贴税。

5. 一缔约国领土的产品输入到另一缔约国领土，不得因抵销倾销或出口补贴，而同时对它既征收反倾销税又征收反补贴税。

6. （1）一缔约国对另一缔约国领土产品的进口，除了断定倾销或补贴的后果会对国内某项已建的工业造成重大损害或产生重大威胁，或者严重阻碍国内某一工业的新建以外，不得征收反倾销税或反补贴税。

（2）为了低销倾销或补贴对另一个向进口缔约国领土输出某一产品的缔约国的领土内某一工业造成的重大损害或产生的重大威胁，缔约国全体可以解除本款（1）项规定的要求，允许这一进口缔约国对有关产品的进口征收反倾销税或反补贴税。如果缔约国全体发现某种补贴对另一个向进口缔约国领土输出有关产品的缔约国的领土内某一工业正在造成重大损害或产生重大威胁，它们应解除本款（1）项规定的要求，允许征收反倾销税。

（3）然而，在某些例外情况下，如果延迟将会造成难以补救的损害，一缔约国虽未经缔约国全体事前批准，也可以对本款（7）项所述的目的而征收反贴补税，但这项行动应立即向缔约国全体报告，如未获批准，这种反贴补税应即予撤销。

7. 凡与出口价格的变动无关，为稳定国内价格或为稳定某一初级产品生产者的收入而建立的制度，即令它有时会使出口商品的售价低于相同产品在国内市场销售时的可比价格，也不应认为造成了本条第六款所称的重大损害，如果与有关商品有实质利害关系的缔约各国协商后确认：

（1）这一制度也曾使商品的出口售价高于相同产品在国内市场销售时的可比价格，而且

（2）这一制度的实施，由于对生产的有效管制或其它原因，不致于不适当地刺激出口，或在其它方面严重损害其它缔约国的利益。

1. 适用范围

在"美国1916年反倾销法案"中，欧盟和日本认为美国的1916年反倾销法违反GATT/WTO法，并将争议提交WTO争议解决机构。1916年反倾销法规定，如进口商向美国销售外国产品的价格实质性地低于（"substantially less"）外国市场上销售同类产品的价格，且该进口或销售是有意破坏或损害，或阻止建立美国工业，或在美国垄断该产品的贸易与销售，则该进口商会受到坐牢惩罚并被处以三倍的损失赔偿的罚金。上诉机构维持了专家组的认定——GATT 1994第6条适用于美国1916年反倾销法案。上诉机构进一步指出：根据《反倾销协定》第1条，反倾销措施必须符合1994年GATT 1994第6条的规定。上述机构还指出：《反倾销协定》第18.1条规定，除依照由本协定解释的GATT

1994 的条款外，不得针对来自另一成员的倾销出口产品采取特定行动。因此任何关于反倾销的特殊行动的措施也属于 GATT 1994 第 6 条的管辖范围。

2. 关于 GATT 1994 第 6.1 条的解释与适用

在"美国—归零（日本）案"中，上诉机构推翻了专家组关于归零法符合 GATT 1994 第 6 条的裁定。上诉机构指出，《反倾销协定》第 2.1 条和第 6.1 条是定义性的条款。毫无疑问，该条款对于解释《反倾销协定》的其他条款——例如关于计算倾销幅度、进口倾销数量、对于造成损害的倾销征收反倾销税的权力等条款——起着核心作用。但是第 2.1 条和第 6.1 条不是孤立的，也不是施加独立的义务。

在"美国—不锈钢（墨西哥）案"中，上诉机构关于倾销的定义体现在《反倾销协定》的各个条款中。该定义规定在本协定第 2.1 条中，同时，"倾销幅度"的术语与第 6.1 条相符，并且第 6.1 条和第 2.1 条都是关于解决出口商的价格问题的条款，上述"倾销"和"倾销幅度"都是针对具体出口商的概念。[1]

上诉机构总结第 6.1 条和第 6.2 条各个条文，其明确指出：

（1）倾销和倾销幅度是关于涉案的出口商的具体概念，倾销是指有关的产品倾销，反倾销税是在调查有关产品发现倾销而征收的反倾销税；

（2）在整个《反倾销协定》中倾销和倾销幅度的概念是一致的；

（3）对每一个被调查的出口商确定分别的独立的倾销幅度，对每一个出口商征收的反倾销税不得超过其倾销幅度；

（4）征收反倾销税的目的是防止造成损害的倾销而不是倾销本身。应该强调在《反倾销协定》中，倾销、损害、倾销幅度的概念是互相联系的，应该在整个协定中做协调的和一致的解释。

根据上述分析，上诉机构不同意倾销和倾销幅度是针对进口商的。出口商制定出口价格反映了其在国内外市场的定价实践。特定出口商的倾销和倾销幅度不排除出口价格是进口商与出口商谈判的结果，也不排除由进口商支付反倾销税。[2]

在"欧盟—紧固件（中国）案"中，专家组和上诉机构同意仅仅在确定倾销的正常价值时可以偏离《中国入世议定书》第 15 条，但是在确定出口价

---

[1] Appellate Body Report, US—Stainless Steel (Mexico), paras. 85–87.

[2] Appellate Body Report, US—Stainless Steel (Mexico), paras. 94–95.

格等其他方面，以及在对企业分别税率而不是国家统一一个税率等方面，必须符合《反倾销协定》的规定。

《中国入世议定书》第 15（1）条包含在调查中国出口商的倾销行为的正常价值时可以采取的特殊规则。第 15（4）规定该特殊规则在 2016 年失效、终止。该加入议定书条款也确定了在 2016 年 12 月 11 日前提前终止使用该规则的条件。① 具体条款如下：

《中国入世议定书》第 15 条　确定补贴和倾销时的价格可比性

GATT 1994 第 6 条、《关于实施 1994 年关税与贸易总协定第 6 条的协定》（《反倾销协定》）以及《SCM 协定》应适用于涉及原产于中国的进口产品进入一 WTO 成员的程序，并应符合下列规定：

（a）在根据 GATT 1994 第 6 条和《反倾销协定》确定价格可比性时，该 WTO 进口成员应依据下列规则，使用接受调查产业的中国价格或成本，或者使用不依据与中国国内价格或成本进行严格比较的方法：

（i）如受调查的生产者能够明确证明，生产该同类产品的产业在制造、生产和销售该产品方面具备市场经济条件，则该 WTO 进口成员在确定价格可比性时，应使用受调查产业的中国价格或成本；

（ii）如受调查的生产者不能明确证明生产该同类产品的产业在制造、生产和销售该产品方面具备市场经济条件，则该 WTO 进口成员可使用不依据与中国国内价格或成本进行严格比较的方法。

（b）在根据《SCM 协定》第二、三及五部分规定进行的程序中，在处理第 14 条（a）项、（b）项、（c）项和（d）项所述补贴时，应适用《SCM 协定》的有关规定；但是，如此种适用遇有特殊困难，则该 WTO 进口成员可使用考虑到中国国内现有情况和条件并非总能用作适当基准这一可能性的确定和衡量补贴利益的方法。在适用此类方法时，只要可行，该 WTO 进口成员在考虑使用中国以外的情况和条件之前，应对此类现有情况和条件进行调整。

---

① Paragraph 15 (a) contains special rules for the determination of normal value in anti–dumping investigations involving China. Paragraph 15 (d) in turn establishes that these special rules will expire in 2016 and sets out certain conditions that may lead to the early termination of these special rules before 2016.

(c) 该 WTO 进口成员应向反倾销措施委员会通知依照（a）项使用的方法，并应向补贴与反补贴措施委员会通知依照（b）项使用的方法。

(d) 一旦中国根据该 WTO 进口成员的国内法证实其是一个市场经济体，则（a）项的规定即应终止，但截至加入之日，该 WTO 进口成员的国内法中须包含有关市场经济的标准。无论如何，（a）项（ii）目的规定应在加入之日后 15 年终止。此外，如中国根据该 WTO 进口成员的国内法证实一特定产业或部门具备市场经济条件，则（a）项中的非市场经济条款不得再对该产业或部门适用。

上诉机构认为，《中国入世议定书》不允许 WTO 其他成员对中国采取不同于《反倾销协定》的规定。只有在确定倾销计算的正常价值时，才可以使用特殊规则。该议定书第 15 条不是开口、无限制的差别待遇。在确定出口价格和企业分别税率方面没有特殊规定。上诉机构在欧盟—紧固件（中国）案中裁定欧盟对中国出口商实行全国统一税率违反 GATT/WTO 的规定。①

在"越南诉美国虾的反倾销措施案"中，专家组认定越南加入 WTO 议定书第 254 条和第 255 条仅涉及计算正常价值，不改变《反倾销协定》的任何其他条款。

在"欧盟—生物柴油（阿根廷）"案中，上诉机构认为，该条款对调查当局对生产相关产品费用的确定加以规制。其第一句规定，如果满足两个条件，成本通常应根据受调查的出口商或生产者保存的记录计算。上诉机构认为，第二个条件（如果此类记录…合理地反映与正在审议的产品的生产和销售有关的费用）涉及被调查出口商或生产者保存的记录是否能够适当、充分符合原产国实际生产成本，以及同被审查的特定产品的生产和销售有真实联系的被调查出口商或生产者所产生的成本。对于上诉机构而言，专家组的解释与其对这一规定的理解没有冲突。上诉机构也同意专家组认定，欧盟当局认为由于阿根廷差别出口税制度而致阿根廷大豆的国内价格"人为降低"，其本身并不足以作为断定生产者记录没有合理地反映与生产和销售生物柴油相关的大豆成本的根据。因此，上诉机构维持专家组的裁决，即认为欧盟因没有根据阿根廷生产者保存的记录计算生物柴油的生产成本，从而违反《反倾销协定》第 2.2.1.1 条

---

① Appellate Body Report, EC—Fasteners, paras. 285 - 290.

第一句。

上诉机构注意到,《反倾销协定》第2.2条和GATT 1994第6条第1款（b）项（ii）目要求正常价值应根据"生产成本在原产国"。与专家组一样,上诉机构认为,"原产国生产成本"不限制可用于在原产国内部确定价格来源的信息或证据的来源。上诉机构进一步认为,调查当局在依赖任何国外信息时,必须确保这些信息用于在原产国达到生产成本,这可能需要调查当局调整这些信息。上诉机构还同意专家组的认定,即欧盟当局用于计算阿根廷生物柴油生产成本的大豆的替代价格不是"在原产国"的成本。因此,上诉机构维持专家组的裁决,认定欧盟因当局在确立生物柴油的正常价值时没有使用阿根廷生产成本,从而违反了《反倾销协定》第2.2条和GATT 1994第6条第1款（b）项（ii）目。

3. 关于GATT 1994第6.2条的解释与适用

（1）概述

GATT 1994第6.2条规定：缔约国为了抵销或防止倾销,可以对倾销的产品征收数量不超过这一产品的倾销差额的反倾销税。

在"美国1916年反倾销法案"中,上诉机构指出,第6.2条与《反倾销协定》第18.1条结合起来可被解释为成员可以采取征收不高于倾销幅度的反倾销税、临时税和价格承诺。因为美国1916年反倾销法规定了对于倾销采取民事和刑事责任的特别诉讼行动,所以美国1916年反倾销法与GATT 1994第6.2条和《反倾销协定》不符。

在"美国抵偿法（Byrd修正案）案"中,上诉机构指出："由于争议措施的抵偿支付不是反倾销最终税,也不是临时措施,更不是价格承诺。根据我们对美国1916年反倾销法的裁定,我们的结论是争议措施也不符合GATT 1994与《反倾销协定》的解释。"①

（2）具体的调查方法

针对选择特定方法的义务问题,在"欧盟-管子和接线"案中,欧共体使用一年的调查期,在此期间,巴西的货币贬值42%,巴西指控欧盟未考虑巴西货币贬值对倾销税的影响。上诉机构维持专家组的裁定,在调查期间发生的事件不要求调查当局重新审议其裁定。

---

① Appellate Body Report, US—Offset Act（Byrd Amendment）, para. 265.

针对价格比较和归零法问题，在"美国—归零（欧盟）案"中，上诉机构推翻了专家组的归零法不违反《反倾销协定》第9.3条款和GATT 1994第6.2条的裁定。上诉机构指出，第9.3条和GATT 1994第6.2条要求调查机关征收在某一时期内一个出口商或外国生产者的全部出口的反倾销税，但是美国在行政复议中计算倾销幅度时，将超出平均正常价值的交易忽略，结果是该出口商或生产者的倾销幅度高于其实际的出口倾销幅度。由此而征收的反倾销税不符合《反倾销协定》第9.3条和GATT 1994第6.2条的规定，即反倾销税不应超过倾销幅度。

在"美国—不锈钢（墨西哥）"案中，上诉机构指出："在我们的分析中，需要注意第17.6条确定的审议标准。但是当我们根据第17.6条第1款用解释国际公法的习惯法解释GATT 1994第6.2条和《反倾销协定》第9.3条时，第17.6条不能对于本上诉的归零法案件作出另外一种解释"。①在"美国－持续归零（欧盟）"案中，上诉机构指出，在初始的反倾销调查中和复审程序中，使用的价格比较应该是一致的。②

4. 关于第6条的其他条款的解释与适用

（1）关于第6.3条。GATT 1994第6.3条与《反补贴协定》有密切的关系。在"美国－抵偿法（Byrd修正案）"案中，上诉机构认定，"GATT 1994第6.3条和《反补贴协定》第5部分包括所有可以针对补贴的措施"。进一步的，上诉机构在"美国针对特定欧共体产品的补贴措施案"中确定，调查机关必须在施加反补贴税之前决定倾销的数量。

（2）关于第6.4条。在"欧共—体管道"案中，巴西主张欧共体的措施违反GATT 1994第6.4条。本案专家组认为，争议措施与GATT 1994第6.4条和《反倾销协定》第2.4.2条相关，并得出结论认为欧共体的资金偿还并没有被证明为内部税，因此其不支持巴西的主张。

（3）关于第6.5条。在"美国—双反（中国）"案中，专家组和上诉机构考察在非市场经济地位下计算反倾销税和反补贴税，进而导致对补贴的双重救济问题。本案上诉机构认为，第6.5条禁止在相同的倾销或出口补贴情形中对反倾销和反补贴税同时适用。在上诉机构眼中，其认为"相同情形"这一术语对于理解第6.5条具有重要性。其指出，补贴将会导致价格歧视的加剧和更高

---

① Appellate Body Report, EC—Fasteners, footnote 460 to para. 285.
② Appellate Body Report, US—Continued Zeroing, para. 285.

的倾销幅度。在此种情况下，补贴的情形就是"相同情形"，并且反补贴税与反倾销税同时适用将构成对此情形的"双重救济"。同时，该上诉机构认为，在此种情况下，只有反补贴税能抵消此补贴。

更多内容可参见本书案例 13。

（4）关于第 6.6 条。针对 GATT 1994 第 6.6（1）条的实质性损害而言，在"美国 1916 年反倾销法案"中，专家组同意日本的观点，即，1916 年反倾销法没有规定实质性损害，不符合 GATT 1994 第 6.6（1）条的规定。但是专家组认定，日本未能提出证据确凿的诉状证明美国 1916 年反倾销法违反了 GATT 1994 第 6.6（1）条的规定，不能使美国调查当局做出实质性损害的认定。①

五 补贴与反补贴规则

补贴是指政府或者公共机构对于某企业或某行业的财政支持使后者获得利益。补贴是政府财政支付与减免税收的行为；倾销是企业的定价行为。政府用财政支持的手段实现社会和经济发展的完全合法的目标。补贴如果是专项的并且对进口国的国内工业造成实质性的损害，则进口国可以对补贴的进口产品采取征收反补贴税的救济措施以便消减由于出口国政府的补贴造成的负面影响。

WTO 定义的补贴包括三种性质的补贴，即不可诉补贴、可诉性补贴和禁止性补贴。

WTO 关于补贴与反补贴的规定包括 GATT 1994 第 6 条、第 16 条。东京回合贸易谈判达成了补贴守则（subsidy code），进而乌拉圭回合谈判完善了补贴与反补贴的纪律，最后达成"补贴与反补贴协定"（SCM）。1995 年成立 WTO 时，SCM 协议成为 WTO 的 60 部涵盖协议之一，WTO 成员必须遵守。SCM 协议没有前言。巴西—航空器案（1999）的专家组报告指出：SCM 协议对影响国际贸易的补贴规定了多种纪律。② 加拿大—飞机案（1999）的专家组报告也指出：SCM 协议的目的与宗旨可以概括为：为扭曲国际贸易的补贴建立多项纪律。③

---

① Panel Report, US—1916 Anti – Dumping Act（Japan），paras. 6.252 – 6.253.
② 巴西—航空器案（1999）的专家组报告第 7.26 段。
③ 加拿大—飞机案（1999）的专家组报告第 9.119 段。

(一) 补贴与反补贴措施协定 SCM (1994.4.15)（摘要）

1. 补贴的定义

第1.1条 就本协定而言，如出现下列情况应视为存在补贴：

(a)(1) 在一成员（本协定中称"政府"）领土内，存在由政府或任何公共机构提供的财政资助，即如果：

(i) 涉及资金的直接转移（如赠款、贷款和投股）、潜在的资金或债务的直接转移（如贷款担保）的政府做法；

(ii) 放弃或未征收在其他情况下应征收的政府税收（如税收抵免之类的财政鼓励）①；

(iii) 政府提供除一般基础设施外的货物或服务，或购买货物；

(iv) 政府向一筹资机构付款，或委托或指示一私营机构履行以上(i)至(iii)列举的一种或多种通常应属于政府的职能，且此种做法与政府通常采用的做法并无实质差别；

或

(a)(2) 存在 GATT 1994 第16条意义上的任何形式的收入或价格支持；及

(b) 则因此而授予一项利益。

SCM 协议第1条对补贴做了详细的定义。专家组在美国—外国销售公司 FSC（2000）指出：在 SCM 协议中增加了对于补贴的详细和全面的定义是乌拉圭回合关于补贴纪律方面取得的最重要的成就。② SCM 协议第1.1条规定了提供补贴的主体是政府（government）和公共机构（public body）并授予利益（benefit conferred）。

2. 专向性

2.1 为确定按第1条第1款规定的补贴是否属对授予机关管辖范围内的企业或产业，或一组企业或产业（本协定中称"某些企业"）的专向性补贴，应适用下列原则：

---

① 依照 GATT 1994 第16条（第16条的注释）和本协定附件1至附件3的规定，对一出口产品免征其同类产品供国内消费时所负担的关税或国内税，或免除此类关税或国内税的数量不超过增加的数量，不得视为一种补贴。

② 美国—外国销售公司 FSC（2000）专家组报告第7.80段。

（a）如授予机关或其运作所根据的立法将补贴的获得明确限于某些企业，则此种补贴应属专向性补贴。

（b）如授予机关或其运作所根据的立法制定适用于获得补贴资格和补贴数量的客观标准或条件①，则不存在专向性，只要该资格为自动的，且此类标准和条件得到严格遵守。标准或条件必须在法律、法规或其他官方文件中明确说明，以便能够进行核实。

（c）如尽管因为适用（a）项和（b）项规定的原则而表现为非专向性补贴，但是有理由认为补贴可能事实上属专向性补贴，则可考虑其他因素。此类因素为：有限数量的某些企业使用补贴计划、某些企业主要使用补贴、给予某些企业不成比例的大量补贴以及授予机关在作出给予补贴的决定时行使决定权的方式。② 在适用本项时，应考虑授予机关管辖范围内经济活动的多样性程度，及已经实施补贴计划的持续时间。

2.2 限于授予机关管辖范围内指定地理区域的某些企业的补贴属专向性补贴。各方理解，就本协定而言，不得将有资格的各级政府所采取的确定或改变普遍适用的税率的行动视为专向性补贴。

2.3 任何属第 3 条规定范围内的补贴应视为专向性补贴。

2.4 根据本条规定对专向性的确定应依据肯定性证据明确证明。

3. 禁止性补贴

第 3.1 条　除《农业协定》的规定外，下列属第 1 条范围内的补贴应予禁止：

（a）法律或事实上视出口实绩为惟一条件或多种其他条件之一而给予的补贴，包括附件 1 列举的补贴③；

④（b）视使用国产货物而非进口货物的情况为一条件或多种其他条件之一而给予的补贴。

第 3.2 条　一成员不得给予或维持第 1 款所指的补贴。

---

① 此处使用的客观标准或条件指中立的标准或条件，不仅仅使某些企业获得优惠，且属经济性质，并水平适用，如雇员的数量或企业的大小。
② 在这方面，应特别考虑补贴申请被拒绝或获得批准的频率，及作出此类决定的理由。
③ 附件 1 所指的不构成出口补贴的措施不得根据本规定和本协定任何其他规定而被禁止。
④ 如事实证明补贴的给予虽未在法律上视出口实绩而定，而事实上与实际或预期出口或出口收入联系在一起，则符合此标准。将补贴给予从事出口的企业这一事实本身不得成为被视为属本规定含义范围内的出口补贴的原因。

补救

第4.1条 只要一成员有理由认为另一成员正在给予或维持一禁止性补贴，则该成员即可请求与该另一成员进行磋商。

第4.2条 根据第1款提出的磋商请求应包括一份说明，列出有关所涉补贴的存在和性质的可获得的证据。

第4.3条 应根据第1款提出的磋商请求，被视为给予或维持所涉补贴的成员应尽快进行此类磋商。磋商的目的应为澄清有关情况的事实并达成双方同意的解决办法。

第4.4条 如在提出磋商请求后30天内①未能达成双方同意的解决办法，则参加此类磋商的任何成员可将该事项提交争端解决机构（"DSB"），以便立即设立专家组，除非DSB经协商一致决定不设立专家组。

第4.5条 专家组设立后，可就所涉措施是否属禁止性补贴而请求常设专家小组②（本协定中称"PGE"）予以协助。如提出请求，则PGE应立即审议关于所涉措施的存在和性质的证据，并向实施或维持所涉措施的成员提供证明该措施不属禁止性补贴的机会。PGE应在专家组确定的时限内向专家组报告其结论。PGE关于所涉措施是否属禁止性补贴问题的结论应由专家组接受而不得进行修改。

第4.6条 专家组应向争端各方提交其最终报告。该报告应在专家组组成和专家组职权范围确定之日起90天内散发全体成员。

第4.7条 如所涉措施被视为属禁止性补贴，则专家组应建议进行补贴的成员立刻撤销该补贴。在这方面，专家组应在其建议中列明必须撤销该措施的时限。

第4.8条 在专家组报告散发全体成员后30天内，DSB应通过该报告，除非一争端方正式将其上诉的决定通知DSB，或DSB经协商一致决定不通过该报告。

第4.9条 如专家组报告被上诉，则上诉机构应在争端方正式通知其上诉意向之日起30天内作出决定。如上诉机构认为不能在30天内提供报告，则应将迟延的原因和它将提交报告的估计期限以书面形式通知DSB。该程序绝不能超过60天。上诉机构报告应由DSB通过，并由争端各方无

---

① 本条提到的任何时限均可经双方同意而予以延长。
② 按第24条规定设立。

条件接受，除非 DSB 在将报告散发各成员后 20 天内经协商一致决定不通过上诉机构报告。①

第 4.10 条　如在专家组指定的时限内 DSB 的建议未得到遵守，该时限自专家组报告或上诉机构报告获得通过之日起开始，则 DSB 应给予起诉方采取适当②反措施的授权，除非 DSB 经协商一致决定拒绝该请求。

补贴这一事实而允许实施不成比例的反措施。

第 4.11 条　如一争端方请求根据《争端解决谅解》（"DSU"）第 22 条第 6 款进行仲裁，则仲裁人应确定反措施是否适当。③

第 4.12 条　就按照本条处理的争端而言，除本条具体规定的时限外，DSU 项下适用于处理此类争端的时限应为该谅解中规定时间的一半。

4. 可诉补贴

第 5 条　不利影响

任何成员不得通过使用第 1 条第 1 款和第 2 款所指的任何补贴而对其他成员的利益造成不利影响，即：

（a）损害另一成员的国内产业④；

（b）使其他成员在 GATT 1994 项下直接或间接获得的利益丧失或减损，特别是在 GATT 1994 第 2 条下约束减让的利益⑤；

（c）严重侵害另一成员的利益。⑥

第 6 条　严重侵害

6.1　在下列情况下，应视为存在第 5 条（c）款意义上的严重侵害：

（a）对一产品从价补贴的总额超过 5%⑦；

---

① 如此期间未安排 DSB 会议，则应为此举行一次 DSB 会议。
② 此措辞并不意味着按照这些条款下处理的补贴属禁止性
③ 此措辞并不意味着按照这些条款下处理的补贴属禁止性补贴这一事实而允许实施不成比例的反措施。
④ 此处使用的"损害国内产业"的措辞与第五部分使用的意义相同。
⑤ 本协定使用的"丧失或减损"的措辞与 GATT 1994 相关条款使用的意义相同，此类丧失或减损的存在应根据实施这些条款的惯例确定。
⑥ 本协定使用的"严重侵害另一成员利益"的措辞与 GATT 1994 第 16 条第 1 款使用的意义相同，且包括严重侵害的威胁。本条不适用于按《农业协定》第 13 条规定的对农产品维持的补贴。
⑦ 从价补贴的总额应依照附件 4 的规定计算。因预期民用航空器将受专门的多边规则的约束，此项中的最低限度不适用于民用航空器。

（b）用以弥补一产业承受的经营亏损的补贴；

（c）用以弥补一企业承受的经营亏损的补贴，但仅为制定长期解决办法提供时间和避免严重社会问题而给予该企业的非经常性的和不能对该企业重复的一次性措施除外；

（d）直接债务免除，即免除政府持有的债务，以及用以偿债的赠款。①

6.2 尽管有第1款的规定，但是如提供补贴的成员证明所涉补贴未造成第3款列举的任何影响，则不得视为存在严重侵害。

6.3 如下列一种或多种情况适用，则可产生第5条（c）款意义上的严重侵害：

（a）补贴的影响在于取代或阻碍另一成员同类产品进入提供补贴成员的市场；

（b）补贴的影响在于在第三国市场中取代或阻碍另一成员同类产品的出口；

（c）补贴的影响在于与同一市场中另一成员同类产品的价格相比，补贴产品造成大幅价格削低，或在同一市场中造成大幅价格抑制、价格压低或销售损失；

（d）补贴的影响在于与以往3年期间的平均市场份额相比，提供补贴成员的一特定补贴初级产品或商品②的世界市场份额增加，且此增加在给予补贴期间呈一贯的趋势。

6.4 就第3款（b）项而言，对出口产品的取代或阻碍，在遵守第7款规定的前提下，应包括已被证明存在不利于未受补贴的同类产品相对市场份额变化的任何情况（经过一段足以证明有关产品明确市场发展趋势的适当代表期后，在通常情况下，该代表期应至少为1年）。"相对市场份额变化"应包括下列任何一种情况：（a）补贴产品的市场份额增加；（b）补贴产品的市场份额保持不变，但如果不存在该补贴，市场份额则会降低；（c）补贴产品的市场份额降低，但速度低于不存在该补贴的情况。

6.5 就第3款（c）项而言，价格削低应包括通过对供应同一市场的

---

① 各方认识到，如因民用航空器的实际销售低于预测的销售，而使以专利权使用费为基础的民用航空器计划的筹资不能得到全部偿还，则此点本身不构成就本项而言的严重侵害。

② 除非其他多边议定的具体规则适用于所涉产品或商品的贸易。

补贴产品与未受补贴产品的价格进行比较所表明的此类价格削低的任何情况。此种比较应在同一贸易水平上和可比的时间内进行，同时适当考虑影响价格可比性的任何其他因素。但是，如不可能进行此类直接比较，则可依据出口单价证明存在价格削低。

6.6 被指控出现严重侵害的市场中的每一成员，在遵守附件5第3款规定的前提下，应使第7条下产生争端的各方和根据第7条第4款设立的专家组可获得关于与争端各方市场份额变化以及关于所涉及的产品价格的所有有关信息。

6.7 如在有关期限内存在下列任何情况①，则不产生第3款下造成严重侵害的取代或阻碍；

（a）禁止或限制来自起诉成员同类产品的出口，或禁止或限制起诉成员的产品进入有关第三国市场；

（b）对有关产品实行贸易垄断或国营贸易的进口国政府出于非商业原因，决定将来自起诉成员的进口产品改为来自另一个或多个国家进口产品；

（c）自然灾害、罢工、运输中断或其他不可抗力影响起诉成员可供出口产品的生产、质量、数量或价格；

（d）存在限制来自起诉成员出口的安排；

（e）起诉成员自愿减少可供出口的有关产品（特别包括起诉成员中公司自主将该产品的出口重新分配给新的市场的情况）；

（f）未能符合进口国的标准或其他管理要求。

6.8 在未出现第7款所指的情况时，严重侵害的存在应依据提交专家组或专家组获得的信息确定，包括依照附件5的规定提交的信息。

6.9 本条不适用于按《农业协定》第13条规定对农产品维持的补贴。

第7条 补救

7.1 除《农业协定》第13条的规定外，只要一成员有理由认为另一成员给予或维持的第1条所指的任何补贴对其国内产业产生损害、使其利益丧失或减损或产生严重侵害，则该成员即可请求与另一成员进行磋商。

---

① 本款所指的某些情况这一事实本身，并未授予这些情况在 GATT 1994 或本协定范围内的任何法律地位。这些情况不得是无关联的、偶发的或在其他情况下无关紧要的。

7.2 根据第1款提出的磋商请求应包括一份说明,列明关于以下内容的可获得的证据:(a)所涉补贴的存在和性质,以及(b)对请求磋商的成员国内产业造成的损害、利益丧失或减损或严重侵害①。

7.3 应根据第1款提出的磋商请求,被视为给予或维持所涉补贴做法的成员应尽快进行此类磋商。磋商的目的应为澄清有关情况的事实并达成双方同意的解决办法。

7.4 如磋商未能在60天内②达成双方同意的解决办法,则参加此类磋商的任何成员可将该事项提交DSB,以立即设立专家组,除非DSB经协商一致决定不设立专家组。专家组的组成及其职权范围应在专家组设立之日起15天内确定。

7.5 专家组应审议该事项并向争端各方提交其最终报告。该报告应在专家组组成和职权范围确定之日起120天内散发全体成员。

7.6 在专家组报告散发全体成员后30天内,DSB③应通过该报告,除非一争端方正式将其上诉的决定通知DSB,或DSB经协商一致决定不通过该报告。

7.7 如专家组报告被上诉,上诉机构应在争端方正式通知其上诉意向之日起60天内作出决定。如上诉机构认为不能在60天内提供报告,则应将延误的理由和它将提交报告的估计期限以书面形式通知DSB。该程序绝不能超过90天。上诉机构报告应由DSB通过,并由争端各方无条件接受,除非DSB在将报告散发各成员后20天内经协商一致决定不通过上诉机构报告。④

7.8 如专家组报告或上诉机构报告获得通过,其中确定任何补贴对另一成员的利益导致第5条范围内的不利影响,则给予或维持该补贴的成员应采取适当步骤以消除不利影响或应撤销该补贴。

7.9 如在DSB通过专家组报告或上诉机构报告之日起6个月内,该成员未采取适当步骤以消除补贴的不利影响或撤销该补贴,且未达成补偿协议,则DSB应授权起诉成员采取与被确定存在的不利影响的程度和性质

---

① 如请求与被视为导致第6条第1款意义上的严重侵害的补贴关于严重侵害的可获得的证据可限于与第6条第1款的条件是否得到满足有关的可获得的证据。
② 本条所指的任何时限均可经双方同意而延长。
③ 如此间未安排DSB会议,则应为此举行一次DSB会议。
④ 如此间未安排DSB会议,则应为此举行一次DSB会议。

相当的反措施，除非 DSB 经协商一致决定拒绝该请求。

7.10 如一争端方请求根据 DSU 第 22 条第 6 款进行仲裁，则仲裁人应确定反措施是否与被确定存在的不利影响的程度和性质相当。

5. 不可诉补贴

第 8 条 不可诉补贴的确认

8.1 下列补贴应被视为属不可诉补贴[①]：

(a) 不属第 2 条范围内的专向性补贴；

(b) 属第 2 条范围内的专向性补贴，但符合以下第 2 款（a）项、(b) 项或 (c) 项规定的所有条件。

8.2 尽管有第三部分和第五部分的规定，但是下列补贴属不可诉补贴：

(a) 对公司进行研究活动的援助，或对高等教育机构或研究机构与公司签约进行研究活动的援助，如：[②][③]

(a) 项规定的运用情况，以期进行所有必要的修改以改善这些规定的运用情况。在考虑进行可能的修改时，委员会应按照各成员在开展研究计划中的经验和在其他有关国际机构中的工作，认真审议本项所列类别的定义。

援助涵盖[④]不超过工业研究[⑤]成本的 75% 或竞争前开发活动[⑥]成本

---

① 各方认识到，各成员普遍提供用于各种目的的政府援助，此种援助可能不符合本条规定的不可诉待遇这一事实本身并不限制各成员提供此种援助的能力。
② 因预期民用航空器将受专门的多边规则的约束，本项的规定不适用于该产品。在不迟于 WTO 协定生效之日起 18 个月，第 24 条规定的补贴与反补贴措施委员会（本协定中称"委员会"）应审议第 2 款。
③ 本协定的规定不适用于由高等教育机构或研究机构独立进行的基础研究活动。"基础研究"一词指与工业和商业目标无联系的一般科技知识的扩充。
④ 本项所指的不可诉援助的允许水平应参考在一独立项目实施期间发生的全部符合条件的费用而确定。
⑤ "工业研究"一词指旨在发现新知识的有计划探求或关键性调查，目的在于此类知识可用于开发新产品、新工艺或新的服务，或对现有产品、工艺或服务进行重大改进。
⑥ (1) "竞争前开发活动"一词指将工业研究结果转化为新的、改良的或改进的产品、工艺或服务的计划、蓝图或设计，无论是否旨在销售或使用，包括创造不能用于商业用途的第一个原型，还可以包括对产品、工艺或服务的备选方案、最初展示或试验项目的概念表述和设计，只要这些相同的项目不能转化为或用于工业应用或商业开发。"竞争前开发活动"不包括对现有产品、生产线、制造工艺、服务及其他正在进行的操作的常规或定期更改，尽管这些更改也可能代表着革新。
(2) 对于横跨工业研究和竞争前开发活动的项目，不可诉援助的允许水平不得超过根据本项（i）目至（v）目所列所有符合条件的费用计算的、对上述两类不可诉援助允许水平的简单平均数。

下篇 WTO 争议解决的法律问题 463

的 50%；

且只要此种援助仅限于：

（i）人事成本（研究活动中专门雇用的研究人员、技术人员和其他辅助人员）；

（ii）专门和永久（在商业基础上处理时除外）用于研究活动的仪器、设备、土地和建筑物的成本；

（iii）专门用于研究活动的咨询和等效服务的费用，包括外购研究成果、技术知识、专利等费用；

（iv）因研究活动而直接发生的额外间接成本；

（v）因研究活动而直接发生的其他日常费用（如材料、供应品和同类物品的费用）。

（b）按照地区发展总体框架①对一成员领土内落后地区的援助，且在符合条件的地区内属非专向性（属第 2 条范围内），但是：

（i）每一落后地区必须是一个明确界定的毗连地理区域，具有可确定的经济或行政特征；

（ii）该地区依据中性和客观的标准②被视为属落后地区，表明该地区的困难不是因临时情况产生的；此类标准必须在法律、法规或其他官方文件中明确说明，以便能够进行核实；

（iii）标准应包括对经济发展的测算，此种测算应依据下列至少一个因素：

－人均收入或人均家庭收入二者取其一，或人均国内生产总值，均不得高于有关地区平均水平的 85%；

－失业率，必须至少相当于有关地区平均水平的 110%；

以上均按三年期测算；但是该测算可以是综合的并可包括其他因素。

---

① "地区发展总体框架"指地区补贴计划是内部一致和普遍适用的地区发展政策的一部分，且地区发展补贴不给予对地区发展没有或实际上没有影响的孤立地点。

② "中性和客观标准"指不优惠某些地区的标准，不仅是适合于在地区发展政策框架内消除或减少地区差异。在这方面，地区补贴计划应包括对每一补贴项目给予援助数量的最高限额。此类最高限额必须根据受援地区的不同发展水平而有所差别，且必须以投资成本或创造就业成本进行表述。在最高限额以内，援助的分配应足够广泛和平均，以避免使按第 2 条规定的某些企业主要使用补贴，或给予它们不成比例的大量补贴。

(c) 为促进现有设施①适应法律和/或法规实行的新的环境要求而提供的援助，这些要求对公司产生更多的约束和财政负担，只要此种援助是：

8.3 援引第2款规定的补贴计划应依照第七部分的规定在实施之前通知委员会。任何此种通知应足够准确，以便其他成员能够评估该计划与第2款有关条款规定的条件和标准的一致性。各成员还应向委员会提供此类通知的年度更新，特别是通过提供关于每一计划的全球支出的信息，及关于对该计划任何修改的信息。其他成员有权请求提供已通知计划下个案的信息。②

8.4 应一成员请求，秘书处应审议按照第3款作出的通知，必要时，可要求提供补贴的成员提供有关审议中的已通知计划的额外信息。秘书处应将审议结果报告委员会。应请求，委员会应迅速审议秘书处的结果（或如果未请求秘书处进行审议，则审议通知本身），以期确定第2款规定的条件和标准是否得到满足。本款规定的程序应至迟在就补贴计划作出通知后的委员会第一次例会上完成，但是作出通知与委员会例会之间应至少过去2个月。应请求，本款所述的审议程序也适用于第3款所指的在年度更新中作出通知的对计划的实质性修改。

8.5 应一成员请求，第4款所指的委员会作出的确定，或委员会未能作出此种确定以及在个案中违反已通知计划中所列条件的情况均应提交进行有约束力的仲裁。仲裁机构应在此事项提交之日起120天内将其结论提交各成员。除本款另有规定外，DSU适用于根据本款进行的仲裁。

第9条 磋商和授权的补救

9.1 如在实施第8条第2款所指的补贴计划过程中，尽管存在该计划与该款规定的标准相一致的事实，但是一成员有理由认为该计划已导致对其国内产业的严重不利影响，例如造成难以补救的损害，则该成员可请求与给予或维持该补贴的成员进行磋商。

---

① "现有设施"一词指实行新的环境要求时已运行至少2年的设施。(i) 一次性的临时措施；且 (ii) 限于适应所需费用的20%；且 (iii) 不包括替代和实施受援投资的费用，这些费用应全部由公司负担；且 (iv) 与公司计划减少废弃物和污染有直接联系且成比例，不包括任何可实现的对制造成本的节省；且 (v) 能够适应新设备和/或生产工艺的公司均可获得。

② 各方认识到，此通知规定的任何一点不要求提供机密信息，包括机密商业信息。

9.2 应根据第 1 款提出的磋商请求，给予或维持该补贴计划的成员应尽快进行此类磋商。磋商的目的应为澄清有关情况的事实并达成双方接受的解决办法。

9.3 如在提出磋商请求后 60 天内，根据第 2 款进行的磋商未能达成双方接受的解决办法，则提出磋商请求的成员可将此事项提交委员会。

9.4 如一事项提交委员会处理，委员会应立即审议所涉及的事实和第 1 款所指的关于影响的证据。如委员会确定存在此类影响，则可建议提供补贴的成员修改该计划，以消除这些影响。委员会应在此事项根据第 3 条提交其之日起 120 天内作出结论。如建议在 6 个月内未得到遵守，则委员会应授权提出请求的成员采取与确定存在的不利影响的程度和性质相当的反措施。

6. 反补贴措施

第 10 条　GATT 1994 第 6 条的适用（注 35）①

各成员应采取所有必要步骤以保证对任何成员领土的任何产品进口至另一成员领土征收反补贴税（注 36）符合 GATT 1994 第 6 条的规定和本协定的规定。反补贴税仅可根据依照本协定和《农业协定》的规定发起（注 37）和进行的调查征收②。

第 11 条　发起和随后进行调查

11.1 除第 6 款的规定外，确定任何被指控的补贴的存在、程度和影响的调查应在收到国内产业或代表国内产业提出的书面申请后发起。

11.2 第 1 款下的申请应包括充足证据以证明存在（a）补贴，如可能，及其金额，（b）属由本协定所解释的 GATT 1994 第 6 条范围内的损

---

① 注 35：本协定第二部分或第三部分的规定可以与第五部分的规定平行援引；但是，对于进口成员内市场中一特定补贴的影响，仅可采取一种形式的补救（或是反补贴税，如满足第五部分的要求，或是根据第 4 条或第 7 条实行的反措施）。第三部分和第五部分的规定不得对依照第四部分的规定被视为属不可诉的措施援引。但是，对第 8 条第 1 款（a）项所指的措施可以进行调查，以便确定它们是否属第 2 条含义范围内的专向性补贴。此外，对于第 8 条第 2 款所指的、根据一计划授予的，且未依照第 8 条第 3 款作出通知的补贴，可援引第三部分或第五部分的规定，但此类补贴如被视为符合第 8 条第 2 款所列标准，则应被视为不可诉补贴。

② 注 36："反补贴税"一词应理解为指按 GATT 1994 第 6 条第 3 款的规定，为抵消对任何商品的制造、生产或出口给予的直接或间接补贴而征收的一种特别税。

注 37：以下使用的"发起"一词指正式开始第 11 条规定调查的一成员的程序性行动。

害，以及（c）补贴进口产品与被指控损害之间的一种因果关系。缺乏有关证据的简单断言不能视为足以满足本款的要求。申请应包括申请人可合理获得的关于下列内容的信息：

（i）申请人的身份和申请人提供的对国内同类产品生产的数量和价值的说明。如代表国内产业提出书面申请，则申请应通过一份列出同类产品的所有已知国内生产者的清单（或同类产品的国内生产者协会），确认其代表提出申请的产业，并在可能的限度内，提供此类生产者所占国内同类产品生产的数量和价值的说明；

（ii）对被指控的补贴产品的完整说明、所涉一个或多个原产国或出口国名称、每一已知出口商或外国生产者的身份以及已知的进口所涉产品的人员名单；

（iii）关于所涉补贴的存在、金额和性质的证据；

（iv）关于对国内产业的被指控的损害是由补贴进口产品通过补贴的影响造成的证据；此证据包括被指控的补贴进口产品数量变化的信息，这些进口产品对国内市场同类产品价格的影响，以及由影响国内产业状况的有关因素和指标所证明的这些产品对国内产业造成的影响，例如第15条第2款和第4款中所列的因素和指标。

11.3 主管机关应审查申请中提供的证据的准确性和充分性，以确定是否有足够的证据证明发起调查是正当的。

11.4 除非主管机关根据对国内同类产品生产者对申请表示的支持或反对程度的审查确定申请是由国内产业或代表国内产业提出的，否则不得按照第1款发起调查。① 如申请得到总产量构成国内产业中表示支持或反对申请的国内同类产品生产者生产的同类产品总产量的50%以上，则该申请应被视为"由国内产业或代表国内产业提出"。但是，如表示支持申请的国内生产者的产量不足国内产业生产的同类产品总产量的25%，则不得发起调查。

11.5 主管机关应避免公布关于发起调查的申请，除非已决定发起调查。

---

① 在分割的产业涉及数量巨大的生产者的情况下，主管机关可通过统计上有效的抽样技术确定支持和反对程序。各成员意识到，在某些成员领土内，同类产品国内生产者的雇员或这些雇员的代表可提出或支持申请根据第1款进行调查。

11.6 在特殊情况下，如有关主管机关在未收到国内产业或代表国内产业提出的发起调查的书面申请的情况下决定发起调查，则只有在具备第 2 款所述关于补贴、损害和因果关系的充分证据证明发起调查是正当的情况下，方可发起调查。

11.7 补贴和损害的证据应（a）在有关是否发起调查的决定中及（b）此后在调查过程中同时予以考虑，调查过程自不迟于依照本协定规定可实施临时措施的最早日期开始。

11.8 在产品不自原产国直接进口而自一中间国向进口成员出口的情况下，本协定的规定应完全适用，就本协定而言，此项交易或此类交易应被视为发生在原产国与进口成员之间。

11.9 主管机关一经确信不存在有关补贴或损害的足够证据以证明继续进行该案是正当的，则根据第 1 款提出的申请即应予以拒绝，且调查应迅速终止。如补贴金额属微量或补贴进口产品的实际或潜在数量或损害可忽略不计，则应立即终止调查。就本款而言，如补贴不足从价金额的 1%，则补贴金额应被视为属微量。

11.10 调查不得妨碍通关程序。

11.11 除特殊情况外，调查应在发起后 1 年内结束，且绝不能超过 18 个月。

第 12 条　证据

12.1 应将主管机关要求的信息通知反补贴税调查中的利害关系成员和所有利害关系方，并给予它们充分的机会以书面形式提出其认为与所涉调查有关的所有证据。

12.1.1 应给予收到反补贴税调查中所使用问卷的出口商、外国生产者或利害关系成员至少 30 天时间作出答复。① 对于延长该 30 天期限的任何请求应给予适当考虑，且根据所陈述的原因，只要可行即应予以延长。

12.1.2 在遵守保护机密信息要求的前提下，一利害关系成员或几个利害关系方提出的书面证据应迅速使参与调查的其他利害关系成员和利害关系方可获得。

---

① 作为一般规则，出口商的时限应自收到问卷之日起计算，为此，该问卷应被视为在送往答卷或转交出口成员的适当外交代表之日起一周内已经收到，如为 WTO 单独关税区成员，则为出口领土的官方代表。

12.1.3 调查一经发起，主管机关即应根据第 11 条第 1 款收到的书面申请的全文向已知出口商①和出口成员的主管机关提供，并应请求，应向其他涉及的利害关系方提供。应适当注意按第 4 款规定的保护机密信息的要求。

12.2 利害关系成员和利害关系方，在说明正当理由后，也有权口头提供信息。如此类信息为口头提供，则利害关系成员和利害关系方随后需要将此类提交的信息转为书面形式。调查主管机关的任何决定只能根据主管机关书面记录的此类信息和论据作出，且该书面记录应已经使参与调查的利害关系成员和利害关系方可获得，同时考虑保护机密信息的需要。

12.3 只要可行，主管机关即应迅速向所有利害关系成员和利害关系方提供机会，使其了解与其案情陈述有关的、不属第 4 款定义的机密性质，且主管机关在反补贴税调查中使用的所有信息，并应根据此信息准备陈述。

12.4 任何原属机密性质的信息（例如，由于信息的披露会给予一竞争者巨大的竞争优势，或由于信息的披露会给信息提供者或给向信息获得者提供信息的人士带来严重不利影响），或由调查参加方在保密基础上提供的信息，主管机关应在对方说明正当原因后，按机密信息处理。此类信息未经提供方特别允许不得披露。②

12.4.1 主管机关应要求提供机密信息的利害关系成员或利害关系方提供此类信息的非机密摘要。这些摘要应足够详细，以便能够合理了解以机密形式提交的信息的实质内容。在特殊情况下，此类成员或各方可表明此类信息无法进行摘要。在此类特殊情况下，必须提供一份关于为何不能进行摘要的原因的说明。

12.4.2 如主管机关认为关于保密的请求缺乏正当理由，且如果信息提供者不愿披露信息，或不愿授权以概括或摘要的形式披露信息，则主管机关可忽略此类信息，除非主管机关可从适当的来源满意地证明此类信息是正确的。③

---

① 各方理解，如所涉及的出口商的数量特别多，书面申请的全文应改为只向出口成员的主管机关或向有关贸易协会提供，贸易协会随后应向有关出口商转交副本。
② 各成员意识到，在某些成员领土内，可能需要根据严格制定的保护性法令披露信息。
③ 各成员同意，不应任意拒绝关于保密的请求。各成员进一步同意，调查主管机关只能就与程序有关的信息请求豁免保密要求。

12.5 除第7款规定的情况外，在调查过程中，主管机关应设法使自己确信利害关系成员或利害关系方提供的、其调查结果所依据的信息的准确性。

12.6 调查主管机关可按需要在其他成员领土内进行调查，只要它们已经及时通知所涉成员，除非该成员反对该调查。此外，如（a）一公司同意及（b）已通知所涉成员且该成员不反对，则调查主管机关可在该公司所在地点进行调查且可审查该公司的记录。附件6所列程序应适用于在企业所在地点进行的调查。在遵守保护机密信息要求的前提下，主管机关应使任何此类调查的结果可获得，或应根据第8款向与调查结果有关的公司进行披露，并可使申请人可获得此类结果。

12.7 如任何利害关系成员或利害关系方不允许使用或未在合理时间内提供必要的信息，或严重妨碍调查，则初步和最终裁定，无论是肯定的或还是否定的，均可在可获得的事实基础上作出。

12.8 主管机关在作出最终裁定之前，应将考虑中的、构成是否实施最终措施决定依据的基本事实通知所有利害关系成员和利害关系方。此披露应使各方有充分的时间为其利益进行辩护。

12.9 就本协定而言，"利害关系方"应包括：

（i）被调查产品的出口商或外国生产者或进口商，或大多数成员为该产品的生产者、出口商或进口商的同业公会或商会；及

（ii）进口成员中同类产品的生产者，或大多数成员在进口成员领土内生产同类产品的同业公会和商会。

除上述各方外，本清单不妨碍各成员允许国内或国外其他各方被列为利害关系方。

12.10 主管机关应向被调查产品的工业用户，或在该产品通常为零售的情况下，向具有代表性的消费者组织提供机会，使其能够提供与关于补贴、损害和因果关系的调查有关的信息。

12.11 主管机关应适当考虑利害关系方，特别是小公司在提供所要求的信息方面遇到的任何困难，并应提供任何可行的帮助。

12.12 上述程序无意阻止一成员主管机关依照本协定的有关规定，迅速发起调查，作出无论是肯定的还是否定的初步或最终裁定，也无意阻止实施临时或最终措施。

7. 磋商

13.1 根据第 11 条提出的申请一经接受，且无论如何在发起任何调查之前，应邀请产品可能接受调查的成员进行磋商，以期澄清第 11 条第 2 款所指事项的有关情况，并达成双方同意的解决办法。

13.2 此外，在整个调查期间，应给予产品被调查的成员继续进行磋商的合理机会，以期澄清实际情况，并达成双方同意的解决办法。①

13.3 在不损害提供合理机会进行磋商义务的情况下，这些关于磋商的规定无意阻止一成员主管机关依照本协定的规定迅速发起调查，作出无论是肯定的还是否定的初步或最终裁定，也无意阻止实施临时或最终措施。

13.4 应请求，准备发起任何调查或正在进行此种调查的成员应允许产品接受该项调查的一个或多个成员使用非机密证据，包括用于发起或进行调查的机密数据的非机密摘要。

第 14 条 以接受者所获利益计算补贴的金额

就第五部分而言，调查主管机关计算根据第 1 条第 1 款授予接受者的利益所使用的任何方法应在有关成员国内立法或实施细则中作出规定，这些规定对每一具体案件的适用应透明并附充分说明。此外，任何此类方法应与下列准则相一致：

（a）政府提供股本不得视为授予利益，除非投资决定可被视为与该成员领土内私营投资者的通常投资做法（包括提供风险资金）不一致；

（b）政府提供贷款不得视为授予利益，除非接受贷款的公司支付政府贷款的金额不同于公司支付可实际从市场上获得的可比商业贷款的金额。在这种情况下，利益为两金额之差；

（c）政府提供贷款担保不得视为授予利益，除非获得担保的公司支付政府担保贷款的金额不同于公司支付无政府担保的可比商业贷款的金额。在这种情况下，利益为在调整任何费用差别后的两金额之差；

（d）政府提供货物或服务或购买货物不得视为授予利益，除非提供所得低于适当的报酬，或购买所付高于适当的报酬。报酬是否适当应与所涉

---

① 依照本款的规定，如未给予进行磋商的合理机会，则不能作出肯定的裁定，无论是初步的还是最终的，此点特别重要。此类磋商可为根据第二部分、第三部分或第十部分的规定进行的程序建立基础。

货物或服务在提供国或购买国现行市场情况相比较后确定（包括价格、质量、可获性、适销性、运输和其他购销条件）。

损害的确定①

15.1 就 GATT 1994 第 6 条而言，对损害的确定应根据肯定性证据，并应包括对以下内容的客观审查：（a）补贴进口产品的数量和补贴进口产品对国内市场同类产品②价格的影响，以及（b）这些进口产品随之对此类产品国内生产者产生的影响。

15.2 关于补贴进口产品的数量，调查主管机关应考虑补贴进口产品的绝对数量或相对于进口成员中生产或消费的数量是否大幅增加。关于补贴进口产品对价格的影响，调查主管机关应考虑与进口成员同类产品的价格相比，补贴进口产品是否大幅削低价格，或此类进口产品的影响是否是大幅压低价格，或是否是在很大程度上抑制在其他情况下本应发生的价格增加。这些因素的一个或多个均未必能够给予决定性的指导。

15.3 如来自一个以上国家的一产品的进口同时接受反补贴税调查，则调查主管机关只有在确定以下内容后，方可累积评估此类进口产品的影响：（a）对来自每一国家的进口产品确定的补贴金额大于第 11 条第 9 款定义的微量水平，且自每一国家的进口量并非可忽略不计；以及（b）根据进口产品之间的竞争条件和进口产品与国内同类产品之间的竞争条件，对进口产品的影响所作的累积评估是适当的。

15.4 关于补贴进口产品对国内产业影响的审查应包括对影响产业状况的所有有关经济因素和指标的评估，包括产量、销售、市场份额、利润、生产力、投资收益或设备利用率的实际和潜在的下降；影响国内价格的因素；对现金流动、库存、就业、工资、增长、筹措资金或投资能力的实际和潜在的消极影响，对于农业，则为是否给政府支持计划增加了负担。该清单不是详尽无遗的，这些因素中的一个或多个均未必能够给予决定性的指导。

---

① 在本协定项下，"损害"一词，除非另有规定，否则应理解为指对一国国内产业的实质损害、对一国国内产业的实质损害、威胁或对此类产业建立的实质阻碍，并应依照本条的规定予以解释。

② 在整个协定中，"同类产品"一词应解释为指相同的产品，即与考虑中的产品在各方面都相同的产品，或如果无此种产品，则为尽管并非在各方面都相同，但具有与考虑中的产品极为相似特点的另一种产品。

15.5 必须证明通过补贴的影响①,补贴进口产品正在造成属本协定范围内的损害。证明补贴进口产品与对国内产业损害之间存在因果关系应以审查主管机关得到的所有有关证据为依据。主管机关还应审查除补贴进口产品外的、同时正在损害国内产业的任何已知因素,且这些其他因素造成的损害不得归因于补贴进口产品。在这方面可能有关的因素特别包括未接受补贴的所涉及的产品的进口数量和价格、需求的减少或消费模式的变化、外国和国内生产者的限制贸易做法及它们之间的竞争、技术发展以及国内产业的出口实绩和生产率。

15.6 如可获得的数据允许根据以工序、生产者的销售和利润等标准为基础,单独确认同类产品的国内生产,则补贴进口产品的影响应与该生产相比较进行评估。如不能单独确认该生产,则补贴进口产品的影响应通过审查包含同类产品的最小产品组或产品类别的生产而进行评估,而这些产品能够提供必要的信息。

15.7 对实质损害威胁的确定应依据事实,而不是仅依据指控、推测或极小的可能性。补贴将造成损害发生的情形变化必须是能够明显预见且迫近的。在作出有关存在实质损害威胁的确定时,主管机关应特别考虑下列因素:

(i) 所涉一项或几项补贴的性质和因此可能产生的贸易影响;

(ii) 补贴进口产品进入国内市场的大幅增长率,表明进口实质增加的可能性;

(iii) 出口商可充分自由使用的或即将实质增加的能力,表明补贴出口产品进入进口成员市场实质增加的可能性,同时考虑吸收任何额外出口的其他出口市场的可获性;

(iv) 进口产品是否以对国内价格产生大幅度抑制或压低影响的价格进入,是否会增加对更多进口产品的需求;以及

(v) 被调查产品的库存情况。

这些因素中的任何一个本身都未必能够给予决定性的指导,但被考虑因素作为整体必须得出如下结论,即更多的补贴出口产品是迫近的,且除非采取保护性行动,否则实质损害将会发生。

---

① 按第2款和第4款所列。

15.8 对于补贴进口威胁造成损害的情况，实施反补贴措施的考虑和决定应特别慎重。

国内产业的定义

16.1 就本协定而言，"国内产业"一词，除第2款的规定外，应解释为指同类产品的国内生产者全体，或指总产量构成同类产品国内总产量主要部分的国内生产者，但是如生产者与出口商或进口商有关联①，或他们本身为自其他国家进口被指控的补贴产品或同类产品的进口商，则"国内产业"一词可解释为指除他们外的其他生产者。

16.2 在特殊情况下，对所涉生产，一成员的领土可分为两个或两个以上的竞争市场，在下述条件下，每一市场中的生产者均可被视为一独立产业：(a) 该市场中的生产者在该市场中出售他们生产的全部或几乎全部所涉产品，且 (b) 该市场中的需求在很大程度上不是由位于该领土内其他地方的所涉产品生产者供应的。在此种情况下，则可认为存在损害，即使全部国内产业的主要部分未受损害，只要补贴产品集中进入该孤立市场，且只要补贴进口产品正在对该市场中全部或几乎全部生产的生产者造成损害。

16.3 如国内产业被解释为指某一地区的生产者，即按第2款规定的市场，则反补贴税只能对供该地区最终消费的所涉产品征收。如进口成员的宪法性法律不允许以此为基础征收反补贴税，则进口成员只能在下列条件下方可征收反补贴税而不受限制：(a) 应给予出口商停止以补贴价格向有关地区出口的机会或按照第18条作出保证，而出口商未能迅速在此方面作出保证，且 (b) 此类反补贴税不能仅对供应所涉地区的特定生产者的产品征收。

16.4 如两个或两个以上国家已根据GATT 1994第24条第8款（a）项达到具有单一统一市场特点的一体化水平，则全部一体化地区的产业应被视为第1款和第2款所指的国内产业。

16.5 第15条第6款的规定应适用于本条。

---

① 就本款而言，只有在下列情况下，生产者方可被视为与出口商或进口商有关联：(a) 他们中的一方直接或间接控制另一方；或 (b) 他们直接或间接被一第三者控制；或 (c) 他们直接或间接共同控制一第三者，但应有理由相信或怀疑此种关系的后果是使有关生产者的行为不同于无关联的生产者。就本款而言，如一方在法律上或经营上处于限制或指导另一方的地位，即前者应被视为控制后者。

8. 临时措施

17.1 临时措施只有在下列情况下方可实施：

(a) 已依照第 11 条的规定发起调查，已为此发出公告，且已给予利害关系成员和利害关系方提交信息和提出意见的充分机会；

(b) 已作出关于存在补贴和存在补贴进口产品对国内产业造成损害的初步肯定裁定；以及

(c) 有关主管机关判断此类措施对防止在调查期间造成损害是必要的。

17.2 临时措施可采取征收临时反补贴税的形式，以金额等于临时计算的补贴金额的现金保证金或保函担保。

17.3 临时措施不得早于发起调查之日起 60 天实施。

17.4 临时措施的实施应限制在尽可能短的时间内，不超过 4 个月。

17.5 在实施临时措施时应遵循第 19 条的有关规定。

9. 承诺

18.1 如收到下列令人满意的自愿承诺，则调查程序可以①中止或终止，而不采取临时措施或征收反补贴税：

(a) 出口成员政府同意取消或限制补贴，或采取其他与此影响有关的措施；或

(b) 出口商同意修改价格，从而使调查主管确信补贴的损害性影响已经消除。根据此类承诺的提价不得超过消除补贴金额所必需的限度。如提价幅度小于补贴金额即足以消除对国内产业的损害，则该提价幅度是可取的。

18.2 除非进口成员的主管机关已就补贴和补贴所造成的损害作出初步肯定裁定，在出口商作出承诺的情况下，已获得出口成员的同意，否则不得寻求或接受承诺。

18.3 如进口成员的主管机关认为接受承诺不可行，则不必接受所提承诺，例如由于实际或潜在的出口商数量过大，或由于其他原因，包括一般政策原因。如发生此种情况且在可行的情况下，主管机关应向出口商提供其认为不宜接受承诺的理由，且应在可能的限度内给予出口商就此发表

---

① "可以"一词不得解释为允许在执行承诺的同时继续进行调查程序，但第 4 款的规定除外。

意见的机会。

18.4 如承诺被接受,且如果出口商希望或主管机关决定,则关于补贴和损害的调查仍应完成。在此种情况下,如作出关于补贴或损害的否定裁定,则承诺即自动失效,除非此种裁定主要是由于承诺的存在而作出的。在此类情况下,主管机关可要求在与本协定规定相一致的合理期限内维持承诺。如作出关于补贴和损害的肯定裁定,则承诺应按其条件和本协定的规定继续有效。

18.5 价格承诺可由进口成员的主管机关提出建议,但不得强迫出口商作出此类承诺。政府或出口商不提出此类承诺或不接受这样做的邀请的事实,绝不能有损于对该案的审查。但是,如补贴进口产品继续发生,则主管机关有权确定损害威胁更有可能出现。

18.6 进口成员的主管机关可要求承诺已被接受的任何政府或出口商定期提供有关履行该承诺的信息,并允许核实有关数据。如违反承诺,则进口成员的主管机关可根据本协定的相应规定采取迅速行动,包括使用可获得的最佳信息立即实施临时措施。在此类情况下,可依照本协定对在实施此类临时措施前90天内进口供消费的产品征收最终税,但此追溯课征不得适用于在违反承诺之前已入境的进口产品。

10. 反补贴税的征收

19.1 如为完成磋商而作出合理努力后,一成员就补贴的存在和金额作出最终裁定,并裁定通过补贴的影响,补贴进口产品正在造成损害,则该成员可依照本条的规定征收反补贴税,除非此项或此类补贴被撤销。

19.2 在所有征收反补贴税的要求均已获满足的情况下是否征税的决定,以及征收反补贴税金额是否应等于或小于补贴的全部金额的决定,均由进口成员的主管机关作出。宜允许在所有成员领土内征税,如反补贴税小于补贴的全部金额即足以消除对国内产业的损害,则该反补贴税是可取消,并宜建立程序以允许有关主管机关适当考虑其利益可能会因征收反补贴税而受到不利影响的国内利害关系方①提出的交涉。

19.3 如对任何产品征收反补贴税,则应对已被认定接受补贴和造成损害的所有来源的此种进口产品根据每一案件的情况在非歧视基础上收取

---

① 就本款而言,"国内利害关系方"一词包括接受调查的进口产品的消费者和工业用户。

适当金额的反补贴税,来自已经放弃任何所涉补贴或根据本协定的条款提出的承诺已被接受的来源的进口产品除外。任何出口产品被征收最终反补贴税的出口商,如因拒绝合作以外的原因实际上未接受调查,则有资格接受加速审查,以便调查主管机关迅速为其确定单独的反补贴税率。

19.4 对任何进口产品征收[①]的反补贴税不得超过认定存在的补贴的金额,该金额以补贴出口产品的单位补贴计算。

第 20 条 追溯效力

20.1 临时措施和反补贴税仅对在分别根据第 17 条第 1 款和第 19 条第 1 款作出的决定生效之后进口供消费的产品适用,但需遵守本条所列例外。

20.2 如作出损害的最终裁定(而不是损害威胁或实质阻碍一产业建立的最终裁定),或在虽已作出损害威胁的最终裁定,但如无临时措施,将会导致对补贴进口产品的影响作出损害裁定的情况下,则反补贴税可对已经实施措施(若有的话)的期间追溯征收。

20.3 如最终反补贴税高于现金保证金或保函担保的金额,则差额部分不得收取。如最终税低于现金保证金或保函担保的金额,则超出的金额应迅速予以退还,或保函应迅速予以解除。

20.4 除第 2 款的规定外,如作出损害威胁或实质阻碍的裁定(但未发生损害),则最终反补贴税只能自作出损害威胁或实质阻碍的裁定之日起征收,在实施临时措施期间所缴纳的任何现金应迅速予以退还,任何保函应迅速予以解除。

20.5 如最终裁定是否定的,则在实施临时性措施期间所缴纳的任何现金应迅速予以退还,任何保函应迅速予以解除。

20.6 在紧急情况下,对于所涉补贴产品,如主管机关认为难以补救的损害是由于得益于以与 GATT 1994 和本协定的规定不一致的方式支付或给予补贴的产品在较短时间内大量进口造成的,则在其认为为防止此种损害再次发生而有必要对这些进口追溯课征反补贴税的情况下,可对实施临时措施前 90 天内进口供消费的产品课征最终反补贴税。

第 21 条 反补贴税和承诺的期限和复审

21.1 反补贴税应仅在抵消造成损害的补贴所必需的时间和限度内

[①] 本协定使用的"征收"应指最终或最后的合法课税或征税或收税。

实施。

21.2 主管机关在有正当理由的情况下，自行复审或在最终反补贴税的征收已经过一段合理时间后，应提交证实复审必要性的肯定信息的任何利害关系方请求，复审继续征税的必要性。利害关系方有权请求主管机关复审是否需要继续征收反补贴税以抵消补贴，如取消或改变反补贴税，则损害是否有可能继续或再度发生，或同时复审两者。如作为根据本款复审的结果，主管机关确定反补贴税已无正当理由，则反补贴税应立即终止。

21.3 尽管有第1款和第2款的规定，但是任何最终反补贴税应在征收之日起（或在复审涉及补贴和损害两者的情况下，自根据第2款进行的最近一次复审之日起，或根据本款）5年内的一日期终止，除非主管机关在该日期之前自行进行的复审或应在该日期之前一段合理时间内由国内产业或代表国内产业提出的有充分证据的请求下进行的复审确定，反补贴税的终止有可能导致补贴和损害的继续或再度发生。① 在此种复审的结果产生之前，可继续征税。

21.4 第12条关于证据和程序的规定应适用于根据本条进行的任何复审。任何此类复审应迅速进行，且通常应在自复审开始之日起12个月内结束。

21.5 本条的规定在细节上作必要修改后应适用于根据第18条接受的承诺。

11. 公告和裁定的说明

22.1 如主管机关确信有充分证据证明按照第11条发起的调查是正当的，则应通知其产品将接受该调查的一个或多个成员和调查主管机关已知与该调查有利害关系的其他利害关系方，并应发布公告。

22.2 关于发起调查的公告应包括或通过单独报告②提供有关下列内容的充足信息：

（i）一个或多个出口国的名称和所涉及的产品名称；

（ii）发起调查的日期；

---

① 如反补贴税的金额在追溯基础上征收，则在最近征税过程中产生的关于不拟征税的调查结果本身不得要求主管机关终止征收最终税。

② 如主管机关根据本条规定在单独报告中提供信息和说明，则应保证该报告可使公众容易获得。

(iii) 关于拟接受调查的补贴做法的说明；

(iv) 关于损害的指控所依据因素的摘要；

(v) 利害关系成员和利害关系方送交交涉的地址；以及

(vi) 允许利害关系成员和利害关系方公布其意见的时限。

22.3 对于任何初步或最终裁定，无论是肯定的还是否定的，按照第18条接受承诺的决定、此种承诺的终止以及最终反补贴税的终止均应作出公告。每一公告均应详细列出或通过单独报告详细提供调查主管机关就其认为重要的所有事实问题和法律问题所得出的调查结果和结论。所有此类公告和报告应转交其产品受该裁定或承诺约束的一个或多个成员，以及已知与此有利害关系的其他利害关系方。

22.4 实施临时措施的公告应列出或通过单独报告提供关于补贴的存在和损害的初步裁定的详细说明，并应提及导致有关论据被接受或被拒绝的事实问题和法律问题。该公告或报告应在适当考虑保护机密信息要求的同时，特别包含下列内容：

(i) 供应商名称，如不可行，则为所涉及的供应国名称；

(ii) 足以符合报关目的的产品描述；

(iii) 确定的补贴金额和确定补贴存在的依据；

(iv) 按第15条所列与损害裁定有关的考虑；

(v) 导致作出裁定的主要理由。

22.5 在规定征收最终反补贴税或接受承诺的肯定裁定的情况下，关于结束或中止调查的公告应包含或通过一份单独报告提供导致实施最终措施或接受承诺的所有有关的事实问题和法律问题及理由，同时应适当考虑保护机密信息的要求。特别是，公告或报告应包含第4款所述的信息，以及接受或拒绝利害关系成员及进口商和出口商所提有关论据或请求事项的理由。

22.6 关于在根据第18条接受承诺后终止或中止调查的公告应包括或通过一份单独报告提供该承诺的非机密部分。

22.7 本条的规定在细节上作必要修改后应适用于根据第21条进行和完成的审查，并适用于根据第20条追溯征税的决定。

12. 司法审查

第23条 国内立法包含反补贴税措施规定的每一成员均应设有司法、仲裁或行政庭或程序，其目的特别包括迅速审查与最终裁定的行政行为有关，且属第 21 条范围内的对裁定的审查。此类法庭或程序应独立于负责所涉裁定或审查的主管机关，且应向参与行政程序及直接和间接受行政行为影响的所有利害关系方提供了解审查情况的机会。

13. 机构

第 24 条 补贴与反补贴措施委员会及附属机构

24.1 特此设立补贴与反补贴措施委员会，由每一成员的代表组成。委员会应选举自己的主席，每年应至少召开 2 次会议，或按本协定有关规定所设想的在任何成员请求下召开会议。委员会应履行本协定项下或各成员指定的职责，并应向各成员提供机会，就有关本协定的运用或促进其目标实现的任何事项进行磋商。WTO 秘书处担任委员会的秘书处。

24.2 委员会可酌情设立附属机构。

24.3 委员会应设立由 5 名在补贴和贸易关系领域的资深独立人士组成的常设专家小组。专家将由委员会选举，每年更换其中 1 名。可请求常设专家小组按第 4 条第 5 款的规定，向专家组提供协助。委员会也可就任何补贴的存在和性质的问题寻求咨询意见。

24.4 任何成员均可征求常设专家小组的意见，小组可就该成员拟议实施的或当前维持的任何补贴的性质提供咨询意见。此类咨询意见属机密，不得在第 7 条下的程序中援引。

24.5 委员会及任何附属机构在行使其职能时，可向其认为适当的任何来源进行咨询和寻求信息。但是，委员会或附属机构在向一成员管辖范围内的一来源寻求此类信息之前，应通知所涉及的成员。

14. 通知和监督

第 25 条 通知

25.1 各成员同意，在不损害 GATT 1994 第 16 条第 1 款规定的情况下，其补贴通知应不迟于每年 6 月 30 日提交，且应符合第 2 款至第 6 款的规定。

25.2 各成员应通知在其领土内给予或维持的、按第 1 条第 1 款的规定且属第 2 条范围内的任何专向性补贴。

25.3 通知的内容应足够具体，以便其他成员能够评估贸易影响并了解所通知的补贴计划的运作情况。在这方面，在不损害有关补贴问卷①的

---

① 委员会应设立一工作组，以审议 BISD 第 9 册第 193 至 194 页所载的问卷内容和形式。

内容和形式的情况下，各成员应保证其通知包含下列信息：

（i）补贴的形式（即赠款、贷款、税收优惠等）；

（ii）单位补贴量，在此点不可能提供的情况下，为用于该补贴的预算总额或年度预算额（如可能，可表明上一年平均单位补贴量）；

（iii）政策目标和/或补贴的目的；

（iv）补贴的期限和/或所附任何其他时限；

（v）可据以评估补贴的贸易影响的统计数据。

25.4 如一通知未涉及第3款中的具体要点，则应在该通知中提供说明。

25.5 如补贴给予特定产品或部门，则通知应按产品或部门编制。

25.6 如成员认为在其领土内不存在根据GATT 1994第16条第1款和本协定需要作出通知的措施，则应将此情况以书面形式通知秘书处。

25.7 各成员认识到，关于一措施的通知并不预断该措施在GATT 1994和本协定项下的法律地位、在本协定项下的影响或措施本身的性质。

25.8 任何成员可随时提出书面请求，请求提供有关另一成员给予或维持的任何补贴的性质和范围的信息（包括第四部分所指的任何补贴），或请求说明一具体措施被视为不受通知要求约束的原因。

25.9 收到上述请求的成员应尽快和全面地提供此类信息，并应随时准备向提出请求的成员提供额外信息。特别是，它们应提供足够详细的信息，以使其他成员能够评估其是否符合本协定的规定。任何认为此类信息未予提供的成员可提请委员会注意此事项。

25.10 认为另一成员的任何措施具有补贴作用而未依照GATT 1994第16条和本条的规定作出通知的任何成员可提请该另一成员注意此事项。如被指控的补贴此后仍未迅速作出通知，则该成员自己可将被指控的所涉补贴提请委员会注意。

25.11 各成员应立刻通知委员会其对反补贴税采取的所有初步或最终行动。此类报告应可从秘书处获得，供其他成员检查。各成员还应每半年提交关于在过去6个月内采取的任何反补贴税行动的报告。半年期报告应以议定的标准格式提交。

25.12 每一成员应通知委员会：（a）哪一个主管机关负责发起和进行第11条所指的调查，以及（b）适用于发起和进行此类调查的国内程序。

第 26 条　监督

26.1　委员会应在 3 年一届的特别会议上审议根据 GATT 1994 第 16 条第 1 款和本协定第 25 条第 1 款提交的新的和全面的通知。在两届特别会议之间提交的通知（更新通知）应在委员会的每次例会上审议。

26.2　委员会应在每次例会上审议根据第 25 条第 11 款提交的报告。

15. 发展中国家成员

第 27 条　发展中国家成员的特殊和差别待遇

27.1　各成员认识到，补贴可在发展中国家成员的经济发展计划中发挥重要作用。

27.2　第 3 条第 1 款（a）项规定的禁止不得适用于：

（a）附件 7 所指的发展中国家成员。

（b）其他发展中国家成员自 WTO 协定生效之日起 8 年内不适用，但需符合第 4 款的规定。

27.3　第 3 条第 1 款（b）项规定的禁止自 WTO 协定生效之日起 5 年内不得适用于发展中国家成员，8 年内不得适用于最不发达国家成员。

27.4　第 2 款（b）项所指的任何发展中国家成员应在 8 年期限内逐步取消其出口补贴，最好以渐进的方式进行。但是，一发展中国家成员不得提高其出口补贴的水平①，且在此类出口补贴的使用与其发展需要不一致时，应在短于本款规定的期限内取消。如一发展中国家成员认为有必要在 8 年期满后继续实施此类补贴，则应在不迟于期满前 1 年与委员会进行磋商，委员会应在审查所涉发展中国家成员的所有有关经济、财政和发展需要后，确定延长该期限是合理的。如委员会认为延期合理，则有关发展中国家成员应与委员会进行年度磋商，以确定维持该补贴的必要性。如委员会未作出该确定，则该发展中国家成员应自最近一次授权期限结束后 2 年内逐步取消剩余的出口补贴。

27.5　如一发展中国家的任何特定产品已达到出口竞争力，则该发展中国家成员应在 2 年内取消给予此项或此类产品的出口补贴。但是，对于附件 7 所指的、一项或多项产品已达到出口竞争力的发展中国家成员，应

---

① 对于截至 WTO 协定生效时未给予出口补贴的发展中国家，该款应在 1986 年给予的出口补贴水平上适用。

在 8 年内逐步取消对此类产品的出口补贴。

27.6 如一发展中国家成员一产品的出口连续 2 个日历年在该产品世界贸易中达到至少 3.25% 的份额，则该产品已具备出口竞争力。确定具备出口竞争力应依据（a）达到出口竞争力的发展中国家成员所作通知，或（b）秘书处在任何成员请求下进行的计算。就本款而言，一产品被定义为协调制度税则中的一类。委员会应在 WTO 协定生效之日起 5 年后审议本规定的运用情况。

27.7 在出口补贴符合第 2 款至第 5 款规定的情况下，第 4 条的规定不得适用于发展中国家成员。与这种情况下适用的规定应为第 7 条的规定。

27.8 不得按照第 6 条第 1 款推定一发展中国家成员给予的补贴造成按本协定规定的严重侵害。此类严重侵害，如在第 9 款的条件下适用，应依照第 6 条第 3 款至第 8 款的规定以肯定性证据加以证明。

27.9 对于一发展中国家给予或维持的、不同于第 6 条第 1 款所指补贴的可诉补贴，除非被认定由于该补贴而使 GATT 1994 项下的关税减让或其他义务的利益丧失或减损，从而取代或阻碍另一成员的同类产品进入补贴发展中国家成员的市场，或除非发生对进口成员市场中国内产业的损害，否则不得根据第 7 条授权或采取措施。

27.10 有关主管机关在确定下列内容后，应立即终止对原产自发展中国家成员产品进行的任何反补贴税调查：

（a）对所涉产品给予补贴的总体水平不超过按单位计算的价值的 2%；或

（b）补贴进口产品的数量占进口成员同类产品总进口量的不足 4%，除非来自单个发展中国家成员的进口量份额虽不足总进口量的 4%，但这些成员的总进口量占进口成员同类产品总进口量的 9% 以上。

27.11 对于属第 2 款（b）项范围内的，且在自 WTO 协定生效之日起 8 年期满之前已取消出口补贴的发展中国家成员，以及对于附件 7 所指的发展中国家成员，第 10 款（a）项中的数字应为 3% 而非 2%。此规定应自通知委员会取消出口补贴之日起适用，且只要作出通知的成员不再给予出口补贴即继续适用。此规定自 WTO 协定生效之日起 8 年后失效。

27.12 第 10 款和第 11 款的规定适用于根据第 15 条第 3 款对微量补

贴的任何确定。

27.13 如补贴在发展中国家成员的私有化计划内给予或与该计划有直接联系，则第三部分的规定不得适用于债务的直接免除及用于支付社会成本的无论何种形式的补贴，包括放弃政府税收和其他债务转移，只要该计划和涉及的补贴在有限期限内给予，并已通知委员会，且该计划使有关企业最终实现私有化。

27.14 应一有利害关系的成员请求，委员会应对一发展中国家成员的特定出口补贴做法进行审议，以审查该做法是否符合其发展需要。

27.15 应一有利害关系的发展中国家成员请求，委员会应对一特定反补贴措施进行审议，以审查该措施是否符合适用于所涉发展中国家成员的第10款和第11款的规定。

（二）关于反补贴规则的概述

政府的补贴和企业的倾销的产品都可能对进口国的同类工业造成实质性的损害。作为保护公平贸易的安全阀，进口国可以对补贴和倾销进口的产品征收反补贴税和反倾销税。很多国家都公布了反倾销和反补贴法规，还设立了反倾销反补贴调查机构，接受国内企业的申诉。如果调查补贴成立并且对国内同类工业造成了实质性的损害，进口国对该补贴产品征收反补贴税。

GATT 1947 第 6 条、第 16 条和第 23 条对于补贴和反补贴作了原则性规定，但是没有明确补贴的定义。东京回合的《反补贴守则》区分了允许性补贴和禁止性补贴。1994 年乌拉圭回合谈判通过了《补贴与反补贴协定》（SCM）对于补贴的定义、反补贴的程序、纪律要求等做了严格的规定。

SCM 关于补贴的定义为：（1）政府或公共机构提供了财政资助或其他任何形式的收入或价格支持（Financial contribution）；（2）授予一项利益（a benefit conferred）；（3）专向性（specificity）授予某些企业，某些行业或某些地区财政补贴。补贴分为：禁止性补贴，例如对出口的补贴，出口国必须立刻撤销禁止性补贴；可诉性补贴和不可诉补贴。目前不可诉补贴暂时中止执行，例如 SCM 第 8 条（不可诉补贴的确认）规定：

8.1 下列补贴应被视为属不可诉补贴：

（a）不属第 2 条范围内的专向性补贴；

（b）属第 2 条范围内的专向性补贴，但符合以下第 2 款（a）项、(b) 项或（c）项规定的所有条件。

8.2 尽管有第三部分和第五部分的规定，但是下列补贴属不可诉补贴：

（a）对公司进行研究活动的援助，或对高等教育机构或研究机构与公司签约进行研究活动的援助；

（b）按照地区发展总体框架对一成员领土内落后地区的援助，且在符合条件的地区内属非专向性（属第 2 条范围内）；

（c）为促进现有设施适应法律和/或法规实行的新的环境要求而提供的援助，这些要求对公司产生更多的约束和财政负担；

笔者在告别 WTO 上诉机构的演讲中提议恢复反补贴第 8 条的不可诉补贴。政府财政补贴是政府管理贸易的一种手段。如果不是专门对某个企业或某个行业的补贴，不影响企业公平竞争的条件，特别是对科研、教育和落后地区的补贴应该是被允许的，例如 GATT 1994 第 18 条也允许鼓励某一新兴产业。

第 18 条 政府对经济发展的援助

1. 缔约各国认为，缔约各国，特别是那些生活水平处在发展初级阶段的缔约国的经济的逐步增长，将有助于实现本协定的宗旨。

2. 缔约各国还认为，为了实施目的在于提高人民一般生活水平的经济发展计划和政府政策，这些缔约国可能有必要采取影响进口的保护措施或其他措施，而且，只要这些措施有助于实现本协定的宗旨，它们就有存在的理由。因此，缔约各国同意，这些缔约国应该享受额外的便利，使它们（甲）在关税结构方面能够保持足够的弹性，得为某一特定工业的建立提供需要的关税保护；（乙）在充分考虑它们的经济发展计划可能造成的持续高水平的进口需求的条件下，能够为国际收支目的而实施数量限制。

3. 最后，缔约各国认为，有了本条第一节和第二节规定的额外便利，本协定的规定在正常情况下将能足够满足缔约各国的经济发展的需要。但是，缔约各国同意，可能有一些找不到符合上述规定措施的情况。在这种情况下，一个经济处在发展阶段的缔约国政府，就不能为了提高人民生活的一般水平，而对某些特定工业的加速建立提供必需的援助。

（三）关于《反补贴协定》的解释与适用

1. 目的与宗旨

在"巴西—飞行器案"中，专家组认为《补贴与反补贴协定》的目的与宗旨是对扰乱国际贸易的补贴制定多边的纪律。在"加拿大—飞行器案"中，专家组指出 SCM 协议没有明确其目的与宗旨的声明。但是，其目的和宗旨可以归纳为对扰乱或者将扰乱国际贸易的政府补贴制定多边的纪律。①

在"美国—碳钢上诉案"中，上诉机构指出：SCM 协议没有序言。SCM 不是简单地解释 GATT 1994 第 6 条、16 条和 23 条。SCM 包括一系列的权利与义务的规定。SCM 明确了补贴的定义，成员不能使用补贴的条件，进口成员对于禁止性补贴的救济措施以及当该成员的贸易权益受到损害时，WTO 贸易救济措施允许受损害的成员对获得外国政府补贴的进口产品征收反补贴税。②

2. 关于补贴的定义

（1）财政资助（financial contribution）与授予利益（benefit conferred）

在"巴西—飞行器案"中，上诉机构强调：财政资助与授予利益是两个单独的法律概念。SCM 第 1.1 条用两个概念一起确定倾销。③ 在"美国—软木案"中，上诉机构指出：只有财政资助与利益同时存在才构成补贴。第一，由政府提供财政资助或收入或价格支持；第二，任何财政资助或《反补贴协定》域免税收或价格支持必须授予了利益。④

在"美国—出口限制案"中，专家组指出，第一条的谈判历史表明在文本中加入财政资助，说明不是所有的政府授予利益的措施都是补贴。⑤ 在"美国—软木案"中，上诉机构指出政府的财政资助包括很多政府输送的有经济价值的交易，例如直接的货币援助、放弃政府应收账款、政府提供货物和服务

---

① 专家组报告，《巴西飞行器案》，第 9119 段。
② 见上诉机构报告，《美国碳钢上诉案》，第 862 段。
③ AB 报告，《巴西飞行器案》，第 157 段。
④ AB 报告，《美国—软木案》，第 51 段。
⑤ AB 报告，《美国—出口限制案》，第 8.65、8.75 段。

等，以及收入和价格支持。①

(2) 公共机构

在"韩国—商业船案"中，欧盟辩论称韩国进出口银行（KEXIM）是公共机构，因为政府控制其决策，该银行是政府控制的实体。②

2011年3月11日，WTO争端解决机构上诉机构就"美国对来自中国某些产品最终反倾销和反补贴税措施的争端案"（DS379案）作出裁决报告。其涉及中国的国有企业和国有商业银行是否可被视为《反补贴协定》中的"公共机构"事项。具体分析如下：

在本案中，美国商务部则在针对不同产品的反补贴调查认定中，将国有企业和国有商业银行视为公共机构，其主要是因为政府拥有国有企业多数股权的事实。相反的，中国认为，美国商务部将一些国有企业以及国有商业银行认定为公共机构，而公共机构应是政府授权、行使政府职能的机构，因此，美国基于多数股权认定公共机构的做法是错误的。③ 同时，中国也认为美国商务部关于国有企业的投入（inputs）和国有商业银行的贷款构成公共机构的财政资助的认定，违反了对"公共机构"术语的适当解释。④

本案上诉机构认为，《反补贴协定》提出了补贴的两个主要要素——财政资助和利益。针对"财政资助"，第1.1(a)(1)条列出相关的行为，又指明实施行为的实体。该条区分两个主要类别的实体——具有"政府性质"的实体和"私营机构"。如果一个实体具有政府性质，且其行为属于第1.1(a)(1)条(i)~(iii)款或者(iv)条第1款的范围，那么便存在财政资助。然而，当实体是私营机构且其行为落入到第1.1(a)(1)条(i)~(iii)款的范围时，只有在政府和该行为之间存在委托或指示的必要联系时才存在财政资助。⑤ 随后，上诉机构通过《维也纳条约法公约》所规定的习惯法解释规则对"公共机构"进行解释。

---

① 见AB报告，《美国—出口限制案》，第52段。
② 见专家组报告，《韩国—商业船案》，第7.50段。
③ Appellate Body Report, United States—Definitive Anti-Dumping and Countervailing Duties on Certain Products from China, WT/DS379/AB/R, 11 March 2011, para. 339.
④ Appellate Body Report, United States—Definitive Anti-Dumping and Countervailing Duties on Certain Products from China, WT/DS379/AB/R, 11 March 2011, para. 341.
⑤ Appellate Body Report, United States—Definitive Anti-Dumping and Countervailing Duties on Certain Products from China, WT/DS379/AB/R, 11 March 2011, para. 284.

针对国有企业和国有商业银行是否可以被认定为"公共机构",本案上诉机构认为,对特定行为是否为公共机构作出的认定必须在狭义层面上,分析该实体的核心特征以及其与政府的关系。该分析主要集中在与该实体是否由政府机构所拥有、运行、概定(the entity is vested with)或授权行使政府职权。① 由于在本争议中,美国商务部"主要"(principally)依赖于与所有权(ownership)相关的信息。在上诉机构眼中,这是不够的,因为政府所有权的证据并非政府实体有效控制的证据,并且也不能够作为建立政府机构拥有、运行、概定和行使政府职能的权力的证据。因此,单独所有权证据不能够支持对某一实体构成公共机构的认定。②

根据 SCM 第 1.1(a)(1)(iv)条,在"美国-DRAM 反补贴调查案"中,上诉机构澄清委托(Entrustment)是指一个政府交给一个私人机构职权对一个私人机构领导并行使政府职权。即本来是政府提供财政资助的职能,委托给一个私人机构。第 1.1(a)(1)(iv)条也可以看作反规避规定。③

无论是公共机构还是受政府委托的私人公司关键是受政府的授权履行政府

---

① Appellate Body Report, United States—Definitive Anti-Dumping and Countervailing Duties on Certain Products from China, WT/DS379/AB/R, 11 March 2011, para. 345.
② Appellate Body Report, United States—Definitive Anti-Dumping and Countervailing Duties on Certain Products from China, WT/DS379/AB/R, 11 March 2011, para. 346. 针对国有商业银行是否构成公共机构的认定,美国商务部主要依赖如下事实:(1)"中国的银行业中近乎全部国家所有";(2)《中国商业银行法》第 34 条规定"商业银行根据国民经济和社会发展的需要,在国家产业政策指导下开展贷款业务";(3)表明国有商业银行缺乏足够的风险管理和分析技能的书面证据;(4)"在调查中,美国商务部并没有获得以全面的方式记录关于申请、拨付和评估对铜版纸行业拨付贷款的程序的证据"。上诉机构认为,美国商务部对国有商业机构构成公共机构的分析比对国有企业的分析更为广泛。特别是,其还考虑《中国商业银行法》第 34 条关于"根据国民经济和社会发展的需要,在国家产业政策指导下开展贷款业务"的规则。同时,美国商务部还考察了中国银行的《全球公开招股书》(Global Offering)的内容节选,其规定"《中国商业银行法》要求商业银行在制定贷款决定时考虑政府的宏观政策",并且相应的,"根据相关政府政策,鼓励商业银行限制向特定行业拨付贷款"。同时,美国商务部考察 2005 年的 OECD 报告,其指出"国有商业银行的总行行长受政府任命,并且政党(party)对任命具有显著的影响力"。进一步的,美国商务部还考虑国有商业银行缺乏足够的风险管理和分析技能。此外,天津市政府审核报告等多项中国国内法规和文件明确揭示了商业银行需按照国家政策开展贷款业务。美国商务部也基于国有商业银行代表中国政府行使政府职能的证据作为国有商业银行构成公共机构的裁决是有据可依的。由此,上诉机构认为根据美国商务部确定的证据,中国的国有商业银行构成公共机构。
③ 见 AB 报告,《美国对 DRAM 反补贴调查案》,第 114 段。

的有关职能。第1.1（a）（1）（iv）条政府向一筹资机构付款，或委托或指示一私营机构履行以上（i）至（iii）款列举的一种或多种通常应属于政府的职能，且此种做法与政府通常采用的做法并无实质差别；在"美国对中国产品反倾销和反补贴税案"中，上诉机构再次强调"通常应属于政府的职能。①

（3）财政资助形式

在"韩国诉日本DRAM案"中，上诉机构指出："资金"不仅包括货币，也包括财政资源和其他类型的资金转移，例如日本国际航空公司JIA修改了以前的贷款条件使受益人获得大量现金流，这是直接的资金转移。赠款、贷款、入股以及免除债务，延长贷款期限，降低贷款利息以及债与股权的转换都可以构成直接的财政支持。②

在"美国–大型民用飞机案"中，专家组根据SCM条文本身、背景、目的和宗旨、起草的历史以及SCM协议的最终结论，专家组阅读和解释SCM第1.1（a）条实际使用的词汇，"财政资助"不包括购买"服务"，③ 第1（ii）条涉及放弃或未征收在其他情况下应征收的政府税收（如税收抵免之类的财政鼓励）。在"美国—外国销售公司案"中，上诉机构裁定：放弃或未征收在其他情况下应征收的政府税收，应该根据当时政府的税法比较目前实际税收收入与未征收的应该征收的政府税收。使用"but for"的实验方法确定被放弃的应该征收的政府税收款。上述机构也指出作为税收总规则的例外措施可以使用"but for"。但是专家组不必要在任何情况下都必须确定税收的总规则。在某些情况下，很难确定税收的总规则。

（4）利益授予

在"加拿大—航空器案"中，上诉机构维持专家组认定：利益是给予好处。应该确定财政资助是否使受助者处于比其之前更有利的地位。利益是重受资助者获得利益而不是政府的净成本。在"加拿大—航空器案"中，上诉机构维持专家组的认定：确认一项利益（benefit）要看政府的财政支持是否使接受财政支持的企业比在市场上没有财政支持的要好（better off）。

---

① In *US—Anti-Dumping and Countervailing Duties (China)*, the Appellate Body also considered the phrase "which would normally be vested in the government" in Article 1.1（a）（1）（iv）".
② 在"韩国商业船案"中的AB报告第250段所言，专家组指出股本的注入与股权的转换具有同样效益。由于股权的变化，如果以低于市场价格就会有补贴。债与股权的转让也包含股本的注入（见专家组报告，第7.411—7.413段）。
③ 见专家组报告，《美国—波音飞机案》，第7.953—7.970段。

在"美国—铅和铋案"中，上诉机构认为，SCM 第 1.1 条不涉及财政支持和利益存在的时间。在某些情况下需要证明在征收反补贴税后利益仍然存在。①

在"加拿—大飞机贷款和担保案"中，专家组认为要证明出口补贴项目本身（as such）违法，申诉方必须根据有关法律文件证明涉案的补贴项目是强制补贴并授予利益。②

在"美国—拨款法 211 节案"中，上诉机构指出：当一个 WTO 成员的行政部门被授予自由裁量权，不能假设该成员将不诚实信用地履行其在 WTO 的义务。

专家组在"韩国—商业船案"中解释，尽管某些法律条文可能表示提供财政支持的意图，KLR 可能授予利益，不能足够依据得出如下结论——该法是强制性的且与 SCM 第 3.1（a）条不符。③

上诉机构在"加拿大—飞行器案"中解释"利益"一词：利益不是在真空中存在，其必须由接受方获得利益。例如，一个自然人或法人或一群自然人事实上收到了东西。总之，利益必须有接受人。

在"加拿大—软木案"中，关于补贴的传递（pass through）问题，上诉机构指出，只有证明政府财政资助和利益获得两个因素才能断定补贴的成立。征收反补贴税是抵消对某产品的生产者的补贴。调查当局仅仅调查对产品提供者的补贴是不够的。要对产品的加工和提供累计考虑。调查当局要考察补贴是否由产品的下游传递到产品的提供并获得利益。④

（5）专项性

上诉机构在"美国对中国产品反倾销和反补贴征税案"中，第一次全面地解释了第 2.1 条专项性的规定。第 2.1 条的"帽子"确定向某些企业补贴的专项性所依据的原则，其中的一个原则还不足以确定补贴的专项性。上诉机构认为第 2.1（a）条政府提供财政支持，补贴的获得明确限于某些企业是专项性的；第 2.1（b）条如果补贴是依法根据客观标准自动获得，不存在有选择的资格要求，则不存在专项性。第 2.1（c）条尽管规定在表面上没有专项性，但是事实上有理由认为补贴可能是专向性的补贴，例如某些企业主要使用补贴，或

---

① 见 AB 报告，《美国—铅和铋案》，第 62 段。
② 专家组报告，《加拿大飞机贷款和担保案》，第 7.76 段。
③ 见专家组报告，《韩国商业船案》，第 7.78 段。
④ 见 AB 报告，《加拿大软木案》，第 143—143 段。

者某些企业长时间使用一项补贴,要根据个案分析其专项性。第 2.1 条各个子条款要综合考量整体分析补贴的专一性。①

3. 禁止性补贴

在"美国—高地棉花案"中,上诉机构指出:SCM 第 3 条的引言,除《农业协定》的规定外,下列属第 1 条范围内的补贴应予禁止:(a)法律或事实上视出口实绩为惟一条件或多种其他条件之一而给予的补贴;(b)视使用国产货物而非进口货物的情况为惟一条件或多种其他条件之一而给予的补贴。

虽然上诉机构认为《农业协定》的引言适用于出口补贴和进口替代补贴,然而上诉机构发现农业协定没有专门规定进口替代补贴的条款。②

上诉机构在"美国—外国销售公司 21.5 案"中,指出 SCM 第 3.1 条规定法律或事实上视出口实绩为惟一条件或多种其他条件之一而给予的补贴。政府的财政补贴是以该公司的出口业绩为前提条件而提供的。③

六 透明度原则

(一)透明度条款文本

《1947 年关税与贸易总协定》第 10 条 贸易法规的公布和实施

1. 任何缔约方实施的关于下列内容的普遍适用的法律、法规、司法判决和行政裁定应迅速公布,使各国政府和贸易商能够知晓:产品的海关归类或海关股价;关税税率、国内税税率和其他费用;有关进出口产品或其支付转账,或影响其销售、分销、运输、保险、仓储检验、展览、加工、混合或其他用途的要求、限制或禁止。任何缔约方政府或政府机构与另一缔约方政府或政府机构之间实施的影响国际贸易政策的协定也应予公布。本款的规定不得要求任何缔约方披露会妨碍执法或违背其公共利益或损害特定公私企业合法商业利益的机密信息。

2. 任何缔约方不得在产生以下结果的普遍适用的措施正式公布之前采取此类措施:根据既定和统一做法提高进口产品的关税税率或其他费用,

---

① 见 AB 报告,《美国对中国产品反倾销和反补贴征税案》,第 360—371 段。
② 见 AB 报告,《美国高地棉花案》,第 184—187 段。
③ 见 AB 报告,《美国外国销售公司 21.5 案》,第 111 段。

或对进口产品或进口产品的支付转账实施新的或更难于负担的要求、限制或禁止。

3.（a）每一缔约方应以统一、公正和合理的方式管理本条第1款所述的所有法律、法规、判决和裁定。

（b）每一缔约方应维持或尽快设立司法、仲裁或行政庭或行政程序，目的特别在于迅速审查和纠正与海关事项相关的行政行为。此类法庭或程序应独立于受委托负责行政实施的机构，它们的决定应由此类机构执行，并应适用于此类机构的做法，除非进口商在规定的上诉时间内向上级法院或法庭提出上诉；但是如有充分理由认为该决定与既定法律原则或事实不一致，则该机构的中央管理机构可采取步骤在另一诉讼程序中审查此事项。

（c）（b）项的规定不得要求取消或代替本协定订立之日一缔约方领土内已实施的程序，尽管此类程序不能完全或正式独立于受委托进行行政管理的机构，但事实上为行政行为提供了客观和公正的审查。应请求，使用此类程序的任何缔约方应向缔约方全体提供所有有关信息，以便它们确定此类程序是否符合本项的要求。

（二）透明度条款的解释与适用

透明度条款规定在 GATT 1994 第 10 条中。其共由三款条文构成。具体分析如下。

1. 概述

在"欧共体—家禽案"中，上诉机构定义了第 10 条的范围，其指出，"第 10 条与'普遍适用的法律、法规、司法判决和行政裁定'的发布和管理相关，而非措施的实体性内容"。[①]专家组在"欧共体—特定关税事项案"中指出，GATT 1994 第 10 条的标题以及不同条款的内容表明，至少部分上，该条款旨在确保贸易商在进出口时获得正当程序。

2. 第 10.1 条

（1）对"法律、法规、司法决定和行政裁定"的解释

在"多米尼加—香烟案"中，专家组指出，"香烟税基的确定，而非其本

---

① Appellate Body Report, EC—Poultry, para. 115.

身的调查，可被视为普遍适用的行政裁决。为了适用针对香烟的《特定消费税》的目的而熟悉确定税基的过程，政府和贸易商有权获得关于调查结果的信息，以及在开展该调查时所使用的方法。"①

在"欧共体—信息技术产品案"中，专家组指出，"当对第 10.1 条的上下文进行整体性解读时，'法律、法规、司法决定和行政裁定'术语反映为起草者包含一系列影响贸易和贸易者的措施的部分意图。②一个狭义的对'法律、法规、司法决定和行政裁定'术语的解释不符合此种意图，并且将会损害第 10 条的正当程序目的。"由此，进一步的，专家组认为，"基于上述认定，我们认为'法律、法规、司法决定和行政裁定'术语的惯常含义表明其包括从指令性的行为规则到其影响的行使，或者是特定权力部门的通知（authoritative pronouncement）。相应的，专家组认为第 10.1 条的范围拓展到由特定的立法、行政或司法机构发布的有权指令。然而，这并不意味着上述指令在国内法中有'拘束力'。并且，特定的有权指令是否可以满足本条款的要求应该根据争议措施的特定事实性特征，进行逐案评估"。③

在"中国—原材料案"中，专家组认为，中国未能够公布其对锌的出口配额的总体数量。其认为中国未能设定出口配额构成"法律、法规、司法决定或行政裁定"。④

（2）对"普遍适用"的解释

在"美国—内衣案"中，上诉机构指出了本案专家组对"普遍适用"术语的解释，其指出，"我们认识到 GATT 1994 第 10.1 条除使用'普遍适用'术语外，还将'行政裁定'纳入其范围内。仅仅是限制本身为行政指令的事实不能排除我们得出该限制构成普遍适用措施的结论。针对特定国家的措施的事实也无法排除该措施是普遍适用的措施的可能性。例如，如果限制是针对特定公司或适用于特定装运活动，该措施将不构成普遍适用的措施。然而，如果限制影响到不特定的经济活动者，包括国内和外国生产者，那么我们将认为该措施为普遍适用的措施。"⑤

在"日本—胶卷案"中，专家组进一步解释"普遍适用"术语，其指出，

---

① Panel Report, Dominican Republic—Import and Sale of Cigarettes, paras. 7.406 – 7.407.
② Panel Report, EC—IT Products, paras. 7.1026 – 7.1027.
③ Panel Report, EC—IT Products, paras. 7.1026 – 7.1027.
④ Panel Report, China—Raw Materials para. 7.803.
⑤ Panel Report, US—Underwear, para. 7.65.

"第 10.1 条要求适用于所有的普遍适用的行政裁定。当行政裁定建立或修改适用于未来案件的原则或标准时，该具体个案中的行政决定也为此处普遍适用的措施。同时，我们认为应该由申诉方明确证明该未经公开但将建立或修改适用于未来的具体行政裁定的存在。"①

在"美国—热轧钢案"中，专家组认为争议中的反倾销措施并不构成第 10.1 条项下的"普遍适用"的措施。②在"中国原材料案"中，专家组认定中国出口配额管理措施（包括其分配规则）都落入到第 10.1 条的范围内。③

（3）对"使有效"的解释

在"欧共体—信息产品案"中，专家组考察了"使有效"（made effective）的含义，其指出，"我们认为 GATT 1994 第 10.1 条的'使有效'术语包括在实践中产生效果的，或者在运行中的措施，并且其不限制于形式上公布的措施，或者形式上'有效'的措施"。④在"中国—原材料案"中，专家组认为，中国未能设置对锌的配额是"有效的"，因为并不存在对锌的出口。⑤

（4）对"应公布"的解释

在"欧共体—信息技术产品案"中，专家组认定，"第 10.1 条解决通过要求及时公布的通知而实现正当程序概念，其确保那些需要获知普遍适用的特定法律、法规、司法决定和行政裁定的人能够获知上述规定。"⑥

（5）对"及时的"的解释

在"欧共体—信息技术产品案"中，专家组指出，"及时的含义并非一个绝对的改变，例如，存在一个适用于所有案例的预先设定的时限。相反的，对措施是否'及时'（即'快速的'和'毫不迟延的'）的评估必然要求个案评估。"⑦

在"美国—双反案（中国）"中，专家组拒绝认定中国关于争议的措施违反 GATT 1994 第 10.1 条的规定。在本案中，美国法律于 2012 年 3 月 13 日明确规定，《美国反补贴税法》在 2006 年 11 月 20 日及其后启动的美国反补贴税调

---

① Panel Report, Japan—Film, para. 10.388.
② Panel Report, US—Hot - Rolled Steel, para. 7.268.
③ Panel Report, China—Raw Materials, paras. 7.732 - 7.736.
④ Panel Report, EC—IT Products, para. 7.1048.
⑤ Panel Report, China—Raw Materials, para. 7.805.
⑥ Panel Report, EC—IT Products, para. 7.1015.
⑦ Panel Report, EC—IT Products, para. 7.1074.

查中可适用于从非市场经济国家的进口。美国从 2006 年开始对中国的进口适用美国的反补贴税法。2012 年，美国法院裁定，在贸易救济法中，美国反补贴税法并不适用于从中国和其他被美国视为非市场经济体的国家的进口。由于争议中的法律（PL 112 - 99）是在法院决定发布前已经制定，中国主张该法律由于未能"及时公布"，因而违反了第 10.1 条。专家组认为根据第 10.1 条的目的，该法律是在 2012 年 3 月 13 日"生效"，而非中国所主张的 2006 年 11 月 20 日。因此，专家组认定美国的措施不违反第 10.1 条。

（6）对"以确保政府和贸易商能够获知信息的方式"的解释

在"欧共体—信息技术产品案"中，专家组指出，"虽然第 10.1 条要求措施必须'公布'，但是第 10.2 条提及措施必须'官方地发布'。第 10.1 条缺乏'官方地'副词表明满足第 10.1 条的相应措施的公布并不需要以'官方的'方式。如果措施被'以确保政府和贸易商能够获知信息的方式'公布，其要求该措施能够通过适当的媒介被普遍获得，而非仅仅是公开可获得。明确的是，第 10.1 条的文本分析表明其并非需要满足特定要求的公布方式，而仅仅是确保特定措施的知晓'足以'保证贸易商和政府能够以'或多或少的全面'（more or less complete）的方式'获悉'，或者'知晓'"。[1]

（7）对"机密信息"的解释

在"泰国—香烟案（菲律宾）"中，专家组指出，"泰国主张援引第 10.1 条第 3 句的权利，即，不应要求任何 WTO 成员披露机密信息。因此，泰国并没有义务公布争议中的数据。菲律宾看似支持泰国的立场。菲律宾剩余的主张为那些非机密的行政裁定应该公布。然而，我们无法从第 10.1 条的文本中得出该义务。"[2]

3. 第 10.2 条

（1）概述

在"美国—内衣案"中，上诉机构指出第 10.2 条的政策是为保障透明度和正当程序。其认为，"第 10.2 条可更体现具有核心重要性的原则——应推动影响成员、国内外的私人和私企业的政府行为全面披露。相关的政策原则被视为是透明度原则，以及明显地构成正当程序内容。由于政府施加限制、要求或其他负担的措施而受到影响或可能受影响的成员和其他个人，应具有合理机会

---

[1] Panel Report, EC—IT Products, paras. 7.1076 - 7.1077, 7.1082, 7.1084.
[2] Panel Report, Thailand—Cigarettes (Philippines), para. 7.819.

获取关于此类措施的真实信息，并且相应的保护和调整其行为，或者修正该措施。"①该案上诉机构认为，GATT 1994 第 10 条所要求的措施的事先公布不能将那些在配额公布之日前的进口中所适用的进口配额的溯及效果正当化。②

（2）对"普遍适用的措施"的解释

在"欧共体—信息技术产品案"中，专家组指出，"第 10.2 条仅仅涉及到'措施'，并且因此包含更为广泛的类型——WTO 成员的任何作为或不作为。因此，我们遵循起草者旨在包含潜在影响贸易和贸易商的广范围的措施的意图"。③

（3）对"根据既定和统一做法提高进口产品的关税税率或其他费用"的解释

在"欧共体—信息技术产品案"中，专家组指出，"第 10.2 条表明普遍适用的措施是'增加'关税税率的'原因'，并且'影响'术语并不必然要求争议中的措施是关税税率增加的单独或唯一原因。然而，必须表明其超过了一般性的影响，并且必须证明争议中的措施和增加之间的关联"。④同时，"'关税税率的增加'必须'根据既定和统一做法'。换言之，税率提高必须适用于整个关税区域，且适用必须具备安定性（secure）"。⑤

（4）对"公布前的执行"的解释

在"美国—双反案（中国）"中，专家组否认中国关于争议的措施违反 GATT 1994 第 10.2 条的主张。专家组认为，争议的法律并非第 10.2 条含义内的"提前有效的"措施或"施加新的或更有负担要求的"措施。上诉机构推翻了专家组关于第 10.2 条的解释，但是其最终无法完成分析。上诉机构指出，专家组应该集中确定美国反补贴税法公布前的含义，进而确定与先前的美国法相比，2012 年法律是否增加了税收或者施加了新的或更具负担的要求。然而由于事实不足，上诉机构无法完成分析。

---

① Appellate Body Report, US—Underwear, p. 21.
② "prior publication of a measure, as required under Article X of GATT, could not, in and of itself, justify the retroactive effect of applying import quotas with respect to imports during a period starting before the quota's publication date", see Appellate Body Report, US—Underwear, p. 21.
③ Panel Report, EC—IT Products, para. 7.1097.
④ Panel Report, EC—IT Products, para. 7.1105 – 7.1106.
⑤ Panel Report, EC—IT Products, para. 7.1120.

4. 第 10.3 条

(1) 概述

在"美国—虾案"中，上诉机构裁定在争议法律文件中缺乏透明度，因此其与第 10.3 条的精神相违背。其指出，"明确的是，GATT 1994 第 10.3 条建立在贸易法规管理中的透明度和程序正义的最低标准。"①简言之，第 10.3 条旨在解决管理中正当程序问题。该条款包括三个子项。

(2) 第 10.3 (a) 条

①概述

在"泰国—香烟案（菲律宾）"中，专家组指出，"为确定违反第 10.3 (a) 条，申诉方必须证明被诉方以一种非统一的、非公正的和/或不合理的方式管理第 10.1 条项下的法律文件。统一性、公正性和合理性的义务是相互独立的，并且 WTO 成员有义务遵守上述三个要求"。②

②对"管理"的解释

在"欧共体—香蕉第三案"中，上诉机构指出，"第 10.3 (a) 条的文本明确表明'统一性、公正性和合理性'的要求并不适用于法律、法规、决定和裁定本身，而是上述法律、法规、决定和裁定的管理过程。第 10 条的标题为'贸易法规的公布和管理'，而第 10.3 (a) 条为第 10 条项下内容，明确表明第 10 条适用于法律、法规、决定和裁定的管理过程。如果法律、法规、决定和裁定本身为歧视性的，那么它们应该在 GATT 1994 相关条款下进行审查"。③

进一步的，"阿根廷—皮革案"专家组指出，"第 10.3 (a) 条要求与贸易相关的法规的统一、公正和合理管理。其并没有提及成员或来源于或运往特定区域的产品，此类事项包括在诸如第 1 条、第 2 条和第 3 条的 GATT 1994 条款中。事实上，第 10.1 条要求与贸易相关的法规'以确保政府和贸易商获知的方式'及时公布。相似的，第 10.3 (b) 条要求成员规定与海关事项相关的国内审查程序，其一般仅适用于私人贸易商，而非成员。"④

"泰国—香烟案（菲律宾）"专家组归纳了第 10.3 (a) 条的案例法（case law），其指出，"上诉机构提供的指导表明第 10.3 (a) 条确定对第 10.1 条项

---

① Appellate Body Report, US—Shrimp, paras. 182 – 183.
② Panel Report on Argentina—Hides and Leather, para. 11.86.
③ Appellate Body Report, EC—Bananas, para. 200.
④ Panel Report, Argentina—Hides and Leather, paras. 11.67 – 11.68.

下的法律文件管理的纪律。第10.3（a）条管辖的范围包括落入第10.1条范围的法律文件在具体个案中的适用或执行方法，以及调整此类适用或执行的法律文件。进一步的，形成行政决定的管理程序可落入第10.3（a）条的'管理'范围。然而，在其主张中，申诉方必须证明管理程序的特定特征如何以及为何必然导致成员不统一、不公正或不合理地管理法律文件"。①

③对"统一的、公正的和合理的方式"的解释

第一，针对"统一"术语而言。上诉机构在"欧共体特定海关事项案"中指出，GATT 1994第10.3（a）条并不要求管理程序的统一化。具体而言，其认为，"在宽泛的层面上，行政程序可以被理解为一系列与行政决定制定相关的而发生或产生的步骤、行为或事件。根据上述宽泛的行政程序的定义，GATT 1994第10.3（a）条并不意味着行政程序的统一化。换言之，行政程序的非统一性或差异化本身并不构成该条款的违反。该条款是要求对普遍适用的法律、法规、司法决定和行政裁定的管理应以统一的方式作出。我们同意专家组将该条款的'管理'解释为'使其在实践中有效，或者适用'。因此，在第10.3（a）条项下，对第10.1条项下的法律文件的适用应是统一的，而非要求形成行政决定的程序，或者在管理中所使用的工具"。②

在"中国—原材料案"中，专家组认为，由于并没有提供任何指导意见或标准，32个负责外国贸易的地方机构可根据"经营能力"（operation capacity）对出口配额进行配置的体系构成违反第10.3（a）条的统一管理。专家组指出，"由于缺乏'经营能力'概念或标准的理解，存在规模、经验和其他因素都相似的出口商可能被差异化的对待的真实危险"。③ 最终，专家组认为该措施导致违反GATT 1994第10.3（a）条的统一管理的义务。

第二，针对"公正"而言。在"阿根廷—皮革案"中，专家组指出，"我们考虑的重要事项为在海关程序中，是否存在具有相互商业利益冲突的私主体。在我们看来，本争议中的公正管理的要求并非仅仅是在程序中（下游消费行业）相关代表人的存在。其依赖于该人员能被允许做何种事项。在我们看来，对该问题的回答直接与作为产品归类程序的信息获得相关。不管何时，当存在冲突商业利益但没有相关法律利益的一方被允许参与出口交易，那么海关

---

① Panel Report, Thailand—Cigarettes (Philippines), paras. 7.873 – 7.874.
② Appellate Body Report, EC—Selected Customs Matters, para. 224.
③ Panel Report, China—Raw Materials, para. 7.743.

法律与法规存在不能以公正的方式进行适用的风险,因为其允许具有冲突商业利益的个人获得其无权获得的机密信息。"①

在"中国—原材料案"中,专家组考察了中国五矿化工进出口商会(CCCMC)参与多种原材料的出口配额管理是否产生内在的利益冲突,因为出口商必须向其竞争者和潜在的消费者分享其敏感的商业数据。专家组倾向于认定,"仅仅是共享机密信息并不必然导致不公正的管理。只有那些接收机密商业信息的个人能够以违反信息提供利益的方式进行使用,那么其才构成非公正管理。"②

第三,针对"合理"而言。在"阿根廷—皮革案"中,专家组认定,"旨在确保适当的产品归类,但内在包括披露机密商业信息可能性的程序构成对第10.1条规定的法律、法规和规则的不公正管理,并且因此违反第10.3（a）条"。③

在"中国—原材料案"中,专家组认为,"缺乏对'经营能力'含义和标准的描述,因此存在相似的出口商被差异化对待的真实风险。"④ 同时,"专家组也认为缺乏概念、指导意见或标准存在如上的真实风险"。最终,专家组得出结论,该措施导致违反 GATT 1994 第10.3（a）条的合理管理的义务。

(3) 第10.3（b）条

①对"及时审查和纠正"的解释

在"欧共体特定海关事项案"中,专家组指出,"GATT 1994 第10条确定了正当程序机制。在专家组看来,该机制表明在 GATT 1994 第10.3（b）条项下的审查的目的在于确保受到行政机构决定负面影响的贸易商有能力要求对该负面决定进行审查。"⑤

在"泰国—香烟案（菲律宾）"中,上诉机构指出,"GATT 1994 第10.3条的正当程序目标表明,'及时审查和纠正'应被理解为以快速的、有效的和毫不迟延的方式对行政行为进行审查和纠正。针对快速的、有效的和毫不迟延的方式而言,其依赖语境和特定的情形,包括被审查和纠正的行为类型的本质。一项体系是否确保及时审查无法抽象地解决。因此,我们同意专家组的认定,即在成员国内体系的具体情境下,特定行政行为的本质对'及时'术语解

---

① See Panel Report, Argentina—Hides and Leather, paras. 11.99 – 11.101.
② Panel Report, China—Raw Materials, para. 7.783.
③ Panel Report, Argentina—Hides and Leather, para. 11.94.
④ Panel Report, China—Raw Materials, para. 7.743.
⑤ Panel Report, EC—Selected Customs Matters, para. 7.536.

释有重要作用"。同时,"'纠正'术语的使用表明其不仅仅需要对行政行为是否符合国内法问题上的宣告性行动或者是事后审查。维持'纠正'与海关事项相关的行政行为的法庭或程序要求成员确保对相应行政行为的审查体系。"进一步的,"第10.3(b)条并没有规定特定类型的审查或纠正。相反的,其提及'司法的、仲裁的或行政法庭或程序'。这表明成员具有多种方式,以遵守维持及时审查和纠正行政行为的法庭或程序的义务。"①

②对"与海关事项相关的行政行为"的解释

在"泰国—香烟案(菲律宾)"中,专家组认为,"与海关事项相关的行政行为包括适用与海关事项具有合理关系的法律文件的多种行为类型,其明显包括进口产品的估价"。②当然,"与海关事项相关的行政行为并不必然限于最后的管理决定,即所谓的在作出对贸易商具有明显负面效果的最终决定之前的临时决定(intermediary actions)"。③

③对"此类法庭或程序应独立于受委托负责行政实施的机构"的解释

在"欧共体—特定海关事项案"中,专家组指出,"在一些WTO成员中,与海关事项相关的行政行为在做出原先行为的相同行政机构进行审查。该审查不符合GATT 1994第10.3(b)条的审查,因为此处的审查并非是独立于受委托负责行政实施的机构。""此处的'独立'为'免于受到做出决定的行政机构的控制或影响。在机构上,并且在实践中,其能够具有免于受到做出决定的行政机构的干扰的自由'"。④在该案的上诉中,上诉机构认为第10.3(b)条并不要求第一审的审查决定必须调整在特定WTO成员整个领土内负责执行的所有机构的实践。⑤

(4)第10.3(c)条:对"本协定订立之日"的解释

第26.1条规定,"本协定订立之日为1947年10月30日"。上述日期适用于GATT 1947年的加入成员方、在第25.5(c)条项下获得独立或经济自治并继承缔约方地位的独立区域、智利;对于1948年到1951年加入的缔约方,订

---

① Appellate Body Report, Thailand—Cigarettes (Philippines), paras. 203 - 205.
② Panel Report, Thailand—Cigarettes (Philippines), para. 7.1029; Appellate Body Report, Thailand—Cigarettes (Philippines), para. 202.
③ Panel Report, Thailand—Cigarettes (Philippines), para. 7.1035.
④ See Panel Report, Thailand—Cigarettes (Philippines), para. 7.1053; Panel Report, EC—Selected Customs Matters, fn. 894.
⑤ See Appellate Body Report, EC—Selected Customs Matters, para. 303.

立之日为 1948 年 3 月 24 日。对于所有嗣后加入 GATT 1947 的成员而言，第 10.3 条所规定的"本协定订立之日"为其入世议定书规定的日期或者临时入世议定书的日期。上述入世议定书条款依据 GATT 1994 第 1（b）（ii）条并入 GATT 1994 之中。

七 对发展中国家的差别和特别（D&S）待遇

在实体层面上，GATT 1994 第 18 条和第四部分规定发展中国家的特殊规则。例如，GATT 1994 第四部分"贸易和发展"。

第三十六条 原则和目的

36.1 缔约各国

（1）忆及本协定的基本目的有提高所有缔约国的生活水平和不断发展所有缔约国的经济，并考虑这些目的的实现，对发展中的缔约各国是特别迫切的；

（2）考虑到发展中的缔约国的出口收入，在其经济发展中可起重要作用，并考虑到这种贡献的大小取决于发展中的缔约国对进口必需品所付的价格，它们的出口商品数量以及这些出口商品所能取得的价格；

（3）注意到发展中国家和其它国家之间的生活水平有一个很大的差距；

（4）认为单独和联合行动对促进发展中的各缔约国的经济发展，并使这些国家的生活水平得到迅速提高是必要的；

（5）认为作为取得经济和社会发展的手段的国际贸易，应当按与本条规定的目的相符的规则与程序以及符合这些规则程序的措施加以管理；

（6）注意到缔约国全体能使发展中的缔约各国采用特别措施，以促进它们的贸易和发展。

议定如下条款。

36.2 发展中的缔约各国须要迅速和持续地发展其出口收入。

36.3 有必要做出积极努力，以保证发展中的缔约国在国际贸易中能占有与它们经济发展需要相适应的份额。

36.4 由于许多发展中的缔约国长期依靠某些有限初级产品的出口，因此，要尽最大可能对这些产品进入世界市场提供更为有利和满意的条件，而且，在认为适当时，要拟订措施以稳定和改善这些产品在世界市场的状况，特别是拟定一些旨在达到稳定、公平和有利价格的措施，使世界贸易和需要有所发展，使这些国家出口的实际收入有一个不停顿的和稳定的增长，为它们的经济发展提供更多的资源。

36.5 经济结构的多样化和避免过分依赖于初级产品的出口，将有利于发展中的缔约国经济的迅速发展。因此，对与发展中的缔约国目前或潜在的出口利益特别有关的某些加工品或制成品，要在有利条件下，尽最大可能增加其进入市场的机会。

36.6 由于发展中的缔约国的出口收入和其他外汇收入长期缺乏，贸易和财政援助同发展有着重要的相互关系。因此，在缔约国全体和国际信贷机构之间需要紧密和持久合作，这样可以作出最有效的贡献，以减轻发展中的缔约国在发展经济中的负担。

36.7 缔约国全体同与发展中国家的贸易和经济发展有关的其他国际团体和联合国的附属机构之间，需要适当合作。

36.8 发达的缔约国对它们在贸易谈判中对发展中的缔约国的贸易所承诺的减少或撤除关税和其它壁垒的义务，不能希望得到互惠。

36.9 缔约各国应单独和联合作出自觉和有目的的努力，为实现这些原则和目的而采取措施。

第三十七条 承诺的义务

37.1 发达的缔约各国——除因被迫原因（也可能包括法律的原因）不能实施外——应尽可能实施以下条款：

（1）优先降低和撤除与发展中的缔约国目前或潜在的出口利益特别有关的产品的壁垒，包括其初级产品和加工产品之间的不合理的差别关税和其它限制*；

（2）对与发展中的缔约国目前或潜在的出口利益特别有关的产品，不建立新的关税或非关税进口壁垒，或加强已有的这些壁垒；以及

（3）①不实施新的财政措施，和

②在调整财政政策时，优先放宽和撤除财政措施。

如果这些财政措施会阻碍或已经阻碍那些完全或主要来自发展中的缔约国领土的未加工或已加工的初级产品的消费的显著增长，并且系针对这些产品而实施的。

37.2 （1）如认为本条第 1 款（1）、（2）或（3）项中的任何一项规定没有付诸实施，没有实施有关规定的缔约国或其他有关缔约国应和缔约国全体报告这个问题。

（2）①经某一有利害关系的缔约国提出要求，并对可能进行的双边协商不造成任何损害的情况下，缔约国全体应就这个问题与有关缔约国以及有利害关系的所有缔约国进行协商，设法达成使所有有关缔约国满意的解决办法，以便促进实现本协定第三十六条的目的。在协商过程中，应当检查不能实施第 1 款（1）、（2）或（3）项所列举的理由。

②鉴于在某些情况下某缔约国与其他发达的缔约国采取联合行动可能更容易实施本条第 1 款（1）、（2）或（3）项的规定，因此，如认为适当，可以为此而进行协商。

（3）缔约国全体在适当情况下，也可以协商采取第二十五条第 1 款规定的旨在促进实现本协定的目的的联合行动。

37.3 发达的缔约国应当：

（1）在由政府直接或间接决定产品的转售价格的情况下，对完全或主要来自发展中的缔约国领土的产品，尽力将贸易利润维持在公平的水平；

（2）积极考虑采取其他措施，为扩大从发展中的缔约国进口提供更大范围，并为此在有关的国际活动中予以合作；

（3）在考虑采取本协定所许可的其他措施以解决某项特殊问题时，应特别注意发展中的缔约国的贸易利益；而且，如采取的措施将影响发展中的缔约各国的根本利益时，在实施这些以前，应研究一切可能的积极的纠正办法。

37.4 发展中的缔约国同意采取适当措施，为其他发展中的缔约国的贸易利益来贯彻实施本协定第四部分的各项规定，但所采取的措施，应符合它们各自目前和将来的发展、财政和贸易需要，过去的贸易发展及整个发展中的缔约国的贸易利益应考虑在内。

37.5 在履行本条第 1 款至第 4 款所承诺的义务时，每一缔约国应对另一有关缔约国或其它有关各缔约国给予充分和及时的机会，以便对可能发生的任何问题和困难，按照本协定正常的程序进行协商。

第三十八条 联合行动

38.1 缔约各国应在本协定规定的范围内和在其他适当情况下共同合

作，以促进实现本协定第三十六条的目的。

第 18 条规定发展中国家在产业保护、金融稳定、外贸管理权上具有灵活性，以此实现发展中国家的经济发展。在《服务贸易总协定》上，其第 4 条规定，不同成员应通过谈判达成具体承诺，以便利发展中国家成员更多地参与世界贸易，其具体承诺应包括增强发展中国家国内服务能力、效率和竞争力，特别是通过在商业基础上获得技术来增强服务能力、效率和竞争力；改善发展中国家进入分销渠道和利用信息网络的机会；在对发展中国家有出口利益的部门和服务提供方式上实现市场准入自由化。在《反倾销协定》第 15 条等条款也规定发达国家成员对发展中国家成员的特殊情况给予特别注意。

《马拉喀什建立世界贸易组织协定》在序言中强调："WTO 成员进一步认识到需要作出积极努力，以保证发展中国家特别是其中的最不发达国家，在国际贸易增长中获得与其经济发展需要相当的份额。"

在程序事项上，DSU 第 3 条第 12 款专门规定，若一个发展中成员对一个发达国家成员提出诉讼，将有权引用 1996 年 4 月 5 日决定的相应规定，来替换本谅解第 4（磋商）、5（斡旋、调解与调停）、6（设立专家组）和 12 条（专家组程序）。除外，第 4 条第 10 款还规定，在磋商中，各成员要特别注意发展中国家成员的特殊问题和利益。

综上所述，对发展中国家的差别与特殊待遇，通过贸易促进发展中国家的经济发展，提高人民生活水平，对于消除世界的贫困，实现联合国千年发展目标，使多边贸易体制更加开放、公正、包容，让更多人从经济全球化中获益是非常重要的。但是 WTO/GATT 对于发展中国家的差别与特殊待遇依然比较原则、宽泛，具体落实措施缺乏，需要改进。

第四章　建立与维护以规则为基础的多边贸易体制

当前和平与发展是世界的主旋律，然而要实现和平共处、共同发展需要各国的政治意愿和国际法的保障。随着经济全球化，多边贸易迅速发展，呼唤一套公平、合理、透明的国际贸易规则。建立一个以规则为基础而不是以权力控治的多边贸易体制是实现多边贸易发展的稳定性和可预测性以及实行国际贸易法治重要的一步。

法律是方法和手段。政治是法律的实质。传统观点认为，国际法是国际条约和国际习惯产生的原则和规则，这些原则和规则调整国家之间的关系，对国家有法律的拘束效力。国际法从制定到解释到实施，都充满利益的讨价还价和价值的冲突及妥协，并且受国家实力左右。《联合国宪章》是几个大国先确定框架的，WTO协议是重要贸易国经过八轮多边贸易谈判讨价还价的结果。各国都是根据自己的利益和价值，将国际法朝着对自己有利一面来加以解释，都是凭借自己的力量来推行自我解释的国际法。法律原则和规则不是自动适用的，它们是人有目的的适用，是国家贯彻自己意图的适用。由于各国的利益存在巨大差距，在国际上达成一致同意的国际条约越来越困难。最有可能真正达成一致的，应该是那些既有共同价值又有共同利益的国家在那些共同感兴趣和有较为相同的立场的问题上。因此在多边关系中求同存异是拉近国家关系的纽带。随着经济全球化的形成，国际贸易是各国普遍关心的问题，即有共同价值也比较容易达成共同遵守的规则。

世界贸易组织的一揽子60个国际贸易协定是国际贸易领域最广泛，也是国际贸易领域唯一完整的法律体系。164个成员都用世界贸易组织规则发声，以证明自己的贸易政策的正确。而小国则可以通过结盟来对抗大国，并且利用国际贸易规则来挑战大国。世界贸易组织多边解决争端，提供了程序性和组织化的工具。各经济体承认这些工具的效力。由于"约定必须遵守"是公认的原则，条约不仅可以帮助你实现政治意图，而且可以帮助你建立实现政治意图的稳定预期。条约作为工具及其效力，对于大国或小国，发达经济体或发展中经济体，都是一样的。在这个意义上，世界贸易组织的规则可以说是比较客观的。世界贸易组织作为有拘束力的排他性的国际条约对164个成员有强制拘束力。一旦加入该组织，成员就都承认WTO法具有程序上和组织上的效力，这就是以规则为基础的多边贸易体制的重要性所在。中国于1998年开始的改革开放进程，主要是结束中国的闭关自守状况，使中国融入国际社会并成为其积极一员，以此服务于四个现代化的政策目标。国际法成为推进这一目标的重要工具。为了同国际社会打交道，我们同许多国家建立了外交关系，并且参加了包括世界银行和国际货币基金组织在内的4000多个国际组织。为了吸引外资，与世界各国各地区开展经贸往来，我们同130多个国家缔结了投资保护协定。为了与各国各地区开展自由公平的贸易，我们加入了世界贸易组织，并且缔结了一系列双边或区域自由贸易协定。由此形成的一套公平、非歧视和透明的国际贸易规则为中国的商品进入国际市场提供了稳定和可预测的国际法律环境，使中国国际贸易突飞猛进地发展。中国已经成为世界货物贸易第一大国。中国是多边贸易体制的受益者。中国也是以规则为基础的多边贸易体制的建设者、维护者。

WTO争议解决备忘录要求法官用解释国际法的国际惯例解释WTO涵盖协议。WTO的大部分裁决引用了解释条约法的《维也纳条约法公约》进行法律分析。该公约规定，正确的解释条约的方法是了解该条约的目的与宗旨（Object and Purpose）、文本与上下文（Text and Context）、条款的正常含义（Normal meaning）等。本文论建立和维护以规则为基数的多边贸易体制，就从GATT/WTO的目的与宗旨开始。接着概述多边贸易谈判、GATT/WTO条款的基本原则、争议解决的沿革、WTO争议解决的成就、问题与挑战。

一　目的与宗旨

作为第二次世界大战后在布雷顿森林召开的世界金融大会的产物，GATT/WTO与世界银行、国际货币基金组织被誉为世界经济三大支柱。GATT/WTO的宗旨是提高生活水平、保证充分就业、保证实际收入和有效需求的大幅稳定增长以及扩大货物和服务的生产和贸易，同时保护和维护环境，保证发展中国家特别是其中的最不发达国家，在国际贸易增长中获得与其经济发展需要相当的份额，通过达成互惠互利安排，实质性削减关税和其他贸易壁垒，消除国际贸易关系中的歧视待遇，决定建立一个完整的、更可行的和持久的多边贸易体制，决心维护多边贸易体制的基本原则，并促进该体制目标的实现。

GATT/WTO一直力图通过降低关税、去除贸易壁垒、提高贸易法规透明度、为贸易谈判提供论坛、创设贸易争端解决机制等方式为消除贸易壁垒和发展贸易同时保障成员的权利和人民的福祉提供支持。两次世界大战以及曾经的东西方"冷战"说明，和平与合作，而非战争与掠夺，才是人类共同发展与繁荣的唯一出路，而在人类的合作形式中，经贸合作扮演着重要角色。事实证明，依照公平、公正、透明的规则进行的国际经贸活动，能够跨越东、西方的意识形态分歧，消除歧视，促进国际贸易的发展与国家间的经济合作。建立一个公平、公正、开放、有序和包容的以规则为基础的多边贸易体制，有利于缩小南、北方经济差距，消除贫困，以便实现联合国的千年发展目标。

  为实现这一宏伟目标，GATT/WTO 与世界银行与国际货币基金组织的执行手段和方法不同。世界银行是通过向发展中国家提供优惠或中长期贷款用于消除贫困。20 世纪 60 年代起，世界银行也发起设立了解决投资争端国际中心（ICSID）为发展中国家的海外投资提供非商业保险的投资担保机构（MIGA）[①]。GATT/WTO 是通过多边贸易谈判，制定国际贸易规则，审议各成员的贸易制度，多边解决贸易争议和技术合作，向发展中国家提供差别和优惠的待遇实现 GATT/WTO 总则确定的目标。国际货币基金组织是制定国际货币政策，协助成员国实现外汇收支平衡，为财政困难和金融危机的国家提供紧急金融支持。从制度设计上看，国际货币基金组织和世界银行如同股份有限公司，出资多的股东发言权大。加入世界银行必须先加入国际货币基金组织。任何一名股东的股份的提升必须经过全体缔约国同意，事实上股份变更非常困难，其发言权也受到限制。金砖国家特别是中国的股份和投票权与其国际地位和话语权不符，因此对货币基金的改革呼声很高。对于世界银行不仅改革其投票权还要改革其贷款政策。美、欧、日等出资国在向发展中国家发放贷款时设立很多限制性条件，例如借款国的民主，人权，劳工政策等。此外，世界银行的资金不足和贷款效率不够高等都需要改进。另一方面，世界贸易组织虽然决策形式平等，为一个成员一票，但是决策的民主性却影响其决策效率。多哈回合久拖不决就是证明。在全球治理中如何发挥这三个国际经济支柱的作用是一个亟待解决的问题。

  中国积极参加三个国际机构的决策和改革。中国自改革开放以来，先后加入三个在国际金融、国际投资和国际贸易组织是中国融入国际社会，在国际经

[①] 1982 年至 1984 年，笔者在世界银行法律部做法律顾问，参与世行向巴基斯坦和塞内加尔等国的优惠贷款的谈判。当时笔者还参加 ICSID 秘书处会议和 MIGA 的起草论证会议。1989 年至 2005 年，笔者担任亚洲开发银行的助理法律总顾问、大湄公区域局副局长和欧洲局长。这些国际机构的主要任务是为发展中国家提供优惠贷款，组织区域合作项目和促进贸易便利化。削减贫困是我们的总目标（Poverty reduction is the overarching goal）。

济治理中发挥重要作用的标志。特别是中国货币——人民币加入国际货币基金组织的特别提款权的一揽子重要国际货币。中国在国际货币基金组织的的股份扩大，表决权提升。中国高级专家在国际货币基金组织担任副总干事，世界银行担任首席副行长，在世界贸易组织担任副总干事、上诉机构法官和主席等高级领导职务。中国的软实力在提升。三个国际机构的总则基本上是为消除世界贫富差距，寻求可持续和平发展，这与联合国宪章是一致的。但是如何解释总则，如何执行既定方针，如何发展这三个在国际经济领域重要的国际组织是各成员国谈判和博弈的过程。这种博弈没有完成时，只有进行时。培养一大批国际金融、投资、贸易和国际法、国际关系、国际经济的专家在该组织内的改革中发挥作用，发出中国声音和引导作用是建立与维护多边体制的关键。

二 多边贸易谈判

WTO 是 GATT 八轮多边贸易谈判的产物。WTO 所达成的 60 多个一揽子协议反映了一百多个成员政府的政治意愿和世界各种法律体系的贡献。WTO 的制度设计匠心独运，与其他世界经济组织不同，WTO 并非完全由成员的实力导向，而是规则导向，这使 WTO 往往将权力斗争、利益博弈与意见分歧导入法治轨道，通过艰难的多边贸易谈判，制定了比较完整的贸易规则，被誉为《世界贸易宪章》。第八轮乌拉圭回合谈判使 GATT 从货物扩大到服务贸易，与贸易有关的知识产权，与贸易有关的投资措施。这些新议题亦称"三驾马车"是发达国家在其跨国公司主使下纳入乌拉圭回合的一揽子谈判议题。中国政府作为乌拉圭回合谈判的观察员，派我参与了乌拉圭回合的最后谈判①，以观察员身份参加了 1991 年 12 月 17

---

① 1984 年至 1998 年，笔者在中国对外经济贸易部担任条约法律司处长、司长期间，直接参与了与美国和欧盟关于知识产权的谈判。1991 年底，美国又一次将中国列为"未对美国的知识产权给予充分有效保护的国家"。印度和中国都被列为该黑名单上，美国可以随时对列在黑名单上的重点国家实行贸易报复。1991 年 12 月中旬，李鹏总理访问印度。李总理询问印度总理对于美国所谓的黑名单有何对策。印度总理建议中国立即派专家赴日内瓦，参加乌拉圭回合"关于与贸易有关的知识产权"的最后谈判。随李鹏总理访问印度的中国对外经济贸易部吴仪部长当天打电话给笔者，决定派笔者尽快赴日内瓦参加知识产权的 10 个发达国家与 10 个发展中国家的最后谈判。笔者在两天后抵达日内瓦 GATT 总部，参加了乌拉圭回合最后的谈判。谈判非常紧张，发展中国家不断协调立场，特别是坚持对专利的强制许可和发达国家对发展中国家的技术转让，发展中国家有较长的过渡期等条款。最后一天的谈判通宵达旦，直到第二天 12 月 20 日清晨六点。邓克尔总干事在 GATT 全体缔约方代表大会上宣布乌拉圭回合谈判结束，形成邓克尔草案（DDT），即乌拉圭回合的一揽子协议。

日至 20 日在日内瓦召开的与贸易有关的知识产权协议草案的十个发达国家与十个发展中国家的乌拉圭回合的终局谈判。

乌拉圭回合初始，发展中国家反对将这些新议题如"知识产权"纳入乌拉圭回合的多边贸易谈判。发展中国家认为，知识产权已经有很多国际公约，如保护版权的伯尔尼公约，关于专利的巴黎公约，保护商标的马德里协定以及世界知识产权组织（WIPO）等关于知识产权的国际机构。不应该将知识产权纳入以货物贸易为主的 GATT。发达国家强调知识产权保护与贸易密切联系，发达国家服务贸易和知识产权贸易已经占其贸易总额的 75%以上。另外发达国家认为世界知识产权组织没有类似 GATT 的贸易报复的手段，即"没有牙齿"，因此主张一定将知识产权纳入 GATT。之后，发展中国家从其发展长远利益考虑，改变了谈判策略，变被动防御为积极参与和主动出击。因为乌拉圭协议是一揽子协议。其中关于取消纺织品配额和农业协议等对发展中国家有利。另外，科技是第一生产力，保护和吸引知识产权的投资是发展中国家脱贫和经济发展的重要推动力。与其让发达国家单方面达成一个对发展中国家不利的知识产权协议，不如发展中国家参与谈判，争取达成一个比较公平的协议。再加上，当时美国严厉执行其国内贸易法关于保护知识产权的"特殊 301"条款，已经将中国、印度等国列入对美国的知识产权未给予"充分有效"保护的"重点国家"黑名单，美国随时可以对在黑名单上的重点国家采取单方面贸易报复。如果将知识产权纳入 GATT，美国则不可以采取单方面的贸易报复措施。多边贸易体制对发展中国家是一把保护伞。

乌拉圭回合对知识产权提高了保护水平：对计算机软件视为著作权保护 50 年；专利保护期由 15 年提高到 20 年；对农业、化学药品给予专利保护。但是发展中国家坚持保留对专利的强制许可，发达国家对发展中国家的技术援助，最不发达国家有更长的过渡期等条款。事实证明，保护知识产权促进了发展中国家包括中国的科技发展。2014 年，中国的专利申请已经占到世界的专利申请量的 1/3。仅以华为一个公司为例，该公司拥有 4 万项专利，研究与开发费用占其收入的 12%，世界领先。由于对计算机软件的保护，中国的 IT 技术迅速发展，带动中国的网购，互联网贸易达到世界领先水平。乌拉圭回合的成果之一是取消纺织品配额，便利了中国的服装、鞋帽的大量出口。

1995 年 1 月 1 日，一个具有国际法人资格的世界贸易组织（WTO）成立。2001 年发起的多哈回合谈判被视为"发展回合"。部长会议决议为保护人类健康，对可以治疗艾滋病等传染性疾病的新药，应鼓励该类专利的转让。2014年12月7日，经过艰苦的谈判，巴厘岛部长会议就贸易便利化达成一揽子协议。但其后巴厘岛协议的落实也是一波三折，至今多哈回合谈判未果。

笔者在中国对外经济贸易部担任条约法律司司长参与了中美、中欧历时10年的艰苦的知识产权双边谈判，又亲历乌拉圭回合多边知识产权谈判。对比多边和双边的谈判，笔者感到在多边谈判中，谈判各方都是平等的。而在双边谈判中，发展中国家单枪匹马与老牌的西方发达国家较量，其谈判实力往往不敌美欧发达国家。而且发展中国家单独与发达国家谈判，很难说服发达国家的谈判对手改变其不合理的要求。在多边谈判中则不然，某个发展中国家的诉求可以得到很多其他发展中国家的支持与共鸣。多边谈判对发展中国家是一个保护，可以提升发展中国家的谈判能力，迫使发达国家调整其强硬立场。双边谈判中，发达国家对发展中国家特别是对中国歧视。而在多边关系中，各国不论强弱，必须执行非歧视的原则，相互给予无条件的最惠国待遇。我们加入WTO也是经过15年的艰苦谈判。获得在多边贸易谈判的合法与平等身份来之不易。我们应该坚持多边贸易谈判和维护多边贸易体制。

三 WTO涵盖协议内容广泛，且具有扩展性

早期GATT是货物贸易时代的产物，其主要内容集中于关税减让，但经过数十年的发展，WTO涵盖协议已经超越货物贸易，深入到与贸易有关的投资、与贸易有关的知识产权、服务贸易、技术贸易壁垒、检验检疫协议等领域，其内容也涉及几乎所有的贸易措施。这是人类历史上第一次在如此大范围的经贸领域内达成多边协议，对世界经济一体化的贡献不容低估。

GATT/WTO的基本原则为：（1）非歧视原则即无条件的最惠国待遇MFN，国民待遇原则；（2）关税减让、消除关税壁垒；（3）公平贸易原则，即反倾销、反补贴和贸易救济措施；（4）透明度原则；（5）多边解决贸易纠纷；（6）对发展中国家差别与优惠待遇。

WTO涵盖协议（Covered Agreement）提供了国际贸易规则，使国际贸易规则比较可预测、稳定有连续性。WTO全套的规则可以使数亿贸易经商者在迅速发展的国际经济一体化中不被强食，其权利与义务比较可预测，有一定法律保障，减少风险。中国加入WTO使美国修改了其对中国的最惠国待遇条款和不合时宜的《杰克逊—瓦尼克》修正案，并使中美贸易关系正常化（Normal Relationship），相互提供无条件的最惠国待遇，为中美贸易的发展提供了法律保证。WTO 涵盖协议通过引入世界知识产权等一系列国际公约，通过条约解释外延从 WTO 涵盖协议扩展到其他国际法（例如，国际环境保护公约、保护稀有动植物公约等），使国际法可被用于 WTO 案件的法律分析。这也是 WTO 法对目前碎片似的国际法的整合做出的贡献。WTO 是成员主导的国际组织，其决策民主、协商一致、一个成员一票，反映了国际法主权平等的原则。但是由于决策程序漫长和使全体一致同意很困难，这也为 WTO 涵盖协议的修改与进一步扩展增加了难度。

四　WTO 争端解决机制具有专业性和比较有效的执行力

这一机制充分借鉴了国际仲裁和诉讼公约以及世界主要法律传统的司法经验，融合了诉讼、仲裁与调解等多种争端解决方式的元素，使 WTO 的争端解决机制兼具比较公平性与灵活性。其中一些独特的安排，如"反向一致"决定设立工作组与通过专家组和上诉机构的裁决，提高了司法效能；WTO 的裁决是向前看（Prospective），对被诉方过去违法的措施给申诉方造成的损失既往不咎，仅仅要求该败诉方迅速修改（Modify）或撤销（Withdraw）其不合规的措施等，鼓励各成员遵守 WTO 规则，积极改革其内部贸易规定，使其符合 WTO 规则，降低各国经济改革的成本；处理争议的专家和上诉机构法官独立、公正办案，客观地审理案件的规定，保障了 WTO 准司法的客观与公正性；当事方负举证责任，即"谁主张、谁举证"的要求以及在条约解释方面的案例与经验均获得国际社会特别是法学界的肯定，因此，WTO 争议解决机制被广泛使用。

自 WTO 争端解决机制运行以来，迄今已经受理 500 多个案件，WTO 成立 20 年来受理的案子是 GATT 时期 50 年受理的案子数量的近一倍。WTO 成为拥有准司法职能的受理案件最多、最活跃的一个国际组织，使 WTO 成为"有齿之虎"。它的"齿"不仅表现在可以经 DSB 授权胜诉方向未履行裁决的败诉方施行贸易报复，每月两次的 DSB 大会上，败诉方必须向 WTO 全体成员报告其执行裁决的情况，从而使 WTO 全体成员对未履行裁决的败诉方进行实时监督和施加压力，迫使该成员履行 WTO 裁决。

WTO 法是国际法，其既不是英美的普通法，也不是欧洲的大陆法。WTO 争议解决的个案裁决不具有普遍约束力。尽管 WTO 争端解决机制的"裁决"并非先例，但随着案件的积累，WTO 裁决为其成员提供了"法律期待"，越来越引起广泛的重视，也成为世界各国法律专家们的研究和教学参考。

WTO无法从根本上改变世界经济体系。WTO是世界经济体系的产物，它受制于这一体系既有的结构和运行规律。这一结构包括南、北之间的经济差距，以及由此引发的利益分歧，这种分歧是导致多哈回合难产的深层原因。尽管WTO框架通过复杂安排试图吸收世界经济体系不均衡带来了负面影响，但并不能够彻底改变它。对于力图争取更加公平、合理的世界经济秩序的成员而言，不仅需要围绕WTO进行耐心、细致的努力，也需要成员政府拿出政治意愿突破障碍达成协议，尽早完成多哈发展回合的谈判使命，使世界重建对WTO的信心。以规则为基础的多边贸易体制可以保护发展中国家的利益。如果多边贸易体制受损，贸易保护主义卷土重来，将使穷国雪上加霜。

自金融海啸之后，世界经济秩序受到冲击，处于深刻的变革之中。在国际经贸领域，一些新的动向也引起人们的注意和猜测。这些新的动向包括如下四方面。

第一，区域经贸合作高速推进。由于多哈回合谈判进展缓慢，一些新的议题转而通过区域性的"小多边"谈判的方式加以推进。其中比较引人注目的，包括正在谈判受阻的《跨太平洋伙伴关系协议》（TPP）与《欧美跨大西洋贸易与投资伙伴协议》（TTIP），这些谈判中的议题都涉及了服务贸易、投资、知识产权、国有企业等内容，将WTO协议提出的自由贸易水平进一步拉高，但同时也将削弱非协议成员国的国际竞争力。总体来看，世界正在出现区域经济一体化的明显趋势。区域自由贸易协定是WTO的无条件最惠国待遇基石条款的例外，被视为"灰区"。区域自由贸易协定应该是透明的、开放的，不应损害区外成员的既得利益。

第二，WTO框架下无法以多边方式达成协议的内容，转而以诸边方式加以推进。其中较为典型的是由美、澳发起，有21个成员国参与的"诸边服务贸易协议"（TISA）的谈判。诸边协定还包括国际电信协议（ITA）。

第三，在投资等领域，过去无法在WTO框架下推进的内容，转而以双边谈判方式取得进展。例如，中美投资协定谈判正在进行。但是，也有些国家（例如澳大利亚等国）暂时中止与外国的双边投资协定谈判。主要是因为对双边投资协议的条款解释诸如：国家为公共利益管理投资的措施如禁烟措施等是否违反了"国家对投资者的公平公正待遇"的问题尚存争议。

第四，以中国为代表的新兴经济体正在扮演受关注的角色。随着新兴经济体国力的增强以及本国产业升级的需要，其立场也在发生微妙的变化。例如，中国在投资、知识产权和服务贸易等领域表现积极。2013年，上海自贸区的成立显示出中国扩大对外开放的决心，这无疑将对全球自由贸易产生积极影响。2014年APEC领导人同意开启亚太自由贸易协定谈判是具有里程碑性质的。亚太自由贸易协定可以整合亚太地区现有的55个区域贸易自由协定，将来也可以把其他有关联的区域贸易协定容纳进来。随着世界经济格局的变化，传统意义上的南、北关系和南、南关系也将出现某些调整，新兴经济体将与发达国家之间寻找到更多的共同关注点，而新兴经济体之间的竞争也增加，这一新的局面将进一步影响WTO。

在时局变化之中，有一些学者对WTO的前景表示担忧，认为区域经济一体化的快速进展将"架空"WTO，发达国家与发展中国家之间新的分化将"拆散"WTO，美国有人提出可能退出WTO，世界上某些逆全球化的不协调的声音威胁着以WTO为核心的多边贸易体制，也有的认为WTO自身的一些制度弱点将"削弱"WTO。对此，笔者有不同的看法。

首先，目前区域性经贸协议取得的新进展建立在WTO既有成就的基础上，而非颠覆WTO的成果。作为WTO成员国在区域经贸协议中提出的标准，不能达成低于WTO项下的承诺，这意味着，区域经贸协议只能是WTO协议的"升级版"。区域自由贸易协定的谈判要向WTO通报。WTO应该对区域自由贸易协定进行监督。此外，与区域性经贸协议不同，WTO是一种全球贸易规则框架，这种框架具有普遍适用性，将为跨区域之间的经贸合作提供平台，这是区域性经贸协议无法取代的。事实证明WTO促进了国际贸易的发展，在国际金融危机的情况下遏制了贸易保护主义的死灰复燃。WTO受到国际社会的普遍支持与信赖。其成员164个国家和单独关税区无条件接受WTO的管辖。WTO是不可能被拆散的，其具有70年的历史，被世界广泛认可，是国际贸易领域最具权威、最具有生命力的国际机构。WTO不会灭亡。

其次，在多哈回合中，发达国家与发展中国家之间的分歧较大，这必然增加WTO谈判的难度，但另一方面也表现出发展中国家谈判实力和技巧的改善，以及自身经济地位的提升。从某种意义上讲，这本身亦是WTO的一种成就。但随着WTO成员的增加，谈判议题日趋广泛，已足以引起它不堪重负的担忧。在这一局面下，保持WTO的稳健发展，增加发达国家对发展中国家特别是对最不发达国家的援助，增加对贸易的扶持，支持发展中国家的能力建设，坚定不移地维护和促进多边贸易体制的发展是关键。

最后，当今世界国际组织的治理模式并非一元，而是多元，且每种治理模式皆非尽善尽美。联合国、世界银行、国际货币基金组织等国际组织都存在这样或那样的缺陷，改革的呼声都很高。但是，如何更加合理地改善WTO，并非简单的问题，首先WTO成员应坚持WTO的基本原则，反对贸易保护主义，反对歧视，坚定维护WTO多边贸易体制。此外，呼吁改革的成员和专家也有责任提出合理的改革构想。

作为"抛砖引玉"，笔者个人有几点粗浅的非常不成熟的建议。

1. 改善WTO的决策机制。建立类似联合国常任理事国的决策机制。决策机制可以由发达成员与发展成员搭配的15—20个常任决策成员组成，决定日常重大政策的落实和提出政策建议，供每两年的部长会议决定。该常任决策成员可以每两年轮选更换。

2. 成立贸易便利化基金。联合国曾通过决议要求发达国家每年提供相当于其国民生产总值的0.7%的捐款，支持发展中国家消除贫困。多边金融机构包括世界银行和区域开发银行的赠款或软贷款大部分来自发达国家的赠款。另外多边金融机构与WTO建立了支持贸易发展的合作机制。多边金融机构应该把发达国家的赠款的一部分直接交给WTO使用，成立支持发展中国家特别是最不发达国家的贸易便利化项目的实施的基金。

3. 改善WTO争议解决机制。增加对专家组成员的培训，扩大发展中国家的专家参与WTO解决争议。扩大上诉机构的职能，比如在推翻专家组报告的某些裁定后，上诉机构可以对涉案实事进行补充审理，以便完成法律分析，避免退回重审，从而降低当事方的诉讼成本。通过部长会议授权，WTO争议解决也可以受理与贸易有关的投资争议，与贸易有关的环境争议，以及FTA的争议。

4. WTO应该加强对区域自由贸易协议和诸边协议谈判的监督和管理。WTO部长级会议应该对解释与执行GATT 1994第24条边境与区域自由贸易定条款作出决议，成立专家组审议已经达成的区域自由贸易协议和诸边协议并报告部长会议主要问题和方向。

迄今为止，WTO的涵盖协议主要延续了以发达国家为主制定的GATT 1947和乌拉圭回合谈判的一揽子协议。当时，中国尚未恢复在GATT的席位。中国加入WTO以后，由边缘的观察员完成成员，而且是一个重要的成员。中国应积极参与WTO规则的制定与修改,积极参与贸易制度审议和多边解决争议。学界对国际法、国际贸易法、WTO法、国际司法的法理与实践的研究迫在眉睫。要在WTO的各项职能中发挥作用,提高国家软实力,人才是关键。

最后,人类历史表明,每一个国际组织都要适应历史潮流,为提供就业,改善人民生活,保持社会、经济可持续的发展不断做出贡献。WTO应面对挑战、不断改革,提高其决策效率,以便有能力将人类的经贸活动推向更加有序、平等、开放、繁荣、包容的新纪元;与此同时,我们也应对改革的难度有清醒的估计。

第五章　笔者在 WTO 上诉机构的告别演讲[*]
（2016 年 10 月 26 日在 WTO William 大会议厅）

争端解决机构主席 Carim 先生，
WTO 的成员们，
亲爱的上诉机构及其秘书处的同事们，
亲爱的朋友们，
女士们和先生们：

  时光飞逝。作为 WTO 最高裁决机构——世界著名的 WTO 上诉机构的一员，我已经完成了 8 年的工作。这过去的 8 年是我 50 年职业生涯中最值得纪念的时光。在上诉机构任职是一种无上的荣耀。我想要感谢所有那些能够使我有成为这个独特机构一员的人。

  能和如此智慧、博学、专业的上诉机构成员们以及非常敬业的上诉机构秘书处的同仁们一起度过这 8 年，对我来说是一种荣幸，也是一种真正的享受，从过去到现在一直如此。值此向你们告别之际，我向你们每一位表达我的感激之情。

  当我被任命为上诉机构的成员时，我认为 WTO 这项任命对自己"使命光荣，责任重大"。2008 年 5 月 23 日，我在你们所有人面前宣誓，承诺为了以规则为基础的多边贸易体系服务，根据 WTO 法独立地、公正地、认真地解决贸易争端，在履行职责和义务中，避免任何利益的冲突。独立性和公正性对裁决人员来说至关重要。我们不附属于任何政府并且不与任何一当事方交流，这是对所有专家组和上诉机构成员的强制性要求。这种要求保护的不仅仅是上诉机构的权威与尊严，还有裁决人员的诚信和信誉。像上诉机构的同事们一样，我承诺自己在执行上诉机构的工作中，在确保多边贸易体系的安全性和可预测性

---

[*] 告别讲演的英文原版请见本书附录二。

上，具有奉献精神和优先精神。这不是空头支票，而是我已经兑现了的承诺。我从来没有因为个人原因而缺席任何上诉机构的工作。2008年10月，就在我应当按预先安排赶到日内瓦参加上诉案件审理工作之前，我的父亲住院了，我不愿意离他而去。我的父亲告诉我："你应该去日内瓦。解决那种规模的世界性争端比我的健康重要得多。我会痊愈的。"在他的坚持之下，我按计划回到了日内瓦。经过了上诉程序的听证会、7位上诉机构成员间的意见交换以及合议庭合议，我直接回到了北京的医院，但是我的父亲已经过世了。我的丈夫告诉我，我的父亲曾说过，他以我为傲。这是他的最后一句话。

我不仅受到了自己父亲的激励，还受到了WTO上诉机构创始人的鼓励，其中Julio Lacarte主席、Florentino Feliciano大法官、John Jackson教授都在去年过世了。我很幸运曾经和他们一起在日内瓦、北京和其他城市开会。他们和我分享了他们对WTO法律和实践的丰富经验。他们的视野、专业精神和奉献精神对我产生了深远的影响。

我真诚地对6位上诉机构的同仁们表示感谢。感谢他们的敬业精神、渊博的WTO法学识、合作精神、睿智与长期处理多边贸易谈判和争端解决的经验，感谢他们总是让我们的审议热烈、尖锐、顺利并且富有成果。

作为上诉机构成员，我们努力工作。尽管经历着频繁的长途出行，我们中的许多人还是从凌晨4点开始，通过电子邮件对案件的法律问题开始非正式评议，接着就是紧张的会议，从整个工作日的白天持续到黑夜，甚至到周末。因为很难从时差综合症中完全恢复，几乎所有的上诉机构成员都改变了他们固定的睡眠时间，变成了早起的鸟儿。

在我看来，考虑到提交上诉的案件的复杂性，上诉机构成员的兼职状态以及90天完成上诉机构报告的压力不能持续，特别是在成员们工作负担沉重的时候。由于任命进程的延迟，在2013年的9个半月里，上诉机构只有6名成员。现在，上诉机构仅剩5名成员。目前空缺的两个上诉机构成员职位应当尽快填补。

我还想对在上诉机构秘书处工作的富有能力的律师和敬业奉献的工作人员们表示感谢。他们同样工作非常努力，包括在夜晚和周末，而且经常以牺牲个人和家庭为代价。

合格律师的短缺是WTO争端解决机制面临的一个重大挑战。稳定的和经受过良好训练的律师对上诉程序的顺利进行和保存对上诉机构机构活动的记忆是非常重要的。不幸的是，在过去的8年里，我目睹了7位律师离开上诉机构秘书处，他们中大概40%的人去了律师事务所。WTO急需聘任非常合格的律师并且留住他们。

上诉机构和上诉机构秘书处的同事们待我像家人一般。在过去的8年里，我有4个春节是在日内瓦上诉机构的工作中度过的。让我惊喜的是，上诉机构成员的同事们和上诉机构秘书处的工作人员组织了派对来庆祝我的生日。我被他们为我的告别而创作的歌曲和舞蹈所深深感动，流下了眼泪。我永远不会忘记他们给予我的热情款待和亲密的友谊。

我同样非常感谢中国政府，在我从亚洲开发银行退休之后，中国政府推荐我去WTO上诉机构任职。中国政府也从来没有干涉过我在上诉机构的工作，即便在我和上诉庭其他成员合议裁决中国政府采取的某项措施不符合有关涵盖协议的某些条款时。他们对WTO裁决书的遵守履行，令我印象十分深刻。

我对WTO的其他成员方同样表示感谢。他们遵守上诉机构的裁决，即使裁决中裁定他们的某些措施是违反涵盖协议的。争端解决机构通过的裁决的强制性和有效执行性，是WTO争端解决机制成功的关键。同时，WTO成员方对裁决人员的信任和信心，鼓励着上诉机构为确保贸易争端得到迅速、积极的解决而全力以赴。

裁决人员们在办案中就其裁决的案件发表评论一般来说是不明智的。因此，在上诉机构任职的8年多，我几乎没有露过面、没有发过声。

但是在一些场合里，上诉机构成员一向可以比较开放、比较坦率地表达个人的观点。遵循上诉机构的传统，我想要借这次告别演说的机会，向WTO争端解决机制以及上诉机构提供几点个人的小小建议。

WTO争端解决机制受到了高度赞誉，时常被称作WTO"皇冠上的明珠"。WTO争端解决机制的建立，包括常设的上诉机构的创立，是一个重大的成就。一些区域或者双边贸易和投资协定将引入类似的常设法庭，这种事实表明，WTO上诉机构已经成为了解决贸易和投资争端的模板。

WTO法是国际公法的一部分。贸易是世界经济发展的引擎。超过98%的全球贸易受到WTO法的约束，从而WTO法为多边贸易体系提供了安全性和可预测性。因此，协调一致的、有约束力的WTO法有助于维持国际公法的统一性，减少其碎片化。我相信，WTO法同样为全球经济治理做出了贡献，增强了诸如法治、问责制、透明度和包容性等重要法律原则。

在过去的 8 年里，我见证了 WTO 法以及争端解决在全球金融危机以及经济衰退背景下，为防止贸易摩擦和减少贸易保护主义做出了许多贡献。同时，我见证了 13 个新成员方加入了 WTO，承担了以规则为基础的多边体系下的义务。WTO 已经真正地成为了一个"世界性"的组织。

与此同时，我也意识到，WTO 成员方通过多边贸易谈判就重要问题达成共识是极其艰难的。WTO 缓慢的决策程序需要改革。

总的来说，我相信以坚实的法律基础、成功的争端解决机制以及妥善的谈判和贸易政策审查机制、有效的技术合作为支撑，WTO 显然富有活力，不仅能在困难的时刻生存下来，还能为世界和平与发展做出贡献。WTO 永远不会灭亡！

在最近几年，WTO 争端解决机制面临着很多挑战。例如，成员方对争端解决的需求很高，提交到 WTO 的案件数量持续增多，提出了更多的和更加复杂的问题，书面意见和报告变得更长。这所有的一切导致了更加沉重的工作负担，造成了经验丰富的专业人员的短缺，然而预算是紧张的。WTO 该如何应对这些挑战？

我想提出几点初步的个人想法和建议。

第一，WTO 应当探索更多地采用非诉讼方式解决政府间贸易争端的可能性，例如通过磋商、调停与调解（也称为替代性纠纷解决，即 ADR）的方法。这可能会是一种理想的选择。因为 ADR 程序比正式诉讼程序更快，当事方耗费的成本更低；ADR 与正式裁决比较，在程序上更加灵活，不那么文牍主义，当事方负担较小。此外，ADR 能够缓解当事方之间的冲突，并且有助于维护 WTO 成员方之间的长期贸易关系。当事方的意思自治是争端解决的基本原则。如果当事方愿意通过自愿、和平的方式解决贸易争端，在符合法律又不影响第三方权益的情况下，这种做法应当受到鼓励。《关于争端解决规则与程序的谅解》（DSU）应当鼓励成员方通过 ADR 方式解决争端。一些成员方可能会担心 ADR 解决争议的结果的可执行性问题。正如 WTO 争端解决机构（DSB）通过的专家组报告和上诉机构报告具有法律效力一样，DSB 同样可以通过当事方之间的有关的 ADR 协议。

第二，如果磋商失败，WTO 争端解决程序的下一步是非常重要的专家组阶段。专家组报告的质量，以及事实调查和法律推理，是这一阶段至关重要的组成部分。专家组是临时设立的。专家组成员的选任和培训极其关键。为了确保

WTO 成员方能够公平地得到代表和参与这一程序,从发展中成员方选任和培训专家组成员应当是 WTO 法律援助议程的重中之重。

第三,需要采取措施来解决当前有能力的律师短缺的问题,以支持专家组和上诉机构的工作。应当鼓励合格律师的内部流动,应当鼓励关于事实调查和法律推理的在职培训,并为争端解决部门的秘书处人员提供更多这方面的机会。起草符合 WTO 法、合乎逻辑、有说服力、简明扼要以及便于读者阅读的报告,这应当是 WTO 争端解决机构内部质量管理的关键目标。

第四,WTO 的职能机构和委员会应当及时澄清和解释 WTO 的涵盖协定,通过嗣后协定,使一系列次级规则得迅速通过。

作为 WTO 的最高决策机构,部长级会议的决议应当被赋予更大的权威性。所有成员方应当诚信地遵守一致通过的部长级会议决议。

第五,关于发回重审的问题,我认为引入这种新的机制可能不会有效果,因为一旦当事方知道了上诉机构裁决的结果,他们可能不愿意提供其他将会证明他们违反涵盖协定的真实信息。此外,组建新的专家组非常耗时,可能会拖延案件进程,给当事方造成更加沉重的负担。如果专家组进行彻底的事实调查,并且当事方配合地提供所有无争议的证据并且签署一个事实协议声明,就不需要专家组践行"司法经济"原则。然后,在上诉审查阶段,如果上诉机构推翻了专家组的部分解释或者结论,上诉机构就可以基于专家组报告中的无争议事实、其他真实信息和调查结果,完成法律分析。通过完成法律分析,可以避免上诉机构对部分专家组裁决的无定论,不会使得案件悬而未决。

第六,许多专家组会议和听证会现在对公众开放。一些成员方不愿意将听证会对外开放的一个主要原因是它们在日内瓦没有常设机构、律师或学者,或者只有少数代表,可以从听证中获益。通过互联网的方式传播或提供专门渠道,更多成员方和民众可以在世界各地从公开听证会程序中受益。让 WTO 争端解决程序更加透明,有助于 WTO 法的传播以及对公众的培训。《关于争端解决规则与程序的谅解》第 17 条关于审理程序是保密的条款也应当做出相应修改。

第七,进一步改善 WTO 争端解决程序应当着眼于发布更加简明扼要的和更有说服力的报告。应当通过规范页数,使得当事方意见书的书写变得更加简洁。通过仲裁确定的合理期限应当不超过 15 个月,报告也没有必要冗长地阐述这种决议。第 21.5 条的相符性程序应当着重于审查败诉方执行的措施是否符合 DSB 通过的裁决，而不应当重新开始对整个案件的再次审理。

第八，《关于争端解决规则与程序的谅解》规定，上诉机构最多应当在 90 天之内提交报告。但是 90 天里包括休息日、假期，还有将报告翻译成 WTO 官方语言所需要的时间。所以上诉机构实际工作的时间其实只有 2 个月。基于所涉法律问题的复杂性和新颖性，这种紧迫的时间要求应当更加灵活。裁决报告的质量和结果应当是争端解决程序需要首先考虑的问题。在我看来，如果能给上诉机构提供必要的审议和起草报告的时间，其报告可以变得更简洁、更清晰。

第九，为实现联合国减少贫困和提高世界人民生活水平的千年目标，贸易政策发挥着重要作用。几个 WTO 的涵盖协议确保了政府有依法监管和管理权。从那些保护公共利益的政策中，我看到了环境保护和适当的补贴政策。

举个例子来说，是否应当使《补贴与反补贴措施协议》第 8 条"关于不可诉补贴"的规定重新生效适用？我认为对科学研究活动的资助、对落后地区的资助、依照法律规定，出于适应新的环境保护要求而改进现有设施的资助，应当是不可诉的。

第十，目前多边贸易谈判进程缓慢，区域自由贸易协定谈判进展迅速。区域自贸协定的数量已经超过了 400 个。除了仅仅收集自贸协定的报告和信息之外，WTO 是不是应当采取更多的行动？也许 WTO 可以发挥协调功能，或者向成员方提供最好的实践或范例，以提高相对弱小的成员方在谈判时的地位，并且帮助避免自贸协定和 WTO 涵盖协定的冲突。跨境贸易的新模式正在兴起，例如通过互联网进行的进出口贸易。WTO 是不是应该准备好制定相关规则来规制新形式的贸易？

针对上述所有任务，我们需要高素质的人才、贸易专家、经济学家以及 WTO 律师。人力资源的发展是关键，特别是需要培训发展中国家的 WTO 专家。

作为个人反思的结语，我对已经受到 164 个成员方充分的、广泛的支持的 WTO 争端解决机制，是非常有信心的。更重要的是，WTO 争端解决是由非常有能力的、高度专业的、知识非常渊博的上诉机构成员、专家组成员、秘书处人员和 WTO 成员方参与运作的。我从心底里再次感谢你们非常辛苦的工作，以及对 WTO 争端解决机制成功运作做出的卓有成效的贡献。我为自己是其中的一员而感到骄傲。我把最好的祝福送给你们！

附　录

附录一

Contribution of the WTO Appellate Body to Treaty Interpretation

Yuejiao Zhang[*]

Treaty interpretation is a practical and fascinating aspect of most dispute settlement proceedings involving aninternational treaty. The importance of treaty interpretation is highlighted by the ever-increasing number of international treaties and agreements-such as the more than 2800 bilateral treaties for the protection of investments (BITs), more than 400 free trade agreements (FTA) and the approximately 60 agreements, understandings and decisions composing the Marrakesh Agreement Establishing the World Trade Organization (WTO Agreement). The Vienna Convention on the Law of Treaties (Vienna Convention)[①] comprises a single set of rules applying to treaty interpretation. These rules of interpretation of public international law, many of which have become customary, are accepted worldwide as the tool for interpreting international treaties.

I first studied the Vienna Convention in early 1980 while serving as legal counsel at the World Bank and assisting George Delaume, Deputy Secretary-General of the International Center for Settlement of Investment Disputes (ICSID), in compiling the awards issued by the ICSID. From its conclusion (Washington Convention) in 1965 until 1982, there were only thirteen ICSID awards issued. Although the Vienna Conven-

---

[*] Member, Appellate Body (2008 – present). The preparation of this chapter benefited from and refers to papers prepared by staff of the WTO Appellate Body Secretariat, V. Loungnarath, K. Castren, J. Larik and J. Windon, and updated by J. - Y. Remy, C. V. Leon, A. Sennekamp and N. Lamp.

[①] Vienna Convention on the Law of Treaties of 22 May 1969, United Nations Treaty Series, Vol. 1155, p. 331.

tion was neither mentioned nor systemically applied in these awards, the interpretative tools provided by the Vienna Convention were nonetheless used in some of the earlier awards such as looking first at the text, context and ordinary meanings of the provisions of the ICSID Convention, as well as its object and purpose, examining the legislative history and considering special meaning and preparatory work. For example, the interpretive tools were used to interpret Article 25 (1) of the ICSID Convention regarding the jurisdictional scope of the ICSID, in order to resolve questions such as whether a claimant was deemed to be a national of another contracting state, and whether a contracting state accepted jurisdiction in writing. The interpretation of provisions on treatment of foreign investors of a BIT is a challenge of the dispute resolution under ICSID.

However, the ICSID Convention has no mandatory requirements regarding treaty interpretation. Arbitrators took a more liberal approach in interpreting a BIT and the ICSID provisions in ICSID earlier cases. The ICSID has an *ad hoc* arbitration system, without a permanent appeal body like the Appellate Body of the WTO, but it does have an annulment procedure.

As for international commercial arbitration, treaty interpretation appears to be less frequently used in arbitral awards. I served as arbitrator to several international arbitration institutions such as the International Chamber of Commerce (ICC) and the China International Foreign Trade and Economic Arbitration Committee (CIETAC), and I have handled more than 100 arbitrations. Of these, only two *ad hoc* tribunals used the Vienna Convention to interpret the Sales of Goods Convention (CISG) when parties chose CISG as the applicable law in their commercial contracts. In contrast, the Vienna Convention is frequently used in the WTO dispute settlement proceedings. Articles of the Vienna Convention are referenced in the majority of the 119 Appellate Body reports issued as of the date of the preparation of this chapter.

After having joined the prestigious seven-member WTO Appellate Body in 2008, I have a better understanding of the reasons why the Appellate Body uses the Vienna Convention so often in its clarification of the WTO covered agreements. I would like to share those reasons with the readers of this chapter. One significant reason is that the Vienna Convention comprises the worldwide recognised customary rules for the interpretation of public international law. As the Appellate Body has a mandatory mission entrusted by the WTO Dispute Settlement Understanding (DSU) "to clarify the [WTO covered agreements] in accordance with customary rules of interpretation of public international law", the Vienna Convention serves as an indispensable interpretative tool in the Appellate Body's deliberation of appeal cases. Meanwhile, the Appellate Body has accumulated a lot of practical experience in the interpretation of the WTO covered agreements and is thus contributing to treaty interpretation on a global scale.

It is a great honour for me to serve at the Appellate Body as its first member of Chinese nationality. Since being appointed to the Appellate Body, I have had the privilege to work collegially with the other six Appellate Body members in handling WTO appeal cases. A three-member division to hear an appeal is formed by a "mysterious" draw in order to maintain the unpredictability of who will serve on a given case. Independence, impartiality and integrity are the leading principles for the Appellate Body members in hearing appeal cases. Ensuring a just outcome of appeal cases and high quality reports is of utmost importance to the Appellate Body members. This, in turn, creates and reinforces the credibility of the Appellate Body and its contribution to the security and predictability of the rules-based international trading system. Appellate Body members spend a lot of time carefully reading submissions of disputing parties and reviewing legal interpretations made by panels. Though an appeal case is handled by a division of three Appellate Body members, all seven members participate in an exchange of views in every appeal case (excluding any Appellate Body member recused from a given case). Therefore, all seven Appellate Body members will read and be fully familiar with the appeal documents in each and every case.

The jurisdiction of the WTO Dispute Settlement Body is well defined in Article 1.1 of the DSU as "the settlement of disputes between members concerning their rights and obligations under the provisions of the [WTO Agreement] and of this Understanding taken in isolation or in combination with any other covered agreement". The DSU divides responsibility and jurisdiction between panels and the Appellate Body. Article 7.2 stipulates: "Panels shall address the relevant provisions in any covered agreement or agreements cited by the parties to the dispute." Moreover, a panel should make "an objective assessment of the facts of the case and the applicability of and conformity with the relevant covered agreement" according to Article 11 of the DSU. The mandate of the Appellate Body in WTO dispute settlement is likewise well defined in the DSU. Article 17.1 stipulates: "The Appellate Body shall hear appeals from panel cases", and Article 17.6 further clarifies that "[a]n appeal shall be limited to issues of law covered in the panel report and legal interpretations developed by the panel." The DSU therefore delegates the Appellate Body to play the important role of making legal interpretations of the provisions of the WTO covered agreements.

In the years following the Uruguay Round trade negotiations, it has become widely accepted that the creation of an independent and standing Appellate Body was an important step in moving from the diplomatic-oriented dispute settlement mechanism of the General Agreement on Tariffs and Trade (GATT) to the new era of the WTO quasi-judicial approach, resulting in a change in dispute settlement decision making from "consensus" to "negative consensus." The establishment of panels and adoption of panel and Appellate Body reports became automatic. The multilateral trade negotiations of the Uruguay Round produced about twenty agreements enlarging the scope of the GATT beyond trade in goods to include, under the WTO, the General Agreement on Trade in Services (GATS), the Agreement on Trade-Related Investment Measures (TRIMs), the Agreement on Trade-Related Aspects of Intellectual Property Rights (TRIPS), to name a few. The Appellate Body plays a key role in ensuring a coherent and consistent interpretation of the WTO covered agreements.

Article 3.2 of the DSU indicates that the main object and purpose of the WTO dispute settlement mechanism is to provide security and predictability to the multilateral trading system. It states:

The WTO Members recognize that [the WTO dispute settlement mechanism] serves to preserve the rights and obligations of Members under the covered agreements, and to clarify the existing provisions of those agreements in accordance with customary rules of interpretation of public international law. Recommendations and rulings of the [Dispute Settlement Body] cannot add to or diminish the rights and obligations provided in the covered agreements.

So what are the "customary rules of interpretation of public international law"? As Shaw emphasises, "[t]he [Vienna Convention] partly reflects customary law and constitutes the basic framework for any discussion of the nature and characteristics of treaties. Certain provisions of the Convention may be regarded as reflective of customary international law, such as the rules on interpretation…". [1]

As far as international law is concerned, there are three basic approaches to treaty interpretation. The first is to look at the actual text of the agreement and to give meaning to the words used. The second looks at the intention of the parties to the agreement. The third is to look at the object and purpose of the agreement. In practice, the Appellate Body is to take all three aspects into account. Articles 31, 32 and 33 of the Vienna Convention encapsulate these three approaches to treaty interpretation.

Article 31 of the Vienna Convention, [2] entitled "General rule of interpretation", reads: "A treaty shall be interpreted in good faith in accordance with the ordinary meaning to be given to the terms of the treaty in their context and in the light of its object and purpose." It goes on to stipulate that context comprises, in addition to the text, its preamble and annexes, any agreement and instrument relating to the treaty, and that account is to be taken of any subsequent agreement, subsequent practice and relevant rules of international law applicable in the relations between the parties. A special meaning shall be given to a term if it is established that the parties so intended. Article 32 provides "Supplementary means of interpretation"; and Article 33 provides guidance on the "Interpretation of treaties authenticated in two or more languages".

How does one interpret correctly the provisions of the numerous WTO covered agreements? How does one understand better the real intentions of the negotiators of those agreements? Unfortunately, there are no official negotiation records or memoranda signed by parties to explain the meaning underlying the WTO covered agreements. That makes the Vienna Convention the central tool for the clarification of the WTO covered agreements since it is generally accepted worldwide, whether or not the partiesinvolved in the dispute are parties to it. It also provides guidance to analytical approaches and the correct order of legal reasoning. Generally, the starting point of the Appellate Body is to read the terms of the covered agreement invoked by the parties and to ascertain the

---

[1] M. N. Shaw, above n. 1, p. 811 (footnote omitted).
[2] Article 31 of the Vienna Convention lays down the fundamental rules of treaty interpretation and can be taken as reflecting customary international law. The International Court of Justice (ICJ) has reaffirmed in its judgments that Articles 31 and 32 of the Vienna Convention reflect customary international law.

ordinary meaning of the provisions of that agreement. This textual approach is linked with the context, then the object and purpose of the agreement. Sometimes a "subsequent agreement" or "supplementary means of interpretation", such as the preparatory work or the negotiating history of the agreement, are also used for the interpretation of the agreement. Above all, the textual and contextual approach embodied in the Vienna Convention is the main tool used by the Appellate Body for the interpretation of the WTO covered agreements.

Article 3.2 of the DSU recognises that interpretative issues arising in WTO dispute settlement are to be resolved through the application of customary rules of interpretation of public international law. In fact, as early as in its first report, *US-Gasoline*, the Appellate Body observed that the principles codified in Article 31 of the Vienna Convention are customary rules, stating:

> The general rule of interpretation [set forth in Article 31 (1) of the Vienna Convention] has attained the status of a rule of customary or general international law. As such, it forms part of the "customary rules of interpretation of public international law" which the Appellate Body has been directed, by Article 3 (2) of the DSU, to apply in seeking to clarify the provisions of the General Agreement and the other "covered agreements" [...] That direction reflects a measure of recognition that The General Agreement is not to be read in clinical isolation from public international law. ①

In *Japan-Alcoholic Beverages II*, the Appellate Body linked the task of treaty interpretation to the notion of security and predictability of the multilateral trading system:

> WTO rules are reliable, comprehensible and enforceable. WTO rules are not so rigid or so inflexible as not to leave room for reasoned judgments in confronting the endless and ever-changing ebb and flow of real facts in real cases in the

---

① Appellate Body Report, *United States-Standards for Reformulated and Conventional Gasoline* (*US-Gasoline*), WT/DS2/AB/R, adopted 20 May 1996.

real world. They will serve the multilateral trading system best if they are interpreted with that in mind, in that way, we will achieve the "security and predictability" sought for the multilateral trading system by the Members of the WTO through the establishment of the dispute settlement system. ①

In *India-Patents* (*US*), the Appellate Body stressed that " [b] oth panels and the [Appellate Body] must be guided by the rules of treaty interpretation set out in the [Vienna Convention], and must not add to or diminish rights and obligations provided in the WTO Agreement. "②

In itscommentaries on the Draft Articles on the Law of Treaties,③ the International Law Commission (ILC) explains that the parties are presumed to have the intention that appears from the ordinary meaning of the terms used by them. "The text [of a treaty provision] must be presumed to be the authentic expression of the intentions of the parties; and that, in consequence, the starting-point of interpretation is the elucidation of the meaning of the text, not a new investigation into the intentions of the parties. "④ The process of interpretation, therefore, begins with an analysis of the relevant provisions of the treaty at issue in the dispute and "goes on to consider the context, that is to say other provisions of the treaty, including its preamble, annexes and related instruments made in connection with the conclusion of the treaty, taking particularly into account the object and purpose of the treaty, as it appears from these intrinsic materials. "⑤ Further materials to be taken into account are any subsequent agreement,

---

① Appellate Body Report, *Japan-Taxes on Alcoholic Beverages* (*Japan-Alcoholic Beverages II*), WT/DS8/AB/R, WT/DS10/AB/R, WT/DS11/AB/R, adopted on 4 October 1996, p. 31.
② Appellate Body Report, *India-Patent Protection for Pharmaceutical and Agricultural Chemical Products* (*India-Patents* (*US*)), WT/DS50/AB/R, adopted 19 December 1997, para. 46.
③ International Law Commission, "Draft Articles on the Law of Treaties with Commentaries", Report to the General Assembly, Yearbook of the International Law Commission, Vol. II, 1966 available online at un. legal. org/ilc.
④ Ibid. , p. 220.
⑤ Ibid. ; J. De Aréchaga, "International Law in the Past Third of a Century" *Recueil des Cours* 159 (1978), p. 44. De Aréchaga notes that this is a process of interpretation that has been described by Max Huber as one of "encerclement progressif" of an agreed text, meaning that "the text is departed from only gradually in concentric circles. "

subsequent practice and relevant rules of international law applicable in the relations between the parties.

Significantly, the ILC commentaries describethe process of interpretation as a "unity" and explain that the "elements of interpretation" are set out in order under Article 31 for "considerations of logic, not any obligatory legal hierarchy." Being intimately associated with the text of a treaty, context precedes the elements of interpretation set out in Article 31 (3), namely any subsequent agreement, subsequent practice and relevant rules of international law. The ILC refers to these as being "extrinsic to the text" of a treaty. Nevertheless, they are of "mandatory character" and have the same hierarchical rank as other elements provided for in the preceding paragraphs. After noting the importance of the text as a "starting-point for interpretation" (that is, determining the common intent of the parties, which "receives its authentic expression in the text" of a provision), the ILC turned to look at the possible relevance of "supplementary means of interpretation", in particular the preparatory work of a treaty.

The ILC did not agree on placing the preparatory work and the text of a treaty at the same level. Instead, it chose to confine "preparatory work" and the "circumstances of … conclusion" of the treaty to a secondary role, as a "supplementary means of interpretation," available for only certain purposes. Accordingly, Article 32 of theVienna Convention stipulates that supplementary means of interpretation may be used only where interpretation under Article 31 leaves the meaning of a provision obscure or ambiguous, or else leads to a result that is manifestly absurd or unreasonable.

Having given some general comments above, I discuss hereafter how Appellate Body has used Articles 31, 32 and 33 of the Vienna Convention.. Conclusions and general comments will follow at the end of this chapter.

Article 31 of theVienna Convention

The ordinary meaning of the terms

The general rule of treaty interpretation in Article 31 of the Vienna Convention is to give the terms of the treaty their ordinary meaning. The starting point is to consider the words used in the text of the relevant provisions in their context. This will result in a better understanding of the ordinary meaning of the words expressed in the text, and the common intent of the parties.

In line with Article 31 of theVienna Convention, the Appellate Body held in *Japan-Alcoholic Beverages II* that "interpretation must be based above all upon the text of the treaty". ① In *India-Patents (US)*, the Appellate Body confirmed the fundamental role of the "words" of the treaty holding that "the duty of a treaty interpreter is to examine the words of the treaty to determine the intentions of the parties." It added that Article 31 of the Vienna Convention "neither require [s] nor condone [s] the imputation into a treaty of words that are not there or the importation into a treaty of concepts that were not intended". ② This was further emphasised in *EC-Hormones*, where the Appellate Body held that "the fundamental rule of treaty interpretation requires a treaty interpreter to read and interpret the 'words' actually used by the agreement under examination, not words the interpreter may feel should have been used."③

Sometimes, however, words have more than one meaning. While the normal course of action in giving the ordinary meaning to a word would be to look it up in an accredited dictionary, the Appellate Body observed in *China-Publications and Audio-visual Products* that dictionaries are "important guides to, but not dispositive of, the meaning of words appearing in treaties" as they "are not necessarily capable of resolving complex questions of interpretation, as they typically catalogue all meanings of words."④ The Appellate Body also observed that the ordinary meaning of a treaty term is to be ascertained only in its context and in the light of the object and purpose of the treaty. ⑤

---

① Appellate Body Report, *Japan-Alcoholic Beverages II*, p. 12.
② Appellate Body Report, *India-Patents (US)*, para. 45.
③ Appellate Body Report, *EC Measures Concerning Meat and Meat Products (Hormones) (EC-Hormones)*, WT/DS26/AB/R and WT/DS48/AB/R, adopted 16 January 1998, para. 181. This was also stressed in Appellate Body Report, *European Communities-Customs Classification of Frozen Boneless Chicken Cuts (EC-Chicken Cuts)*, WT/DS269/AB/R and WT/DS286/AB/R, adopted 12 September 2005, para. 175: "the ordinary meaning of a treaty term must be seen in the light of the intention of the parties "as expressed in the words used by them against the light of the surrounding circumstances".
④ Appellate Body Report, *China-Measures Affecting Trading Rights and Distribution Services for Certain Publications and Audiovisual Entertainment Products (China-Publications and Audio-visual Products)*, WT/DS363/AB/R, adopted 21 December 2009, para. 348.
⑤ *Ibid.*

The object and purpose of the treaty

In *US-Shrimp*, the Appellate Body stated that the object and purpose of a treaty should be taken into account in the exercise of interpretation:

> A treaty interpreter must begin with, and focus upon, the text of the particular provision to be interpreted. It is in the words constituting that provision, read in their context, that the object and purpose of the states parties to the treaty must first be sought. Where the meaning imparted by the text itself is equivocal or inconclusive, or where confirmation of the correctness of the reading of the text itself is desired, light from the object and purpose of the treaty as a whole may usefully be sought. ①

In *Thailand-Cigarettes (Philippines)*, the Appellate Body identified the object and purpose of the GATT 1994-that is, the treaty as a whole-by reference to Article X: 3 (b) of that agreement, namely, the very provision that was under examination. The Appellate Body observed that "[a] basic object and purpose of the GATT 1994, as reflected in Article X: 3 (b), is to ensure due process in relation to customs matters". ② Therefore, it appears that the Appellate Body has not ruled out the possibility that the object and purpose of the WTO covered agreements as a whole may be discerned by reference to the specific legal provision at issue. The Appellate Body has further stressed that the object and purpose should be assessed in the light of the common intentions of the parties, as opposed to the unilateral object and purpose of any one party. ③

In *US-Clove Cigarettes*, the Appellate Body discussed the object and purpose of the TBT Agreement. The Appellate Body stated that the fifth recital of the Agreement's preamble "reflects the tradeliberalisation objective of the TBT Agreement by expressing the "desire" that technical regulations, technical standards and conformity assessment

---

① Appellate Body Report, *United States-Import Prohibition of Certain Shrimp and Shrimp Products (US-Shrimp)*, WT/DS58/AB/R, adopted 12 October 1998, para. 114.
② Appellate Body Report, *Thailand-Customs and Fiscal Measures on Cigarettes from the Philippines (Thailand-Cigarettes (Philippines))*, WT/DS371/AB/R, adopted 17 June 2011, para. 202.
③ Appellate Body Report, *EC-Chicken Cuts*, para. 239.

procedures do not create unnecessary obstacles to international trade" and read the sixth recital as "counterbalancing the tradeliberalization objective" by recognising members right to regulate. ①

In *US-Tuna II (Mexico)*, the Appellate Body considered how the object and purpose of the TBT Agreement informs the interpretation of the term "international standardizing body". The Appellate Body noted that the preamble of the TBT Agreement explicitly encourages the development of international standards. At the same time, the Appellate Body recognised that other elements of the TBT Agreement reflect the intent of WTO members to ensure that the development of international standards takes place transparently and with wide participation, and concluded that, in analysing whether an entity is an "international standardising body", a panel needs to balance these considerations. ②

The context-A holistic approach

Article 31 (2) of theVienna Convention clarifies that the context for the purpose of treaty interpretation shall comprise the text of the treaty, the treaty's preamble, annexes and any agreement or instrument relating to, and made in connection with, the treaty. The ILC, in its preparation of the draft convention, adopted the same principle of accumulation rather than a prescribed sequence of rules but saw the starting point as a combination of the ordinary meaning to be given to the terms of the treaty in their context and in the light of its object and purposes. In line with statements by the ILC, quoted above, the Appellate Body has explained that the analysis of the ordinary meaning and context under Article 31 of the Vienna Convention should not be viewed as two separate analytical steps, but rather as elements of a holistic approach:

> Interpretation pursuant to the customary rules codified in Article 31 of the [Vienna Convention] is ultimately a holistic exercise that should not be mechanically subdivided into rigid components. Considering particular surrounding circumstances under the rubric of "ordinary meaning" or "in the light of its con-

---

① Appellate Body Report, *United States-Measures Affecting the Production and Sale of Clove Cigarettes (US-Clove Cigarettes)*, WT/DS406/AB/R, adopted 4 April 2012, para 92.
② Appellate Body Report, *US-Tuna II (Mexico)*, paras. 353 – 379.

text" would not, in our view, change the outcome of treaty interpretation. ①

In *US-Continued Zeroing*, the Appellate Body added that the principles of interpretation set out in the Vienna Convention "are to be followed in a holistic fashion. The interpretative exercise is engaged so as to yield an interpretation that is harmonious and coherent and fits comfortably in the treaty as a whole so as to render the treaty provision legally effective". ② The Appellate Body began by observing that "[t]he customary rules of treaty interpretation apply to any treaty, in any field of public international law and not just to the WTO agreements"; they "impose certain common disciplines upon treaty interpreters". It proceeded to explain that:

> A word or term may have more than one meaning or shade of meaning, but the identification of such meanings in isolation only commences the process of interpretation, it does not conclude it. Nor do multiple meanings of a word or term automatically constitute "permissible" interpretations within the meaning of Article 17.6 (ii) [of the Anti-Dumping Agreement]. Instead, a treaty interpreter is required to have recourse to context and object and purpose to elucidate the relevant meaning of the word or term. [...] At the same time, it should be kept in mind that treaty interpretation is an integrated operation, where interpretative rules or principles must be understood and applied as connected and mutually reinforcing components of a holistic exercise. ③

Different contexts

In *EC-Chicken Cuts*, the Appellate Body considered whether the Harmonised Commodity Description and Coding System (Harmonised System) could qualify as context for the interpretation of a term in the European Communities Schedule of Concessions. The Appellate Body observed that, although the Harmonised System is not for-

---

① Appellate Body Report, *EC-Chicken Cuts*, para. 176.
② Appellate Body Report, *United States-Continued Existence and Application of Zeroing Methodology* (*US-Continued Zeroing*), WT/DS350/AB/R, adopted 4 February 2009, para. 268.
③ Ibid.

mally a part of the WTO Agreement, there is nonetheless a close link between the Harmonised System and the WTO covered agreements. In particular, the Appellate Body found that:

> ... prior to, during, as well as after the Uruguay Round negotiations, there was broad consensus among the GATT Contracting Parties to use the Harmonized System as the basis for their WTO Schedules [...] In our view, this consensus constitutes an "agreement" between WTO Members [...] As such, this agreement is "context" under Article 31 (2) (a) for the purpose of interpreting the WTO agreements ... ①

This was reiterated by the Appellate Body in *China-Auto Parts*. The Appellate Body reasoned that the "realm of context as defined in Article 31 (2) is broad", as it includes all of the text of the treaty and may also extend to "any agreement relating to the treaty which was made between all the parties in connection with the conclusion of the treaty" as well as "any instrument which was made by one or more parties in connection with the conclusion of the treaty and accepted by the other parties as an instrument related to the treaty". ② At the same time, the Appellate Body observed that:

> ...for a particular provision, agreement or instrument to serve as relevant context in any given situation, it must not only fall within the scope of the formal boundaries identified in Article 31 (2), it must also have some pertinence to the language being interpreted that renders it capable of helping the interpreter to determine the meaning of such language. ③

Subsequent agreement

The concept of "subsequent agreement" within the meaning of Article 31 (3)

---

① Ibid., para. 199.
② Appellate Body Report, *China-Measures Affecting Imports of Automobile Parts (China-Auto Parts)*, WT/DS339/AB/R, WT/DS340/AB/R and WT/DS342/AB/R, adopted 15 December 2008, para. 151.
③ Ibid.

(a) of the Vienna Convention has been considered in several WTO disputes. For example, in *EC-Bananas III* (*Article 21. 5-Ecuador II*) and *EC-Bananas III* (*Article 21. 5-US*), the Appellate Body was not persuaded that the Doha Article I Waiver was a "subsequent agreement" regarding the interpretation of the treaty or the application of its provisions within the meaning of Article 31 (3) (a) of the Vienna Convention. In support of this view, the Appellate Body referred to the commentaries on the Draft Articles on the Law of Treaties, where the ILC described a subsequent agreement within the meaning of Article 31 (3) (a) as "a further authentic element of interpretation to be taken into account together with the context". In the Appellate Body's view, the ILC read Article 31 (3) (a) as referring to agreements bearing specifically upon the interpretation of a treaty, and thus, for the Appellate Body, multilateral interpretations adopted pursuant to Article IX: 2 of the WTO Agreement were "most akin to subsequent agreements within the meaning of Article 31 (3) (a) of the [Vienna Convention], but not waivers adopted pursuant to Articles IX: 3 and 4 of the WTO Agreement". ①

In *US-Clove Cigarettes*, the Appellate Body considered whether paragraph 5.2 of the Doha Ministerial Decision constituted a "subsequent agreement" in the sense of Article 31 (3) (a) of the Vienna Convention. The Appellate Body affirmed that interpretations adopted pursuant to Article IX: 2 were most akin to, but not exhaustive of, subsequent agreements on interpretation within the meaning of Article 31 (3) (a). The Appellate Body considered that a decision adopted by members may qualify as a "subsequent agreement between the parties" if: (i) the decision is, in a temporal sense, adopted subsequent to the relevant covered agreement; and (ii) the terms and content of the decision express an agreement between members on the interpretation or application of a provision of WTO law. The Appellate Body noted that Article 31 (3) (a) of the Vienna Convention does not set forth a requirement as to the form that a

---

① Appellate Body Reports, *European Communities-Regime for the Importation, Sale and Distribution of Bananas, Second Recourse to Article 21. 5 of the DSU by Ecuador/European Communities-Regime for the Importation, Sale and Distribution of Bananas, Recourse to Article 21. 5 of the DSU by the United States* (*EC-Bananas III* (*Article 21. 5-Ecuador II*)) and [*EC-Bananas III* (*Article 21. 5-US*)], WT/DS27/AB/RW2/ECU, and WT/DS27/AB/RW/USA, adopted 26 November 2008, para. 390.

"subsequent agreement" within the meaning of that provision should take. The Appellate Body reasoned, therefore, that the term "agreement" in Article 31 (3) (a) refers, fundamentally, to substance rather than to form. Accordingly, the Appellate Body considered whether paragraph 5.2 of the Doha Ministerial Decision "bears specifically upon the interpretation" of Article 2.12 of the TBT Agreement, and whether it "clearly expresses a common understanding [...] among members with regard to the meaning of the term 'reasonable interval' in Article 2.12". ①

Article IX: 2 of the WTO Agreement provides: "The Ministerial Conference and the General Council shall have the exclusive authority to adopt interpretations of this Agreement and of the Multilateral Trade Agreements." Why did the Appellate Body not use this provision to confirm the legal effect of the Doha Ministerial Decision on the interpretation of Article 2.12 of the TBT Agreement, i.e. to find that the "reasonable interval" should be six months? This is because Article IX: 2 requires a specific procedure to be followed for a ministerial interpretation. Specifically, IX: 2 provides:

In the case of an interpretation of a Multilateral Trade Agreement in Annex 1, they shall exercise their authority on the basis of a recommendation by the Council overseeing the functioning of that Agreement.

In the present case, there was no proof that the General Council servicing the TBT Committee had made a recommendation for such interpretation. Therefore, it was appropriate and prudent for the Appellate Body to invoke Article 5.2 on the basis that it was a subsequent agreement.

In *US-Tuna II (Mexico)*, the Appellate Body considered whether a decision adopted by the TBT Committee qualified as a "subsequent agreement" within the meaning of Article 31 (3) (a) of the Vienna Convention. The Appellate Body noted that the decision was adopted subsequent to the conclusion of the TBT Agreement, that the TBT Committee comprises all WTO members, and that the decision was adopted by consensus. The Appellate Body then analysed whether "the terms and content of the decision express an agreement between members on the interpretation or application of a provision of WTO law". In this respect, the Appellate Body noted the title of the

---

① Appellate Body Report, *US-Clove Cigarettes*, paras. 265 – 267.

decision as well as the fact that the decision had been adopted in order to "clarify and strengthen" the concept of international standards. On this basis, the Appellate Body concluded that the decision could be considered as a "subsequent agreement" within the meaning of Article 31 (3) (a) of the Vienna Convention. [1]

The Appellate Body, however, added that the extent to which the decision would inform the interpretation and application of a term or provision of the TBT Agreement in a specific case would depend on the degree to which it "bears specifically" on the interpretation or application of the respective term or provision. In the dispute at hand, the Appellate Body considered that the decision bore directly on the interpretation of the term "open" in Annex 1.4 to the TBT Agreement, and on the interpretation and application of the concept of "recognized activities in standardization."

Why did the Appellate Body find it necessary to determine whether the decision of the TBT Committee was a "subsequent agreement" within the meaning of Article 31 (3) (a) of the Vienna Convention, thereby informing the interpretation of the TBT Agreement? In other words, why could the Appellate Body not apply the decision directly as an authoritative interpretation of the TBT Agreement? This is because the WTO Agreement provides that only the Ministerial Conference and the General Council of the WTO have the exclusive authority to adopt interpretations of the WTO covered agreements. A committee set up pursuant to a particular covered agreement, such as the TBT Committee, does not have such authority. Therefore, the Appellate Body had to determine on what basis it would take into account the said decision in the interpretation of the TBT Agreement.

Why did the Appellate Body employ the term "subsequent agreement" rather than "subsequent practice"? "Subsequent practice" requires a consistent sequence of acts and pronouncement or repetitive acts. In the recent TBT cases mentioned above, the interpretation of a provision of the TBT Agreement arose only once, but it will have a long-lasting legal effect. It was an interpretation agreed to by all WTO members, by consensus, thus constituting a "subsequent agreement", rather than a "subsequent practice" or a repetitive act of the WTO members.

---

[1] Appellate Body Report, *US-Tuna II (Mexico)*, paras. 371-372.

Subsequent practice

Article 31 (3) (b) of the Vienna Convention provides that there shall be taken into account, together with the context, "any subsequent practice in the application of the treaty which establishes the agreement of the parties regarding its interpretation." The Appellate Body has explained that "subsequent practice" in the application of a treaty may be an important element in treaty interpretation because "it constitutes objective evidence of the understanding of the parties as to the meaning of the treaty". ①

In *Japan-Alcoholic Beverages II*, the Appellate Body explained that "generally, in international law, the essence of subsequent practice in interpreting a treaty has been recognized as a 'concordant, common and consistent' sequence of acts or pronouncements which is sufficient to establish a discernable pattern implying the agreement of the parties [to a treaty] regarding its interpretation". ②

In *US-Gambling*, the Appellate Body set out the conditions that need to be met in order for "subsequent practice" to be established within the meaning of Article 31 (3) (b) of the Vienna Convention as (i) the existence of a common, consistent, discernible pattern of acts or pronouncements; and (ii) those acts or pronouncements must imply agreement on the interpretation of the relevant provision. ③

In *EC-Chicken Cuts*, one of the issues raised on appeal was what may qualify as "practice". The Appellate Body shared the panel's view:

> [T] hat not each and every party must have engaged in a particular practice for it to qualify as a "common" and "concordant" practice. Nevertheless, practice by some, but not all parties is obviously not of the same order as practice by only one or very few parties. To our mind, it would be difficult to establish a "concordant, common and discernible pattern" on the basis of acts or pronouncements of one or very few parties to a multilateral treaty, such as the WTO Agreement.

---

① Appellate Body Report, *EC-Chicken Cuts*, para. 255.
② Appellate Body Report, *Japan-Alcoholic Beverages II*, p. 13.
③ Appellate Body Report, *United States-Measures Affecting the Cross-Border Supply of Gambling and Betting Services (US-Gambling)*, WT/DS285/AB/R, adopted 7 April 2005, para. 192.

We acknowledge, however, that, if only some WTO Members have actually traded or classified products under a given heading, this circumstance may reduce the availability of such "acts and pronouncements" for purposes of determining the existence of subsequent practice within the meaning of Article 31 (3) (b).①

Relevant rules of international law

Article31 (3) (c) of the Vienna Convention provides that, together with the context, a treaty interpreter shall take into account "any relevant rules of international law applicable in the relations between the parties". This provision was relied on extensively by the Appellate Body in *US-Shrimp*, where the Appellate Body looked to "general principles of international law" to interpret the chapeau of GATT Article XX.②

In *EC-Chicken Cuts*, the Appellate Body stated:

> The Harmonized System is not, formally, part of the WTO Agreement, as it has not been incorporated, in whole or in part, into that Agreement… [S]hould the criteria in Article 31 (3) (c) be fulfilled, the Harmonized System may qualify as a "relevant rule of international law applicable in the relations between the parties".③

In *EC and Certain member States-Large Civil Aircraft*, the Appellate Body addressed the issue of whether a 1992 bilateral agreement between the European Economic Community (EEC) and the United States concerning the application of the GATT Agreement on Trade in Civil Aircraft (1992 Agreement) was a "relevant rule of international law applicable in the relations between the parties" within the meaning of Article 31 (3) (c) of the Vienna Convention. In that dispute, the Appellate Body stated that, for the 1992 agreement to qualify as a relevant rule of international law within the meaning of Article 31 (3) (c) of the Vienna Convention, such an agreement would:

---

① Appellate Body Report, *EC-Chicken Cuts*, para. 259.
② Appellate Body Report, *US-Shrimp*, para. 158.
③ Appellate Body Report, *EC-Chicken Cuts*, para. 195.

... have to be a "rule of international law", which is "relevant" and "applicable in the relations between the parties". Moreover, even assuming the 1992 Agreement were to fulfil these conditions, the chapeau to Article 31 (3) (c) specifies the normative weight to be ascribed to the 1992 Agreement, namely that it is to be "taken into account" in interpreting the SCM Agreement. [1]

Even though the parties focused their arguments with respect to the 1992 agreement on whether the reference to the term "between the parties" in Article 31 (3) (c) means the parties to a dispute, or rather all the parties to the treaty being interpreted, the Appellate Body concentrated its analysis on whether Article 4 of the 1992 agreement was "relevant" for purposes of the determination of "benefit" under Article 1.1 (b) of the Agreement on Subsidies and Countervailing Measures (SCM Agreement). The Appellate Body did not consider Article 4 to be relevant because it did not address "the market-based concept of " benefit " as reflected in Article 1.1 (b) of the SCM Agreement and the market-based benchmark reflected in Article 14 (b)". [2] Thus, it did not address the question of whom the reference to "between the parties" in Article 31 (3) (c) of the Vienna Convention related to, nor whether Article 4 of the 1992 agreement is a rule of international law.

The Appellate Body addressed the latter issue in *US-Anti-Dumping and Countervailing Duties (China)*. The question was whether the ILC Articles on Responsibility of States for Internationally Wrongful Acts (ILC Articles) -in particular Articles 4, 5 and 8-constitute relevant rules of international law applicable in the relations between the parties within the meaning of Article 31 (3) (c) of the Vienna Convention. The Appellate Body observed that Article 31 (3) (c) consists of three elements, namely that (i) it refers to "rules of international law"; (ii) the rules must be "relevant"; and (iii) such rules must be "applicable in the relations between the parties". In ad-

---

[1] Appellate Body Report, *European Communities and Certain member States-Measures Affecting Trade in Large Civil Aircraft (EC and certain member States-Large Civil Aircraft)*, WT/DS316/AB/R, adopted 18 May 2011, para. 841.
[2] Ibid., para. 851.

dressing each of these requisite elements of Article 31 (3) (c), the Appellate Body reasoned:

First, the reference to "rules of international law" corresponds to the sources of international law in Article 38 (1) of the Statute of the [ICJ] and thus includes customary rules of international law as well as general principles of law. Second, in order to be relevant, such rules must concern the same subject matter as the treaty terms being interpreted. [...] With respect to the third requirement, the question is whether the ILC Articles are "applicable in the relations between the parties". We observe that Articles 4, 5, and 8 of the ILC Articles are not binding by virtue of being part of an international treaty. However, insofar as they reflect customary international law or general principles of law, these Articles are applicable in the relations between the parties.[1]

The Appellate Body assessed the interpretation of "public body" in Article 1.1 (a) (1) of the SCM Agreement by reference to, *inter alia*, Articles 4, 5 and 8 of the ILC articles.

The Appellate Body indicated that the interpretation of the term "public body" of SCM Agreement Article 1.1 (a) (1) coincides with the essence of Article 5 of the ILC articles, in that being vested with, and exercising, authority to perform governmental functions is a core feature of a "public body" in the sense of Article 1.1 (a) (1). According to the Appellate Body, "Article 5 refers to the true common feature of the entities...that they are empowered, if only to a limited extent or in a specific context, to exercise specified elements of governmental authority".[2] The existence of a greater or lesser state participation in its capital or ownership of its assets is not decisive criteria for the purpose of attribution of the entity's conduct to the state. The Appellate Body reasoned that "being vested with governmental authority is the key feature of

---

[1] Appellate Body Report, *United States-Definitive Anti-Dumping and Countervailing Duties on Certain Products from China* [*US-Anti-Dumping and Countervailing Duties (China)*], WT/DS379/AB/R, adopted 11 March 2011, para. 308.
[2] Ibid., para. 310.

a public body. State ownership, while not being a decisive criterion, may serve as evidence indicating, in conjunction with other elements, the delegation of governmental authority". [1] Consequently, the Appellate Body reversed the panel's conclusion that enterprises controlled by the government are public bodies.

In fact, it is not the first time that the adopted panel report and Appellate Body report indicated that ILC draft articles are customary international law. The panel in *US-Gambling* stated that the principle set out in Article 4 of the ILC articles reflects customary international law concerning attribution. [2]

The upshot is that panels and the Appellate Body may resort to certain rules of international law, whether conventional or customary, as a valid means to interpreting the provisions of the WTO covered agreements.

Special meaning of treaty terms

Article 31 (4) of theVienna Convention prescribes that " [a] special meaning shall be given to a term if it is established that the parties so intended".

In *Australia-Apples*, the Appellate Body interpreted the term "SPS measure" for purposes of the Agreement on the Application of Sanitary and Phytosanitary Measures (SPS Agreement). The Appellate Body noted that the SPS Agreement defines in Annex A (1) the measures that are subject to its disciplines. The Appellate Body went on to ascertain the scope of the definition of "SPS measure" by looking at the meaning of the words used in Annex A (1), the context provided by other covered agreements-in particular Article III: 1 of the GATT 1994-and the overall structure of the definition in Annex A (1). Accordingly, the Appellate Body recognised the existence of a special meaning to be accorded to the term "SPS measure" and, although it did not explicitly allude to Article 31 (4) of the Vienna Convention, the Appellate Body used this definition as the basis for its analysis of the relevant provisions of the SPS Agreement. [3]

---

[1] Ibid.

[2] Panel Report, *United States-Measures Affecting the Cross-Border Supply of Gambling and Betting Services* (*US-Gambling*), WT/DS285/R, adopted 10 November 2004, para. 6.128.

[3] Appellate Body Report, *Australia-Measures Affecting the Importation of Apples from New Zealand* (Australia-Apples), WT/DS367/AB/R, adopted 29 November 2010, paras. 165 – 176.

In *US-Tuna II (Mexico)*, the Appellate Body noted that the introductory clause of Annex 1 to the TBT Agreement provides that terms used in the TBT Agreement that are defined in the ISO/IEC Guide 2: 1991 "shall ... have the same meaning as given in the definitions in the said Guide". The Appellate Body further observed that the introductory clause of Annex 1 to the TBT Agreement stipulates that: " [f] or the purpose of this Agreement, however, the following definitions shall apply". For the Appellate Body, the use of the word "however" indicated that the definitions contained in Annex 1 to the TBT Agreement prevail to the extent that they depart from the definitions set out in the ISO/IEC Guide 2: 1991. The Appellate Body therefore stated that a panel must carefully scrutinise to what extent the definitions in Annex 1 to the TBT Agreement depart from the definitions in the ISO/IEC Guide 2: 1991. The Appellate Body then used the definitions set out in Annex 1 to the TBT Agreement to ascertain the meaning of the terms "technical regulation", "standard" and "international body or system" and the ISO/IEC Guide 2: 1991 to ascertain the meaning of the terms "body", "organisation", "standards body", and "standardising body". [1]

Article 32 of the Vienna Convention

Supplementary means of interpretation

Supplementary means of interpretation within the meaning of Article 32 of the Vienna Convention may be employed in order to confirm the meaning resulting from the application of Article 31 or to determine the meaning when interpretation according to Article 31 leaves the meaning ambiguous or obscure or leads to manifestly absurd or unreasonable results. The Appellate Body has relied on Article 32 of the Vienna Convention especially when interpreting GATT and GATS schedules of commitments. The Appellate Body has indicated that Article 32 "does not define exhaustively" the supplementary means of interpretation and that a treaty interpreter has certain flexibility in considering means of interpretation other than the preparatory work of a treaty and the circumstances of its conclusion". [2] For example, in interpreting the language in a

---

[1] Appellate Body Report, *US-Tuna II* (Mexico), paras. 371 – 372.
[2] See Appellate Body Report, *EC-Chicken Cuts*, para. 283.

member's schedule in the appeal in *Canada-Dairy*, the Appellate Body turned to "supplementary means of interpretation" under Article 32 of the Vienna Convention as the language in Canada's schedule of commitments was general and ambiguous, meaning that it required special care on the part of the treaty interpreter. [1]

In *US-Gambling*, the Appellate Body said that it was "required" to resort to Article 32 of the Vienna Convention because the application of the general rule of interpretation under Article 31 did not allow determining the meaning of a particular term in the GATS schedule of commitments of the United States. Since the application of the general rule of interpretation set out in Article 31 of the Vienna Convention left the meaning of "other recreational services (except sporting)" ambiguous and could not provide an answer to the question of whether the commitment made by the United States included a commitment in respect of gambling and betting services, the Appellate Body felt obliged to turn to the supplementary means of interpretation provided for in Article 32 of the Vienna Convention. [2]

Preparatory work

In *US-Gambling*, the Appellate Body had recourse to "preparatory work" within the meaning of Article 32 of the Vienna Convention when interpreting the relevant commitment in the US schedule of commitments. The preparatory work relied upon was the US 1993 Scheduling Guidelines. Not only were there significant linguistic and structural similarities between the schedules and the guidelines, suggesting that the latter could provide interpretive guidance for the former, but there were also indications from the preparatory work of the GATS suggesting that the United States understood the guidelines in this way and sought to comply with them in the drafting of its GATS schedule. [3]

In *US-Carbon Steel*, the Appellate Body also alluded to Article 32 of the Vienna Convention, reminding panels to always explain why it is appropriate to rely on specific

---

[1] Appellate Body Report, *Canada-Measures Affecting the Importation of Milk and the Exportation of Dairy Products* (Canada-Dairy Products), WT/DS103/AB/R and WT/DS113/AB/R, adopted 13 October 1999, para. 138.
[2] Appellate Body Report, *US—Gambling*, para. 197.
[3] Ibid., paras. 203–204.

preparatory work for reasons of interpretation and cautioning them from only selectively relying on such documents. ①

Circumstances of conclusion

The Appellate Body relied on "circumstances of [a treaty's] conclusion" primarily when interpreting members' schedules of commitments. For instance, in *EC-Computer Equipment*, the Appellate Body considered that the historical background against which a treaty was negotiated might qualify as "circumstances of conclusion" of a treaty within the meaning of Article 32 of the Vienna Convention. Specifically, the Appellate Body considered that domestic legislation as well as practice in the application thereof, such as the classification practice in the European Economic Community during the Uruguay Round, was relevant in the examination of circumstances of the conclusion of a treaty. ② In *EC-Poultry*, the Appellate Body stated that "historical background" could be used as a supplementary means of interpretation. Although it used a different term, the Appellate Body seems to have considered "historical background" to be synonymous with, or at least inclusive of, materials relating to the circumstances of a treaty's conclusion. Accordingly, in interpreting the European Economic Community schedules of commitments, the Appellate Body had regard to the context provided by the previously concluded bilateral Oilseed settlement concluded between US and EC. t. ③

In *EC-Chicken Cuts*, the Appellate Body indicated the scope of "circumstances of conclusion" of a treaty as follows:

> An "event, act or instrument" may be relevant as supplementary means of interpretation not only if it has actually influenced a specific aspect of the treaty

---

① Appellate Body Report, *United States—Countervailing Duties on Certain Corrosion-Resistant Carbon Steel Flat Products from Germany* (US—Carbon Steel), WT/DS213/AB/R, adopted 28 November 2002, para. 78.

② Appellate Body Report, *European Communities-Customs Classification of Certain Computer Equipment* (EC—Computer Equipment), WT/DS62/AB/R, WT/DS67/AB/R and WT/DS68/AB/R, adopted 5 June 2008, para. 86.

③ Appellate Body Report, *European Union-Measures Affecting the Importation of Certain Poultry Products* (EC—Poultry), WT/DS69/AB/R, adopted 13 July 1998, para. 83.

text in the sense of a relationship of cause and effect; it may also qualify as a "circumstance of the conclusion" when it helps to discern what the common intentions of the parties were at the time of the conclusion with respect to the treaty or specific provision. ①

In the same case, the Appellate Bodyfound that decisions of domestic courts might also be viewed as "circumstances of conclusion" of a treaty, "if they would be of assistance in ascertaining the common intentions of the parties for purposes of interpretation under Article 32." At the same time, the Appellate Body stressed that judgments, dealing as they do with specific disputes, have less relevance than legislative acts of general application, irrespective of the precedential effect they have in certain legal systems. ②

In addition, the Appellate Body identified several objective factors on which a treaty interpreter may rely in assessing the relevance of the "circumstances" of the conclusion of a treaty for interpreting a particular provision. These objective factors include:

[...] the type of event, document, or instrument and its legal nature; temporal relation of the circumstance to the conclusion of the treaty; actual knowledge or mere access to a published act or instrument; subject matter of the document, instrument, or event in relation to the treaty provision to be interpreted; and whether or how it was used or influenced the negotiations of the treaty. ③

Moreover, with respect to the "temporal relationship" of a "circumstance" to the conclusion of the treaty, the Appellate Body found:

[T]he precise date of conclusion of a treaty should not be confused with the circumstances that were prevailing at that point in time... What should be

---

① Appellate Body Report, *EC-Chicken Cuts*, para. 289.
② Ibid., para. 309.
③ Ibid., para. 291.

considered "temporally proximate will vary from treaty provision to treaty provision" and may depend on the structure of the negotiating process. ①

Additionally, the Appellate Body addressed the "subject matter of the document, instrument or event" in question in assessing its relevance as a "circumstance" for the conclusion of a treaty. ②The European Economic Community Regulation in question covered the same meat products that fell under the disputed tariff commitments. The Appellate Body also shared the view that the relevance of its own situation was not exclusive. On the contrary, the "prevailing situation internationally" was relevant for the interpretation of the corresponding heading of the EEC's GATT schedule of commitments. ③

Article 33 (3) of the Vienna Convention

According to Article 33 (3) of theVienna Convention, the terms of a treaty authenticated in several languages are presumed to have the same meaning in each authentic language.

In *US-Softwood Lumber IV*, the Appellate Body stated that the presumption that the terms of a treaty are intended to have the same meaning in each authentic text requires that every effort should be made to find a common meaning for the text. ④

In *EC-Bed Linen* (*Article 21. 5-India*), the Appellate Body ascertained the temporal meaning of the terms "have been fulfilled" in Article 9. 1 and "have limited" in Article 9. 3 of the Anti-Dumping Agreement by reference to the French and Spanish versions of those provisions, which were both capable of accommodating the temporal meaning given to that provision. ⑤ The French and Spanish versions of the SCM Agree-

---

① Ibid., para. 293.
② Ibid., para. 291.
③ Ibid., para. 300.
④ Appellate Body Report, *United States-Final Countervailing Duty Determination with Respect to Certain Softwood Lumber from Canada* (US—Softwood Lumber IV), WT/DS257/AB/R, adopted 19 January 2004, para. 59.
⑤ Appellate Body Report, *European Communities-Anti-Dumping Duties on Imports of Cotton-Type Bed Linen from India, Recourse to Article 21. 5 of the DSU by India* (*EC-Bed Linen* (*Article 21. 5-India*)), WT/DS141/AB/RW, adopted 8 April 2003, para 123 (footnote 153).

ment were used in *US-Upland Cotton* in order to confirm the ordinary meaning of the term "price suppression" in Article 6.3 (c) of that agreement,[①] and again in *US-Countervailing Duty Investigation on DRAMS*, to determine the meaning of the term "directs" in the subsidy definition in Article 1.1 (a) (1) (iv) of this agreement. [②]

In *EC-Tariff Preferences*, the Appellate Body relied on the French and Spanish text in interpreting the terms "in accordance with" and "as described in". Thus, it held that:

> In our view, the stronger, more obligatory language in both the French and Spanish texts—that is, using "as defined in" rather than "as described in" — lends support to our view that only preferential tariff treatment that is "generalized, non-reciprocal and non-discriminatory" is covered under paragraph 2 (a) of the Enabling Clause. [③]

By contrast, in *US-Gambling*, the Appellate Body criticised the panel for relying on the French and Spanish versions of a term contained in the US schedule of commitments, because the schedule explicitly stated that it was only authentic in English. [④]

According to Article 33 (4) of the Vienna Convention, when a comparison of the authentic texts discloses a difference of meaning that the application of Articles 31 and 32 does not remove, the meaning that best reconciles the authentic texts shall be adopted. In *Chile-Price Band System*, the Appellate Body questioned whether the panel took into account Article 33 (4) of the Vienna Convention in determining the meaning of the term "ordinary customs duties":

[①] Appellate Body Report, *United States-Subsidies on Upland Cotton* (*US-Upland Cotton*), WT/DS267/AB/R, adopted 3 March 2005, para. 424.

[②] Appellate Body Report, *United States-Countervailing Duty Investigation on Dynamic Random Access Memory Semiconductors* (*DRAMS*) *From Korea* (*US-Countervailing Duty Investigation on DRAMS*), WT/DS296/AB/R, adopted 27 June 2005, para. 110 (footnote 172).

[③] Appellate Body Report, *European Communities-Conditions for the Granting of Tariff Preferences to Developing Countries* (*EC-Tariff Preferences*), WT/DS246/AB/R, adopted 7 April 2004, para. 147.

[④] Appellate Body Report, US—Gambling, para. 166.

Indeed, the Panel came to this conclusion by interpreting the French and Spanish versions of the term "ordinary customs duty" to mean something different from the ordinary meaning of the English version of that term. It is difficult to see how, in doing so, the Panel took into account the rule of interpretation codified in Article 33 (4) of the [Vienna Convention] ...[①]

Concluding remarks

We are facing a very dynamic and fast-evolving world, which presents many new challenges. In dealing with so many international treaties and agreements, can the interpretative tools provided by theVienna Convention meet all the new challenges? The world legal communities and dispute settlement bodies such as the ILC, the ICJ and the WTO Appellate Body should closely follow new developments and challenges-such as the emergence of big data, e-commerce, global value chains, environmental protection, food safety and public health-and develop new rules and strengthen the existing rules of the Vienna Convention for the interpretation of new treaties.

The key issue for treaty interpretation is to discern the actual intention of the negotiators in order to give the intended meaning to the words used in the text of the treaty. Therefore, legal counsel should be involved in the negotiation process and advise the negotiators on the proper wording to express clearly their intentions in order to avoid ambiguity to the greatest possible extent.

Supplementary means can be used for treaty interpretation, such as the negotiating history of the treaty. Unfortunately, many international organisations, including the WTO, have no official records or memoranda of their negotiating history. Such institutional memories would have been very helpful for the interpretation of the WTO covered agreements.

As treaty interpretation becomes more complex, WTO panel and Appellate Body reports become longer. Still, economy and efficiency remain key for successful dispute

---

① Appellate Body Report, *Chile-Price Band System and Safeguard Measures Relating to Certain Agricultural Products* (*Chile-Price Band System*), WT/DS207/AB/R, adopted 23 September 2002, para. 271.

settlement. "Justice delayed is justice denied." Decreasing paper consumption and avoiding overly technical legalities will reduce the cost and burdens on the parties to a dispute and will further improve the efficiency of the Appellate Body appeal proceedings. This will ensure the prompt and positive solution of disputes, which, in turn, will further provide "security and predictability to the multilateral trading system".

The WTO is a member-driven multilateral institution. The Appellate Body's mission is to clarify the WTO covered agreements in accordance with the customary rules for the interpretation of public international law, as codified in theVienna Convention. As mentioned above, Article IX: 2 of the WTO Agreement provides that " [t] he Ministerial Conference and the General Council shall have the exclusive authority to adopt interpretations of this Agreement and of the Multilateral Trade Agreements." In adopting official interpretations of the covered agreements, the Ministerial Conference, as the highest decision-making body of the WTO, can constructively contribute to treaty interpretation and to the success of the rules-based multilateral trading system.

附录二

Farewell Speech of Yuejiao Zhang

2016 – 10 – 26

Mr. Carim, Chairman of the DSB,
Members of the WTO,
Dear Colleagues of the Appellate Body and its Secretariat,
Dear friends,
Ladies and Gentlemen:

Time flies very fast. Ihave completed eight years of service as a member of the world-renowned Appellate Body which is the highest adjudicative body of the WTO. These past eight years have been the most rewarding of my fifty years of professional life. Serving on the Appellate Body has been a deep honor. I would like to thank all those who made it possible for me to be part of this unique institution.

It has also been a privilege and true pleasure to have spent these eight years in the company of such intelligent, wise and collegial members of the Appellate Body, both present and past, as well as the very dedicated staff of the AB Secretariat. While I say farewell, I express my gratitude to each of you.

When I was appointed Appellate Body Member, I considered it to be a glorious mission and heavy responsibility on my shoulders. I took an oath before all of you on 23 May 2008 and I committed myself to serve the rules-based multilateral trading system and to settle trade disputes according to WTO law independently, impartially, conscientiously, and to avoid any conflicts of interest in the exercise of my functions and responsibilities. Independence and impartiality are of upmost importance for adjudicators. That we are unaffiliated with any Government and engage in no *ex parte* communication is a mandatory requirement for all panelists and AB members. This protects not only the authority and dignity of the AB, but also the integrity and credibility of adjudicators. Like my AB colleagues, I pledged my dedication and priority in carrying out the work of the AB and ensuring the security and predictability of the multilateral trading system. This was not mere lip-service, but a fulfilled promise on my part. I never forewent an AB assignment for a personal matter. In October 2008, my father was hospitalized just before I was due to travel to Geneva for an appeal and I was reluctant to leave him. My father told me, "You should go to Geneva. Settling a world dispute of such dimension is more important than my health. I will recover." At his insistence, I came to Geneva as scheduled. After the oral hearing, the Exchange of Views among seven AB members and the Division's deliberation in the appeal process, I returned straight to the Beijing Hospital, but my father had passed away. My husband told me that my father had said that he was proud of me. These were his last words.

I have been inspired not only by *my* father, but also by the founding fathers of the Appellate Body. I count among these Ambassador Julio Lacarte, Judge Florentino Feliciano, as well as Professor John Jackson all of whom passed away in the last year. I was very fortunate to have had meetings with them in Geneva, in Beijing and other cities, where they shared with me their vast experience of WTO law and practice. Their vision, professionalism and dedication left a lasting impression on me.

I sincerely thanksix AB colleagues for their dedication, profound knowledge on WTO law, collegiality, wisdom and long term experience on multilateral trade negotiations and dispute settlement, and for always making our deliberations warm, sharp, smooth and fruitful.

As AB members, we work hard. Despite extensive long distance traveling, many of us start to informally comment on issues through email at about 4 o'clock in the morning followed by intense meetings through the entire working day and into the evening and weekends. Since it is difficult to be recovered totally from the jetlag, almost all AB members have changed their regular sleeping time and become early birds!

In my view, the part time status of the AB members and 90 days time pressure for completion of AB report is not sustainable, particularly in times of heavy work load, and given the complexity of legal issues raised in appeals. Due to delays in the appointment process, the AB had only 6 members for 9.5 months in 2013. At present it has only 5 members. The current two vacant ABM positions should be filled as soon as possible.

I would also thank the AB Secretariat very capable lawyers and dedicated staff. They also work hard, including in the evening and on weekends, and often at the expense of personal and family commitments.

The shortage of capable lawyers is a big challenge for the WTO dispute settlement mechanism. Stable and well trained and capable lawyers are very important for the smooth appeal process and retaining institutional memory. Unfortunately I have seen 7 lawyers leave the ABS during the last 8 years, roughly 40% of them to law firms. There is an urgent need for the WTO to recruit very qualified lawyers and to retain them.

My colleagues of the AB and ABShave treated me as family. During the last eight years, I spent four Chinese Spring Festivals at AB work in Geneva. Surprising me, my ABM colleagues and the AB Secretariat staff organized parties to celebrate my birthday. I was deeply moved to tears by the songs that they composed and the dancing for my farewell. I will never forget the warm hospitality and close friendship that they offered me.

I am also grateful to the Chinese Government who nominated me to the AB after I had retired from the Asian Development Bank. The Chinese Government has never intervened in my work in the AB, even when I, together with other Members of the Division, ruled that their measures failed to comply with some of the covered agreements. I am very impressed by their implementation of the WTO rulings.

My gratitude also goes to other Members of the WTO. They have respected the AB's findings even when such rulings found fault with their measures. The mandatory nature and good enforcement of DSB-adopted rulings is key to the success of the WTO dispute settlementsystem. At the same time, the trust and confidence that WTO Members place on the adjudicators encourage the AB to make every effort to ensure prompt and positive solution of trade disputes. .

It is usually imprudent for adjudicators to speak on the issues they are asked to decide. Therefore, I was almost faceless and voiceless during my eight-year tenure at the WTO Appellate Body.

There are, however, a few occasions where AB Members have been able to be more open, and frank, in expressing personal views. Following AB tradition, I would like to take this Farewell as an opportunity to offer a few modest personal observations about the WTO Dispute Settlement System and the Appellate Body.

The WTO Dispute Settlement System is highly regarded, and often referred to as "the jewel in the crown" of the WTO. Its establishment, including the creation of a permanent Appellate Body, was a significant achievement. The fact that some regional or bilateral trade and investment agreements will introduce a similar permanent court shows what a model the WTO Appellate Body has become for trade and investment dispute settlement.

WTO law is part of public international law. Trade is the engine of world economic development. More than 98% world trade is subject to WTO law, which provides security and predictability to the multilateral trading system. Consequently the harmonized and binding WTO law has contributed to the harmonization of public international law and to reducing its fragmentation. I believe that WTO law has also contributed to global economic governance, enhancing such important principles as the rule of law, accountability, transparency and inclusiveness.

During the last eight years I saw how much WTO law and dispute settlement contributes to the prevention of trade friction and reduction of trade protectionism under the world financial crisis and economic downturn. At the same time, I saw that 13 new Members joined WTO, committing themselves to rules-based multilateralism. The WTO has really become a "world" organization.

Meanwhile, I saw the extreme difficulty that WTO Members have in reaching consensus on important issues through multilateral trade negotiations. The slow process of the decision making in the WTO needs reform.

Overall, I believe that with its solid legal foundation, successful dispute settlement system as well as its sound negotiation and trade policy review mechanism and effective technical cooperation, the WTO plainly has the vigour not only to survive during difficult times, but to contribute to the peace and development of the world. The WTO will never die!

In recent years, the WTO Dispute Settlement System has faced many challenges. For instance, the demand for dispute settlement among Members is high, the number of cases being brought to the WTO is increasing, more issues and more complex issues are being raised, and submissions and reports are getting longer. All of this has created a heavier workload and engendered a shortage of experienced professional staff, but the budget is tight. How is the WTO to deal with these challenges?

I would like to offer some very preliminary and personal thoughts and proposals:

First, the WTO should explore the possibility of more use of the informal resolution of governmental trade disputes, for example, through consultation, mediation, and conciliation (also called alternative dispute resolution ADR). This would be an ideal choice. As ADR proceedings are faster than formal adjudication proceedings, the cost is lower to the parties; the proceedings are less formalistic, less legalistic, and less burdensome to the parties. Furthermore, ADR can reduce confrontation between parties and maintain long-term trading relationships among WTO Members. Parties' autonomy is the underlying principle. If the parties are willing to settle their trade disputes voluntarily and peacefully without prejudice to the interests and rights of a third party, they should be encouraged to do so. The DSU should provide incentives to let Members settle their disputes through ADR. Some Members may be concerned about the enforceability of the outcome of ADR. Just as the DSB adopts panel and AB reports having legal effect, it too could adopt any ADR agreement among parties.

Second, if consultations fail, the next step in WTO dispute settlement proceedings is the panel stage, which is very important. Fact-finding and legal reasoning, as well as the quality of panel reports, are vital parts of this stage of the process. Panelists act on an ad hoc basis. Selection and training of panelists is extremely important. To ensure a fair representation and participation of WTO membership in this process, selection and training of panelists from developing country Members should be a top priority in the legal aid agenda of the WTO.

Third, measures are needed to address the current shortage of qualified lawyers to support panel and appeal work. Internal mobility of qualified lawyers should be encouraged, and ongoing training in fact-finding and legal reasoning should be encouraged and made more available to Secretariat staff in the dispute settlement Divisions. Drafting consonant with WTO law, coherent, convincing, concise and reader-friendly reports should be a key objective of inhouse quality control.

Fourth, the competent authorities and Committees of the WTO should clarify and interpret the WTO covered agreements in a timely manner. Through subsequent agreements, a set of secondary rules can be adopted quickly.

As the highest decision making body of WTO, the Ministerial Conference decisions should be given more weight. All Members should implement adopted Ministerial decisions in good faith.

Fifth, on the subject of remand, I would think the introduction of such a new system may not be effective, because once the parties know the outcome of the AB's decision, they may be reluctant to provide additional factual information that would confirm their violation of the covered agreements. In addition, organizing new panels is very timeconsuming, and may prolong the proceedings and impose more burdens on the parties. If a panel undertakes a thorough fact-finding exercise and parties cooperate in providing all uncontested evidence and sign an agreed statement of facts, there should be little need for panels to exercise judicial economy. Then, at the appellate review stage, if the AB reverses some of the panels' interpretations and conclusions, the AB can complete the legal analysis based on the uncontested facts and other factual information and findings in the panel report. By completing the legal analysis, it can avoid mooting some of the panel decisions and not leave issues open.

Sixth, many panel meetings and oral hearings are now open to public viewing. Some Members are reluctant to open the oral hearing to the public because they have few representatives in Geneva who can benefit from the hearing. Providing access through internet streaming would allow more Members and more people to benefit from such open proceedings. Making the WTO DS proceedings more transparent is beneficial to the dissemination of WTO law and training of people. Article 17 of the DSU should be amended accordingly.

Seventh, a further improvement to WTO dispute settlement proceedings would be the issuance of more concise and convincing reports. Written submissions by the parties should be shorter with set page limits. The determinations of a reasonable period of time awarded through arbitration should be no more than 15 months, and there is no need for reports setting out such determinations to be lengthy. Article 21.5 compliance proceedings should focus on the measures taken to comply, and should not reopen the case.

Eighth, the DSU stipulates that the AB shall provide its report within a maximum of 90 days. But the 90 days include weekends, holiday periods, and time needed to translate the report into the official WTO languages. So the actual working days are really only two months. This tight time requirement should be more flexible, based on the complexity and novelty of the legal issues in question. Quality and outcome should be the first consideration of dispute settlement proceedings. In my view, AB reports could be shorter and more concise if the AB was afforded the time necessary for deliberation and drafting of its reports.

Ninth, to achieve the UN millennium goal on poverty reduction and enhancing the standard of living of people in the world, trade policies play a very important role. Several WTO covered agreements also ensure governments' rights to regulate according to law. Among those policies to protect public goods, I see environmental protection and appropriate subsidies.

For instance, should Article 8 of SCM agreement on Non Actionable Subsidies be reactivated? I believe that assistance to research activities, assistance to disadvantaged regions; assistance to promote adaptation of existing facilities to new environmental requirements imposed by law should be non actionable.

Tenth, while the multilateral trade negotiation is slow, the regional free trade agreement negotiations develop rapidly. There are more than 400 Regional Free Trade Agreements. Should the WTO do more than merely receive the reports and information of the FTA? Perhaps it could coordinate or provide best practices or samples to its Members to enhance the weaker Members' bargaining position and help to avoid conflicts between FTA and the covered agreements. There are new modalities to conduct cross border trade, such as import and export over the internet. Should the WTO take the lead in the preparation of relevant rules to govern new ways of trading?

For all the above tasks, we need highly qualified people, trade specialists, economists and WTO lawyers. Human resources development is the key, particularly the training of developing countries' experts on WTO.

In concluding my personal reflexions, I am very confident that WTO dispute settlement is sound and widely supported by 164 Members. More importantly, WTO dispute settlement is handled by very capable, highly professional and very knowledgeable AB Members, panelists, Secretariat staff and WTO Members. I thank you again from the bottom of my heart for your very hard work and effective contribution to the success of the WTO dispute settlement system. I am proud to have been a part of it. I wish you all the very best!

附录三

ICSID

INTERNATIONAL CENTRE FOR SETTLEMENT OF INVESTMENT DISPUTES
1818 H STREET, NW | WASHINGTON, DC 20433 | USA
TELEPHONE (202) 458 1534 | FACSIMILE (202) 522 2615
WWW.WORLDBANK.ORG/ICSID

September 5, 2017

By email

Prof. Yuejiao Zhang
Tsinghua University School of Law
515B, Mingli Building
Haidian District
Beijing 100084
China
Email: zhangyuejia09@hotmail.com

Re: **Designation to the ICSID Panel of Arbitrators**

Dear Prof. Zhang,

  I am pleased to inform you that pursuant to Article 13(2) of the Convention on the Settlement of Investment Disputes between States and Nationals of Other States, the President of the World Bank Group, Dr. Jim Yong Kim, in his capacity as *ex officio* Chairman of the Administrative Council of the International Centre for Settlement of Investment Disputes (ICSID), has designated you to serve on the Panel of Arbitrators maintained by the Centre.

  The effective date of this designation is September 16, 2017. The designation is for a period of six years extending through September 16, 2023.

  To complete the requirements set forth in Regulation 21(3) of the ICSID Administrative and Financial Regulations, we would appreciate receiving your confirmation that you accept this designation.

Yours sincerely,

Meg Kinnear
Secretary-General

附录四
致　谢

作者在此感谢协助本书完稿和出版的工作人员。特别感谢中国社科院法学所刘敬东研究员[*]、孙南翔助理研究员，清华大学法学院申卫星院长、硕士毕业生李璐，社会科学文献出版社编审芮素平、李晨，以及我的先生丁俊发、女儿丁蓉、儿子丁亮对我的支持。

---

[*] 刘敬东，中国社会科学院国际法所国际经济法室主任、研究员，最高法院民四庭副庭长、特约咨询员。

附录五

做有信念的中国法律人
——对《亲历世界贸易组织上诉机构》一书的推介

本书得以面世,可以说是法学界的一件盛事,更是一件幸事。

我对张教授一直高山仰止,在本书的编辑过程中始终抱着学习的态度,可以说每一处修改在下笔时都是诚惶诚恐,因此实在不敢在张教授的书里留下什么印记,但社科院国际法所的刘敬东主任嘱我写一篇推介性的文字,实在盛情难却,出于对张月姣大法官的崇敬,本人也没有过多推辞。值本书付梓之际,谨识下面的文字,以此作为自己与张教授相识过程的一次记录,也作为编辑向读者推介本书,向张教授致敬。

与张教授相识是在2016年10月的中国国际经济法学年会上,那次年会上张教授刚刚结束了在世界贸易组织上诉机构的八年任期,载誉归来,本人有幸在年会上聆听了张教授热情洋溢的报告。这次与张教授的相识,比喻为"三生有幸"一点都不为过,这些年参加各种会议的经历,我已经学会了如何在那些沉闷的报告和千篇一律的讲话中端坐而不显出倦意,大家都在强调"新意",可"新意"何其难得,新意的背后往往是"想人所不敢想,为人所不能为",这既需要常人罕有的勇气,也需要难得的坚韧与睿智,看似一点"新意",背后却是冰冻三尺、梅花苦寒的积累和凝练过程。但聆听张教授的报告,八年的履职经验,缜密的思路与洞见,让我眼前仿佛闪过电光石火,终于寻到了新鲜而又厚重的东西,点燃了我长久以来想做一本好书的热情。

毋庸置疑,张教授八年的履职经历和审判经验对我国的律师、法官等法律从业者以及在法学院学习深造和从事教学、研究的师生都是一笔十分宝贵的财富,将这些宝贵的经验予以整理、共享,不仅对我国法律共同体中的每一个参与者,而且对我国的整个法治进程和在国际经济舞台上的地位都会有重大的意义。

如此有价值的选题,一定是众多出版社关注的焦点,而本人之前与张教授素未谋面，如何迈出第一步？踌躇良久，我决定开门见山，张教授参加分组讨论时，我在发言的间隙直接表明来意，张教授出人意料的热情，没想到那次冒昧的来访竟成了本书成稿过程的伊始。

出书的事情定下来之后，就进入了紧张的写作过程，期间社科院国际法所的刘敬东主任、孙南翔博士、还有社科文献出版社的芮素平主任都几次开会讨论书稿的编排体例、内容的筛选增补，在此作为本书编辑，也对几位领导和师友的辛勤付出表达深深的敬意和谢意。

原本约定6月之前交稿，按照惯例，大牌作者都事务缠身，书稿是要一催再催的，编辑们对此也都习以为常。可出乎意料的是，张教授七十高龄，却大笔如椽、笔耕不辍，竟然在时限届满之前提前完稿。本人做编辑十余年，接触到的重量级作者里面，这还是从未有过的第一位。后来得知，张教授为了按时且高质量地完成书稿，经常写作到夜里两三点钟，而第二天依然五六点钟起来参加会议或安排一天的事务，这种敬业、这种旺盛的精力和对于法学学术事业的热情与使命感，让我这个晚辈心怀敬意，联想到自己工作中有时懈怠，不免汗颜。

作为一名曾在法学院埋头苦读九年多的学生，深知一本好的参考书的重要性。而目前我国国际经济法领域的教材和著作，主要是一些学院派的法学研究者从学理的角度对WTO相关法律的解释和汇编整理，或是律师从司法实务角度阐述对于WTO案件的理解和讲述个人执业经历，鲜有中国人能从法官的角度以高屋建瓴的视角对这些案件的判决过程和裁判依据做出系统的阐释，这不能不说对于每一个中国法律人，对于整个中国司法界都是一种遗憾。

本书的出版，我们终于看到中国法官在国际司法舞台上的身影和光彩，本书将张教授担任WTO上诉机构法官八年时间里主审和参与审判的十七个案例汇编成书，按照"案件背景——判决意见——出具意见的特殊考量与法官对相关法律的理解和阐释——重点法律法规列举"这样的体例予以编排，因之前国内没有同类书籍出版，更彰显出本书品质的厚重和弥足珍贵。

西方英美国家向来有"法官造法"的传统，大法官的经典判决不仅对于之后的类似案例具有极强的指导意义，而且可以创设法律规则，法官在审判时的所思所想，对法律规则的解释和自由裁量的尺度，一直是律师及其他法律从业者深度解读法律规则和预测案件走向的重要依据和切入点，这也是为什么英美国家都不约而同地赋予大法官在法律共同体和国家政治生活中极高社会地位的原因。我国作为以成文法为主的国家，虽然以往的司法实践对于判例仅定位为成文法的一种补充，但当前的法官员额制改革、指导性案例的发布和在实践中的大量应用，都表明法官在未来中国司法实践中的地位将进一步凸显，判例法也将在当前剧烈变化的社会经济环境中进一步展示其灵活、可操作性强的优势，从而使成文法因强调统一性而过于僵化的弊端得以修正，可以预见的将来，在两大法系逐步融合的大背景下，大法官及其经典判例对于我国法律体系的健全甚至整个中国的法治进程都将起到越来越重要的作用。而本书对于国际经济法律规则的解读和对我国涉外法律人才培养的推动，也将对中国在国际经济竞争格局中的地位和发展前景产生不可估量的影响。

当前我国在国际舞台上已经涌现出越来越多的人才，但其数量与我们的大国地位、与我们在国际社会上所面临的挑战相比，仍显不足。世界银行和亚洲发展银行这类机构里的中国籍高层次法律人才仍然很少；WTO 中也是如此，虽然我国是重要成员国，但我们的人员数量和级别都还远远不够。相信张教授将自身八年多的第一手审判经验汇集成书，是怀着一种希望和热情，希望本书可以为中国的法学院和法律共同体打开一扇了解世界贸易规则和国际商事法律规范的窗口，从而便利更多的中国学者、中国的年轻人、更多的中国女性在国际机构和国际司法的舞台上崭露头角，逐渐在国际社会中形成我们自己的声音。这是国际社会所期待的，也是我们这一辈中国法律人的历史责任。

作为本书的编辑，也是本书的第一位读者，字里行间感受到的是张教授的家国情怀和对中国崛起的坚定信念，尤其是书中收录有张教授的一些个人体会和讲演稿，作者笔如太阳之热、霜雪之贞，读之令人动容。其中既有作为一位法律人对社会现实的审慎思考，也有作为一位中国知识分子对国家和民族传统的深沉爱恋。

中国的知识分子向来看重知识的力量，重视文化传承，认为"吾侪所学关天意"，窃以为本书的出版不仅顺乎天意，而且关乎国运，关乎中华民族的伟大复兴，顺应了当前中国大国崛起的历史使命。

最后，愿本书的出版，愿这份厚礼为年轻一代的法律人留下财富，更留下信念。我们深信，中国新一代的法律人必将怀着信念，比他们的前辈走得更远。

李晨　谨识
社会科学文献出版社

图书在版编目(CIP)数据

亲历世界贸易组织上诉机构：中国首位上诉机构主席张月姣法官判例集 / 张月姣著. -- 北京：社会科学文献出版社，2017.10
ISBN 978 - 7 - 5201 - 1471 - 4

Ⅰ.①亲… Ⅱ.①张… Ⅲ.①世界贸易组织 - 国际贸易 - 经济纠纷 - 判例 - 汇编 Ⅳ.①D996.1

中国版本图书馆 CIP 数据核字（2017）第 240359 号

亲历世界贸易组织上诉机构
——中国首位上诉机构主席张月姣法官判例集

著　　者 / 张月姣

出 版 人 / 谢寿光
项目统筹 / 李　晨　芮素平
责任编辑 / 李　晨　郭瑞萍

出　　版 / 社会科学文献出版社·社会政法分社（010）59367156
地址：北京市北三环中路甲 29 号院华龙大厦　邮编：100029
网址：www.ssap.com.cn
发　　行 / 市场营销中心（010）59367081　59367018
印　　装 / 北京季蜂印刷有限公司

规　　格 / 开本：787mm × 1092mm　1/16
印　张：36.75　插　页：0.75　字　数：633 千字
版　　次 / 2017 年 10 月第 1 版　2017 年 10 月第 1 次印刷
书　　号 / ISBN 978 - 7 - 5201 - 1471 - 4
定　　价 / 128.00 元

本书如有印装质量问题，请与读者服务中心（010 - 59367028）联系

▲ 版权所有 翻印必究